oniska

COLEÇÃO PERSPECTIVAS
dirigida por J. Guinsburg

Esta obra conta com a autorização para publicação de imagens, bem como de traduções e transcrições de cantos originalmente produzidos pelos marubos do alto rio Ituí. Os direitos autorais originais de reprodução de cantos e imagens estão reservados aos seus respectivos autores, indicados ao longo da publicação.
Uma parte da tiragem desta edição será doada às aldeias marubo do alto rio Ituí (Amazonas).

CIP-Brasil. Catalogação-na-Fonte
Sindicato Nacional dos Editores de Livros, RJ

C416O

Cesarino, Pedro de Niemeyer, 1977-
    Oniska : poética do xamanismo na Amazônia / Pedro de
Niemeyer Cesarino. – São Paulo: Perspectiva: Fapesp, 2011.
    27 il., mapas - (Perspectivas)

    Anexos
    Contém glossário
    Inclui bibliografia
    ISBN 978-85-273-0906-6

    1. Índios Marubo – Religião e mitologia. 2. Índios Marubo
– Linguagem. 3. Índios do Brasil - Javari, Vale do (AM) – Religião
e mitologia. 4. Xamanismo – Javari, Vale do (AM). I. Fundação
de Amparo à Pesquisa do Estado de São Paulo. II. Título. III. Série.

10-6481.   CDD: 980.41
              CDU: 94(=87)(81)

13.12.10   22.12.10   023478

Supervisão editorial: J. Guinsburg
Preparação de texto: Marcio Honorio de Godoy
Revisão: Márcia Abreu
Capa e projeto gráfico: Sergio Kon
Produção: Ricardo W. Neves, Sergio Kon e Luiz Henrique Soares.

[PPD]

Direitos reservados à
EDITORA PERSPECTIVA LTDA.
Av. Brigadeiro Luís Antônio, 3025
01401-000 São Paulo SP Brasil
Telefax: (11) 3885-8388
www.editoraperspectiva.com.br
2019

Pedro de Niemeyer
Cesarino

Oniska
poética do xamanismo na amazônia

Sumário

Introdução. 15

Parte I
A PESSOA MÚLTIPLA

1. A Pessoa Múltipla 33
2. Pessoa, Pessoas
   (Trajetórias e Transformações). 55
3. Diplomatas e Tradutores
   (Os Dois Xamanismos) 87

Parte II
A TAREFA DO TRADUTOR

4. Rádios e Araras
   (A Iniciação dos Pajés) 109
5. As Palavras dos Outros
   (Os Cantos Iniki e o Problema da Tradução) . 127
6. Cosmos e Espíritos 161

Parte III
A POÉTICA DA DUPLICAÇÃO

7. Yochj: O Problema da Duplicação. 183
8. A Poética da Duplicação 205
9. A Batalha da Cura
(Os Cantos Shôki) 229

Parte IV
A ERA-MORTE

10. Adoecer, Enfeitiçar 255
11. Caminhos Possíveis
(As Imagens da Escatologia) 285
12. *Vei Vai*: O Caminho-Morte. 303
13. Mitologia da Morte
(Os Cantos *Saiti* e a Multiplicidade) 353

Epílogo
A CANOA DE METAL 391

Anexos 403
Glossário de Termos 413
Bibliografia Geral 415

La vraie vie est absente.
Nous ne sommes pas au monde.

Arthur Rimbaud, *Une Saison en Enfer*

Para Lauro Brasil Marubo, *in memoriam*.

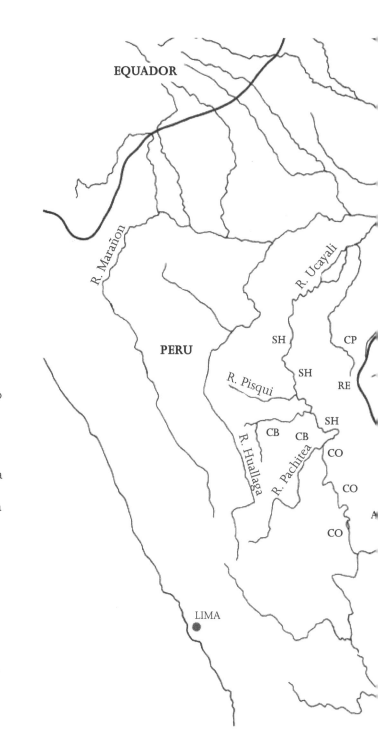

Distribuição dos Povos Indígenas de Língua Pano
(Mapa de Alicia Rolla e Tuca Capelossi. Fonte: Erikson, 1998)

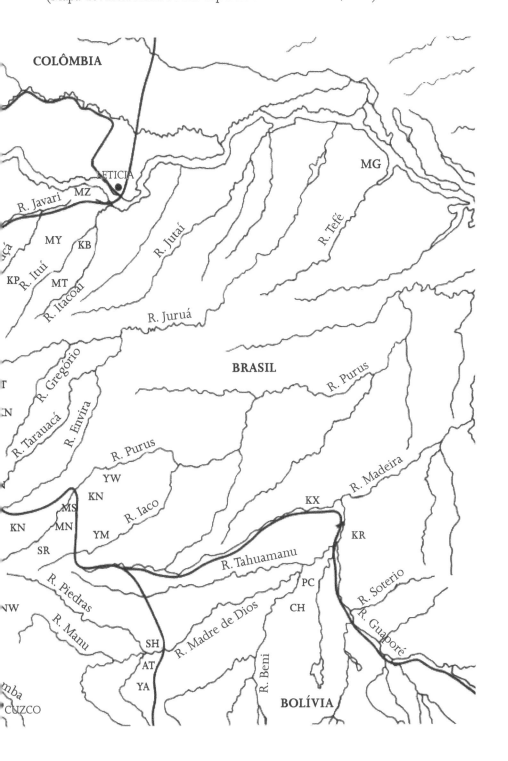

Introdução

Este livro apresenta um conjunto de traduções e um estudo etnográfico sobre o xamanismo dos marubo do Vale do Javari (Amazonas). Trata-se aqui de se perguntar pelos termos a partir dos quais um pensamento xamanístico constrói sua poética, via o exame de traduções e de sua articulação com a constituição da pessoa, a cosmologia e a escatologia. Busco, com isso, contribuir para a superação de uma dupla lacuna, referente, por um lado, à pouca atenção dedicada pelos etnólogos às poéticas e regimes discursivos amazônicos e, por outro, à falta de diálogo dos estudos literários com a própria etnologia e as poéticas indígenas. O livro, que parte de minha tese de doutorado defendida no Museu Nacional da Universidade Federal do Rio de Janeiro, pretende encaminhar as condições para uma reflexão crítica possível sobre uma poética amazônica. Condições essas que, aqui, partem de um estudo antropológico e da imersão etnográfica.

O antropólogo apreende uma determinada poética no exercício da tradução de cantos e do trabalho de etnografia. A própria tradução acaba por se tornar um problema conceitual, além de ser uma operação que atravessa e conjuga formas, conceitos e matérias de duas línguas. O pensamento marubo, por sua vez, elabora para si mesmo uma apreensão poética e uma reflexão tradutiva. Esses níveis estarão interligados ao longo do livro: uma investigação calcada nos detalhes da língua acaba por gerar uma reflexão sobre o problema conceitual da tradução, que estará voltado para minha interpretação do conhecimento tradutivo xamanístico entre os marubo. Não se pretende nestas páginas oferecer uma descrição objetiva ou alguma teoria geral sobre o que (ou como) realmente pensam os xamãs, mas sim oferecer uma experiência de reflexão.

"Todo esforço de compreensão de uma outra cultura", dizia o antropólogo Roy Wagner, "deve ao menos começar com um ato de invenção [...], tal como aquele pintor chinês apócrifo que, perseguido por seus credores, pintou um ganso na parede, montou nele e saiu voando"[1]. Não há objetividade absoluta em matéria de tradução, mas investigação pelo limite. A reflexão aqui desenvolvida não é uma explicação ou teorização, mas um exercício multifacetado e por natureza aberto ou inconcluso. Assuntos diversos vão se entrelaçando ao longo da narrativa etnográfica, à qual são justapostas as traduções e algumas digressões propriamente técnicas. O leitor vai se deparar com um certo trabalho de crítica terminológica, derivado de meu desconforto com termos analíticos usuais tais como alma, corpo, espírito, mito, sociedade, sagrado, entre outros tantos. As sugestões ou alternativas que acabo oferecendo ao traduzir os termos e noções do pensamento marubo – bem como seus cantos que aqui estão praticamente transformados em poemas – buscam descongelar o campo da experimentação etnográfica e são sempre provisórias. Trata-se, em suma, de "utilizar a linguagem que nos pertence para criar um contraste interno a ela mesma", como dizia a antropóloga Marilyn Strathern em *The Gender of the Gift*[2].

A opção pelo estudo da poética marubo não pretende circunscrever um domínio pretensamente substantivo tal como a economia ou a política: trata-se apenas de uma maneira ou um ângulo estratégico pelo qual o pensamento marubo pode ser investigado. Ainda assim, uma certa apreensão poética é para eles algo central e não corresponde apenas aos meus recortes analíticos. Emprego a expressão "apreensão poética" para me referir a uma maneira de lidar com e refletir sobre a proliferação de pessoas, duplos e espíritos que constituem a tessitura do cosmos introduzido nas próximas páginas. O uso poético da linguagem passa então a ser compreendido aqui como uma elaboração dos problemas da *diferença*, da *replicação* e da *variação*. Com isso, os xamãs marubo pretendem dar conta da variação posicional desencadeada pela personificação generalizada, isto é, pela replicação infinita de pessoas nos mais diversos patamares celestes, terrestres e referências cosmográficas. Mesmo que nosso interesse principal seja a produção verbal, o termo "estética" será também por vezes mencionado. Não se trata, porém, de perseguir os critérios filosóficos ocidentais[3], mas de propor uma investigação sobre os parâmetros possíveis de reflexão, fruição, produção e recepção de expressões criativas entre os marubo. O termo "estética" se refere também, em um sentido paralelo, a uma reflexão sobre a configuração dos códigos sensíveis, das imagens e das metáforas que o pensamento xamanístico decidiu adotar em sua constituição.

---

1 *The Invention of Culture*, p. 9. Exceto quando apontado na bibliografia, todas as traduções das citações em língua estrangeira que aparecem neste livro são minhas.

2 Cf. p. 16.

3 O problema é debatido por Peter Gow em Against the Motion (Aesthetics is a Cross Cultural Category?), em T. Ingold (org.), *Key Debates in Anthropology* e também por Alfred Gell, em *Art and Agency*, entre outros autores.

O assunto é poética e tradução, mas há aqui um foco narrativo determinado: a morte e a pessoa. Os temas, centrais para a etnologia americanista, são também um ponto fundamental de preocupação dos marubo e de seu xamanismo. Os xamãs pensam e atuam intensamente sobre o atual estado desolador e sombrio desse mundo. Refletem sobre esta "Era-Morte" (*Vei Shavá*) em que todos vivemos, mas também sobre as marcas que ela deixa em seus parentes. Como veremos, o regime poético do xamanismo está particularmente voltado para tais temas, aos quais se associam outros diversos explorados ao longo do livro.

* * *

Se é verdade que a etnologia americanista contemporânea tem dado grandes passos na compreensão dos pensamentos ameríndios, é também verdade que seu diálogo para fora da especialidade precisa se tornar mais sistemático. A disciplina tem produzido um conhecimento rigoroso e renovado sobre o pensamento alheio, suficientemente potente para reavaliar as contribuições possíveis dos sistemas ameríndios para a cultura e problematizar as bases romântico-modernistas e suas imagens fictícias do índio genérico. É sabido que o interesse pelas poéticas e estéticas indígenas foi marginalizado e estereotipado ao longo de nossa história. No Brasil, como bem observou Antonio Risério em *Textos e Tribos*, os pressupostos românticos e, posteriormente, modernistas, fizeram com que o interesse pelas poéticas indígenas se cristalizasse em uma gama de ideias prontas estranhas às suas particularidades. A etnologia tem, pois, as condições para oferecer novos referenciais.

Desde o *Macunaíma* de Mário de Andrade, do *Guesa Errante* de Sousândrade, da metáfora cultural criada pelo *Manifesto Antropófago* de Oswald de Andrade e de outros poucos exemplos de interações com os universos indígenas, raras obras criativas, estudos críticos ou traduções detalhadas vieram à tona. As pouco conhecidas e antigas coletâneas de cantos e narrativas, em traduções literais ou intralineares, oferecem um material de leitura árdua para os não especialistas e, muito frequentemente, são de difícil acesso ou simplesmente não se encontram disponíveis no mercado editorial. É o caso do *Ayvu Raptya* guarani, publicado por Leon Cadogan em 1959; da compilação de Pierre Clastres, *A Fala Sagrada: Mitos e Cantos Sagrados dos Guarani*; e do *Rã Txa Huni Kuj* (narrativas kaxinawá), coletado por Capistrano de Abreu, entre outros. Há também um conjunto copioso de livros infantis e infanto-juvenis que oferecem versões simplificadas e frequentemente estereotipadas das artes verbais ameríndias, bem como de publicações de mitos, cantos e narrativas relacionadas à educação escolar indígena que, via de regra, não fazem jus à complexidade e riqueza das fontes. Ainda faltam estudos e traduções que possam, enfim, colocar o infindável arcabouço intelectual e poético ameríndio em sua devida altura.

As exceções à escassez vigente estão por conta da recente edição brasileira do *Popol Vuh*, elaborada por Sergio Medeiros e Gordon Brotherston a partir da tradução inglesa de Munro Edmondson. Há que se mencionar também a coletânea de mitos Tupi recentemente restaurados por Alberto Mussa em *Meu Destino*

introdução

é Ser Onça, bem como uma compilação de artes verbais guarani editada por Garcia, *Nhande Rembypy*. A despeito da ausência de um tratamento mais apurado das versões em português, o copioso material publicado na *Coleção Narradores Indígenas do Rio Negro* (diversos volumes) é também uma contribuição fundamental. O presente livro, por sua vez, não oferece um *corpus* definido, mas sim uma articulação das traduções de alguns exemplares das artes verbais à investigação etnográfica do pensamento xamanístico.

O panorama norte-americano foi bastante distinto do brasileiro e, por isso, se constitui como referência no estudo das artes verbais ameríndias. A partir de meados do século XX, as revoluções realizadas na poesia por Ezra Pound e William Carlos Williams, bem como o vasto conhecimento etnográfico acumulado pelo antropólogo Franz Boas e seus discípulos, estabeleceram uma base para a interação efetiva entre literatos e etnólogos. A partir daí, acadêmicos como Dell Hymes, Dennis Tedlock, Brian Swann, entre outros, interagiram com poetas tais como Gary Snyder, Jerome Rothenberg e Charles Olson, possibilitando um fluxo entre a renovação textual de traduções literárias e o detalhamento linguístico e etnográfico das fontes primárias. O resultado foi a publicação de uma série de antologias e compilações de cantos e narrativas, tais como as editadas por Jerome Rothenberg (*Shaking the Pumpkin* e *Technicians of the Sacred* são as duas principais) e grandes épicos tais como o *PopolVuh* dos Maia Quiché traduzido por Dennis Tedlock. Tais produções mostravam que as poéticas ameríndias deveriam ser estudadas e consideradas em pé de igualdade com aquelas provenientes das ditas altas literaturas ocidentais e de seus primórdios. Não por acaso, a literatura americana já realizava operações de tradução das poéticas orientais, como se vê no trabalho do poeta Kenneth Rexroth, na relação entre Pound e Fellonosa ou nas traduções de haicais de Robert Blyth. As estéticas ameríndias, como indicava o antropólogo Claude Lévi-Strauss, possuem vínculos estreitos com aquelas provenientes da China e do Japão e as vias abertas pelo imagismo conferiam aos poetas norte-americanos arsenais para uma operação acurada de tradução (ver, por exemplo, Bierhost, no artigo "Incorporating the Native Voice: a Look Back from 1990"). O panorama norte-americano permitia tratar os materiais ameríndios como produções estéticas passíveis de integrar uma interlocução cosmopolita, e não como elementos tomados de empréstimo para a constituição de um discurso nacional via a criação de um passado autêntico e suas respectivas metáforas.

Se é verdade que a interação entre antropologia e literatura nos Estados Unidos caminhou a passos largos e em direções mais férteis do que no Brasil, é também verdade que a etnopoética precisaria ser revisada à luz dos desenvolvimentos recentes da etnologia americanista. Muitas das soluções de recriação e considerações sobre a poesia elaboradas por Rothenberg permanecem de pé, ainda que alguns de seus pressupostos sobre as poéticas ameríndias, originários que são de um vocabulário romântico-vanguardista, mereçam ser repensados. Menos porque sejam equivocados e mais porque acabam desviando o foco de atenção para longe dos problemas próprios a sistemas xamanísticos tais como o marubo. Tome-se como exemplo a seguinte passagem escrita em 1975:

"Num sentido mais profundo, usualmente até mesmo mais confuso, o que temos aqui é a busca de uma base primitiva: um desejo de ignorar uma civilização que se tornou problemática & retornar, brevemente [...] às origens de nossa humanidade"[4]. A etnologia contemporânea, sobretudo através dos trabalhos de Viveiros de Castro e de Philippe Descola, mostrou bem que "humanidade" não é exatamente o melhor conceito para se pensar os mundos ameríndios. Ademais, já não faz mais sentido tomar a experiência alheia para resolver problemas forjados no interior da tradição ocidental (tais como a separação das esferas e seus decorrentes projetos de reintegração)[5]. A palavra xamanística não estabelece uma participação primitiva no ser e não deve servir, também, para figurar a necessidade de dissolução do sujeito no sagrado ou na essência. Como se verá, elas desdobram séries recursivas e cadeias conectivas; estabelecem transportes entre o virtual e o atual e exigem, por aí, um outro conjunto de pressupostos para o estabelecimento de uma reflexão tradutiva[6].

É necessário investigar os problemas internos ao pensamento marubo e colocá-los em diálogo com os nossos, ao invés de tomá-los de empréstimo para resolver dilemas da modernidade. De outra forma, talvez não haja como desvelar o que um saber como esse tem de original. Em um estudo, Medeiros observa como, no famoso conto "La Escritura de Diós", Jorge Luis Borges "construiu algo mais que a narração do destino de um mago pagão", graças ao hibridismo de suas fontes[7]. O escritor argentino provavelmente desconhecia com profundidade as línguas ameríndias, mas é intrigante que tenha conseguido partir de tal universo para construir uma obra densa, a despeito dos lugares comuns. Algo similar deve ter ocorrido a Guimarães Rosa em sua invenção do conto "Meu Tio o Iauaretê", cujas famosas páginas antecipam muito do que a etnologia americanista diria nas décadas seguintes sobre a predação canibal tupi-guarani[8]. É o caso de se perguntar de onde partiu Rosa para projetar essa cativante exposição de um devir-onça, feita a partir de qualidades estéticas que remetem diretamente às artes verbais indígenas – tais como a "superposição de imagens" observada por Haroldo de Campos[9].

---

4   J. Rothenberg, *Etnopoesia no Milênio*, p. 95.

5   A seguinte ressalva de Peter Gow expressa bem a questão: "Desde o final do século XIX, o "primitivo" sempre tem sido um talismã de autenticidade no seio do projeto estético ocidental. A radical quebra modernista com a tradição acadêmica estéril, seu projeto de contato imediato com a realidade primordial, elevou o primitivo a um lugar supremo". Cf. Against the Motion (Aesthetics is a Cross Cultural Category?), em T. Ingold (org.), *Key Debates in Anthropology*, p. 273.

6   Seria injusto, entretanto, atribuir ao projeto da etnopoética uma inconsciência acerca da projeção de dilemas ocidentais sobre os de outrem. O próprio Rothenberg estava de certa forma ciente de que reconfigurava referenciais alheios para seus propósitos. Ver o que diz na op. cit., p. 161.

7   G. Brotherston; S. Medeiros, *Popol Vuh*, p. 477.

8   Viveiros de Castro, em R. Sztutman (org.), *Encontros: Eduardo Viveiros de Castro*, oferece algumas ideias preliminares sobre o assunto.

9   *Metalinguagem*, p. 50. Na edição da Perspectiva, p. 61.

No caso que nos compete, é importante dizer que as reiterações, os paralelismos e o sistema de classificação a partir dos quais se estruturam os cantos e narrativas dos marubo extrapolam o domínio verbal e repercutem em outras expressões estéticas (tais como a música, o desenho, a coreografia). O rendimento do paralelismo, como se verá, não se reduz aqui a um traço geral da oralidade: além de seguir uma via alternativa e desenvolver uma mnemotécnica lastreada em signos visuais, pressupõe também a necessidade de uma apreensão intensiva do campo relacional gerado pela cisão entre duplos e corpos[10], de que a análise dos cantos de cura (shōki) aqui apresentada é exemplar. Tão aparentemente arbitrária quanto a escolha por tratar de uma poética é, portanto, a tentativa de separá-la de outras dimensões estéticas envolvidas nas expressões criativas marubo. Mesmo que o foco deste livro esteja nos textos, o leitor deverá ter em mente que diversas de suas características se replicam em outros registros expressivos também envolvidos nesta etnografia (tal como no caso de alguns exemplares da iconografia xamanística que aqui serão examinados).

* * *

Uma indagação lançada pelo antropólogo Eduardo Viveiros de Castro sobre o estatuto da palavra xamanística figura bem os propósitos deste livro: "a figura do 'xamã' ameríndio é essencialmente semelhante à do 'mestre da verdade' da Grécia pré-política, como intimam os trabalhos clássicos [dos helenistas] Marcel Detienne e Jean-Pierre Vernant? Tratar-se-ia, lá como cá, da mesma enunciação monológica, do mesmo *logos* (ou *muthos*) monárquico que afirma a mesma velha 'participação primitiva', o mesmo embutimento indicial, 'mágico', da linguagem no Ser?"[11] O caso marubo, exemplar de outras tantas situações ameríndias, mostra que não. O presente livro pretende abordá-lo por uma perspectiva extrafilosófica, isto é, independente do estatuto negativo (ou de privação) que se costuma reservar a todo aquele contingente humano excluído das prerrogativas mais caras ao pensamento greco-ocidental (tais como a escrita, a ciência e a filosofia):

> A questão do sentido inteiramente diverso que assume a enunciação mítica quando saímos do mundo pré-filosófico dos "Mestres da Verdade" e seu regime monárquico de enunciação, mundo "clássico" do helenista, do historiador da filosofia, para entrar no mundo extrafilosófico das "sociedades contra o Estado", mundo do pensamento selvagem, da alteridade antropológica radical – bem, essa questão ainda não recebeu um desenvolvimento à altura[12].

10 Ver P. Cesarino, De Duplos e Estereoscópios: Paralelismo e Personificação nos Cantos Xamanísticos Ameríndios, *Mana*, v. 12, n. 1.

11 E. Viveiros de Castro et alii, *Projeto AmaZone*. <http://amazone.wikia.com/wiki/Projeto_AmaZone>

12 E. Viveiros de Castro, Filiação Intensiva e Aliança Demoníaca, *Novos Estudos*, p. 111-112, n. 77.

O estudo do xamanismo marubo é particularmente estratégico para o tratamento de tal questão, não apenas porque todo e qualquer sistema xamanístico oferece por si só desafios ao pensamento, mas também por ser especialmente calcado no discurso e na elaboração ritual da linguagem. A palavra xamanística não se preocupa em sequestrar o tempo através da autoridade de um rei-sacerdote e de seu acesso exclusivo à memória e ao desvelamento, tal como na Grécia antiga, mas sim em encadear tempos sobrepostos no fluxo dos surgimentos e das transformações. Não se trata de influenciar magicamente o mundo através do discurso, mas de variar o mundo e o sujeito que canta. Menos os dilemas da verticalidade e da disjunção (entre reis-sacerdotes e seus subordinados), mais os da horizontalidade, da transformação e da tradução (que conecta xamãs, espíritos e parentes). O pensamento em questão, como veremos, não se reduz facilmente às características genéricas do mito estabelecidas pela própria filosofia ao longo de sua trajetória[13] e pede, assim, por um esforço alternativo de pensamento.

As especificidades da discursividade xamanística, mais os próprios conjuntos de cantos e narrativas aqui apresentados, devem servir de base para a reavaliação de alguns pressupostos ainda vigentes na antropologia. Veremos aqui como o pensamento visual de que lançam mão as artes verbais marubo se desvia do rótulo genérico de "tradição oral"[14]. Como se não bastasse, vamos nos defrontar com uma complexa mobilização de unidades de composição em performance (as fórmulas verbais) pelo pensamento e a agência ritual que, por razões diversas, nos levam para longe das limitações epistemológicas frequentemente atribuídas às ditas tradições orais puras. O problema é consubstancial ao próprio estabelecimento da imagem do pensamento filosófico e científico desde a Grécia antiga, onde, como diz Detienne, vai se fundar "distância crítica com relação à tradição a partir do acúmulo de dados, de observações e de teses opostas a partir dos quais se inventam projetos ainda carentes de uma racionalidade segura de si"[15].

A partir daí, começa a proliferar toda uma série de figuras criadas pelo contraste com a racionalidade científica, entre as quais aquelas envolvidas na própria noção de mito e de seus respectivos recursos cognitivos, tais como a memória. O memorável de sociedades que se detêm no horizonte genealógico, "longe de ser o passado registrado ou um conjunto de arquivos, é um saber do presente, procedendo por reinterpretações cujas variações incessantes, entretanto, não são percebidas no interior da tradição falada"[16]. A memória falada, repetitiva e adaptativa, diz ainda Detienne, "não se confunde com a atividade mnemônica explorada por nossas sociedades, que consiste em estocar e reproduzir fielmente séries de enunciados e informações"[17]. Trata-se de um ambiente em que não poderia portanto frutificar a memória mecânica de que dispomos, já que voltado às informações visuais, práticas gestuais, situações globais, e não

---

13 Ver, por exemplo, M. Detienne, L'Invention de la mythologie.
14 C. Severi em Le Principe de la chimère, nota algo similar.
15 M. Detienne, op. cit., p. 70-71.
16 Idem, p. 79.
17 Idem, p. 81.

introdução

ao registro fixo da escrita; ambiente de repetições e de versões que se recobrem umas às outras, "cuja única materialidade reside na voz de um intérprete e no eco que ela produz entre os ouvintes", restrita e voltada à "censura preventiva do grupo"[18]. No seio da tradição, estaria portanto "uma forma de controle social tão constrangedor que acaba por designar um mecanismo essencial na maneira de produzir o memorável"[19]. Veremos aqui como os dilemas intelectuais envolvidos nas artes verbais marubo parecem se afastar de tal panorama: como pensá-lo a despeito do contraste com as conquistas intelectuais derivadas do uso extensivo da escrita? Como ressaltar as suas particularidades estéticas e conceituais sem pressupor uma suposta defasagem essencial com relação ao conhecimento ocidental?[20] Se o pensamento marubo não decidiu inventar tal espécie de saber e suas técnicas derivadas, qual será então a sua contribuição?[21] Com que se preocupam os marubo ao cantar e especular sobre o conhecimento transmitido por suas artes verbais?

Os longos poemas narrativos (ou cantos-mito, os *saiti*) aos quais dedicaremos algumas de nossas páginas[22] sempre se desenvolveram ao largo da escrita. Formam um repertório de aproximadamente duas centenas de episódios, potencialmente correspondentes a alguns milhares de páginas transcritas. São dotados de extensas listas e de critérios bastante rigorosos de reflexão sobre a variação, reiteração e modos de composição. Trazem, dessa forma, um forte desafio às supostas limitações atribuídas às ditas tradições orais puras por autores tais como Jack Goody. Ainda assim, nosso norte não é o critério quantitativo e nem, por outro lado, a necessidade de validar a experiência alheia a partir de seu estabelecimento na escrita poética. Trata-se, antes, de encontrar os elementos a partir dos quais se torna possível pensar no registro, original e positivo, de um pensamento xamanístico amazônico. Não se busca, aqui, dissolver as poéticas ameríndias no caldo da cultura oral genérica e universal pré-literária, ao qual se juntam todas as imagens tradicionalmente vinculadas ao cantador arraigado no mito, no papel social da memória e da autoridade[23] – de submetê-las, enfim, às metáforas contrastivas criadas no interior da tradição ocidental. A poética xamanística

18 Idem, p. 83.
19 Idem, p. 85.
20 Tal é o *parti pris* de trabalhos clássicos como o de J. Goody, *The Interface between the Written and the Oral*, a que este livro se concebe como uma alternativa.
21 O reconhecimento de "um mundo a ser descoberto a respeito da maneira como os povos indígenas da América trabalham o virtual" (L. G. dos Santos, Demasiadamente Pós-Humano, Entrevista, *Novos Estudos*, p. 174), feito aí por parte de um sociólogo da tecnologia, é análogo às preocupações deste livro. Garcia dos Santos escutou alguns pajés xavante e kayapó dizerem que "nós é que inventamos toda essa tecnologia que vocês têm, só que não nos interessamos em desenvolvê-la" (idem, p. 173). Também os marubo dizem que seus pajés (ou xamãs) já haviam inventado tudo, pois as letras e as máquinas estão previstas em seu sistema de pensamento. As páginas que seguem apresentam, em grande medida, um esforço de compreensão de reflexões tais como essas.
22 Este não é um estudo ou uma antologia dedicada exclusivamente ao *corpus* de narrativas míticas marubo – trabalho para outra publicação –, mas uma etnografia que atravessa diversas modalidades de suas artes verbais.
23 Cf. M. Detienne, *Les Maîtres de vérité dans la Grèce archaïque*; idem, *L'Invention de la Mythologie*.

marubo não é aqui compreendida como uma "performance pré-literária"[24], isto é, como uma poética anterior ao advento da literatura escrita, mas sim como uma alternativa às linearidades temporais impostas a todo o conjunto genérico das culturas e sociedades ágrafas ou não modernas[25]. As longas conversas que os pajés marubo entretêm durante as noites e os rituais de iniciação desenvolvem racionalizações explícitas sobre o conhecimento xamanístico e suas aplicações, bem como sobre as transformações e o estado geral deste mundo e do cosmos. O complexo sistema das artes verbais que se apresenta não está voltado a uma repetição redundante e circular mas, bem ao contrário, à reflexão consciente e ativa sobre o cosmos, as transformações, a temporalidade e a alteridade. Não implicam em uma imposição assimétrica de autoridade, mas a processos graduais de transformação da pessoa e suas redes descentradas.

* * *

O presente estudo se refere a um tempo, a um lugar e a pessoas determinadas, que serão apresentadas ao longo do livro. O próprio nome "marubo" tem algo de artificial, já que se refere a uma denominação atribuída a um conjunto de remanescentes de diversos povos falantes de línguas da família pano. Não se trata exatamente de uma totalidade fechada. Na passagem dos séculos XIX e XX, tais remanescentes se reuniram na região das cabeceiras dos rios Ituí e Curuçá (extremo da Amazônia ocidental brasileira, atualmente situado dentro da Terra Indígena Vale do Javari), pressionados pela exploração violenta da borracha e por diversos conflitos internos. Os remanescentes ali reunidos eram denominados através de um esquema comum às sociedades pano, constituído pela anteposição de um termo específico ao termo "povo": *shanenawavo*, povo (*nawa*) azulão (*shane*), *chainawavo*, povo pássaro, *iskonawavo*, povo japó, *inonawavo*, povo jaguar, *varinawavo*, povo sol, entre outros.

Dotados, dizem os atuais marubo, de línguas e de culturas distintas, tais fragmentos de sociedades, que até então estabeleciam intensas relações belicosas, teriam se constituído em torno de um sistema de aliança e parentesco, passando assim a adotar a língua de apenas um dos grupos antigos, agora extinto: os *chainawavo*, ou povo pássaro. As denominações de tais grupos tribais acabaram por constituir os segmentos de uma mesma sociedade que teria sido praticamente criada ou inventada na primeira metade do século XX através da atividade de um importante xamã-chefe, João Tuxáua, o aglutinador, junto com seus parentes mais velhos, desses grupos dispersos[26]. A adoção de uma só língua, a

---

24 A expressão é de P. Zolbrod, Navajo Poetry in Print and in the Field: an Exercise in Text Retrieval, em B. Swann (org.), *On the Translation of Native American Literatures*, p. 250.

25 Neste lado do Atlântico, uma interpretação em tal chave permanece, por exemplo, no livro recente de A. Cícero, *Finalidades sem Fim*, p. 270.

26 Ver, para mais informações sobre o assunto, J. Ruedas, *The Marubo Political System*; idem, Marubo Discourse Genres and Domains of Influence: Language and Politics in an Indigenous Amazonian Village, *International Journal of American Linguistics*; idem, History, Ethnography, and Politics in Amazonia: Implications of Diachronic and Synchronic Variability in Marubo Politics, *Tipití*, v. 2, n. 1.

introdução

língua dos *chainawavo*, não levou ao desaparecimento daquela multiplicidade no sistema que se formava. Ela se torna justamente a marca de um sistema de parentesco e de uma organização social estruturada em torno da variação entre distintos povos ou nações. A multiplicidade passa propriamente a constituir um modo de relação, estendido à configuração da pessoa, ao cosmos e à classificação dos elementos que povoam a paisagem[27].

O pensamento poético exposto neste livro, seja no que se refere à ação ritual, seja em seu registro narrativo, apresenta justamente uma reflexão sobre as variações de pontos de vista da multidão de pessoas que constitui o cosmos. A morfologia social marubo é composta por unidades matrilineares, tais como povo azulão (*shanenawavo*), povo sol (*varinawavo*), povo jaguar (*inonawavo*), povo japó (*rovonawavo*), povo arara (*shawãnawavo*), entre outros[28]. Em algum momento, os nomes que antecedem *nawavo* ("povo"), acabaram por constituir um sistema classificatório bastante intrigante. Eles se destacam de seu emprego sociológico e passam a ser aplicados para identificar também a variação indefinida de pessoas e sociedades que se espalham por este mundo: no estrato celeste Morada do Céu-Névoa (*Koj Naí Shavaya*), por exemplo, vive o povo névoa (*koj naí nawavo*) e todos os seus elementos-névoa (antas-névoa, adornos-névoa, tabaco-névoa, e assim por diante). É como se nenhuma entidade pudesse existir sozinha, sem estar acompanhada do devido classificador responsável por indicar o quadro de referência a que se vincula[29]. O estudo das complexidades aí geradas atravessa este livro, já que o fenômeno da classificação se envolve na constituição da pessoa e no parentesco, nas duas modalidades de xamanismo (o xamanismo de cura e o de transporte), na cosmologia, nas especulações sobre o destino póstumo, na configuração geral do discurso poético.

Nos dias de hoje, os marubo, que são cerca de 1.200 pessoas, podem ser situados naquele conjunto chamado de "pano medianos" por Philippe Erikson, entre os quais figuram os katukina, poyanawa, kapanawa, yawanawa e remo[30]. De fato, sua língua guarda muitas semelhanças com o kapanawa e o katukina (mas também com o kaxinawá e o shipibo-conibo), e muitas diferenças com o matsés e o matis, que, entretanto, são territorialmente mais próximos dos marubo. Seu xamanismo é análogo ao dos shipibo-conibo e dos kaxinawá, ainda que o emprego exclusivo do cipó psicoativo ayahuasca (*Banisteriopsis caapi*), sem o uso combinado com a folha chacrona (*Psychotria*

---

27 Muitos estudiosos de outros povos pano atestam configurações análogas a esta. Ver P. Erikson, *La Griffe des Aïeux*, mas também G. Townsley, *Ideas of Order and Patterns of Change in Yaminawa Society*; O. C. Saez, *O Nome e o Tempo dos Yaminawa*; e P. Deshayes; B. Keifenheim. *Penser l'Autre chez les Huni Kuin de l'Amazonie*.

28 Ver J. C. Melatti, Estrutura Social Marubo: Um Sistema Australiano na Amazônia, *Anuário Antropológico*, n. 76, para um estudo sobre o parentesco e a organização social marubo.

29 Esse sistema de classificação parece se relacionar com "a lógica categorizante da nominação pano", como diz P. Erikson, op. cit., p. 165.

30 Há outras classificações disponíveis do conjunto pano, que podem ser consultadas em Pilar Valenzuela, *Transitivity in Shipibo-Konibo Grammar*.

viridis), acabe por torná-lo um tanto quanto singular. Se o sistema xamanístico e as artes verbais marubo são comparáveis aos dos shipibo-conibo, seu *ethos* geral é diverso, uma vez que os marubo parecem ter se formado a partir de remanescentes de povos dos interflúvios, e não da beira de grandes rios, como o grande Ucayali dos shipibo. Para isso, basta observar que a tecnologia de confecção de canoas não é muito desenvolvida, muito embora digam se tratar de uma técnica já conhecida por seus antigos. Toda a mitologia se orienta em função de uma grande viagem (em deslocamento por terra) no eixo jusante/montante, partindo das águas de um grande rio (*noa*), identificado à região de Manaus, até as cabeceiras. Os relatos e especulações referentes ao Inca, marcantes em outras narrativas pano, são presentes, mas periféricos. A base da alimentação é a caça, e não a pesca. Curiosamente, os marubo possuem diversas características em comum com os matis e os mayoruna, cujas línguas são, porém, bastante distintas: ainda nos dias de hoje, vivem em grandes malocas (*shovo*), possuíam outrora tatuagens faciais com padrões similares, utilizavam-se de zarabatanas nas caçadas (hoje em desuso) e ocupam há tempos um território próximo.

Ainda assim, os marubo são marcados pela influência quéchua de um modo que os matis não o são: o contato com os caucheiros peruanos txamikoro, ocorrido a partir do final do século XIX, parece ter trazido o hábito de consumo da caiçuma fermentada de mandioca (*atsa waka*), do uso de flautas e tambores e, sobretudo, da realização periódica de uma festa de traços andinos dedicada aos estrangeiros, a "Festa do Estrangeiro" (*Nawa Saiki*). Parecem estar, pois, a meio caminho entre dois modos extremos das sociedades pano: aquele isolacionista, das sociedades dos interflúvios e da caça, tipificado pelos matis, e o outro, digamos multicultural, tipificado pelos shipibo-conibo. Com relação aos povos do Acre (especificamente do alto rio Juruá), os marubo se distinguem justamente por terem conservado o uso de malocas (e toda a relação simbólica que elas implicam). Isso talvez por terem ocupado um território mais afastado do epicentro de exploração da borracha no vale do Juruá, o que permitia uma certa proteção com relação às reconfigurações radicais sofridas por povos como os kaxinawá, yaminawa e yawanawa. No que se refere a esses povos pano e outros tantos, os marubo mantiveram também um duplo xamanismo, comparável ao dos shipibo-conibo em sua divisão entre os *onánya* e os *meráya*, e distinto do xamanismo de metade dos kaxinawá.

Esta breve apresentação da sociedade marubo e de seus contrastes não visa a balizar o estudo de seu pensamento poético, como se este fosse determinado por critérios sociológicos, econômicos ou etno-históricos, muito embora ele certamente se inspire em tudo isso e muito mais. A estética xamanística marubo – sua peculiar capacidade de expandir o pensamento da classificação e da variação em direção a uma apreensão generalizada da diferença e da multiplicidade – certamente tem a ver com as redes de circulação dos conhecimentos xamânicos que caracterizam a Amazônia ocidental. Mas é a articulação das traduções aos pressupostos de seu pensamento que aqui perseguimos, como se verá.

introdução

* * *

Para as informações e descrições linguísticas, parti dos trabalhos de Raquel Costa e de Gerald Kennel Jr. que, em níveis de complexidade distintos, apresentam pesquisas iniciais sobre a língua marubo. Expandi os dados disponíveis com a minha própria pesquisa de campo e com um estudo comparativo sobre outras línguas da família pano, para o qual os trabalhos de Pilar Valenzuela sobre o shipibo-conibo, de David William Fleck sobre o matsés, de Eliane Camargo et alli sobre o kaxinawá e de Pierre Déléage sobre a língua e o xamanismo sharanawa foram as principais referências[31]. A transcrição ortográfica utilizada é próxima daquela que os próprios marubo estabeleceram em suas escolas a partir da atividade dos missionários, que lá estão desde os anos de 1950. Os marubo já foram estudados por Delvair Montagner e Julio Cezar Melatti nas décadas de 1970 e 80 e, posteriormente, por Guilherme Werlang e Javier Ruedas. Voltado para uma direção pouco explorada por tais autores, este estudo oferece também uma revisão etnográfica do xamanismo e da cosmologia realizada, sobretudo, por Montagner. As informações aqui apresentadas confirmam alguns dados anteriormente coletados pelos etnógrafos e, por vezes, oferecem uma revisão profunda dos mesmos.

As traduções são fruto de um trabalho coletivo com jovens professores e velhos cantadores marubo[32]. Com uma especial exceção, de qual se falará bastante aqui, os jovens com os quais trabalhei não têm acesso ao sentido velado da língua ritual, o que tornava indispensável a presença de (ao menos) um cantador experiente nos momentos de trabalho. Os cantos são altamente metafóricos e impenetráveis aos não especialistas – os conflitos de geração, que atualmente comprometem o fluxo de transmissão dos conhecimentos rituais, impõem limitações de compreensão aos jovens e homens bilíngues. Se a base do trabalho é coletiva, o resultado final das traduções é de minha responsabilidade, tanto no que se refere à sua interpretação, quanto ao estilo e composição das versões em português.

Tratamos aqui de recriações poéticas, sujeitas a revisões e contribuições de outros estudiosos que vierem a se interessar pelo assunto. Este livro apresenta um primeiro exercício de transposição criativa da poética marubo, suas soluções são sobretudo experimentais. As versões em português estarão sempre acompanhadas do original em marubo, cuja transcrição ortográfica é oferecida na coluna esquerda. Mesmo que de compreensão remota, a ideia é entregar ao

---

31 Vai aqui um agradecimento especial a Bruna Franchetto e a David Fleck, que me ajudaram a sistematizar informações preliminares sobre a gramática marubo.

32 As gravações e materiais primários aqui utilizados vieram à tona a partir da confluência de minha pesquisa etnográfica com a assessoria ao programa de educação do Centro de Trabalho Indigenista (CTI). A ideia era oferecer às comunidades uma contrapartida pelo estudo antropológico, na forma de um acompanhamento das escolas e dos professores indígenas. Foi essa atividade que acabou por criar um canal de acesso ao conhecimento tradicional, bem como um sentido para os quatorze meses em que vivi nas aldeias do alto Ituí, entre 2004 e 2007, trabalhando também como professor.

leitor um documento que permita uma familiarização mínima com a matéria linguística do original, caso haja tal interesse. Ademais, a edição bilíngue cria uma margem de defesa para os próprios textos marubo, que aqui permanecem a despeito de minhas opções – um pequeno passo para que se engrosse a fortuna crítica e os documentos relativos às línguas e poéticas indígenas.

O leitor perceberá que minhas versões pretendem transpor algumas características marcantes das artes verbais marubo, tais como a cadência encantatória, a visualidade e metaforicidade, a extrema condensação e precisão imagéticas, a intensidade paralelística, a sonoridade circular e reiterativa, entre outras. Nas traduções dos cantos, procuro sempre manter a concisão dos versos no original, muito embora sua métrica (bastante rigorosa e condizente, ao que tudo indica, com um padrão comum às artes verbais pano) não esteja sempre vertida no português. Tento sempre colocar os verbos na posição final, que corresponde à ordem constituinte predominante do marubo (sujeito, objeto, verbo), uma língua aglutinante. A ausência de pontuação (reduzida apenas a algumas poucas vírgulas, exclamações e a interrogações) é aqui adotada para transportar algo do registro paratático dos cantos, evitando assim uma total submissão à linearidade do português escrito[33]. A disposição em versos curtos e regulares, mesmo que não transponha fielmente a métrica do original, reproduz exatamente a estrutura paralelística perceptível na composição formulaica* e no ritmo dos cantos. As traduções não puderam ser acompanhadas de um estudo aprofundado de suas implicações musicais, uma limitação derivada do recorte aqui proposto, bem como de minhas competências técnicas[34]. Não se trata, todavia, de oferecer uma descrição exaustiva de todos os aspectos dos materiais selecionados, mas apenas de propor um exercício de recriação poética acompanhado da investigação etnográfica.

No que se refere aos depoimentos e narrativas, aproveito aqui algo das soluções oferecidas por Hymes e Tedlock em seus estudos de referência. O desenho do texto escrito, as quebras de sentença em linhas justapostas ao longo da página, busca reproduzir algo das configurações paralelísticas dos originais. Não me preocupo, porém, em assinalar todas as unidades discriminadas pelos autores (linhas, estrofes, cenas e atos), derivadas de uma aproximação entre as performances narrativas ameríndias e a poesia dramática. Ainda que Hymes e Tedlock me pareçam pertinentes em suas propostas, pretendo aqui deixar o texto limpo para o trabalho da imaginação.

Algumas traduções intralineares foram mantidas e estão aqui selecionadas a título de exemplo, para que o leitor tenha a opção de travar um contato mínimo com o marubo, mas também com os meus próprios argumentos. Os exemplos disponíveis são da língua cotidiana e as traduções intralineares dos cantos e

---

33 Cf. H. Meschonnic, *Pour la Poétique II*; H. de Campo, *Qohélet: O que Sabe (Eclesiastes)*; idem, *Bere'Shith, a Cena da Origem*.

* Trata-se de um neologismo estabelecido a partir do inglês *formulaic compositions*.

34 O leitor deve consultar o trabalho de Werlang para uma análise musicológica dos cantos *saiti*.

introdução

narrativas tiveram que ser eliminadas por economia de espaço[35]. Há que se mencionar, aliás, que muitas das fórmulas poéticas se valem de cristalizações provenientes da "língua dos antigos" (asãikiki vana). Estas costumam apresentar variações com relação à "língua normal ou cotidiana" (veyô vana) e demandam um esforço extra para o tradutor. A tradução das fórmulas se torna possível pela combinação de meu conhecimento do marubo com a lógica especial de composição das artes verbais, pela comparação exaustiva de diversos exemplares de cantos traduzidos (assim desvelando um padrão estrutural recorrente), pelo exame de outros materiais pano e, sobretudo, pelas exegeses elaboradas dos próprios cantadores. O leitor perceberá que a estrutura formulaica é fixa e resgatada fielmente em todos os cantos em questão. Tal constância formal nem sempre pode ser mantida nas versões em português, que não apenas devem se preocupar em veicular o sentido, mas também em manter uma harmonia própria para cada tradução. A transposição radical de registros que aqui é realizada (do verbal ao escrito) implica, portanto, também em uma transposição de critérios: o que é marcante nos originais nem sempre cabe em nossas soluções finais e demanda, assim, todo um trabalho de reinvenção.

A fim de perseguir o movimento de fundo estabelecido pelo pensamento poético e sua articulação com a etnografia, decidi lançar mão da análise de materiais variados e de um exame geral de quatro das modalidades das artes verbais marubo: os cantos-mito saiti, os cantos de cura shõki, os cantos xamanísticos iniki, mais os depoimentos narrativos. As traduções estão, entretanto, selecionadas de acordo com suas afinidades temáticas, como o leitor perceberá. As quatro partes em que se divide o livro se referem, em linhas gerais: I. à noção de pessoa; II. à análise do xamanismo, dos rituais de iniciação, dos cantos dos espíritos e da cosmologia; III. ao problema da duplicação e dos cantos de cura; e, por fim, IV. à morte, doença, mito e escatologia. O primeiro capítulo pode parecer demasiado denso para uma abertura de caminhos, mas assim o é porque precisamos definir de antemão alguns problemas de terminologia conceitual. A divisão dos temas pelas quatro partes não é rígida: há recorrências, retomadas e sobreposições. O leitor perceberá que os cantos e narrativas apresentados podem ser relidos à luz dos temas desenvolvidos em capítulos distintos daqueles em que se encontram. No final, apresento algumas tabelas com informações linguísticas gerais e convenções aqui adotadas. À guisa de fechamento, mas não de conclusão, vai um epílogo dedicado a um problema intrigante: como o xamanismo compreende o trabalho de tradução de que se vale esta etnografia? Como é concebida a própria figura deste estrangeiro que ali com eles viveu, como diziam, "ligando pensamento"?

---

35 O leitor poderá consultar outros estudos elaborados por mim, nos quais tais informações se encontram disponíveis (veja a bibliografia).

* * *

Foram muitos os que fizeram com que este livro pudesse existir. Agradeço especialmente a Eduardo Viveiros de Castro, Bruna Franchetto, Manuela Carneiro da Cunha, Elena Welper, Maria Elisa Ladeira, Gilberto Azanha, Ana Maria de Niemeyer, Antonio Carlos Cesarino, Sergio Cohn, Lauro Brasil Panipapa, Manuel Sebastião Kanãpa, Antonio Brasil Tekãpapa, Armando Cherõpapa Txano, Robson Doles Venãpa, José Paiva Vanepa, Matheus Txano Marubo, Paulino Joaquim Memãpa, Benedito Keninawa, Nazaré Rosãewa, Reinaldo e Aldeney Mário da Silva Võpa.

Agradeço também a Aparecida Vilaça, Carlos Fausto, Marcio Goldman, Lygia Sigaud, Marília Facó Soares, Luiz Antônio Costa, Anne-Marie Colpron, Marcela Coelho de Souza, Pierre Déléage, Jean-Pierre Chaumeil e Bonnie Chaumeil, David Fleck, Pilar Valenzuela, Delvair Montagner, Beto Ricardo e Fany, Renato Sztutman, Guilherme Werlang, Paul e Sheryl Rich, Ana Luiza Martins Costa, Carlo Severi, Idinilda Obando, Beatriz Matos, Hilton Nascimento, Conrado Brixen, Maya Da-Rin, Fernando e Mariana Niemeyer, Elisabeth e Luiz Flávio Niemeyer, Josefa Bispo dos Santos, José Antonio Bulcão, dr. Guido Levy, Gabriela Cesarino e Tim Kerner, Renato Rezende, Luiza Leite, Tatiana Podlubny, Daniel Bueno Guimarães, Paula Cesarino Costa, Cibele Forjaz, Lúcia Romano, Susana Kampff Lages, Evelyn Schüler, Tânia Stolze Lima, Sérgio Medeiros, Jacó Guinsburg e João Adolfo Hansen. As diversas etapas de trabalho que deram origem a este estudo contaram com auxílio financeiro do CNPq, da Faperj (Pronex/NuTI), da Fapesp, da Wenner-Gren Foundation, do Centre National de la Recherche Scientifique (Legs Lelong/Erea) e da Ford Foundation, bem como com inestimável apoio do Centro de Trabalho Indigenista (CTI), da Funai, do Civaja e do Museu Nacional (UFRJ).

PARTE I A Pessoa Múltipla

1. A Pessoa Múltipla

Interior, Exterior

(O) cosmos marubo pode ser descrito como uma miríade infinita personificada: decidiu se constituir de pessoas; tomou-as como matéria ou tessitura de sua composição, por assim dizer. Pessoas implicam socialidades, deslocamentos, trajetos e posições. "Cosmos" já se torna então um termo impreciso, pois a questão aqui não é a univocidade ou totalidade, mas a multiplicidade e multiposicionalidade. Não vamos porém jogá-lo fora: basta lembrar que o *cosmos* de que trataremos é uma configuração posicional, uma série infinita de replicações personificadas, e não uma redoma perfeita surgida *ab ovo*. Há ao menos quatro variantes dessas pessoas que o habitam e sobre as quais falaremos nas próximas páginas. Estas poderiam ser distinguidas da seguinte maneira: pessoas humanas (os marubo, que chamarei ocasionalmente de "viventes" nas páginas a seguir), hiper-humanas (os espíritos *yove*), infra-humanas (os espectros *yochj*) e extra-humanas (as pessoas-animais). Vamos nos dedicar longamente ao comentário dessa variação, que aqui está esquematizada apenas por motivos heurísticos e possui diversas limitações: as pessoas extra-humanas (os animais, as plantas), por exemplo, muitas vezes são consideradas como espíritos *yove* ou como espectros *yochj*.

Uma pessoa pode ser compreendida como um ente ou uma singularidade, mas não como um indivíduo: um "bicho", assim como um humano ou uma árvore, é a rigor uma configuração ou composição específica de elementos que o determinam e diferenciam.

"Animal" e "humano" são entidades multifacetadas e devem ser entendidas com cuidado também. O que chamamos de animal[1] é compreendido pelo pensamento marubo como uma configuração composta, por um lado, de "seu bicho" (*awẽ yojni*), "sua carcaça" (*awẽ shaká*) ou "seu corpo" (*awẽ kaya*)[2] e "sua carne" (*awẽ nami*) e, por outro, de "sua gente/pessoa" (*awẽ yora*), isto é, o "seu duplo" (*awẽ vaká*), que é o dono (*ivo*) de seu bicho/carcaça/corpo. O emprego do possessivo (*awẽ*) é portanto essencial: um corpo é sempre *de* um determinado duplo[3]. Com os pássaros (e também com alguns animais) ocorre uma disjunção espacial: seus duplos/pessoas (*chaj vaká*) não estão dentro de suas carcaças (*chaj shaká*),

1   Os marubo assim classificam o que compreendemos como "animal": *yojni peiya* (bichos de pena), *manã yojni* (bichos de terra), *keyá yojni* (bichos do alto ou das árvores, símios e quatipurus), *yaparasj* (peixes), *ronorasj* (serpentes) e *yojni potochtarasj* (bichos pequenos, isto é, insetos, anelídeos, aracnídeos e outros). Uma pesquisa sistemática nesse domínio está para ser elaborada. Não sei dizer, por exemplo, onde ficam as arraias, os poraquês, as arranhas, os caramujos e as borboletas, entre diversos outros componentes da fauna. Embora compreenda outros bichos além dos grandes mamíferos terrestres, o termo *yojni* não possui o mesmo sentido genérico que "animal" tem em português, nem remete às suas respectivas dicotomias (natureza/cultura, humanidade/animalidade) – algo similar ao que já observaram Viveiros de Castro em R. Sztutman (org.), *Encontros: Eduardo Viveiros de Castro*, p. 326 e P. Descola, Estrutura ou Sentimento: A Relação com o Animal na Amazônia, *Mana*, v. 4, n. 1, p. 25), entre outros. "Natureza" também não possui um termo (e um conceito) equivalente em marubo: *kaniarasj*, "as coisas crescidas ou nascidas", é uma expressão que mais lembra a *physis* do pensamento grego arcaico do que a noção moderna de natureza. (Não me ocorreu perguntar aos marubo se aí poderiam estar incluídos também os espíritos.) Para estudos mais aprofundados sobre sistemas de classificação da fauna e da flora em sociedades afins aos marubo, o leitor pode se reportar a M. Almeida; M. Carneiro da Cunha, *Enciclopédia da Floresta*; P. Valenzuela, Major Categories in Shipibo Ethnobiological Taxonomy, *Anthropological Linguistics*, v. 42, n. 1, ; e D. William Fleck, Matses Indian Rainforest Habitat Classification and Mammalian Diversity in Amazonian Peru, *Journal of Ethnobiology*, v. 20, n. 1; idem, Underdifferentiated Taxa and Sublexical Categorization: An Example from Matses Classification of Bats, *Journal of Ethnobiology*, v. 22, n. 1.

2   O termo *kaya* que, assim como *yora*, quer dizer "corpo", é também usado para se referir ao rio principal (*kaya*) com relação aos seus tributários (*meã*), ao pátio central da maloca (*kaya naki*) com relação às seções familiares laterais (*shanã naki*), ao tronco de uma árvore com relação aos seus galhos, a um caminho com relação às suas veredas, e assim por diante. Quer dizer, portanto, algo como a extensão principal de uma determinada configuração: não por acaso, compõe o termo utilizado para "chefe", *kakaya* (a duplicação *kaka*- parece expressar uma ênfase), e a fórmula poética *yove kaya apai*, "espírito mais forte/principal".

3   O xamanismo warao também vincula o duplo de determinados animais a seus corpos através do emprego sistemático dos possessivos. Cf. C. Briggs, The Sting of the Ray: Bodies, Agency, and Grammar in Warao Curing, *Journal of American Folklore*, v. 107, n. 423. No caso marubo, tal emprego está relacionado à noção de dono ou mestre dos animais, vegetais e outros entes comuns aos xamanismos pano e outros tantos ameríndios. Quanto a isso ver, por exemplo, D. Gallois, Xamanismo Waiãpi: Nos Caminhos Invisíveis, a Relação i-paie, em J. Langdon (org.), *Xamanismo no Brasil: Novas Perspectivas*, para os wayãpi; J. Miller, *As Coisas. Os Enfeites Corporais e a Noção de Pessoa entre os Mamaindê, Nambiquara*, para os mamaindê; e L. A. L. da S. Costa, *As Faces do Jaguar: Parentesco, História e Mitologia entre os Kanamari da Amazônia Ocidental*, para os kanamari. Ivo, é o termo para "dono" ou "mestre" em marubo, cognato de *ibo* em shipibo-konibo, *ifo* em sharanawa, *ibo* em kaxinawá, *ibgo* em matis, entre outros exemplos pano. Voltaremos mais adiante ao assunto.

mas fora, vivendo em suas malocas (*a vaká shovõ shokorivi*) que, de nosso ponto de vista, se apresentam como árvores. De lá, ficam a vigiar seus corpos/bichos por intermédio de um longo caniço de inalar rapé, o *rewe*, um potente instrumento de mediação. Ao indicar um pássaro e dizer, como é comum, que ele é um *shanenawavo*, isto é, um membro do povo azulão, ou simplesmente que é *yora* (gente), um xamã marubo não está se referindo a *este* animal visível diante de nossos olhos, mas à sua coletividade personificada que vive em outra parte. Os conflitos derivados da relação entre pessoas "viventes" (*kayakavi*) e animais derivam disso. Quando agride um determinado bicho, a pessoa não se dá conta de sua gente, que vive em outra parte e, de lá, vigia atentamente "seu bicho". Prontas a se vingar (*kopía*) dos viventes pelas ofensas causadas às suas carcaças, as gentes/duplos dos diversos animais acabam por causar doenças.

Os espíritos *yove*, por sua vez, não têm a mesma composição que os bichos e os viventes. Surgidos (antes e a todo instante) de um princípio transformacional que se espalha por diversos suportes, a seiva/néctar *nãko*, mas também de folhas e flores caídas no chão, da saliva (*kemo*) derramada por um pajé, de restos de rapé (*rome poto*), de ayahuasca e de outras substâncias, os infinitos e diversos espíritos não possuem propriamente um envólucro para que se esvaziem por dentro ou para que se projetem para fora. Parecem ser algo como um "puro duplo" (*a vakáse*), como me explicaram. E a pessoa vivente? Não vamos enfocá-la agora como se passássemos ao próximo elemento de uma tipologia nem, aliás, vamos esgotar agora nestas primeiras páginas a composição e compreensão de bichos, humanos, espíritos e outros fenômenos.

Há muitas e complexas aproximações entre bichos, gentes e espíritos, ainda que os termos gerais que os nomeiam (*yove, yojni, yora*) não sejam sempre permutáveis entre si. Não se diz de um marubo/vivente que é um bicho (*yojni*), a não ser talvez de modo pejorativo, muito embora, em certos contextos, possa se dizer que é um espírito *yove* (o que poderia ser dito também, aliás, de um animal). Pajés (ou xamãs) são chamados de *yove vake*, "filho de espírito", ou de *yove romeya*, "pajé-espírito", quando são mais poderosos. Ademais, os três elementos em consideração partilham de um mesmo predicado: são todos gente (*yora*). As pessoas ou gentes (*yora*) da época do surgimento (*wenía yorarasj*), os antigos cujos feitos são relatados nos cantos-mito *saiti*, possuíam afinidades mais próximas com os espíritos (ou hiperpessoas) *yove*: tinham o ouvido suficientemente aguçado para escutar a fala da terra, da água e do céu; mantinham condutas socioalimentícias que permitiam tal estado e, sobretudo, não pareciam estar submetidos à *replicação espacial* que caracteriza os viventes atuais. Deslocavam-se enquanto tais (*yorase niárvi*) pelo cosmos; não saíam de seus corpos/carcaça para tal.

A despeito dos diversos aspectos/duplos que compõem a pessoa marubo, cabe antes ressaltar uma de suas características mais marcantes: "seu corpo", ainda que possa ser chamado pela mesma expressão que a aplicada aos animais, "sua carcaça" (*awẽ shaká*, mas não "seu bicho", *awẽ yojni*), *conjuga* ou antes *replica* o espaço externo na dimensão interna. Ao menos assim é para os viventes que, ao longo dos anos, estabelecem maior contato com o "mundo xamânico" (na falta de uma expressão

a pessoa múltipla

melhor…), isto é, com a complexa teia tradutiva composta pelos diversos espíritos, duplos e mortos. "Nosso oco espiritizado[4] é uma maloca"[5]: essa é uma opção para traduzir o que me disseram certa vez sobre o caso de alguém que participava com afinco das pajelanças, alimentando-se de ayahuasca e rapé, dialogando frequentemente com as gentes outras (os duplos dos mortos e os espíritos *yovevo*). A maloca externa dos viventes vai então ser replicada (e fielmente) para dentro.

Nokh shakl, "nosso oco", é uma expressão tão complexa quanto a sua correlata, *nokf chinã* ("nosso peito" ou "nosso pensamento"): precedida do pronome de primeira pessoa do plural no genitivo (*nokf*), o termo *shakj* designa o "dentro/oco" físico e a região do ventre (*posto* é o termo para a barriga, externa) frequentemente atacada por dores (*shakj isjka*) e doenças. Ainda assim, *shakj* estende-se além do corpo humano para designar, de um modo geral, o interior. *Txaitivo shakjni*, por exemplo, é a metáfora ritual ou especial para designar o terreiro interno da maloca (*kaya naki, shovo*) e poderia ser traduzida literalmente como "dentro do grande gavião"; *pachekiti shakj* é outra expressão da linguagem ritual para ouvido, *pãtxo kini* na língua ordinária, isto é, "buraco/oco" da orelha, e assim por diante.

> O sentido amplo do termo encontra paralelo em outras línguas pano, tal como no caso do kaxinawá e do sharanawa. Kaxinawá: "A sucury o engoliu, da sucury bucho da banda de dentro […] / caxinauá do bucho da banda de dentro sahiu, caxinauá amolleceu, de vagar gritando está" (*dunôwã xöa, dunô xãki möranô, […] huni kuj xãki mörãnô kaj kawã…*)[6]. Em sua análise dos cantos de ayahuasca *rabi* dos sharanawa, Déléage faz uma observação precisa: "O cantor descreve-se a si mesmo no processo de ingerir a ayahuasca. Trata-se então, em um primeiro momento, de uma descrição bastante ordinária: o cipó ayahuasca, as folhas da chacrona assim como suas flores (das quais são uma metonímia) são incorporadas ao cantador. Essas descrições são sempre introduzidas por uma fórmula do tipo *uhuun shaqui bura-*, 'no interior de meu ventre'. O termo *shaqui* significa de fato um pouco mais e um pouco menos que 'ventre'. Poderíamos traduzi-lo por 'aquilo que há no interior do ventre', sem que se refira a um órgão em particular. Fala-se da mesma maneira de *shaqui* (por extensão?) para se referir ao buraco de uma árvore. Trata-se então exatamente de um interior que se opõe ao exterior da pele e dos desenhos corporais"[7]. Os versos do

---

4 O neologismo *espiritizar* quer se diferenciar de "espiritualizar": como veremos, trata-se aqui de um processo de transformação ou de alteração da pessoa, e não de uma elevação do material em direção ao espiritual, como costumam conceber as místicas ocidentais e as torções ontológicas dos neoxamanismos urbanos.

5 *Nokf shakj yovekea, aro shovo.*
nokē   shaki   yove-kea   a-ro   shovo
1pGEN oco/ventre espírito-CMPL 3DEM-TP maloca

6 J. Capistrano de Abreu, *Rã-Txa Hu-ni-ku-j: Grammatica, Textos e Vocabulario Kaxinauás*, p. 348, linhas 4000 e 4001.

7 P. Déléage, *Le Chamanisme Sharanahua: Enquête sur l'apprentissage et l'épistemologie d'un rituel*, p. 265.

canto sharanawa analisado por Déléage trazem uma estrutura similar à encontrada no exemplo kaxinawá citado acima: *uhuun shaqui burari*, "no interior de meu ventre"[8], comparável ao *dunô xãki mõranõ* ("dentro da barriga da sucuri").

É verdade que, nesses dois casos, "dentro" é o que traduz *bura* (sharanawa) e *mõra* (kaxinawa), termo presente também em marubo (*mera*), mas com outro sentido (aparecer, encontrar, surgir). De toda forma, como aponta com precisão Déléage, *shakj* extrapola a referência fisiológica para expressar algo como uma complexa dimensão interna. Não é por acaso que, durante o ritual de consumo da ayahuasca, os mestres (da ayahuasca) estão *dentro* do cantador: "'no interior de meu ventre / com seus mestres / eles preencheram meu ventre' (*ua shaki badushon / da ifofoyamu / ua shaqui badushon*)"[9]. Se parece possível considerar tal expressão como uma fórmula poética pan-pano; se é possível também considerar a noção de *shakj* como tal "dimensão interna" de especial rendimento para o xamanismo, a recursividade que a noção de *shakj* (oco) adquire no caso marubo é, porém, uma particularidade sua. No caso sharanawa, não ocorre a mesma replicação do espaço externo no espaço interno (como entre os marubo), muito embora o ventre/oco (*shaqui*) seja o ambiente em que, por ocasião do ritual de ingestão de ayahuasca, a referência mítica (a morada dos mestres da ayahuasca) pode coincidir com a pessoa do cantador: "a morada dos mestres (*mana, nai*) torna-se o ventre do cantador (*shaqui*). A cosmografia, condicionando a ontologia das entidades observáveis, encontra-se assimilada ao interior do corpo do cantador. É no interior do corpo do cantador que se situam os mestres"[10]. É justamente isso, observa na sequência Déléage, que configura o estatuto de enunciação dos cantos *rabi*: para os sharanawa como para os marubo, mas com suas devidas idiossincrasias, o enunciador é um *outro*. O xamanismo marubo, embora seja um xamanismo de ayahuasca, se diferencia de outros casos pano tais como o sharanawa, kaxinawá, shipibo-conibo e yaminawa pois seu problema não é, a rigor, o da *transformação*, da sobreposição da pessoa do xamã ao espírito da sucuri/ayahuasca, e sim da multiplicação fractal da pessoa na miríade personificada. O oco/maloca é, justamente, o ponto de confluência disso, como veremos[11].

---

8 Idem, p. 266.
9 Idem, p. 268.
10 Idem, p. 271.
11 Este livro é composto por distintos registros de escrita e de reflexão. A variação de tais registros é sempre indicada por um trecho (mais ou menos longo) destacado do corpo de texto principal. Pretende-se com isso abrir uma nota expandida que aprofunda ou detalha algum argumento desenvolvido no eixo principal do livro. Em alguns momentos, o mesmo recurso será utilizado para introduzir descrições etnográficas mais específicas, tais como as de festas e rituais.

Nokh chinã, "nosso peitopensar" ou, na primeira pessoa, f chinãnamã, "em meu peitopensar", designa por sua vez uma dimensão localizada no peito que não é porém o próprio peito (shotxi) ou o coração (ojti) físicos, mas algo como um espaçopensamento, "dentro de meu peitopensar". Pensar é, a rigor, uma opção insatisfatória para o amplo espectro da noção de chinã, traduzível também como vida ou princípio vital e estranha à maneira ocidental de conceber a relação entre mente e mundo. A noção envolve uma referência espacial, na qual reside a coletividade de duplos habitantes da pessoa marubo responsáveis, em larga medida, pela *performance* intelectual da pessoa que os abriga. Por vezes, chinã, enquanto princípio vital, será indicado pela pulsação das artérias nos antebraços; noutras, é desenhado nesses mesmos locais como uma pessoa, portando suas lanças e cocares de pena. Ora, *os duplos têm para si o corpo como uma maloca*, assim como, para nós, são casas ou malocas esses lugares nos quais costumamos habitar. Há estágios de expansão ou desvelamento desse interior replicado ou, parece-me, de familiarização da pessoa com a sua maloca e habitantes internos.

> Kaxinawá: "pensar, lembrar-se"[12]; "pensar", xinan neikiki (xinan ne-), "desmaiar, desorientar-se por ser muito velho ou estar inconsciente, perder o conhecimento", isin tenei xinan nemisbuki, mavakatsida, "quando um doente está muito mal, perde o conhecimento e morre", xinan tseikiki (xinan tese-), "morrer (lit. não pensar mais", —ma xinan teseaki, nun imiski juni mavakenan, "já não pensa mais, dizemos quando uma pessoa morre"[13]. Kapanawa: shinan, "pensamento"[14]. Amahuaca: "pensar; vir visitar"[15]. Mayoruna/matses: "n 1. alma de um xamã. 2. habilidade de caça, pontaria, força e valor que pode ser passado de um homem para o outro soprando tabaco ou aplicando veneno de sapo no braço ou no peito"[16]. Sharanawa: shina: "verbo modal que caracteriza a apreensão cognitiva do cantador nos cantos rabi – ahuun rabi shinahuui/ shina ohui idiquin, 'eu vim pensar os cantos rabi/ eu pensei as suas palavras'"[17]. A análise mais detalhada sobre o termo é, novamente, a de Déléage para o sharanawa, que oferece os seguintes sentidos: "lembrar-se", "imaginar", "perder ou esquecer" (shina--funo); "lembrar-se exatamente ou visualizar" (shina-pai); shina-butsa, "uma espécie de melancolia relacionada a lembranças agradáveis de uma época que não voltará mais", ichapa shina- "pensar com tristeza numa pessoa ausente"[18]. Déléage observa ainda em outra passagem que "xamã" em sharanawa se diz também shinaya, "com o shina"[19].

12 J. Capistrano de Abreu, op. cit., p. 618.
13 S. Montag, Diccionario Cashinahua, p. 405-406.
14 B. Loos; E. Loos, Diccionario Capanahua-Castellano, 326.
15 Sylvia Hyde, Diccionario Amahuaca, p. 77-78.
16 D. W. Fleck, Diccionario Matsés-Castellano, p. 104.
17 P. Déléage, op. cit., p. 223.
18 Idem, p. 224.
19 Idem, p. 224 n.

Os sharanawa consomem o coração das sucuris "porque ele é a sede do *shina* da anaconda, isto é, de suas capacidades cognitivas"[20]. Os sentidos de *shina, xinan, chinã* são razoavelmente constantes no conjunto pano e valem também para o marubo, cujos pajés-rezadores também podem ser chamados de *chinãya*.

No caso marubo, são diversos os sentidos: um substantivo referente ao princípio vital (*chinã*, passível de ser transmitido e transportado), provavelmente homônimo de um dos duplos ou aspectos internos da pessoa (*chinã natõ*); um componente dos termos que se referem a inspiração (*chinãvia*) e expiração (*chinãvipa*); um verbo que caracteriza um processo de cognição e de visualização (o que traduzimos como "pensar", *chinã*, e suas derivações tais como "esquecer", *chinã venoa*, "preocupar-se", *chinã tsaka*, "lamentar-se", *chinã ronaka*, entre outros) e outro que designa deslocamento espacial (*manari chinãini*, "indo a montante", por exemplo). Pensamento é certo, mas um pensamento referente a *distância* ou a *ausência*, e um pensamento visual ou uma imaginação, cuja sede, aliás, é o peito e não o cérebro – esse mesmo peito que abriga duplos (homônimos?), *chinã*, responsáveis pela inteligência de uma pessoa (isto é, pelo seu pensamento, *chinã*...) e passíveis de se destacarem do corpo/casa, causando a morte. Os pajés, *yora chinãya*, "gente pensadora", são os especialistas nesse pensamento visual dos deslocamentos e distâncias, característico da "fala pensada" ou *chinã vana*, que constitui os cantos de cura. Deslocam-se intencionalmente através do cosmos, aliás, via suas almas ou duplos *chinã natõ*, que vivem dentro da maloca/corpo.

A recursividade espacial que caracteriza a noção de *chinã* torna-se visível no trecho abaixo, onde o jovem professor Robson Venãpa, de quem falaremos bastante neste livro, relata seu processo de transformação em pajé *romeya* (um dos dois tipos de xamãs ou pajés entre os marubo). A seguinte narrativa foi editada por mim a partir de dados e depoimentos dispersos:

> De início narrando algo que teria acontecido a seu *vaká* (alma/duplo), o jovem *romeya* Venãpa disse que, certa feita, chegou numa maloca vazia. Havia macaxeira cozida dentro dos paneiros, pendurados nas traves das seções familiares, e pessoa alguma. Ele escutou cantos *saiti* vindos de longe. Do fundo do roçado, viu gente chegando. Eram os *yove*, que de pronto disseram: "o que você está fazendo aqui?". "Não sei, eu cheguei aqui", ele respondeu. "Não, você vai morrer, não venha para cá!" "Não, eu estou bem, não vou morrer, você não está vendo?", disse Venãpa. "Você vai morrer. Nós não estamos te enganando não, venha ver!", falaram os espíritos. Levaram-no ao hospital em Tabatinga. Venãpa viu álcool nas prateleiras. Viu a si mesmo deitado em uma maca, moribundo.

20 Idem, p. 320-321.

a pessoa múltipla

Então entendeu. "Vocês não estavam mesmo me enganando." "É, em dois dias você vai morrer", os *yove* disseram. Ele viu a enfermeira Solange e uma mulher branca chorando, perto de seu corpo deitado na maca.

Foi aí que ele conheceu Isko Osho [Japó Branco, seu duplo auxiliar], que veio chegando junto com Kana Ina (Rabo de Arara) e os espíritos do gavião cãocão[21] (*shãpei vakárasj*). Trouxeram um fruto do tamanho de uma laranja e o quebraram em sua cabeça. O fruto entrou nele (*naki erekoa*). Ele não sabia, não entendia. Ficou com a carne dura como pilastra de maloca, com o sangue novo. Mávia e Solange, as enfermeiras, *estavam lá* [Venãpa diz apenas isso, mas provavelmente estavam no hospital, o evento acontecendo em duas referências simultâneas]. Os *yove* enfiaram dardos mágicos *rome* em seu plexo solar (*takaperiti*) e em suas costas (*petsi*). As enfermeiras brigaram porque ele estava com soro nos vasos [Venãpa passa da narrativa do evento dentro da maloca dos espíritos para a narrativa do que ocorria no hospital, como se o processo fosse o mesmo, mas em planos distintos]. As enfermeiras davam cachaça para ele em colheres. Parecia a substância *nãko*. Alguns *nawa romeya* (curandeiros/pajés peruanos) é que tinham trazido a cachaça.

A maloca em que Venãpa encontrou os *yove*, explicou-me, era "dentro de meu peitopensar, que até então eu não tinha/conhecia"[22]. Alguns marubo me diziam que apenas os *romeya* têm malocas dentro de seu peito/oco/ventre, muito embora a informação seja frequentemente desmentida em outros relatos e contextos, quando fica claro que pessoas comuns também possuem (ou podem possuir) a mesma composição espacial interna. De toda forma, o relato acima indica um dos processos através dos quais o jovem Venãpa se transformava em *romeya*: como se virar pajé implicasse, entre outras coisas, em adquirir ou tornar-se consciente desta dobra interna, transformar-se pela replicação. O episódio das enfermeiras, esclarece Venãpa, deu-se entretanto fora, no hospital, onde ele jazia enfermo. Uma maloca interna traz para dentro não apenas a sua disposição arquitetônica, mas todas as dinâmicas sociais que a constituem. E quem são as pessoas que habitam esse espaço? Quais relações entretêm? Seria necessário que o leitor já tivesse em mente os esquemas cosmológicos e escatológicos aos quais a noção de pessoa se encontra atrelada, mas é preciso começar a escrever a partir de algum ponto arbitrário, ou antes estratégico, já que *gente/pessoa* é o idioma que inspira o sistema marubo, suas imagens-chave, as metáforas-raiz[23] pelas quais se constitui.

---

21 Trata-se do *Daptrius americanus*, Caracará cancã (pt). Escolho aqui empregar o nome regional em português dado pelos próprios marubo: gavião cãocão.

22 *Ẽ chinã-namã, atiã ea yama.*
Ẽ   chinã-namã,   atiã   ea   yama
1sGEN   chinã-LOC   TEMP   1sABS   NEG

23 O termo é utilizado por M. Strathern em *The Gender of the Gift*.

A Diversidade dos Duplos

Vamos então partir de uma distinção geral entre componentes ou duplos de destino terrestre e de destino diferenciado: de um lado, os duplos-morte (*vei vaká* ou *yama vaká*), duplo solitário (*mão vaká*), duplos da urina e das fezes (*isõ yochj* e *poi yochj*), sombra-morte ou sombra dos corpos (*vei vakíchi*) e duplo do lado esquerdo (*mechmiri vaká*), todos de destino terrestre; de outro, os duplos do olho (*verõ yochj*), o duplo do lado direito (*mekiri vaká*) e o duplo do peitopensar (*chinã natõ*), todos esses com destino póstumo diferenciado. O velho pajé-rezador (*kfchjtxo*) Paulino Memãpa me explicou (e a seu modo, pois há maneiras diversas de se considerar a questão) a composição da pessoa nos seguintes termos, que seguem esquematizados:

1. *chinã natõ*: núcleo do peitopensar
   "Tem por destino a Morada do Céu-Morte, onde vai viver com seus parentes dentro da maloca-morte. Este é o nosso duplo".
2. *mechmiri vaká*: duplo do lado esquerdo
   "Tem por destino ficar numa parte qualquer da Morada da Terra-Morte [esta terra]".
3. *mekiri vaká*, duplo do lado direito
   "Tende a ir pelo Caminho-Morte, até o Céu-Morte".
4. *verõ yochj*, duplo do olho
   "Vai embora da Morada da Terra-Morte, vai para o Céu-Morte, onde estão as nuvens. Há apenas um duplo do olho, que costuma ir para o povo do Céu-Morte".
5. *yama vaká*, duplo-morte
   "Vai ficar sentado em uma bananeira, em sua sombra".
6. *mão vaká*, duplo solitário/órfão
   "Vai ficar em um monte de terra qualquer e virar cupim".
7. *vei vaká*, duplo-morte (sinônimo de *yama vaká*)
   "É a sombra, vai ficar dentro da maloca (externa) onde vivia a pessoa, causando insônia e doença aos parentes. É insensata e assustadora".

Memãpa dizia: "*nokf vaká, nokf yora*", "nosso duplo, nosso corpo". Um enunciado paradoxal, uma vez que o termo *yora* designa tanto *corpo* (humano, animal, mas também o tronco de uma árvore, por exemplo) quanto *gente*, sendo semanticamente próximo a *noke*, o pronome de primeira pessoa inclusiva plural, por contraste a *nawa*, "estrangeiro". O que traduzimos por "duplo", *vaká*, é equiparado ao que traduzimos por "corpo", *yora*, termo que designa também a inclusividade, "gente, nós", *yora*. Creio que não se trata de uma simples homonímia, mas de uma noção complexa, traduzível talvez por "corpogente" ou algo assim. É certo que, assim como as carcaças, os duplos possuem também corporeidade: são gente e têm para si mesmos ossos e carne, mesmo que, em certos casos, sejam mais leves e sabidos do que o continente que os abriga. Todo corpo/gente tem dentro de si duplos que são eles próprios gentes/corpos... Poderíamos ir ao infinito, mas a recursividade se detém quando o vetor está apontado para dentro: o núcleo do peitopensar (*chiná nató*) não tem, ele também, um corpo/maloca com duplos dentro de si. Benfazejo e sabido, o *chiná nató* é como um espírito *yove*, íntegro, sem um interior que o (i)limite, como no caso dos viventes. Integridade ou inteireza parece mesmo ser uma característica dos espíritos *yove* e dos aspectos da pessoa que deles se aproximam. Como veremos, a unidade em questão para o sistema marubo é *dois*: o par *yora/nawa* (gente/ estrangeiro, falaremos sobre isso na parte IV) é homólogo ao par *yora/vaká* no que compete às suas lógicas recursivas e reflexivas. Um duplo (*vaká*) entende-se a si mesmo como um corpo/gente, "para si mesmo é gente"[24], como dizem. "Nós" (*noke*) somos gente/pessoas (*yora*), muito embora divididas em diversos povos (*nawavo*) – estrangeiros (*nawa, yora wetsa*), consequentemente, para o ponto de vista de pessoas outras que não nós mesmos. A dupla *yora/vaká* complexifica ou dispõe de outra maneira as ideias do invisível e do incorpóreo. Não pode ser reduzida aos nossos sentidos imediatos de termos como "alma" (ou mesmo "espírito", mas é necessário escrever de alguma maneira), isto é, aquelas entidades que são por definição incorpóreas e invisíveis[25]. O que distingue a dupla *yora/vaká* não é uma oposição entre duas dimensões irredutíveis (esse mundo verdadeiro das coisas lá fora, o mundo real, e a dimensão imaginária e fugaz do invisível): não uma distinção opositiva (só tenho A se não tiver B), mas uma distinção complementar.

> Noções recorrentes nas culturas indígenas tais como o *vaká* marubo, os *karon/garon* jê, a *ï* e o *ta'o we* dos araweté, entre outras tantas, parecem orbitar em um campo semântico distinto daquele que caracteriza as noções de alma de nossa herança ocidental cristã, muito embora a etnografia se utilize frequentemente da mesma palavra. Aqui, a ideia é menos a de descartar palavras como alma ou espírito e mais de aproximá-las ao sentido adquirido na conceitualidade marubo, para a qual, de toda maneira, a noção de duplo me parece mais produtiva (ou tradutiva), tendo em vista as oposições tradicionalmente vinculadas ao par alma/corpo (acidente e essência, contingência e necessidade, material e imaterial etc). Pretendo, com isso, evitar interpretações engessadas como a de Graham Townsley[26],

---

24 *Ari ã tanáro yorarvi*
   a-ri   ã   taná-ro   yora-rivi
   3-RFL 3ERG entender-TOP gente-ENF

25 Veja o estudo de L. Spitzer, *Três Poemas Sobre o Êxtase*, sobre San Juan de la Cruz e o caráter incorpóreo do "espírito" na mística cristã.

26 Song Paths: The Ways and Means of Yaminawa Shamanic Knowledge, L'Homme, v. 33, n. 126-128, p. 455.

para quem a pessoa yaminawa tem três componentes, um "físico" (o corpo ou carne, *yora*) e outros dois "não físicos" (o *diawaka* e o *wëroyoshi*, "sombra" e "alma"). O caso marubo também não poderia ser traduzido pelas considerações desse mesmo autor, quando diz que o *wëroyoshi* dos yaminawa é "uma entidade talvez muito próxima de uma ideia europeia de alma. É a essência vital de uma pessoa, a coisa que anima e dá vida. "Sem o *wëroyoshi*", explicou-me o mesmo yaminawa [a Graham Townsley], "esse corpo é apenas carne"[27]. Oposições incontornáveis do tipo material/imaterial e físico/não físico, como veremos, não se adequam ao caráter recursivo da pessoa e da cosmologia marubo. Interpretar a oposição entre duplos e corpos nas cosmologias ameríndias por meio de cisões tais como as de Townsley conduz a uma espécie de platonismo: um suposto domínio verdadeiro e invisível, dos duplos, se opõe a um outro ilusório e visível, dos corpos, ao modo da interpretação do xamanismo yekuana por David Guss[28].

Em uma revisão recente da literatura etnológica sobre os jê, Coelho de Souza notou, por exemplo, que os karõ/karon/garon, as "almas", não são encaradas "como uma questão de doutrina, mas como algo aberto à inspeção empírica", já que denotam "não uma substância, mas um modo de ação"[29]. "O *karon* estaria presente ali onde se manifesta"[30] escreve a autora, ecoando as considerações de Alexandre Surrallés sobre um grupo jívaro da Amazônia peruana. Para os candoshi, *vani* "não é um atributo como, por exemplo, possuir um nariz, mas uma condição que se define em termos relacionais, precisamente a partir da possibilidade de se estabelecer comunicação"[31]. Não substantivo, mas adjetivo que se refere a "uma animação intensa"[32], *vani* compartilha com os termos jê acima mencionados ainda outra característica: a de ser dado, já que presente antes mesmo do nascimento, e por isso oposto aos corpos, construídos ou humanizados por modos diversos tais como a alimentação, o convívio, a ornamentação. Dadas, decerto, mas nem por isso fixadas no interior, mesmo que vinculadas à individualidade da pessoa: "duplo, sombra, imagem, essas conotações implicariam que a 'alma' não é tanto o que está 'dentro' quanto o que se projeta 'fora'"[33]. Para os wari', "a alma só existe quando o corpo está de alguma maneira

---

27 Idem, ibidem.
28 Cf. *To Weave and Sing*.
29 M. S. Coelho de Souza, *O Traço e o Círculo: O Conceito de Parentesco entre os Jê e seus Antropólogos*, p. 536.
30 Idem, p. 534.
31 A. Surrallés, *Au Coeur du Sens*, p. 46.
32 Idem, ibidem.
33 M. S. Coelho de Souza, op. cit., p. 540.

ausente: nos sonhos, em doenças sérias [...] e na morte"[34]. Ora, mas essa "alma" (jam) não é exatamente um elemento etéreo e fugaz e possui uma característica paradoxal: "A alma dos xamãs, as únicas pessoas que possuem uma alma onipresente, é simplesmente um corpo animal"[35], tornando assim possível a interação social do xamã com as pessoas-animais, que também se definem como gente (wari') a partir de seus pontos de vista[36]. Outro paradoxo perspectivo é notável entre os mamaindê: "Para os mamaindê, do ponto de vista dos outros, a alma (yauptidu, espírito) é um corpo enfeitado, ou o próprio enfeite corporal (wasain'du)"[37].

Manuela Carneiro da Cunha[38] e Eduardo Viveiros de Castro[39] propuseram uma conhecida aproximação entre esses aspectos da pessoa ameríndia e a noção de duplo utilizada por Jean-Pierre Vernant em seu estudo *Mito e Pensamento entre os Gregos* sobre os *kolossoi* gregos. Viveiros de Castro escrevia que "o *ta'o we* é um corpo, mais que *tem* um corpo: puro em-si, corpo reduzido afinal à condição de objeto sem sujeito. É um corpo 'vazio', o envoltório de uma sombra. O *ta'o we* é gerado a partir da j do vivente, sua sombra. A sombra ótica do corpo, j, é designada como *ta'o we rj*, 'o que será *ta'o we*' [...] sombra materializada, ele é o inverso radical do vivente, onde é o corpo que projeta uma sombra que lhe é servil; o *ta'o we* é uma sombra livre, projetada por um cadáver imóvel"[40]. A passagem apresenta bem o problema da *corporalidade* dos aspectos da pessoa que caracteriza o caso marubo. Tânia Stolze Lima sobre os juruna: "Enquanto as peles são o invólucro da pessoa, a alma é um de seus órgãos internos, podendo ser ejetada como um duplo. Se viva (e sensata ou astuta, sábia), a pessoa contém outra similar dentro de si, a alma que é um outro, o outro que se tornará ao morrer"[41]. Para o caso marubo, traduzo por "duplo" os dois aspectos da pessoa que Viveiros de Castro e Lima decidem traduzir por "alma" e "duplo": ainda que os *vaká* internos à pessoa também possam ser ejetados para fora da pessoa ou retirados por alguém (passariam só aí então a ser duplos se seguíssemos Lima à risca), o sociocosmos e a pessoa marubo são de tal maneira autossimilares ou recursivos, que o emprego dos dois termos poderia tornar confusa a exposição de sua etnografia. Crio

---

34 A. Vilaça, Making Kin out of Others in Amazonia, *Journal of the Royal Anthropological Institute*, v. 8, n. 2, p. 361.

35 Idem, ibidem.

36 Idem, Devenir autre: chamanisme et contact interethnique en Amazonie brésilienne, *Journal de la Société des Américanistes*, v. 85, p. 245.

37 J. Miller, op. cit., p. 175-176.

38 *Os Mortos e os Outros*, p. 10-11.

39 *Araweté: Os Deuses Canibais*, p. 498.

40 Idem, ibidem.

41 *Um Peixe Olhou Para Mim: O Povo Yudjá e a Perspectiva*, p. 337.

neologismos para identificar cada um dos aspectos componentes da pessoa, em seus distintos estados (pré ou pós-morte), mas traduzo pelo mesmo termo (duplo) a noção de fundo que os engloba. A ideia é facilitar a compreensão da dinâmica replicante que caracteriza o pensamento marubo e sua vertiginosa poética xamanística, além de evitar possíveis projeções semânticas irrefletidas.

Parece que as cosmologias ameríndias têm mesmo uma queda, no sentido literal, pelas autossimilaridades escalares, das quais o caso marubo é mais um exemplo, entre outros tantos. A fractalidade coloca problemas distintos dos derivados a partir de polaridades tais como parte/todo, em muito incompatíveis com o pensamento ameríndio. A raiz do problema e sua formulação mais abrangente está em Viveiros de Castro, em *A Inconstância da Alma Selvagem*, onde o autor propõe um modelo recursivo para a análise do parentesco ameríndio. No tocante à pessoa, Lima expôs bem o ponto, a partir do trabalho de Wagner: "A pessoa fractal não é um todo, não é um princípio de totalização, mas o que seccionamos e tratamos como ponto de referência em um certo campo relacional. Tampouco é uma parte, pois não pode ser destacada de um todo. Ela só se evidencia por sua relação com outras e, o principal, *suas relações externas são suas próprias relações internas*, as mesmas que a constituem por dentro"[42]. O ponto inviabiliza a manutenção de relações duais estanques tais como corpo/alma, material/imaterial, invisível/visível, pelas quais costumam ser explicadas as teorias ameríndias da pessoa. Proponho aqui uma interpretação similar para o caso marubo. Se uma teoria da pessoa é elaborada pelos xamãs marubo; se *pessoa* é um centro de irradiação ou de inspiração para todo o pensamento marubo e talvez constitua uma teoria autóctone, esta parece poder ser interpretada pela ideia de fractalidade. Guardadas as devidas diferenças entre o caso marubo e o contexto melanésio, a seguinte passagem de Roy Wagner é bastante útil: "Uma pessoa fractal não é jamais uma unidade colocada em relação a um agregado, ou um agregado colocado em relação a uma unidade, mas sempre uma entidade com a relação integralmente implicada"[43]. A pessoa marubo não é uma totalidade que engloba seus duplos internos como partes, mas uma entidade que reproduz o exterior no interior, isto é, que replica as dinâmicas do parentesco para distintas posições.

Traduzindo cantos com três pajés em um hotel de Cruzeiro do Sul, fechados em um quarto cercado de quatro paredes de alvenaria, sentados diante de um computador, Lauro Panipapa me explicou: "quem pensa não é o hotel, mas nós

---

42 Idem, p. 121-122 (Grifo meu).
43 The Fractal Person, em M. Godelier; M. Strathern (orgs.), *Big Men and Great Men: Personification of Power in Melanesia*, p. 167

que estamos dentro dele". Um corpo é um corpo apenas para nós: na posição de quem o habita, trata-se de uma maloca, entre outras tantas que estes habitantes internos veem para si, à parte das que vemos nós, aqui, nesta carcaça. "Como uma tartatuga", completava Venãpa no mesmo quarto de hotel: "a pessoa (*yora*) está dentro para me fazer falar. Quando saem de casa, o fazem assim como nós, em carne e osso: 'Têm carne igual à de vivente, ficam de pé como viventes, em seu entender eles têm mesmo carne'"[44].

Na fala de Venãpa, o sufixo reflexivo –ri é um detalhe essencial. O *chinã nat̃ó* ("duplo do peitopensar"), em prejuízo ou não da pessoa, pode então se mudar, "assim como os marimbondos mudam-se de suas casas, ou como Felipe mudou de maloca", exemplificam. Nisso se constituem, aliás, as operações xamânicas de transporte: a ingestão de determinadas substâncias psicoativas[45] deve fazer com que a pessoa se "espiritize" (*yove-a*, espírito-verbalizador), isto é, possa partir, sem prejuízos à pessoa-suporte. As pessoas da época do surgimento, entretanto, mudavam-se enquanto tais, ao passo que, hoje, quem se muda são os duplos, enquanto o corpo fica deitado, vazio, na rede. *Yora shaká*, "carcaça de corpo", "corpo vazio". O termo *shaká* é também utilizado para designar qualquer continente vazio de seu conteúdo: *tapo shaká*, "uma casa vazia, abandonada", *a shakarvi*, "está mesmo vazio", sem utilidade. Mas a questão pode ser recursiva: os duplos não se mudam justamente enquanto tais e, dentro, não são eles o mesmo que fora, tudo dependendo apenas da posição que ocupam? A ingestão de substâncias psicoativas e outras visa a alterar o *chinã* da pessoa, tornando-o apto para os transportes sociocósmicos (oníricos ou não, importa pouco), entre outras aptidões de que trataremos mais adiante.

Retomemos a lista dos duplos de que tratávamos acima, que vai se complexificando com novas informações. Os *yora yochĩ*, duplos terrestres desprendidos dos mortos, também habitam a maloca/pessoa: eles "estão vivendo dentro de nossa maloca, mas nós não sabemos" pois, como dizia Tânia Lima sobre os juruna "o sujeito e seu duplo se ignoram". Surgidos das fezes e da urina, são duplos tolos e mudos. Nossas sombras (*yorã yochĩ*) transformar-se-ão em distintas espécies de batráquios (*achá, tokore*), em ratos (*maka*), grilos (*txãpo, õko*), gafanhotos (*poitsere*), lacraias (*shako*), minhocas (*noĩ*), cupins (*nakashe*) e outros animais. São muitas as sombras, por contraposição ao "núcleo do peitopensar" e ao duplo do olho que, ao menos segundo o também velho Tekãpapa, são únicos ou, mais especificamente, um par (dois homens para os homens, duas mulheres para as

---

44 *Nami kayavaki keskáse, kayakavi karvi, nitxjrivi.*
nami kayavaki keská-se kayakavi ka-rvi nitxi-rivi
carne vivente SML-EXT vivente ir-ENF em.pé-ENF
Ari ã tanáro aya nami.
a-ri ã taná-ro aya nami
3DEM-RFL 3DEM.GEN entender-TP ter carne

45 Trata-se, sobretudo, da ayahuasca (*oni, Banisteriopsis caapi*), do rapé de tabaco (*rome, Nicotiana tabacum*), do mata-pasto (*kapi, Senna alata*), do lírio ou trombeta (*waka shõpa, Brugmansia sp*), das seivas adocicadas de diversas árvores (*nãko*), e do vegetal *tachi* (não identificado), entre outros.

mulheres). Único, o núcleo do peitopensar nem por isso é desprovido de toda uma coletividade que o acompanha, isto é, os demais habitantes da casa, "todos os outros nossos duplos", explicava Tekãpapa, também chamados de *chinã nató*, mas passíveis de ser extraídos, com a exceção daquele central, o chefe, o dono da maloca. Unidade (*westíse*), aqui, quer dizer exemplaridade (o chefe de uma maloca) e não isolamento (*mãoa*, o órfão ou cativo de guerra). O duplo do peitopensar e o duplo do olho, inalienáveis a princípio, são "aqueles que nos dão força, nossa vida/pensamento internalizada e inalienável"[46]. O duplo do lado direito, por sua vez, nos dá calor (*shana akaya*): sua saída indica a morte (*vopia*) definitiva da carcaça. Ao se desgarrar da pessoa, o duplo do lado esquerdo fica aqui: vai se transformando em cupinzeiro a partir das pernas, como me indicava Tekãpapa com seu cajado, batendo nas canelas. O destino infeliz dos duplos terrestres, assim como daqueles que fracassam em atravessar o Caminho-Morte, é "morrer" ou se transformar, *veia*, após a *morte*, *vopia*, da carcaça: toda a escatologia marubo se constrói a partir dessa distinção entre as duas mortes (a primeira, do corpo/carcaça, e a segunda, morte/transformação dos duplos). Os *verõ yochĩ* e o *chinã nató*, por sua vez, não "morrem" (*veismarvi*): mudam-se. São a rigor outro tipo de gente que a carcaça e, se tudo correr bem, encontrarão destinos melhores do que a vida nessa Morada da Terra-Morte e em sua contrapartida celeste, a igualmente triste/desolada (*oniska*) Morada do Céu-Morte.

Eu compreendia aos poucos que esses dois últimos aspectos da pessoa eram *takeya*, "irmãos/ajudantes", benfazejos (*vaká roapa*) e de destino melhor. Os espíritos *yove* não podem levar tais aspectos para viver alhures, sob risco de adoecimento e morte da pessoa // abandono da maloca e invasão pelos espectros (*yochĩ*)[47]. Podem, entretanto, levar os outros duplos todos, as pessoas que vivem junto com seus chefes na maloca, que passarão a auxiliar à distância a pessoa/ lar onde outrora viveram. Quando o *vaká* fica muito tempo com os *yove* (dois meses ou mais), habitua-se a eles e acaba virando ele próprio um *yove*. Esse duplo dificilmente voltará a seu lar de origem na Terra-Morte (isto é, à pessoa/ corpo), muito embora o *vaká* que ficou por pouco tempo alhures possa retornar. Lá de onde estiver, o duplo ajuda a pessoa (por ele considerada como seu irmão mais novo), por exemplo, a aprender rapidamente uma língua. Os duplos que vivem em moradas melhores a elas se acostumam, assim como os jovens, hoje, se apegam às cidades.

As sombras (*vei vakíchi*), entretanto, não podem ser tiradas ou levadas pelos *yove*, já que não se tratam propriamente de pessoas agradáveis (elas se aproximam mais dos incômodos e carentes *yochĩ*) com os quais eles gostariam de estabelecer relações. O mesmo Tekãpapa comenta também que apenas o duplo do olho dos *romeya* pode sair do corpo/maloca, mas não o de pessoas comuns,

---

46 *Nokf mestf aka, nokf chinã naneaivo, viatama.*
    noke meste aka noke chinã   nane-a-ivo,   via-ta-ma
    1pGEN força ATR 1pGEN chinã dentro-RFL-GENR retirar-DC-NEG

47 O uso de barras duplas (//) é um recurso para identificar as referências em paralelo de duplos e corpos.

a pessoa múltipla

como nós. Se ocorre a uma pessoa de ter o seu duplo do olho e o núcleo do peitopensar extraviados (*tsekea*), caberá a um pajé-rezador (kfchĩtxo) encontrá-los e restituí-los à sua origem. Quando o *vaká* retorna, o sujeito treme com força; quando o *vaká* sai, ele fica cansado, prostrado, como que ausente.

O *romeya* Armando Cherõpapa amanheceu muito doente. Para mim, uma gripe forte, talvez pneumonia. Já havia estado doente há uns dias atrás e, por conta disso, desceu do Paraná para ficar em Alegria[48], onde há muitos kfchĩtxo, além de mim e dos remédios de estrangeiro. Dou antibióticos, dipirona e vitaminas. Para os kfchĩtxo, kãpo, o duplo da rã *Phillomedusa bicolor*, e rome *vaká*, o duplo do tabaco, é que estão causando doenças no xamã. Na noite anterior, Cherõpapa havia cantado *iniki* (cantos dos espíritos) e o duplo do tabaco o agrediu. Logo cedo, os rezadores Memãpa e Tekãpapa cantam *shõki* (soprocantos, cantos de cura) sobre Cherõpapa, enquanto rapazes processam a ayahuasca a ser consumida durante o ritual. Venho com remédios para Cherõpapa, depois que acabam de cantar *shõki*. Pergunto se ele comeu e diz que não, que só beberia café feito por mim. Passam alguns instantes. Cherõpapa, fraco, levanta-se para urinar. Quando retorna e deita na rede, seu corpo começa a estrebuchar. "É *yove?*", pergunto a Tekãpapa, que está sentado ao meu lado nos bancos paralelos. "Não, *yochĩ*", responde. O *yochĩ* começa a cantar, levanta o corpo do velho, que sacode a rede frenético e quase cai para trás. "É *vina yochĩ*" (*yochĩ* marimbondo), constata Tekãpapa com preocupação e, junto a seu irmão Memãpa, passa imediatamente à seção familiar (*shana naki*)[49] para cantar *shõki* sobre o doente. Cherõpapa está suscetível aos assédios dos *yora vaká*, os espectros perigosos de pessoas mortas. Os espectros de parentes mortos são "roubadores de duplos", em especial a mãe, o tio materno, o pai e o avô materno do sujeito: são duplos/espectros que retornaram do Caminho-Morte e ficam aqui atrapalhando os viventes, dizendo "vamos! Você está pensando em nós, vamos embora!" E a pessoa adoece.

Estamos na segunda noite da doença. Chegam alguns caçadores que haviam saído para o mato. Há muitos kfchĩtxo de outras malocas sentados no *kenã* (bancos paralelos localizados na entrada principal da maloca), que vieram por causa da doença de Cherõpapa. O jovem *romeya* Venãpa deita em sua rede amarrada no alto das pilastras da maloca. Na seção familiar, Cherõpapa-carcaça, deitado, canta os *iniki* dos agressivos *yochĩ*. Instantes depois, o *vaká* de sua mãe é quem canta: agora, não mais o da mãe-espectro que o atordoava, mas sim o aspecto melhor da outrora pessoa-mãe, que vem para ajudar o fi-

48 Nomes das duas aldeias nas quais conduzi o meu trabalho de campo, ambas no alto Ituí.
49 Uma das seções que dividem as laterais das malocas.

lho doente. Depois, é Kana Ina, o duplo do falecido João Pajé, que canta nele: *lá* está (em sua maloca interna) cuidando de seu duplo, assim como instantes antes fizera sua mãe.

Antes disso, mulheres *yochĩ* haviam entrado no corpo/maloca de Cherõpapa, encheram sua barriga e o deixaram doente. Uma série de espíritos *yovevo* veio depois para restaurar a ordem em sua casa. Entre eles, apareceu o poderoso Kana Panã, que foi chamado ontem mas, como vinha de longe, chegou apenas agora. Às nove da manhã desse dia, enquanto descansava, Cherõpapa sonhou que havia montes dessas mulheres *yochĩ* em seu corpo/casa, todas fazendo sexo entre si. Tentavam agarrar Cherõpapa, pegavam em seu corpo, agarravam seus braços. Acordou doente. Depois veio um *yove* e arrumou sua maloca/corpo. Nesse mesmo dia, Cherõpapa conseguia sentar na rede e cantar iniki. Os *yove* já conversam com os presentes através dele. Um deles, no próprio Cherõpapa, vem dar notícias sobre *ele* mesmo: os *vei yochĩ* (espectros-morte) estão expulsos e não entrarão mais (na maloca/corpo de Cherõpapa).

Na noite seguinte, levei creme de leite com banana ouro madura para o jantar na maloca, para que todos comessem. Cherõpapa, que já estava curado, também comeu. De madrugada, enquanto eu dormia em minha casa, *txashõ vaká* (o duplo do veado) veio e roubou o *vaká* de Cherõpapa, como descobriria apenas na manhã seguinte. *Txasho* é uma categoria que inclui boi, vaca, veado e carneiro – todos animais interditos, ao menos em princípio, para o *romeya*. Creme de leite vale aí, portanto, como uma extensão dos bichos indesejados[50]. Durante a noite, Cherõpapa berrava – era o *vaká* do veado quem berrava nele. Quem estava lá era só seu *shaká* (sua carcaça), seu corpo (*kaya, yora*) com suas sombras (os outros *yochĩ* e *vaká* alienáveis apenas na morte). O *verõ yochĩ* e os *chinã natõ* foram embora, levados pela gente-veado. Cherõpapa estava praticamente morto (*vopia*), isto é, incompleto. Os *kfchĩtxo* (Tekãpapa e aprendizes) cantaram *shõki* durante a noite inteira. Enviaram seus espíritos *yove* auxiliares para encontrar os duplos de Cherõpapa que, assim, amanheceu bem. Fiquei sabendo da doença na manhã seguinte por alguém que conversava calmamente comigo, antes de entrar na maloca onde tomaríamos o café da manhã: "Cherõpapa quase morreu essa noite", "Mesmo? O que aconteceu?", "Foi o doce que você ofereceu para ele". "Diarreia, infecção alimentar", pensava eu, preocupado com a situação. Logo em seguida, quando eu entrava tenso e sem jeito na maloca para comer, Cherõpapa me disse, sem sobressalto algum, que estava bem, mas não tinha conseguido dormir direito porque teve muita tosse e catarro (*oko ãtsaka*) e estava sem o seu broncodilatador. Noutras

---

50 Os *yove* não bebem leite, que, dessa forma, torna-se interdito também para os *romeya*.

vezes, beberá sem problemas creme de leite misturado com frutas, sem que nada lhe aconteça.

Especialistas no trânsito sociocósmico em que está integrada a maloca/pessoa, os *romeya* são, portanto, muito mais frágeis e suscetíveis aos desequilíbrios, isto é, aos "problemas em casa", do que os pajés-rezadores *kfchĩtxo*. Estes, o segundo tipo de pajé ou xamã entre os marubo (falaremos sobre isso com detalhes na parte II), caracterizam-se justamente por não serem capazes de excorporar[51] voluntariamente os seus duplos, bem como de atuar sobre a replicação interna que constitui a pessoa-evento dos *romeya*. Ao invés de irem *em pessoa* a outras partes (ou antes, de mandarem seus outros para as tarefas excorporadas), eles delegam o trabalho a seus espíritos auxiliares. Ocorre que os duplos habitantes da maloca/corpo dos *romeya* são dados a passeios, da mesma maneira que costumam frequentemente receber visitas dos *yove* e de duplos benfazejos de parentes mortos ou, em casos de crise, assédios dos *yochĩ*. A casa precisa estar organizada, afastando visitas indesejáveis e atraindo parentes e convidados ilustres. Mas como se relacionam os seus habitantes? Ainda que toda pessoa tenha a rigor essa dimensão interna, variam os graus de relação que *ela* (a carcaça) mantém com estes seus próprios outros. Um bebê já tem todos os *vaká* no instante mesmo em que nasce, mas não são ainda crescidos e amadurecidos (*vaká tsasima, ichtochta*). Ainda assim, não há uma concomitância total entre a idade da carcaça/suporte corporal e a dos duplos que o habitam: os *vaká* dos adultos, embora sejam maduros/crescidos (*tsasia*), possuem entre si idades e graus de conhecimento distintos.

O professor Benedito Keninawa também me explicou que o duplo do olho não sai de seu dono, não passeia, exceto quando a pessoa morre. Ainda assim, disse que, comportando-se ambos da mesma maneira, o duplo do olho e o duplo do peitopensar podem se desentender com seu dono (carcaça/corpo) e abandoná-lo, sem que este mesmo se aperceba. Quando a pessoa mantém relações sexuais com suas tias (*natxi*) ou irmãs (*txitxo*), tais duplos ficam bravos e vão embora para o *Shokô Naí* (Céu-Descamar)[52]. Os outros *vaká* esperam a pessoa morrer, não a abandonam durante a vida. E mais adiante, na morte definitiva da carcaça, explicava Benedito, "quando você [isto é, o outro aspecto que permaneceu, tal como o duplo do lado direito] chega no *Shokô Naí*, você encontra *você* (o duplo do olho), e *ele* então te explica por que é que foi embora". *Je est un autre*, dizia o outro.

O *verõ yochĩ* não gosta do corpo que ficou ruim, ele sai sozinho, sem ser levado por ninguém. Quando ainda há chance de trazê-lo de volta à pessoa e percebe-se a sua ausência, o duplo do *romeya*, ou então os espíritos auxiliares *Shoma*

---

51 Viveiros de Castro, em *Araweté: Os Deuses Canibais*, utilizou esse termo para fazer um contraste entre o xamanismo araweté e os fenômenos de possessão. O contraste vale também para os marubo, como veremos adiante.

52 As mulheres que mantêm relações sexuais com muitos homens (e vice-versa) também estragam seu sangue e seus duplos.

dos pajés kfchĩtxo, podem ir conversar com o duplo renitente, e convencê-lo a voltar: "você que tem conhecimento, que sabe, venha ajudar e ensinar o seu irmão…" Os espíritos *Shoma* convencem o duplo do olho e ele aceita retornar. Esse duplo é *otxi*, irmão mais velho da pessoa, assim como também o núcleo do peitopensar. Quando não se desaponta por completo com a carcaça, o duplo do peitopensar pode, entretanto, sair para passeios bem próximos à sua maloca: fica conversando com outros grupos de *yove* que estão por aí, mas sempre atento e escutando o que se passa em seu lugar. Logo volta. A morte definitiva implica em uma desordem e imundície de sua maloca: o *vaká* fica de longe olhando e não quer entrar de novo na casa. Toma então outro rumo.

Os duplos benfazejos, assim como os duplos terrestres, possuem qualidades e destinos distintos para os kfchĩtxo e os *romeya*, por contraposição às pessoas comuns, aquelas que não complexificaram a sua dobra interna, que não estenderam o campo das relações sociocósmicas, como interpreto. Das fezes dos kfchĩtxo e dos *romeya*, surgirá Onça-Espírito (*yove kamã*); da urina, surgirá Pássaro-Espírito, Sabiá, Gavião Preto, o pássaro *rewepei* e Gavião Cãocão (*yove chai, mawa, chãcha, rewepei, veshtao*). Pássaros decerto, mas são todos gente (*yora*), espíritos benfazejos que auxiliam os próprios pajés de quem derivaram. Seja para os kfchĩtxo, seja para os *romeya*, os outros duplos terrestres, a sombra e o duplo do lado esquerdo, "ficam também por aqui" (*kamisma*), passam pelas mesmas transformações que os duplos das pessoas comuns, "morrem" (*veiya*) enfim. Os duplos terrestres não sabem pensar, não entendem as coisas e não vão embora desta terra. Os duplos maduros/formados/sabidos (*tsasia*) são os que vão. Quando a pessoa morre, seus duplos sabidos, que sabem falar/cantar e pensar seguem para seus lugares de nascimento, para apenas então partir definitivamente.

Fazer a Pessoa

A trajetória pós-morte dos duplos dependerá do tipo de pessoa/suporte a que pertenceram, das relações de parentesco e relações sociocósmicas que possuíam, do grau de comprometimento de seu antigo dono com o que se chama de *ese*, o conjunto de ensinamentos e preceitos que constituem uma pessoa sabida ou respeitosa (*yora eseya*). Uma pessoa assim se forma ou fabrica, não apenas pelos treinamentos xamânicos de que trataremos na parte II, mas também através de condutas éticas diversas que as longas falas de chefe *tsãiki* costumam exemplificar, ao serem performadas nas festas e situações formais: "seja uma pessoa como nossos antigos, trabalhe para plantar comida de verdade e viver na maloca, não faça as coisas apenas para si", dizem de uma maneira geral. Bom comportamento sexual. Alguém me explicou que, nas malocas dos Mayoruna, ainda hoje mais próximas aos hábitos dos antigos marubo, as mulheres jovens

a pessoa múltipla

ficam escondidas em suas seções familiares, e não à mostra, como agora entre os marubo, andando por todos os cantos e conversando com os homens. Pessoas maduras não fazem sexo indiscriminadamente com quaisquer mulheres assim como os jovens lascivos (*akatsipa*) de hoje em dia, frequentemente atravessados (*tasa*) pelos duplos dos macacos-prego (*chinõ vaká*).

Comensalidade, aliança, comprometimento com a socialidade (nessa e noutras moradas/referências) são todas características essenciais aos ensinamentos. As pessoas maduras, os homens que tomam frequentemente rapé e ayahuasca, são *yora*, gente, *yoraka*, "gentificados", ao contrário daqueles que não se satisfazem (*yanika*) de rapé e tabaco, como os jovens dispersivos e insensatos. É essa socialidade ampliada que garante, como veremos, a obtenção do conhecimento (*yosí*) e do pensamento (*chinã*) que forma uma pessoa cheia de ensinamentos (*eseya*): ao alterar progressivamente a constituição de sua pessoa, o sujeito torna-se apto a aprender os longos cantos-mito *saiti*, os soprocantos *shõki*, entre diversos outros conhecimentos. Um velho comentou certa vez que os jovens de hoje em dia ainda não são completamente *yora*: queria dizer que não estão, digamos assim, estabelecendo relações (com os outros de si, e com os outros) a fim de se tornarem pessoas melhores ou prototípicas (*koĩ*) [53]. Evidentemente, em contextos de contraste sociológico, jovens marubo são sempre ditos *yora* em face de um *nawa* (um brasileiro qualquer, por exemplo) ou de um *mokanawa* (um matis, um kulina, outros índios). Outro kfchĩtxo do Igarapé Maronal me dizia em Cruzeiro do Sul (Acre) que não podia contar grandes histórias ali onde conversávamos, na casa de madeira onde se hospedam na beira do Juruá, porque estava nos *nawa* (nos brancos). Se estivesse na floresta (*ni tero*), ele poderia, pois lá se "gentifica" (*yoraka*), "torna-se gente", veste seus adornos, toma rapé e cipó. "Somos gente que vive debaixo da floresta" (*ni tero shokoyavorasĩ*), definem-se assim frequentemente os marubo. De volta à sua aldeia, o velho xamã pode aproximar-se mais do protótipo de socialidade e conhecimento característico dos *yove* e de seus *vaká*, seus duplos. Conservadores, estes estão na contramão das transformações ocorridas com a carcaça: embora os jovens hoje em dia raramente usem seus adornos tradicionais, os seus *vaká* sempre o fazem, à semelhança dos antigos (que, aliás, são a imagem dos próprios espíritos *yove*). A catinga do estrangeiro (*nawa itsa*) e o seu calor (*shana*), impregnados tanto nas pessoas brancas quanto em seus atributos, é contraditório com o *modus vivendi* dos *yove* e deve ser revertido pela pessoa que deseja se espiritizar.

"Carcaça", *shaká*, isso caracteriza o corpo, mas não apenas: alterado por pinturas, perfumes e adornos, ele deve se tornar um local agradável para a chegada dos *yove* e para o bem viver dos duplos que o habitam – do contrário, são os *yochĩ* que dali se aproximarão, espantando os moradores e visitantes benfazejos, bem como todo o conhecimento por eles veiculado. Pela ingestão constante de

---

53 Patrick Deshayes e Barbara Keifenheim, em seu estudo *Penser l'Autre chez les Huni Kuin de l'Amazonie*, sobre os kaxinawá, mostram com pertinência que o termo kuin (equivalente ao marubo koj), não se traduz exatamente por "verdadeiro". Parece, antes, se referir a "protótipo" ou "exemplar".

psicoativos, o sangue também pode se espiritizar: nosso sangue é ruim, não é como o dos *romeya*, que têm sangue de espírito, *yove imi*. Um corpogente (*yora*) deve fazer-se belo (*roaka*), perfumado (*inɨka*) e forte (*mestɨka*), a fim de que seja um local agradável para outrem, além de poder realizar as tarefas que o definem como uma boa pessoa para a sociabilidade, por oposição à preguiça (*txikishka*) e sovinice (*wachika*), entre outras qualidades negativas comuns nos dias de hoje. Estética e ética, começa-se a vislumbrar, são aqui noções complementares.

Uma vez morto, esse corpo possui também destinos múltiplos: "nossa carne" (*nokɨ nami*) e "nosso líquido" (*nokɨ ene*), uma vez apodrecidos, transformam-se em espectros insensatos (*vaká tanasma shovia*); nossas artérias transformam-se em minhocas-morte (*vei noĩ*). Com os ossos não há problemas, nada acontece, com exceção dos pertencentes aos *romeya*, que se transformam em sucuri (*vɨcha*). Apenas a carne dos *romeya* não apodrece: a dos kɨchĩtxo tem o mesmo destino que a das pessoas comuns (a putrefação). Os *romeya*, na verdade, "morrem porém não morrem" (*vopiyasmɨki veisma*) – são outro tipo de gente. "Não sou como vocês, sou filho de pássaro, filho de sabiá", dizia Venãpa a seus parentes, enquanto dava ensinamentos deitado em sua rede pendurada no alto dos bancos da maloca. Venãpa tem o corpo/maloca pronto para receber visitas dos *yove*, assim como o também *romeya* Cherõpapa. Donde a importância de manter em mente a planta de uma maloca marubo, pois ali se realizam os eventos xamanísticos externos, replicados no corpomaloca dos pajés. Em seu trabalho pioneiro sobre os marubo, Delvair Montagner recolheu um desenho particularmente intrigante, "Cosmoca" ou "malocosmos" como gosto de chamar, que deveremos manter em mente.

O desenho (fig 1) é a rigor um cosmograma; reproduz o esquema característico da pessoa/maloca do pajé *romeya* no cosmos. Na legenda ao desenho, Montagner[54] diz que a maloca central é o corpo do pajé, do qual sai um grande caminho-espírito (*yove vai*), decorado com o padrão losangular *tao peika*. As diversas malocas que circundam a principal são dos espíritos, e estão distribuídas em seus respectivos patamares ou estratos celestes e terrestres, de que falaremos na parte II. É importante visualizar a planta de uma maloca (fig. 2), pois "maloca" não é aqui apenas um edifício, mas uma noção essencial. ▸FIG. 2

A planta da maloca marubo é também pensada como um corpo humano[55]: a soleira (*shovo ikoti*) da porta principal desenhada acima é a boca (*ána*); o pátio central (*kaya naki*) é o ventre (*shakĩ*); os caibros laterais (*kano*) são as costelas (*pichi*); as traves centrais da maloca (*pechkɨ*) são os ombros (*shawã paiti*); o traseiro (*poĩkiri*) é a entrada das mulheres (*repã*), ao passo que a cabeça (*mapo, anakiri*) é o espaço entre os dois bancos masculinos (*kenã naki*); as duas laterais externas (*shovo pemane*) são as costas (*petxiri*). Julio Cezar Melatti e Delvair Montagner Melatti notam que o corpo do *romeya* é também "comparado"[56] pelos marubo à estrutura da maloca: comparado ou, antes, replicado, como venho dizendo

---

54 *A Morada das Almas*, p. 66.

55 Os Matis têm uma concepção similar. Cf., Philippe Erikson, *La Griffe des Aïeux*.

56 A Maloca Marúbo: Organização do Espaço. *Revista de Antropologia*, n. 29, p. 49.

a pessoa múltipla

aqui. O corpo replica para dentro o espaço externo; o próprio espaço externo (a maloca) é pensado como um corpo; a maloca transforma-se em um índice para as indefinidas pessoas do cosmos no desenho que vimos acima. A conversibilidade entre corpo humano e maloca indica que a relação entre interior e exterior, gramaticalmente marcada nas exegeses que examinamos aqui, pode ser pensada como uma continuidade topológica e autossimilar[57]. A particularidade do xamanismo marubo com relação aos outros xamanismos pano, ao que tudo indica, reside também aí.

Certas qualidades corporais e espaciais de fora estão replicadas na dobra interna: os duplos benfazejos que habitam o *shakĩ*, o "oco" (que, de seus pontos de vista, é uma maloca), são eles também belos, perfumados e sabidos, em descompasso frequente com a carcaça. Com a exceção do duplo do olho, o duplo do peitopensar, o duplo do lado direito e o duplo do lado esquerdo formam propriamente uma tríade[58]: o primeiro é o irmão mais velho e mais sabido (*a vaká vevoke*); o segundo é o irmão do meio (*naki*); e o terceiro, o irmão mais novo (*txipokeshta*), é o mais insensato. Os três irmãos que habitam a maloca interna são classificados pelos mesmos povos ou segmentos da morfologia social (os *-nawavo*) que o seu dono (a pessoa-carcaça): se o sujeito for um *shanenawavo* (povo azulão), os três irmãos também o serão (via de regra, os segmentos são compartilhados entre irmãos), tendo apenas outros nomes que o da pessoa/suporte. O duplo do lado esquerdo é o único dos aspectos da tríade que terá destino póstumo terrestre. Não há espaço para os insensatos nas moradas melhores.

Os duplos (aproximados ou praticamente identificados aos espíritos *yove*) não vêm de fora, crescem dentro desse próprio corpo/casa. Uma vez crescidos, eles podem deixá-lo por uma morada melhor, tal como qualquer marubo pode mudar-se da casa onde nasceu. O trânsito por outros corpos/malocas vai se tornar possível; um *romeya* poderá convidar espíritos para sua casa e ele próprio, excorporado, poderá visitar as casas dos outros. O caso marubo, como outros vários amazônicos, mostra que o xamanismo não é um fenômeno de possessão (tal como nas religiões gregas e africanas), como já havia notado Viveiros de Castro em *Araweté, os Deuses Canibais* e em *A Inconstância da Alma Selvagem*. Essa diferença, essencial para a compreensão da pessoa múltipla marubo, de seus trânsitos em vida e de sua dissolução na morte, será aprofundada nos próximos capítulos. Cabe agora apresentar melhor algumas das pessoas com as quais andei vivendo e conversando.

---

57 O estudo *Art and Agency* de Alfred Gell sobre o processo de animação dos ídolos possui análises inspiradoras para o fenômeno em questão.

58 Delvair Montagner Melatti já havia percebido que os duplos são irmãos, mas não havia identificado essa estrutura triádica e todas as suas decorrências. Cf. *O Mundo dos Espíritos: Estudo Etnográfico dos Ritos de Cura Marúbo*, p. 119.

2. Pessoa, Pessoas

trajetórias e transformações

A complexa dinâmica recursiva que caracteriza a pessoa marubo não é um esquema estanque. Como vimos acima, há processos e histórias diversas que contribuem para a configuração de uma determinada pessoa múltipla, irredutível a esquematizações definitivas e variáveis ao longo do tempo e das interpretações. As relações que a constituem escapam por trás de seu nome social utilizado entre os viventes, isto é, os nomes referentes aos seus corpos-carcaça, com os quais conversamos e interagimos. Tal aspecto é apenas um dentre todos os outros integrados pelos campos invisíveis de conexão, sobre os quais nos dedicaremos aqui. Mais uma vez, o leitor precisaria de informações que serão apresentadas nos próximos capítulos, a fim de que compreendesse com mais exatidão as distribuições espaciais dos duplos de uma pessoa. Apresento, de toda forma, breves informações sobre alguns pajés *romeya* e *kfchĩtxo*: trata-se menos de resumos biográficos e mais de exposições sobre a configuração de suas multiplicidades.

Lauro Brasil Panĩpapa

Lauro Brasil Panĩpapa, chefe da aldeia Alegria, era um velho kfchjtxo, um *shane kfchj*, pois pertencia ao povo *shanenawavo* (povo azulão). Sua carcaça era minha generosa anfitriã em Alegria. Seu *chinã nat*ó (duplo do peitopensar) chama-se Shane Pei e mora junto com o espírito do gavião cãocão (*shãpei*), na Terra do Tabaco Branco (*Rome Osho Mai*), uma terra melhor localizada acima de todos os patamares celestes. Seu duplo do lado direito é o irmão do meio e se chama Shane Mese. Seu duplo do lado esquerdo, em contrapartida, "sou eu mesmo" (*ease*), dizia. Noutra situação, explicou-me que ele mesmo, Panipapa (isto é, seu corpo/carcaça), sabia pouco, conhecia apenas alguns cantos menores. Via porém outras pessoas, conversava com o *vaká* de seu pai, com os auxiliares, *Rewepei* e *Oni Shãko* (Broto de Ayahuasca) e, assim, aprendeu cantos maiores. Seu duplo do olho (*verõ yochĩ*) não tem nome.

Por ter tido um pai pajé (*romeya*), Panipapa não podia "morrer" (*veitĩpa*), pois Txonã Tawaivo, o poderoso duplo de seu pai, o buscará quando seu duplo se desprender da carcaça. Seu *mechmiri vaká* (duplo lado esquerdo) transformar-se-á em onça e gavião preto (*kamãi, chãchai*); seu *mekiri vaká* (lado direito), irá para a Morada Arbórea (*Tama Shavapá*). Esse duplo também poderá ir para uma terra-espírito localizada na direção do sol poente, mas não vai porque ele (Lauro) não é "iniciado" (*raõnaya*), isto é, não passou pelos treinamentos a que se submetem os pajés-rezadores *kfchĩtxo*. Seu duplo do peitopensar viverá junto de seu *ochtxo* (avô paterno) Shane Mishõ, um dos mestres dos animais, e com seu *otxi* (irmão mais velho) Shane Rewepei, um dos pássaros-espírito auxiliares dos pajés. Não "morrerá" (*veia*) também, portanto, já que possui tais relações. "Mas vocês", dizia Panipapa a seus filhos jovens, "vocês ficarão 'morridos' (*veiya*)[1], e por isso precisam se esforçar". Outrora regatão, seringueiro e viajante, Panipapa (a carcaça...) era um dos marubo que mais sabia falar português. Conhecia como ninguém o jeito dos brancos das cidades, com os quais lidava com esperteza. Pai de dezenas de filhos, vivia com suas três mulheres na aldeia Alegria, onde cultivava extensos roçados e promovia fartas festas. Ao que tudo indica, morreu de um câncer no estômago no final de 2007, depois de um périplo pelos serviços de (des)atendimento da saúde indígena brasileira.

Antonio Brasil Tekãpapa

Tekãpapa, um velho *kfchjtxo* e chefe da aldeia Alegria junto com seu irmão mais novo Lauro, atualmente mantém consigo apenas o seu o *chinã natõ*, chamado também por ele de *kaya vaká*, "duplo do corpo", ou *nokf vaká*, o "nosso duplo". Experiente, todos os seus outros *vaká* já foram levados (*viataya*) pelos *yovevo*, o que é bom: espiritizam-se, deixam de ser gente como nós. Em dezembro de 2005, Tekãpapa sentia-se fraco, adoentado. Seu cunhado, o *romeya* Armando Cherõpapa,

---

1 O termo "morrido" será doravante contraposto a "morrer", na tentativa de traduzir os distintos processos expressados por *veia* ("ficar morrido", não completar um destino póstumo satisfatório) e *vopia* (a morte da carcaça).

achou por bem trazer de volta um de seus *vaká*, para que vivesse novamente dentro dele. Assim tendo feito, Tekãpapa passou a se sentir mais forte. Quando perguntei a ele qual dos seus duplos era o mais velho, ele disse que todos eram: "todos têm muitas falas e ensinamentos, vivem juntos na Morada da Copa das Árvores". Chamam-se Yove Wani (o seu *verõ yochj*, como disse certa vez), Shane Mawa (Sabiá-Azulão), Shawe Osho (Jaboti Branco) e Shane Txana (Japiim-Azulão).

Em outra ocasião, Tekãpapa me explicou que seu duplo/irmão mais velho chama-se Shane Tae, o do meio chama-se Shane Pei e o mais novo Isá Vero. Distribuídos por diversas posições, é por esses nomes que lhes chamam os espíritos *yove* com os quais convivem. Tekãpapa diz também que tem um outro *vaká* vivendo junto com Itsãpapa (um poderoso pajé falecido de quem falaremos abaixo) na Terra do Tabaco Branco, cujo nome ele desconhece. Sabe que já tem um filho, que é casado, que tem Onça e Vento como poderes auxiliares e conhece todas as falas de ensinamento, todos os soprocantos (cantos de cura *shôki*). É um duplo maduro, terminado, pronto. São esses seus *vaká* que, vivendo alhures e aprendendo a fala das gentes-espírito, ensinam Tekãpapa a falar aqui.

João Tuxáua, Itsãpapa

Chamado de Itsãpapa (Mecha é seu nome de criança), era um respeitado *romeya*, chefe dos marubo na época em que viviam ainda na região entre as cabeceiras dos rios Ituí e Curuçá. Ao que tudo indica, foi quem orientou o complexo formado pelos remanescentes de diversos povos pano reunidos naquela área a adotar a perspectiva do parentesco (o trabalho coletivo no roçado, as caçadas, os festivais, o xamanismo) e abandonar a da guerra e predação generalizadas. Javier Ruedas em *The Marubo Political System* chega a dizer que ele teria propriamente criado essa sociedade atualmente conhecida como marubo. Conferiu, ao menos, o *ethos* que lhe é atualmente característico. Itsãpapa era um chefe-xamã congregador de parentes[2], ponto de confluência do parentesco sociocósmico e, nessa

---

2   Os papéis de chefe (*kakaya*) e xamã (*romeya* ou *kfchjtxo*) costumam se sobrepor entre os marubo: praticamente todos os chefes são xamãs-rezadores (*kfchjtxo*), mas há xamãs das duas espécies que não são necessariamente chefes. Chefe, via de regra, é o dono (*ivo*) de maloca. Há no rio Curuçá a figura de um cacique geral dos marubo, *de facto* para aquele rio e *de jure* para as malocas do alto Ituí, que, na realidade, são descentralizadas. Veja os trabalhos de Ruedas *The Marubo Political System*; Social Context and Creation of Meaning in Indigenous Amazonian Performances of Myth and Oral History, *Journal of Ritual Studies*; Marubo Discourse Genres and Domains of Influence: Language and Politics in an Indigenous Amazonian Village, *International Journal of American Linguistics*; History, Ethnography, and Politics in Amazonia: Implications of Diachronic and Synchronic Variability in Marubo Politics, *Tipití* sobre a chefia entre os marubo, bem como F. Santos Granero, em Power, Ideology and the Ritual of Production in Lowland South America, *Man*, para um estudo comparativo.

pessoa, pessoas

mesma medida, detentor do enciclopédico ou propriamente interminável conhecimento "sobre tudo" (a formulação é dos próprios marubo) que ele se esforçava por transmitir a seus descendentes. Ordenou aos homens que parassem de bater em suas mulheres, passou a ensinar cantos e falas a todos. Reconfigurou e reordenou muitas das versões dos cantos narrativos *saiti*; trouxe das moradas dos espíritos festas que não eram realizadas por aqui; sedimentou o substrato da cultura, da cosmologia e, por assim dizer, da paideia marubo. Na época em que reunia os parentes dispersos, Lauro Brasil devia ter uns onze anos.

Conta Lauro que João Tuxáua nasceu prematuro, com seis meses, e demorou muito para crescer. Era *vake yochj* (filho de espírito), mas era mesmo filho de espírito benfazejo, filho do duplo da sucuri (*yove vake, vfchã vaká*) e ele mesmo, portanto, espírito-sucuri; filho dos espíritos tartaruga matamatá (*kôshã shawe*), filho de espírito-serpente (*yove rono vake*). É dito ser o dono da terra do rio Curuçá, terra do povo jaguar, os *inonawavo*. João Tuxáua foi quem "fez" (*shovia*) a terra das cabeceiras, chamada de *kapi vaná wai anõ yora revoati*, "plantação de mata-pasto feita para as pessoas se espalharem", *yove mai*, "terra-espírito", terra melhor. Morreu em 1996 na cidade de Atalaia do Norte, dizem, com cerca de 130 anos de idade. Lauro explicou que ele previu a minha vinda "e de outros brancos que vão falar a nossa língua". Ao que tudo indica, seu *chinã nató* chama-se Wani Chepãni, é o irmão mais velho, e mora na Morada da Copa das Árvores (*Tama Shavapá*). O irmão mais novo (não precisam se o duplo do lado esquerdo ou direito), chama-se Wani Shãko, ou Yove Wanivo, e também mora na Copa das Árvores.

João Pajé Ravẽpapa

O falecido João Pajé, *romeya* mais atuante do alto Ituí nas décadas de 1970 e 80, era um *kananawavo* (povo arara), e cunhado de Lauro e Antonio Brasil. Chegou depois de terminarem os *romeya* mais fortes, como João Tuxáua. Seu *chinã nató*, o irmão mais velho da tríade, chama-se Kana Ina e vive na Terra do Tabaco Branco. O duplo do lado direito, o irmão do meio, chama-se Kana Panã e vive na Morada Subaquática (*Ene Shavapá*), na direção do poente (*naí votj ikitõ*). Seu duplo do lado esquerdo chama-se Kana Ani e vive na direção do poente e na região noroeste (*naí paro wetsã*): é o irmão mais novo. Kanã Shãko é outro duplo mais novo e vive na Morada Arbórea. Quando João Pajé, "a carcaça", morreu, surgiu primeiro onça, depois gavião cãocão, sabiá e o *yove rewepei* (ou *teshte rewe*)[3]. Esses *vaká* todos surgiram de sua urina, de suas fezes, de sua saliva e dos restos da ayahuasca bebida por ele, bem como do lugar em que estava enterrado. Foi a partir dali que eles se formaram, já que, nessa época, não se realizavam mais os rituais de canibalismo funerário. Os *vaká* saíram todos de seu peito, como

---

3 Espírito do pássaro João-Barbudo (*Malacoptila fusca, Malacoptila striata*).

I: A PESSOA MÚLTIPLA

simula seu filho Võpa com as mãos, deitado em uma tábua, ao me contar sobre seu pai.

Armando Cherõpapa Txano

Armando Cherõpapa Txano, *romeya* e cacique (*kakaya*) da aldeia Paraná, é *rovonawavo* (povo japó). Segundo alguém, seu *chinã natõ* chama-se Isko Ina, e vive na Morada da Copa das Árvores; o do meio chama-se Txano e mora na Morada da Terra-Morte; o mais novo chama-se Rovõ Pena e mora no poente. Um de seus duplos, explicou-me depois, mora "em nossa maloca mesmo, no 'oco'". O duplo mais velho canta como Tama Owa (algum personagem mítico que desconheço) e o mais novo de todos, que canta como a gente-japó preto (*txeshe isko*), chama-se também Isko Ina. Este "sou eu mesmo mais novo" (*ea txipoke*), diz o pajé, sobrepondo-se a seus aspectos. É o detentor ou, antes, o "citador" da maioria dos cantos *iniki* que serão apresentados nas próximas páginas.

José Nascimento Novo Mechãpa

Mechãpa ou Ramipapa, como costuma também ser chamado, é um *romeya* de meia idade que vive atualmente na cidade de Atalaia do Norte. Já viajou para outras cidades e sabe falar português. Conta-se que, depois de ter sido picado de cobra, Mechãpa ficou doente e começou a cantar *iniki*. Sua mãe, entretanto, casara-se anos antes com o duplo da sucuri, cujo couro/corpo estava enrolado em uma trave central da maloca (*sheki paiti*). Por conta disso, a mãe ficou com a coxa colada na perna (dobrada) durante toda a gravidez. Quando ele nasceu, continuou com a perna doente durante meses por conta do *vfchã ichná*, o terrível "mal de sucuri" temido pelos marubo. O seu marido estava escondido ali na parede da maloca e, por isso, tudo aconteceu. Ela foi *roá* (enfeitiçada, *roáishõ iki*) pela sucuri. Junto com Venãpa e Cherõpapa, Mechãpa faz a tríade dos *romeya* atuantes no rio Ituí. Destes, apenas Cherõpapa é analfabeto. Mas Mechãpa teve que parar de ler.

Disse-me um jovem que o *vaká* da onça veio certa vez em José Nascimento (Mechãpa). Pegou todos os livros que ele havia trazido para a maloca e jogou fora. Entenda-se: o duplo da onça fez isso *através* do corpo do *romeya*. Mechãpa acabava de voltar da cidade, onde aprendera a falar português, a ler e escrever. Desde pequeno, ele havia trabalhado em um quartel e, agora, retornava já maduro para sua terra. Assim como Venãpa (ver abaixo), ele era também crente e um dos melhores alunos na sede da Missão Novas Tribos do Brasil, no conglomerado de aldeias de Vida Nova (alto Ituí). Tendo jogado fora os livros, o duplo

pessoa, pessoas

da onça deu rapé para ele engolir (*rome moko*) e começou a cantar *iniki* através de seu corpo. Em seguida, chegou o espírito-sabiá, que também começou a cantar nele. Mechãpa deixou de escrever. Disse para mim que tem vários duplos. Seu duplo ou âmago do peitopensar, o mais velho, é Sucuri, seguido dos outros mais velhos tais como Sabiá, que cresceu junto com ele, e de Japiim. Os mais novos são Mãpo (pássaro não identificado), Shono Rewepei (pássaro João--Barbudo da samaúma), Gavião Cãocão e outro espírito passeador (*poketaya*). Diz Mechãpa que estes dois últimos "surgiram há pouco tempo" (*ramashta wení*).

Robson Doles Venãpa

Além de *romeya*, Venãpa é um jovem professor da aldeia Paraná. É um *iskonawavo* (povo japó): seu irmão classificatório Sebastião Kanãpa me disse que Venãpa "é carne, é corpo mesmo, um jovem"; Isko Osho, ainda segundo Kanãpa, é o seu *chinã natő* e mora no céu; Panã, o duplo do lado direito, é o irmão do meio (*mekiri vaká*) e mora na Morada Subaquática; Pei é o duplo mais novo e mais descontraído e vive na Morada das Árvores. Disseram-me também que Isko Osho, o *chinã natő*, vive mesmo no céu, na Terra do Tabaco Branco: primeiro ele morava na Copa das Árvores, depois se mudou para a Maloca da Pupunheira Desenhada [no Céu-Descamar] e depois para mais acima, na Terra do Tabaco Branco.

Isko Osho é *vſchã romeya*, Pajé-Sucuri, mais velho. Tem duas listras verticais de desenhos losangulares (*tao peika*, ou *vſchã kene*, o padrão da gente-sucuri e do povo subaquático) ao longo do tórax, e duas listras nos dois braços: muitos espíritos *yove*, vale dizer, são desenhados com os padrões *kene*. Ainda segundo Võpa, Txoko Tama é o nome do duplo do lado direito (talvez seja este um outro nome para Panã), o irmão do meio, que mora junto com certo povo de espíritos do mato (*Ni Okevo*). O duplo do lado esquerdo, mais novo, chama-se Pei e vive na Morada Subaquática. Isko Osho, segue Võpa, é filho de Kana Ina, o *chinã natő* de João Pajé: filho, vale frisar, não da carcaça do *romeya* falecido que morava em Vida Nova, mas de seu *vaká* (duplo) mais velho. Ao que tudo indica, Isko Osho se formou a partir dos duplos desprendidos de João Pajé, quando de sua morte.

Isko Osho tem um filho que se chama Kana Kaso: o mesmo nome de seu pai, Kana Ina, que é o avô paterno (*ochtxo*) do filho de Isko Osho, a quem ele transmite seu nome pessoal (Kaso) e sua seção (*kananawavo, kana kaso*), já que a criança é seu *shokó*, a mesma pessoa repetida na segunda geração descendente. Isko Osho criou seu filho com uma mulher-espírito[4]. Seus outros parentes são como os daqui: seus *kokavo* (irmãos da mãe) são os *shanenawavo*, seus *epavo* (irmãos

---

4   As mulheres *yove* também ficam grávidas, mas sua gravidez é mais rápida, não dura nove meses. Maiores considerações sobre a vida social dos espíritos serão apresentadas na segunda parte.

do pai) são *rovonawavo*, e assim por diante. Outra, porém, é a esposa de Venãpa (corpo-carcaça), que vive com o marido na aldeia Paraná.

Venãpa sabe pouco. Quem sabe muitas coisas é Isko Osho e o seu *vaká* (irmão) do meio, Panã. Este, entretanto, é mais brincalhão e despachado que o mais velho: costuma visitar frequentemente as pessoas através de Venãpa e é mesmo quem está mais habituado a ensinar nas festas e nos recolhimentos dos pajés em iniciação. Isko Osho aparece mais raramente, é austero e solene, costuma passar longos sermões em toda a maloca quando chega e a realizar cantos mais complicados, que o próprio Panã, vez por outra, não conhece por inteiro. Cherõpapa pode chamar Isko Osho para cantar dentro dele: duplos de pessoas podem entrar no oco de outros *romeya*, tal como pessoas saem de suas casas e entram em outras, enfim. São os *yovevo* (os *vaká*) de Venãpa que mandam fazer as coisas; é Isko Osho que o manda trabalhar. Por isso, ele não esquece. "Quem não tem um auxiliar assim não sabe criar", refletia Benedito em português sobre Venãpa, em um curso para professores marubo oferecido pelo CTI[5], no qual o jovem *romeya* e professor se destacava como primeiro aluno.

O próprio Venãpa, ao conversar comigo sobre si mesmo, mencionou ainda um outro duplo mais jovem (*txipokeshta*), praticamente uma criança, que se chama Vimi, seguido de Koi Tama (outro nome para o seu *mechmiri vaká*, que acima já havia aparecido com o nome de Pei) e dos outros mais velhos (os mesmos mencionados pelos outros interlocutores). Os três (Isko Osho, Panã e Pei) já têm o pensamento/fala formado, completo (*mashteya*), são "como doutor" (*dotori keská*). Na circunstância em que conversávamos, Venãpa disse que Isko Osho estava agora no lugar do surgimento (a jusante), talvez "nos americanos", já que está sempre viajando a bordo de seu *Wekorte*, uma espécie de nave espacial. ▸FIG. 3

Panã vive a oeste, dentro do Rio-Arara (*Kana Waka*), e Vimi vive no sul, onde mora o *yove* Kene Mãpo. Koi Tama (lado esquerdo) vive na direção norte. O único aspecto dessa pessoa-configuração que não tem a fala formada ou terminada (*vana tsasia*) é o próprio Venãpa: este poderá ter ao se "formar" kfchjtxo. Cometi certa vez uma gafe ao dizer para Venãpa que não havia na aldeia Paraná, em determinada circunstância, nenhum velho para gravarmos alguns cantos *saiti* mais longos e difíceis. No que ele respondeu: "eu sou velho" – estava se referindo a Isko Osho, seu *vaká*, que é velho e conhece todos os cantos. Usou naquele momento a primeira pessoa, identificando-se a seu *chinã nató*, muito embora não fosse Isko Osho que estava ali conversando comigo, mas a própria pessoa/suporte. Noutros momentos, Venãpa emprega a terceira pessoa (ele) para se referir a Isko Osho e outros de seus duplos/aspectos. Como se Venãpa dissesse já ser *tsasia* (velho, maduro), não por causa *dele* (seu *shaká*), mas por causa "dele" (seu duplo-irmão mais velho, Isko Osho).

---

5   Centro de Trabalho Indigenista, organização não governamental que atua na Terra Indígena Vale do Javari.

Formação dos Duplos, Formação dos Corpos

Um duplo que fala através de Venãpa (assim como em outros *romeya*) traça seu parentesco com as pessoas presentes que o escutam, e do mesmo ponto de vista que a pessoa/suporte Venãpa, o que é claro, pois os duplos e a pessoa são irmãos. Ainda assim, trata-se de irmãos bem distintos. Venãpa é filho de um homem marubo que morreu há cerca de dez anos; Isko Osho, além de filho de Kana Ina, o duplo de João Pajé, é dito também o ser de Txi Koni, o Poraquê-Fogo, que é "feito um [policial] federal" (*federal keská*), pois espanta os duplos amedrontadores das sucuris, em momentos de doença e perigo para os viventes. Por serem filhos dos *vaká* das sucuris, os *romeya* Mechãpa e Venãpa (ou, antes, seus duplos) são também Pajés-Sucuri: podem entrar na Morada Subaquática e conversar com a gente de lá, justamente por possuírem os desenhos de sucuri, concebidos como uma espécie de passaporte para esse mundo. O mesmo não se dá com Cherõpapa. Uma senhora me explicou que a mãe de Cherõpapa tomou *mani shôka* (mingau de banana rezado), espalhou *sfpa shôka* (resina perfumada rezada ou soprocantada) para engravidar e ter um *yove vake*, criança-espírito. Durante a gravidez, o bebê dava muito trabalho à mãe, que passava mal sempre que sentia cheiro da resina *sfpa*, agradável aos *yovevo*. Tendo se formado a partir do broto de rapé-espírito (*yove rome shãkõshki*), Cherõpapa (ou seu *vaká*) acessa somente a Morada da Copa das Árvores: tem outra espécie de desenhos (invisíveis aos nossos olhos) em seu corpo, passaporte para o mundo arbóreo e não para o aquático.

A constituição ou desvelamento da pessoa complexa de Venãpa merece ser vista com mais detalhes. O relato que citamos no início do primeiro capítulo mostrava o momento em que, entrando em uma maloca vazia, ele conhecia Isko Osho e seus outros duplos auxiliares. Mas é necessário voltar atrás e investigar a formação das pessoas internas, bem como os progressivos acontecimentos que fizeram de Venãpa um *romeya* consciente de sua multiplicidade. Certa vez, Venãpa me disse que o *chinã natõ* é "o que nos sustenta" (*noke oteya*), "o que nos dá força" (*mestf akaya*), "o que nos dá calor" (*shana akaya*): esse é o duplo *chinã natõ* que se chama Venãpa. Tendo outras diversas vezes escutado, inclusive dele mesmo, que o *chinã natõ* era Isko Osho, pedi por melhores explicações. Disse ele então que Isko Osho é *chinã natõ keská*, "é como o âmago do peitopensar" – talvez não o seja efetivamente *agora* porque anda sempre viajando e não fica no corpo/casa para aquecê-lo. Mas não era assim antes, quando o irmão mais velho ainda ficava "em casa". Atualmente, quem sai do corpo temporariamente e o faz ficar "como que morto" (*vopia keská*) é o duplo chamado também de "Venãpa", mais novo que Isko Osho: ele sai de casa e fica esperando em um lugar que se chama Colina Mata-Pasto (*Kapi Matô*), aqui perto, nessa terra mesmo. Trata-se de uma morada dos espíritos (*yovevo shavá*), onde os *chinã natõ* dos pajés ficam esperando até que terminem as visitas dos *yove* em suas casas/corpo, para que então retornem de novo a seu lar. No entanto esse *vaká* "Venãpa" não se veste exatamente como o *shaká* (carcaça) Venãpa. Na ocasião em que me explicava, ele vestia camiseta, bermuda e óculos escuros. Perguntei então se o duplo também assim se vestia. Disse que era um pouco diferente, usava bermuda, mas não camiseta, e não tinha óculos escuros. Mas não é esse, entretanto, o duplo de Venãpa que lhe traz o conhecimento extraordinário repassado aos seus parentes daqui, nos diversos contextos rituais em que os duplos contam/cantam através de seus corpos.

Voltemos um pouco ao histórico de desvelamento da dimensão interna replicada (o corpo/maloca) e de seus habitantes, isto é, ao histórico de sua transformação em pajé. Desde seu nascimento, Mana (futuro adulto Venãpa) já não era uma criança qualquer. De modo similar ao caso do *romeya* Mechãpa (ver acima), a mãe de Mana, Manãewa, havia sido *roá* ("enfeitiçada" não traduz bem o processo em questão) pelo duplo do poraquê (*koni vaká*). Indo certa vez passear em um lago ou igapó (*iã*), encontrou muitos poraquês se revolvendo na água. Acabou engravidando deles: ela foi "coisada" (*roá*) pelo duplo do poraquê, dizia Venãpa ao me contar a história[6]. Txi Nawa, algo como Estrangeiro-Fogo, é o nome do pai-poraquê de Venãpa. "O poraquê coisa as pessoas" (*koni yora roakaya*), diz Venãpa nas duas línguas: "coisou", isto é, *copulou* com a mãe de Mana ou, antes, com o duplo de sua mãe em sonho. Isko Osho é gestado pelos duplos em sonho // Mana é gestado pelas carcaças de seu pai e de sua mãe na vigília. Mana e Isko Osho são irmãos: este último, sendo filho de Txi Koni (o homem-poraquê), faz com que as sucuris e os botos (*kosho*) sejam parentes (*wetsamavorasj*) de Mana. Tendo seu pai "carnal" (*papaka*) falecido durante sua infância, Mana foi depois então criado por um homem kananawavo (do mesmo povo que seu pai "carnal"), Ravẽpapa ou João Pajé, o célebre pajé já falecido de Vida Nova. Ali em Vida Nova, Ravẽpapa criou Mana // Kana Ina (o duplo de João Pajé) criou Isko Osho (o duplo de Mana) em outra referência, alimentando-o de ayahuasca e rapé. Kana Ina é um homem-sucuri: Isko Osho fica sendo, portanto, filho de Txi Koni (poraquê) e filho/sobrinho de criação de Kana Ina (sucuri) // Mana é filho de seu pai falecido e filho-sobrinho de João Pajé (Ravẽpapa).

Parentescos em paralelo, gestações em paralelo, simultaneamente na referência dos corpos e dos duplos que, para si mesmos, são, entretanto, corpos. Observe que a relação *epa* (irmão da mãe) é recíproca: chamo de *epa* todos os homens do mesmo povo que meu pai (irmãos classificatórios de meu pai), assim como também eles me chamam de *epa*. Explicava-me Venãpa que "assim como Deus mandou Jesus através de Maria, também Isko Osho foi mandado por Txi Koni (Poraquê) por intermédio de sua mãe". Tradutor da *Bíblia* e melhor aluno da Missão Novas Tribos do Brasil até que caísse doente, veremos que Venãpa recorre constantemente a tais comparações: interessam aqui, porém, os equí-

---

6   O mesmo fenômeno pode acontecer com os urubus: a mulher grávida vê urubu comer carne podre e engravida de seu *vaká*. Seu filho, depois, não conseguirá mais comer carne que não seja podre – ele é "apodrecido" (*pisikea*) por sua mãe ter sido "coisada" (*roá*) pelo urubu.

pessoa, pessoas

vocos tradutivos[7] realizados por ele. Mostrando com isso que Isko Osho, assim como Jesus, é *outra* pessoa ("sou outro tipo de gente", "tenho outro sangue"), Venãpa eclipsa o fato de que o duplo de Maria (se é que ela tinha tal coisa) talvez não pudesse manter relações ativas de socialidade com os parentes de seu marido-outro, o *Deus otiosus*.

Antes de se mudar para Vida Nova, Mana morava em Água Branca, a última aldeia a montante do rio Ituí. Tinha uns oito ou nove anos quando foi tomar banho no rio: subiu em cima de um tronco e pulou na água. Desmaiou. Nesse instante, Isko Osho saiu, começou a escapar de seu corpo e a viajar. Isko Osho pensava ainda que a terra fosse quadrada ou chata, assim como concebiam os antigos. Ia viajando, primeiro para oeste, depois para norte e sul, vendo que chegava sempre no mesmo lugar. Descobriu então que a terra era redonda. Mas foi apenas aos 13 anos, sonhando, que Mana entendeu ser Isko Osho seu irmão. Até então, "o duplo e a pessoa se ignoravam" (na expressão emprestada de Tânia Lima).

Antes disso, aos dez anos, e agora já morando em Vida Nova, Mana estava também tomando banho e desmaiou de novo. Dessa vez "saiu"[8] Panã, seu outro duplo/irmão. Sani Nawa, um homem *shanenawavo*, o levou então para a Morada Subaquática (*Ene Shavapa*). Entrou na maloca das sucuris (de seus *vaká*). Os duplos das sucuris (as pessoas-sucuri) mandaram ele caminhar por cima "das coisas deles", no dizer de Venãpa, que depois completa em marubo: awɾ awe, awɾ isj, "as suas coisas, as suas doenças", pequenos bichos nos quais ele enfiava os pés até os tornozelos, que o picavam e mordiam. Esses bichos eram as doenças de sucuri, estavam ensinando a ele sobre si / sobre as doenças, para que depois ele pudesse curar as pessoas que caíssem com "mal de sucuri" (vɾchã ichná). Caminhou em seguida por cima do corpo das serpentes, estiradas no fundo de um remanso, por ordem de seus duplos (as pessoas-sucuri). Eram várias as serpentes, uma preta, outra vermelha, outra branca, e ele deveria andar bem por cima delas. Se caísse para o lado, a sucuri o devorava. Ele tinha medo, mas não caiu. As serpentes davam choques em sua barriga. Por isso, todas as sucuris hoje o respeitam e temem.

Noutra noite, mais ou menos em 2000, ainda quando era adolescente e antes de se tornar *romeya*, Mana escutou alguém perguntando se ele estava dormindo: era novamente Sani Nawa, o homem-mediador *shanenawavo*, filho, segundo Montagner Melatti[9], de Vo Romeya

---

7   Uso o termo na acepção de Viveiros de Castro em Perspectival Anthropology and the Method of Controlled Equivocation, *Tipití*, v. 2, n. 2. Voltaremos ao assunto adiante.

8   O termo em português é do próprio Venãpa.

9   *O Mundo dos Espíritos: Estudo Etnográfico dos Ritos de Cura Marúbo*, p. 407.

(uma mulher xamã) e do espírito mestre dos animais Kana Mishõ[10]. Sani Nawa o conduziu para uma aldeia na cabeceira do Ituí outrora liderada por Itsãpapa e outros *romeya* mortos. Lá ele escutava *iniki*, flauta e tambor; escutava as vozes dos falecidos pajés Ni Sina e Itsãpapa. Ni Sina ofereceu rapé para ele e uma mulher entregou caiçuma de pupunha (*wanj waka*) e de banana (*mai waka*). Ele gostou. Conheceu assim os duplos dos mortos. Depois foi para oeste, para um lugar que se chamava *txo vãi tapã* (ponte-surubim), uma cobra grande, uma sucuri gigante (*jper*) que ele aí encontrou. Foi depois para o *tete teka namã*, o lugar do Gavião Gigante, também na região do surgimento, onde havia muita gente e era impossível conhecer atentamente todas as pessoas. Ele gostava das músicas que ouvia e que, hoje, ensina para seus alunos na escola. Diz que eram *oniska* as melodias: nostálgicas, mas não necessariamente tristes. Encontrou ainda os *nawã tawa*, "estrangeiros-flecha", americanos talvez. Na boca do rio Negro (um formador do Ituí) ele esteve, passando depois no igarapé Rio Novo e por um igarapé na cabeceira do rio Paraguaçu, onde há pedras. Depois disso, chegou no igarapé Ponõtia, entre as aldeias do Paulino e do Paraná. Apenas aí reconheceu o caminho de volta para casa. Quando estavam aí, o Sani Nawa quis assustá-lo: queria levá-lo consigo e bateu com o pé na sapopema, fazendo barulho bem alto. Mana, entretanto, não o acompanhou e voltou para a sua maloca lá pelas cinco e meia da manhã. Sani Nawa o havia levado no final de tarde, indo primeiro para o poente, depois para o nascente (ou a jusante) e subindo de volta o Ituí. Os tempos transcorridos em sua viagem e na maloca de onde havia partido não são, todavia, os mesmos.

Os mortos que ele havia encontrado na aldeia da cabeceira do igarapé Pakaya (entre as cabeceiras do Ituí e do Curuçá) estavam

---

10 A autora sugere ainda que Vo Romeya (uma *shaneshavovo*, pertencente ao povo-azulão) era filha de uma outra pajé *romeya* mulher. Cf. Idem, p. 405. Se o dado for verdadeiro, será capaz de complexificar a ideia de que o xamanismo de tipo *romeya* é transmitido por via paterna. A ideia não é totalmente clara, pois o pai de Robson Venãpa, por exemplo, não era *romeya*, muito embora Isko Osho, seu duplo, fosse na referência paralela aos corpos filho do duplo de João Pajé, Kana Ina. A autora observa ainda que, ao dançar, Vo Romeya retirava sua saia (*vatxi*) e não se envergonhava disso, pois quem dançava era a rigor um *yove* através dela. A xamã, diz Montagner Melatti, era considerada "assexuada" pelos marubo. A terminologia utilizada pela autora me parece inadequada e precisaria ser revisada à luz, por exemplo, do que tem escrito Anne-Marie Colpron em *Dichotomies Sexuelles dans l'Étude du Chamanisme: le contre-exemple des femmes 'chamanes' Shipibo-Conibo (Amazonie péruvienne)* e em Monopólio Masculino do Xamanismo Amazônico: O Contra-exemplo das Mulheres Xamã Shipibo-Conibo, *Mana* sobre o xamanismo feminino entre os Shipibo-Conibo. Não recolhi outras informações sobre mulheres *romeya* entre os marubo, muito embora tenham me dito que há uma mulher *shõikiya* no rio Curuçá capaz de cantar cantos de cura *shõki*, tal como os xamãs kfchjtxo.

pessoa, pessoas

dançando ao som de tambor e flauta porque faziam a festa do *nawa*[11]. Essa aldeia recebe também o nome de *Kapi Vana* ou *Kapi Wai*, "Plantação de Mata-Pastos", uma antiga ocupação abandonada nessa que é hoje a região de caça do Paraná e que, aos olhos alterados, aparece com sua população. Nesse lugar, os mata-pastos são gigantes, do tamanho de uma maloca, e não pequenos arbustos, como os daqui. Mas a Aldeia dos Mata-Pastos (ou aldeia dos mortos) é mesmo nessa terra, na Morada da Terra-Morte. Foi ali, naquela festa, que Venãpa conheceu Ni Meni Romeya, um dos primeiros *romeya* a encontrar os *yove*: Ni Meni é o nome de seu *vaká*, que vive nessa aldeia das cabeceiras; sua carcaça se chamava Sina (nome adulto: Kevãpa) e morreu há décadas. Ni Meni, o duplo, vestia calça e chapéu, assim como o chapéu de sol dos brancos (grande, arredondado, cinzento), muito embora não fosse *nawa* (talvez assim estivesse vestido por causa da festa). "Estava morto, mas vestia chapéu?", pergunta alguém, enquanto Venãpa relatava esses feitos. "Sim, ele (seu *vaká*) continuava a vestir roupa de branco", responde. Lá, Venãpa come da pupunha deles. Havia muita comida colocada entre os bancos paralelos, muita carne de queixada, de anta e macaxeira. Venãpa comeu de tudo, mas ficou com medo, pois esta era *vei píti*, comida-morte[12]. A comida não chegou a fazer mal, pois ele já estava "espiritizado" (*yovea*). Ainda assim, quando voltou, tomou uma dose da secreção emética da pererea *kãpô* e viu que a comida vomitada era mesmo aquela que ele havia ingerido na aldeia dos mortos. Lá havia cachorros e mulheres gritando. Era mesmo como casa de branco. Os homens se organizavam para fazer caçadas coletivas de queixadas (*yawa*). "Mesmo naquele lugar eles fazem guerra", explica Venãpa, já que estava também na Morada da Terra-Morte.

Visitou depois a Morada do Céu-Descamar que, disse, é um lugar bom, diferente da Aldeia Mata-Pasto. As malocas de lá estão como que penduradas no vento. Roka, o dono dessa região, tem barba no pescoço, é estrangeiro branco mesmo. Sua maloca é como que enevoada (*koj keská*), os bancos *kenã* são macios como algodão, ao passo que os nossos são duros como ossos. Seus bancos são como cama, como chumaços de algodão, não têm sujeira alguma. Venãpa conta que, também lá, alguns duplos dos mortos tocavam flauta e tambor. Espírito-Galinha (*Takare Yochj*) e Espírito-Cachaça (*Katxasf Yochj*) estavam

---

11 A descrição corresponde ao festival aprendido dos txamikoro, com os quais os antigos marubo estabeleceram contato na época do caucho. Na festa, as pessoas dançavam ao som de tambores e flautas, com melodias desprovidas de letras. Dançavam coreografias com lenços e passos à moda andina e bebiam caiçuma fermentada de mandioca (*atsa waka*), um hábito desconhecido de seus antigos, cujas caiçumas não possuem teor alcoólico causado pelo processo de fermentação. Mais disso adiante.

12 Comer a comida alheia em outra referência é um detalhe importante, como veremos na parte IV.

junto com Isko Osho cantando um canto crente, com a melodia de uma flauta. Lá há também policiais ("prendedores", *teskekaya*). "Se você não tem escrita, não pode passar, não tem passaporte", diz Venãpa. Os policiais são mesmo como pessoas viventes (*ã kayakavi keskaserivi*) e não deixam passar o *vaká* que quer ir para a casa do Nawa Roka (Roka-Estrangeiro). Isso tudo se deu a noroeste, na mesma direção em que está Shokô Roka (Roka-Descamar): eles estão perto, as malocas são vizinhas, ali onde o Caminho-Morte se divide entre *yora* e *nawa* (caminho das pessoas e dos estrangeiros).

Depois de ter visitado o Céu-Descamar, Venãpa, tendo descido a jusante, atravessou o rio Branco (*Osho Waka*) com um bote de alumínio, uma voadeira (*lisadô*), que não tinha remos e andava como que voando por cima da água. Do outro lado do rio, chegou enfim no lugar do Gavião Gigante mencionado acima. Os habitantes dali cantavam. Ali ele encontrou seu avô materno (*txaitxo*), Vari Itsa. "O que você está fazendo aqui?", perguntou-lhe o antepassado. "Está perdido?" "Eh, gente velha não se perde mesmo!", respondeu então Venãpa. De onde estava, ainda no lugar do Gavião Gigante, ele voltou para a boca do rio Negro, e depois para o rio Novo, onde encontrou as mulheres tomando banho. Foi subindo então o Ituí. No igarapé Penteaguinho ele viu crianças-espectro (*vake yochj*) em um barranco de pedra (o mesmo barranco de pedras mencionado acima). Foi então voltando para o Paraná.

Em sua viagem[13], passou ainda por um lugar onde havia uma árvore que dava todos os frutos (sapota, maracujá bravo e cupuaçu, entre outros), numa terra onde viviam alguns *yove*. Com a mesma voadeira, passou ainda pelo *Vari Waka*, o Rio-Sol, onde havia um grande jacaré que produzia ondas no rio. Em cada lugar por onde passava, escutava uma melodia distinta de *iniki* cantada por seus habitantes. Visitou ainda o mundo-sol (*vari*). O duplo humanoide do sol tem barba até o pescoço e sua casa é de pedra. Tinha muitos cachorros grandes e saía para caçar anta com sua espingarda-sol (*varj típi*), cantando cantos *iniki*. Em outro lugar, encontrou também com os *kananawavo*, que eram americanos e brancos, com os quais ele conversou. Pergunto a Venãpa, o narrador, se Sol ou esses *kananawavo* não são o Inca e ele me responde dizendo que não, que o Inca é bem aqui perto, aqui embaixo mesmo. Diz que "as suas pessoas viveram em grande número há muito tempo, mas agora há poucos deles".

---

13 Aqui eu já não conseguia acompanhar com precisão os nomes de rios e igarapés pelos quais passava: não apenas eu, mas também o narrador, dá saltos temporais que só são compreendidos por quem domina a intrincada hidrografia da região. Entenda-se: subir e descer os rios são modos de se conceber o tempo.

Os espíritos Roe Peta (Ariramba[14]-Machado) cantam dali, junto ao Inca, de quem são vizinhos.

O relato de Venãpa (mais uma vez editado por mim a partir de dados dispersos) entrevê alguns dos elementos da complexa cosmologia com a qual lidaremos nas próximas páginas: pensa-se efetivamente mundos múltiplos via critérios que utilizam a diferença como base para a miríade de trajetos e traduções, de visitas e deslocamentos, nos quais índios e brancos, se quisermos utilizar os nossos termos, encontram-se entrelaçados. É preciso que haja uma pessoa múltipla, replicada e distribuída, para que as experiências dos deslocamentos, as andanças pela rede do parentesco sociocósmico, possam ser traduzidas (mediadas e veiculadas) para os parentes daqui. Os cantos *iniki* que veremos a seguir constituem, junto com as narrações diretas dos *romeya* tais como a acima citada, veículos de informação sobre as pessoas outras: são propriamente as suas palavras, já que espíritos e duplos dos mortos cantam eles mesmos através do *romeya*. Em sua narrativa direta, Venãpa não faz uso de um reportativo, o sufixo *–ki*, que vincula a informação às experiências vividas pelo duplo da pessoa, bem como a outro falante ou fonte de autoridade. Pergunto-lhe se foi o seu *vaká* que fez esse trajeto e ele diz que não, que havia sido *ele mesmo* o viajante: Sani Nawa o havia levado em pessoa (*kayakavi*, pessoa vivente) para passear. Venãpa compara sua viagem à de Vimi Peiya, uma personagem dos cantos-mito *saiti* que foi viver no mundo subaquático e, de lá, trouxe aos antigos diversos dos elementos de sua cultura material, tais como a arte de construção das malocas ou a caça com arco e flecha. "Como virou *romeya*?", pergunto a ele, que me responde com a frase *romeya ari shovishna*, "pajé começou sozinho". A rigor, começava a se "empajezar" ou a se "entabacar" desde criança, quando escutava os gritos dos espíritos e tinha medo, pois eles são assustadores. Mergulhava no rio e ficava tempos submerso. Voltava então com diversos peixes apanhados com a mão para sua mãe cozinhar. Mas foi quando ficou doente, ainda adolescente, que o processo se ampliou. "Nosso duplo é bem levinho, como que morto", diz ele em outra circunstância sobre seu deslocamento durante a viagem, dando já outra versão sobre *quem* afinal se deslocou.

Venãpa vai mesmo começar a atuar como *romeya* (isto é, a cantar e curar) apenas depois de ter realizado todo o trajeto cosmográfico para enfim retornar ao ponto de partida: é aí que vem a história da maloca vazia (capítulo 1). Vale recapitular brevemente, e com outras informações: "ele" havia chegado em uma maloca que não tinha redes, mas tinha fogo (*shawã ina masoa*, "rabos de arara amontoados", diz a linguagem metafórica ritual). Escutou pessoas que vinham cantando do fundo do roçado. Eram seus duplos, entre os quais Isko Osho, que o avisam de sua morte iminente e trocam seu sangue, tornando-o agora então efetivamente *outra* pessoa, consciente de seus duplos e com o sangue alterado. Antes, "por ter olhos-morte, eu não reconhecia os *yove*", comenta. *Oniskarvi*, "é

14 *Galbula sp*

muito triste", lamenta sua mãe ali presente, sentada no chão próximo aos bancos onde conversávamos, a tecer fios de tucum nas coxas. "'Eu' estava de pé, mas era *eu* deitado", diz sobre o duplo evento hospital em Tabatinga // maloca vazia dos espíritos. Maloca que, vale lembrar, era f *chinãnamã*, "em meu peito-pensar". "Ele", o *vaká*, chorou (chorou-se a si mesmo): "não morra" (*vopiroa*), disse "ele" lamentando a si próprio deitado na cama do hospital. "Por que vocês estão chorando, que lugar é esse onde as pessoas choram e ficam tristes?", os espíritos disseram a ele, nesse lugar em que ele conheceu os duplos de seus pais, Kana Ina e Kana Koni (ou Txi Koni), e de seus irmãos (Isko Osho, entre outros). O duplo é *quase* idêntico à pessoa: é ela própria, mas o rosto é diferente (ou, como vimos acima, ele quase se veste igual à carcaça). Venãpa depois esclarece que, naquela ocasião, seu duplo não havia saído em sonho, o que diz pelas seguintes palavras, aparentemente ambíguas: "este é nosso corpo, este que fala e que nós vestimos. Tirando-se isso, é sonho mesmo, o pensamento vai se alterando e tudo é gente vivente, como um sonho". Entre a excorporação direta e o sonho não há, a rigor, muita diferença: "sonhando comigo não sou eu mesmo, é como o meu corpo, mas o rosto é outro"[15].

A experiência de Venãpa mostra que os duplos das mais distintas pessoas/suportes entretêm, a despeito delas próprias, suas relações de parentesco. Mais ainda, as relações entre duplos e carcaças/corpos podem ser interespecíficas: o parentesco vincula os corpos "humanos" (não há um termo restritivo e exclusivo para humano, ou geral, para humanidade), "hiper-humanos" (espíritos) e "extra-humanos" (animais); relaciona pessoas de distintas posições do cosmos através desse "fundo virtual de socialidade", como diz Viveiros de Castro. E o parentesco dos duplos, dizíamos, é concomitante ao dos corpos. Sua terminologia é a mesma da sociedade marubo, ou a sociedade marubo é que possui a mesma terminologia da rede sociocósmica. Isko Osho (cf., Venãpa) é filho de Txi Koni (cf., poraquê) e de Kana Ina (cf., João Pajé), cujo avô paterno (*ochtxo*) é Wani Shãko (cf., Itsãpapa); Kana Ina é *epa* de Ni Sina, o *vaká* de um outro *romeya* que, aliás, é irmão mais velho (*otxi*) de Isko Osho e *koka* (tio materno) de Lauro Panipapa (e de seus *vaká* também, por extensão). Esse mesmo Wani Shãko é *epa* (irmão do pai) de Isko Osho. O esquema abaixo ilustra o espelhismo em questão[16]:

---

15 *Naro nokẽ kaya, a vanaya, noke sawerivi. Aivo tsekekãia namásrivi,*
Na-ro noke kaya a vana-ya, noke sawe-rivi. Aivo tseke-kãia namá-se-rivi,
este-TP1pGEN corpo 3DEM fala-ATR 1p vestir-ENF DEM tirar-INC sonho-EXT-ENF
chinã wetsakãi, kayakavi nasrivi, namá keská.
chinã wetsa-kãi, kayakavi na-se-rivi, namá keská.
pensamento outro-INC vivente este-EXT-ENF sonho SML
Eama namá, ẽ yoraka keskámẽkj˜ a veso wetsarvi.
Ea-ma namá, e yora-ka keská-meki a veso wetsa-rvi
1s-NEG sonho 1sGEN corpo-ATR SML-mas 3DEM rosto outro-ENF

16 A genealogia discrimina apenas as pessoas mencionadas no texto: nas duas gerações (dos corpos) há mais irmãos do que podemos mencionar aqui, por razões de espaço.

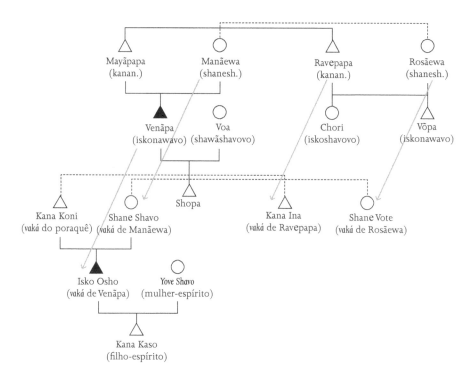

As setas pontilhadas indicam a ligação entre uma pessoa e seu duplo: o diagrama inferior se refere às relações entre os duplos e o diagrama superior às relações entre os corpos/carcaças. Acima, sendo ambos *kananawavo* (povo arara), o pai de Mana era irmão de nascimento de Ravepapa (João Pajé), que criou Mana em Vida Nova // Kana Koni é irmão classificatório (assim indica a linha vertical descontínua) de Kana Ina, pois ambos são também *kananawavo* e criaram Isko Osho na morada subaquática. O pai de Kana Ina é sucuri-japó (*rovo vfcha*) e sua mãe pertence ao povo-espírito da samaúma (*shono yove nawavo*). Manãewa foi fecundada aqui por seu marido // seu duplo foi lá fecundado por Kana Koni (ou Txi Koni). Embora eu não conheça o nome do duplo de Manãewa, sei o de Nazaré Rosãewa, a viúva dessa referência de Ravepapa: Rosãewa é irmã classificatória (linha descontínua horizontal) de Manãewa // seu duplo, Shane Vote, também o é, portanto, do duplo de Manãewa. Narazé Rosãewa é viúva de Ravepapa // seu duplo Shane Vote segue vivendo com Kana Ina na Terra do Tabaco Branco, onde tem outros filhos-espírito. Essa espécie de genealogia espelhada poderia se estender para outros duplos/corpos, mas aqui fica restrita apenas às pessoas relevantes para nossa etnografia[17].

> 17 A tese *Dichotomies sexuelles dans l'étude du chamanisme: le contre-exemple des femmes 'chamanes' Shipibo-Conibo (Amazonie péruvienne)*, de A-M. Colpron sobre os Shipibo-Conibo traz bons dados sobre casamentos "interespecíficos" e "trans-humanos". Uma análise comparativa sobre tais casamentos entre os mesmos shipibo e os inuit do Alasca foi elaborada por

"Povo" aqui não se refere a distintas tribos autônomas, mas às denominações (provavelmente originárias dos antigos remanescentes de grupos pano dispersos) que a morfologia social marubo reconfigurou em sua lógica própria. A referência é o estudo de Julio Cezar Melatti: "De fato, os marubo (vamos continuar usando esse nome, na falta de outro) se classificam sob várias denominações, mas um exame mais detido de sua regra de descendência nos faz perceber que não se trata de grupos tribais, mas sim de segmentos da mesma sociedade, organizados em torno de princípios de descendência: cada marubo, de um ou de outro sexo, se classifica sempre sob a mesma denominação de sua avó materna"[18]. Melatti sustenta então que uma dupla de denominações (*shanenawavo* e *iskonawavo*, por exemplo) se alterna através das gerações em linha feminina, assim "constintuindo uma unidade matrilinear"[19]. Tais unidades são exogâmicas e constituem a rede de alianças que configura o caleidoscópio marubo. As denominações (povos) mantêm entre si relações determinadas de parentesco: um *iskonawavo* (povo japó) sempre chamará um *shanenawavo* (povo azulão) de *koka* (irmão da mãe), e a recíproca é verdadeira; os homens *shanenawavo* sempre chamarão os *rovonawavo* (povo japó) de *txai* (primo cruzado), e assim por diante para as diversas outras denominações.

As pessoas que mantêm entre si uma relação recíproca de *kokavo* constituem, segundo Melatti, "uma mesma unidade matrilinear"[20] dentro da qual não há casamentos. Os termos de parentesco, por sua vez, repetem-se em gerações alternadas e acompanham a lógica das unidades matrilineares: "A terminologia de parentesco marubo é, pois, coerente com a inclusão de indivíduos de gerações alternadas em categorias que formam as nossas unidades matrilineares. Assim, todos os membros de uma categoria se chamam de *take* [irmão] ou por termos equivalentes que distinguem sexo e idade. Em segundo lugar, a terminologia parece coerente com a regra matrimonial segundo a qual o homem deve se casar com a prima cruzada"[21]. Melatti nota que o sistema gera uma solidariedade entre grupos de irmãos (*takevo*) que, mostram meus dados,

---

F. Morin e B. Saladin D'Anglure em Mariage mystique et pouvoir chamanique chez les Shipibo d'Amazonie et les Inuit du Nunavut canadien, *Anthropologie et Sociétés*, v. 22, n. 2. Ver também o intrigante trabalho recente de T. S. Lima Um Peixe Olhou Para Mim (*O Povo Yudjá e a Perspectiva*) sobre o casamento de uma xamã yudjá com espíritos kayabi e o trabalho de J. Miller, *As Coisas: Os Enfeites Corporais e a Noção de Pessoa entre os Mamaindê*, Nambiquara, para as iniciações xamânicas entre os nambikwara.

18 Estrutura Social Marubo: Um Sistema Australiano na Amazônia, *Anuário Antropológico*, n. 76, p. 93.
19 Idem, ibidem.
20 Idem, p. 97.
21 Idem, p. 101.

pessoa, pessoas

partilham do mesmo sangue, sejam irmãos uterinos ou classificatórios. Um "povo" classificado como seus afins (txaivo) possui "outro sangue" e são chamados de "outras pessoas" (yora wetsa), mas são ainda assim pessoas (yora), e não estrangeiros (nawa) ou inimigos (mokanawa).

O termo "classificatório" acima utilizado não nos devem iludir, importando subrrepticiamente o par natureza/cultura para a ideologia de parentesco marubo. A distinção entre os traços horizontais descontínuos e contínuos acima indica apenas que duas pessoas são irmãs por nascimento e/ou por pertencerem ao mesmo povo: aqueles do mesmo povo que Ego são chamados de irmão (mais velho, otxi, ou mais novo, take) e partilham do mesmo sangue (imi). "Sangue" é uma substância transmitida provavelmente por linha paterna: não tenho o mesmo sangue que o irmão de minha mãe; os filhos de minha filha não têm o mesmo sangue que eu e são chamados de vava, ao passo que os filhos de meu filho possuem o mesmo sangue e são chamados de shokó (sendo, aliás, aqueles para os quais transmito meu nome e outros atributos). Os filhos de minha filha chamar-me-ão de txaitxo e os filhos de meu filho de ochtxo. No mesmo sentido, os "pais" (epavo) de Ego são meus tios paralelos, com os quais compartilho o sangue, por oposição aos "tios" (kokavo), os tios cruzados, dos quais não partilho tal substância e que são, portanto, meus sogros em potencial. Tekãpapa, por exemplo, disse ter três pais:

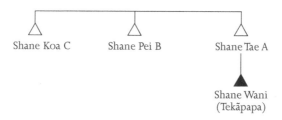

Herdando a seção/povo (shane-nawavo) de seus pais, Ego (o triângulo preto) toma porém o nome pessoal (Wani) de seu ochtxo, na segunda geração ascendente (ausente no esquema acima). A, B e C são todos epavo de Tekãpapa, mas A (Tae) é o papaka, o pai de nascimento[22]. Os outros, por serem epavo, partilham

---

22 O termo epa é permutável ao termo papa. Para marcar o vínculo de nascimento, adiciona-se o atributivo –ka. Os marubo não costumam reconhecer paternidades múltiplas, como é comum em outras sociedades ameríndias. Ver, por exemplo, A. Vilaça, em op. cit.). Tal recusa é curiosa, pois a paternidade múltipla é admitida entre os vizinhos kaxinawá (ver K. Kensinger, The Dilemmas of Co-paternity in Cashinahua Society, em S. Beckerman; P. Valentine (orgs.), Cultures of Multiple Fathers, p. 14) e matis

do mesmo sangue que seu *papaka*, o pai verdadeiro. Shane Pei, acima, é um *romeya* falecido: seu duplo mora junto de seu pai Shane Mishõ, o *yove* que outrora o formou, transformando-o em "criança-espírito": assim como no caso da relação entre as mães de Mechãpa e Venãpa e os duplos de poraquê e sucuri, também Mishõ, o dono dos animais, costuma fazer filhos nas mulheres viventes. Como seria de esperar, a sociedade da gente poraquê, assim como da gente sucuri ou da gente Mishõ, partilha de outros e dos mesmos povos envolvidos no esquema de parentesco dos viventes[23].

Por ser um duplo espiritizado (*vaká yovea*), Shane Pei costuma cantar *iniki* por aqui através de pajés ainda vivos tais como Cherõpapa ou Venãpa: Shane Pei não pode "morrer" ou "ficar morrido" (*veiyatjpá*), justamente por viver agora em uma morada melhor, assim como Kana Ina e o duplo de sua esposa, Shane Vote, cuja carcaça ainda não faleceu. Outrora inimigo do pessoal que havia se mudado para o igarapé Maronal, Pei (B) foi por eles assassinado, mas não morreu: mudou-se. Shane Koa (C), por ter sido matador em vida, não teve semelhante destino e "ficou morrido" em sua maloca, condenado ao polo oposto do gradiente de espiritização (de um lado, o hiperparentesco dos espíritos benfazejos *yovevo*; de outro, o infraparentesco dos espectros insensatos *yochj*): virou *vaká tawaivorasj*, *pakãka yochjrasj*, "duplo flecheiro", "espectro guerreiro". Um, o *romeya*, espiritizou-se, tornou-se hiper-humano (*yove*) e passou a viver com seu pai, o dono dos animais; outro, tornou-se infra-humano, um *yochj*, espectro agressivo.

Mas como podem ser gestados os duplos espiritizados (tais como Isko Osho) concomitantemente aos corpos? O que é esse sangue que os vincula? Nazaré Rosãewa, viúva de João Pajé e parteira da comunidade Alegria, explicou-me certa vez: "os kfchjtxo chamam o sangue da planta *tachi* e da árvore *tama* para fazer o feto, para fazer criança-espírito". Entenda-se: o pajé-rezador kfchjtxo faz um preparado com a seiva de tais vegetais, "soprocanta" o preparado misturado à ayahuasca e dá para a mulher beber, assim fazendo com que ela engravide. A moça pode engravidar ou não: a filha de Rosãewa, Chori, assim nasceu como criança-espírito. O que desencadeia a gestação é o caldo (*ene*), também chamado de sangue (*imi*) e de *nãko* (glosado por mim como "néctar"), por exemplo, da planta *tachi*. Os kfchjtxo "chamam" (*kená*) o sangue ou o néctar da árvore *tama* e do vegetal *tachi*: da árvore e do vegetal, isto é, *de suas pessoas*, de seus homens-espírito, que farão na mulher uma criança excepcional. João Pajé criava Isko Osho administrando ayahuasca e rapé a Mana. "Foi o pensamento/vida de Kana Ina que o fez" (*a chinã shovirivi*), explica Rosãewa. De modo geral,

---

(ver P. Erikson, Several Fathers in One's Cap, em S. Beckerman; P. Valentine, *Cultures of Multiple Fathers*, p. 127). Os três "pais" acima mencionados por Tekãpapa não se referem, portanto, a uma concepção poliândrica, mas a uma partilha de sangue e de classificação social.

23 D. Montagner Melatti, em *O Mundo dos Espíritos: Estudo Etnográfico dos Ritos de Cura Marúbo*, já havia se aproximado de tal parentesco entre os duplos e sua relação com a escatologia, embora não tenha desenvolvido uma análise mais sistemática sobre o assunto.

pessoa, pessoas

minhas perguntas sobre "o que faz o feto?" eram sempre e laconicamente respondidas por "o sangue" (*imise*)[24]. Mas "sangue" está aqui associado a outras substâncias (caldo e néctar) e processos (pensar, soprocantar) e se torna por isso uma noção complexa.

Não vamos aqui dizer que Kana Ina (a pessoa pode ser referida metonimicamente pelo nome de seu duplo: muitas vezes chama-se Isko Osho quando, na verdade, se está chamando sua carcaça, Venãpa) pensa uma criança-espírito que, posteriormente, nasce e segue vivendo em uma vida social paralela e imaginária. O imaginário (fictício e, no limite, irreal) é dilema de nossa metafísica, tanto quanto o da fecundação uterina (que consideramos como real, ou natural). Dizer que o sangue da planta *tachi* fecunda a mulher grávida talvez seja, aqui, um erro categorial: todo mundo sabe que mulheres são fecundadas por homens (e não por plantas), mas nem todos consideram concebível que homens possam fecundar mulheres em referências distintas. Soprocantada, a ayahuasca preparada com outros vegetais psicoativos passa a ser dotada de *chinã* e a ser, portanto, um veículo de espiritização. A mulher está agora apta a sonhar com um homem, seu *txai* (primo cruzado, afim), um *yove txai*, primo-espírito, com o qual manterá relações sexuais. Nos dias de hoje, as moças não produzem mais crianças-espírito porque se recusam ao processo de espiritização: não tomam agentes psicoativos soprocantados; não tornam assim seu duplo atrativo aos duplos e espíritos outros que, porventura, as tomariam por esposas. Sua vida onírica é insípida – não são como as mulheres sonhadoras (*yora namataya*), propensas a estender sua socialidade a outras posições. Se, no parentesco dos duplos, assim como nas genealogias dos corpos, vemos que o sangue se transmite pela via paterna, pressupor que uma determinada classe de espíritos que partilha o mesmo povo que Ego tem também o mesmo sangue é um passo possível, mas ousado. Os espíritos têm outro sangue, e não esse sangue ruim (*ichná*) de nossos corpos. Por ser meu corpo classificado da mesma maneira que meu duplo, posso porventura partilhar o mesmo sangue espiritizado com determinada classe de espíritos, mas aí o sangue já é, literalmente, uma outra coisa. É assim que o duplo de Vimi Peiya, o falecido pai de Cherõpapa, disse através do oco/maloca de seu filho, em um canto *iniki* (os cantos de pajé, ou as falas dos outros, de que tratam os próximos capítulos):

CANTO 1: **Iniki** (Vimi Peiya)

1   *ave ea pariki*   assim sempre fui[25]
     f *shane kokavo*   meus tios-azulão

---

24 A. Vilaça, em op. cit., p. 353, nota com precisão que "devemos aceitar a futilidade de tentar encontrar a 'verdadeira' teoria da concepção".

25 O duplo quer dizer que ele aprendeu primeiro (*a pari yosiya*) e que é mais velho do que nós todos.

shane ronõ vana	fala de cobra-azulão	/soprocantos-azulão[26]
vana kavi yosisho	fala certa ensinaram	
eri rivi vanai	para que eu cantasse	
ave ea pariki	assim sempre fui	
nokf rome epavo	nossos tios pajés	
ino vake nawavo	filhos do Povo Jaguar	
ino tama imiki	sangue da árvore-jaguar	/sangue do homem-jaguar
imi rakãiniki	o sangue colocaram	
yove vake ativo	e criança-espírito criaram	
neweramairino	de um lado	
chai tama imi	sangue de árvore-pássaro	/sangue do homem-pássaro[27]
imi rakãiniki	o sangue colocam	
yosi vakeyaivo	e ensinando criaram	
chinãkiri kasho	tendo seguido seu pensar[28]	
eri rivi yonã	vou assim contando	
f manô kawãno	estou mesmo morto	
f manô kawãno	estou mesmo morto	
neno awe otikj	seria bom voltar	
f yonãke	terminei de falar	

O duplo do pai de Cherõpapa se utiliza de duas fórmulas paralelas para contar aos presentes como foi gerado pelo sangue de dois pais-espírito, um do povo jaguar, outro do povo pássaro: *ino tama imi/ imi rakãiniki*, "sangue da árvore-jaguar/ o sangue colocaram" e *chai tama imi/ imi rakãiniki* "sangue da árvore-pássaro/ o sangue colocaram", dizem as fórmulas. "Árvore" é uma metáfora para os homens que o gestaram na referência paralela: tendo assim crescido com sangue melhor, sangue-espírito, e com o conhecimento de seus pais-espírito, ele podia outrora curar seus parentes. Mas agora está morto e só pode ajudá-los através do oco/maloca de seu filho. Não pude saber se o sangue dos *yovevo* é transmitido pelo esperma (*ere*), tal como para os viventes. De toda forma, substâncias transmissoras de *chinã* (tal como a ayahuasca, o rapé, os vegetais psicoativos e, no limite, o próprio sangue), ao assim fazerem, tornam a pessoa múltipla e híbrida, hiper-humana, hiperparente, espiritizada. Ora, o sangue não está aqui para constituir uma ideologia da descendência, mas para se colocar como resultado do

---

26 O locutor se refere aos seus tios duplos das serpentes-azulão (*ronõ vaká*), que ensinam os seus cantos de cura. *Shane ronõ vana*, "fala de serpente-azulão" é então a maneira pela qual estes espíritos chamam seus cantos de cura, aqui chamados de *shõki* pelos marubo.

27 Os cantos são compostos por metáforas, cujo sentido, muitas vezes impenetrável, é indicado à direita.

28 A criança-espírito (isto é, o duplo do pai de Cherõpapa) cresce com o saber de seus pais-espírito, toma para si o seu saber ou pensamento.

pessoa, pessoas

processo de parentesco, isto é, do processo de aliança interespecífica[29]. E o parentesco estendido das múltiplas pessoas engendra dilemas propriamente cosmopolíticos, para os quais a figura do pajé como diplomata, tradutor e transportador se faz essencial[30]. Não queremos com o termo "interespecífico" levar o leitor a imaginar que existem *espécies* (a serem transgredidas) no pensamento marubo, tais como aquelas pertencentes à natureza dos taxonomistas ocidentais. Para manter tais termos em nossa interpretação, seria necessário subvertê-los pela conceitualidade marubo, cuja dinâmica classificatória é um modo de pensar e manipular a relação dos corpos, sejam eles quais forem, com o fundo virtual de parentesco e socialidade.

Muito do que foi dito acima partiu da seguinte conversa que entretive com a viúva de João Pajé, Nazaré Rosãewa. Irmã de Lauro Panipapa e de Antonio Tekãpapa, Rosãewa vive em Alegria e é considerada uma das mulheres mais sábias do alto Ituí. Embora não seja ela própria uma pajé, Rosãewa é espiritizada, tem duplos vivendo alhures, escuta desde sempre as falas dos espíritos *yovevo* e dos duplos dos mortos veiculadas pelos *romeya*. Na conversa que segue traduzida abaixo, Rosãewa me contava como seu marido se tornou criança-espírito e, posteriormente, *romeya*:

ROSÃEWA: *Ã papa ronõ nachiamajnõ,*
      Quando uma cobra mordeu o pai dele...
  Taf Sheni ronõ nachiamajnõ...
      Quando uma cobra mordeu Tae Sheni...
  Awf askámajnõ yora sheniwetsarasjni anõ vana yoiki,
      E então, para que as pessoas velhas cantem,
  yove yorarasj tasamakj, yove yorarasj tasamakj
      as pessoas-espírito se aproximam, as pessoas-espírito se aproximam

  shõkavo kfchjtxorasj vanã, anõ vana, kfchjtxorasj shõtinã.
      e soprocantam suas falas de pajé, para falar, os soprocantos de pajé.
  Askáki shõkavo, ã papanã,
      Assim soprocantam o pai dele,

---

29 O processo é semelhante ao que tem pensado Viveiros de Castro a partir da filosofia deleuzeana: "Todo devir é uma aliança. O que não quer dizer, repita-se, que toda aliança seja um devir. Há aliança extensiva, cultural e sociopolítica, e há aliança intensiva, antinatural e cosmopolítica. Se a primeira distingue filiações, a segunda confunde espécies, ou melhor, contra-efetua por síntese implicativa as diferenças contínuas que são atualizadas, no outro sentido (o caminho não é o mesmo nos dois sentidos), pela síntese limitativa da especiação descontínua. Quando um xamã ativa um devir-onça, ele não 'produz' uma onça, tampouco se 'filia' à descendência dos jaguares. Ele faz uma aliança". Cf. Filiação Intensiva e Aliança Demoníaca, *Novos Estudos*, n. 77, p. 119. A contiguidade estabelecida pela aliança contra-natureza, observa o autor, não se resume "a uma identificação ou indiferenciação imaginária entre os 'dois termos' [natureza e cultura]". Cf. idem, ibidem. É precisamente o recurso a essa espécie de identificação que pretendemos evitar aqui.

30 Veja Carneiro da Cunha, Pontos de Vista sobre a Floresta Amazônica: Xamanismo e Tradução, *Mana*, v. 4, n. 1, para um estudo sobre o assunto.

ã papa askákatõsho,

assim fazendo ao pai dele,

askaivo yora, askárasj yove chairasj kenaiti,

aquele tipo de gente, os espíritos-pássaro eles foram chamando

mawa, shatxj tapõ, rovo kʃchj, akárasj anõ kenavo,

sabiá, shatxj tapõ[31], pajé-japó, por estes todos eles chamam,

a yora anõ kenaitinã.

eles vão chamando as suas pessoas.

Asknot akavo yora nishõ, yovevo neská nishõ,

Assim tendo feito, as pessoas ali viveram, espíritos como estes ali
viveram

ã papa enõ vakeyatisho.

para que seu pai o criasse.

Yove vake keská ea shoviti ika ikãishnata.

"Eu fui me formando há tempos como criança-espírito"[32].

Askáka vakerasjrotsf.

Assim são estas crianças.

Awf papa rovo vfchã nachiaki,

O pai dele é mordido pela sucuri-japó,

awf ewa rovo vfchã nachiaki,

a mãe dele é mordida pela sucuri-japó,

a ewa inikinã.

a mãe dele é mordida junto também.

Aská akj, aská akj a vfchã nachiaya akátõsho

Fazendo assim, fazendo assim, por ter sucuri mordido assim

rovo vfcha nishõ anõ vakeyai.

é que sucuri-japó ali passa a viver para criá-lo.

Rovo vfcha a aj nachiaki.

Sucuri-Japó morde a mulher dele.

Nachiatskj a aj akaki.

Morde, isto é, copula com a mulher dele.

Anã, vfchã aská akánã.

Sucuri faz mesmo assim, ela faz.

A aj aká.

Copula com a mulher dele.

Aská akj awf nachiatõsho, aská ashõ, a aj ashõ,

Fazendo assim, por ter mordido, por ter feito assim, por ter copulado
com a mulher,

---

31 Pássaro não identificado.
32 Rosãewa se refere aos espíritos *yove* que ficaram vivendo provavelmente dentro (do
corpo/maloca) ou próximos a Tae Sheni, pai de Ravepa (João Pajé). Note que ela constrói a sua narrativa a partir de citações diretas das falas de seu marido, como é comum
nas artes verbais ameríndias.

pessoa, pessoas

"f anõ vakeyati, anõ vakeyatinise", ikaikãishnakatá f vene.

"para que eu me criasse, foi para que eu me criasse", dizia há tempos o meu marido.

Anõ vakeyaki, a shovimakjrotsf, ãtõ a nanea.

Para que fosse criado, para que ele fosse feito é que Sucuri o colocou dentro.

Vake ikitõki toinã, to naneai,

Assim como uma criança embuchada, o feto ali colocado,

askáis aivo yora shoviai f venenã.

assim é que aquela pessoa foi se formando, o meu marido.

Kana Inanã, vfchã vakerasj.

Kana Ina, filhos de sucuri.

Ea vfchaya.

"Sou sucurizado.

Naivo, neno na oj, neno tae pemaneki kene aya,

Estes, olhe aqui, aqui nas costas do pé tem desenho

naivo kene aya, kene mashteya.

têm estes desenhos, o desenho terminado.

Na mevi petxiri kene aya,

Nas costas das mãos tem desenho,

neno shotxinamã kene aya,

aqui no peito tem desenho,

neno tamf pespã, neno kene aya ea, aská ea."

aqui no rosto tem desenho, eu sou assim"[33].

PEDRO: Eu quem?[34]

ROSÃEWA: Iniskeikeishnata, Kana Inanã.

Aquele que dizia há tempos, Kana Ina.

Askásho vfcha yorarvi,

Então sucuri é gente mesmo,

askásho wa yora ikitõki manã imismarvi.

então aquele que é como gente não costuma viver na terra,

Wakã, waka niá.

Está no rio, vive no rio.

Paya Waka, Vari Waka, Ase Waka, Rovo Waka, Kana Waka

"Rio Paya, Rio Sol, Rio Ase, Rio Japó, Rio Arara,

askáivo ea niá ea, aivo wakã niaya ea.

---

33 Trata-se dos padrões kene de que falamos acima: os pajés-sucuri têm os corpos inteiros desenhados, veículos do seu chinã.

34 As dúvidas do antropólogo giram sempre em torno de dois problemas: quem exatamente fala (já que os pronomes demonstrativos frequentemente substituem os nomes) e de onde fala (pois também os dêiticos substituem frequentemente os nomes de lugares). Tais particularidades gramaticais do marubo estão intimamente ligadas ao estatuto mútiplo e ubíquo da pessoa (e, consequentemente, de seu regime enunciativo).

nestes rios todos eu vivo, sou morador destes rios, eu.

Aivo wakã nitxjrotsf

Morando nestes rios

waka shôpa akj, kapi akj avai

eu bebo lírio, bebo mata-pasto e então

aivo wfs teki inai akj ea niá ea imiska.",

em seus ventos vou viajando[35], assim costumo viver.",

ikaikãishnakatá.

dizia ele há tempos.

"Atovo ea vake", ikaikãishnatskj.

"Eu é que costumava criá-los", dizia ele.

Anã, Kana Ina atovo vakeyaina.Venãpa,Venãpa vakeki.

Kana Ina é que os criou. Venãpa, criou Venãpa.

Venãpa papanã Kana Ina,

O pai de Venãpa é Kana Ina,

a vakánã Kana Ina vaketskj,

o seu duplo é filho de Kana Ina,

Isko Oshonã, Kana Ina vaketskj.

Isko Osho é filho de Kana Ina.

Askámãi ã shakapa paparo wetsarvi,

Mas o pai de sua carcaça é mesmo outro,

Raimundotskj atõ papanã.

é Raimundo o pai destas crianças.

Kana Ina ã paparo vfcha, RovoVfcha, a ewaro...

Mas o pai de Kana Ina é sucuri, Sucuri-Japó, e a mãe...

"shono yove nawavo f ewa.", ikaikãishna.

"minha mãe é do povo-espírito da samaúma.", costumava dizer há
tempos.

"shono yove nawavo ewavo.", ikaikãishna.

"Minhas mães são do povo-espírito da samaúma.", costumava dizer
há tempos.

PEDRO: Kana Ina tem esposa na Terra do Tabaco Branco?

ROSÃEWA: *Aj aya, ã awe shavo aya, neno awe shavo yama ikaikãishna,*

Tem esposa, tem suas irmãs, as irmãs que faleceram aqui há muito tempo,

ano awf shavo aya, a aj ayaka.

suas irmãs lá estão, sua esposa também.

PEDRO: Lá ele também tem filho?

ROSÃEWA: *Vake aya, vake wetsarasj aya.*

Tem filhos, tem outros filhos.

---

35 Os agentes psicoativos possuem ventos, que são utilizados como instrumentos pelos
pajés, como se verá na parte II.

> *Neno vake onesho ari nioi vakeyai.*
> Os filhos que ele levou daqui lá chegam por si mesmos para viver e crescer.

PEDRO: *Isko Osho vake aya?*
Isko Osho tem filho?

ROSÃEWA: *Aya.*
Tem.
Ã aj wetsa ayasmfki earo ea aves niá,
Kana Ina tem outra mulher, mas eu também vivo com ele[36],
ea askásevi, ea keskámfki
Eu também, [ela, o duplo de Rosãewa] é como eu,
tsitsa aya, vatxika sawe, raneshti, awe txiwiti, pavi sawe.
mas tem tatuagem, usa saia de algodão, tornozeleira, cinto, adorno nasal.
Akásho viá neno rome ronõ, neno oni ronõ,
Tendo sido levada, ela anda com pote de rapé [pendurado em um cotovelo], com pote de ayahuasca [pendurado em outro cotovelo],
askáshõ naivo mevj rome toj.
vai segurando nas mãos um pote de rapé.
"Mia kani vená keská ewa fachja.
"Mãe, eu vi, você é como uma adolescente.
Miase a vivivajmtarvi
É você mesmo que ele foi levando há tempos,
mj venf mia vivajshnarvita.
o seu marido foi mesmo te levando há tempos.
Mianã, mia kaita, neno mia veitjpa, mã mia kaya."
Você, você partiu mesmo, aqui você não pode mesmo ficar morrida, você foi embora.",
ea amiska, Venãpanã.
assim Venãpa costuma contar[37].

PEDRO: *Roakarkj*
Que bonito...

ROSÃEWA: *Roaka, fvene roaka ashõ fojmtarvi,*

---

36 Os xamãs e chefes costumam ter mais de uma esposa. Hoje em dia, alguns homens também praticam a poligamia, o que é malvisto aos olhos dos velhos, pois esta era uma prática restrita aos homens importantes.

37 Venãpa diz como o seu *vaká* viu o duplo jovem de Rosãewa. Costuma ser assim com os viventes, que sabem de seus duplos através dos *romeya*. Muito frequentemente, a imagem dos duplos é esta: vestem-se como os antepassados dos marubo, mantêm adornos, marcas corporais e indumentárias antigas, são jovens e belos, são mesmo assim como os espíritos *yove*. As esposas dos *romeya* andam sempre com um pote de ayahuasca e um de rapé, cada um pendurado por uma corda de tucum nos dois cotovelos. Assim elas dançam e acompanham o duplo de seus maridos, inclusive quando eles vêm aqui para cantar, conversar e curar.

É bom, eu vi meu marido fazer bem há tempos,

ichnamanã, oniska, roakarkj.

não é ruim não, é nostálgico, bom/belo mesmo.

Aská vivajmtarvi.

Assim ele foi me levando há tempos.

PEDRO: *A ane wetsa aya?*

Tem outro nome?

ROSÃEWA: *Mj vakára?*

Meu duplo?

PEDRO: *M, mj vaká.*

Sim, seu duplo.

ROSÃEWA: *Ea f vakáro Vote, Shanf Vote.*

Meu duplo se chama Vote, Shane Vote[38].

Oniskarkj, ea askái,

Que nostálgico, eu fiquei assim,

ea viatashnatskj, askámãinõ yomekavere, ochã vetsai.

eu fui levada/buscada, e então fiquei mesmo cansada, com sono.

Ea yomeka, chinã yomeka, yomekamtsãwa ichja.

Eu era cansada, costumava ter pensamento/vida cansado naquele tempo.

Ea askámta ikirvi.

Eu era mesmo assim.

Viatavãinã, yomeka.

Fui ficando mesmo cansada por ter sido levada.

Vemos mais uma vez aqui que o duplo é e não é como o corpo/carcaça: o de Rosãewa é como ela mesma, mas mais jovem, vestida à maneira dos antigos, mais espírito e menos vivente[39], digamos assim. A pessoa espiritizada já vai antecipando seu estado póstumo, como se já estivesse em parte morta (isto é, desdobrada, multiplicada) por ter alguns de seus duplos vivendo alhures. É belo/bom estar assim; é nostálgica (*oniska*) essa condição múltipla da pessoa.

---

38 O nome infantil da carcaça/corpo de Rosãewa é Tome. Suas duas netas *shokó* (filhas das filhas) possuem atualmente estes dois nomes, Vote e Tome. Tais nomes passam a ser substituídos, já no final da adolescência, pela tecnonímia (pai de X, *-pa* ou *-papa*, e mãe de X, *-ewa*, tal como em Mayãpapa, pai de Maya e Manãewa, mãe de Mana).

39 O vínculo da pessoa a seu duplo não se constitui senão pelo crivo da diferença: suprimi-la implicaria em ultrapassar a condição de toda pessoa vivente, que é a de ser partida ou fendida, aproximando-se assim da morte. Partida ou fendida: o termo vem de M. Strathern em seu estudo *The Gender of the Gift* sobre a pessoa melanésia, mas deve ser lido à luz das idiossincrasias ameríndias, tal como na análise de Viveiros de Castro, *Araweté: Os Deuses Canibais*, p. 517, sobre a pessoa araweté ("fendida" ou "divisível", nos termos do autor).

Nossos Corpos Desenhados

Na fala de Rosãewa, Kana Ina, o duplo sucurizado de seu marido João Pajé, dizia ter desenhos por todo o corpo. Venãpa, por sua vez, dizia que "ele mesmo" (a carcaça) não tem seus desenhos terminados tal como Isko Osho, seu irmão/duplo mais velho, também sucurizado. Falta Venãpa completar os padrões das bochechas, de uma das laterais do tórax, de um de seus braços, de uma de suas mãos. Por isso ele ainda não tem o pensamento/fala maduro, formado (*vana tsasia*), assim como Isko Osho. Os padrões *kene*, mais do que passaportes, são propriamente códigos comunicativos e tradutivos, veículos do *chinã* ou "a nossa escrita" (*nokf wichá*), como costumam comparar. As suas tias-espírito da gente gavião cãocão é que aos poucos vão nele completando os desenhos com a tintura *yove chiwã imi* (sangue de verdura-espírito), indelével e invisível. Alguns dos padrões-espírito são diferentes dos conhecidos aqui, não podem ser imitados. Os *romeya* possuem, entre outros, o padrão *shonõ shena* ("lagarto de samaúma", além dos padrões *tamameã* e *vekf*) para cantar/pensar (*chinã*). Tais traços são também utilizados para pintar os corpos[40] e alguns objetos da cultura material xamanística (o pote de rapé e a garrafa de ayahuasca). As mulheres-espírito sabiá (*mawa*), japiim (*txana*), papagaio (*vawa*), *isá* e *shatxj tapõ* (duas espécies de uirapuru) são as que fazem o desenho dentro do peito dos *romeya* para que ele possa então *imitar* (*naroa*) todas as falas de outrem. (Esse processo peculiar de imitação,

---

40 As pinturas corporais constituem um caso a parte dentro da etnografia marubo, que não posso detalhar aqui. São empregadas em situações distintas e são diversas as variações de padrões e pinturas, divididas entre aquelas compostas a partir dos padrões geométricos *kene* e outras compostas de distintas manchas enegrecidas de jenipapo (*nane*) por partes inteiras do corpo. Estas últimas estão, muito frequentemente, relacionadas à proteção da pessoa contra os espectros dos mortos, picadas de cobras e outros males. As pinturas baseadas nos *kene*, por sua vez, pretendem deixar a pessoa "bela" (*roaka*) e podem se dividir entre padrões restritos aos pajés, acessíveis às pessoas comuns, interditos em certas ocasiões ou recomendáveis em outras. Não há um discurso explícito sobre os *kene* como uma tessitura/pele que vincula a pessoa ao cosmos, "todos cobertos com a mesma malha de desenho" (E. Lagrou, O que nos Diz a Arte Kaxinawá sobre a Relação entre Identidade e Alteridade?, *Mana*, v. 8, n. 1, p. 38-39), como entre os kaxinawá. Tampouco os padrões *kene* pertencem todos eles à sucuri-fractal do mesmo povo: "O desenho da cobra contém o mundo. Cada mancha na sua pele pode se abrir e mostrar a porta para novas formas. Há vinte e cinco manchas na pele de Yube, que são os vinte e cinco desenhos que existem", segundo Edivaldo Kaxinawá apud E. Lagrou, op. cit., p. 40. Naquilo que chamou de "terapia estética" dos shipibo-conibo, Angelika Gebhart-Sayer (Una Terapia Estética: Los Diseños Visionarios del Ayahuasca entre los Shipibo-Conibo, *América Indígena*, n. 46, p. 192) também observa que os desenhos remetem todos a *Ronin*, a anaconda cósmica que possui todos os desenhos e cores imagináveis. No xamanismo sinestésico dos shipibo-conibo, os cantos têm forma de desenho geométrico: são *yora quene*, desenhos-canto que penetram no corpo do paciente e ali se instalam. O xamanismo marubo elabora de outra forma o papel dos desenhos: os padrões invisíveis *kene* que os *romeya* têm desenhados no corpo são instrumentos de pensamento, espécies de código/passaportes que transmitem informações sobre os espíritos *yovevo* e outros domínios.

como veremos, constitui um modo essencial do aprendizado xamanístico – e não apenas entre os marubo.) Utilizam-se também de diversas tintas-espírito para desenhar/traçar com dentes de pássaro-espírito (*yove chai sheta*) a "ponta do coração" (*ojti revõ*). "Espírito" não é aqui um adjetivo, mas um classificador: indica que os elementos e pessoas em questão pertencem à referência "hiper", e não a essa referência, que seria identificada pelo classificador "morte" (*vei*). ▸FIGS. 4 a 6

Chinã, o pensamento/vida, costuma ser tratado metaforicamente como "cesto desenhado" (*txitxã keneya*) pela língua ritual: "é como se fosse uma antena de rádio", dizem, fazendo com que a pessoa conheça os lugares, modos e falas dos espíritos. Por causa dos desenhos, os pajés *romeya* não esquecem seus cantos e os ensinamentos que experienciam diretamente alhures. Os pajés *kfchjtxo*, por sua vez, podem memorizar com precisão aqueles ensinamentos que aprendem aqui, por intermédio dos *romeya* que veiculam as palavras dos espíritos. O cesto desenhado dos pajés *kfchjtxo* Panipapa e Tawãpapa, homens na faixa dos 60 anos, "é para pegar fala" (*anõ vana atxi*). "Deve ser o rádio (*kokati*) deles", dizia alguém, atualizando uma já clássica metáfora dos xamanismos ameríndios. Tekãpapa e Cherõpapa (o primeiro um *kfchjtxo*, o segundo um *romeya*) têm os desenhos todos terminados e, por isso, conhecem muitas falas e cantos. Rosãewa tem desenhos nas mãos, que é para trabalhar bem e para fazer, ela mesma, os desenhos em outros corpos e suportes. Constitutivos da pessoa marubo, serão os *kene* algo como a sua escrita? Foi o que perguntei certa vez a Paulino Memãpa, outro velho *kfchjtxo* e o mais sábio do alto Ituí. Ele explicou:

> *Wicháro neská.*
>> A escrita é assim.
> *Nokf shenirasj ano venomta, noke awesama,*
>> Nossos antigos a perderam há tempos lá [a jusante], não é coisa nossa,
> *nenosh venomtaina, yoãvãivãishnatõ a Itsãpapanã.*
>> perdemos quando viemos para cá, assim costumava contar Itsãpapa.
> *Kape Tapãnamãsh venomta ikachja.*
>> Eles perderam quando atravessaram a Ponte-Jacaré[41].
> *Nokero noke chinã kene aya,*
>> Mas nós temos pensamento desenhado,
> *noke chinã romei akasho nõ chinãrivi,*
>> por nosso pensamento ser empajezado é que nós pensamos,
> *mapõ nõ chinãrivi.*
>> pensamos mesmo com a cabeça.
> *Askámajnõ nawaro deosnf ramama atõ eneti vana,*
>> Mas não foi agora que deus entregou a fala aos estrangeiros,
> *aská petxikimas, atõ yosiasho petxitjpai*

41 Desenvolvo mais adiante os temas relacionados ao mito que estão implícitos nesta fala: os antepassados dos marubo viviam a jusante, onde conheciam a escrita. Vieram depois subindo para a direção das cabeceiras e atravessaram uma Ponte-Jacaré (*kape tapã*). A partir daí teriam perdido a escrita, que ficou com os estrangeiros.

assim não esquecem, não esquecem seus ensinamentos

txipo kani mevi yosi kani,

e os jovens crescem sabendo escrever com as mãos,

ajvo mevi yosi kani,

as mulheres crescem sabendo escrever com as mãos,

vene mevi yosi kani,

os homens crescem sabendo escrever com as mãos,

akj atõ tojrivi wichárasj.

são eles mesmos que detêm as escritas.

Nokf shenirasjro chinãro chinã apawa,

Nossos antigos pensar antigamente eles pensavam,

ato anõ vana apawa vana aya,

coisa para falar antigamente eles tinham,

nokf vana yosiyanã, nokf vana yosiya neská,

nosso conhecimento falado, o nosso conhecimento falado é assim,

txitxã kene nõ vana,

nós falamos pelo cesto desenhado,

mõti kene nõ vana,

nós falamos pelo estojo desenhado,

rewe kene nõ vana,

nós falamos pelo caniço desenhado,

noke aká akásho ipawaverivi iki njkãvãivãishna.

assim nós fazemos, assim eu costumava escutar o que diziam.

Askátskj na yorarasjnã, yora kfchjtxorasj,

Por fazerem assim é que as pessoas, as pessoas pajés todas,

aská askaivos atõ chinã vana kaneimai, ese vana ikitõ aká.

não erram suas falas-pensamento, assim como os seus ensinamentos.

Yora ese vana ikivoki askásevi, aivo chinãishõ awf iki, awf kenf awf vanariviki.

Gente que tem ensinamento também, tendo pensado elas falam, é o
desenho delas que fala.

Yora chinã vanai naroyakamf askasevi, petxikima awf chinã a awf chinãsho ikirvi.

As pessoas imitadoras de falas pensadas também, não esquecem
porque pensam.

A chinã kene aya,

Têm o pensamento-desenho,

a chinã rome aya,

têm rome-desenho[42],

a mõti kene aya,

têm estojo-desenho,

---

42 *Rome*, espécie de entidades-projéteis animadas que constituem a pessoa dos pajés *ro-meya*. Ver capítulos 3 e 4.

a rewe kene aya.
  têm caniço-desenho.
A chinã veyash a txitxã kene ronoya akáshõ ikirvi,
  Pensam como o cesto-desenhado que fica pendente diante do
  peitopensar.
Aská atõ vanã yosja atõ ikãrivi ikiro, vana njkãvãivãishna.
  Por isso eles ensinam suas falas, assim eu costumava escutar o que
  diziam[43].
Askámãi wicháro aro nawanarvi, aro deosnf atõ eneshti taise,
  Mas a escrita é mesmo dos brancos, deus talvez tenha deixado para eles,
nawã tojkeshnarvi.
  os estrangeiros a detém há tempos.
Tanai?
  Entendeu?
Askána f shavõtoani chinã.
  Assim é o pensamento de meu sobrinho [Venãpa].
Chinãma keskáná namikasenã,
  Pensa assim com a carne mesmo,
aro awesa, ã kasa, a njkãma taiseinã,
  o que será isso, ele sabe, talvez não tenha escutado,
a awesaremfika a kasa, a awesamfika kasa,
  mas o que talvez seja ele sabe, o que talvez seja ele sabe,
a chinã kene a vana,
  é o pensamento-desenho que diz para ele,
aro a namj a kene rakákoja, aská.
  o desenho bem-disposto em sua carne, assim é.

É essa tessitura desenhada que pensa para a pessoa e que, como vimos nos pequenos trechos biográficos sobre os pajés Mechãpa e Venãpa, são incompatíveis com a escrita dos brancos. Escrita que, dizia Memãpa, não foi uma novidade trazida pelos contatos recentes com os peruanos txamikoro ou com os brasileiros, pois já era conhecida pelos antigos desde os tempos do surgimento. Nos tempos atuais, o contraste entre o desenho-pensamento e a escrita alfabética vai sendo transformado; Venãpa consegue convencer os espíritos da importância, para ele próprio (sua carcaça), de aprender a escrita dos estrangeiros, e os conhecimentos e narrativas começam a ser registrados no papel. Ele pensa com o desenho "bem--disposto em sua carne", isto é, na carne *de seu duplo*, uma vez que a carne/carcaça ainda não está completa. Há, então, diversos instrumentos de pensamento de que dispõem as "pessoas pensadoras" (*chinãyavo yora*) como os pajés: os projéteis mágicos desenhados (*rome keneya*), o estojo-espírito desenhado (*yove mõti keneya*, um cilindro invisível situado entre as clavículas), o inalador de rapé ou caniço de-

---

43 Memãpa se refere aos velhos pajés das aldeias do Igarapé Maronal, tal como Itsãpapa, de quem aprendeu grande parte de seus conhecimentos.

pessoa, pessoas

senhado (*rewe keneya*, também invisível e disposto verticalmente na garganta dos cantadores)[44] e o próprio cesto desenhado, na frente do peito. Todos esses são instrumentos/implementos que permitem aos pajés imitar e compreender as falas dos outros espíritos, que serão por sua vez traduzidas por aqui. Os diversos *vaká* de Venãpa, embora estejam sempre viajando (e viajam para lugares específicos, conforme suas identidades, conforme a espécie de desenho *kene* que possuem, a que lugar pertencem e que tipo de gente são), moram todavia em seu *shakj/shovo* (oco/maloca). As múltiplas pessoas vivem, portanto, na pessoa-recipiente, que os acolhe em seu interior, muito embora possam sair para realizar tarefas (como no caso dos *romeya*) e escutar falas alheias que, uma vez aprendidas, são imitadas ou citadas (*naroa*) em seu retorno. É por isso que Isko Osho precisa do inalador de rapé *rewe* (um complexo instrumento de mediação) para se comunicar com seu irmão Venãpa: "o *rewe* é como um telefone", explica.

---

44 Ver as figuras 7 e 8 para seu correspondente externo, isto é, o inalador de rapé.

3. Diplomatas e Tradutores

os dois xamanismos

Em julho de 2006, já no final de meu trabalho de campo, eu revisava traduções em um hotel de Cruzeiro do Sul (Acre), acompanhado de Robson Venãpa e dos kfchjtxo Lauro Panipapa (um ex-*romeya*) e Eduardo Tawãpapa. A tradução, condição definidora do xamanismo, era simultaneamente uma convergência e uma divergência, não apenas entre eu e eles, mas também entre Venãpa e seus dois tios mais velhos ali presentes, os kfchjtxo. Minha condição era comparada à dos espíritos *yovevo*, como diversas vezes disseram: eu havia viajado e visitado terras distintas, falava outras línguas, traduzia e relatava com frequência aos marubo em suas malocas, por insistência dos próprios, o que em pessoa eu havia vivido alhures. Os kfchjtxo, por sua vez, não realizam tais deslocamentos de que são capazes os *romeya* e seus duplos. Costumam mandar os espíritos auxiliares, entre os quais *Oni Shãko* (Broto de Ayahuasca) e *Shoma* (uma miríade de espíritos benfazejos presente em todas as partes), que realizam tarefas em outros lugares ou trazem os espíritos para junto do pajé--rezador[1]. Por isso mesmo, os kfchjtxo são considerados como mais fortes e eficazes (nas atividades de cura) do que os *romeya*: estes últimos, por serem pontos de confluência da rede sociocósmica, devem estar especialmente atentos ao estado de seu corpo/casa, para

---

1   Assim chamaremos ocasionalmente os kfchjtxo, quando for necessário diferenciá-los dos *romeya*, "pajés" simplesmente. Note que minha utilização de "pajé" é correlata a de "xamã": o primeiro deriva dos termos empregados pelas línguas tupi-guarani para se referir a seus especialistas rituais; o segundo, dos Tunguses siberianos, que chamavam de *saman* os seus especialistas (análogos aos sul-americanos).

que não sejam atacados pelos *yochj* ou abandonados por seus espíritos auxiliares. Mas há distintos estágios ou modos de ser *romeya*. A seguinte conversa que tive com Panipapa e Venãpa em Cruzeiro do Sul evidencia isso, além de nos encaminhar para os assuntos das próximas páginas. Começo perguntando a Venãpa sobre a diferença entre as experiências dele e as de Cherõpapa, o *romeya* mais velho do alto Ituí:

PEDRO: *Askámfki Cherõpapa shono yove nawavo ojasevira?*
           Mas Cherõpapa também viu o povo-espírito da samaúma, não é?
VENÃPA: *Oja, orash ojkiro oja, katsese oja.*
           Viu, de longe ele viu, viu tudo.

PEDRO: *Orashra?*
           De longe?
VENÃPA: *M, orashnã, askámãi ele não saiu o vaká dele, não fez o coisa.*
           Sim, de longe, mas *ele não saiu o vaká dele, não fez o coisa*[2],
           Askámãi a vaká wetsanã, a vaká wetsa rome initikivonã, aro ãtõ imataise.
           mas o outro duplo (*vaká*) o outro duplo que canta cantos de espíritos, esse talvez tenha visto

PEDRO: *Tsoarki?*
           Quem?
VENÃPA: *Awf takesvinã, a Cherõpapa vaká wetsanã, Isko Ina, ãtõ aro aská,*
           O que também é irmão dele, o outro duplo de Cherõpapa, Isko Ina, esse é assim,
           ãtõ aro yovenamã niá, askámfkj awf rakati vesoyaro rakeirivi.
           ele vive junto com os espíritos, mas o que cuida de sua casa/corpo é medroso.
           Ele tá com medo com yove, Askámãi eanã, ea rakesma.
           Ele tá com medo do *yove*, mas eu, eu não tenho medo.
           Ea ramashta ojmarvi yovenã, akámfki ea vakeshtashose na tiashtase ojvãishna.
           Não é de agora que vejo os espíritos, quando eu era criança pequena eu vi.
           Aská anoro vakeshtashos ojna aro rakei txakarivãivãishna,
           Vendo-os quando era pequeno, eu tinha medo e ficava fazendo gritaria,
           kayashoi, kayashoi, kayashoi.
           fugia deles, fugia deles, fugia deles.
           Yoama, na f kokavo ojvãishna ea vake kania,
           Não estou mentindo, estes meus tios me viram crescer,
           wetsapashta atõ vake keská.
           eu era mesmo estranho, assim como um filho deles.

2   Em alguns momentos, Venãpa muda sua fala para o português. Vai relatar novamente o seu processo de iniciação, já comentado no capítulo anterior, mas acrescentando novas informações importantes.

Kawãshna askais dezoito anosnamã, dezesseis anosnamãshos f kawãs eneshna,

Fui embora, com dezoito anos, com dezesseis anos eu fui embora e parou,

kayakwãkwãi enei, askã enei, enei,

eu fui fugindo e assim foi parando, parando, parando,

enei kais dezenove anonamãs shovishna.

até que com dezenove anos começou.

Anose ea atõ retetsikimãi kayai, kayai, kayai akámfkj

Aí eles quiseram me furar, mas eu fugi, fugi, fugi, assim eu fiz,

ojmakimase ea reteshnavo.

mas eles me furaram mesmo sem que eu visse.

PEDRO: *Namánamã yovevo mia retetsiki, askasera?*

Os espíritos quiseram te furar [com lanças para introduzir os agentes rome] no sonho?

VENÃPA: *M, M, dezenove anonamãsho a nokoshnavo.*

Isso, isso, foi aos dezenove anos que eles chegaram.

Dezoito anonamã, dezessete anonamã ea isj teneshna,

Entre dezoito e dezessete anos eu estive doente,

dezoito anonamã roashna, askámãi dezenove anonamã shovishna.

aos dezoito melhorei e então começou aos dezenove.

A f papavo ea tanama keská não é tem não atõ ligama

Era como se eu não conhecesse meus pais, *não é tem não*, não tinha ligado para eles.

Askásho ikai ano shovia vená.

Por isso nessa época fui renovado.

PEDRO: *Mj papavo tsoara?*

Quem são seus pais?

VENÃPA: *Ẽ papavo Txi Konirasjnã.*

Meus pais, os Poraquês-Fogo.

Aská askásho askámajnõs, askáshos askámãi f papavo ea tanashna,

Assim aconteceu e então, assim aconteceu e então eu conheci os meus pais,

Isko Osho, awera Panã atishos oja ea, akárasjni ojshna.

Isko Osho, Panã, foram os que eu vi, vi todos eles juntos.

Atõni merashos, tanavãianamãshos, anose isj tenea shateshna.

Tendo encontrado com eles, ali no lugar de nosso encontro, lá mesmo a doença parou.

Aro f papavo, fnõ atõ niánã.

São meus pais [os Poraquês], sou para eles viverem em mim.

PEDRO: *Liga mj ikiro ãtjara?*

Com "liga/telefona" você quer dizer "relaciona"?

VENÃPA: *M, chinã txiwáná, fnõ atõ chinã txiwá.*

Isso, juntar pensamento, sou para eles juntarem pensamento.

diplomatas e tradutores

> Rama, ramanã ea isj tenetsf omakrã,
>> Agora, agora, quando a doença está para chegar,
> omavrãvrãki ojnas ea takevrãmtsãwavo, isj vesoyanã.
>> quando eles veem que está para chegar costumam vir me ajudar,
>> cuidam das doenças.

PEDRO: Mia Atalaianamã raká atiãro...
>> Quando você ficou em Atalaia...

VENÃPA: Atiã ea merashnavo, atiã ea tanashnavo, askáveise eneshna.
>> Foi nessa época que os encontrei, foi nessa época que os conheci,
>> depois parou.
> Aro Tabatinganamã ichja.
>> Isso foi em Tabatinga[3].
> Ea vopishna, vopi ele queria sair do meu corpo e eu tava todo canto.
>> Eu morri há tempos, eu morri
> Quando eu tava todo canto[4] o Shetã Vimi que me encontrou, Shetã Vimi, shoke.
>>> Shetã Vimi, tucano.
> Aí ele falou pra mim, ele, "ei você tá morrendo, você já morreu", mas eu respondi, "não sou"...

PEDRO: Shetã Vimi atonamã mj merashna?
>> Onde você encontrou Shetã Vimi?

VENÃPA: Wetsanamãse, yora wetsanamã, yora yamanamã.
>> Em outro lugar, na casa de gente outra, em casa de gente morta.
> Ano ea merashna, katsese merashna,
>> Foi lá que eu o encontrei, que encontrei todos,
> Panã merai, Isko Osho merai, Shãpei, Shetã Vimi, askáveise Kana Panã
>> encontrei Panã, encontrei Isko Osho, encontrei Shãpei, encontrei
>> Shetã Vimi, e também Kana Panã,
> ãtõ merashna f papa...
>> encontrei eles, meu pai...
> espírito eu vi o meu corpo lá na cama, tava na cama.
> Ẽ isj ãtõ tsekashna, tira as coisas, as doenças.
>> A minha doença eles tiraram, tira as coisas, as doenças.
> Ramaro aská, askà ãtõ atiã ea tanashnavo, askáshos ramaro ea vesomtsãwavo.
>> Agora é assim, tendo conhecido eles naquele tempo, eles agora
>> costumam cuidar de mim.
> Askásho isj tenesma, ramaro ea isj tenetjpa.
>> Por isso não adoeço, agora eu não tenho como adoecer.
> Iki ea shanãikiro iki, malária ikiro iki askámajnõ ea yochj ichnarasj meskotjpase.
>> Gripado eu fico, ficar com malária eu fico, mas os espectros ruins não
>> podem mexer comigo.

---

3   Na tríplice fronteira, entre Brasil, Peru e Colômbia, alto Solimões.
4   Estava viajando por todas as partes.

Vfchã ea vesonã, shanãiki ea vesomtsãwa, kosho imiskavo,

Sucuri cuida de mim, me protegem quando estou gripado, costumam me assoprar,

yonamãi ea kosho imiskavo, katsese imiskavo.

costumam me assoprar quando estou com febre, cuidam de tudo.

PEDRO: *Miarõ, mj vakárasj akská mj merai?*

E você [Panipapa], encontrou seus duplos do mesmo modo que ele [Venãpa]?

PANĨPAPA: *Askama. Askáse f shavõtoaro aro aská vake kanisho, a vakekaivo imarivi,*

Não. Meu sobrinho cresceu assim, é assim desde criança,

askámãi earo… f paparo romeipawa, rome isjpa ipawa f papa,

mas eu… meu pai foi pajé há tempos, era pajé mais forte o meu pai,

na f shavõtoa keskase, aská mipawa,

era assim como este meu sobrinho, assim era,

aská nishõ f papa ea vakero earo neskái ea merakãishnarvi.

por meu pai ser assim é que comecei a descobrir quando era criança.

Askásho f papa tasa apawa yorarasj,

Assim fizeram as pessoas que entravam em meu pai,

f papa yaniapawaivo,

os que alimentavam meu pai,

yaniapawa tsipasenfsh wenía,

que surgiam de seus restos,

oni tsipasenfsh wenía,

surgiam dos restos de ayahuasca,

rome txishposho wenía, akárasj, akárasj f oja.

da poeira de rapé, estas todas, estas eu vi.

Ẽ papa vakakama,

Não eram bem os duplos do meu pai,

ravero f papa vaká, ravero f papa vakama.

alguns eram os duplos de meu pai, alguns não eram os duplos de meu pai.

Aská f ojkenarvi earo, aská f oj kenaroskirvi,

Assim mesmo eu vi, foi assim mesmo que eu vi,

wa yoverasj f oja, rewepei f oja.

vi aqueles espíritos, vi *rewepei.*

Wa yove õsiõsipa akaro ea ojmarvi,

Não vi estes vários espíritos de que se fala,

yove õsiõsipa ojmarvi.

espíritos vários não vi mesmo.

Askámãi noke yove, yove noke shavapa ikrãtsf ojma,

Os espíritos que entram, que entram em nossa casa não vi,

askámãi eã Cherõpapa eã f oja keskase a ojaoa, ea f oja keskase a ojaoa.

eu vejo assim como Cherõpapa vê, vejo mesmo assim como ele.

diplomatas e tradutores

Oramashta ojmarvi, yove orase.

Não vejo de perto, os espíritos estão longe.

Awf voimfkj natishõ,

Nos aproximamos de lá mas ficamos nesta distância,

wa shovotishõ oj, padri shovoshõnã,

daqui até aquela casa, daqui até a casa do padre[5],

atishõ nõ oja, noke yove natishõse nõ oja.

é dessa distância que vemos, vemos dessa distância os espíritos.

Venãpa askamarivi, aro anõ ikoya, aro awf shovõnamã ikoya, Venãpanã.

Mas Venãpa não é assim, ele entra mesmo, entra mesmo na casa deles, o Venãpa.

Venãparo a shovõ ikoyasho Venãpa awf imiki pimisma,

Para que possa entrar em sua maloca/casa, ele não come coisas ensanguentadas,

awf imiki pimisma,

não come coisas ensanguentadas,

awf aj tasasma, anõ yove ikoyashoiki.

não fica rondando a sua mulher, para que possa visitar os espíritos.

Askámajnõ Cherõpapa aro yove anõ ikokama, orashos ea oja aro keskasevi a ojaoatõ.

Mas Cherõpapa não entra lá, olha apenas de longe, assim como eu.

Yove ikinã orashtõkirivi.

Os espíritos falam mesmo de longe.

Oramfkj wa ori padri shovo tsaotishõ a inikimfkjnã,

Falam de longe assim como daqui até a casa do padre,

neno mia mj iki, oi mestfkash.

mas é como você falando aqui, pois têm voz muito forte.

Aská yochj ichnarasj askásevi,

Os espectros ruins também são assim,

yochj ichnárasj nokenamãsh yochj ichnarasj ikarãnãya,

os espectros ruins não entram mesmo em nós,

f neská ikoka nokf shavapa ikokarãmarvi,

eles não entram em mim, em nossas casas não entram mesmo,

noke tasavrãserivi.

eles passam por perto da gente.

Ikotjserivi neno shovõ erekomarvi.

Eles ficam fora, não entram aqui dentro da casa/maloca.

Yovero askáro ikoya askamãi aro ikosmarvi.

Os espíritos entram mesmo, mas estes aí não entram.

Yochj ichnarasj ikomarvi, atishõ shokorivi, ikoma, askata,

Os espectros ruins não entram mesmo, ficam a essa distância[6], não entram, é assim,

---

5 Refere-se à igreja principal de Cruzeiro do Sul, visível da janela do quarto onde trabalhávamos, numa distância de aproximadamente três quilômetros.

6 Refere-se à distância de dentro do quarto para o corredor.

kayākōtsi inā orapas atō shokoivo a neri, askámfkj neno shavapa ikosmarvi.

   eles querem vir de onde estão para cá, mas não entram aqui em nossa morada.

Askámfki awf itsa ichnarvi, a vei itsa, awf yama shana,

   Mas a catinga deles é muito ruim, a catinga-morte, o seu calor mortal,

awf wesná akáro aro ikoiti.

   eles causam insônia ali mesmo de fora.

Vesoya ayasho ikotjpa, ikomama askátōsh a niá.

   Por estarem aqui os protetores, eles não podem entrar e ficam do lado de fora.

Askámāi yochj ichná neno ikokrānā,

   Mas quando o espectro ruim entra aqui,

askáro awf vaká neskái niáivo kayakāia a vesomaro

   quando o duplo da pessoa que nela habita foge e não a protege,

vopisa, vopi vopika.

   [a pessoa] morre, morre completamente.

Vopia aro, vesōtjpa aro, mā kayakāi.

   Morreu, não acorda mais, já fugiram [os duplos protetores].

Na vesoya,

   Estes protetores,

nokf nami vesoya,

   os cuidadores de nossa carne,

nokf shakj vesoyaka,

   os cuidadores de nosso oco/ventre,

askámāi naivo kayakāimajnō yochj ichnarasj erekomfkj aro a vopiya.

   quando eles fogem e os espectros ruins entram, então a pessoa morre[7].

Atiāro vesotjpa, shōiti kfchjtxo vesōikima.

   Aí não acorda mais, os soprocantos dos pajés não a despertam mais.

Shoma ninivarātjpa.

   Shoma não pode mais trazê-lo.

Na kayakāi askásevi, mā kai askā yochj ichnárasj ā ivoi,

   É como se ele fosse embora[8], foi embora e os espectros ruins viraram donos dele,

askátōki a roatjpa, aro vopiya.

   por isso não pode melhorar, está morto.

Askái noke iki noke vopitana, ojash mia yoāshoavere,

   Nós morremos assim, estou te dizendo por ter eu mesmo visto,

ea isj tenea ātsa ātsaka ea vevotiā vopikeāmta, mā vopiya.

estive muito, muito doente e quase morri há alguns anos, morri mesmo.

7   Panipapa mostra as pessoas que estão no quarto, sentadas nas cadeiras. Elas são análogas aos espíritos cuidadores que vivem dentro do corpo/maloca da pessoa.

8   Exemplifica mostrando alguém dentro do quarto.

diplomatas e tradutores

Askámfkj f take, nokf vevokenã, na f takf vevoke kfchjtxo ikei kachja,
Mas meu irmão, o mais velho de nós[9], meu irmão mais velho que
virou pajé [rezador] há tempos,
yora vopimisma, yora tenãsma, aská mipawa askátõ ea vesõtavere, askái ea roamta.
ele que não deixa as pessoas morrerem, as pessoas padecerem,
naquele tempo ele cuidou de mim e fiquei bom.
Vevotiã vopikeãmta, ea vopipatiã atiãro ea romemta.
Eu quase morri há tempos, estive mais para morto naquela época em
que empajezei.
Atiã ea romemta vopi ikeikeãkãi,
Naquela época em que empajezei fui quase morrendo,
askámfkj f vai, yove vai shatemakãi,
mas o meu caminho, o caminho-espírito foi sendo cortado,
yochj ichnarasj vai shatemakãi...
o caminho dos espectros ruins foi sendo cortado...

Podemos já perceber o traço essencial de distinção entre os *kfchjtxo* e os *romeya*: transformar-se efetivamente em uma pessoa "empajezada" é algo possível para quem atravessa uma experiência de liminaridade, em geral caracterizada por doenças e picadas de cobra. Os *romeya* mais fortes são, entretanto, aqueles que têm um nascimento especial, que são filhos dos espíritos *yovevo*, tal como Venãpa. A raiz *rome-* pode receber sufixos de tempo e aspecto, indicando que pajé ou xamã, aqui como entre outros povos amazônicos, é mais um processo e uma propriedade do que um cargo específico. Desde seu nascimento, a pessoa sempre foi outra gente e comporta gentes outras dentro de si: não tardará, portanto, para que seus parentes das distintas posições comecem a reivindicar o exercício da socialidade múltipla. O sujeito passa então por progressivas crises e perambulações pelo cosmos que resultarão no encontro com seus parentes (seus pais e seus irmãos), na transformação de seu sangue e na familiarização com sua dobra interna, tal como no caso de Venãpa/Isko Osho. Doenças, estados liminares de abandono da carcaça, complexificam o campo semântico de *morrer* (*vopia*) e *despertar* (*vesoa*): vivendo alhures, a pessoa aqui é quase que morta, assim como nos sonhos – de uma ou de outra experiência de deslocamento ela *desperta*, isto é, volta para cá, "dá de novo as caras", "mostra-se" (*veso-a*, rosto+verbalizador) e retorna a viver nessa comunidade de parentesco. A pessoa pode também "empajezar-se" em certos momentos da vida e começar a cantar *iniki* (como no caso de Mechãpa e Cherõpapa) ou mesmo deixar de ser pajé, se a experiência lhe parecer problemática, como no caso de Panipapa. Para tanto, basta que um *kfchjtxo* corte os caminhos-espírito (*yove vai*) que ligam a casa/corpo do *romeya* às diversas casas dos *yove* (e que acabam, também, por servir de passagem para os *yochj*).

Lauro Panipapa, como vimos acima, chegou a ser *romeya* durante mais ou menos dois anos. Começou a emagrecer muito rápido, perdeu a libido. Seu ir-

---

9   Refere-se a Tekãpapa, seu irmão mais velho.

mão mais velho cuidava dele: era seu auxiliar, ou *rewepei* (nome do pássaro João Barubo e da função de auxiliar dos pajés), preparava sua ayahuasca e seu rapé. No final da tarde, já começava a tomar tais substâncias para cantar. Via um caminho-espírito não muito grande, forrado de penas e cheio de frutas. Ficava com medo e não avançava muito. Via os espíritos, gordos, fortes, bonitos, gigantescos (cerca de cinco metros de altura), com seus colares de dente de onça (*kamã sheta tewe*). Panipapa não ia muito além do *Tama Shavá* (Mundo Arbóreo), porque temia. Ia morrer logo – sua carne ficava fraca, já que vivia muito com os *yovevo* e não comia nada, apenas *nãko*, uma iguaria hiper-humana, um fruto do tamanho de uma maçã capaz de saciar completamente a pessoa, que a ele ofereciam os *yove*. Quando se alimentava da comida feita pelas mulheres desta terra, vomitava. Enquanto ele empajezava, seus filhos acabaram com as mercadorias que ele havia acumulado para vender a seus parentes. Tekãpapa achou por bem cortar o caminho do irmão e retirar os projéteis *rome* que ele tinha pelo corpo. Veremos mais adiante que ele voltaria a empajezar, como pude testemunhar durante um período em que ficou de novo extremamente doente, antes de sua morte definitiva. Panipapa, assim como o frágil Cherõpapa, não é feito Venãpa, cujos duplos percorrem regiões distintas do cosmos e entram mesmo na casa dos espíritos, para ali estabelecer relações de parentesco.

Projéteis e Retaliações

Os kfchjtxo, chamados também de *shõikiya*, "soprocantadores", podem também se tornar *romeya*, caso comecem a cantar *iniki* (os cantos/falas dos outros). Os sucessivos encontros dos duplos da pessoa com os *yove* acabam por alterar seu corpo. Os *yove* espetam a pessoa com suas lanças *paka* e quebram-nas, deixando a ponta dentro da parte perfurada. Elas assim se transformarão em *rome*, pequenos projéteis cilíndricos de mais ou menos cinco centímetros situados em diversas partes do corpo. Pequenas entidades animadas, mas não antropomorfas, os *rome* têm funções diversas: aqueles introduzidos nas panturrilhas são para dançar (*anõ monoa*); os introduzidos verticalmente, em dois pares, em cada um dos dois músculos peitorais são para pensar (*ano chinãmaya*). Estes, chamados de "projéteis-vida" ou "projéteis-pensamento" (*chinã rome*), direcionam o duplo do *romeya*: dizem para onde ele deve ir e o que ele deve fazer; onde deve, por exemplo, procurar pelo duplo perdido de alguém. Os *rome* podem também indicar o caminho para caça. Tremendo no lado direito ou esquerdo dos braços, a pessoa saberá qual é a direção certa, da mesma maneira que poderá assim obter confirmações para determinadas perguntas e respostas. Tremendo "a coisa" (como costumam dizer) do lado direito, a resposta será positiva. Quando o duplo de Cherõpapa ainda está dentro de seu corpo/maloca, são os *rome*-projéteis que mandam tomar *rome*-rapé e ayahuasca. Não permitirão também que ele coma alimentos preparados por mulheres menstruadas, bem como outras comidas ruins: ele deve manter o seu *shakj* (ventre/oco) permanentemente espiritizado, sob o risco de espantar os seus ilustres visitantes.

Um *romeya* pode fabricar seus próprios *rome*. Lavando-os com pó de rapé e com ayahuasca, ele os introduz nos dois músculos peitorais, na garaganta e nos bíceps. "Da próxima vez, peça para Cherõpapa te mostrar", disse Benedito: os *romeya* se gabam de seus projéteis, indicativos de sua força. Costumam extraí-los do corpo e exibir para os curiosos como uma comprovação de seus poderes. Um bom caçador pode também pedir *rome* para Mishõ, o dono dos animais: tais projéteis são coisas dos espíritos *yove*, eles próprios chamados de *romeya*, aliás, já que há tantos pajés (e dos dois tipos, os *kfchjtxo* e os *romeya*) quanto há pessoas, isto é, infinitamente[10]. As atividades de um *romeya* não apenas são direcionadas pelos bons projéteis, como consistem também na extração daqueles que se infiltram nos corpos dos doentes, os *rome ichná*, "projéteis ruins", lançados por outrem. Os *rome ichná* são rápidos como balas de revólver. Quando alguém os arremessa na direção do *romeya*, este se protege com os seus próprios, que lançam uma ventania para paralisá-los, fazendo com que não o atinjam (no meio do peito, abaixo das orelhas e na nuca). Os donos do gavião preto, por exemplo, ficam irritados quando um sujeito aponta para "seus bichos" e pronuncia indiscriminadamente seu nome, *Chãcha*. Ele deve ser referido apenas em tom de voz baixo pelo nome *yove chai*, "espírito-pássaro", ou pela onomatopeia de seu pio, *chãã, chãã*, sem olhar ou apontar para o bicho voador. Do contrário, seu dono revida (*kopía*) e envia projéteis para a nuca da pessoa, que fica com torcicolo.

Os *romeya* chamam então para seu corpo/casa os espíritos "sugadores" ou "extraidores" (*yove tsekaya*) tais como Espírito-Quati (*Chichi Yove*), que extrai o projétil do corpo da pessoa doente, exibindo-o para os presentes. Os pequenos objetos cilíndricos (que, dizem, podem variar em cor e tamanho) são mostrados pelos *romeya* na palma de suas mãos ou na ponta dos dedos, sempre na penumbra. Nunca ninguém os toca e o *romeya* rapidamente irá para fora da maloca, a fim de descartá-los no mato. Dizer que ele os forja com uma massa de rapé

---

10 O termo utilizado para tais projéteis não é um sinônimo para rapé, mas um homônimo talvez. Muito embora os dois elementos (rapé e projétil) estejam estreitamente vinculados, não encontrei nenhuma explicação conclusiva sobre a formação do nome *romeya*, a partir de uma ou outra das entidades designadas pelos termos homônimos (projétil *rome-* + atributivo *-ya* ou tabaco *rome-* + atributivo *-ya*). *Romeya* talvez pudesse ser traduzido por "aquele que tem *rome* (projéteis)" ou por "entabacado". A questão fica em aberto. Entre os marubo, a relação com os *rome* depende de uma atividade de "espiritização", isto é, de afastamento das substâncias sanguinolentas e suas catingas (*iaka*, odor de sangue, de peixe) em direção às qualidades apreciadas pelos espíritos. Ora, são eles que introduzem os projéteis no *romeya* e não o fariam se este tivesse seu corpo excessivamente impregnado pelas substâncias do parentesco desta referência (a dos viventes). Os *rome* não são, entretanto, familiarizados pelos pajés; não se comportam como seus xerimbabos, como imaginei a certa altura que pudessem ser. Não são exatamente também como os *karowara* dos parakanã e sua relação com o canibalismo e o devir-fera. Cf. C. Fausto, *Inimigos Fiéis*. A dinâmica de agressão envolvida nos projéteis *rome* é puramente retaliatória (*kopía*) e cosmopolítica.

misturada a ayahuasca, que realiza portanto um truque, seria perder o ponto do evento em questão: o projétil é um índice do tenso campo cosmopolítico de onde emergem possíveis agressões ou alianças. Quem o traz à tona, diga-se de passagem, não é o *romeya*, mas outro, o *yove* "doutor" que o visita, e que toma seu corpo de empréstimo para agir/curar. Se os presentes querem *ver* o elemento materializado, é menos por se preocuparem com um possível charlatanismo e mais por encontrarem confirmada mais uma ameaça proveniente do campo sociocósmico virtual[11]. O xamanismo marubo, como tantos outros, não é um problema de crença (nos transportes entre visível e invisível) ou de adesão proposicional (o valor de verdade dos enunciados xamânicos), mas de configuração posicional e de relação.

"Tudo é perigoso" (*katsese rakekarvi*), dizia-me certa vez Tekãpapa, ao comentar sobre os duplos do inseto aquático *sate*[12], que são como soldados/policiais (*teskekaya*), sempre prestes a enviar projéteis por puro desejo de retaliar. Benfazejos, decerto, são os *yovevo* tais como os auxiliares embaixadores Broto de Ayahuasca (Oni Shãko), mas nada impede que um determinado pajé *kfchjtxo* (de qualquer outra gente ou posição) possa mobilizar tal espírito a seu favor, fazendo com que ele envie projéteis *rome* para algum de seus desafetos daqui. Mesmo um jovem que passa incauto por baixo da rede de um *romeya* enquanto ele canta pode, eventualmente, ser também atacado pelos projéteis do visitante ofendido. Os *rome*, índices das circulações sociocósmicas, evidenciam suas duas potencialidades: agressiva para o caso dos projéteis ruins, como nas escaramuças entre afins ou inimigos (e os há por toda parte); benfazeja no caso dos outros *rome*, como nas dádivas entre parentes (e duplos de parentes) próximos e espíritos protetores. Ainda assim, não são *a priori* ruins ou bons (como também não são os pajés), pois o xamanismo não é uma moral maniqueísta, mas uma configuração relacional.

As Pajelanças e o Babelismo

As extrações de objetos patogênicos e todas as sessões xamânicas (ou pajelanças, o termo não importa muito, já que os marubo não dão um nome específico para tais rituais) são eventos multiposicionais. Enquanto um espírito sugador tal como Quati aqui trabalha, o duplo do *romeya* está alhures na Colina Mata-Pasto

---

11 Nunca ouvi um marubo questionar ou duvidar da eficácia de um *romeya*: o eventual fracasso de um tratamento pode ser atribuído a várias razões (em geral, os diagnósticos mudam até que o sintoma seja controlado ou mapeado), mas jamais seria imputado à ação do pajé. Pois não é *ele* propriamente quem atua, mas outrem, e o *romeya* se torna portanto um índice do fundo virtual sociocósmico, aí naturalizado, como diria Roy Wagner.

12 *Renatra sp.*

diplomatas e tradutores

(*kapi matô*) aguardando. Dentro de seu corpo, Espírito Quati é recebido pelos duplos irmãos ou pelos *vaká* residentes em seu oco/maloca, isto é, pelos espíritos auxiliares (*rewepei*) do pajé. Na maloca de fora onde estamos sentados (onde o antropólogo grava cantos e toma notas), o espírito que chegou na carcaça do *romeya* deitado na rede é recebido pelos auxiliares daqui, isto é, pelos irmãos e parentes que vivem nessa maloca. O evento tende ao abismo: essa maloca (externa) tem os seus habitantes, também aquela (replicada no corpo do *romeya*) tem os seus (respectivos *vaká* ou *yochj*), e assim por diante. Todo o evento se dá, portanto, nas referências espelhadas ou embutidas umas nas outras.

Ao chegar, o espírito faz o corpo do *romeya* sentar-se na rede e saúda os presentes com a expressão *Eh eh eh monomonokrãi*, "Eh eh eh, cheguei dançando!" Recebe uma aplicação de rapé nas narinas através do inalador *rewe*, mais uma dose de ayahuasca. O mesmo acontece na maloca interna, na qual o convidado ou visitante é recebido pelos *rewepei* e parentes internos (os tais dos "cuidadores", *vesoyavo*) de seu corpo/casa. Os convidados chegam nas malocas dos marubo pelos caminhos que vêm até a porta principal das malocas e sentam-se nos bancos *kenã*. Os *yove* chegam pelos caminhos-espírito e sentam-se na maloca/oco do *romeya*. Ao chegarem, alguns *yovevo* vomitam, reclamam do mau cheiro (*itsa ichná*), do aspecto sombrio e desolador (*oniska*) dessa terra, dos cachorros, dos fogos acesos, dos barulhos de flatos, roncos e choramingos.

O *romeya* fica deitado em uma rede atada mais alta que as outras, acima dos bancos *kenã* e do trocano, ou em alguma outra parte da seção masculina da maloca localizada nas adjacências da porta principal, onde estão pendurados na parede os potes de ayahuasca, os inaladores de rapé, ossos-troféus de caça, espingardas, flechas e arcos, documentos e outros elementos de contato com o exterior. O corpo do pajé fica posicionado de modo que, ao sentar-se, esteja de costas para a porta que conduz ao exterior e de frente para os bancos e todo o resto da maloca. Pelas costas do *romeya* // pela porta da maloca replicada na referência interna é que entram os *yovevo*. "Vir pelas costas" (*peshovrã*) é uma das expressões utilizadas para a chegada dos *yovevo*, que devem e podem entrar na maloca/corpo, ao contrário dos indesejáveis *yochj*, que apenas "passam por perto" (*tasavrã*). Se não houver o pote de ayahuasca pendurado na maloca (externa) e rapé a ser oferecido, tal como ocorre hoje em dia nas habitações próximas à sede da missão Novas Tribos do Brasil, os *yove* não chegam e não há pajelança: a maloca (*shovo*) não ativa suas relações de parentesco com o sociocosmos.

Nisso se distinguem os *romeya* dos *kfchjtxo*: estes últimos ficam sentados nos bancos *kenã* enquanto os *yove* vêm cantar através do *romeya* pendurado na rede. Diplomatas de gabinete, digamos assim, os *kfchjtxo* são os responsáveis por zelar pelo trânsito de pessoas através do *romeya*, chamando determinados *yove* ou duplos de mortos (*yora vaká*, os duplos bons habitantes de moradas melhores, por oposição aos *yorã vaká*, duplos-espectros perdidos nessa terra[13]) com os quais

---

13 A diferença está na nasalização de *yora/yorã*: duplo de gente (*yora vaká*) *versus* duplo de um corpo ou sombra (*yorã vaká, vakíchi*).

se deseja entreter relações. Os mesmos kfchjtxo dizem quando o *yove* pode ou não partir, além de serem responsáveis por expulsar os *yochj* que, por ventura, venham a se aproximar da maloca com seus odores e venenos repugnantes. O kfchjtxo mais velho é também "como um doutor". Coordena o evento todo sentado nos bancos e conversa com os demais, manda os kfchjtxo aprendizes (os pseudoxamãs) ficarem atentos para o que dizem os espíritos, dá as coordenadas ao *rewepei* ("o enfermeiro"), conversa com os duplos dos mortos, identifica uma determinada pessoa que chega, realiza algo como um segundo estágio tradutivo, que consiste na mediação ou transposição para os presentes daquela informação veiculada através do corpo/casa do *romeya*.

O auxiliar *rewepei* é em geral um homem de meia-idade, também aprendiz, que atende aos espíritos, aplica rapé e distribui as doses de ayahuasca, não apenas a estes, mas também a todos os presentes, durante todas as longas noites de pajelança. Ele deve ser ágil, esperto e ter um sopro especial (é também o seu *chinã* que se transmite quando assopra rapé nas narinas alheias), para que mereça o qualificativo que recebe, *rewepei*, referente ao sopro fresco do pássaro (João-Barbudo). Junto com os presentes comuns e os doentes, são esses os participantes das diversas pajelanças a que assisti e que examinaremos adiante: os inumeráveis espíritos *yove*, os duplos benfazejos dos mortos (*yora vaká*), os espectros ameaçadores dos mortos (*yorã vaká* ou *yochj*) e de outras entidades, os auxiliares *rewepei*, os próprios kfchjtxo, um ou mais *romeya*, os pajés aprendizes e a audiência geral.

Seja na cura pela extração dos agentes patogênicos tais como os *rome*, seja no aprendizado das falas dos *yove*, o evento é por excelência a arena das relações sociocósmicas. Guarda um certo ar cosmopolita, fazendo lembrar, no silêncio e isolamento da aldeia, que esse é um ritual exemplar do *ethos* reticular amazônico e suas circulações xamanísticas[14]. Uma pajelança noturna mobilizava outrora todos os habitantes da maloca. Hoje, porém, cada vez mais são outros os (ainda assim *outros*) que interessam aos jovens – os brancos, as mulheres das cidades. Acabam assim deixando de desenvolver seu *chinã*, isto que se instala na pessoa e a faz aprender a boa fala (*vana*) e os ensinamentos (*ese*). Os jovens de hoje em dia deixam de ser feitos para receber "pensamento" (*chinã*) devido a seu contato excessivo com forças ou venenos (*pae*) de substâncias como a cachaça ou a gasolina (contrárias ao *pae* do rapé e da ayahuasca), impregnados que ficam com o cheiro (*iaka*) de sangue e carne das mulheres jovens, com a catinga (*itsaka*) dos brancos e de suas coisas, todas essas qualidades sensoriais detestadas pelos *yove* e evitadas pelos *romeya*. (O quadro é reversível: basta que o jovem comece a se relacionar com outras qualidades para que se altere. É bem provável, aliás, que se trate de um dilema da idade e não apenas dos processos de transformação social.) Melhor o perfume da canela (*nawãmi*), da resina *sfpa* e de outras folhas esfregadas por todos que querem participar do evento para

---

14 Cf. J.-P. Chaumeil, Réseaux chamaniques contemporains et relations interethniques dans le Haut Amazone (Pérou), em C. Pinzón et al. (orgs.), *Otra América en Construcción*; P. Descola, *Les Lances du Crépuscule*.

diplomatas e tradutores

assim enganar o nosso odor; melhor a força do rapé e da ayahuasca, cujos duplos nos ajudam (*takeka*, "fazer-se par") a pensar e falar. Essa sua força/veneno, *pae*, pode também causar dores de cabeça naquelas pessoas que as utilizarem de modo desrespeitoso: trata-se de uma retaliação de seu duplo, que deve ser evitada pelo xamanismo.

O corpo, como dizíamos, deve se dispor de modo espiritizado, tornando-se mais próximo do polo hiper-humano, afastando-se da insensatez, preguiça, sonolência, sovinice, imundície, fedor, fraqueza e doença a que tende esse viver no Mundo-Morte (*Vei Shavá*). Os duplos dos viventes tendem para os hiper-humanos espíritos *yovevo* (a ponto de se alterarem, como no caso de Venãpa) assim como os espectros *yochj*, desgarrados da pessoa após a sua morte, tendem para os corpos dos viventes, dos quais querem se aproximar e sentem saudades. Donde o perigo para os *romeya*: os espectros estão sempre rondando, desolados e melancólicos (*oniska*), à procura da casa/corpo que perderam, cobiçando os parentes viventes que não os veem mais. Os viventes sensatos, preocupados desde já com o seu morrer futuro e com o conhecimento que podem transmitir aqui, voltam-se por sua vez ao polo oposto: querem esvaziar ao máximo sua carcaça (tal como ocorreu a Tekãpapa, que é praticamente pura carcaça), fazendo com que seus duplos vivam nas casas de pessoas outras, e melhores. Nessa terra, os inquietos *yochj* ficam no limbo e desejam os corpos/casas dos viventes, assim como esses, desgarrados desses corpos, desejam as moradas melhores dos espíritos.

O que chamo de "pajelança" começa simplesmente da seguinte maneira. Depois do jantar, os jovens se dispersam e os velhos ficam sentados nos bancos *kenã* ou nos arredores do terreiro da maloca até que o movimento das mulheres e crianças se acalme. Sentados nos bancos, cheirando rapé com os pequenos inaladores pessoais (*reshti*) feitos de ossos de mutum, conversam sobre amenidades e questões micropolíticas. Lá pelas oito ou nove horas da noite, quando a maloca já está mais calma e fresca, o *romeya* estende sua rede. Chegam os homens participantes de outras malocas. Alguém retira o longo inalador *rewe* espetado na parede frontal da maloca, masca um pedaço de canela e esfrega seu bagaço no caniço, para perfumá-lo. O *rewepei* começa a aplicar rapé nos presentes e servir as primeiras doses de ayahuasca. Apagam-se as fogueiras, as crianças já devem estar quietas, dormindo. Flatos, choros e cachorros são reprimidos. Conversas continuam entre os homens. Estes, sentados nos bancos, escarram e assoam o nariz em direção ao chão logo abaixo de seus pés: de seu muco e saliva (*kemo*) formados por rapé e ayahuasca, surgirão miríades de espíritos-pássaro (*chaj vaká*). Passam a canela por todo o corpo para deixá-lo perfumado.

O *rewepei* ou algum outro homem de meia idade procura um ramo de *mashki-ti*[15] e o raspa em uma cuia: misturado ao rapé e à ayahuasca, servirá como base para que os *yove* extraiam doenças dos corpos dos presentes. Discretamente, fa-

---

15 Andiroba pequena, segundo D. Montagner, op. cit., p. 515.

mílias de outras malocas entram pela entrada feminina oposta à dos bancos (os homens entram pela entrada masculina, passando com cuidado por trás da rede do *romeya*) e se acomodam nas seções familiares daqueles anfitriões que lhes são mais próximos. Trazem outros doentes e crianças, que devem ficar quietas e dormindo nos colos das mulheres ou em redes emprestadas. Algumas velhas mais sabidas sentam-se bem próximas aos bancos dos homens, a fiar cordas de tucum nas coxas enquanto escutam as conversas. O *romeya* canta seu primeiro *iniki* para chamar os *yovevo* e a sessão está inaugurada, sem que os homens deixem de conversar sobre amenidades e de fazer piadas. O *romeya* deita de novo, como que ausente ou dormindo, imóvel. Em alguns instantes, escuta-se um canto sussurrado de alguém chegando de longe. É o primeiro *yove*. O auxiliar *rewepei* fica de pé entre os bancos, de frente para a rede suspensa, segurando nas mãos o inalador *rewe*. Já deixou uma dose de ayahuasca preparada na pequena cuia (*oni mãsf*), que oferecerá ao visitante.

Os espíritos, ao aqui chegarem, traduzem seus cantos e falas para a *yorã vana* ("a nossa fala"), já que suas línguas são tão diversas quanto são os seus povos: do contrário, os presentes não compreenderiam os cantos *iniki*. Ainda assim, tais cantos costumam trazer construções na língua dos antigos (*asãikiki vana*), uma vez que os espíritos têm mesmo a imagem dos antigos ou antepassados dos marubo. Aos termos referentes à língua dos antigos soma-se o caráter metafórico generalizado das falas dos outros ("rabos de arara" para "fogueira", por exemplo), que empregam termos da língua ordinária e os torcem para seu sentido especial, conhecido apenas pelos pajés mais experientes. De fato, no sentido contrário, explicam-me que, quando o *vaká* do *romeya* vai conhecer as casas dos espíritos, ele coloca o inalador de rapé no ouvido para que sirva como instrumento de tradução, a fim de compreender o que dizem os *yove*, e vice-versa. Muitos dos *romeya* acabam se acostumando com as falas dos espíritos. Venãpa me disse, aliás, que Isko Osho "é como a *Bíblia*", sabe todas as línguas – por isso, pode conduzir os duplos dos mortos em diversas partes do mundo. Sugeriu certa vez que eu pedisse para ele falar inglês ou francês comigo quando viesse cantar, coisa que acabei me esquecendo de solicitar, uma vez que o irmão de Venãpa não aparece sempre nessa terra. Dentre os incontáveis povos-espírito, apenas os *chai yovevo* (espíritos-pássaro) e os *ni yovevo* (espíritos da floresta) falam *yorã vana* ("a nossa língua"). Assim sendo, é necessário que o multilíngue espírito auxiliar Broto de Ayahuasca chame os diversos espíritos-pajé: Broto de Ayahuasca é o embaixador e tradutor enviado pelos *kfchjtxo*, que ficam aqui nessa referência a escutar e interpretar palavras alheias. O cosmos marubo é propriamente uma babel – seu xamanismo, uma teoria da tradução[16]. Extraídos da pessoa-suporte, os duplos que vão viver alhures aprendem

---

16 Mas qual? "O trabalho do xamã, sua esfera de competência, é essa tentativa de reconstrução do sentido, de estabelecer relações, de encontrar íntimas ligações", dizia M. Carneiro da Cunha em Pontos de Vista sobre a Floresta Amazônica: Xamanismo e Tradução, *Mana*, v. 4, n. 1, p. 14. Vamos procurar ressaltar aqui as particularidades desse sentido reconstruído.

diplomatas e tradutores

aos poucos as línguas dos *yove*: se ficarem acostumados com as novas moradas, talvez não queiram retornar. De lá, como vimos, ensinam a pessoa a falar aqui. Sem eles, não saberíamos pensar.

Antes do início da pajelança, os presentes conversam sobre questões políticas. O primeiro *yove* a vir em Cherõpapa é um *koro kfchj*, Pajé-Cinza. Trata-se do duplo de *kôshã shawe* (tartaruga matamatá[17]) cujo *yove* é muito admirado pelos marubo. Diz ele que eu sou também *kfchjtxo* e aplica em mim uma potente dose de rapé com o longo inalador: é a primeira vez que um espírito me oferece rapé e a força de seu sopro quase me faz desmaiar. Diz ele aos presentes que eu, ainda recém-chegado no alto Ituí, sou de outra terra (*mai wetsa*) e que não devem mexer comigo. Sou *kfchj wetsa*, "outra espécie de pajé". Apalpa meu peito, me examina. "O que é isso?", pergunta sobre algo que tenho preso no cinto. "Faca", respondo em marubo. "Está com medo?", ele retruca. Chega outro *yove*, que dança muito forte: seu nome é Txori, um *yove* valente. E chega outro: este é *yove nawa*, "espírito estrangeiro", pertence aos *Ene Kevo* (o povo de um pássaro habitante do rio grande). Diz em marubo: "eu tenho faca, tenho cinto, tenho roupa, eu sei a língua deles". Manda-me levantar e ficar de pé diante da rede em que está sentado. Pega o inalador e posiciona em um ponto um pouco abaixo de meu esterno. Suga. Está levando meu *vaká*, com meu consentimento. Larga o inalador (eu fico segurando uma de suas pontas), deita-se imediatamente na rede. Antes de ir embora, fala nas duas línguas, bem baixinho: "já vou, *f kai*". Nesse instante, não é porém o *yove* quem está falando, mas sim *eu* ou, antes, o meu *vaká* que está indo embora. Todos comentam animados: "ê Mayãpa, você é pajé!" (Mayãpa é o meu nome marubo). Estando agora alhures, dizem que esse meu duplo também poderá no futuro cantar *iniki*. O *yove* vai embora e volta o duplo de Cherõpapa. Os espíritos *Ene Kevo*, ainda que sejam estrangeiros (*nawa*) assim como os brasileiros e peruanos, também se dividem por algumas das mesmas seções que os marubo. O que levou meu duplo é *varinawavo*: fui viver no *Vari Waka*, Rio-Sol, um rio grande a jusante, onde moram as pessoas como nós.

Não há nada de extraordinário em ter o seu *vaká* levado (*vaká viataya*) por um espírito ou duplo benfazejo de morto. Esse é, como vimos, um estado relacional desejável para a pessoa. Isko Osho/Venãpa iria, em outras ocasiões, fazer o mesmo com duas de minhas companheiras de trabalho, Elena Welper e Beatriz Matos. A pessoa ideal é aquela que se distribui e, por isso, talvez, muitos dos marubo sejam, via de regra, afáveis aos brancos que vêm trabalhar em suas terras:

---

17 *Chelus fimbriatus*

interessam-se por outros mundos, querem aprender línguas, bem de acordo com o babelismo de que estamos tratando. Se é verdade que a mudança de comportamento dos jovens explicita um problemático conflito geracional; se é verdade que esse conflito, como veremos, é elaborado por especulações mitológicas e xamanísticas, talvez também o seja, como bem apontou Javier Ruedas[18], que a fase juvenil é aquela em que os rapazes devem experimentar deslocamentos e vivências nas cidades. Mais adiante, tendem a se concentrar nos rituais da maloca. O mimetismo ou repetição (*naroa*) que constitui o aprendizado de cantos, desenhos e costumes alheios, também os inclina aos modos dos brancos e das cidades. De maneira homóloga, outros aspectos/duplos das pessoas cindidas podem se acostumar aos conhecimentos e moradas melhores dos *yovevo*. E também o *romeya* Venãpa alteriza-se em *nawa* (estrangeiro) em certos festivais: "quando bebe [cachaça ou caiçuma fermentada]", dizia-me certa vez um jovem professor, "não é Venãpa, sua pessoa inteira (*yora pacha*) que fica bêbado, mas sim Ene Kevo, o espírito *nawa*, que bebe dentro ou através dele". Não por acaso, Venãpa costuma insistir comigo que é como o compositor romântico popular Amado Batista: está sempre a interpretar alheios e novos cantos, muitos deles tristes ou melancólicos[19].

A seguinte passagem de Peter Gow sobre os piro da Amazônia peruana é precisa:

> Quando um xamã canta o canto de um *kayigawlu* [ser poderoso], ele se torna aquele *kayigawlu*. Mas [...] o estado dos seres poderosos é intrinsecamente múltiplo. Assim, a imitação dos cantos dos seres poderosos é menos uma forma de possessão (a subsunção de uma posição de sujeito em outra) e mais uma introdução em outra socialidade. Aqui, o outro revela-se ao xamã como humano/humana (do ponto de vista do outro). O outro toma o xamã como parte de sua multiplicidade (isto é, como parte de seus parentes)"[20].

O professor Benedito Keninawa me disse em uma viagem que, para seu avô, as coisas dos *nawa* falavam com seus donos: se alguém as roubava, o *vaká* da coisa em sonho poderia delatar o ladrão. Pensavam assim que os brancos eram *romeya*, já que seus pertences eram comunicáveis ou comunicantes (como no caso dos rádios, telefones e televisores). Deitados na canoa em que viajávamos naquela circunstância, Kanãpa, que escutava minha conversa com Benedito, perguntou-me em seguida se eu já havia visto *todas* as cidades do mundo. O diplomata multilíngue parecia estar em seu pensamento. Por estarem os duplos das pessoas distribuídos por várias posições, entre as várias moradas de também várias pessoas, é que, no contexto das pajelanças, faz-se necessário o uso do inalador

---

18 Em *The Marubo Political System* e em *History, Ethnography, and Politics in Amazonia*, Tipití, v. 2, n. 1.

19 Cf. P. Cesarino, De Cantos-Sujeito a Patrimônio Imaterial, *Revista do Patrimônio*, v. 32.

20 *An Amazonian Myth and its History*, p. 148.

de rapé como instrumento de mediação: "microfone" e "antena", como costumam comparar, o *rewe* é um tradutor, um microscópio ou binóculo, um *soul catcher* e *soul deliverer* (alienador e transportador de duplos). O corpo vazio (*yora shaká*) de um *romeya*, quando está ausente deitado na rede, é aliás por inteiro comparado a um aparelho de som com microfone (objeto especialmente cobiçado pelos marubo e outros povos da floresta). O que lá passa perto dele (isto é, de sua casa) ressoa aqui: um *yochj* que atravessa o terreiro de sua dimensão replicada no espaço interno será, por exemplo, escutado aqui pelo estalido de seus lábios (*tsoski*).

Num instante da festa do Chamado do Vento (*We Kena*), Venãpa inverte a posição usual da rede: senta-se de costas para os bancos *kenã* e de frente para a porta, para assim chamar Vento que deve varrer a maloca infestada de espectros *yochj*. Panã, seu duplo/irmão do meio, é quem ensina o longuíssimo canto de chamado do vento que Venãpa-carcaça não conhece. Ele sabe quem eu sou, me chama pelo nome (Mayãpa) e me pergunta algo. Em um intervalo, o próprio Panã desconhece a continuação do canto e vai consultar Isko Osho, seu irmão mais velho, ou algum outro *yove* mais sabido. No exato instante em que está partindo daqui, um cachorro infeliz assusta o *vaká*, que foge e deixa Venãpa-carcaça imóvel na rede, como que morto. Preocupados, os *kɨchjtxo* presentes tentam imediatamente resgatar o *vaká* de Venãpa: a operação será boa para testar os iniciantes que, nessa circunstância, estão terminando um longo treinamento xamanístico. Decide-se que o primeiro a tentar o resgate será Tamãpa, exímio auxiliar (*rewepei*). Sem sucesso, Tamãpa passa o *rewe* no plexo solar de Venãpa, pétreo, como se o inalador fosse uma antena, cuja outra extremidade é movida em diversas direções para tentar capturar o *vaká* assustado pelo cachorro e trazê-lo de volta ao corpo/casa a que pertence, isto é, a Venãpa. Em seguida, Tawãpapa, outro dos iniciandos, tenta o mesmo procedimento (ficam em pé no banco e posicionam o inalador sobre o corpo do *romeya* que está estirado na rede na posição usual), também sem sucesso.

Tekãpapa, o *kɨchjtxo* mais velho e experiente, assume então o comando das operações. Ele suga o *chinã* do rapé e da ayahuasca, inserindo a extremidade do inalador nos recipientes que contêm tais substâncias e as inspirando (não o conteúdo visível, mas o seu *chinã*), para em seguida direcionar o inalador assim carregado para o corpo do *romeya*, na tentativa de atrair o *vaká* perdido. Sem sucesso, o *romeya* continua imóvel. Escuta-se de súbito um estalido de lábios (*tsoski*, como um beijo no ar): é o barulho de um *yochj* que se aproxima. Eles podem estar prestes a invadir o corpo (vazio, sem os duplos cuidadores) de Venãpa, o que seria desastroso. Tekãpapa assopra de novo sobre a rede com o inalador. E pergunta: "quem é você? Diga quem é para que possamos escutar". Um tempo em silêncio. A mãe de Venãpa, que está sentada ao meu lado na ponta do banco *kenã*, lamenta: "que triste o meu filho, que triste…" Todos estão muito preocupados e atentos. Em momentos como esse, um *romeya* pode adoecer seriamente e corre risco de morte. Não conseguem de forma alguma resolver a situação. Depois de alguns instantes, escuta-se um soar distante de *iniki*. Alguém está se aproximando (na referência do corpo/casa do *romeya* — o índice da aproximação é a altura do canto, que começa como um murmúrio silencioso e crescente). "Deve ser Isko Osho", comentam com um certo rebuliço e alívio. De fato, Isko Osho chega cantando, quase heroico. Logo depois, conversa em tom solene com os presentes (senta-se de modo elegante e altivo na rede, em contraste com a postura jovial e galhofeira de Panã, o irmão do meio). Diz que Panã foi jogado para o fundo da terra, e que é preciso resgatá-lo. A mãe de Venãpa (e, por extensão, de seus *vaká*) segue seu lamento, "que triste meu filho, meu filhinho…" Isko Osho diz que não há cuidadores (*rewepei*) na casa vazia (referindo-se ao corpo de Venãpa). "É provável que estejam vindo do poente", comenta, e prossegue dirigindo-se aos kfchjtxo: "cuidem de meu corpo", com isso dizendo, para cuidarem do corpo *dele*, isto é, de Venãpa. Isko Osho diz que vai então ele mesmo tentar resgatar o *vaká* de Panã, seu irmão mais novo. E parte.

Um assobio distante, como um pio de pássaro, indica que um *rewepei* está chegando. O *rewepei* daqui (Tamãpa) se prepara para recebê-lo. Mas, contrariando as tensas expectativas, não era um *rewepei* e sim um temível *pakãka yochj* (espectro matador) e então Tamãpa o assopra com o *rewe* para que vá embora. Tamãpa assopra aqui o corpo com o *rewe* // na referência interna faz-se uma ventania que espanta o *yochj*. Depois de alguns momentos aflitivos, Panã consegue retornar a Venãpa e o "Chamado do Vento" continua. Todos se tranquilizam. A explicação? Panã tinha ido buscar uma sandália de seu filho bebê que mora em Atalaia do Norte (AM), que um "índio" kanamari havia roubado tirando da bolsa de sua mãe. Por isso deixou a casa/corpo vazia, criando toda essa confusão. Mais uma vez, a pessoa (recipiente) e seu(s) duplo(s) se sobrepõem: o filho de Venãpa que mora em Atalaia é também tratado como filho por Panã, que havia decidido reaver o seu bem perdido.

As situações sociocósmicas desencadeadas pelas pajelanças são, a rigor, uma sobreposição de referências cotidianas: Venãpa tem uma família na aldeia Paraná e outra na cidade de Atalaia, da mesma forma que um espírito ou o duplo de um pajé podem também viver suas vidas noutras partes. Algo um pouco distante da intocável aura sagrada atribuída aos "rituais primitivos" por nossa imaginação romântica[21]. A situação acima vivida por Venãpa, tal como aquela a que se referia Panipapa na conversa que abre este capítulo, é uma (corriqueira) antecipação da morte, desencadeada pelos problemas da diplomacia sociocósmica, desses múltiplos e polifônicos cotidianos que se entrecruzam no plano virtual.

▸FIGS. 7 e 8

---

21 O fato de os marubo muitas vezes se utilizarem da palavra *sagrado* para traduzir certas de suas noções (tal como *mai nãko*, o "néctar da terra" de onde surgem os primeiros povos) não quer dizer que estejam se referindo às noções de sagrado provenientes de nossas metafísicas. O mesmo vale para diversos outros termos apropriados pelos marubo e tantos outros povos ameríndios.

PARTE II   A Tarefa do Tradutor

4. Rádios e Araras

a iniciação dos pajés

Variação e Surgimento

(O)s pajés-rezadores kfchjtxo definem-se de outra maneira que os *romeya*. Os marubo do alto Ituí costumam considerar certos velhos das cabeceiras do Curuçá como "pajés mais fortes que surgiram primeiro", todos parentes mais próximos de Itsãpapa. São os guardiões dos ensinamentos e das condutas de socialidade, dos rituais e da transmissão mnemotécnica que esse último *romeya* mais velho havia sistematizado e reorganizado, depois de reunir em uma única aldeia diversos parentes dispersos pelo caos demográfico das décadas anteriores[1]. De todos esses (mas também os velhos pajés rezadores do alto Ituí) é dito terem "surgido do néctar da ayahuasca" (*oni nãkõsh weníarasj*), em uma expressão que é, entretanto, utilizada também para se referir ao modo de surgimento dos espíritos *yovevo*, eles também pajés *romeya* e kfchjtxo de seus outros incontáveis povos. Seus surgimentos são classificados a partir de um sistema que toma de empréstimo aquele da transmissão das denominações reunidas nas seções matrilineares[2]. O sistema acaba, porém, por se tornar autônomo, já que lança mão de alguns classificadores inexistentes no conjunto das seções atuais.

---

1 J. Ruedas, History, Ethnography, and Politics in Amazonia: Implications of Diachronic and Synchronic Variability in Marubo politics, *Tipití*, v. 2, n. 1.
2 Cf. capítulo 2.

Veremos que os classificadores empregados na transmissão dos povos/denominações da organização social marubo constituem, mais amplamente, um repertório passível de se antepor a qualquer ente, vegetal, pessoa, animal, objeto, região, astro ou fenômeno meteorológico. *Shane* (azulão, *Cyanocompsa cyanea*), por exemplo, destaca-se de seu emprego usual ao se transformar em marcador de um povo específico, o povo azulão (*shanenawavo*). Passa a ser utilizado para designar um queixada-azulão (*shane yawa*), uma determinada macaxeira-azulão (*shane atsa*), o patamar celeste-azulão (*Shane Naí Shavaya*, Morada do Céu-Azulão), um pajé-azulão (*shane kfchj*), e assim por diante. Alguns dos termos são mobilizados pela morfologia social, outros constituem um idioma próprio para sistematizar e classificar, não apenas os elementos do que chamamos de natureza, mas também os mundos e referências virtuais da cosmologia[3]. Os classificadores – ou, talvez, variadores – incluem aqueles utilizados pela morfologia social marubo e mais outros tantos indefinidos. Não constituem um repertório fixo ou fechado, uma vez que se estendem a toda a multiplicidade personificada do cosmos. Ainda assim, os entes diversos são relacionados a partir dos termos de parentesco que os classificadores pressupõem e seguem, portanto, o modelo geral da sociedade marubo. O duplo de uma Sucuri-Azulão (*Shane Vfcha*) será, por exemplo, tio de um marubo do povo japó (*iskonawavo*), pois todo *iskonawavo* é *koka* (irmão da mãe) de um *shanenawavo*, e vice-versa. O idioma do parentesco é capturado para um modelo generalizado de apreensão da *diferença* e da *relação*: é assim que a miríade infinita personificada pode ser nomeada, conhecida, familiarizada e controlada pelos pajés.

Os *kfchjtxo*, além disso, transmitem aos filhos de seus filhos (seus *shokó*) a classe a que pertencem, o que não ocorre com os *romeya*. Ainda que se sobreponha à classe que determina a pessoa ordinária (as suas divisões sociocósmicas pelos diverso povos ou *nawavo*), a anteposição de um classificador tal como azulão, sangue, espírito, ou japó ao nome "pajé" (*kfchj*, abreviando *kfchjtxo*) segue um critério exclusivo ao sistema xamânico, independente da morfologia social. Tal classe marcará também todos os aspectos relacionados à sua pessoa, entre os quais a determinada ayahuasca de que surgiram: os Pajés-Sol, por exemplo, são aqueles que "surgiram da seiva de ayahuasca-sol", uma fórmula reiterada nos cantos. Veja o esquema abaixo:

Vari Kfchj	Pajé-Sol	*vari oni nãkõsh weníarasj*	surgidos do néctar de ayahuasca-sol
Shane Kfchj	Pajé-Azulão	*shane oni nãkõsh weníarasj*	surgidos do néctar de ayahuasca-azulão
Rovo Kfchj	Pajé-Japó	*rovo oni nãkõsh weníarasj*	surgidos do néctar de ayahuasca-japó

---

3 Um estudo sobre o emprego de tal sistema de classificação, por exemplo, na etnobotânica marubo, certamente complementaria os dados aqui expostos.

Imi Kfchj	Pajé-Sangue	imi oni nãkõsh weníarasj	surgidos do néctar de ayahuasca-sangue
Yove Kfchj	Pajé-Espírito	yove oni nãkõsh weníarasj	surgidos do néctar de ayahuasca-espírito
Koro Kfchj	Pajé-Cinza	koro oni nãkõsh weníarasj	surgidos do néctar de ayahuasca-cinza
Pacha Kfchj	Pajé-Claro	pacha oni nãkõsh weníarasj	surgidos do néctar de ayahuasca-claro
Koj Kfchj	Pajé-Névoa	koj oni nãkõsh weníarasj	surgido do néctar de ayahuasca-névoa

Das classes acima, que não são todas as disponíveis, apenas japó (rovonawavo), sol (varinawavo), cinza (koronawavo) e azulão (shanenawavo) pertencem ao sistema de parentesco da sociedade marubo: as outras são exclusivas aos pajés e aos espíritos. No esquema acima, "espírito" (em "pajé-espírito"), assim como os outros termos, deixa de designar um ente para funcionar como uma classe: o conjunto das coisas e pessoas da referência-espírito (idem para a referência-cinza, referência-sangue etc). O procedimento, veremos, se generaliza para outras áreas da cosmologia marubo. Vale aqui assinalar que as fórmulas acima mencionadas na coluna da direita, indicando os modos de surgimento dos kfchjtxo, mantêm, através de um procedimento paralelístico, uma estrutura que se alterna pela anteposição deste ou daquele classificador: X oni nãkõsh weníarasj, "surgidos do néctar de ayahuasca X". Se o procedimento é utilizado para descrever os pajés de hoje em dia, ao fazê-lo acaba por colocar os mesmos em conexão com os pajés antigos: nos tempos míticos ou na atualidade, os kfchjtxo (ou seus duplos) são outra gente, formaram-se a partir do néctar da ayahuasca. Por isso, terão também um destino póstumo distinto dos demais viventes. Em vida, passam por treinamentos e processos de alteração/espiritização de sua pessoa que os tornam diferenciados. Ao dizer, portanto, que determinada pessoa é um vari kfchj, pajé-sol, um marubo está dizendo que os duplos de tal pajé pertencem ao povo sol e, mais ainda, à referência-sol do mundo. se vivem alhures, estarão juntos, por exemplo, do povo da samaúma-sol; surgiram também do néctar da ayahuasca-sol, carregam consigo adornos-sol, têm como irmãos e auxiliares os espíritos e pessoas-sol, e assim por diante. Mas veja bem: isso não quer dizer que sejam solares assim como uma pessoa do signo de Leão o é no sistema astrológico, ou que passem a viver naquela estrela após a morte: quer dizer apenas, e inicialmente, que pertencem à classe/nome/referência "sol". Aqueles que se classificam como Pajés-Névoa pertencem, por sua vez, a uma referência que não está prevista nesse socius visível: o mundo-neblina e seus atributos estão alhures. O sistema de pensamento mobilizado pelos kfchjtxo abrange uma série classificante que se estende para além dessa referência e não depende de suas projeções para existir.

rádios e araras

A fórmula *vari oni nãkõsh weníarasj*, "surgidos do néctar da ayahuasca-sol" é, por sua vez, uma transformação de outra fórmula mais produtiva e onipresente nos cantos *saiti* (os cantos-mito), *shõki* (os cantos de cura) e *iniki* (cantos dos espíritos): *X oni nãko/ nãko osõatõsho/ yove shovivãini*, cuja tradução aproximada é "Néctar de cipó x/ de dentro do néctar/ os espíritos surgem". "X", vale lembrar, indica aí a vaga aberta a ser preenchida pelo classificador que for o caso: azulão, sol, sangue, japó, névoa, entre outros. *Nãko*, termo de complexa tradução e interpretação, refere-se, inicialmente, à seiva adocicada de determinadas árvores que os pajés costumam beber junto com ayahuasca e outras substâncias psicoativas: uma espécie de mel vegetal (*vata keská*) que, entretanto, é utilizada metaforicamente em outros contextos para designar o sangue (*imi*) que produz pessoas (tal como no grande mito de formação dos antepassados dos marubo, o *Wenía*). O termo, entretanto, ganha a complexidade de um princípio transformacional quando passa a designar o vínculo de transformação/surgimento entre os pajés (do tempo mítico e da atualidade) e determinados vegetais como a ayahuasca, a samaúma, o loureiro (*chai*) e as árvores *tama* (termo genérico): é de suas seivas ou néctares (*nãko*), como prefiro traduzir, que surgem os pajés. Por um trajeto, índice de um processo diacrônico, Cherõpapa desenhou o surgimento dos *kfchjtxo* a partir de tal princípio, vinculando uma pessoa à árvore a que pertence. Algo similar ao que se lê na seguinte tradução:

▸FIG. 9

CANTO 2: **Khchltxo Wenía** (O Surgimento dos Pajés) – fragmento (Armando Cherõpapa)

1	*vari oni nãko*	néctar de cipó-sol[4]
	nãko osõatõsho	de dentro do néctar
	yoe shovivãi	espíritos se formam
	yove mai matoke	e na terra-espírito
5	*shokoi voiya*	juntos vão viver
	kevitivo vanayai	sabidos e loquazes
	shokoi voiya	juntos vão viver
	ene oni nãko	néctar de cipó-líquido
	nãko osõatõsho	de dentro do néctar
10	*yoe shovivãi*	espíritos se formam
	shokoi voiya	e juntos vão viver
	yove oni chinãyai	cipó-espírito pensante
	shokoi voiya	juntos vão viver
	atõ chinã vanayai	com suas falas pensadas
15	*shokoi voiya*	juntos vão viver
	kevitivo vanayai	sabidos e loquazes
	shokoi voiya	juntos vão viver

4 "Cipó" é o termo que utilizo para ayahuasca (*oni*) ao traduzir os cantos.

	kana oni nãko	néctar de cipó-arara
	nãko osõatõsho	de dentro do néctar
20	yoe shovivãi	espíritos se formam
	yove mai matoke	e na terra-espírito
	shokoi voiya	juntos vão viver
	neri veso oanimai	para cá não voltam
	shokoi voiya	juntos vão viver
25	yove oni nãko	néctar de cipó-espírito
	nãko osõatõsho	de dentro do néctar
	yoe shovivãi	espíritos se formam
	yove mai matoke	e na terra-espírito
	shokoi voiya	juntos vão viver
30	atõ yove chinãyai	com seus pensares-espírito
	pacha oni nãko	néctar de cipó-claro
	nãko osõatõsho	de dentro do néctar
	yoe shovivãi	espíritos se formam
	yove mai matoke	e na terra-espírito
35	shokoi voiya	juntos vão viver
	kevitivo vanayai	sabidos e loquazes
	shokoi voiya	juntos vão viver
	koj oni nãko	néctar de cipó-espírito
	nãko osõatõsho	de dentro do néctar
40	yoe shovivãi	espíritos se formam
	Koj Naí Shavaya	e no Céu-Névoa
	shokoi voiya	juntos vão viver
	yove mai matoke	na terra-espírito
	shokoi voiya	juntos vão viver
45	ene oni nãko	néctar de cipó-líquido
	nãko osõatõsho	de dentro do néctar
	yoe shovivãi	espíritos se formam
	yove rome owa	flor de tabaco-espírito
	menokovãi	caindo e planando
50	yove shovivãi	espírito vai formando
	yove shono mevi	e na samaúma-espírito
	mevi meti ikiya	em seu alto galho
	yove naí meãne	nos caminhos do céu-espírito[5]
	shokoi voiya	juntos vão viver

5   Os versos se referem a uma árvore mais alta que bate nas nuvens: seus galhos são encontros de caminhos-espírito.

rádios e araras

55	*ene oni tsipase*	resto de cipó-líquido
	tsipas veoatõsho	do resto deixado
	yoe shovivãi	espíritos se formam
	owa Tama Shavaya	e na Casa das Copas
	yove mai matoke	ali na terra-espírito
60	*shokoi voiya*	juntos vão viver
	atõ yove vanayai	com suas falas-espírito
	shane rome owa	flor de tabaco-azulão
	menokovãi	caindo planando
	naí tae irinõ	ao pé do céu
65	*ivaini voita*	todos juntos vão[6]
	shane shono mevi	na samaúma-azulão
	mevi meti ikiya	em seu alto galho
	Shane Naí meãne	nos caminhos do Céu-Azulão
	shokoi voiya	juntos vão viver
70	*Shane Naí meãne*	nos caminhos do Céu-Azulão
	veõ raká akei	ali mesmo ficam
	shokoi voiya	juntos vão viver
	atõ yove vanayai	com suas falas-espírito
	vari oni owa	flor de cipó-sol
75	*menokovãini*	caindo e planando
	yove shovivãini	espírito vai formando
	naí tae irinõ	e ao pé do céu
	ivai ini voita	todos juntos vão
	vari shono mevi	na samaúma-sol
80	*mevi votj ikiya*	em seu alto galho
	Vari Naí meãne	nos caminhos do Céu-Sol
	shokoi voiya	juntos vão viver
	f rome kokavo	meus tios pajés
	neri veso oanimai	para cá não se voltam
85	*shokoi voiya*	juntos vão viver
	vari kamã sheta	com seus colares
	atõ tewitayai	de dentes de onça-sol
	shokoi voiya	juntos vão viver
	yove oni ene	do caldo de cipó-espírito
90	*ene yaniawai*	do caldo se fartando
	atõ yove vanayai	com suas falas-espírito
	shokoi voiya	juntos vão viver
	[…]	

6   Os espíritos surgem a partir das flores desprendidas de tabaco.

Cada estrofe desse fragmento do canto indica a formação de uma determinada coletividade de pajés kfchjtxo: pajés-arara, pajés-claro, pajés-névoa, pajés-espírito, pajés-azulão e pajés-sol. O canto continua visualizando a formação de outros diversos povos e tem, portanto, um limite indefinido. Os últimos três povos mencionados formam-se, não do néctar da ayahuasca (traduzida acima por "cipó"), mas de suas flores e das flores do tabaco: desprendidas, elas caem planando para formar os espíritos/pajés, que vivem em suas malocas cantando, tomando caldo de ayahuasca e vestidos com seus adornos (entre os quais, os colares de dente de onça).

O Processo de Espiritização

Os modos e moradas dos pajés/espíritos contrastam com essa Morada da Terra-Morte (*Vei Mai Shavaya*), onde imperam as coisas-morte (antecedidas pelo classificador *vei*, "morte"), a insensatez e a desolação, bem como o assédio dos espectros dos mortos que não completaram seu destino pós-morte e ficam morridos por aí desejando (*noia*) os viventes. O aprendiz de kfchjtxo deve manter-se ao abrigo disso, numa tentativa de mimetizar (*naroa*) o *modus vivendi* hiper dos espíritos, que têm repugnância pelo cheiro de sangue (*iaka*) e de carne (*noeka*) e pela catinga generalizada das coisas-morte (*vei itsa*). O aprendiz de pajé deve passar a ter cuidado com o mundo cotidiano das substâncias, das carnes de caça, do sexo, dos jovens e das crianças. Seu aprendizado tem início com o progressivo interesse pelas costumeiras pajelanças noturnas, onde deve ingerir progressivamente mais rapé e ayahuasca e escutar os cantos iniki dos *yove* e as falas dos kfchjtxo mais velhos. Num dado momento, receberá de algum deles uma garrafa e um pequeno inalador individual de rapé feito de ossos de mutum: poderá agora ter acesso por conta própria à substância que, entretanto, ele ainda não cultiva em um roçado pessoal e não processa também sozinho em um pequeno abrigo isolado da grande maloca, como fazem os mais maduros. Aos poucos, deverá começar a sonhar com pessoas outras (*yora wetsa*) que lhe entregam elementos relacionados ao xamanismo.

Um jovem que iniciava seus aprendizados de cantos *shõki* sonhou certa vez que estava com dor de cabeça e que escutava, mas não via, um kfchjtxo lhe entregar uma garrafa de rapé, após soprocantá-la (*koshoka*). O que a pessoa transmite ao sonhador é o seu *chinã* (pensamento, força vital...) e o jovem ou homem maduro que isso experiencia mostra estar apto para o aprendizado dos cantos de cura *shõki*. A maioria dos homens se engajava outrora nesse processo, uma vez que o aprendizado de (ao menos alguns) cantos de cura é desejável para um chefe de família que precisa saber cuidar de seus filhos e mulher(es), na ausência de um xamã mais importante. O fascínio atualmente exercido pelo rádio e música dos brancos, ainda que possua uma relação profunda com a lógica do xamanismo, acaba

rádios e araras

por desviar os jovens do contato com os velhos e suas substâncias ou, ao menos, costuma retardar e confundir um pouco esse processo. Pudera: essa é mesmo a Era-Morte, doenças e fragmentações imperam; os males estão por todas as partes e seria realmente desejável, comentam frequentemente com resignação os pajés, que os jovens estivessem aprendendo com mais afinco.

De toda maneira, aqueles que se engajam vão, dos quarenta anos em diante, recolher-se em algum momento junto com outros iniciandos em uma maloca à parte, sob os cuidados de algum *romeya* poderoso como Venãpa, ou de outros mais velhos e sábios, para que consigam talvez tornar-se *kfchjtxo*. Passarão por um árduo ritual de meses, que consiste em alterar o seu sangue e tornar forte o seu pensamento/vida para que ele seja capaz de memorizar cantos e de conquistar diversos poderes e espíritos auxiliares. Poucos chegam a completar o treinamento com êxito. É necessário abster-se do comércio com as esposas e filhos, passar por uma série de provas e de rigorosa dieta alimentar (*samá*), sempre preparada por alguma mulher idosa (*yõsha*) e respeitada. Seus alimentos não podem ser preparados em panelas de ferro; os iniciandos não devem cheirar fumaça de tabaco e sentir a catinga dos brancos, desprezada pelos espíritos. Minha presença nos rituais de iniciação era permitida, já que eu me aproximava das mesmas condições que os iniciandos por escutar todas as noites os cantos e falas, cheirar rapé e tomar ayahuasca, além de estar há tempos sem manter relações sexuais. Dois candidatos a *kfchjtxo* que estavam ali se "estragaram" (*ichná*) por terem mexido com suas mulheres e por terem sido pintados com um urucum qualquer que não o rezado pelos *romeya*. Deveriam ter sido desenhados com a resina perfumada *sfpa*, especialmente preparada para tais ocasiões. Os homens assim reunidos para o "curso de pajé", como dizem, serão doravante chamados por todos de *raõnayavo* ou de *samáyavo*, "os que estão sobre a influência de plantas/medicinas (*rao*)" ou "os que estão em restrição ou dieta (*samá*)", respectivamente. Comem apenas carne do pássaro witxã (não identificado), de pequenos tucanos (*shoke*), de japiim (*txana*), araraúna (*shawã*) e papagaio (*vawa*), além de pequenos peixes e peito de queixada (*yawa*), sopa de milho e pimenta (*yotxi sheki pasa*), banana cozida (*manisho*), mingau de banana (*mani motsá*), macaxeira (*atsa*), pupunhas (*wanj*), ovos de tartaruga aquática (*shawfwa vatxi*) e, note-se, também a comida dos brancos (arroz, feijão, macarrão) preparada por mim na ocasião.

As narrativas míticas contam que, antes de Vimi Peiya ter visitado o povo subaquático (*ene yochjvo*), trazendo de lá o conhecimento da caça com arco e flecha, os antigos não comiam grandes animais e tinham, *grosso modo*, uma alimentação também restrita a peixes e pássaros pequenos caçados com zarabatana (*mokatipi*), complementada com a entrecasca cozida da árvore mey. Por isso, viam e escutavam muito longe, assim como os espíritos *yove*; "tinham outro sangue", dizem com frequência. Os pajés recolhidos mimetizam o *modus vivendi* de outrora, mais afim aos espíritos do que à maneira como se vive nessa Era-Morte. Contam-me que, comendo da carne de tais pássaros, seus duplos vêm à noite em sonho ensinar cantos *shõki* à pessoa. Enquanto não dormem (descansam geralmente pela manhã e em breves cochilos durante o dia), os iniciandos consomem grandes doses de rapé e ayahuasca, bem como, em certos estágios, infusões de mata-pasto (kapi), cedrorana[7] (tʃpa), do vegetal tachi (não identificado) e lírio (waka shõpa). Este último é consumido apenas pelos pajés mais fortes e, muitas vezes, não é a carcaça, mas apenas o duplo dos romeya que o ingere, como veremos mais adiante.

Os iniciandos ficam sentados nos bancos kenã da maloca principal ou deitados nas redes da pequena maloca em que estão recolhidos, a repetir trechos dos cantos saiti e shõki ensinados pelos pajés que coordenam o evento. Vão depois cantar esses mesmos cantos sobre um doente que repousa em outra rede. Fazem diagnósticos e os testam junto a seus mestres, contam seus sonhos e repetem para os demais os cantos que assim aprenderam, isto é, os seus iniki pessoais. A rigor, esses treinamentos se dão também em sonho: "não façam assim! Cantem deste jeito!", dizem os espíritos, repetindo em paralelo o que os pajés fazem aqui. Cinco dias após ter tomado mata-pasto, o kʃchjtxo irá talvez ter uma experiência onírica: o duplo do mata-pasto (kapi yochj) vem entregar ao sonhador um mõti (antigo estojo cilíndrico para guardar rapé, tal como nas figuras 7 e 8), colares de dentes, o longo inalador de rapé rewe, uma cuia para servir ▸FIGS. 7 e 8 ayahuasca e uma garrafa para armazená-la. Embora não tenha ficado recolhido junto com outros iniciandos, o velho Panipapa aprendeu a cantar muito mais rápido do que outros semipajés de sua idade: eram os espíritos sabiá-azulão e japiim-azulão que o ensinavam. Em sonho, davam rapé e tabaco soprocantados para ele beber, mandavam cantar e corrigiam seus erros enquanto aprendia.

Substâncias soprocantadas (kosho-ka, ideofone para sopro + atributivo -ka)[8] tais como o rapé, a ayahuasca, a pimenta, o veneno da perereca kãpô, entre outras, passam a deter o chinã daquela pessoa que as transformou (seja um pajé daqui, algum duplo de morto ou espírito): assoprando e projetando na substância uma rápida fala estilizada, a coisa torna-se um veículo do ensinamento, direcionado para determinado sujeito. Os iniciandos devem também passar a picante língua de quatipuru (kapa) misturada com pimenta nos lábios "para jogar fora a saliva ruim" e, assim como no caso da ingestão de ayahuasca transformada, aprender a falar rápido. Receberão ainda aplicações de picadas de marimbondos (vona) em diversas partes do corpo. O candidato que ingerir a língua de uma das seguintes aves terá o seu duplo por companhia ao longo do processo de iniciação: gavião preto, gavião cãocão, sabiá, entre outras, cujos duplos/espíritos são reconhecidos por sua loquacidade.

Em junho de 2006, assisti à festa Vona Saiki (Festa do Marimbondo) na aldeia Paraná, onde os raõnaya (iniciandos) estavam já há algum tempo recolhidos. Sete homens de meia-idade estavam há meses em

7 Cedrelinga catenaeformis
8 Os cantos yaminawa (cf. G. Townsley, Song Paths: The Ways and Means of Yaminawa Shamanic Knowledge, L'Homme, v. 33, n. 126-128; idem, Ideas of Order and Patterns of Change in Yaminawa Society) e sharanawa (cf. P. Déléage, Le Chamanisme Sharanahua [Enquête sur l'apprentissage et l'épistemologie d'un rituel]) chamados de koshoiti possuem diversas semelhanças com os dos marubo.

rádios e araras

uma maloca pequena situada na frente da grande maloca de Venãpa. No começo de uma determinada noite, as mulheres estão dançando (*kashpia*) no pátio central. Os aprendizes de pajé, os *raõnayavo* ou *samáyavo*, fazem uma fileira do lado de fora da maloca, em frente à porta principal, cada um portando uma haste de madeira, pintada em listras verticais de urucum e decorada com fibras de buriti, em cuja ponta está pinçada um marimbondo. As mulheres saem dançando para fora, fazendo o primeiro encontro formalizado com os homens até então recolhidos: pegam deles as hastes e trazem-nas para dentro. Os homens entram e sentam-se nos bancos. O *romeya* Cherõpapa (que, junto com Venãpa, conduzia o processo de iniciação) é quem aplica as picadas nos seguintes pontos dos corpos dos iniciandos: plexo solar, cavidade entre as duas clavículas, cantos dos lábios, região lombar lateral. O veneno do marimbondo é chamado de *txi moka pae*, "veneno de amargor-fogo" e de *chinã pae*, "veneno-vida". Cada homem, após ter recebido as picadas, sai dançando em volta do pátio central acompanhado por duas mulheres (de braços dados, uma de cada lado) e gritocantando (*saiki*). Ao voltar, o homem senta no banco e recebe uma forte dose de rapé aplicada por Venãpa. Depois que todos os homens recebem suas picadas, as pinças com os marimbondos são enfiadas por algum ajudante na palha acima da porta da maloca, onde permanecem como espécies de troféus junto às demais parafernálias xamanísticas.

Em seguida, todos escutam Cherõpapa resumir o canto que a eles será em seguida ensinado. O canto menciona ou percorre todas as regiões do cosmos, tendo esta terra como ponto de partida, passando pelos céus, os patamares celestes e terrestres, todas as regiões espalhadas pelos quatro pontos cardeais, as regiões horizontais originárias (*Kape Tapã namã*, o lugar da Ponte-Jacaré) e o mundo subaquático. Os aprendizes de *kfchjtxo* devem, de fato, ter *consciência cantada* de todas as regiões do cosmos e seus habitantes. Para além da cosmografia, o longo canto *shõki* mapeia em seus blocos paralelísticos todos os utensílios, cultígenos e elementos desta terra, referidas por alusões e metáforas que indicam a sua formação (*awf shovia*), que os *kfchjtxo* deveriam dominar. "Como soprocantar determinada coisa? (*awe shõkira*)", perguntam, e a resposta corresponde a fórmulas ou imagens mentais. Lanternas são, por exemplo, chamadas de *txi kamã shaõshki*, "feitas a partir dos ossos de onça-fogo"; relógios são chamados de *txi kamã verõshki*, "feitos a partir dos olhos de onça-fogo". Através do "veneno-pensamento/vida" (*chinã pae*) ou, talvez melhor, "força-pensamento" dos marimbondos, o *romeya* transmite seus cantos e pensamento para os iniciandos: as aplicações feitas nas regiões torácicas visam justamente a isso, já que esta é a sede do *chinã*. As aplicações feitas na boca, por sua vez, pretendem favorecer a fala (*vana*), qualidade essencial de todo *kfchjtxo*.

Na maioria das vezes, quem conduz o treinamento dos kɨchjtxo é Panã, o duplo mais novo de Venãpa. Ele dá risadas, conversa com as pessoas de um modo descontraído ao ensinar, em contraste com o tom austero de Isko Osho, que raramente aparece. A mudança de pessoa, nesse caso, é perceptível apenas pelo tom de voz e pelo conteúdo da fala. Panã diz que quem estava ensinando antes era Vimi, o irmão do meio, que também não é austero como Isko Osho, o mais velho. Cherõpapa já é velho, dizem. Por isso é ele mesmo quem ensina e não o seu *vaká*. Venãpa, porém, é ainda novo e precisa se deslocar para outra pessoa. Vimi e Panã são *veshtika*, *wesiaivo*, brincalhões, alegres. Numa certa noite, o *vaká* de Cherõpapa anuncia que está chegando alguém com cabelo branco e rosto branco. Diz que os presentes devem responder o que ele disser, isto é, aprender os cantos que ele traz e conversar com ele. Trata-se do *vaká* de um *romeya* do igarapé Maronal que vem participar aqui no Ituí do treinamento, através de Cherõpapa. Instantes antes, um determinado *yove* perguntava aos presentes: "quem são vocês? Estão se transformando em kɨchjtxo?" E os presentes respondem que sim. O *yove* diz que aqui há muitos espectros de mortos e de pajés/feiticeiros, que é uma morada assustadora (*shavá rakeka*).

No dia seguinte, os aprendizes se preparam para tomar chá de lírio, com a coordenação de Venãpa. Fiquei então atento, já que nunca tinha testemunhado a utilização dessa que é a substância psicoativa mais forte do xamanismo marubo, usada em momentos muito restritos e pontuais da trajetória de um *romeya* e de um kɨchjtxo. Venãpa me explica que existem diversos lírios, espalhados pelos diversos mundos/referências do cosmos marubo, mais uma vez identificados pelo emprego dos classificadores:

jusante (*noa taeri*)	**montante/poente** (*naí votl ikitõ*)
lírio-sol (*vari shõpa*)	lírio-névoa (*koj shõpa*)
lírio-tsoka (*tsoka shõpa*)	lírio-jaguar (*ino shõpa*)
lírio-morte (*vopi shõpa*)	lírio-arara (*kana shõpa*)

sul (*naí parô wetsã*)	**norte** (*naí parô wetsã*)
lírio-japó (*rovo shõpa*)	lírio-cinza (*koro shõparasj*)

No patamar terreste *Koj Mai Shavaya* (Morada da Terra-Névoa) estão também os *koj-shopa*, lírios-névoa, nas margens do rio-névoa (*koj waka*). Nessa nossa terra, a morada-morte, estão os lírios do rio, *waka shõpa*, que não são como o hiper lírio-névoa pertencente aos espíritos. Os kɨchjtxo iniciantes vão enfim tomar o caldo de lírio misturado a ayahuasca para adquirir a sua ventania, um poderoso instrumento usado para espantar os *yochj*. Na mesma manhã, Venãpa ensina o canto

rádios e araras

de formação da terra e do céu, *Koj Mai Vana*, para que os kfchjtxo repitam e aprendam[9]. Reúnem-se na pequena maloca para tomar o tal chá de lírio, junto com *vona nãko* (uma mistura de mel, ayahuasca e rapé) e pedaços de abacaxi, uma iguaria que, em outros contextos, é evitada sob o pretexto de causar preguiça. "O *rewepei* é igual político, igual a prefeito, é muito difícil", me disse alguém, explicando que o auxiliar dos *romeya* faz o papel de mediador entre os diversos *yove* que chegam, além de ter que estar atento para acompanhar permanentemente os passos dos *romeya* e, no presente caso, de todos os kfchjtxo em iniciação. É ele que oferece as doses das substâncias a todos os envolvidos. Dos presentes, apenas eu e Lauro Panipapa não tomamos o preparado de lírio: nosso rapé e nossa ayahuasca têm também de ser outros, já que a dos iniciandos lhes é reservada.

Muitas horas depois de tomarem o caldo, e nenhum efeito forte sendo notado, me ocorre perguntar que espécie de lírio é essa que está sendo tomada, já que não encontro nenhum rastro da planta por parte alguma. Dizem-me, em resposta, que é um lírio trazido pelos *yove*, e não do lírio visível nesse mundo/referência (Morada da Terra-Morte). Não importa, a rigor, a experiência visionária propiciada pelo alucinógeno, mas sim sua função ou, antes, o instrumento que ele confere ao kfchjtxo que a ingere: a forte ventania (sua característica central) que será usada como arma contra os *yochj*. Para isso, é mais eficaz o lírio que provém de outras partes. Descubro em seguida que o duplo da sucuri (vfchã vaká) é quem havia trazido a substância invisível através de Venãpa, que a transportou para o caldo bebido por todos de uma maneira que não pude compreender.

Um dos mais avançados entre os aprendizes sonha que uma pessoa outra (*yora wetsa*, um duplo-parente indeterminado) lhe entrega um gravador, isto é, o seu *chinã*. Pergunto a Panipapa (que comigo acompanha a iniciação) se ele já sonhou com gravadores, e ele me diz que não. O aprendiz, de toda forma, está indo bem, o que não acontece com todos, que nem sempre têm sonhos dessa espécie. Se o aspirante a kfchjtxo sonha que uma pessoa lhe entrega colares de dente de onça, cilindros para armazenar rapé ou lanças, está assim adquirindo (*viá*), os projéteis-pensamento animados (*chinã rome*), que são colocados em seu corpo pelo sujeito encontrado no plano onírico. Quando se sonha com papagaio (*vawa*) e com psitacídeos diversos (*kayõ*), a pessoa

---

9 Ver abaixo alguns fragmentos e a análise deste canto. Naquela circunstância, alguns dos homens de meia-idade que se iniciavam traziam gravadores cassete que eu havia, meses antes, introduzido nas aldeias para o trabalho dos professores nas escolas. Gravam os cantos ensinados pelos *romeya* e, depois, os escutam novamente nos momentos de descanso. Noutra situação, eu havia testemunhado Isko Osho, cantando à noite no corpo de Venãpa, dizer aos velhos que jamais aprenderiam cantos dessa maneira, mas apenas sentando nos bancos e tomando ayahuasca.

está deles recebendo a fala/saber: "eles nos ensinam a fala, vêm nos ajudar", explicam. A pessoa assim aprende a falar (no sentido amplo da expressão), a não brigar, mentir e mangar dos outros. Aqueles que não têm uma propensão natural para a loquacidade, chamados de *shawã petxa*, "línguas de araraúna", pontudas e leves (*shatashta*), devem se dedicar especialmente a tal processo[10]. Os ruins de fala têm a língua gorda e pesada: não sabendo falar, ficarão transformados ou morridos (*veiya*) quando morrer (*vopia*) a sua carcaça. São os cestos desenhados (*txitxã keneya*) internos que ajudam o kfchjtxo a falar e pensar, "assim como um rádio", comentam novamente.

Como dizíamos, os kfchjtxo devem memorizar as melodias (*initi*) pessoais, as curtas letras que recebem em sonho, a fim de repeti-las durante o processo de recolhimento. Tais melodias são uma marca intransferível da pessoa e serão utilizadas para avançar pelo Caminho-Morte e afastar os *yochj*. Cada classe de kfchj (japó, azulão, sol, marrom etc.) tem o seu canto, assim como também os possuem cada povo/gente outra dos multimundos acessíveis aos *romeya*. Após ensaiarem suas melodias, os iniciandos recebem doses de rapé e saem em fila indiana pelo pátio da maloca, caminhando/dançando em uma linha sinuosa até o outro lado da aldeia e depois retornando ao mesmo lugar: o caminho percorrido é uma coreografia-imagem do sinuoso Caminho-Morte. Estabelecendo seus contatos com outrem, os kfchjtxo aprendem também a morrer.

Rádios (*kokati*), assim como o inalador de rapé, são veículos/metáforas do cantopensamento que o sujeito recebe[11]. "Sonho com uma pessoa como eu" (*eapa yora ea namákena*), explicavam-me. Trata-se de alguém do mesmo *nawavo* a que pertence o sonhador (um *shanenawavo*, membro do povo azulão, sonhará com pessoas *shane kayõ*, a gente psitacídeo-azulão[12], por exemplo), mas cujo nome pessoal ele desconhece. A experiência iniciática dos kfchjtxo é portanto dis-

10 A loquacidade e o domínio da retórica são características especialmente importantes não apenas do xamanismo mas também da vida política e das falas dos chefes marubo. J. Ruedas, em "Marubo Discourse Genres and Domains of Influence: Language and Politics in an Indigenous Amazonian Village", *International Journal of American Linguistics*, v. 68, n. 4, dedica um estudo a esse assunto, que não posso desenvolver aqui.

11 A configuração xamanística é bem diversa, mas a relação entre canto/fala/coisa e dom é similar entre os warao (cf., J. Wilbert, The Order of Dark Shamans Among the Warao, em N. Whitehead; R. Wright (orgs.), In Drakness and Secrecy: The Anthropology of Assault Sorcery and Witchcraft in Amazonia, p. 36) ou entre os parakanã (cf. C. Fausto, *Inimigos Fiéis*, p. 389) e os mamaindê (cf. J. Miller, *As Coisas: Os Enfeites Corporais e a Noção de Pessoa entre os Mamaindê, Nambiquara*). O caso marubo é evidentemente bastante próximo do sharanawa: ver a exposição do processo de iniciação feita por P. Déléage em op. cit., p. 320 e s., em especial 328 e 332. É realmente notável que elementos estrangeiros componham as imagens dos dons iniciáticos, como esse mesmo autor nota para os sharanawa. Tratamos aqui de mais uma formulação da relação do xamanismo com a exterioridade e a afinidade potencial, tal como formulou Viveiros de Castro, em *A Inconstância da Alma Selvagem*.

12 *Kayõ* é uma categoria que engloba diversos psitacídeos.

rádios e araras

tinta da dos *romeya*. O candidato a pajé-rezador fala em sonho com outrem, mas não o vê propriamente, o entrevê apenas, acha que vê, como se fosse um vivente de carne e osso. "Nosso corpo está deitado na rede, enquanto nosso duplo vai para longe e fala com a pessoa, [isso] talvez [aconteça] com nossos duplos do peito", me explica Tawãpapa. "Os *raõnayavo* são mesmo sonhadores (*yora namayar-vi*)", seguia. Quem não sonha, não sabe pensar – sonha mas não lembra, não entende o que dizem a ele[13].

Os iniciandos dão cochiladas durante o dia e passam as noites em claro dentro da maloca principal em treinamento. De dia é que sonham e comentam entre si sobre as experiências que tiveram, sempre quietos e em voz baixa, embalados nas redes. Quando perguntava a algum deles, muito frequentemente me respondiam lacônicos: "não sonhei". Um pouco talvez por timidez ou falta de paciência com o estrangeiro, mas também porque não haviam realmente sonhado. Sonham também com onças, algumas das quais pertencentes às substâncias psicoativas: são elas as *shomã kamã* (onça dos espíritos auxiliares femininos Shoma), *tfpã kamã* (onça da cedrorana), *waka shõpã kamã* (onça do lírio), *kapj kamã* (onça do mata-pasto), *rome kamã* (onça do rapé), entre outras. Ajudando o *kfchjtxo* a espantar os espectros *yochj*, essas onças, grandes e solitárias, devem ser obtidas pelos iniciantes, que se tornam então os seus mestres/donos (*ivo*). O processo de treinamento dos *kfchjtxo* visa também a fazer com que estes adquiram a ventania, não apenas do lírio, mas também do mata-pasto e da cedrorana, considerados mais fortes do que o da ayahuasca na tarefa de varrer os *yochj* dessa terra. Os duplos desses vegetais vêm ajudar os *kfchjtxo* em sua luta contra os espectros "desprendidos" (*rapakei*) ou morridos que, sozinhos, não poderiam vencer.

Quando se come animais interditos, o *vaká* do animal vem chegando para perto da pessoa-maloca: este espectro é parente da pessoa e retorna fracassado do Caminho-Morte. Os *kfchjtxo* estão aprendendo um canto que narra o processo de formação de tais duplos, o *Anõ Vaká Yojni Shovima*, "Para Fazer os Bichos-Espectro", de mesma melodia e estrutura que a do canto do Caminho-Morte, com o qual faz um par. Os animais mencionados no canto a ser memorizado são todos duplos perdidos ou desprendidos que querem chegar perto da casa/maloca da pessoa (*vaká*

---

13 *Noke vanamfkj noke ojmarvi. Oja keská, kayakavi keská.*
   Noke vana-meki noke oi-ma-rivi oia   keská,   kayakavi   keská.
   1p   falar-mas 1p   ver-NEG-ENF ver assim.como vivente   assim.como
   Nokf yora panj raká, nokf vaká orash pakeketi,
   Noke yora pani raká,   noke vaká   ora-sh   pake-ke-ti
   1pGEN corpo rede deitado 1pGEN duplo longe-Prov cair-CMPL-NMLZ
   nõ ave vanarivi, nokf chinã natós taise.
   nõ   ave   vana-rivi, noke   chinã   nat̃o-se taise.
   1PERG 3DEM-COM fala-ENF 1pGEN pensamento núcleo-EXT HIP

ikoya, vaká peshotasho). "Não sabemos quando estes *yochj* se aproximam e vêm sentando, não dá para perceber sozinho quando isso acontece", explicavam-me. O canto é ensinado por blocos, inteiros, recitados por Venãpa (ou algum de seus duplos irmãos). Em seguida, os kfchjtxo devem respondê-los, coisa que poucos conseguem fazer por inteiro e com uma voz considerada boa (*roaka*, alta, forte e clara, com timbre constante). Um a um, os kfchjtxo sentados nos bancos devem cantar os versos e Cherõpapa os auxilia corrigindo seus erros, dando explicações sobre cada bloco paralelístico. Depois, cantam todos o canto inteiro dançando no pátio central, em polifonia, seguindo o procedimento usual de transmissão de peças de gêneros verbais formais entre os marubo.

Magro, adoentado e faminto, um dos iniciandos faz um intervalo em seu treinamento no Paraná e vai apenas por um dia para sua aldeia. Relata a todos os parentes de sua maloca (especificamente a sua mulher e filhos) o que Isko Osho anda contando aos kfchjtxo recolhidos. Os *metxá yochj* (outro nome para os duplos do lago, *iãne yochj*), os duplos das várzeas (*mispã yochj*), os habitantes do mundo subaquático (*ene shavá ivovo*, "donos da morada subaquática", no dizer dos espíritos; *ene yochjvo* "duplos subaquáticos" no dizer dos viventes), a Sucuri-Azulão (*Shane Vfcha*) que vive no rio, a Sucuri-Japó (*Rovo Vfcha*), que vive nos lagos (*iã*) e Sucuri-Arara (*Kana Vfcha*), que vive em outras partes, estão bravas com as pessoas daqui, que andam urinando e defecando em suas casas (isto é, nas águas). Todos devem cuidar de seus filhos, pois esta é uma época de muitas doenças e de morte (*rama yama txinjrivi*), época em que a temível doença "mal de sucuri" anda atacando as pessoas. Além dos ataques sempre iminentes dos espectros desgarrados e mal morridos, também as mulheres andam se comportando mal: terminarão morridas, isto é, transformadas elas próprias em espectros, por desejarem demais as coisas dos brancos, por não cuidarem de seus afazeres e ficarem metidas em fofocas e fuxicos, sem prestar atenção à fala dos *romeya* e dos mais velhos. Com estes comportamentos, não resistirão aos perigos do Caminho-Morte e acabarão por retornar.

Os velhos repreendem com frequência os jovens, que têm carne nova (*nami txipoke*), mas não foram criados como eles e não conhecem, portanto, os preceitos dos antigos[14]. O período de recolhimento é também um momento em que os ensinamentos ou a ética socio-

---

14 A "injeção de sapo" (como traduzem em português a aplicação da secreção da pererera *kãpô, Phyllomedusa bicolor*) tem aí um papel essencial: suas aplicações, junto com a ingestão de suco de tabaco, expelem resíduos das carnes indesejadas e, portanto, minimizam os ataques de seus duplos. Hoje em dia, as doenças proliferam, entre outras razões, porque os jovens não têm os mesmos olhos e mãos dos velhos. Com frequência, não conseguem trazer caças grandes (*yojni anipa*) para a aldeia e acabam se alimentando de presas mais fáceis, em geral animais interditos como jacu (*kevo*), cujubim (*kosho*), mutum (*ãsj*) e outros.

rádios e araras

cósmica (*ese*) se reafirma para os futuros kfchjtxo. Após terminar seu processo de iniciação, Kanãpa fará um abrigo perto de um igarapé que fica nas imediações de Alegria, para lá ficar com seus filhos e comer apenas peixes. O abrigo é para "refrescar a febre" (*shana pasha*), para proteger seus filhos e netos pequenos das doenças que assolam as malocas. Depois de relatar aos parentes o que andava escutando Isko Osho dizer, Kanãpa diz que deve voltar logo para o Paraná, pois "os espíritos estão pensando na gente". Quando moravam nas cabeceiras, as pessoas não ficavam morridas porque escutavam a fala dos velhos. Os kfchjtxo terão muito trabalho pela frente, pois esses são problemas "que afetam o mundo inteiro" (*mai tio ikirvi*).

Vemos que o uso de substâncias como a ayahuasca, o rapé e o lírio volta-se para o exterior. Aqui, importa menos a experiência visionária comum a outros xamanismos pano e mais a obtenção de poderes e do auxílio dos duplos/donos das substâncias ingeridas. É para que Broto de Ayahuasca (*Oni Shãko*) interceda como mediador e tradutor junto ao kfchjtxo, fazendo com que cantos e palavras não sejam esquecidos, que a ayahuasca deve ser consumida em abundância. Embora alguns dos homens tenham curiosidade por consumir a infusão do cipó ayahuasca misturado à folha da chacrona para "ver os *yochj*", a prática é estranha ao xamanismo marubo e desprezada pelos pajés-rezadores mais velhos e pelos *romeya* Cherõpapa e Venãpa. "A dimensão/claridade (*shavá*) da chacrona é mesmo outra", não é a mesma de quando o duplo enxerga descolado do corpo, quando o olhar se altera (*vero wetsakei*). "Este é nosso corpo, este que fala e que nós apenas vestimos. Tirando-se isso, é sonho mesmo, o pensamento se altera, tudo é como gente, como sonho", explicava Venãpa em uma passagem já comentada acima[15]. Mas tal experiência é restrita aos *romeya* e, para os pajés-rezadores kfchjtxo, o contato com outrem se dá mesmo apenas nos sonhos, e não na vigília excorporada. O estatuto da experiência derivada do contato *direto* com outrem é distinto para os dois xamanismos:

	percepção limitada de outrem	identificação parcial de um parente indefinido	recepção de dons	xamanismo por mediadores
khchltxo				
romeya	Percepção total de outrem	identificação total de parentes definidos	extensão efetiva do parentesco	xamanismo sem mediadores

15 Este foi o único contexto em que um xamã marubo associou o corpo a um envólucro passível de ser despido como uma roupa, imagem bastante produtiva em outros xamanismos ameríndios.

Os *romeya*, no entanto, podem acumular a função de kfchjtxo: são também aptos, portanto, para receber dons (araras, rádios, lanças, cantos, projéteis animados, estojos de rapé entre outros, todos imagens da *fala* e do *pensamento* entregues ao sujeito por outrem) e atuar através de seus espíritos delegados, tais como Shoma e Broto de Ayahuasca[16]. Os kfchjtxo, de toda forma, são depositários de todo o conhecimento adquirido de outrem, mas através da *memória*, e não da citação *verbatim* de palavras dos outros (os cantos iniki). Atuam por intermédio de seu *chinã* (imagem-pensamento), dos cantos *shōki* capazes de mobilizar agentes agressores e de atuar sobre eles com o auxílio das invisíveis ventanias (we) e onças (kamã) de cada uma das substâncias xamanísticas e das miríades de espíritos auxiliares Shoma e Broto de Ayahuasca.

O grupo dos *raõnayavo* forma um conjunto fechado de parentesco "espiritizante": comem, dormem e tomam banho isolados dos outros, partilham dos mesmos utensílios e substâncias, devem tentar viajar sempre juntos, evitam o contato com os demais parentes. Constituem, enfim, um grupo de comensalidade voltado para outrem. Substituem os alimentos cotidianos pelos alimentos que veiculam

16 A divisão entre os kfchjtxo ou *shōikiya* e os *romeya* entre os marubo não parece corresponder a nenhuma dos outros xamanismos pano. A exceção é caracterizada pelos katukina (talvez os mais semelhantes aos marubo dentre os povos pano), que possuem atualmente xamãs *shōitiya* em atividade e reconhecem a atuação de antigos *romeya* semelhantes aos dos marubo com os quais, aliás, costumam se consultar. Cf. E. Coffaci de Lima, *Com os Olhos da Serpente: Homens, Animais e Espíritos nas Concepções Katukina sobre a Natureza*. Os yaminawa (cf. O. Calavia Saez, *O Nome e o Tempo dos Yaminawa*) mantêm também apenas o xamã-rezador (koshuiti), assim como os yawanáwa (cf. L. Pérez-Gil, O Sistema Médico Yawanawa e seus Especialistas: Cura, Poder e Iniciação Xamânica, *Cadernos de Saúde Pública*, v. 17, n. 2), cujas distintas técnicas xamânicas estão de toda forma reunidas na atuação de xamãs de tipo "vertical", análogos aos kfchjtxo marubo. A divisão kaxinawá (cf. K. Kensinger, *How Real People Ought to Live*; E. Lagrou, *Caminhos, Duplos e Corpos*) entre os xamãs huni dauya (herbalista) e huni mukaya (xamã propriamente dito), distribuídos também entre as duas metades que compõem as aldeias, não é também exatamente a mesma que a dos marubo, que não possuem divisão em metades (entre estes últimos, todos os xamãs são herbalistas, embora haja um especialista em remédios, os *raõya*, que podem ou não ser pajés-cantadores *shōikiya* e *romeya*). Ainda que reversível, a divisão entre os dois tipos de xamãs entre os marubo implica realmente em duas atuações distintas (cura por sucção de agentes patogênicos *versus* cura por cantos; contato imediato com espectros e espíritos *versus* contato mediado, além de outras diferenças). É por conta dessa reversibilidade que o caso dos dois especialistas shipibo-conibo (os *onánya* e os *meraya*) se aproxima do presente, já que um xamã *onánya* pode se tornar um *meraya* em função de seu grau de relação com os seres "hiper" (os espíritos *Cháiconi*, no caso). Cf. A.-M. Colpron, *Dichotomies Sexuelles dans l'Étude du Chamanisme: le contre-exemple des femmes 'chamanes' Shipibo-Conibo (Amazonie péruvienne)*. Dentre as diversas características em comum entre os xamanismos pano, ressalta-se o emprego constante do morfema sufixado –*ya* para designar aquele diferencial ou qualidade adquirida pela pessoa (conhecimento/pensamento, substância-amargor, projéteis, saber fitoterápico, experiência ostensiva). A situação marubo tem muitos pontos em comum com a distinção proposta por S. Hugh-Jones (Shamans, Prophets, Priests and Pastors, em C. Humphrey; N. Thomas [orgs.], *Shamanism, History and the State*) entre os xamanismos vertical e horizontal, recentemente reavaliada por Viveiros de Castro e sua noção de "xamanismo transversal" (Lévi-Strauss e a Cosmopolítica Amazônica, em R. Caixeta de Queiroz; R. Freire Nobre [orgs], *Lévi-Strauss: Leituras Brasileiras*).

rádios e araras

chinã e modulam seus respectivos duplos para as qualidades dos *yove*. Ao consumirem apenas ou essencialmente as substâncias xamânicas (o que chamamos de psicoativos), visam a reproduzir uma espécie de hipercomensalidade, uma comunidade de cantopensamento, à maneira dos espíritos *yovevo* que permanecem entre si pensando e se alimentando de ayahuasca e rapé. *Yove mawa chinãyai/ chinãyai shokosho*, "espíritos sabiás pensantes/ pensando juntos vivem", diz uma das fórmulas comuns aos cantos *iniki*. No final, a habilidade adquirida na performance dos cantos será um dos índices do êxito de suas formações. É necessário conhecer e não titubear, tanto na melodia de seu canto pessoal *initi*, quanto nos cantos de cura *shõki* e nos cantos-mito *saiti*. É necessário conhecer e dominar com precisão e inventividade o *chinã*, constituído de imagens-pensamento, dos blocos de fórmulas que visualizam a formação dos mundos e das singularidades, com o auxílio das parafernálias-metáforas adquiridas na experiência onírica. A partir daí, o pajé *kfchjtxo* será uma pessoa complexa, dotada de seus cantos-pensamento, de seus espíritos e poderes auxiliares (as onças, os fogos, os espíritos Shoma, as ventanias) para afastar os *yochj*. Além disso, tem também seus duplos levados para viver alhures pelos espíritos, que de longe os ensinam a pensar.

No final de seu treinamento, Kanãpa dizia ter conquistado "poder-língua" (*ana pae*), já que havia engolido muitas doses de rapé. Cantava agora para curar seus parentes, não comia alimentos feitos por adolescentes. Tinha as ventanias da samaúma-japó (*rovo shono we*), envireira-japó (*rovo shai we*), do mulateiro-japó (*rovo asho we*), da cedrorana-japó (*rovo tfpa we*), do mata-pasto-japó (*rovo kapi we*), além de sua Onça e seu canto pessoal *iniki*. Havia-os escutado dos espíritos gavião cãocão-azulão (*shane veshtao*), seus tios (*kokavo*) pajés que vivem na Morada do Céu-Azulão e se formaram a partir das flores desprendidas de tabaco-azulão. Cantava a curta melodia desse seu canto para o meu gravador, dizendo que também ele recebera em sonho um rádio usado de um parente seu, de cujo canto ele se lembrava, muito embora desconhecesse seu nome. Recebera naquele tempo em que esteve no Paraná "um rádio desses que escuta tudo o que está longe, pega fala no americano, pega no Rio de Janeiro, pega no Incra [Inca][17], pega no Japão". "Dê esse rádio para mim, eu não tenho rádio!", dizia ele para seu parente indefinido no sonho, que respondia em seguida: "Tome! Vamos, pode pegar, é de segunda mão, mas as peças funcionam bem!" "É o nosso pensamento mesmo que pegamos", concluía Kanãpa, enquanto cobiçava o meu novíssimo gravador de MP3, comentando: "que rádio bonito!" Kanãpa, classificado como meu irmão mais velho, gostaria que eu o tivesse dado de presente.

---

17 Kanãpa costuma se referir ao Inca como *inkra*, talvez por ter ouvido falar do Incra, o Instituto Nacional de Colonização e Reforma Agrária do governo brasileiro.

As Palavras dos Outros

os cantos *iniki* e o problema da tradução

Xamanismo, Poesia e Tradução

A polifonia é um dos traços essenciais das poéticas xamanísticas. Veremos adiante como ela pode ser compreendida através do caráter cindido da pessoa, distribuída em seus diversos duplos. Por conta da repartição entre o suporte corporal e seu duplo/alma, os locutores de cantos xamanísticos são frequentemente outros que o cantador visível ou audível. Não por acaso, noções tais como as de criação e de autoria acabam também por se tornar problemáticas[1]. No caso específico de cantos xamanísticos tais como os *iniki* (e os *maraká* de povos falantes de tupi-guarani são semelhantes), isto é, de cantos diretamente citados/transportados pela pessoa do xamã, a figura do autor/criador se complexifica em espelhismos e recursividades. Veja as seguintes palavras de Viveiros de Castro sobre o xamanismo araweté:

---

1 A intenção é fazer com que variem as ideias de criação e autoria, e não abandoná-las (esta última sobretudo) em favor de um equivocado "coletivismo primitivista". Cf. A. Risério, em Entrevista a Josely Vianna Baptista e Franciso Faria, em F. Bosco; S. Cohn (orgs), *Encontros: Antonio Risério*. Trata-se aqui de delimitar o conjunto de dilemas referentes à poética xamanística marubo, distintos da imagem genérica da criação autocentrada na modernidade. Isso implica, não exatamente em descartar a possibilidade de dizer que um marubo é um artista, digamos, assim como Shakespeare, mas de dizer qual artista um marubo é de modo a ser outro diferente de Shakespeare.

O discurso xamanístico é um jogo teatral de citações de citações, reflexos de reflexos, ecos de ecos – interminável polifonia onde quem fala é sempre o outro, fala do que fala o Outro. A palavra Alheia só pode ser apreendida em seus reflexos: *videmus nunc per speculum in aenigmate*, para citar um mestre das citações, J. L. Borges, citando Leon Bloy citando S. Paulo (*I Cor XIII*, 12), que fala do que não se via, agora, senão em enigma e através de um espelho[2].

Os *iniki*, cantos nos quais as palavras alheias são citadas em complexos embutimentos enunciativos, projetam dilemas distintos dos cantos narrativos, os *saiti*, e dos cantos de cura, os *shõki*. Nos *iniki*, as palavras audíveis não se referem ao corpo/carcaça do xamã, mas aos enunciados dos duplos que o visitam durante uma determinada performance. O xamanismo marubo nisso é exemplar pois, como veremos, os *romeya* são canais ou transportadores de palavras alheias, através das quais possíveis autores outros dizem seus nomes, empregam suas ironias e figuras de linguagem; constroem ou criam enunciados próprios que independem da pessoa/suporte vocal que está a cantar na maloca externa, onde a audiência ordinária escuta sentada nos bancos. Surge então um "paradoxo autoral", no dizer de Antonio Risério, sobre os cantos araweté[3]. O *romeya* não é aí exatamente um autor/artista, mas talvez, novamente, uma espécie de diplomata: permite que um determinado evento ocorra em seu corpo/maloca; torna-se a arena da polifonia cosmológica, o ponto de confluência de uma infinita babel à qual falta, no entanto, um vínculo primordial e único, uma linguagem anterior ao estilhaço e à confusão, uma linguagem maior e sagrada a que tenderiam todas as vozes dispersas, como diria Jacques Derrida em *Torres de Babel*.

Na cosmologia marubo e em outras tantas ameríndias, a multiplicidade esteve presente desde os tempos do surgimento e incide no jogo de citações, nos

2 *Araweté: Os Deuses Canibais*, p. 570.

3 Melhor ler a passagem inteira: "O xamã veicula em seus cantos o saber cosmológico do grupo, mas parece intervir até idiossincraticamente no conjunto desse saber: suas experiências extáticas repercutem criativamente no *corpus* mitológico da sociedade. Essa mesma ambivalência preside à recepção araweté dos cantos xamanísticos. A sociedade não reconhece no xamã um autor, mas sabe distinguir *suas* canções. Podemos falar então de um paradoxo autoral da poética araweté. E não há por que arguí-lo com a palmatória do princípio da não contradição". Cf. *Textos e Tribos*, p. 171. Eu não diria que a sociedade marubo (isto é, a microssociedade dos pajés e semipajés) sabe distinguir as canções *dos* xamãs: eles distinguem, antes, canções de xamãs de outras referências citadas por este daqui. Sabem, portanto, atribuir um determinado canto e sua melodia, por exemplo, a um certo integrante da gente-sucuri (o canto será do chefe, *kakaya*, dessa gente, frequentemente identificado por um *nome*) ou a um morto, mas esse xamã-carcaça é apenas um condutor. Ainda assim, a afirmação de Risério é correta e esclarece, por exemplo, o papel de João Tuxáua (Itsãpapa) na reorganização do *corpus* mitológico e dos festivais dos marubo, possibilitada por sua relação privilegiada com os espíritos. De toda forma, ele não seria propriamente um autor, mas o ponto de convergência de múltiplas e indefinidas autorias – um detentor da palavra alheia, talvez. Vale aprofundar o assunto em outro trabalho: aqui, tenho apenas a condição de indicar alguns parâmetros de reflexão. Em um estudo detalhado, "Jivaroan Magical Songs: Achuar *Anent* of Connubial Love", n. 8, *Ameríndia*, A.-C. Taylor analisa os cantos *anent achuar* nessa mesma direção.

eventos-rádio possibilitados pela pessoa complexa dos xamãs. A poética xamanística constrói seu sentido em um interminável comentário sobre o parentesco sociocósmico, nos diálogos e mensagens que atravessam um campo indefinido de relações, já que os sujeitos, aqui, são necessariamente estrangeiros uns aos outros. O leitor deve ter em mente o cosmograma que apresentamos no primeiro capítulo, a "cosmoca" ou "malocosmos", recolhido por Montagner; deve notar que não há ali nenhuma totalidade envolvente, nenhum centro de irradiação. Não há bordas para a profusão de malocas – e malocas significam povos e sub-grupos distintos entre si, os *nawavo*.

Recapitulemos os distintos níveis de tradução envolvidos aqui: o xamanismo marubo como uma teoria da tradução, um problema etnográfico que não deixa de ser, ele próprio, uma invenção dessa antropologia tradutiva sobre o pensamento dos outros. A apresentação etnográfica vai encontrar, por fim, a recriação tradutiva de cantos e narrativas, necessariamente posta em relação com a teoria xamanística da tradução de onde surgem os originais. De modo análogo ao antropológico, o problema literário coloca a objetividade fora de questão: não existe uma tradução objetiva, pois tradução não é cópia ou reprodução de um original, mas necessariamente uma "transposição criativa"[4], quando se trata da linguagem em sua expressão extracotidiana[5].

Considerar as recriações escritas como poemas é algo, evidentemente, que pertence ao meu campo de pressupostos e que não deve escamotear os possíveis critérios do poético levantados pelos próprios marubo. Ao tratar cantos transcriados como poemas, não se pretende validar a experiência alheia a partir de nossas expectativas, como se elas necessitassem de nossas categorias artísticas para se afirmar – o mesmo problema, aliás, que enfrenta a antropologia da arte[6]. O fato de os cantos iniki serem ditos bom/belos (*roaka*) é suficiente para considerá-los como poéticos? Mas quais são os parâmetros próprios à fruição estética xamanística? O que leva um sujeito a dizer, por exemplo, que determinado canto é bom/belo? Em alguns momentos, será a "força" (*mestf*) do espírito que canta e dança; noutros, será essa espécie de nostalgia (*oniska*) desencadeada pelo relato do espírito cantador. Poderíamos mencionar ainda a sua adequação (expressa pelos termos *roaka, mekika, tapise*) a um modelo formulaico prévio (isto é, o arranjo e a disposição das fórmulas e do paralelismo em uma determinada composição) ou a apreciação do timbre da voz do cantador (grave, *oi torõka*; forte e agudo, *oi txarãka*) e da beleza da melodia (*mane roaka*). Há que se adicionar também a avaliação da mensagem transmitida pelos espíritos em seus cantos,

---

4 R. Jakobson, *Essais de Linguistique Générale*, p. 86.
5 Em *Traducción: Literatura y Literalidad*, O. Paz tem opiniões similares, assim como J. Rothenberg com seu artigo "We Explain Nothing, We Believe Nothing": American Indian Poetry and the Problematics of Translation, que consta do livro organizado por B. Swann, *On the Translation of Native American Literatures*, p. 68., e também Haroldo de Campos em textos diversos, entre outros autores. S. K. Lages em *Walter Benjamin: Tradução e Melancolia* faz um bom apanhado de tais posições.
6 Sobre esse assunto ver P. Gow, Against the Motion: Aesthetics is a Cross Cultural Category?, em T. Ingold (org.), *Key Debates in Anthropology*; e A. Gell, *Art and Agency*.

considerada como boa/bela na medida em que veicula os ensinamentos (*ese*) do *modus vivendi* prototípico, orientando assim o bem viver nessa terra[7].

Mas e o poético? A noção não se refere, ao menos inicialmente, a nada além do fato de que as artes verbais xamanísticas se constituem a partir de elaborações da linguagem cotidiana. Uma linguagem elaborada e metafórica é necessária para dar conta, como veremos adiante, da cura e de outras ações xamanísticas. A preocupação é colocada pelos próprios xamãs, como podemos ver nesse trecho de uma declaração já célebre oferecida ao antropólogo Graham Townsley: "Com o meu *koshoiti* eu quero ver − cantando, eu examino as coisas com cuidado − a linguagem torcida me leva para perto, mas não muito − com palavras normais eu me esborracharia nas coisas − com palavras torcidas eu circulo em torno delas − vejo-as com clareza"[8].

Tsai yoshtoyoshto, "linguagem torcida", é a expressão dos yaminawa para o discurso especial dos cantos: é precisamente porque as palavras se colocam dessa maneira especial, e não em seu arranjo cotidiano, que os cantos se tornam eficazes. Do contrário, se não houvesse uma disposição extraordinária da linguagem passível de ser considerada como "bela/boa/correta", o xamanismo estaria privado de um dos seus mais caros instrumentos e meios de comunicação, ou seja, os cantos. É necessário também que locutores outros (espíritos, mortos) falem de modos torcidos, pois seus modos são justamente outros, expressam-se por um conjunto de fórmulas incompreensível para os não iniciados. A elaboração ou torção do discurso, não apenas possui uma intenção pragmática, como também um referente preciso por trás das metáforas que a constituem. Pajés experientes sabem ou deveriam saber exatamente o que determinado espírito quer dizer com seu modo figurado (não se tratam de palavras semanticamente vazias) que, mesmo quando surge na forma de uma elaboração nova, o faz de toda maneira a partir de um arcabouço de estruturas formulaicas.

Tratar-se-ia, portanto, justamente do contrário da função poética? Nos termos de Jakobson, "a ambiguidade é uma propriedade intrínseca, inalienável, de toda mensagem centrada sobre si mesma, é enfim um corolário obrigatório da poesia"[9]. Não exatamente o contrário pois, como diz a sequência do texto, "a supremacia da função poética sobre a função referencial não oblitera a referência (a denotação), mas a torna ambígua"[10]. Nesse sentido, cantos como os iniki podem ser considerados como poesia. Foi, aliás, o que Antonio Risério[11] notou ao analisar um canto xamanístico araweté traduzido por Viveiros

---

7   Nos sistemas xamanísticos amazônicos, a eficácia ritual não exclui o belo mas, ao contrário, faz dele um elemento essencial. "Beleza" ou "belo" não são evidentemente critérios universais e precisariam, mais uma vez, ser reinventados pela investigação etnográfica − ainda assim, a negação de sua universalidade não equivale à sua inexistência ou impertinência.

8   Song Paths: The Ways and Means of Yaminawa Shamanic Knowledge, L'Homme, v. 33, n. 126-128, p. 460.

9   Cf. op. cit., p. 238.

10   Idem, ibidem.

11   *Textos e Tribos*, p. 176 e s.

de Castro: "Se a preeminência coubesse à função referencial, com sua orientação para o contexto, a arquitetura verbal seria outra"[12], escreve Risério sobre o canto *maraká*. De fato, como dizia Jakobson acima, "a função poética não oblitera a referência" e o ouvinte marubo saberá retirar a informação que lhe interessa por trás da linguagem torcida. Mesmo assim, a ambiguidade deve ser controlada ou monitorada (mas jamais superada ou abandonada), sob o risco de o xamã não conseguir transitar no fluxo das duplicações, como veremos na parte dedicada aos cantos *shōki*. Além disso, a poesia oferece, através da "reiteração regular das unidades equivalentes [...] uma experiência comparável à do tempo musical"[13]: comparável ou, no caso dos cantos marubo, indissociável, uma vez que são cantos e que a reiteração paralelística é o cerne da experiência rítmica, musical e coreográfica[14]. Cabe, porém, buscar outras especulações sobre a poesia que, por seu valor de contraste, auxiliem nossa reflexão sobre as produções xamanísticas.

Em seu estudo sobre a poesia oral, Ruth Finnegan relativizava o conceito de poesia e restringia os critérios relevantes para a compreensão do poético a um inventário de feições estilístico-formais (tais como expressões metafóricas, linguagem elevada, repetição, métrica, aliteração, paralelismo) e sociais, a fim de dar conta das "classificações locais"[15]. Paul Zumthor, por sua vez, sugere uma definição: "É poesia, é literatura aquilo que o público, leitores ou auditores, recebem como tal, percebendo aí uma intenção não exclusivamente pragmática: o poema de fato (ou, de uma maneira geral, o texto literário) é percebido como a manifestação particular, em um dado tempo e espaço, de um vasto discurso que constitui globalmente um tropo dos discursos ordinários mantidos no seio do grupo social"[16]. Para tal autor, o texto poético oral é aquele que não pode ser dissociado de sua função social, da comunidade real, da tradição ou da situação na qual tal função se faz expressiva, visto que, contrariamente à escrita, a poética oral se dirige à audição pública e ao tempo congelado da memória coletiva[17]. Deveria haver portanto uma harmonia entre a "intenção formal do poema e uma outra intenção, menos nítida, difusa na existência social do grupo auditor"[18]. A ênfase nos critérios de recepção da audiência a que se detém Zumthor deve, entretanto, ser matizada à luz dos distintos papéis que esta desempenha nos cantos marubo, nem sempre dirigidos à memória coletiva e à audição pública, tal como no caso dos cantos de cura *shōki* que examinaremos a seguir.

---

12 Idem, p. 178.

13 R. Jakobson, op. cit., p. 221.

14 Cf. G. Werlang, *Emerging Peoples: Marubo Myth-chants*; R. J. de Menezes Bastos, Música nas Sociedades Indígenas das Terras Baixas da América do Sul: Estado da Arte, *Mana*, v. 13, n. 2. O próprio Jakobson em Linguística, Poética, Cinema e Poesia e Poética, não detém sua análise do paralelismo ao texto poético, que se estende, por exemplo, à dança e à montagem cinematográfica.

15 *Oral Poetry*, p. 27.

16 *Introduction à la Poésie Orale*, p. 38-39.

17 Idem, p. 40.

18 Idem, p. 129.

De toda forma, a poética xamanística marubo é mesmo uma dobra realizada sobre o discurso ordinário, uma complexificação e uma expansão deste para os planos sobrepostos à referência comum.

Jean-Luc Nancy definiu poesia como algo que se estende para além de seus gêneros tradicionais em direção a um "acesso de sentido": a poesia como algo que "articula o sentido". "O poema", escreve o autor, "extrai o acesso de uma antiguidade imemorial, que nada deve à reminiscência de uma idealidade, mas é a exacta existência actual do infinito, o seu retorno eterno"[19]. A definição de Nancy ecoa essa outra oferecida pelo poeta Karl Shapiro, tal como citado por Leo Spitzer: "Eu preferiria designar a palavra da poesia como 'não palavra' [...] um poema é uma construção literária composta de 'não palavras' que, tomando distância do sentido, alcançam por meio da prosódia um sentido-além-do-sentido. Não se sabe qual é o fim de um poema"[20]. A rede de citações na qual prolifera a poética marubo não tem bordas; seus versos extrapolam o ordinário e constituem um outro acesso ao sentido, mas o regime de criação do qual derivam não parece exatamente compatível com a ideia de uma "construção literária". Torna-se então necessário experimentar outras maneiras de dizer o poético – e de pensá-lo –, sem a ilusão dos rótulos e das definições, bem como dos contrastes meramente negativos a que são com frequência submetidas as poéticas extraocidentais, como bem observou Risério[21]. A partir daí, é bem provável que o poético, referência última de sentimentos universais, se estilhace em uma multiplicidade. Vale propor aqui mais alguns parâmetros de contraste. Será possível subverter para o xamanismo marubo esse belo trecho de Maurice Blanchot sobre Rilke?

> Se o poeta é verdadeiramente ligado a esta aceitação sem escolhas e que busca seu ponto de partida, não nesta ou naquela coisa, mas em todas e, mais profundamente, para além delas, na indeterminação do ser; se ele deve se colocar no ponto de intersecção de relações infinitas, lugar aberto e como que nulo onde se entrecruzam os destinos estrangeiros, então ele pode muito bem dizer alegremente que toma seu ponto de partida nas coisas: o que ele chama "coisas" não é mais do que a profundeza do imediato e do indeterminado, e o que ele chama de "ponto de partida" é a aproximação deste ponto onde nada se inicia, é a tensão de um iniciar infinito – a arte ela própria como origem, ou ainda como experiência do Aberto, a busca de um morrer verdadeiro[22].

Vamos reinventar essa passagem para o nosso caso, colocando a figura do *romeya* nessa "intersecção de relações infinitas", nesse entrecruzamento de estrangeiros propriamente ditos que constitui a cosmologia marubo. É a partir de tal entrecruzamento que um bom morrer se torna possível, ou seja, a familiarização gradativa com espíritos e mortos exemplares – que, para os (ainda) viventes,

---

19 *Resistência da Poesia*, p. 17.
20 Karl Shapiro apud L. Spitzer, *Três Poemas Sobre o Êxtase*, p. 35-37.
21 *Textos e Tribos*, p. 22.
22 *L'Espace littéraire*, p. 200.

se expressa em forma de distância e nostalgia (*oniska*). Ora, mas a morte e sua poética possível não se orientam aqui pela poética da origem e da essência. A indigência da época de Rilke é a da morte de Deus, onde, no dizer de Heidegger "os mortais não têm mais a posse de sua essência"[23], e cabe à palavra do poeta cantador "reter ainda o vestígio do sagrado"[24]. "Ser poeta em tempos de miséria", segue o filósofo, "é estar atento ao vestígio dos deuses desaparecidos. Eis por que, nos tempos da noite do mundo, o poeta diz o sagrado"[25]. Em terras ameríndias, xamãs como os *romeya* marubo vão ao encontro dos "deuses" que não sumiram, mas apenas deixaram de ser vistos e escutados pela posição determinada dos corpos dos viventes. A noção de sagrado teria também de ser reinventada a partir daí, via essa peculiar relação entre ausência e presença que vai aqui aos poucos ganhando sentido.

E por aí voltamos ao problema da tradução. Como pensá-lo? Tomemos o exemplo da teoria benjaminiana. A posição é bastante conhecida: "Essa tarefa [a do tradutor] consiste em encontrar na língua para a qual se traduz a intenção a partir da qual o eco do original é nela despertado"[26]. Benjamin lança mão então da "pura língua": "No interior dessa pura língua que nada mais visa e que nada mais expressa – mas que enquanto inexpressiva palavra criadora é o visado em todas as línguas –, toda comunicação, todo sentido e toda intenção atingem finalmente um mesmo estrato, no qual estão destinados a extinguir-se". É ela que, precisamente, subjaz ao trabalho de tradução: "A tarefa do tradutor é redimir na própria a pura língua, exilada na estrangeira, liberar a língua do cativeiro da obra por meio da recriação [*Umdichtung*]". Que lugar tal convergência poderia ocupar no seio da discursividade xamanística e em sua particular elaboração do problema da tradução? Como pensar aqui esta "pura língua"? É certo, como alerta Lages, que ela não deve ser lida em chave idealista, pois não remete exatamente a um "momento anterior" a ser resgatado pela tradução[27]. Ainda assim, o problema da convergência parece permanecer: "Por sua vez, o ensaio sobre o tradutor parte dessa desorganização babélica inicial para postular o resgate messiânico desta condição decaída, da pura língua – não como língua mítica do paraíso, mas como aquilo a que visam tendencialmente todas as línguas"[28].

Como postular uma instância tal como a da língua pura neste trabalho de recriação de cantos? Será produtivo pressupor uma base comum através da qual se realiza o trabalho de tradução sem, imediatamente, imputar a outrem um problema que não lhe pertence? Dentre os três aspectos do ensaio sobre a tradução de Benjamin apontados por Lages – "a traduzibilidade; o postulado de uma

---

23 *Chemins qui ne Mènet Nulle Part*, p. 224.
24 Idem, ibidem.
25 Idem, p. 222.
26 Nesta passagem e nas seguintes, utilizo-me de uma tradução de "A Tarefa do Tradutor" em preparação (direta do alemão) gentilmente cedida por Susana Kampff Lages.
27 S. K. Lages, op. cit., p. 213.
28 Idem, p. 214.

as palavras dos outros

língua suprema, mediada pela passagem pelas múltiplas línguas; e a linguagem como lugar de transformações e de traduções sucessivas"[29] –, este último talvez venha em nosso auxílio. Ainda que o problema da diferença esteja colocado também pela teoria de Benjamin, ele aqui assume outra feição: não se trata exatamente ou apenas de transpor um texto para "um novo contexto histórico e linguístico"[30], mas também de entrecruzar pressupostos e configurações de pensamento radicalmente distintas umas das outras – para as quais, diga-se de passagem, a própria noção de história (benjaminiana ou não) precisa ser reinventada. A necessidade da tradução, a possibilidade de traduzir cantos, não se confunde com os problemas do xamanismo. Trata-se aqui de manter em paralelo e de criar uma zona de interação reflexiva entre os dois referenciais: por um lado, a demanda pelo trabalho de tradução e seus desenvolvimentos teóricos; por outro, o pensamento xamanístico e seus contornos particulares, para os quais, por exemplo, o problema da convergência não se coloca, ou então assume toda uma outra feição passível de ser investigada. Aqui, é como se o limite ao qual tende a tradução fosse não o dado pela convergência, mas o entregue pela divergência entre regimes conceituais radicalmente distintos (o ocidental, o ameríndio). Escreve Viveiros de Castro sobre um problema análogo:

> De toda forma, se todos os homens são cunhados ao invés de irmãos – isto é, se a imagem da conexão social não é a de partilhar algo em comum (um "algo em comum" que funciona como fundamento), mas, ao contrário, é aquela da diferença entre os termos da relação, ou melhor, da diferença entre as diferenças que constituem os termos da relação – então uma relação só pode existir entre aquilo que difere e na medida em que difere. Neste caso, tradução se torna uma operação de diferenciação – uma produção da diferença – que conecta os dois discursos exatamente na medida em que eles não estão dizendo a mesma coisa, na medida em que indicam exterioridades discordantes para além das homonímias equívocas que compartilham"[31].

Se, como diz Octavio Paz, "todos os estilos sempre foram translinguísticos"; se "são coletivos e passam de uma língua para outra", permitindo que "em cada período os poetas europeus escrevam o mesmo poema em línguas diferentes"[32], é necessário então reconhecer que as culturas ameríndias escrevem outros poemas, em outras línguas, submetidos aos dilemas de outras coletividades que não inventaram, diga-se de passagem, a universalidade do espírito humano a partir da qual costumam ser pensadas. Ainda assim, como dizia Wagner, antropologia é sobre pessoas, isto é, sobre o convívio entre o etnógrafo e seus anfitriões, e

---

29 Idem, p. 202.
30 Idem, p. 216.
31 Perspectival Anthropology and the Method of Controlled Equivocation, *Tipití*, v. 2, n. 2, p. 20.
32 *Traducción: Literatura y Literalidad*, p. 17.

também "a tradução de poesia [...] é antes de tudo uma vivência interior do mundo e da técnica do traduzido"[33]. "A imaginação [do tradutor] deve evocar não apenas um detalhe evanescente da experiência, mas a integridade de outro ser humano"[34], escrevia também o poeta Kenneth Rexroth. A transposição criativa se depara aqui então com uma disparidade extrema, com o choque entre "exterioridades discordantes" para as quais o problema da convergência, se não é de todo impertinente, ao menos se coloca como um conflito ou arena aberta para o (possível e desejável) debate. Nas decisões finais tomadas em cantos traduzidos, em seu processo de reinvenção, toda atenção aos termos utilizados é pouca, não apenas tendo em vista a incompatibilidade conceitual que os termos escondem na passagem do marubo ao português, mas também a diferença que o antropólogo sabe existir entre a experiência do canto em performance e a leitura de uma outra coisa inventada no silêncio da página.

A Palavra dos Outros

Nos últimos meses de minha estadia no alto Ituí, percebi que alguns gravadores cassete que haviam sido doados para as escolas do alto Ituí estavam sendo utilizados para outros fins. Ouvintes assíduos de músicas românticas, sertanejas, bregas e forrós, os jovens agora andavam escutando, sempre em suas rodas fechadas na casa de tapiri de alguém, aos cantos de um tal pajé kapanawa através de Venãpa, que o citava nas festas e pajelanças. Isko Osho o conhece há tempos e sabe exatamente seu nome: é Vari Poya, um *vari kapavo*, um kapanawa do povo sol. Vari Poya conhece os cantos de surgimento dos pássaros *shõtxa*, *peta* e *veshtao*, que ele canta e dança alhures: imitando-os, Isko Osho vem depois dançar aqui essa novidade, para que os parentes do alto Ituí aprendam seus passos e melodias, que guardam nos gravadores. Um jovem professor me dizia que escutar os cantos gravados do pajé kapanawa era *oniska*, algo como nostálgico, por se tratar de músicas de pessoas que "não conhecemos" (*noke nõ ojma*). Com isso, o jovem não dizia exatamente ser triste o canto, mas sim que sua estética sugere essa espécie de nostalgia, um sentimento de ausência e distância que caracteriza a vida em uma rede indefinida de relações a que apenas os *romeya* têm acesso direto. Rádios que gravam mensagens no Japão e no Inca, cantos de um amigo do duplo de Venãpa, Isko Osho ele mesmo um tradutor e viajante a bordo de seu *wekorte*, espécie de nave voadora: o xamanismo tem mesmo seus vetores voltados para fora.

Os pajés kapanawa são a rigor dois irmãos: Vari Sina, o mais novo, e Vari Poya, o mais velho. Este último perdeu sua mãe quando pequeno e foi criado

33 H. de Campos, *Metalinguagem*, p. 31.
34 *World Outside the Window*, p. 190.

as palavras dos outros

na cidade pelos *nawa*, onde aprendeu a falar "peruano" e outras línguas. Depois virou *romeya*: "virou pajé junto comigo" (*fves romeshnaiki*), conta Venãpa o que disse seu colega sobre eles mesmos, este que lhe ensina cantos desde que se conheceram no alhures invisível. Em janeiro de 2007, quando fui de novo ao alto Ituí, Venãpa me disse que seu amigo não estava aparecendo e que não tinha dele muitas notícias. Meses antes, grande parte das festas que eu testemunhei e de que falaremos adiante eram, para o interesse dos participantes ordinários, dirigidas pelos duplos irmãos de Venãpa (Isko Osho, Panã, Pei) e pelo seu duplo/amigo, o pajé kapanawa. Talvez seu amigo volte a dar as caras em outro momento futuro. De toda forma, deixou por aqui muitos cantos.

Os espíritos Broto de Ayahuasca e mesmo os *romeya*, através de seus peitopensares desenhados (*chinã keneya*) e de seus inaladores-mediadores *rewe*, traduzem falas alheias e podem assim circular por posições distintas. Mas os cantos *iniki* não são exatamente traduções quando escutados pela audiência nas malocas, e sim citações. Nunca entendi bem o que se dá no exato momento em que um outro canta dentro do corpo/casa do *romeya*: que Broto de Ayahuasca intermedie/traduza em outras moradas o diálogo entre espíritos e os duplos dos pajés eu compreendia, mas não como os espíritos que vêm cantar aqui se fazem compreendidos pelos ouvintes (vimos que apenas os espíritos-pássaro, *chai yovevo*, e os espíritos da mata, *ni yovevo* falam "a nossa língua", *yorã vana*, o marubo corrente).

Os cantos *iniki* são transmissões de experiências ostensivas diretas e se apoiam em complexos embutimentos enunciativos. Os cantos-mito *saiti*, por sua vez, obedecem ao regime deferencial[35]: são palavras que o cantador ouviu dizer de seus antepassados e que se respaldam pela memória e tradição. Nos depoimentos que traduzi nas páginas anteriores, note que um *romeya* como Venãpa fala sempre daquilo que testemunhou diretamente e dispensa o emprego de reportativos (-ki, iki), ao passo que os kfchjtxo (ou mesmo Rosãewa em sua fala sobre seu marido) constroem seus discursos remetendo-se a outra fonte de autoridade e fazem amplo uso de expressões reportativas ("assim costumava dizer meu marido", "foi assim mesmo que eu escutei" etc.). Embora os cantos *iniki* possam a rigor incluir alusões e apropriações contextuais dos episódios míticos narrados nos *saiti*, eles são, como um todo, transmissões de eventos atuais[36]. A

---

35 Aproveito aqui os termos utilizados por Déléage em *Le Chamanisme Sharanahua: Enquête sur l'apprentissage et l'épistemologie d'un rituel*.

36 Os cantos narrativos possuem duas designações em marubo: independente do conteúdo transmitido, que permanece o mesmo, são chamados de *saiti* quando há um líder de canto (*saiti yoya*) e uma audiência que repete cada encadeamento formulaico proferido pelo cantador. Essa é a forma mais comum nas festas atuais e se refere ao processo de transmissão do conhecimento das narrativas, realizado ao longo de uma coreografia-caminho que, de alguma maneira, reproduz na dança o movimento espacial de fundo das próprias histórias contadas. Podem, porém, ser chamados também de initi, quando todos cantam juntos a mesma letra em festas tais como a *Tanamea*, nas quais os subgrupos se reúnem na farta maloca de algum anfitrião. Essa variação anda em desuso, pois exige que um grande número de pessoas já conheça de antemão as longas histórias narradas nos cantos, coisa rara nos dias de hoje. Dizem que, outro-

cisão entre o regime da informação imediata e da informação mediada, se marca mesmo a diferença entre duas formas de xamanismo comumente encontradas na Amazônia (os Bororo e as sociedades do alto rio Negro são exemplares) e reunidas no sistema marubo, não obedece a uma tipologia fixa. O caso dos cantos iniki é paradigmático. Ao se construírem por um embutimento de enunciações alheias veiculadas pelo aparelho vocal do enunciador/corpo do *romeya*, sua estrutura interna acaba também sendo marcada pelos reportativos –ki ou iki sem que, no entanto, tais cantos estejam no mesmo registro que o das narrativas míticas. Nos iniki, os reportativos são utilizados, ora para marcar falas de antepassados perdidas no tempo mas citadas aqui e agora por outrem, ora para marcar o jogo posicional dos locutores no evento presentificado. Nada impede, em outros termos, que uma situação deferencial seja citada ou embutida dentro de um evento ostensivo, pois os cantos iniki são antes de tudo recursivos. Tal como no canto *maraká* araweté analisado por Viveiros de Castro em *Araweté, os Deuses Canibais*, os iniki são visualizações presenciais de eventos acontecidos em uma dimensão multiposicional: um visitante-espírito cita o que disse o duplo do *romeya*, que diz o que determinados espíritos falaram sobre si, sobre o próprio *romeya* ou sobre outras pessoas *desta* referência. A complexidade dos embutimentos e multiplicidade de posições enunciativas, isto é, a posição dos emissores e destinatários no campo perspectivo do evento xamanístico, varia em torno de uma disjunção básica. Como vimos, é necessário que a pessoa e seu duplo estejam separadas para que um canto iniki possa acontecer:

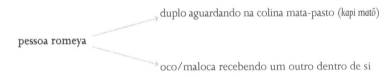

O xamanismo marubo não é um fenômeno de possessão[37]: a pessoa vazia não é cavalo ou médium para divindades, mas uma casa que recebe parentes; seu duplo que sai, assim como os que entram, não são entidades etéreas distintas de corpos concretos, mas corpos-duplos replicados em n posições. Não há para elas uma referência central. A dinâmica espacial veiculada pelas enunciações polifônicas expressa a distribuição espacial da socialidade replicada, que tem seu foco de convergência no corpo/maloca do *romeya*:

   ra, todos sabiam cantar em coro os longos cantos narrativos tais como o *Wenía*, atualmente conhecidos por inteiro apenas por alguns poucos xamãs mais velhos. A última designação para os cantos narrativos não se confunde, assim, com aquele outro gênero ou modo aqui comentado, os iniki, que são os cantos dos duplos e dos espíritos. As duas primeiras se referem "às nossas falas contadas" (nokɨ yoã initirasj, yoã vanarasj) e, a segunda, às falas dos outros (nokenama).
 37 Discordo, portanto, aqui, de Montagner Melatti em *O Mundo dos Espíritos: Estudo Etnográfico dos Ritos de Cura Marúbo*, que assim os interpreta.

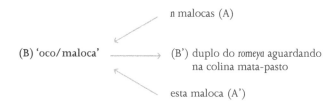

Na medida em que B (corpo/suporte/maloca) projeta ou se cinde em B' (o duplo do *romeya*), A (o campo virtual sociocósmico) e A' (a maloca onde está a audiência comum) podem coincidir no mesmo espaço (B, o corpo/maloca). Em outras palavras, quando o duplo (B') sai de casa (B) para visitar seus parentes outros, esses mesmos parentes podem vir aqui nos visitar. A pessoa do *romeya* é marcada pela ubiquidade: os eventos passados no oco/maloca se dão simultaneamente aqui *e* na outra referência. Embora seja gramaticalmente marcada como interna ("nossa maloca que está dentro")[38], o processo é mais compreensível como uma construção em abismo. O *romeya* "carcaça/suporte" senta-se na rede dessa maloca, vizinha a outras malocas da aldeia // uma pessoa-duplo chega em seu oco/maloca, vinda de alguma das indetermináveis malocas, enquanto o duplo do *romeya* aguarda na colina mata-pasto (de onde se acessa n outras malocas dos espíritos). Para outros pontos de vista, o campo posicional se altera; é outra a disposição do que é fundo e do que é figura. O corpo/carcaça recursivo do *romeya* é então menos um espaço *dentro* do outro (ou, pior ainda, um espaço imaginário interno), mas um espaço *a partir* do outro. O ponto é visível nas características gramaticais dos cantos *iniki*, pois os dêiticos, demonstrativos e evidenciais, articulam-se em função da multiposicionalidade.

Em uma pajelança qualquer, o *romeya*, após tomar doses de ayahuasca e rapé, de tirar sua camiseta e boné (os marubo são aficcionados por bonés), passa raspas de canela pelo corpo e canta o primeiro *iniki* da noite, através do qual, ainda *inteiro*, com todos os duplos em seu próprio oco/corpo, convida os espíritos para visitá-lo. É o que vemos no seguinte canto realizado por Armando Cherõpapa (o transmissor de todos os demais *inikis* traduzidos neste capítulo):

CANTO 3: **iniki** (abertura, chamado dos espíritos)

1   *shata rono tosha*   mo pedaço de cobra-leve   /nos bancos paralelos[39]
    nasotanairino   ali em cima[40]

38 *Nokɨ shovo naki nanea.*
    Noke shovo   naki   nane-a
    1p   maloca   meio   dentro-RLZ
39 A coluna da direita indica o sentido das metáforas. Em alguns casos, tal indicação acaba por se tornar uma tradução livre alternativa ou paralela à tradução dos enunciados metafóricos, que um leitor desavisado não poderia entender por conta própria. Recomendo que a leitura seja feita primeiro pela coluna da direita.
40 Alguns dos termos e expressões da língua especial que compõem os cantos estão listados nas tabelas anexas a este livro.

yove keno keneya	o pote-espírito desenhado[41]	
veõ koj inisho	foi bem colocado	
yové chiá poto	logo ao lado	6[42]
takeaki veosho	do picante rapé-espírito	5
matõ yora kenai	por vocês eu chamo	
f rome otxivo	meus irmãos pajés[43]	
f rome epavo	meus pais pajés	
f rome kokavo	meus tios pajés	
yove vai shavaya	aberto caminho-espírito	
yove shovo ikotj	à porta da maloca-espírito[44]	
ãtj aka akesho	foi mesmo ligado	
yove rome pejno	com folhas de tabaco-espírito	
vai nashõv aya	o caminho inteiro	
raká koj akesho	foi bem forrado	
ano rivi shokosho	de falas repletos	18
mã vanayarao	vocês que vivem aí	17
matõ yove vanayai	com cantares-espírito	
nea mai shavaya	a morada desta terra	
matõ yove vananõ	com os cantares-espírito	
metsai venáwf!	venham logo alegrar!	

yove mõti keneya	o estojo-espírito desenhado	/minha grave voz
yove shovo retoko	na porta da maloca-espírito	/em minha garganta
ronõ koj akesho	foi bem colocado	/foi bem ajeitada
yove mõti keneya	o estojo-espírito desenhado	/minha grave voz
vesoake ikirao	lá e cá canta	

f aya shoviti	eu já surgi	
yove tachi owaki	com a flor-espírito[45]	
f chinã shakjnash	farfalhando aqui	31
ãsoake imai	em meu peitopensar[46]	30

---

41 Os marubo chamam de chomo a pequena garrafa de barro que guarda ayahuasca (oni); os yove, porém, chamam de keno keneya. O canto começa dizendo que essa garrafa está ao lado do inalador de rapé, pendurada no alto da porta da maloca interna de Cherõpapa. Os yove podem por isso ali entrar (rapé e ayahuasca são seus alimentos quando passeiam nessa terra). Uma maloca desprovida de tal parafernália tende a ser menosprezada pelos espíritos.

42 As numerações à direita indicam os versos correspondentes do original em marubo.

43 Irmãos mais velhos, irmãos do pai e irmãos da mãe (versos 8, 9 e 10, respectivamente).

44 Isto é, o "oco" (shakj) de Cherõpapa.

45 Vegetal não identificado.

46 O verso une as noções de chinã e shakj, que discutíamos: f chinã shakjnash, "a partir do oco de meu peitopensar".

mato amf kenai	por vocês eu chamo	
f keshá tsjtsõnash	com meu lábio tatuado	
yove mawã vake	filhote de sabiá-espírito	
f iná aoa	meu filhote criado	
f keshá tsjtsonash	com meu lábio tatuado	
vana makf makfpai	fala e fala bem	

35

ari rivi imajnõ	e também ela	
yove shawã vake	pequena de arara-espírito	/minha esposa-espírito
f poyã tokõsho	em meu ombro pousada	/ao meu lado sentada
ari rivi vanai	vai sozinha falando	
kayõ iki vanamãi	sua fala de arara	/seu belo canto

40

f meta revõsho	e em minhas mãos	
tsaro vawã vake	filhote de papagaio	
f iná aoa	meu filhote criado	
kayõ iki vanamãi	diz seu belo canto	
eri rivi ionã	enquanto vou contando	

45

vevo ishõ niavo	os que antes viveram	
yove kaya apai	os pajés principais	
itivo nonjsho	deixaram suas marcas	
eri rivi iõnã	assim estou contando	

50

Os cantos iniki, assim como os *shõki* e os *saiti*, são repletos de imagens metafóricas, muitas das quais cristalizadas em fórmulas que cada canto dispõe e reitera de acordo com seu contexto específico[47]. Embora tais metáforas possuam autonomia imagética; embora sejam ícones visuais que compõem a cena veiculada pelos cantos, elas trazem também um sentido próprio compreendido apenas por aqueles que conhecem as falas e modos dos espíritos e, de um modo geral, a língua ritual ou especial. Mesmo que eu entenda o vocabulário e gramática, só posso compreender seu sentido se traduzo junto com pajés *kfchjtxo* ou *romeya*. Não fosse a radical diferença entre regimes ontológicos, eu estaria na mesma posição de um jovem marubo que entende as palavras dos cantos, mas não compreende o seu sentido velado. Quando corrigia e organizava as traduções com Venãpa e outros em algum escritório nas cidades, constantemente comparavam a nossa configuração (eu sentado na frente do computador enquanto eles, ao meu lado, esclareciam e explicavam os textos) com as suas relações com

---

47 Uso aqui "fórmula" no sentido de A. Lord em *The Singer of Tales*, na página 30: "um grupo de palavras empregado regularmente sob as mesmas condições métricas para expressar uma determinada ideia essencial", ou ainda, "a cria do casamento entre pensamento e verso cantado. Enquanto o pensamento, ao menos teoricamente, pode ser livre, o verso cantado impõe restrições que variam em grau de rigidez de cultura para cultura, mas conferem forma ao pensamento". Idem, p. 31.

os espíritos, que se colocam também ao lado dos pajés ensinando-lhes cantos. Estamos todos assim "ligando pensamento" (chinã ãtjnãnãi)[48].

Como dizíamos, os cantos iniki são compostos de "palavras torcidas", de fórmulas e expressões metafóricas, de metáforas vivas e mortas. No canto acima, por exemplo, os versos 23 a 27 são fórmulas metafóricas para designar a voz grave (oi txarãka) de Cherõpapa, que é dito possuir um estojo de armazenar rapé (mõti keneya) desenhado, disposto em sua garganta para conferir um timbre suave e denso. (Pajés com vozes rápidas e agudas, oi torõka, têm, por sua vez, o longo inalador de rapé rewe disposto na traqueia.) Os versos 28 a 31 formam uma imagem para o conhecimento de Cherõpapa, para o saber trazido pelo vegetal tachi, que é metonimicamente referido através de sua flor (o pajé não tem uma flor em seu peito, trata-se apenas de um modo de dizer). Os versos de 33 a 37, por sua vez, são metáforas para a loquacidade de Cherõpapa. Os seguintes (39 a 42) são metáforas para sua mulher, que o acompanha (assim como as mulheres dos espíritos a seus maridos) e é também sabida e falante à maneira das aves kayõ (tucanos, araraúnas, araras, papagaios, entre outras). Finalmente, os versos de 43 a 46 formam também uma imagem para os conhecimentos (yosí) de Cherõpapa, que não tem papagaios como xerimbabos. Com suas palavras torcidas, o romeya quer mostrar que ele ou, antes, o seu duplo dono da casa interna, é uma pessoa-espírito. Os antigos romeya e espíritos yovevo por ele convocados podem, portanto, visitar seu oco/maloca.

Após cantar o iniki acima, Cherõpapa deita-se na rede e sai. Aqui, seu corpo/casca está pétreo, imóvel. Segue-se um período de silêncio, até que escutemos um canto murmurado vindo de longe. É alguém que chega dentro de seu oco/maloca. Aqui, seu corpo chacoalha na rede // o duplo ou espírito entra na maloca. Através de seu corpo/carcaça senta-se alguém, que recebe ayahuasca e rapé do auxiliar rewepei // o espírito recebe ayahuasca e rapé do rewepei interno. O visitante canta então para que possamos escutá-lo, alegrando esse mundo-morte com seus belos cantos. Foi assim que Isko Mene, o duplo do falecido irmão do pai de Cherõpapa, cantou certa noite na maloca da aldeia Alegria. Ele fala sobre onde vive, no Mundo Arbóreo (Tama Shavapa), junto com o povo-espírito da samaúma (shono yove nawavo):

48 O problema da assimetria e da comunicação entre xamãs e não xamãs já foi abordado por autores diversos, tais como Lévi-Strauss, em Antropologia Estrutural; G. Townsley, em Ideas of Order and Patterns of Change in Yaminawa Society; e Idem, Song Paths: The Ways and Means of Yaminawa Shamanic Knowledge, L'Homme, v. 33, n. 126-128; por C. Briggs em The Sting of the Ray: Bodies, Agency, and Grammar in Warao Curing, Journal of American Folklore, v. 107, n. 423; e P. Boyer em op. cit. Não cabe aqui estudá-lo a partir, por exemplo, da perspectiva cognitivista deste último autor e sua tentativa de esboçar uma teoria da tradição, mas sim através da investigação dos critérios próprios ao xamanismo marubo. Como veremos aqui, este desenvolve um pensamento consolidado, rigoroso e dinamizado pelos múltiplos contextos de interpretação e debates estabelecidos, dessa vez, entre xamãs já iniciados no discurso especial. Não está em discussão a possibilidade de existência de um conhecimento sistematizado entre os marubo: ele é aqui um fato e o dilema está, justamente, não na redundância ou na falta, mas sim no excesso (e originalidade) de sentido por ele produzido.

as palavras dos outros

CANTO 4: **iniki** (Isko Mene)

1	yove mõti keneya	o estojo-espírito desenhado	/minha grave voz[49]
	yove shono peiki	na folha da samaúma-espírito	/na maloca-samaúma
	pesotanairinõ	ali em cima	/dentro, na maloca
	nitxj ini otivo	há tempos colocaram	/há tempos canta
5	yove mõti oiki	som de estojo-espírito	/minha grave voz
	oi kavi yosisho	grave cantar aprendeu	
	eri rivi yonã	assim estou dizendo	
	aivo yorasho	tendo aquela pessoa	
	ã anõ ikinã	a pessoa cantado	
10	fki ioi inõvo	de novo venho cantar	
	f ese vanayai	meu saber loquaz[50]	
	ese vana ikiro	o saber digo	
	aki ayaketãi	para lá viajei	
	nokeivo yoramai	são distintos de nós	
15	a shokoaivo	os que lá vivem	
	f anõ ikimai	são distintos de mim	
	f ese vananõ	meu saber loquaz	
	ato ayaketãi	lá viajando aprendi	
	f rome epavo	meus pais pajés	
20	inõ vake nawavo	filhos do povo jaguar	
	yove rome chinãyai	pajés-espírito pesantes	
	chinãyai shokosho	pensando juntos viveram	
	fnõ vakeyativo	para me criar	
	neweramairino	aqui neste lado	
25	yove wanj imi	sangue de espírito-pupunha	
	imi rakãiniti	o sangue colocaram	
	yove vake ativo	e criança-espírito formaram	
	nokf sheni txovo	os nossos antigos	
	atõ chinã vanayai	seus pensares falantes[51]	
30	vanayai shokosho	juntos falando viveram	
	noke ishõtivo	os nossos antigos	
	a noke kokavo	eles, os nossos tios	
	ato yove vanayai	seus cantos-espírito	
	vanayai shokosho	cantando juntos viveram	
35	noke ishõtivo	os nossos antigos	

49 A fala/canto é uma metonímia para o morador da dimensão-samaúma. Sua maloca é metaforizada no verso seguinte: "em cima da folha de samaúma-espírito".

50 Isto é, o seu *ese* (ensinamento, saber, conselho): "é como a fala dos crentes", explica Venãpa enquanto traduzimos o canto.

51 *Chinã vana* é outra expressão para *shõki vana*, *shõti*, os soprocantos, ensinados pelos espíritos/antigos a seus irmãos mais novos (*txo*), isto é, os viventes.

II: A TAREFA DO TRADUTOR

Nas pajelanças noturnas, os duplos dos parentes mortos (*yora vaká*) costumam chegar primeiro e ser seguidos pelos espíritos auxiliares *rewepei*, mais outros espíritos *yovevo*. Nos primeiros versos do canto acima, o morto locutor identifica sua procedência, a maloca-samaúma. É assim que muitos cantos *iniki* costumam começar, a fim de que os ouvintes identifiquem o visitante que chega no corpo/ casa do *romeya*. Nos versos 8, 9 e 10, Isko Mene, irmão do pai de Cherõpapa, diz que veio novamente visitar esta morada após ouvir Cherõpapa cantar aqui: ficou sabendo que a maloca estava aberta para receber visitas, enquanto seu dono, o *vaká* de Cherõpapa, aguarda na Colina Mata-Pasto. Na sequência dos versos 12 a 22, o duplo do morto conta que visitou outras partes e que volta para cá a fim de ensinar a seus parentes o que aprendeu. É por viver alhures que o locutor pode saber como Cherõpapa foi feito criança-espírito. No verso 23, que apresenta um curto-circuito polifônico (quem fala é locutor Mene, mas o referente da primeira pessoa é Cherõpapa), diz que o *vaká* de Cherõpapa foi criado como criança-espírito porque sua mãe mantinha relações com os *yove*, embora *ela* (*shaká*, sua "carcaça") nada disso soubesse. Cherõpapa, explicam-me meus interlocutores, tem então os sangues misturados de seus três pais pajés-espírito: sangue de espíritos do povo jaguar (*inonawavo*), do povo japó (*iskonawavo*) e do povo pupunha (*wanjvo*), ainda que este último seja o único referido no canto.

O canto é uma mensagem instantânea, reflete uma situação que se dissolve tão logo o locutor decide partir. Ainda que sejam sempre novos, os *iniki* veiculam experiências através de fórmulas conhecidas tais como *yove rome chinãyai / chinãyai shokosho*, "pajés-espírito pensantes / pensando juntos viverem". O duplo do tipo paterno de Cherõpapa vai então embora. Instantes depois começam a cantar os espíritos auxiliares *rewepei*, que cuidam do oco/corpo de Cherõpapa. Este que canta é um chai *yove nawavo*, membro do povo-espírito pássaro:

CANTO 5: **iniki** (povo-espírito pássaro)

1	*awe anõ shoviti*	a coisa de transformar
	yove rome kfti	a cuia de rapé-espírito
	nasotanairisho	foi na frente colocada
	yove rome tsipase	e do pó de rapé-espírito
5	*tsipas veoatõsho*	do pó colocado
	yove niá ináti	espírito foi criado
	ave noke pariki	sempre fomos assim
	awf yoé rakáti	da maloca dele
	vesoshoi shokosho	juntos mesmo cuidamos
10	*awe anõ yoveti*	da coisa de empajezar
	yove rewe keneya	do caniço desenhado /de seu duplo[52]
	vesoshoi shokosho	juntos sempre cuidamos
	nori rivi vanai	assim mesmo cantamos

52 O inalador de rapé (*rewe keneya*) é uma metáfora para o duplo de Cherõpapa.

	yove shãta enfno	caldo de urucum-espírito
15	*veso metsa ativo*	sempre no rosto passamos
	yove rane sainõ	são como contas-espírito
	vero siná ativo	nossos olhos austeros
	ave noke pariki	sempre fomos assim
	yove makõ poko	de algodão-espírito
20	*nõ txipãniti*	as saias vestimos
	f tsísoirisho	e em meu traseiro
	toarakamajnõ	ela balança enquanto
	eri rivi yonã	vou assim contando

É do resto de rapé depositado no fundo de uma cuia de cabaça que surge o espírito *rewepei*. O rapé, assim como a ayahuasca, são coisas *anõ yovea*, coisas "para espiritizar" ou "para empajezar". Os espíritos se formaram há muito tempo, mas estão agora aqui cuidando do corpo/casa do *romeya* — a temporalidade mítica incide na pessoa. O *rewepei* visualiza em seguida por imagens metafóricas as suas próprias características: rostos pintados de urucum, saias brilhantes de algodão que balançam enquanto se movimentam, olhos austeros. Quem diz é um espírito *rewepei* que, no entanto, fala por sua coletividade (são vários os auxiliares que cuidam do corpo do pajé). Os espíritos têm mesmo olhos de outra cor, disseram-me. Possuem, todavia, rostos sérios e altivos, são mesmo bravos, mas com pensamentos bons (*chinã roaka*).

Instantes depois, um outro *rewepei*, mas dessa vez do povo azulão, dá lugar ao precedente. Ele vive junto com Oni Westí, Homem Só, que outrora restou sozinho quando seu povo foi massacrado por Shoma Wetsa, mulher monstruosa canibal que muitos matava com as lâminas afiadas pendentes de seus braços[53]. Oni Westí ensinaria ainda nos tempos míticos o cultivo de alimentos aos antepassados dos marubo e, agora, segue vivendo na "colina do rio grande" (*noa mato wetsã*), em alguma terra do grande rio localizado a jusante, na região de Manaus, Rio de Janeiro ou Brasília. O *rewepei* segue o percurso hidrográfico, subindo desse grande rio em direção às cabeceiras (*waka revõ*), onde estamos:

CANTO 6: **iniki** (Shane Rewepei)

1	*neno aweshomai*	não é perto daqui	
	Oni Westí shenitsi	aquela morada	3
	anõ vesõkãiã	do antepassado Homem Só	2
	yove imãwenene	do terreiro-espírito	
5	*wa shokopakei*	daqueles galhos todos	
	yove shõpa txapakesh	dos mamoeiros-espírito	
	neri teki inai	para cá vim subindo	
	mãta f ochja	há tempos cheguei	

53 Mais dados sobre Shoma Wetsa na parte IV.

awᶠ yoe rakati	na maloca dele
vesoshoi shokosho	juntos cuidando vivemos
nori rivi vanai	assim sozinhos cantamos
vevo kaniaivo	os antes nascidos
yove rome shãkõsho	no broto de tabaco-espírito
ari rivi yovesho	sozinhos se espiritizam
shoko mᶠ aivõ	e juntos todos ficamos
atõ yoᶠ rakati	em suas malocas
vesoshoi shokosho	juntos cuidando vivemos
mãta neskápaoi	assim sempre foi

(verso 10 à esquerda da linha "vesoshoi shokosho"; verso 15 à esquerda da linha "shoko mᶠ aivõ")

Shane Rewepei está dizendo que há tempos os espíritos como ele vivem junto dos pajés *romeya* para protegê-los. Mudando-se de sua morada para viver junto de Cherõpapa, o *rewepei* não vem sozinho: a oscilação entre "eu" e "nós" (versos 7 a 11, por exemplo) presente no canto quer dizer que esse espírito, assim como todos os outros, sempre se movimenta e vem para cá acompanhado de seus parentes, de suas irmãs e mulheres. Nos cantos e narrativas, enunciações ou representações visuais (desenhos, por exemplo) de uma pessoa costumam com frequência valer por suas multiplicidades (um chefe por seus parentes, um espírito locutor por aqueles que o acompanham). Shane Rewepei, no canto acima, diz ainda ser outro tipo de gente. Tal como os antigos, transforma-se em pajé por si só, assim sempre foi desde que surgiu. "Eles surgem mesmo por conta própria", explicava Venãpa. Ninguém a rigor jamais ensinou aos espíritos, que já surgem sabidos: "pajés-espírito pensantes / juntos pensando viveram" (*yove rome chinãyai / chinãyai shokosho*), diz a fórmula comum aos cantos. É esse *modus vivendi* prototípico que os xamãs marubo tentam, ainda que precariamente, reproduzir aqui nessa morada-morte. Uma vez transformados efetivamente em *romeya* e *kᶠchjtxo*, poderão ter um destino póstumo melhor e viver à maneira dos hiper-humanos espíritos *yovevo*. Seguirão o exclusivo Caminho do Jaboti Branco (*Shawe Osho Vai*), que conduz até uma terra melhor localizada no final de todos os patamares celestes, a Terra do Tabaco Branco (*Rome Osho Mai*). Assim contava o duplo do gavião cãocão sobre o falecido pai de Eduardo Tawãpapa. O espírito do gavião havia sido auxiliar do finado pajé. Surgiu outrora dos restos de rapé de seu antigo dono, era um espírito similar àquele que Panipapa havia visto de seu pai, como dizia na conversa que abre o capítulo anterior. Assim diz o seu canto:

CANTO 7: **iniki** (Gavião Cãocão)

ave noke pariki	sempre fomos assim
noke wenimaya	o nosso surgidor[54]
vei kaya apai	é morto mesmo
ari rivi veisho	por si mesmo morreu
Shawe Osho sheniki	para seguir no caminho

(verso 1 à esquerda de "ave noke pariki"; verso 5 à esquerda de "Shawe Osho sheniki")

---

54 Isto é, aquela pessoa cujas ações xamânicas deram origem a tais espíritos.

anõ iti vaino	do antepassado Jaboti-Branco	5
vai kayainai	pelo caminho sobe	
Rome Osho Maiki	e à Terra do Tabaco Branco	
mai chinãini	à terra ele vai	

10	*nea Tama Shaváse*	desta Casa das Copas[55]	
	ivo akei shokosho	donos daqui viramos[56]	
	nori rivi yonã	assim sozinhos contamos	
	yove shãta enfno	sempre juntos vivemos	15
	kotekivãisho	com pescoços pintados[57]	
15	*shokoivoti*	de urucum-espírito	13
	ave noke pariki	somos os primeiros	
	yove chia potõnõ	picante rapé-espírito	
	taskõpãmevãisho	na canela polvilhamos	
	shokoivoti	sempre juntos vivemos	

20	*yove mai shãtjsho*	da touceira fincada	21
	wa shokopakesho	na terra-espírito	20
	yove nea shaoki	ossos de jacamim-espírito	
	shao tsisa awasho	um osso cortamos	
	yove osho shaonõ	para então encaixar	25
25	*shao resõ inisho*	no osso de garça-espírito[58]	24

	yove chia poto	e picante rapé-espírito	
	yove kamã sheta	misturado ao pó	28
	nõ poto atõ	de dentes de onça-espírito	27
	yove rewe shakjni	dentro do caniço-espírito	
30	*poto naneawãsho*	no caniço colocamos	
	resho ikinanãi	e entre nós assopramos	
	yove meravãisho	para espírito aparecer	
	shokoivoti	assim sempre vivemos	

	ata tao atao	*atao tao atao*	
35	*aokira aoki*	ao ao, dizemos	
	shãkira shãki	shã shã, dizemos	
	nõ iki ati	eis o nosso canto	
	ave noke pariki	assim sempre fomos	

55 Uma alternativa a "Morada Arbórea", que também traduz *Tama Shavá*.

56 "Eles já compraram a terra", explicava Kanãpa, dizendo que a morada arbórea passou a ser desses espíritos quando foram viver por lá.

57 Referência ao papo alaranjado do gavião cãocão, por ele mesmo considerado como seu pescoço.

58 Os *yove* encaixam a parte superior do inalador (a que se acopla às narinas), feita de osso de garça, no corpo do inalador. Esse bloco inteiro do canto reatualiza (sem repetir de forma idêntica) um bloco de versos do canto *Yove Wenía*, que narra a formação do inalador de rapé. Ossos de animais são plantados na terra, como de costume nas narrativas de surgimento/montagem das coisas todas deste e de outros mundos (ver adiante).

Venãpa me explicava que os duplos do gavião cãocão são um povo pequeno, com narizes finos. Naquele episódio de seu processo de empajezamento, ele os havia encontrado "em seu peitopensar". Tornaram-se desde então seus auxiliares, assim como também o foram do finado pai de Tawãpapa esses que cantam acima através de Cherõpapa. O finado, aquele que os fez surgir a partir de seus restos de rapé, contam os próprios espíritos, está vivendo na Terra do Tabaco Branco. Tendo se mudado para lá, seus auxiliares vão então viver aqui mais abaixo, na Morada Arbórea, onde fabricam seus inaladores *rewe* a partir de ossos de garça e de jacamim para aplicar rapé uns nos outros. Enquanto o duplo de Cherõpapa ainda aguarda na Colina Mata-Pasto, é a vez de Kana Mishõ chegar para visitar os presentes: os Mishõ são os donos dos animais (*yojni ivorasj*) e estão distribuídos por todos os cantos do mundo, cada qual pertencente a uma classe/povo específico. Não se pode brincar com Mishõ, que é chamado com respeito de *epaitxo* (tio/pai, irmão do pai) pelos marubo. Ele se vinga da pessoa, fazendo-a tropeçar e se perder no mato quando estiver caçando. Capaz de se transformar nos parentes de uma criança e enganá-la quando anda sozinha no mato, os Mishõ a tomam para si. São um exemplo da ambiguidade que define os *yovevo*: benevolentes quando respeitados, podem ser também agressivos se receberem um tratamento indigno. É o que acontece, por exemplo, se os caçadores desperdiçam carnes de suas presas ou desprezam as tripas no mato. Mishõ observa tudo e deixará de soltar os animais dos refúgios onde os mantém. Personagem de diversas narrativas burlescas nas quais aparece como um *trickster*, Mishõ é também um coletivo de espíritos *yove*, cujos representantes quase sempre vêm cantar nas pajelanças noturnas. Costuma cuidar dos corpos dos caçadores, em cujas pernas esfrega uma maceração da planta *mashkiti* (andiroba), suga objetos patogênicos e elabora outros rituais que visam a eliminar a panema (*yopa*) e aperfeiçoar a performance dos jovens caçadores. Chamado pelos *kfchjtxo* que coordenam a pajelança, Kana Mishõ (Mishõ-Arara) vem de sua casa no poente para atender aos jovens caçadores, e canta:

CANTO 8: **iniki** (Kana Mishõ)

1	*txipo kaniaivo*	os nascidos depois	
	yojn njkã romera	pedem-me dardos	
	"noke wetsa inãwf!"	"dê-nos outros dardos!"	
	atõ iki amajnõ	dizem eles e então	
5	*kana kapi voro*	do tronco de mata-pasto-arara	/de minha colina-arara
	voro enepake	do fim do tronco	/da beira da colina
	kana panã tapãne	pelo tronco de açaí-arara	/pelo caminho-arara
	kayapake iki	eu desço andando	
10	*kana panã tapãki*	pelo tronco de açaí-arara	/no caminho-arara
	tapã votjki	o tronco emendado	/o caminho encontrando

kanã vinõ tapãnf	no tronco de buriti-arara	/outro caminho-arara
echpa mono vetãi	vou saindo dançando	
aki apakrãi	assim venho chegando	
kana vinõ tapã	pelo tronco de buriti-arara	/pelo caminho-arara
tapã votjki	pelo tronco emendado	/o caminho encontrando
kana tfpã tapãne	no tronco de cedrorana-arara	/outro caminho-arara
yof kayapakevai	o espírito chega[59]	
ave ea pariki	assim sempre fui	
f yoaise	o meu dizer	
ikimata iki	mentira não é	
f anõ ivai	verdade mesmo falo	
kana kapi kene	na cerca de mata-pastos	
nasotanairisho	ali em frente	
yove niá inati	espírito há tempos vive	
ave ea pariki	sempre fui assim	
kana kapj iminõ	com sangue de mata-pasto	
yoe mepok ativo	os pulsos enfeito	
kana kapj iminõ	com sangue de mata-pasto	
yoe yapok ativo	a cintura enfeito	
ave ea pariki	sempre fui assim	
kana txitxã keneno	o cesto-arara desenhado	
f chinã revo	por inteiro envolve	33
vove tsakainisho	o meu coração[60]	32
eri rivi vanai	e vou assim cantando	
vari tama tapãki	o tronco de árvore-sol	/as coxas da mulher-sol
txivi ini txiviki	vai afastando afastando	/vai abrindo abrindo
vari tama shavinõ	para deitar-se em cima	/para então penetrar 39
oyoraká vetãki	da fresta de árvore-sol	/a vagina da mulher-sol 38
yoe vakeyati	e criança-espírito criar	
ave ea pariki	assim sempre fui	

Linhas numeradas à esquerda: 15, 20, 25, 30, 35, 40.

Descendo pelos caminhos metaforizados como troncos de árvores de açaí-
-arara, buriti-arara e cedrorana-arara, Kana Mishõ vem para esta terra entregar
dardos mágicos aos jovens caçadores. "É uma pessoa sabida", dizem. Corre de
pé na vertical pelas árvores sem cair, como viu uma vez Lauro Panipapa ao en-

---

59 O locutor se autorrefere pela terceira pessoa. Um procedimento comum nas poéticas
xamanísticas.
60 Os versos 31-33 são uma metáfora para seu pensamento (chinã).

contrar seu avô paterno, Shane Mishõ. Assim como os pajés sabidos, ele também tem um *txitxã keneya*, o cesto desenhado envolvendo seu coração (linhas 31 a 34): uma imagem para o pensamento da pessoa. "É um modo de falar o pensamento desenhado, não é bem um cesto", explicou. É também através de metáforas que, na sequência de seu canto, Mishõ se refere à relação sexual estabelecida com uma mulher do povo sol (*vari shavo*): trata-se da mãe de um velho kfchjtxo que, conta o locutor do canto, é filho de Mishõ. Nos dias de hoje, os *yove* não têm mantido relações com mulheres daqui, pois as pessoas estão insensatas (*tanasma*) e preguiçosas (*txikishka*). Nessa época ruim, eles não se aproximam das mulheres e crianças extraordinárias deixam de nascer. As pessoas não conseguem mais sonhar com os *yovevo* – "parece que seus olhos estão fechados", diz Venãpa. Não por acaso, Rome Owa Romeya, o pajé Flor de Tabaco, tece as seguintes considerações no iniki abaixo. O canto-mito *saiti* que leva seu nome conta que ele foi envenenado por seus inimigos Nea Pei e Vakõ Pei. Sendo curado pelo pajé Urubu do Olho Desenhado (Chete Vero Kene), decepciona-se com seus filhos desta terra e vai então viver na morada subaquática junto a Vari Mãpe, um pajé Sucuri, com quem passa a "ligar" seu pensamento (chinã ãtjnãnãi). Nos cantos iniki, são frequentes as atualizações, alusões e ironias construídas a partir de trechos do repertório de narrativas míticas referentes aos cantos *saiti*, como veremos a seguir.

CANTO 9: **iniki** (Pajé Flor de Tabaco)

1	*awf vei vakichi*	das sombras-morte
	nea mai shavaya	na morada desta terra
	shavá votopakesho	nesta terra caídas
	ikivere ikia	é de que falo
5	*txovo mã txovo*	caçulas, os caçulas[61]
	nokf chinãkirirao	não escutam na direção
	arirao njkãma	de nosso pensar
	nõ mato anã	a vocês dizemos
	a neská yojtsf	que são assim
10	*nõ anõ ikinã*	como nós falamos
	txovo mã txovo	caçulas, meus caçulas
	yove chori nãkoki	néctar de cipó-espírito
	nãko osõatõsho	de dentro do néctar
	yove niá inati	espírito se criou
15	*yove chori chinãyai*	de cipó-espírito pensante
	chinãyai wenisho	pensantes juntos surgiram
	eri rivi yonã	estou sozinho contando
	yove chori owaki	com flor de cipó
	owa rane ati	com flor se enfeitam

61 Todas as pessoas daqui assim são chamadas pelos *yove*.

as palavras dos outros

20	*ave ea pariki*	assim sempre fui
	yove rome nãkõsho	de tabaco-espírito
	weníamat ea	eu não surgi
	ʃ take rawívo	os meus inimigos
	atõna shavosho	e suas mulheres
25	*ea rawi akirao*	é que brincam
	Rome Owa Romeya	quando me chamam · 27
	ea aki ativo	de Pajé Flor de Tabaco · 26

O locutor se identifica aos seus presentes brincando com seu próprio nome, que foi dado a ele como uma espécie de apelido por seus inimigos. Apesar de ser chamado assim, não surgiu das flores de tabaco, mas sim da flor do cipó chori[62], o que ele diz reiterando os componentes de uma estrutura formulaica já encontrada por nós, por exemplo, no canto de surgimento dos kfchjtxo: *yove chori chinãyai / chinãyai wenísho*, "de cipó espírito pensante / pensando juntos surgiram". Talvez por isso, quando perguntei se esse canto era triste por se referir à desolação e insensatez desta terra, tenham me dito que, pelo contrário, o canto era alegre (*metsaka*). Quando o locutor diz que se adorna com flores de cipó, o faz para brincar com o pessoal daqui, que usa roupas e perfumes dos brancos, cheias de doenças (*isʃ teneya*). É mesmo com humor e ironias que, muito frequentemente, os ensinamentos (*ese*) são passados aos jovens, seja pelos espíritos, seja pelos viventes mais velhos. Abaixo quem canta é o espírito da samaúma-sol (*vari shono yove*), também irônico e indireto:

CANTO 10: **iniki** (espírito da samaúma-sol)

1	*ave ea pariki*	assim sempre fui
	vari yawich ina	meu penduricalho[63] · 3
	ina papitati	de rabo de tatu-sol · 2
	yove imawenene	em meu terreiro-espírito
5	*pesovakj ikirao*	vai na nuca balançando
	eri rivi yonã	estou sozinho contando
	shono sene maiti	com meu cocar · 8
	ʃ ereikonã	de copa de samaúma · 7
	ea anõtiramʃ?	será que entro aí?
10	*ʃ yonãke*	assim eu digo
	yove shovo ikoti	na maloca-espírito
	kemoch kemoch wei	chego e chego arrebentando
	ea anõtiramʃ?	aí será que caibo?
	ʃ yonãke	assim eu digo[64]

62 Chori é um termo utilizado para a ayahuasca entre outros povos pano, mas não entre os marubo, que por este nome conhecem um remédio para picada de cobra.

63 Uma metáfora para os cabelos trançados do espírito.

64 O yove está se referindo ao corpo/maloca de Cherõpapa, no qual ele entra com força, arrebentando a porta. Os espíritos da samaúma são gigantescos, seus cocares não costumam caber na maloca dos *romeya*.

ato pari kanisho	os nascidos antes
Pakã Txoki inisho	Pakã Txoki mais
Temj Txoki shenitsi	antepassado Temi Txoki
noka waki rerati	mamoí podre derrubaram[65]
noka waki tapãra	no tronco podre
noka waki shakjni	naquele buraco podre /naquela vagina[66]
yõkovina	fervilha o fedor
saia weiai	que aí entrando encontro
noka waki shakjni	mamoís – buracos podres
noka naka ewãvo	onde moscas podres
anõ tererakánõ	muitas e muitas pousam
ʄ yove wenõ	a minha ventania-espírito[67]
ari mamʄ vesoki	para aí se volta
shokorakj weai	em redemoinho ventando
ʄ meso wetsanõ	num de meus galhos
vari jper torõnõ	sucuri-sol se enrola
ʄ meso wetsanõ	noutro dos galhos
vari kamã torono	onça-sol se encolhe
niá niá inati	assim sempre vivi
Shono Ivi Romeya	Pajé Casca de Samaúma
romeyata eaki	o pajé mesmo sou
"epavo mã epavo	"pais, meus pais
yove kaya apasho	pajés mais fortes
ʄ yoe rakati	em minha maloca
mato yove wenõ	suas ventanias-espírito
shokorakj weai	em redemoinho ventando
mari rivi irinã!"	venham mesmo ventar!"[68]
txo iki vanamãi	assim diz o caçula[69]
shono rane saiki	enquanto meu cinto
ʄ txipokitiã	de adornos-samaúma
ʄ tsisoirisho	na minha cintura
ari rivi imãjno	vai mesmo balançando
ʄ yonãke	terminei de contar

---

65 *Waki* é uma Bombacacea (mamoí, seu nome regional), árvore de apodrecimento rápido.

66 Não se pode apressadamente tachar de machista o xamanismo e a cultura marubo. No que se refere aos presentes cantos, o que ocorre é uma manifestação generalizada de desgosto por parte dos espíritos com relação a esse desolado mundo-morte. Veja maiores comentários abaixo.

67 De fora, o *yove* varre o fedor que está na maloca, relacionado ao sangue menstrual.

68 Os *yove* estão assoprando dentro do corpo/maloca de Cherõpapa. Uma espécie de faxina.

69 Isto é, Cherõpapa.

as palavras dos outros

Ao terminar seu canto, os presentes exclamam, "muito bom! muito bom!" (*roaka, roaka*), certamente por apreciarem a melodia forte, mas também por concordarem com a sua mensagem, uma crítica ao comportamento dos jovens e mulheres adormecidos na maloca. Esse *iniki* é dividido em alguns pequenos blocos paralelísticos que constituem unidades visuais autônomas, tais como o seguinte: "num de meus galhos / sucuri-sol se enrola / noutro dos galhos / onça-sol se encolhe". Lança mão aí da fanopeia (Ezra Pound: projeção de imagens visuais sobre a mente), um dos recursos comuns aos cantos marubo e ameríndios. As imagens visuais estão articuladas aos efeitos desencadeados pelo material sonoro das palavras, a melopeia, assim sugerindo algo como uma "fanomelopeia", se vale tomar de empréstimo a expressão de Risério sobre os cantos araweté[70]. Providos de rimas nas vocalizações finais de alguns versos (que não reproduzo em minhas transcrições) e dotados de métrica fixa (quatro a cinco sílabas por verso), os cantos marubo jogam frequentemente com a sonoridade das palavras (a fórmula onomatopaica do verso 12 se refere, por exemplo, à porta arrombada pelo espírito, "kemochhh, kemochhhh") e com paralelismos em níveis diversos (dentro das linhas, no interior de estrofes, nas estrofes entre si e no contraste entre conjuntos de estrofes ou blocos)[71]. Após fazer uma brincadeira com seu corpo gigante (assim são os espíritos da samaúma) que poderia arrebentar o corpo/maloca de Cherõpapa, o espírito faz uma alusão à história de Temi Txoki (um dos nomes de Oshe, o Lua, personagem de um mito conhecido por outros povos pano[72]) para ironizar as mulheres que vivem nessa morada-morte. O espírito utiliza a imagem de moscas rondando ao redor da árvore como uma metáfora para as mulheres que insistem em dormir nas redes, ao invés de escutar seus cantos.

---

70 *Textos e Tribos*, p. 178.

71 Veja o que diz G. Werlang na página 219 de sua tese *Emerging Peoples: Marubo Myth-chants* sobre os cantos *saiti*: "A simetria poética funciona, por exemplo, quando há uma vogal na vocalização final de alguns versos, em suas linhas de conclusão, que assim constituem uma rima com a última linha dos versos precedentes. Nestes casos, o valor semântico do som vocal está além de seu escopo verbal, linguístico. A semântica destas finalizações verbais é musical, tal como quando frases musicais inteiras são vocalizadas sem linhas verbais: poesia sem palavras. Rimas são uma mera confirmação da prevalência musical no verso / nível celular do *saiti*, a ele conferindo uma circularidade generalizada". Guimarães notou algo similar em seu estudo de cantos kaxinawá: "Uma célula facilmente identificável nesse conjunto de cantos é o que foi chamado de 'estribilho', como por exemplo o recorrente *hu hu, hu hu*. Tomado paradigmaticamente como uma sequência verbal monossilábica de significado aparentemente não lexical, o estribilho determinaria o padrão rítmico e melódico do canto como um todo, funcionando como uma representação micro da estrutura macro do canto. Por ser constituído de unidades menores (sons monossilábicos), o estribilho também pode ser usado para suprir lacunas – em caso de lapso momentâneo dos cantadores – ou para completar segmentos verbais – no caso de versos mais curtos do que o padrão geral da frase mínima". Cf. D. B. Guimarães, *De que se Faz um Caminho: Tradução e Leitura de Cantos Kaxinawá*, p. 128-129. Mesmo reconhecendo sua importância, minhas versões não apresentam tais estribilhos, que não se harmonizaram com o estilo das recriações aqui apresentadas. Estão à espera de outras propostas de transposição criativa.

72 Ver por exemplo a versão kaxinawá em Capistrano de Abreu, *Rã-Txa Hu-ni-ku-j: Grammatica, Textos e Vocabulario Kaxinauás*, recriada pelo poeta português Herberto Helder no livro *Ouolof*.

Após apresentar uma bela imagem de si mesmo nos versos 30 a 36, o locutor diz aquilo que Cherõpapa havia dito antes, isto é, que havia chamado Espírito Samaúma-Sol para varrer esta maloca com sua ventania (versos 37 a 42). O oco/maloca Cherõpapa, enunciador ou abstração que torna possível a existência atualizada do conteúdo expresso pelo(s) locutor(es), delega um primeiro locutor, Espírito Samaúma, que, por sua vez, delega o próprio Cherõpapa como segundo locutor. Múltipla, a pessoa se parte entre vários aspectos: aquele que diz (o locutor) não pode ser a mesma figura que permite a possibilidade do evento/canto, o oco/maloca. É assim que podemos compreender a construção em abismo em questão. O espírito Vari Shono, ao falar (como locutor) cita ipsis litteris aquilo que Cherõpapa disse, mas aquele Cherõpapa cujas palavras são reportadas (como segundo locutor) não é a mesma entidade que este "Cherõpapa" (corpo) sentado diante de mim. A pessoa e seu duplo estão cindidas: "assim disse o caçula" é a expressão utilizada pelo espírito para se referir a todos os viventes e, no caso, a Cherõpapa, cujo duplo está ausente, muito embora *fale* pela boca de um outro (o espírito) que fala por "sua" boca aqui[73].

A mesma estrutura polifônica é empregada pelo Espírito Quati (*chichi yove*), um dos que mais diverte os marubo quando vem cantar, além de ser um especialista em extrair doenças (*yove tsekaya*). Falando a partir de onde escutou o que disse Cherõpapa, ele dá sua mensagem aos presentes. Vem para cá acompanhado de sua irmã, que carrega uma cuia de ayahuasca nas mãos[74].

CANTO 11: **iniki** (Espírito Quati-Arara)

1	kana tawa peiki	da folha de taquara-arara	/de minha maloca-arara
	pesotanairisho	ali de cima	/ali de dentro
	f njkãkamfĩ	eu escutei	

---

73 As principais referências aqui são Bakhtin, *Estética da Criação Verbal* e O. Ducrot, *Le Dire et le dit* em seus estudos sobre as enunciações polifônicas. Não se trata de transportar in toto a teoria de tais autores para a análise das poéticas xamanísticas, mas apenas de apontar, através da distinção entre as figuras do locutor e do enunciador, para a complexidade dos regimes enunciativos em questão. Uma análise mais aprofundada do assunto, certamente fértil e necessária, não pode porém ser realizada aqui. O leitor interessado pode se reportar a um estudo teórico de J.-P. Desclés e Z. Guentchéva, *Énonciateur, locuteur, médiateur*, em A. Becquelin-Monod; P. Erikson (orgs), *Les Rituels du dialogue*; bem como à minha dissertação de mestrado *Palavras Torcidas: Metáfora e Personificação nos Cantos Xamanísticos Ameríndios*; e a exemplos das artes verbais araweté em Viveiros de Castro, *Araweté: Os Deuses Canibais* e *A Inconstância da Alma Selvagem*; kayabi em S. Oakdale, *The Power of Experience: Agency and Identity in Kayabi Healing and Political Process in the Xingu Indigenous Park*; achuar em A.-C. Taylor, *Des fantômes stupéfiants: language et croyance dans la pensée achuar*, *L'Homme*, v. 33, n. 126-128; kuna em C. Severi, *La Memoria Ritual*; piro em P. Gow, *An Amazonian Myth and its History*, entre outros.

74 A maneira como as irmãs dos espíritos aparecem nos cantos iniki é similar àquela pela qual Rosãewa, no capítulo 2, descreveu seu próprio duplo, que vive agora na Terra do Tabaco Branco em companhia de seu marido. Lá, ela também carrega um pote de ayahuasca pendurado nos cotovelos.

5	"epavo mã epavo	"pais, meus pais	
	f yoe rakati	venham para cá	
	metsai venáwf!"	minha maloca alegrar!"	
	txo iki vanamãi	assim o caçula diz	
	nokf awe shavovo	e as nossas irmãs	
	Kana Vo ajvo	a moça Kana Vo	
10	yove mãsf keneya	vem nas mãos trazendo	11
	vevo sanápakemãi	a cuia-espírito desenhada	10
	nori rivi ionã	enquanto nós falamos	
	vevo ikãwãki	terá algo mudado	15
	f ojpawa	desde o tempo	
15	wetsa aya ravãra	em que aqui estive? [75]	13
	f anõ akara	assim fico pensando	
	f yonãke	terminei de falar	
	ato pari kanisho	os nascidos antes	
	shata ronõ tekepa	pedaços de cobra-leve	/os bancos paralelos
20	pati ivevakjsho	pedaços inteiros enchiam	/bancos inteiros lotavam
	vana matsaknãnãvo	conversando entre si	
	f njkãpawa	assim eu ouvia	
	awesaira	mas por que vocês	
	vanama setesho	sentam-se calados	
25	ea njkãivo?	apenas me escutando?	
	kape Topa ajvo	Topa, a mulher jacaré	
	shokô nane njkãi	não entendeu que poderia	28
	njkã ichnarao	pegar jenipapos-descamar	27
	shokô paka kashkeno	e de taquara-descamar	
30	awf ana revo	afiada faca fez	
	te avarãsho	sua língua esticou	
	ari ashtekãi	foi sozinha cortando	
	vana ama rakai	e muda ficou	
	iki kavi ara	assim como vocês	
35	f yonãke	terminei de contar	

Esse *yove* está também brincando com os presentes que, preguiçosos e sonolentos, cochilam nos bancos enquanto ele canta. Diz que as pessoas outrora lotavam os bancos paralelos e comentavam suas falas com animação. Mais uma vez, empresta a passagem de uma narrativa para montar seu ensinamento (*ese*) irônico: quando Roka decidiu deixar esta terra e partir para a Morada do Céu-Descamar, chamou seus parentes daqui para virem buscar as suas variadas pupunhas-descamar. Mas Topa, a mulher-jacaré, não escutou bem. Entendeu que

---

75 A pergunta é irônica: nada mudou.

ele havia recomendado que cortassem as línguas uns dos outros. Por isso, o jacaré tem hoje só um toco de língua e é mudo, assim como as pessoas daqui que, aliás, acabaram também por ficar com poucas e minguadas espécies de pupunha. O locutor que, no início de seu canto, cita o chamado de Cherõpapa, é a pessoa-espírito dona (ivo) de seu bicho, o quati, e não o próprio bicho/carcaça. No canto acima, parece que o locutor não chega a entrar dentro da maloca/oco de Cherõpapa. Como acontece frequentemente, o que ele canta a partir de sua colina – colinas, matô, são sempre índices para as moradas dos espíritos e pessoas – ressoa aqui para que escutemos, já que as vozes dos *yovevo* são muito fortes. No canto abaixo, um certo espírito cria uma imagem para seu bicho: "[o duplo,] que é gente mesmo, está falando sobre seu bicho"[76], explicava Venãpa. O duplo da larva da envireira (*shaj shena*) cria a seguinte imagem de seu corpo--bicho-larva, através de uma comparação com a arcada dentária de uma onça. O canto que segue é mais um instantâneo, uma imagem condensada, um *flash* através do qual o locutor se descreve para a audiência curiosa dessa maloca:

CANTO 12: **iniki** (Espírito da Larva da Envireira)

1	*yove nape maponõ*	minha cabeça emendada	
	mapo retiativo	à cabeça de mosca-espírito	
	yove kamã sheta	dentes de onça-espírito	
	awf shetã mãtoke	feito fileira de dentes	
5	*ea natotativo*	é meu corpo anelado	
	nokf awe shavovo	as nossas irmãs	
	yove shai vakoshe	com a espuma	
	f pesoirino	da envireira-espírito	
	acha kene awano	minhas costas desenham[77]	
10	*neri monopakeai*	e desço dançando	
	vari shaj wichi	nos vincos da envireira-sol	/pelos caminhos-sol
	wichi tanápakeai	pelos vincos desço	/pelos caminhos desço
	txomi rakapakeai	desço rastejando	/desço andando

Embora marcado pelos pronomes da primeira pessoa no singular, o locutor (o chefe, *kakaya*) fala aí pela multidão de lagartas // coletividades de duplos seus parentes. Também aqui as suas irmãs o acompanham quando ele sai de casa: os espíritos (tal como os marubo) não costumam andar sozinhos. É por conta desse paralelo que se torna necessária a dupla tradução livre (nas linhas em negrito e itálico): o sentido ambivalente da expressão metafórica está a serviço da cisão entre duplos (pessoas) e corpos (bichos). Aqui, não se trata exatamente de

---

76 *A yojni a yoãrivi, a vaká yorarvi.*
    A   yoini   a   yoã-rivi,   a   vaká   yora-rivi.
    3DEM bicho 3DEM falar-ENF 3DEM duplo gente-ENF
77 Trata-se do padrão *shonõ shena*, "lagarto de samaúma".

as palavras dos outros

encontrar o correspondente literal de uma sentença desviante, mas de bifurcar ou disparatar um enunciado em dois referentes possíveis[78]. Isso não quer dizer que, em outros casos, a poética xamanística marubo não faça uso de metáforas lexicalizadas e de metáforas novas, tais como as fórmulas padronizadas "olho de onça-fogo" (*txi kamã vero*), cujo correspondente literal é "relógio" (*vari ojti*), ou outras tantas que podem ser criadas via estruturas conhecidas de antemão. Se esse é um funcionamento típico da língua ritual, o outro, das metáforas bifurcadas, é mais frequente nas circunstâncias em que a (sempre presente) referência duplicada ocupa o foco da mensagem (os cantos *iniki* e os cantos-mito *saiti*). Ambas dependem da interpretação dos especialistas, mas esta é feita por direções distintas: em um caso, indica que os kfchjtxo querem dizer determinada coisa por suas palavras torcidas; em outro, que pessoas outras entendem por X o que é dito do modo Y nos cantos. Aí reside um dos desafios da tradução. No seguinte fragmento de um canto, o duplo do pássaro *peta* (ariramba) emprega esquemas similares:

CANTO 13- **iniki** (Espírito-Ariramba)

	[...]		
	neri kayapakeai	vim descendo para cá	
	nokf awe shavoyai	as nossas irmãs	
15	*Rovo Vo ajvo*	a moça Rovo Vo	
	yove mãsf keneya	mostra nas mãos	17
	vevo sanapakemãi	a cuia-espírito desenhada	16
	nori rivi ionã	enquanto nós falamos	
	f rovo piá kenôra	minha lança-japó	/meu bico pontudo
20	*vesota vivitãi*	sigo adiante apontando	/sigo adiante mostrando
	shokoivoti	juntos mesmo vivemos	
	ave noke pariki	assim sempre fomos	

Também aí as referências se dividem entre a pessoa (o espírito *yove*) e seu bicho: é lança para um o que é bico pontudo para outro. Note que, aqui como nos *iniki* acima, as irmãs acompanham o chefe (locutor) com seus alimentos e utensílios xamanísticos (os potes de ayahuasca e de rapé). Mais do que isso, as irmãs/mulheres fazem os desenhos-pensamento em seus corpos: elas *fazem* propriamente as suas pessoas, de maneira similar à qual, nas aldeias "visíveis", algumas mulheres sabem ainda trabalhar os corpos de seus parentes. É nesse sentido que os *Shawãnãkovo*, espíritos habitantes da Morada Arbórea e tios maternos (por classificação) de Cherõpapa, a ele transmitem um recado. Aproveitam também para passar seus ensinamentos aos presentes.

78 É a diferença entre as duas referências (vincos da árvore // caminhos-espírito), causada pela cisão entre duplo/pessoa e bicho/carcaça, que precisa ser transposta na tradução. Do contrário, estaríamos pressupondo uma identidade metafórica entre um suposto sentido desviado e outro literal, como se disséssemos que "o vinco da árvore *é* o caminho dos espíritos", o que não é exatamente o caso.

CANTO 14: **iniki** (espíritos Shawãnãkovo)

1	Shawã Ivi Romeya	pajé Shawã Ivi
	romeyata eaki	o pajé mesmo sou
	kokavo mã kokavo	tios, meus tios
	nãko shawã tsakasho	a araraúna flecharam
5	nãkõ shawã shakaki	e couro de araraúna
	sheta revõ otasho	com dente furaram
	f papit aoa	para que eu pendure
	petsi verõsho	o couro nas costas
	fnõ petaremfno	e vá balançando

10	neri monopakeai	vim descendo dançando
	achtãnea shovo	da maloca triangular
	shovo enepakeai	da maloca vim
	vevo kaniaivo	as irmãs todas [14]
	atõ shavoyairi	dos antes nascidos[79] [13]
15	a setepakesho	sentavam-se juntas
	nokf anerivi	os nossos nomes
	anerivi mekiai	elas queriam saber
	ea atserapawia	o que antes via
	iki apakarãi	aqui chegando conto

20	nãko shawã renãne	com plumas de araraúna
	yora kenekãiti	corpos vão desenhando
	noke awe shavovo	as nossas irmãs
	Shawã Pani ajvo	a moça Shawã Pani
	yove mãsf keneya	vem atrás mostrando [25]
25	vevo sanápakemãi	a cuia-espírito desenhada [24]
	nori rivi ionã	enquanto nós contamos

	awesaishõrai	por que terá ele
	nokemf kevina	para cá nos chamado?
	awf aki amajno	pois enquanto isso
30	nete shavá ãtsari	noites e noites
	ãtsarivi tavai	muitas noites passaram
	nokemf varima	e ele não apareceu
	awf aki amajnõ	por isso então
	natxivo vanai	suas tias falaram[80]:

---

79 Aqui como em outras passagens, o verso traz uma sufixação da língua dos antigos (asãikiki vana): -yairi se pospõe ao radical shavo-, assim como em echko-kairi. Veja os anexos para mais informações a respeito.

80 Termina aqui a fala das tias-espírito (natxivo, mulheres dos espíritos kokavo de Cherõpapa) referidas no verso 34. Nos versos mais acima em que falam outras mulheres, não se trata dessas tias, mas das mães de Cherõpapa (ewavo), que são as mulheres Shawãnãkovo.

as palavras dos outros

35	*mia keská yora*	"seu corpo é assim
	iwi nami kochima	árvore de carne mole[81]
	awe yamasho	uma coisa morta
	tapõ kai wetsari	raiz num lado estendida
	wetsarivi patoi	estendida e apodrecida
40	*tapõ kai wetsari*	raiz noutro lado estendida
	wetsarivi patoi	estendida e apodrecida"
	awf akiaki	foi o que disseram
	shakj wetsa mei	"num buraco mexendo
	aki nishôrao	ele aí ficou
45	*fno variamai*	e não me visitou"[82]
	ikivo vana	disseram estas palavras
	njkãpakevrãi	que vindo escutei

Após fazer uma referência a seus adornos, um diacrítico da coletividade a que pertence, o cantador diz estar decepcionado com as mulheres daqui. Conta que, noutros tempos, ao aqui chegar encontrava as mulheres sentadas no chão da maloca para escutar suas falas. Queriam saber seus nomes e aprendiam sobre o sistema (sociocósmico) de nominação ao conversar com os espíritos visitantes. Hoje em dia, desconhecendo um intrincado sistema que é elucidado muitas vezes pelos espíritos e duplos de mortos, acabam por atribuir nomes errados a seus filhos. Venãpa me explica que foi por volta da década de 1970, quando vivia Ravepapa (João Pajé), que os hábitos começaram a mudar, não exatamente pelo contato com os brancos, mas sim como um sintoma da época ruim (*shavá ichná*) vivida por "esta terra toda". "Nosso jeito já foi melhor, agora está se estragando", explica. "Não é para brincar com nosso jeito, que tem muito ensinamento", acrescenta. O próprio Cherõpapa, reclamam suas tias-espírito empregando uma metáfora (versos 43 a 45), anda mexendo demais em suas mulheres e passeando pouco pelas casas dos espíritos. Parece privilegiar o parentesco dessa referência ao de outras – dilema comum, aliás, a diversos sistemas xamanísticos ameríndios[83]. Comparam o corpo do *romeya* a uma árvore podre, assim metaforizando o estado frágil e doentio de sua carne, pelo contato excessivo com

---

81 Árvores, como vimos, metaforizam corpos humanos, e vice-versa: *yora iwi* (árvore-corpo) é uma designação geral para árvores de madeira dura e de contornos semelhantes ao corpo humano, tal como o mulateiro (*Calycophyllum spruceanum*). *Tama*, nome genérico para árvore, é utilizado metaforicamente na linguagem xamânica para se referir a "homem" (*yora*).

82 Essas tias são de outro povo-espírito, não são *Shawãnãkovo*. O *yove* Shawã Ivi Romeya cita o que dizem as tias sobre o que Cherõpapa para elas falou: que ele não tem mais ido passear em suas casas.

83 Veja por exemplo F. Morin e B. Saladin d'Anglure, Mariage mystique et pouvoir chamanique chez les Shipibo d'Amazonie et les Inuit du Nunavut canadien, *Anthropologie et Sociétés*, v. 22, n. 2 e T. S. Lima, *Um Peixe Olhou Para Mim: O Povo Yudjá e a Perspectiva*.

as substâncias deste mundo que deveriam ser evitadas. A fala das tias-espírito (versos 35 a 45) é outra vez estruturada por um embutimento polifônico. Emprestanto seu oco/maloca (posição do enunciador) aos espíritos (primeiros locutores), estes citam o que as tias (segundas locutoras) têm a dizer ao corpo (oco/maloca) de Cherõpapa. O corpo é, por assim dizer, o fator complicante da história, ao passo que o duplo, à revelia de seu suporte que vai adoecendo e apodrecendo, se mantém espiritizado. É por isso que "ele" (seu duplo) pode ser citado por *ele* (seu corpo), em mais um curto-circuito polifônico:

CANTO 15: **iniki** (duplo de Cherõpapa)

1	*ave ea pariki*	assim sempre fui	
	naí shavá noasho	sou mesmo como	4
	yove panã yora	o açaí-espírito	
	ni iki kaviai	acima das nuvens	2
5	*naí chinã yatisho*	rasgando o céu	
	niá niá inati	há tempos e tempos criado	
	yove mõti keneya	o estojo-espírito desenhado	/minha grave voz
	yove tama peiki	folhas da árvore-espírito	/as muitas malocas
	kekashenã awai	as folhas farfalha	/malocas movimenta
10	*eri rivi yonã*	estou mesmo contando	
	yove chai shakama	multidão de espíritos-pássaro	
	kekashena airao	a multidão movimento	
	eri rivi vanai	estou mesmo cantando	
	f kfshá tsjtsõnash	enquanto do canto	/enquanto pelo canto
15	*yove rome paeya*	do lábio escorre	/do lábio exalo
	kovasenamajnõ	sumo de tabaco	/ventania de tabaco[84]
	f yonãke	e termino de falar	
	ave ea pariki	assim sempre fui	
	matsi chiwã imino	com sangue de fresca folha[85]	
	chinã revo veyamash	a frente do peito	
20	*yove kene vetsãki*	com desenhos foi traçada	
	yove taopeiki	pelos losangos-espírito	
	peikia yosisho	pelos losangos aprendi	
	yove kene vetsãno	com desenhos marcado	
	yove niá inati	o espírito foi criado	
25	*ave ea pariki*	assim sempre fui	

84 Sentença de difícil tradução, pois *pae* significa simultaneamente a força/poder do tabaco e sua seiva/líquido. O que sai da boca é a seiva do tabaco mascado (*rome tokõ*), mas o agente em questão é a sua força, trazida pela ventania do tabaco (*rome we*).

85 Trata-se de um vegetal utilizado como remédio (*mani pei rao*): seu correspondente-espírito (*yove chiwã*) encontrado na Morada Arbórea é diferente do encontrado aqui, outrora apreciado como alimento pelos antigos.

Nesse canto, as metáforas (versos de 7 a 9 e de 14 a 16) não correspondem às referências em paralelo dos duplos e seus corpos: são antes expressões formulaicas decodificadas com precisão por meus interlocutores. De toda forma, quem canta aí é o duplo de Cherõpapa, dizendo que seu pensamento é como um pé de açaí acima das nuvens, isto é, destaca-se dos demais. Venãpa diz que ele "está falando sobre o canto de pessoa mais forte", "está se autoelogiando", por contraste às pessoas que são como árvores mais baixas na floresta. É mesmo a sua voz que, ao soar na Morada Arbórea, movimenta multidões de espíritos, o povo-espírito pássaro, incontáveis pessoas (*yora westíma*). Sua voz está fortalecida pela ventania de tabaco (*rome we*), que é a interpretação precisa do termo *pae* (força, veneno) utilizado no canto. A força do tabaco é sua ventania, um dos atributos dos pajés mais fortes, tais como os desenhos *tao peika*, pelos quais ele (o duplo) sempre soube pensar. Vendo tais desenhos em outros espíritos, os próprios espíritos os copiam no duplo de Cherõpapa que, em seguida, pode ensinar às mulheres daqui[86]. Descrição bem distinta daquela que, no canto anterior, as tias-espírito apresentavam sobre a carcaça pútrida de Cherõpapa. O duplo é propriamente um outro, mas quando ambos os aspectos coincidem como no canto acima, *quem fala*, o duplo ou o corpo? Cherõpapa, enquanto cantador-carcaça, cita-se a si mesmo como locutor-duplo, a quem escutamos aí. Mas em certas circunstâncias, como vimos acima, o duplo e a pessoa se sobrepõem, diz-se que *ele sou eu*, ao mesmo tempo em que o inverso poderia ser dito. Eles *são e não são* a mesma pessoa. Sujeitos muito distintos por partilharem, cada um, de relações de parentesco mais ou menos espiritizadas, mas muito próximos por coincidirem na mesma pessoa; por convergirem propriamente para um mesmo *corpo* (*yora*) como instância englobante de socialidade, espaço de parentesco a reunir os irmãos.

---

86 Jamais, entretanto, o *romeya* fará propriamente os desenhos *kene*, pois esta é uma atividade feminina.

FIG. 1:
Esquema do cosmos e da pessoa.
[Firmínio Marubo, em Montagner 1996.]

figs. 2a e 2b:
Maloca marubo
[Pedro Cesarino. Grafite, 420x297mm, 2004.]

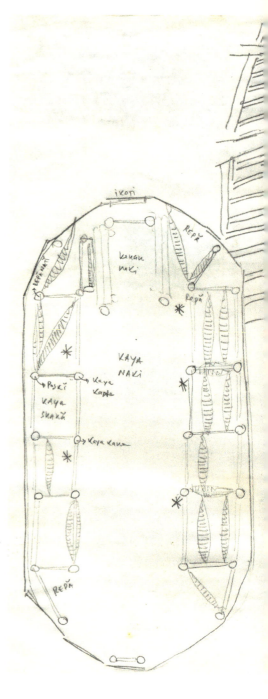

O desenho se refere à entrada masculina de uma maloca. Nos dois bancos paralelos (*kenã*), sentam-se apenas os homens para as três refeições diárias (os pratos são colocados no espaço entre os bancos, *kenã naki*) e para os rituais xamanísticos. Sobre estes, o pajé *romeya* estende sua rede atada entre a pilastra que sustenta o trocano (*ako*, à esquerda) e uma das pilastras principais da soleira da porta. No lado esquerdo da porta, estão penduradas as garrafas de ayahuasca (*oni chomo*); do lado direito, enfiado na parede de palha, está o inalador de rapé (*rewe*). Os homens acompanham as sessões xamânicas sentados nos bancos e as mulheres deitadas nas redes distribuídas pelas seções familiares laterais (*shanã naki*, *repã*) ou sentadas no chão, no lado externo das extremidades inferiores dos bancos.

À esquerda, planta baixa da maloca. Os asteriscos indicam as fogueiras das seções familiares, com suas redes (hachuradas)

FIG. 3.
Wekorte
[Robson Dionísio Doles Venãpa. Lápis de cor, 210x297mm, 2006.]

O *wekorte*, um implemento exclusivo dos integrantes do povo japó (*iskonawavo*), é utilizado por Isko Osho em suas viagens. Só se pode pisar em seu meio, onde estão os losangos amarelos circundados de preto, que são o padrão da sucuri.

Se a pessoa pisar nas laterais, onde estão os padrões azuis, ela pode quebrar a coxa. O detalhe vermelho acima é "uma coisa dele mesmo". O *wekorte* é parecido com um pára-quedas, explicou o desenhista.

FIG. 4:
Padrão gráfico *Veken kene*
[Nazaré Brasil Rosãewa, nanquim, 210x297mm, 2005].

FIG. 5:
Padrão gráfico *Tama meã kene* (Galho de Árvore)
[Nazaré Brasil Rosãewa, nanquim, 210x297mm, 2005.]

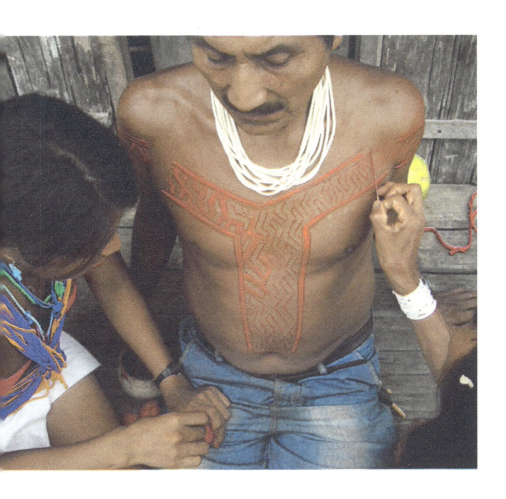

FIG. 6a:
Shonõ shena kene
[foto de Pedro Cesarino, 2007.]

Nazaré Rosãewa, acompanhada da moça Wetãewa (à esquerda), faz um desenho *shonõ shena kene* em seu filho classificatório, Kanãpa, com tintura de urucum. Os *kene*, uma habilidade feminina, não costumam ser realizados no papel, mas apenas em suportes tais como os corpos e outros elementos da cultura material (com hastes de madeira quando são pintados, mas também através dos trançados de palha ou da queima das cerâmicas). Kanãpa estava passando por um processo de iniciação e os desenhos são, assim, uma parte de sua formação como pajé.

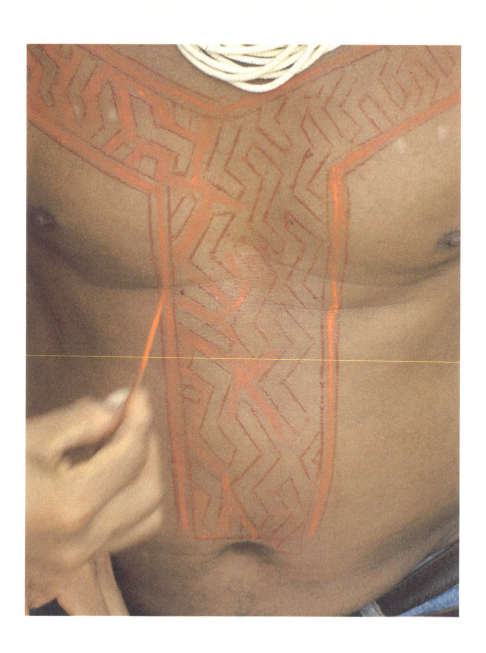

FIG. 6b:
shonõ shena kene
[foto de Pedro Cesarino, 2007.]

O desenho, em detalhe.

FIGS. 7a e 7b:
Antonio Tekãpapa com seu mõti e seu *rewe*
[foto de Pedro Cesarino 2006.]

Antonio Tekãpapa segura o inalador de rapé *rewe* e, com a outra mão, sustenta seu *wino*, o cajado de madeira de pupunha restrito aos pajés kɨ̃chjtxo. Traz pendurado nas costas o estojo de rapé à moda antiga e o inalador de ossos de mutum, como mostra a figura 8, a seguir. Em seu peito, está pendurado o recipiente de rapé atualmente usado pelos pajés marubo: um vidro de remédio dos brancos. Esses são todos elementos constitutivos da pessoa dos pajés, aos quais vale adicionar a bandoleira (*paoti*) de contas de aruá e de tucumã, mais os colares, as pulseiras e demais adornos, que Tekãpapa não estava usando naquele momento.

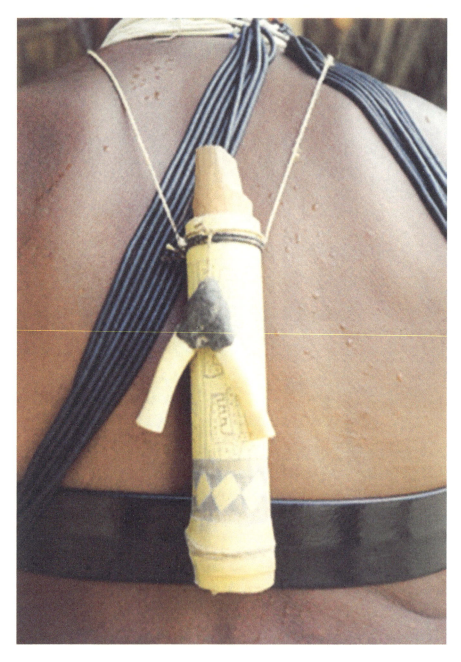

FIG. 8:
Antonio Tekãpapa com seu *mõti* e seu *rewe*
[foto de Pedro Cesarino 2006.]

Antonio Tekãpapa traz pendurado nas costas o estojo de rapé
à moda antiga – uma seção de bambu desenhado
com padrões *kene* – e o inalador de ossos de mutum.

FIG. 9:
O Surgimento dos Pajés
[Armando Cherõpapa Txano. Lápis de cor, 210x297mm, 2006.]

FIG. 10:
O surgimento de Kana Voã
[Paulino Joaquim Memãpa, lápis de cor, caneta hidrográfica e giz pastel, 210x297mm, 2005.]

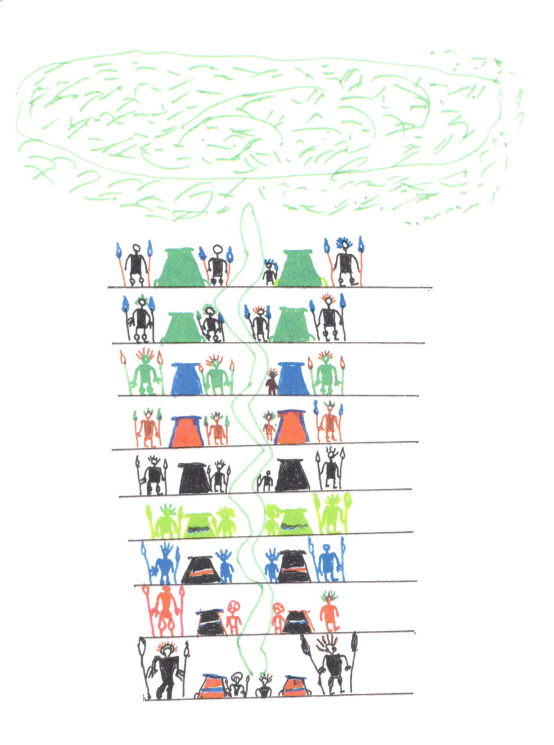

FIG. 11:
Patamares Celestes
[Antonio Brasil Tekãpapa, caneta hidrográfica, 210x297mm, 2005.]

FIG. 12:

Caminho do Jaboti Branco
[Armando Cherõpapa Txano, giz pastel e lápis de cor, 210x297mm, 2006.]

FIG. 13:

Caminho-Espírito
[Armando Cherõpapa Txano, grafite, caneta hidrográfica e lápis de cor, 210x594mm, 2004.]

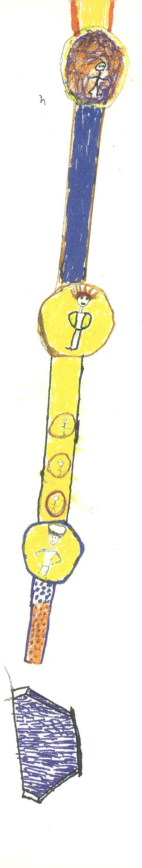

TRECHO 1

Cherõpapa desenhou em azul a sua maloca, de cujo terreiro (o círculo em cinza diante da porta) ele parte para subir no caminho. Os pontos no primeiro trecho do caminho são flores de frutos (*vimi owa*) e árvores-azulão (*shane tamarasj*). O primeiro círculo amarelo é a colina dos Ni Okevo, o primeiro dos povos a ser encontrado, cujo chefe está no meio do círculo. No caminho amarelo, representação da claridade (*shavá*), estão os espíritos-pássaro representados nos três círculos que indicam suas colinas e seus chefes. Estes espíritos são vizinhos dos outros; vêm de pronto receber o duplo de Cherõpapa quando ele lá vai chegando. A segunda colina grande é também a dos espíritos ni okevo. Veja bem: estamos indo para cima, muito embora o desenho esteja orientado para baixo na página. O caminho que daí segue é azul por representar as flores verdeazuis (*Shane* engloba distintas tonalidades de verde e azul, donde a tradução por "verdeazul". É homônimo de *shane*, pássaro azulão) dos frutos, até que se chegue na colina dos espíritos-flor das árvores (*tama owavo*), integrantes do povo-espírito das árvores (*tama yove nawavo*).

TRECHO 2

Na colina que segue ao trecho amarelado do caminho, vivem os espíritos Shawãnãkovo (cf. canto 14 acima citado), numa terra vermelha. Vestidos de cocares de penas de araraúna (shawãsene maiti), também o seu belo caminho é forrado pelas pequenas penas destes pássaros. Na próxima colina está o povo-espírito da samaúma, grandes e fortes, com seus cocares de copa de árvore. na colina seguinte, um pouco menor, está o povo-espírito da envireira, com seus cocares de copa de envireira. Na última colina vive Ni Shopa, um espírito que habita os limites desta Morada Arbórea. Mora em uma casa esverdeada, como relatou Venãpa.

FIGS. 14a e 14b:
Kenã Txitona
[fotos de Pedro Cesarino, 2006.]

As mulheres da aldeia Alegria dançam e carregam os troncos que serão queimados na festa.

FIGS. 15a, 15b:
Kenã Txitõna
[fotos de Pedro Cesarino, 2007].

Uma pessoa pula pelas fogueiras acesas dentro da maloca de Tekãpapa, também em Alegria.

FIGS. 15c, 15d:
Kenã Txitõna
[fotos de Pedro Cesarino, 2007].

Outras imagens de Alegria, com as fogueiras acesas dentro da maloca de Tekãpapa.

FIG. 16a:
Kenã keneka
[fotos de Pedro Cesarino, 2006.]

Nesta foto e nas seguintes, vê-se o *kenã keneka*, um poste desenhado com tinta de urucum e de jenipapo para embelezar o terreiro da aldeia nos dias da festa.

FIG. 16b:
Kenã keneka
[fotos de Pedro Cesarino, 2006.]

FIG. 16c:
Kenã keneka
[fotos de Pedro Cesarino, 2006.]

FIG. 17:

Kenã Txitõna

[fotos de Pedro Cesarino, 2007].

Pessoas observam as fogueiras acesas na maloca.

FIG. 18:
Vei Vai (Caminho-Morte)
[Antonio Brasil Tekãpapa, caneta hidrográfica, 210x297mm, 2005.]

Partindo deste patamar celeste (maloca inferior) até a Morada do Céu-Morte (extremidade superior), Tekãpapa desenhou com canetas hidrocor em uma folha de *canson* A4 os diversos obstáculos que povoam o caminho, tais como as frutas-morte (nas beiras), o sangue-morte (em vermelho, no centro), os espectros--morte (sentados na beira do início do caminho), Coruja-Morte (com arco e flecha, à esquerda), Macaco-Preto-Morte e Txao-Morte, à direita, ladeando uma maloca cercada pelas urtigas-morte. Tekãpapa não desenha o final do caminho, suas bifurcações e seus guardiões que indicam os trajetos ao recém-chegado.

TRECHO 4

TRECHO 3

TRECHO 2

TRECHO 1

FIG. 19:
Vei Vai
[Armando Cherõpapa Txano, grafite, lápis de cor e caneta hidrográfica, 210x1188mm, 2005)

TRECHO 1

Com canetas hidrocor, lápis de cor e giz pastel oleoso, Cherõpapa desenhou o seu olhar de sobrevoo sobre o Caminho-Morte, partindo da morada desta terra (*vei mai voro*, acima, em azul – note que aqui estamos indo em direção ao alto). Daí em diante, abre-se uma colina representada pelo círculo vermelho, que inicia o caminho, atravessado em ziguezague por troncos-morte, ossos de anta-morte, ossos e costelas de cobras-morte, sobre os quais o duplo do morto vai pisando sem poder encostar no chão. Em seu centro está o *vaká* do morto; nas bordas, escurecidos, estão os espectros-morte e fogo-morte, em amarelo. À direita de quem parte, o caminho é ladeado por mamão-morte, banana-morte, batata-doce-morte, pupunha-morte e capim-morte; à esquerda, segue a abóbora-morte, a mandioca-morte, o milho-morte, o abacaxi-morte, o inhame-morte e o ingá-morte.

TRECHO 2

Cruzando o caminho após essa sequência de alimentos está o tronco de samaúma-morte, muito maior do que uma maloca e praticamente intransponível ao *vaká* que não tiver adquirido leveza. Em seguida está o tronco de taboca-morte e o cesto-morte (círculo colorido), que fica girando e desnorteia o olhar da pessoa. À direita, em vermelho, está o cacau-morte e à esquerda, em cinza, outro cacau-morte. O círculo cinzento à direita é um cupinzeiro, em que um *vaká* incauto se transformou. Em preto, no meio do caminho, estão as crianças-morte (*vake yochj*). Seguem à direita os frutos manichi-morte e *yae*-morte, além dos espectros-morte, desenhados em azul nas beiras do trajeto.

TRECHO 3

O caminho segue ladeado por frutas, tais como maracujá-morte (à direita) e sapota-morte (à esquerda). Dividindo o caminho, está o rio-morte e o tronco-morte (*yama tapã*), capaz de enganar o duplo que o tenta atravessar. Caindo nas águas, o *vaká* será retalhado por caranguejo, camarão e concha-morte. Em seguida, à direita, uma árvore que contém em seus galhos jenipapo-morte, sapota-morte e bacuri-morte; à esquerda, caucho-morte, amarelo e vermelho. A pessoa dentro de um círculo no meio do caminho é Coruja-Morte, que conhece as mentiras do *vaká* e o flecha. Em seguida, à direita, coqueiro-morte. É aí que os membros do povo macaco-barrigudo desviam e tomam seu próprio caminho. À esquerda, a árvore de frutos incolores é da fruta adocicada *ãcho*-morte; os frutos amarelos são bacuri-morte e, no meio do caminho, estão os espinhos-morte, em seguida ladeados pelas gigantescas urtigas-morte, em cujo centro está a maloca sobre a qual Macaco-Preto--Morte espera os duplos para devorá-los. O dono da maloca, Veshko, espera a pessoa entrar, convida para deitar na rede e a joga então em seu caldeirão fervente repleto de ossos e cadáveres. As Mulheres-Morte aguardam o safado, nas duas colinas representadas pelos círculos que as envolvem.

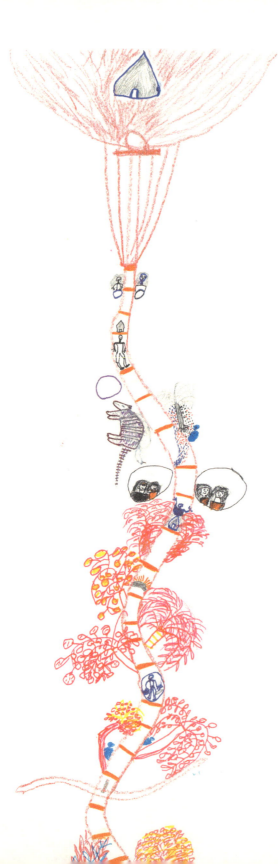

TRECHO 4

O caminho segue com seus perigos.
À direita, o açaí-morte prende a mulher
com suas miçangas e adornos de aruá.
À esquerda, sentado dentro de seu buraco,
Tatu-Morte aguarda pelo *vaká*. No centro
está Txao-Morte, uma pessoa boa que
mostrará ao *vaká* bem sucedido o caminho
a ser percorrido dali em diante. As
mulheres Tome-Papagaio estão logo acima,
e anunciam "uuu, venham ver o parente que
chegou!" Daí em diante, percorrerá o seu
caminho até o "pedaço de cobra-morte",
nome especial para as colinas a partir
das quais se chega nas malocas dos duplos
dos olhos, no final do trajeto.

6. Cosmos e Espíritos

Uma breve apresentação do cosmos marubo e de seus habitantes se torna agora necessária. Não se pretende aqui expor com detalhes a cosmologia, suas implicações espaciais e temporais, bem como seus diversos desdobramentos nas narrativas míticas. Vamos apenas conhecer melhor os traços gerais dos mundos a que se referem os cantos e os rituais em questão, voltados àquelas entidades que surgiram nos tempos primeiros e a cada instante.

O Surgimento do Cosmos

Os espíritos ou demiurgos Kana Voã e seus consortes estão aí há muito tempo, antes de se formarem a terra e o céu. Céu existia antes que houvesse terra: havia a rigor uma névoa (*koj*) e um vento (*we*), uma vez que "céu" é uma referência contrastiva. Kana Voã e Koi Voã não foram criados, surgiram por si próprios a partir de um vento de lírio-névoa espiralado (*koj shõpa we*). Depois deles, uma série de outros espíritos demiúrgicos vai sugindo a partir de distintos "néctares" ou princípios transformacionais (*nãko*). Como não havia ainda uma terra (*mai*) à qual se contrapusesse um céu (*naí*), os espíritos primeiros, que não têm pernas e viviam suspensos no vento, se preocuparam com essa falta: onde ficarão os que vierem a surgir depois? Cuspindo na frente de seus dedos dos pés, Kana Voã faz uma terra melhor, ou terra-espírito (*yove mai*). Os espíritos demiúrgicos passam então a montar o céu e a terra através de partes de animais. É o que dizem os primeiros blocos do *saiti* "A Formação da Terra-Névoa":

CANTO 16: **Kol Mai Vana saiti,** "A Formação da Terra-Névoa"-
fragmento (Armando Cherõpapa)

1	*koj shõpa weki*	vento de lírio-névoa
	we votjvetãki	o vento envolvido
	koj rome weki	com vento de rapé-névoa
	veõini otivo	há tempos flutua
5	*koj shõpa weki*	vento de lírio-névoa
	chjkirinatõsho	vai se revolvendo
	Koj Voã wení	e Koi Voã surge
	awf askámajno	e enquanto isso
	tene tewã nãkoki	no néctar-*tene*
10	*nãko osõatõsho*	de dentro do néctar
	Pikashea wení	Pikashea surge
	wenikia aya	o surgimento ocorre
	Otxoko injki	junto com Otxoko
	Pikashea wení	surge Pikashea
15	*weníkia aya*	o surgimento ocorre
	vari tewã nãko	no néctar-sol
	nãko osõatõsho	de dentro do néctar
	Vari Tokf wení	Toke-Sol surge
	weníkia aya	o surgimento ocorre
20	*shane tewã nãkoki*	no néctar-azulão
	nãko osõatõsho	de dentro do néctar
	shane Tokf weni	Toke-Azulão surge
	weníkia aya	o surgimento ocorre
	ino tewã nãko	no néctar-jaguar
25	*nãko osõatõsho*	de dentro do néctar
	ino Tokf wení	Toke-Jaguar surge
	weníkia aya	o surgimento ocorre
	kana tewã nãkoki	no néctar-arara
	nãko osõatõsho	de dentro do néctar
30	*Kana Tokf wení*	Toke-Arara surge
	weníkia aya	o surgimento ocorre
	wení mashtesho	o surgimento terminado
	koj shõpa weno	no vento de lírio-névoa

35	ronokia ashõki	no vento planam
	chinãkia aya	e planando pensam
	"txipo kaniaivo,	"os nascidos depois
	txipo shavá otapa,	nas outras épocas
	awerkima tsakai	onde será que
	a shokomisi?"	poderão viver?"
40	iki anõ anã	assim eles dizem
	koj shõpa wenõ	vento de lírio-névoa
	ronokia ashõki	no vento planando
	"a anõ neskai	"deixá-los assim
	noke enetjpa"	nós não podemos"
45	aki chinãvaiki	pensam e então
	awf yove kemo	suas salivas-espírito
	pakekia ashõki	fazem logo cair
	mai shovimaya	para terra formar
	kemo rane saiki	as bolhas de saliva
50	toako atõsho	por tudo espalhando
	mai shovimashõki	terra inteira fazem
	shokopake voãsho	e ali vão ficar
	chinãkia aya	assim eles pensam
	koj rome tashõno	caule de tabaco-névoa
55	tashõ naotashõki	o caule atravessam
	rakãkia aya	e deixam colocado
	koj rome tekepa	toco de tabaco-névoa
	vosek ashõ rakãi	ali colocaram cruzado
	rakãkia aya	e deixaram deitado
60	koj rome weyai	tabaco-névoa ventando
	mai shovimashõki	a terra formaram
	shokopake voãsho	e vão ali ficar
	chinãkia aya	assim eles pensam
	koj Voã inisho	Koi Voã, junto com
65	Pikashea akavo	o chamado Pikashea
	Otxoko iniki	e também Otxoko
	Tene Tokf iniki	e também Tene Toke
	Shane Tokf akavo	e o chamado Shane Toke
	Ino Tokf akavo	e o chamado Ino Toke
70	Kana Tokf akavo	e o chamado Kana Toke
	ave atisho	são os que fizeram

cosmos e espíritos

	mai shovimakatsi	terra querem formar
	chinãkia avaiki	assim pensam e então
	koj awá niaki	anta-névoa de pé
75	*pakã aki ashõki*	com lança mataram
	koj awá nami	carne de anta-névoa
	Koj Rome Maiki	na Terra Tabaco-Névoa
	kaikia txiwaki	na terra emendaram
	shõpe rakáinia	a carne esticada
80	*koj awá shaonõ*	e osso de anta-névoa
	shao vosek ashõki	o osso atravessaram
	rakãkia aya	e deixam colocado
	askÁ aki ashõki	assim mesmo fizeram
	koj txasho niaki	veado-névoa de pé
85	*pakãkia ashõki*	com lança mataram
	koj txasho nami	e carne de veado-névoa
	koj awá namiki	mais carne de anta-névoa
	nami txiwá iniki	as carnes ataram
	shõpe rakáinia	e deixaram esticadas
90	*koj amf veoá*	capivara-névoa em pé
	pakã aki ashõki	com lança matam
	koj amf nami	e carne de capivara-névoa
	koj txasho namiki	mais carne de veado-névoa
95	*nami txiwá iniki*	as carnes atam
	shõpe rakáiniya	e esticadas deixaram

Na referência "névoa" em que se passa o evento, os diversos espíritos demiúrgicos já vêm surgindo com seus distintos classificadores: Koi Voã está acompanhado de Pikashea e Otxoko, mais Tene Toke, Shane Toke, Ino Toke e Kana Toke, além de Kana Voã, Shane Voã e Vari Voã, que não foram nomeados por Cherõpapa nessa versão do canto, mas estão presentes em outras. Kana Voã, Vari Voã, Koi Voã, Shane Voã: "Kana Voã é um só, os outros são seus nomes, seus irmãos talvez" (*westíshtamfkj anervi, take taise*), explicou Tekãpapa. Difícil apreender o processo de diferenciação ou derivação aí envolvido. Uma versão que traduzi de Paulino Memãpa possui informações distintas da cantada por Cherõpapa, mais completa em alguns pontos, menos em outros. Nomeia apenas três dos espíritos demiurgos, Kana Voã, Koa Voã e Koi Voã, distintos dos mencionados por Cherõpapa. Esses três não surgem a partir do princípio transformacional *nãko*, mas apenas do redemoinho formado pelos ventos da terra e do céu-névoa. Depois disso, vão formar a terra misturando caldo de lírio e tabaco às suas salivas, como diz o seguinte trecho: "do céu-névoa plantado / caldo de tabaco--névoa/ ao caldo de lírio-névoa/ o caldo misturaram/ caldo de lírio-névoa/

do caldo beberam/ e saliva cuspindo/ terra-névoa formaram/ para que assim/ ficassem em pé"[1].

Os espíritos, dizíamos, surgem por si próprios (ari shovia) e não há aqui um ovo primordial: o "surgimento" ou "aparecimento" do cosmos marubo não é uma cosmogonia, mas uma série de transformações e derivações. Na sequência do momento inicial em que surgem, os três demiurgos vão misturar caldo de lírio-névoa e caldo de tabaco-névoa (já plantados em seu roçado) para conferir poder à sua saliva e, com ela, formar a terra. Ali fincando seus pés, podem então agarrar os outros que flutuavam pelo aberto e trazê-los à terra, para que fiquem ali vivendo. O canto vai então progredindo por um esquema formulaico semelhante ao que vamos encontrar de novo no canto do Caminho-Morte (Vei Vai, capítulo 12), a fim de estabelecer os pilares que sustentam o céu e de conferir todos os seus atributos, tais como as estrelas, as distintas nuvens e os brilhos/matizes celestes. Melatti, em suas versões das narrativas traduzidas por interlocutores bilíngues, anota que Kana Voã, "fazendo a terra maior, não trabalhava com a mão não, só imaginando no seu coração e fazendo a terra"[2]. Suponho que "imaginando no seu coração" seja uma tradução para chinã, esse "pensamento de pajé" sobre o qual ainda falaremos bastante.

Não se sabe muito bem quando mas, em algum instante desse tempo em que a terra era nova (mai vená), uma terra-espírito melhor onde viviam os yovevo trazidos ao solo por Kana Voã e seus desdobramentos, os Kanã Mari, nome de outra coletividade de espíritos-pessoas fazedores, surgiram para formar todas as coisas ruins que ainda hoje estão nesta terra. Pelo mesmo processo de montagem, que consiste em matar animais e plantar/dispor as suas partes, os Kanã Mari vão formando os relevos da terra e as colinas íngremes que provocam cansaço, a mata fechada que atravanca a passagem das pessoas, as raízes que nos fazem tropeçar, os vegetais e arbustos e frutos, entre diversos outros atributos da terra. "Kanã Mari é muito ruim, os brancos chamam de satanás, diabo, é o fazedor das cobras, das árvores escuras e das doenças", dizia alguém. Este "satanás" veio trazendo a morte que antes não existia (vopia meraya). "Kanã Mari tem a sua força, engana muito as pessoas, tem fala boa mas é mesmo ruim", comentava Venãpa utilizando termos similares aos empregados pela Missão Novas Tribos em seus livretos, que examinaremos a seguir. "Satanás é mentiroso, sabe enganar"[3]; "Satanás mentiroso tem muita fala enganadora, não gosta de ninguém"[4], lemos nos escritos da Missão. Veremos como os marubo torcem o sentido de "satanás" para seus próprios fins, graças à inesgotável dinâmica tradutiva dos sistemas xamanísticos. Aqui, o emprego do termo não implica em um transporte direto da noção cristã, já que o pensamento marubo se guia por critérios próprios. Em fevereiro de 2006, Venãpa conheceu Kanã Mari, que veio

---

1   koj naí vanaki/ koj rome ene/ koj shõpa eneki/ ene votj vetãsho/ koj shõpa ene/ ene yaniashõki/ atõ kemo pakea/ koj mai shovimash/ a anõki/ nipai kawãsho
2   J. C. Melatti; Delvair Montagner Melatti, Mitologia Marubo, p. 4.
3   P. Rich; J. Jansma, Deusnf Vana Anõ Yosjti Wichá 11-18: Ensinos da Palavra de Deus, p. 5.
4   Idem, p. 7.

cosmos e espíritos

junto com Koi Voã, Shane Voã e Kana Voã, os três irmãos. Pôde então comparar a relação entre os irmãos à estrutura triádica de seus próprios duplos (*vakárasj*), a fim de que eu entendesse a relação em questão:

Os três são "os mesmos, os irmãos mais novos de Kana Voã" (*amamfse, ā takevo txipoke*), derivações do demiurgo principal, ainda que seus nomes não sejam sempre iguais aos mencionados nas distintas versões dos cantos citados acima. A explicação de Venãpa traz ainda uma discrepância com relação à configuração da pessoa e seus duplos: os irmãos/derivações de Kana Voã não partilham com ele o mesmo classificador *kana*, mas são nomeados como *koj*, *shane* e *vari*. Se a variação dos classificadores não é clara aí, parece porém mais evidente que "irmão" não represente, nesse caso, um vínculo de sangue, mas algo como uma filiação conceitual: os outros do mesmo, variações em torno do um e do múltiplo. Sempre inclinado a comparações, o ex-crente Venãpa assemelhava também tal irmandade à santíssima trindade. Outra significativa equivocidade tradutiva[5]: os elementos da trindade, bem sabemos, não são irmãos e estão fechados em um conjunto de três entidades fixas. Ora, a tríade acima deriva de uma quarta pessoa, que não é entretanto o *pater* ou o genitor dos outros entes, estes seus "outros-mesmo", além de estar aberta a toda uma série de espíritos irmãos/outros que vão surgindo juntos nesses tempos primeiros. Os espíritos não são deuses (muito embora Kana Voã junto com Roka sejam comparados ao que chamamos de Deus, mas a comparação tem suas lógicas especiais). Na figura 10, veja como Memãpa desenhou esse estranho "deus" Kana Voã, acompanhado de seu sobrinho (*shavõtoa*), Roe Iso:

▶ FIG. 10

[legenda do verso]
Naro KanaVoãne shovo.Wetsaro Rof Isõ shovovere.
    Esta é a maloca de Kana Voã. A outra é maloca de Roe Iso.
Awf ave weníasvi KanaVoãne shavõtoaki, Roj Isonã.
    Roi Iso surgiu junto com ele, é sobrinho de Kana Voã.
Mai nãkosho wenímarvi, KanaVoã, Koj Voã, Pikaseha, Otxoko,
    Eles não surgiram do néctar da terra, Kana Voã, Koi Voã, Pikashea, Otxoko,

---

5   "Equívoco" está aqui entendido no sentido dado por Viveiros de Castro: "A questão não é descobrir quem está errado e, menos ainda, quem está enganando quem. Um equívoco não é um erro, um engano ou um engodo. Trata-se, ao invés disso, da própria fundação da relação que ele implica, e que é sempre relação com uma exterioridade. Um erro ou engodo só pode ser determinado enquanto tal dentro de um jogo de linguagem; um equívoco, por sua vez, é o que se desenvolve no *intervalo* entre distintos jogos de linguagem". Cf. Perspectival Anthropology and the Method of Controlled Equivocation, *Tipití*, v. 2, n. 2, p. 11.

ati yora mai nãkosho wenímarvi.

estas pessoas não surgiram mesmo do néctar da terra.

Koj Mai we chjkiranã atôsho wenírivi.

Eles surgiram no redemoinho de vento da Terra-Névoa.

Mã tanai?Yoã yoã kwãrivi taisnã.

Vocês entenderam? Talvez pareça bobagem o que digo.

Mai nãko, "néctar da terra", elemento a que Memãpa faz referência na legenda da figura 10, é também uma metáfora para esperma (*ere*). Trata-se do princípio a partir do qual surgiu o povo antigo (*wenía yorarasj*), os primeiros viventes a caminhar por aquela terra que a coletividade de espíritos demiúrgicos Kanã Mari estragou[6]. Esses *yovevo* primordiais – conta Memãpa a seus parentes jovens através de seu desenho performativo – surgiram porém de outra maneira, isto é, no turbilhão ou espiral do vento da terra-névoa. Formam-se ali no círculo que está abaixo do desenho, percorrendo depois os caminhos que levam às suas malocas, onde ficam vivendo e assumem a *configuração do parentesco*. Um "deus" dono de maloca (*shovõ ivo*), com suas lanças *paka* nas mãos, acompanhado de seu sobrinho, igualmente dono de uma outra maloca vizinha. "São os empregados dele (*ave takea*)", lemos na versão de Melatti que traz essa outra equivocidade significativa, derivada talvez das relações de subserviência entre patrões regionais e trabalhadores[7]. Parentesco e coletividade (a coletividade representada pelo dono/chefe de uma maloca e seus parentes) são, pois, anteriores ao advento dessa socialidade vivente; formam propriamente o idioma, o pano de fundo a partir do qual o sistema marubo se constitui[8]. "O Americano disse que Deus fez sozinho o rio. Mas o rio tem muitas coisas, coisas do rio têm muito. Não foi ele que fez *vfsha* [sucuri] não, não foi ele que fez peixe não, foi gente

6   Quando se refere a um espectro *yochj*, a fórmula *x mai nãko/ nãko osõatôsho* ("néctar da terra x/ de dentro do néctar") poderá ser uma referência metafórica para o surgimento de tais entidades: ela designa o "vento da terra" (*mai we*) a partir do qual também surgem os espectros.

7   Há uma base nos mitos para tal comparação. Roe Iso, "Macaco Preto-Machado" é o chefe da coletividade de símios que ajudavam Kana Voã em seus serviços. Os macacos (isto é, os seus duplos) eram, assim, os sobrinhos de Kana Voã e seus ajudantes na construção da paisagem primeira. Cf. J. C. Melatti, Os Patrões Marubo, *Anuário Antropológico*, n. 83.

8   Uma análise perspicaz dos equívocos de tradução nos processos de conversão entre os wari' (Rondônia) foi elaborada por A. Vilaça em *Quem Somos Nós: Questões de Alteridade no Encontro dos Wari' com os Brancos*. A cosmologia wari' não possui deuses que pudessem se prestar à tradução da catequese cristã. Transportavam, porém, o *modus vivendi* pacífico trazidos pelos missionários, mas não a sua fé. A suposta conversão só poderia ocorrer no coletivo: "A vivência em um mundo sem afins é algo que diz respeito à sociedade e, por isso, só pode acontecer enquanto fenômeno coletivo, partilhado por todos, ou pelo menos pela maioria. Justamente o oposto de um dos fundamentos do credo protestante: a relação individual com Deus". Cf. idem, p. 363. As comparações dos marubo entre Deus, Roka e Kana Voã escondem, como fundo cosmológico, justamente a ideia da coletividade: Kana Voã é dono de maloca, está sempre acompanhado de seus parentes. O monismo cristão não se transporta para a multiplicidade e o parentesco que constituem a cosmologia marubo.

(*yora shovima*) que fez"[9]. "Um" não poderia fazer o que é "múltiplo" e as imagens de unidade que encontramos por aqui referem-se a donos, mestres ou chefes de suas coletividades.

Não se trata de negar o papel da gênese no pensamento marubo, mas de distingui-lo, por exemplo, de sua centralidade no pensamento grego arcaico. A noção de gênese não está no princípio do cosmos descrito por Cherõpapa; suas primeiras etapas, assim como a formação de seus primeiros habitantes, ocorrem por processos de "surgimento", "aparecimento" e "derivação", e não *ab ovo*, tal como nas cosmogonias órficas. A cena inicial marubo não sugere também um dualismo sexual, imagem produtiva, não apenas para a Grécia arcaica, mas também, em seus devidos termos e parâmetros, para a cosmologia maori[10] ou yorubá[11]. Torna-se difícil de traduzir o surgimento marubo nos termos de Roe, que caracteriza o cosmos pano-ameríndio como "um vasto ovo, uma máquina biológica de movimento perpétuo"[12]. Os dados aqui apresentados caminham para outra direção. As progressivas diferenciações que se desenrolam a partir do instante inicial de "A Formação da Terra-Névoa" não pressupõem também um Criador transcendente, construído em torno das imagens da autoridade paterna.

No ciclo mítico *Watunna* dos yekuana, os espíritos primordiais e imortais Kahuhana também já existiam ali no "Lugar-Céu" (*Sky Place*) antes que a terra fosse ocupada. Em seguida, Wanadi, o xamã primeiro, faz os primeiros habitantes da terra através do tabaco e de seu canto[13]. Ñamandu, o demiurgo guarani, embora seja chamado de "nosso pai", desdobra-se, surge também sem ser gerado: "Nosso pai primeiro, seu corpo divino, ele o desdobra/ em seu próprio desdobramento,/ no coração do vento originário"[14]. Ainda que o tradutor resolva dizer na explicação do texto traduzido que Ñamandu é o "deus gerador das coisas em sua totalidade", é notável que, na sequência da narrativa, Ñamandu siga desdobrando as coisas com seu saber/pensamento, e o faz assim também com a terra: "Nãmandu, pai verdadeiro primeiro,/ já conhece sua futura moradia terrena:/ do divino saber das coisas,/ saber que desdobra as coisas,/ ele faz com que da ponta de seu bastão-insígnia/ a terra se vá desdobrando"[15]. Outra imagem deste vento/instância primordial

---

9 J. C. Mellati, op. cit., p. 19-20.
10 G. Schrempp, *Magical Arrows: The Maori, the Greeks, and the Folklore of the Universe*.
11 J. E. dos Santos, *Os Nagô e a Morte*.
12 P. Roe, *The Cosmic Zygote*, p. 264.
13 M. de Civrieux, *Watunna: an Orinoco Creation Cycle*.
14 P. Clastres, *A Fala Sagrada: Mitos e Cantos Sagrados dos Guarani*, p. 21-22.
15 Idem, p. 34.

de que se vale também a mitologia marubo pode ser encontrada entre os desana: seus três demiurgos primeiros estavam "dentro da fumaça de cigarro e no ar puro"[16]. Chamam em seguida o *dono* da terra, que "nasceu com terra e mora dentro das cuias de terra: quatro Inambus trazem quatro dessas cuias. O demiurgo Baaribo *estende* então um pano do tamanho do mundo e ali *coloca* as terras"[17].

Em sua edição do *Popol Vuh*, Dennis Tedlock traduz a cena inicial da seguinte maneira: "the *emergence* of all the sky-earth"[18] (A emergência ou surgimento [*emergence*] de toda a terra-céu) e faz, em seguida, contrastes entre o *Gênesis* e os processos envolvidos naquele texto maya-quiché. O poema ameríndio é marcado por epítetos tais como *tzacol* (construtor) e *bitol* (fazedor, modelador), que apontam uma direção distinta do "Deus como Criador" ali visto pelos dominicanos que primeiro descobriram o manuscrito[19]. Tedlock contrasta também o papel do diálogo e das questões nas cenas de criação do *Popol Vuh* (presentes também na narrativa marubo) com o imperativo bíblico: "não uma série de comandos proveniente de uma única fonte, mas uma extensa discussão"[20]. Algo distinto do monólogo do *Gênesis*, como vemos na tradução de Haroldo de Campos, em *Bere'Shith, a Cena da Origem*: "E Deus disse/ seja luz/ e foi luz". A oposição entre criação e desvelamento é também digna de nota, como escreve novamente Tedlock: "O problema não é que a luz precise ser criada, tal como no *Gênesis*, mas que está oculta, encerrada nas penas *quetzal* verde-azuis"[21]. E também o contraste entre unidade e dualismo: "O *Gênesis* tem o seu próprio dualismo, mas a diferença está no fato de que, no pensamento quiché (e meso-americano), as dualidades são complementares ao invés de opositivas, contemporâneas ao invés de sequenciais"[22]. Trata-se, portanto, de pistas diversas (às quais poderíamos adicionar ainda outras) para a avaliação do estatuto bastante particular destas cenas iniciais ameríndias, bem como de seus respectivos poemas ou narrativas[23].

---

16 W. Galvão; R. Galvão, *Livro dos Antigos Desana: Guahari Diputiro Porá*, p. 27.

17 Idem, p. 28 e s (Grifos meus).

18 *Popol Vuh*, p. 72 (Grifo meu).

19 Idem, p. 266.

20 Idem, p. 270.

21 Idem, p. 268.

22 Idem, p. 271.

23 Em outro contexto etnográfico, Alfred Gell observou também que o pensamento polinésio difere do criacionismo judaico-cristão, já que explica a existência inicial através de um "pleno multienvolvente, um contínuo sem rupturas". Cf. Closure and Multiplication: An Essay on Polynesian Cosmology and Ritual, em D. de Coppet; A. Iteanu (orgs.), *Cosmos and Society in Oceania*, p. 23. Em seu estudo já citado sobre a metafísica polinésia, Schrempp inverte a interpretação de Gell e desloca tal metafísica novamente para a matriz da criação: a se pensar sobre as consequências destas duas opções. A se pensar, também, se o procedimento de criação do pensamento hebraico é de fato aquele enviesado

Kanã Mari, por sua vez, é o inimigo (awf rawi) ou a coletividade de inimigos de Kana Voã e seus consortes. Estes vivem na direção do poente (naí votj ikitõ) e Kanã Mari mora no fundo da terra (mai oke). É muito raro que venham cantar nas malocas dos viventes, mas podem mandar mensagens através dos romeya e de outros espíritos. Na época de Kana Voã não havia mentira, tudo era bom, até que os Kanã Mari viessem estragando as coisas, acompanhados de Vari Mãpe, Shane Mãpe, Ino Mãpe, Rovo Mãpe e Sata Mãpe, os pajés-sucuri de diversas classes[24]. O canto Kanã Mari Mai Vana, "Kanã Mari, a Formação da Terra", via uma composição formulaica comum a diversos outros cantos saiti[25], visualiza a formação da (outrora boa) terra através de um esquema marcado por trajetos e paradas, a partir do qual os demiurgos vão montando todos os elementos da paisagem (utilizam-se de partes de animais, crianças e filhotes de estrangeiros e de bichos, como veremos adiante no estudo da escatologia). Antes ou durante as intervenções dos Kanã Mari, os fazedores do rio, Matsi Voã e Ene Voã, comporão o mundo subaquático também por esquemas similares. O mundo estará então formado para que os primeiros varinawavo, shanenawavo, rovonawavo e outros povos antigos possam surgir (nascer a partir de seus pais e mães) e iniciar sua viagem rumo às cabeceiras.

Cosmologia: Um Breve Esboço

Nos cosmogramas e especulações cosmológicas elaborados pelos pajés marubo, variam frequentemente os nomes, posições e números dos diversos estratos ou mundos que compõem as regiões celestes e terrestres. Permanece porém uma imagem essencial: por toda parte estão pessoas, suas malocas, seus chefes e os trajetos através dos quais é possível transitar pelos inumeráveis mundos. A especulação cosmológica marubo é propriamente uma atividade aberta, compos-

pela metafísica cristã, a criação ex nihil. Veja o que diz Henri Meschnonnic a respeito de um verbo, citando algumas versões do texto bíblico: "Bara, 'empregado especificamente para exprimir a ação criativa de Deus' (Dhorme); 'os seres saem do nada ao chamado de Deus' (Bíblia de Jerusalém). Ora, a palavra não exprime a ideia de criação a partir do nada, ao contrário do que diz a maioria dos comentadores. Etimologicamente, ela significaria cortar". Cf. Pour la Poétique II, p. 431. Não deixa de ser curiosa a semelhança com o procedimento ameríndio, mesmo que superficial, evidentemente.

24 Esses pajés sempre estiveram aí nos mundos ameríndios, sempre presentes nisso que Viveiros de Castro chamou de "um meio pré-subjetivo e pré-objetivo". Para um exemplo, ver o ciclo mítico Watunna dos Yekuana na obra já citada de Marc De Civrieux.

25 Tais como o "Canto do Caminho-Morte", a "Fala do Céu e da Terra-Névoa" (Koj Naí Mai Vana), a "Fala da Água" (Waka Vana) e a "Fala dos Remédios" (Yoto Vana) que, mais uma vez, não têm um término indefinido. O surgimento das terras, céus, rios e seus componentes não tem um fim preciso, já que é narrado através de "cantos-sequência" ou "cantos-catálogo" dos processos de transformação/montagem de tudo o que há. Cada peça demanda caudalosas páginas e um estudo à parte, que escapa aos presentes propósitos. Não se trata aqui de apresentar um panorama linear e razoavelmente completo da mitologia marubo, mas apenas de articular alguns de seus momentos importantes ao conjunto da narrativa etnográfica.

ta por uma sucessão de variações, novidades e interpretações que ocupa longamente as restritas conversas dos xamãs. No desenho da figura 11, Tekãpapa representou, a meu pedido, nove patamares celestes, a começar, de baixo para cima, pela 1. Morada do Céu-Morte e seus habitantes, o povo-morte, seguida da 2. Morada do Céu-Sangue e do povo-sangue, 3. da Morada do Céu-Azulão, 4. da Morada do Céu-Desenho e do povo macaco-barrigudo-desenho, e, novamente, 5. da Morada do Céu-Azulão, 6. da Morada do Céu-Sangue, 7. da Morada do Céu-Azulão, 8. da Morada do Céu-Desenho e, por último, da Morada do Céu-Névoa e do povo-névoa, onde tudo termina. ▸FIG. 11

O desenho é fiel a um esquema encontrado, por exemplo, no material reunido por Montagner[26]: malocas com seus chefes ao lado, portando lanças e chapéus de penas de pássaros; um caminho-espírito (*yove vai*) ligando os distintos mundos; linhas traçando suas divisórias e cores que marcam variações em torno de um mesmo *socius* replicado, reproduzindo graficamente as distinções marcadas pelo sistema dos classificadores (morte, azulão, sangue, desenho, névoa, entre outros). A repetição de patamares, se talvez exagerada por Tekãpapa, é comum em outras versões sobre a cosmografia: "são irmãos" (*awɨ take*) uns dos outros, me explicava Cherõpapa ao expor um de seus esquemas. É por isso que o esquema pode se replicar para baixo, como Tekãpapa representou em outro desenho. Os céus são redondos (*toroka*) à semelhança de discos ou pratos e terminam em seus limites/bordas (*naí keso*). Em um outro cosmograma, Memãpa reproduziu os estratos celestes em círculos desenhados um a um em folhas separadas, que deveriam ser postas umas sobre as outras à maneira de um móbile. Tais estratos ou mundos estão pendurados no vento (*wɨs ronoa*) e sustentados por pilares outrora colocados por Kana Voã para que não desabassem, como narra o *saiti* "Sustentaram o Céu há Tempos" (*Naí Mestɨ Ativo*). O seguinte quadro apresenta uma lista mais detalhada, acompanhada da tradução das explicações para cada patamar.

PATAMARES CELESTES

1. *Vei Naí Shavaya*	Morada do Céu-Morte	Aqui. Povo da Terra-Morte, urubus, aviões, onça celeste *shetsjako*, nuvens, arco-íris, chuva e espectros agressivos. Malocas dos duplos dos olhos.
2. *Shokô Naí Shavaya*	Morada do Céu-Descamar	Roka e seus porcos queixadas-descamar (*shokô yawa*). Maloca das pupunheiras (exclusivas dos pajés)

26 Montagner traduz o Céu-Morte por Céu Nebuloso, uma interpretação pouco precisa mas possível, já que o termo *vei* inclui as ideias de perigo, obscuridade, transformação e morte. Os desenhos aí apresentados (semelhantes a outras versões coletadas por Devair Montagner em *A Morada das Almas*) seguem um esquema similar àquele que, durante uma festa, eu vi o *romeya* Cherõpapa traçar com gravetos na areia. O pajé justapunha linhas horizontais para explicar a seus parentes como eram as distintas moradas, todas com seus animais, pessoas e alimentos, à semelhança desta terra que está no meio (*naki*) de tudo.

cosmos e espíritos

3. Shane Naí Shavaya	Morada do Céu-Azulão	O *yove* Shane Ina, as estrelas da manhã e da tarde (*nete ichi, yamewa*), o sol, e o personagem Lua (Temi Txoki, o olho do céu)
4. Rona Naí Shavaya	Morada do Céu-Lamento	aldeias do povo do Céu-Lamento (*Naí Rona Nawavo anõ vesokãia*)
5. imi naí shavaya	Morada do Céu-Sangue	aldeias do povo do Céu-Sangue (*Naí Imi nawavo anõ vesokãia*)
6. shane naí shavaya	Morada do Céu-Azulão	——
7. Naí Osho Shavaya	Morada do Céu-Branco	aldeias do povo do Céu-Branco (*Naí Osho Nawavo anõ vesokãia*)
8. Naí Kene Shavaya	Morada do Céu-Desenho	aldeias do *yove* Shopa Mani e de sabiá-desenho (*kene mawa*)
9. Koj Naí Shavaya	Morada do Céu-Névoa	Aldeias dos *yovevo* do Céu-Névoa (*Naí Koj nawavo anõ vesokãia*)

PATAMARES TERRESTRES

1. *Vei Mai Shavaya*	Morada da Terra-Morte	povo da Terra-Morte (*Mai Vei nawavo*)
2. *Osho Mai Shavaya*	Morada da Terra-Branco	tatus (*yawichi*)
3. *Rane Mai Shavaya*	Morada da Terra-Adorno	povo da Terra-Adorno (*Rane Mai nawavo*)
4. *Shawã Mai Shavaya*	Morada da Terra-Araraúna	tatus-canastra (*pano*)
5. *Shane Mai Shavaya*	Morada da Terra-Azulão	espíritos-pássaro (*yove chai*)
6. *Rovo Mai Shavaya*	Morada da Terra-Japó	povo da Terra-Japó (*Rovo Mai nawa*)
7. *Imi Mai Shavaya*	Morada da Terra-Sangue	povo da Terra-Sangue (*Mai Imi nawavo*)
8. *Mai Kene Shavaya*	Morada da Terra-Desenho	sabiás-desenho (*kene mawarasj*)
9. *Mai Koj Shavaya*	Morada da Terra-Névoa	povo da Terra-Névoa (*Mai Koj nawavo*)

A Morada do Céu-Raio, a que se refere o canto "Raptada pelo Raio" (*Kaná Kawã*) analisado mais adiante, não figura nessa tabela mas foi localizada por outros acima do Céu-Descamar. É cheia de prédios e de cidades enormes. Os homens-espírito do raio usam saias e se locomovem em carros (por eles chamados de *kenã nakõti*) e ônibus (*kaná kenã teke*, "pedaço de maúba-raio", diz a metáfora). Foi o que viu Venãpa quando esteve doente. Com essa exceção, disse Cherõpapa que nos mundos superiores não há casas de pedra, mas apenas malocas de jarina (*epe shovo*). Em todos os céus há rios, sempre acompanhados do classificador referente ao mundo em questão: rio-branco (*osho waka*), rio-sangue (*imi waka*), rio-azulão (*shane waka*) e assim por diante.

No cosmograma elaborado por Cherõpapa, e aqui reproduzido na figura 12, os patamares celestes estão representados por discos coloridos, e em menor número do que nos desenhos anteriores, como se fosse mais importante representar diferenças e variações do que ordens e sequências fixas. Cherõpapa organiza seu desenho através de uma lógica diacrônica, uma vez que coloca abaixo a famosa Ponte-Jacaré cruzando o rio *noa* (na direção de Manaus), por onde passaram os antigos após seus surgimentos. No desenho, entretanto, o sentido é oposto ao da travessia narrada no canto *Wenía*, pois a Ponte-Jacaré conduz de volta ao "pé do céu" (*noa taeri*, a jusante), a partir de onde um pajé *kfchjtxo* vai tomar o rumo do Caminho do Jaboti Branco (*Shawe OshoVai*). Esse caminho passa ao largo de todos os mundos celestes, para enfim chegar na exclusiva Terra do Tabaco Branco (*Rome Osho Mai*), acima de tudo. Os discos coloridos são, de baixo para cima, a Morada do Céu-Morte, a Morada do Céu-Azulão, a Morada do Céu-Raio, a Morada do Céu-Sangue e do Céu-Desenho, sempre representadas em cores distintas. O cosmograma traduz graficamente o mesmo esquema que vimos páginas acima e ao qual voltaremos: surgindo do néctar da árvore-branco (*tama osho nãkõsh wenía*), o kfchjtxo percorre o caminho amarelo debaixo até chegar na colina onde vive para, depois, iniciar seu percurso a partir da Morada Arbórea, onde está seu duplo envolvido por um círculo (outra representação de uma colina). É aí que começa o trajeto. ▸FIG. 12

O desenho traduz fórmulas poéticas (cf. capítulo 3): "do néctar da árvore-espírito / de dentro do néctar / espíritos se formam / e na terra-espírito / juntos vão viver"[27]. Também a etapa seguinte do desenho reproduz outro esquema formulaico: "e àquela morada celeste/ à morada vai"[28]. Não tratamos, portanto, de desenhos de imaginação livre, mas de esquemas constituídos a partir de uma tradução intersemiótica e de um pensamento iconográfico. Ordem, simetria, sucessão e diferença são os princípios norteadores de tais composições – visíveis já naquele desenho sobre o surgimento do demiurgo Kana Voã (Figura 10). O trânsito entre as atualizações gráficas e verbais através de signos visuais torna-se aqui bastante claro. *Círculo* é o signo gráfico para colina ou morada (*matô, shavá*) e suas fórmulas correspondentes (X *voro masotanairi/*

27 *Yove tama nãko/ nãko osoatõsho/ yove shoviváini/ yove mai matoke/ nioi kaoi.*
28 *Owa naí shavaya/ shavá chinãini.*

cosmos e espíritos

nioi kaoi, "em cima do tronco X/ lá vai viver"). *Linha* é o signo para o trajeto de surgimento (*wenía vai*) que determinada entidade percorre até chegar à sua ou outras moradas. Possui também os seus esquemas formulaicos correspondentes, subsumidos nos anteriores ou derivados de outros similares[29]. *Humanoide* é o signo que designa uma pessoa e seu nome-classe, identificada por fórmulas antroponímicas e desenhada como uma pessoa com seus cocares e lanças *paka*, distinguida de outras por suas cores ou adornos corporais específicos (a variação de classe e espécie de pessoa). *Maloca* é, por fim, junto a *círculo* (colina), o signo toponímico correspondente a fórmulas do tipo "dentro da maloca/ ali vai viver" (*txaitivo shakjni/ nioi kaoi*). *Círculo, trajeto, humanoide* e *maloca* constituem assim o conjunto mínimo de signos ou unidades visuais, através das quais as composições iconográficas se articulam e se agenciam: pessoas diversas que surgem de maneiras diversas, seguem caminhos diversos para viver em moradas diversas, em suas determinadas colinas e malocas[30]. Na sequência, veremos como este esquema formulaico atualizado nas cosmografias vai ser mobilizado pelo xamanismo em seu outro viés essencial: a monitoração e manipulação dos duplos (*yochj*) de que se valem os cantos de cura.

A Vida Social dos Espíritos

Os marubo dizem que grande parte dos espíritos é de "passeadores" (*poketaya*), ou seja, que perambulam com frequência pelas vastas regiões do cosmos e que conhecem os seus mais distintos habitantes e costumes. Foi o que me contaram quando *chãcha yove*, o espírito do gavião preto, relatou a Cherõpapa conversas que havia escutado nas malocas do Maronal. Viajando de canoa, vimos certa vez um gavião preto planando no céu: "está cuidando de Cherõpapa, ele vai aparecer depois da curva do rio", disse Rosãewa. Em poucos instantes, encontramos o *romeya* bem abaixo do pássaro que o protege quando ele sai de sua casa. Nestes mundos marcados pelas dinâmicas dos trajetos, transportes e traduções, em que coexistem infindáveis espíritos *yovevo* em suas igualmente in-

---

29 Tal como no caso das fórmulas "para a terra-água vão/ vão todos juntos" (*ene mai chinãki/ chinãtari awai*) referente aos caminhos dos duplos das sucuris, ou "por aquele caminho da terra/ pelo caminho vão" (*owa mai shavaya/ ivaini voita*), entre outras derivações possíveis.

30 Guardadas as diferenças entre os aborígenes australianos e os marubo, há conexões desse esquema com aqueles apresentados no clássico estudo de N. Munn, *Walbiri Iconography* sobre a iconografia walbiri, que também se vale de um uso formulaico de *linha* e *círculo* e do trânsito entre representações visuais e narrativas orais. O sistema gráfico-verbal walbiri, que se expande aliás para a cosmologia, se estrutura também a partir da ideia de trajeto/viagem. Os desenhos aqui apresentados têm mesmo algo de uma pictografia, já que as imagens traduzem sequências verbais bastante precisas e rigorosamente encadeadas, evocando, assim, todo um conjunto iconográfico ameríndio bastante similar. Cf., C. Severi, *Le Principe de la Chimère*; P. Déléage, Les Pictographies narratives amérindiennes. Disponível em: <http://sites.google.com/site/pierredeleage/>. Um outro estudo deverá aprofundar tal vertente de análise, que aqui é apenas anunciada.

findáveis moradas, há sempre aqueles que protegem e informam o *romeya* sobre o que ocorre noutras partes.

Os espíritos Broto de Ayahuasca, auxiliares dos kfchjtxo, são também muitos e estão por todos os lados. Juntos com os igualmente infinitos espíritos femininos Shoma, vão direto encontrar os duplos perdidos das pessoas quando mandados pelos kfchjtxo. Os Broto de Ayahuasca são pessoas e usam chapéus de pena de arara (*shawã tene*). Seus chefes deslocam-se sempre acompanhados das mulheres-ayahuasca, suas irmãs (*oni shavo, awf awe shavovo*). Apesar de ser um ente-hiper, um espírito *yove*, eles podem enviar projéteis *rome* para determinada pessoa, caso algum kfchjtxo assim ordene. Quando se toma ayahuasca, são estes espíritos que cantam pela pessoa (*oni shãko mj peshotka*, "Broto de Ayahuasca se coloca nas suas costas") e que fazem-na aprender a melodia e as palavras, já que, como eu disse acima, são exímios tradutores. Tais espíritos surgem do bagaço da ayahuasca (*oni shepopash wenía*), bem como dos restos de sua infusão e do rapé de tabaco. Os espíritos Poto estão também por todas as partes e costumam cantar iniki, ao contrário dos espíritos Shoma, cujos cantos são escutados apenas em sonho, ou quando a pessoa está para morrer.

Não são todos os *yove* que nascem a partir do coito entre um homem e uma mulher (espíritos). Mesmo quando isso acontece (e o coito é muito veloz e intenso), o tempo de gravidez é rapidíssimo, assim como o do crescimento da criança, que logo se transforma em adulto. Como vimos, os *yove* surgem também a cada instante de flores caídas e dos restos de saliva, rapé e ayahuasca dispensados pelos pajés. Outros, porém, estão suspensos em um fundo virtual desde os remotos tempos do surgimento, já que não morrem (*awetima yora*), além de se multiplicarem permanentemente. Os espíritos Shane Panã, Vari Panã, Rovo Panã e Kana Panã, por exemplo, surgiram nos tempos antigos, mas seguem vivendo noutras terras localizadas no poente, de onde vêm eventualmente para cantar por aqui. Com seus desenhos marcados no peito, costas e braços, os *yove* compreendem/ pensam (*chinã*) as quatro direções: o desenho dos peitos se refere ao norte (*naí parô wetsã*); o das costas, ao sul (*naí parô wetsã*); o do braço esquerdo, ao poente/jusante (*noa taeri*); o do braço direito, ao poente/montante (*naí votj ikitõ*). É assim que podem compreender as línguas e costumes dos habitantes das distintas regiões da terra. Yove Wani (Espírito Pupunha), Roe Iso e Kayõ, entre outros tantos, moram a jusante e são todos desenhados (*keneyavorasj*) em suas mãos e pés. Era o que Tekãpapa me explicava ao ver fotografias em uma revista de uma múmia feminina moche encontrada no Peru, cuja mão trazia as marcas claras de um desenho tatuado idêntico ao padrão *shonõ shena kene*, dedicado pelos marubo aos espíritos e aos pajés *romeya*. No pensar de Tekãpapa, a múmia poderia ser uma "pessoa do surgimento" com seus desenhos para falar/cantar/pensar.

Cherõpapa conta que, quando seu olhar se altera, ele vê as embaúbas próximas à sua maloca tal como as casas cinzentas dos brancos. As malocas dos *yovevo* são variadas, tanto quanto são os seus coletivos. Vale lembrar mais uma vez do desenho "cosmoca" que apresentamos no primeiro capítulo. Embora tenham

cosmos e espíritos

bancos paralelos, pilastras e outros elementos comuns a uma maloca marubo tradicional, as casas dos espíritos possuem chão de pedra, e não de terra batida. São brancas, frescas e claras, sem sol forte e doenças. Vendo os desfiles das escolas de samba no Rio de Janeiro pela televisão num intervalo de trabalho, Venãpa dizia que os *yovevo* são mesmo como um daqueles impressionantes blocos: uma multidão de pessoas, e brilhantes, que vão abrindo espaço para ele passar quando os visita[31]. Suas casas não são como as de uma cidade pequena feito Cruzeiro do Sul, espalhadas, esparsas. São muitas e aglomeradas, assim como em São Paulo ou como a imagem do sambódromo carioca lotado. A casa localizada na Morada Arbórea do espírito Ni Shopa, contava Venãpa, é toda verde por dentro: seu assoalho é verde, os bancos são verdes, mas com a configuração interna idêntica à de uma maloca marubo. Apenas os espíritos sabiá e Sol (*vari yove*, um estrangeiro, *nawa*) têm cachorros. Os outros temem os cães – costumam, aliás, fugir rapidamente daqui quando os encontram nas malocas desta terra. Quando é dia aqui, os *yovevo* estão dormindo em suas casas. Chamam de *nete shavá* o que chamamos de noite (*yame*). Quando aqui são três horas da tarde, eles lá se levantam para seus afazeres, pois são três horas da madrugada. Lá despertando, o *romeya* aqui começa a tomar ayahuasca e rapé.

Os *romeya* costumam acessar as moradas dos espíritos seguindo um gradiente espacial cujo centro é a sua maloca, onde estão deitados em suas redes. A variação de sua força os levará a regiões mais distantes, ou os fará voltar, como no caso de Panipapa, que temeu os espíritos moradores da Morada Arbórea. Ao desenhar o caminho-espírito que percorre para chegar nesta morada , Cherõpapa disse que o trajeto surgia a cerca de três metros de altura com relação à porta de sua maloca, no mesmo ponto em que se abre o Caminho-Morte, quando o duplo do morto está para partir. O caminho-espírito é levemente inclinado e vai subindo aos poucos, tal como no desenho abaixo, que se refere ao *tama vai*, o caminho para a Morada Arbórea). O duplo de Cherõpapa pede então para que os *yovevo* o conduzam para determinada colina, uma referência espacial para a aldeia do povo-espírito específico que deseja visitar. Alguns são bem distantes. Saindo lá pelas nove horas da noite, ele só chega por volta das quatro horas da madrugada (ou da tarde, se tomarmos a referência dos espíritos). Suas moradas não são matas fechadas como as dessa terra, mas abertas, claras, repletas de plantações e alguns outros arbustos mais baixos. O viajante vai então passando pelas diversas malocas dos espíritos habitantes desse primeiro extrato, abaixo da Morada do Céu-Morte.

O povo-espírito da samaúma, representado na figura 13 por um círculo, é a rigor também uma coletividade com suas próprias divisões, que replicam aquelas pelas quais se dividem os marubo e seus antepassados. Existe então o povo-espírito da samaúma-sol (*vari shono yove nawavo*), o povo-espírito da samaúma-azulão (*shane shono*), o povo-espírito da samaúma-jaguar (*ino shono*), o povo-espírito da

---

31 A imagem lembra as belas descrições feitas por Davi Kopenawa Yanomami sobre os espíritos *xapiripë*. Cf. D. K. Yanomami; Bruce Albert (orgs.), *Yanomami: l'Esprit de la Forêt*.

samaúma-japó (*rovo shono*) e o povo da samaúma-arara (*kana shono*). Estes *yove* são particularmente gordos e fortes, com voz alta e assustadora (vimos o seu canto nas páginas anteriores). Têm as pernas grossas como um banco ou uma mesa; são da altura de uma pilastra da maloca (cerca de sete metros), possuem lanças maiores e mais grossas do que as dos outros espíritos. O povo-espírito das árvores leva seus estojos de armazenar rapé pendurados nos cotovelos e os da Samaúma têm os cabelos trançados em rabos de cavalo, que são metaforicamente chamados de "rabos de tatu pendentes na nuca" (*yawichi ina papitiavo*). Todos os *yove* têm carne e osso (*nami, shao*), são mesmo como pessoas, mas melhores. Sua carne é como a das crianças e não como a nossa, que envelhece. São pessoas prototípicas (*yora koj*), enfim. Nosso sangue é espesso (*imi semeka*), ao contrário do sangue dos pajés *romeya*, que é ralo (*toshpashta*), fazendo com que seu corpo/casa seja apto para receber as visitas dos *yovevo*.

Os espíritos-sucuri, que vivem na Morada Subaquática, em muito distinta da Morada Arbórea acima representada, são vermelho-brilhantes (*rekƒka*) e não possuem articulações, feito homens-borracha que podem se dobrar por todas as partes, como me explicou Venãpa, que os conhece bem. Os espíritos do poraquê (*txi koni*) portam cajados *wino* e possuem também adornos pendurados na nuca, mais os seus cocares de penas de araraúna. Além dos enormes cocares de plumas e penas de pássaros, diversos espíritos vestem-se tal como os antigos (ou, nos dias de hoje, como alguns dos matis que vivem no médio Ituí). Usam os adornos auriculares (*paosti*) de concha de caramujo aruá (*novo*), os tembetás nasais *keo* e *romoshe* mais os adornos faciais *reshpj*, as bandoleiras (*paoti*) cruzadas nos peitos, os colares de dentes de onça (*kamã sheta tewe*), as braçadeiras, pulseiras, tornozeleiras e cintos.

Fortes, altos, limpos e perfumados, trazem sempre consigo duas lanças, os olhos austeros e rostos pintados de urucum, além de suas parafernálias xamânicas, tais como os inaladores de rapé longos (masculino) e curtos (o feminino, *shõti* nos seus dizeres, *reshti* no dos marubo) e os potes de ayahuasca e de rapé. As mulheres-espírito perfumam-se, desenham-se inteiras e se enfeitam para que Isko Osho, por exemplo, delas desfrute quando passeia por suas casas. "As mulheres dos *yovevo* não são como estas daqui, transam muito e muito rápido, você não iria aguentar", disse-me certa vez alguém. Quando descem para cá, reprovam a catinga do sexo dos viventes; enxergam de longe quando alguém mantém relações em alguma parte afastada da aldeia e reclamam, pois os viventes não os escutam.

O doce fruto *nãko*, do tamanho de uma maçã e capaz de saciar plenamente o duplo do *romeya* que visita os *yovevo*, parece ser o único alimento partilhado por todos esses espíritos. Quando certa vez almoçávamos salada em Cruzeiro do Sul, Venãpa me explicou que os *yove* costumam também comer distintos tipos de verdura, além de tatu cozido (*shoikitaya*), cuja carne se desmancha em suas bocas e não chega ser engolida, assim como fazemos nós por aqui. Seus alimentos são quentes, ao contrário dos alimentos dos espectros *yochj*: sopa fria de pimenta (*yotxi pasa*). A ayahuasca e o rapé são também os seus alimentos, mas apenas quando eles vêm passear nas malocas dessa terra. Em suas casas, têm coisas melhores para se fartar, além de possuírem o seu próprio rapé, mais perfumado do que o dos marubo. Panipapa, entretanto, não achou folhas de tabaco plantadas nas terras dos espíritos. Seu pai havia visto ali plantações de macaxeira (*atsa*), muito embora Cherõpapa também não as tenha encontrado por lá.

Daqueles que tive notícias, apenas os espíritos-pássaro (*yove chai*) possuem filhos pequenos. Nos outros *yove*, tais como os da Morada Arbórea, não há crianças nem velhos. Pássaros são, a rigor, o exemplo prototípico da vida-espírito por seu ágil olhar e deslocamento, por sua loquacidade e frequente hábito gregário. Quando inalado, o pó de rapé costuma deixar um rastro de fina fumaça que se transforma em uma multidão de espíritos-pássaro, de semblante e pensamentos similares aos do cheirador, de quem são parentes. Alhures, ajudarão seu "fazedor" (*shovimaya*) a falar e pensar. Estes espíritos contam para Venãpa de quem são e ele, por sua vez, relata à pessoa em questão o que ouviu dizerem seus parentes-pássaro. Os espíritos do pássaro ariramba (*peta*) são, também eles, divididos entre os povos arara (*kana*), sol (*vari*), jaguar (*ino*) e azulão (*shane*). Os japós que fazem ninhos nas altas árvores matamatá (*njwa*) ou cumaru (*sanj ako*) dividem-se também nestas e em outras seções e estendem as relações de parentesco com o pessoal dessa terra: serei por exemplo *koka* (irmão da mãe) de um espírito japó-azulão (*shane isko*) e esse será o modo polido de me referir a ele, caso venha cantar em uma noite através do *romeya*. Os espíritos dos pássaros que vivem nos arbustos da beira do rio (*matsi chairasj*) são fofoqueiros (*yora atika*), muito embora sejam também sabidos como os demais *yovevo*. Os espíritos dos pássaros japiim e sabiá (*txana, mawa*) têm os lábios desenhados (*kfchá tsitsõna*), uma marca de sua loquacidade[32]. Espíritos-pássaro, espíritos moradores do Mundo

32 Mas o que são afinal estes espíritos? Trata-se de agentes-hiper aos quais tendem os viventes e independentes, ao que tudo indica, da cisão entre duplos e corpos que caracteriza estes últimos. Trata-se de multiplicidades intensivas que surgem a todo instante e que já estavam presentes desde o início. "Os espíritos", escreve Gow sobre os piro, "não possuem atributos intrínsecos à maneira das espécies naturais, pois todos os modos de sua presença corpórea são produtos de seu conhecimento. É isso que faz deles espíritos, que, por definição, são os geradores de suas próprias formas visíveis". Cf. P. Gow, Piro Designs: Painting as Meaningful Action in na Amazonian Lived World, *Journal of the Royal Anthropological Institute*, n. 5, p. 237. A essa definição interessante cabe acrescentar outra, sugerida por Viveiros de Castro: "Um espírito, na Amazônia indígena, é menos assim uma coisa que uma imagem, menos uma espécie que uma experiência, menos um termo que uma relação, menos um objeto que um evento, menos uma figura representativa transcendente que um signo do fundo universal imanente – o fundo que vem à tona no xamanismo, no sonho e na alucinação, quando o humano e o não humano, o visível e o invisível trocam de lugar. Menos um espírito por oposição a um corpo imaterial que uma corporalidade dinâmica e intensiva, um objeto paradoxal que, como Alice, não cessa de crescer e diminuir ao mesmo tempo" Cf. E. Viveiros de Castro, A Floresta de Cristal: Notas sobre a Ontologia dos Espíritos Amazônicos, *Cadernos de Campo*, v. 14-15, p. 326. Os habitantes do cosmos marubo partilham dessas características colocadas pelos dois autores, às quais cabe ressaltar um traço: eles existem também como parceiros sociais – outros, extraordinários, mas bastante definidos – do campo relacional em que se envolve a pessoa múltipla. Torna-se importante, de toda forma, revisar o lastro substantivo que as etnografias costumam

Arbóreo e da Morada Subaquática, entre outros: tal é uma pequena amostra da multidão personificada de que se constitui o cosmos em questão. Não haveria como esgotá-los aqui – nem os pajés, aliás, chegam a exaurir com seus cantos e explicações o contingente de pessoas destes mundos múltiplos.

"Satanás", ou as Vicissitudes da Tradução

Satanás transformou-se em uma categoria interna ao pensamento xamânico marubo, à revelia das intenções iniciais da Missão Novas Tribos do Brasil, que há décadas tenta associar indiscriminadamente espíritos e pajés a Satanás, o príncipe do mal[33]. Os marubo devem ter conhecido a palavra antes da atuação dos missionários americanos no alto Ituí, mas é provável que *satanás* tenha adquirido os contornos que hoje possui apenas a partir da sistematização da prática missionária no alto Ituí, a partir dos anos de 1950. Foi o que pude perceber aos poucos, ao comparar os distintos contextos em que o termo era utilizado pelos pajés e notar discrepâncias com relação ao sentido cristão. Na leitura de um trecho da cartilha dos missionários, na qual a *Bíblia* vai distorcida para os fins da catequese, descobri a pista essencial. Segue uma tradução aproximada do original em marubo:

> Estes espíritos [*yove*] ruins que vivem nesta terra e que costumam cantar também são Satanás. Os antigos de vocês também costumavam pensar assim, os espíritos [*yove*] que vivem nas árvores, os espíritos [*yove*] que vivem na floresta e com os quais vocês costumam falar e pensar. Mas quem são os espíritos [*yove*] da floresta? Eles são satanás, os espíritos [*yochj*] ruins"[34].

Vemos aí um exemplo lapidar de "equivocidade tradutiva"[35]. Na passagem, os espíritos *yove* levam um predicado impossível, são considerados como "ruins" (*ichnárasj*). Como se não bastasse, a predicação coloca no mesmo saco os hiper-

atribuir aos "espíritos", frequentemente traduzidos por "entes" ou "seres", para assim ressaltar esse seu caráter relacional. O que aqui traduzo por "espírito" aponta sobretudo para uma diferença de *status* ontológico com relação ao "humano" e, portanto, para uma extrapolação de sua condição e conhecimento. Os espíritos pertencem, por assim dizer, ao domínio daquilo que se mostra e não exatamente do que se diz e que se esgota em definições (minhas ou dos marubo). É nesse registro que se move a poética xamanística em questão.

33 Vilaça observou também algo similar entre os Wari'. Cf. A. Vilaça, op. cit., 368n.

34 "Neskásvi aki Satanasne naa ivo mai shokoya yové ichnarasimesho vanamtsãwa [...] Matõ shenirasi mato askásevi neská aki chinãmtsãwa, iwi shokokená yoverasi nii shokokená yoverasi aká mato ni vanaya iki mato chinãmtsãwa. Askámainõ nii yoverasinã tsoarasiriki. Aarasiro Satanasne shokõkenavo, yochi ichnárasi". Cf. P. Rich; J. Jansma, op. cit., p. 5.

35 Cf. E. Viveiros de Castro, Perspectival Anthropology and the Method of Controlled Equivocation, *Tipití*, v. 2, n. 2.

cosmos e espíritos

-humanos *yove* e os infra-humanos *yochj*, que podem, estes sim, carregar conotações negativas. Mesmo que, como veremos adiante, a ideia de negatividade não possua no sistema marubo o mesmo sentido que em lógicas maniqueístas como a cristã, os *yochj* podem também ser ditos "ruins", mas *apenas* num contexto em que se diferenciem claramente dos *yove*. É verdade que o fenômeno de duplicação compreendido pela *noção* de *yochj* engloba as *entidades yochj* e *yove* (ver o próximo capítulo), mas as entidades são claramente distinguidas quando a agência e especulação xamanísticas estão a refletir sobre os estados hiper e infra-humanos. Colocados em pé de igualdade pelo monismo protestante, o feitiço só poderia se voltar contra o feiticeiro: se os *yove* são "satanás", então *satanás* deve ser algo bom, ou ao menos *ambíguo* — como são, aliás, grande parte dos entes da cosmologia marubo.

Os pajés chamam frequentemente os Kanã Mari de *satanás*, a coletividade de espíritos demiurgos que, como vimos acima, estragou a primeira terra melhor criada por Kana Voã. Ora, mas a mesma sucuri a cuja gente pertencem Isko Osho e Kana Ina (duplos de Venãpa e de João Pajé), que costuma ensinar cantos aos marubo e que é dona de grande conhecimento, é também chamada de *satanás* — talvez por provocar sérias doenças ou feitiços (*vɨchã ichná*) nos viventes para efeito de retaliação. Vari Mãpe, um pajé-sucuri cheio de conhecimentos que vive na morada subaquática, foi também dito ser *satanás* em uma ocasião. É com ele, de toda forma, que foi viver pajé Flor de Tabaco quando cansou dessa terra e quis se mudar para uma morada *melhor*. Kana Ina, o duplo de João Pajé, viu e conversou com *satanás*: "deve ser sucuri", disse Tekãpapa. Os espíritos-pássaro (*yove chai*) conhecem a formação (*atõ shovia*) "desses" *satanás*, já referidos no plural, como se fossem aos poucos se transformando em mais uma coletividade. O mesmo Tekãpapa disse certa vez, quando aguardávamos a chegada de Cherõpapa em Alegria, para que viesse curar os seus parentes de tal aldeia, que "o *romeya* é mesmo *satanás*" (*romeya satanásrivi*). Por que imaginar, afinal, que a vocação tradutiva do pensamento xamanístico deixaria ilesa essa tão atraente ideia?

PARTE III   A Poética
da Duplicação

7. Yochĩ:
O Problema da Duplicação

A Noção de Duplicação

Quando os *yochj* passam (*tasavrã*) pela pessoa, fazem-na bater nos outros e brigar com os parentes. Quando apenas ficam por perto (*tava niá*), fazem com que ela apenas pense em brigar com os mesmos. *Yochj*: espectros de pessoas mortas e "mal morridas" (*veiya*) que cobiçam os corpos (posições) dos viventes; duplos de outros tantos entes de comportamento agressivo que nos ameaçam e distintos, por esse viés, dos hiperagentes *yovevo*. Compreender a sua formação e *modus vivendi* para que possam ser controlados consiste na principal tarefa dessas verdadeiras "espectromaquias", as batalhas xamanísticas em que se engajam os *kfchjtxo* através de seus espíritos auxiliares Shoma e Oni Shãko, e às quais se dedicam os longos cantos de cura *shôki*. Mas *yochj* pressupõe também uma noção, simultânea ou subjacente, aos agentes chamados, todavia, pelo mesmo termo (*yochj*). Cabe agora compreendê-la melhor, a partir das relações de distância e recursividade aí envolvidas.

Certa tarde, eu estava em minha casa na aldeia Alegria quando Kanãpa veio me visitar. Ali entrando com sua mulher e filhos, ficou como de costume olhando para uma maleta de alumínio na qual eu guardava meus equipamentos eletrônicos, bem como para os galões cheios de gasolina. Desejava-os e, logo em seguida, começamos a conversar. "Se os chamamos ou queremos, é o pensamento/vida disto que chamamos. Isso faz mal às pessoas, seu *yochj* nos pega, assim mesmo é que faz o *yochj* destas coisas", explicava-me, dizendo que a maleta de ferro e a gasolina causam diarreia, dores de cabeça e febres (*txoshoa, mapô tenai, yonáki*) para quem as têm junto de si e, sobretudo, para quem as rouba. O dono (*ivo*) da gasolina não está aqui junto dela. Vive na cidade onde ela foi feita e, de lá, nos agride. Não podemos ver os *yochj* da gasolina daqui mas, em sonho, mostram-se como uma coletividade de pessoas viventes (*kayakavirasj*) e os vemos como se estivessem perto. Mostram-se como humanoides, é certo, mas por ora vale olhar menos para tais pessoas e mais para a *relação* (de posse ou vínculo) que os *yochj* estabelecem com seus suportes ou "coisas".

Essa maleta de ferro "tem" (*aya*) um *yochj* que é a sua sombra (*awf* [poss] *vakíchi* [sombra]) e também "um pensamento/vida em seu meio" (*nakise a chinã aya*), que não nos faz mal. Quando está pesada e a carregamos, sentimos dores por conta de seu *yochj*: "O que você carregou? A mala? Foi o *yochj* que te deixou assim. Não é como um vivente, não se vê este *yochj*, o peso"[1]. É por sua causa que ficamos com os braços doloridos, mas esse *yochj* não é um humanoide – ou *humanoide* é um atributo posterior à noção de *yochj*. O que a maleta projeta, digamos provisoriamente, não é necessariamente uma pessoa. De toda forma, é preciso cantar aqueles que fazem a maleta, a fim de neutralizar a dor que eventualmente ela (ou eles) nos causa(m): "da gente do rio grande/ sua coisa para alegrar" (*noa yochj nawavo / anõ mekitapãno*). Nesses primeiros versos do que poderia ser um longuíssimo canto *shõki* para curar os seus males potenciais, o pajé pensa (*anõ chinãti*) aqueles que fizeram a maleta (*a shovimaivo*), isto é, a gente do rio grande, os brancos ou estrangeiros que a carregam para se alegrar. Essa gente (nós, os brasileiros) é também chamada de *yochj*: a maleta projeta sua *sombra* (*awf vakíchi, awf yochj*) e possui também os seus fazedores (*awf yochj*) que vivem alhures como humanoides. Vemos então como, por trás de sua polissemia, o termo esconde um processo comum: a duplicação ou bifurcação generalizada das singularidades em seus distintos aspectos. (No caso da mala, a sua sombra e o seu fazedor humanoide *versus* a sua carcaça, além dessa espécie de "vida", *chinã*, que ela parece possuir também.)

Tudo faz mal (*katsese ichná akaya*). Não se pode medir (*itãtjparvi*) o que faz mal à pessoa, assim como não podemos medir o pensamento dos pajés que cantam e conhecem os males causados a ela. As colheres dão dores nos pulsos: seu *yochj* entra dentro da pessoa. O mesmo vale para as pulseiras, que causam também tosse e dores no peito. Objetos tais como facas, colheres e panelas fazem mal, mas não se vê o seu *yochj*. Garrafas de plástico, embora não tenham um correspondente humanoide (outra tradução possível para *kayakavi*), internalizam o seu *yochj* no oco da pessoa (*shakj naki raká*): os médicos dos brancos a cortam no meio e não encontram nada. Suco, guaraná, cachaça, tudo faz mal. Quando se mói cana para fazer garapa, o barulho das madeiras rangendo, *tsekere e e e e*, é feito por seu *yochj*,

---

1 *Awe mj papirai? Mala? A yochj mj aká.*
Awe   mi   papi-ra-i?   Mala?   A yochi mi   aká.
o.que 2SERG carregar-INT-DS/AS mala 3DEM yochj 2sDB fazer
Kayakavi keskáma, a yochj ojnasma, ewerka.
Kayakavi   keská-ma,   a yochi oi-na-se-ma,   ewer-ka.
vivente assim.como-NEG 3DEM yochj ver-?-EXT-NEG peso-ATR

que causa doença. Ao contrário dos utensílios, já são humanoides esses duplos que nos afetam, assim como no caso do papel. Os livros nos dão tontura, dizia ainda Kanãpa, e seu *yochj* é mesmo como uma pessoa: parece que tem o cabelo raspado à moda dos brancos e policiais e que não tem vergonha de nada. São insolentes (*osãsvo*), tais como os jovens das cidades. A rede de algodão trazida pelos brancos engole a pessoa, assim como as malocas e as casas, à maneira de uma sucuri. Os *yochj* da casa e da maloca, explicava-me, *somos nós mesmos*, que nelas habitamos[2], estejamos dentro ou fora. É por isso que a casa e a maloca sabem de seus donos, estando estes ou não nelas: não apenas estes pensam dentro delas como, por si só, casas e malocas *os* pensam com seu *chinã* (pensamento/princípio vital) quando seus donos estão fora. *Chinã*, esse princípio que a mala tem em seu meio (*naki*) e que não é a sua sombra e o seu "fazedor" ou "dono" (*yochj*). Esses donos, destacados de seus suportes, são aqueles que vemos nos sonhos, tais como os duplos dos pássaros ou os donos da gasolina, muito embora estejam alhures. *Yochj* é uma noção reflexiva e possessiva: aquilo que se projeta de suas coisas e que, para si mesmo, é uma pessoa (*yora*), ou aquela pessoa que projeta a sua coisa/corpo capaz de *diferenciar* sua posição e ponto de vista. Não se reduz, portanto, apenas às traduções substantivas tais como "espectro" ou "espírito", muito embora a isso também se estenda o fenômeno em questão.

Vimos que uma mesma configuração constitui (esses) humanos e animais, cindidos entre seus duplos e seus suportes/invólucros. Não são, entretanto, todos os animais que projetam um duplo humanoide (*a vaká kayakavi keská*), ainda que sempre um duplo projetem. Aranhas, a pererca *kãpô*[3], o caramujo aruá, as minhocas, entre outros, têm os seus duplos à imagem de seus bichos (*a vaká a yojni keskáse*), por oposição à aranha caranguejeira ou aos ratos, que são corpos de duplos mal morridos (*vaká veiya*), humanoides portanto. Humanoides ou não, ambos os tipos são considerados como os seus *yochj*: aquela projeção que, junto ao invólucro corporal, os completa enquanto entes ou singularidades. À imagem de seu bicho, o duplo do camarão (*mapi yochj*) causa sangramentos nas narinas das pessoas: são como os besouros, que projetam seus duplos sob a pele do enfermo causando tumores, de maneira similar àquela pela qual nos afetam utensílios como agulhas, colheres e facas. Esses correspondentes visuais inseridos no corpo enfermo podem ser extraídos pelos espíritos "sugadores" (*yove tsekaya*) tais como Espírito Quati. Atuando através do corpo do *romeya*, eles externalizam o agente patogênico com o auxílio de raspa de andiroba (*mashkiti*) umedecida com ayahuasca, à semelhança do que fazem ao retirar da carne os dardos xamânicos animados (*rome*). Aqueles corpos que possuem correspondentes humanoides exigem entretanto um tratamento mais complexo.

Um jovem professor, dizendo-me que "agora já tinha algumas ideias sobre esses assuntos" (eu há tempos tentava conversar com ele sem obter respostas),

---

2   *Tapõ yochj noketa, shovo a yochj ayarvi, noke.*
      Tapõ   yochi noke-ta, shovo   a   yochi   aya-rivi, noke.
      casaGEN yochj 1p-DC maloca 3DEM duplo ter-ENF   1p
3   Phyllomedusa bicolor.

yochĩ o problema da duplicação

arriscou uma explicação que, naquelas alturas, eu já sabia ser inexata. Disse-me que animais tais como a anta, o veado e os caetitus têm *verõ yochj* (duplo dos olhos), mas a sua imagem é como o próprio animal, e não como a de uma pessoa: quando o duplo do veado sequestra o duplo de um humano, especulava, ele o leva e dá de mamar, quer pegar a pessoa para cuidar, mas têm mesmo a imagem de um animal. Pensava ele que apenas os pássaros, que são mesmo *yove*, são pessoas como nós: não por acaso, justificava, dividem-se entre o povo japó, povo azulão, povo arara, entre outros, coisa que não ocorre com os grandes bichos de terra que não são gente, pois não existem os povos anta (*awánawavo*), queixada (*yawanawavo*) e veado (*txashonawavo*). Partindo do pouco conhecimento que armazenou das poucas conversas com os velhos que escutou a fundo, seu erro guarda entretanto coerência com uma configuração, ao que tudo indica, anterior ou de outra ordem que as formulações passíveis de serem adquiridas pelo aprendizado. Pajés e pessoas mais velhas e perspicazes sabem que animais como antas, veados, onças e queixadas têm sim seus duplos (*yochj*) como imagem humanoide e distribuídos por povos antepostos, não pelos nomes de "seus bichos" (povo anta, por exemplo), mas sim por aqueles mesmos nomes referentes à morfologia social marubo, tais como Japó, Sol, Azulão, entre outros. Muitos dos animais foram pessoas humanas antes de adquirirem seus presentes corpos e, por isso, ainda hoje se concebem como gente que vive em sociedade. Disso, entretanto, o jovem professor só poderia saber se tivesse memorizado longos cantos *saiti* tais com o *Yawativo* ("Transformaram-se Há Tempos em Queixadas"), isto é, se conhecesse bem a mitologia, ou se tivesse ele mesmo visto esses duplos em suas feições humanas (em sonho ou em experiências liminares). Ele não era treinado nas duas maneiras possíveis de se adquirir conhecimento, a deferência (mediada) e a ostensão (experiência imediata). Se o professor não havia aperfeiçoado suas ideias cosmológicas, estava porém certo com relação ao esquema de fundo que constituía aquela digressão.

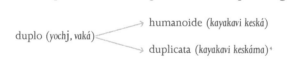

Duplos de suportes corporais podem ter as feições de uma pessoa (humanoides) ou ser apenas tais quais os suportes a que se referem (duplicatas). Tudo (pessoas, singularidades) é, portanto, composto por ao menos dois aspectos cindidos ou destacados: a *distância* ou *proximidade* entre suporte e princípio agentivo (duplo) é o ponto fundamental. No caso dos animais, a divisão entre aqueles que possuem duplicatas ou humanoides repercute com frequência na mitologia: é necessário que se conheça a formação daquele determinado animal ou carcaça (tal como os queixadas) para que se compreenda a sua socialidade paralela ou sobreposta aos

---

4 Tendo em vista seu sentido de fundo (o de duplo), *yochj* e *vaká* podem ser tratados como sinônimos. Tal sinonímia parece fazer sentido também para outros povos pano, como mostrou P. Déléage, *Le Chamanisme Sharanahua*, p. 60n.

suportes corporais que correm pela floresta. Um jovem não poderia conhecer os duplos dos queixadas apenas por ser um caçador de seus corpos: não tem, portanto, como especular sobre a socialidade-queixada, assim como também não teria como se safar, por si só, de algum mal causado por seus duplos enquanto esteve embrenhado na floresta a perseguir os bichos. Será necessário submeter-se aos cuidados dos kfchjtxo que podem, através dos cantos shōki, mapear e neutralizar as possíveis retaliações causadas por suas pessoas (duplos) furiosas, que acompanhavam a caçada a seus corpos. Ele sabe como estas se formaram e, nas variações de cantos shōki que vier a empregar, fará, por exemplo, alusões ao canto Yawativo. O mito conta que os antigos, após comerem ovos do pássaro-queixada (yawa chai vatxi), se transformam em queixadas e caetitus e vão viver espalhados pela floresta, na direção do rio grande (jusante) e na Morada do Céu-Descamar.

Donde a interpenetração entre os cantos shōki e saiti, dos quais começamos agora a nos aproximar: um soprocanto ou cantopensamento shōki, a fim de mobilizar um determinado agente agressor (yochj), pode inserir em sua estrutura paralelística blocos e fórmulas referentes aos cantos míticos saiti, que descrevem a formação de tal agente. Mas quando não há uma vinculação deste com alguma narrativa em especial (tal como no caso dos utensílios ou de minhocas, baratas e besouros), o canto de toda forma visualiza a imagem completa de sua formação, localização, estrutura corporal e comportamento, a fim de expulsar o agressor do oco, ou da carne, do enfermo[5].

> Não posso aqui interpretar yochj como uma espécie de "qualidade ou energia que dá (anima) vida à matéria" como propôs Lagrou para os kaxinawá[6]. Para isso, o termo propício em marubo talvez fosse chinã, muito embora eu não consiga encontrar um outro conceito capaz de traduzir "matéria" e desconfie, aliás, da dicotomia aí pressuposta[7].

5 O mesmo vale para os cantos koshoiti sharanawa (P. Déléage, op. cit, p. 360 e s.), yaminawa (G. Townsley, *Ideas of Order and Patterns of Change in Yaminawa Society*; idem, Song Paths, L'Homme, v. 33, n. 126-128) e também para os cantos xamânicos desana (D. Buchillet, "Personne n'est là pour écouter": les conditions de mise en forme des incantations therapeutiques chez les Desana du Uaupes brésilien, *Ameríndia*, n. 12; idem, Los Poderes del Hablar, em E. Basso; J. Sherzer (orgs.), *Las Culturas Nativas Latinoamericanas Através de su Discurso*); e kuna (E. Nordenskiöld, *An Historical an Ethmological Survey of the Cuna Indians*; J. Sherzer, *Kuna Ways of Speaking*; idem, *Verbal Art in San Blas*; C. Severi, *La Memoria Ritual*). Os cantos de cura empregados pelos shipibo-conibo no tratamento das doenças acarretadas por nihue também possuem etapas ou núcleos similares aos shōki marubo. Cf. B. Illius, The Concept of Nihue Among the Shipibo-Conibo of Eastern Peru, em G. Baer; J. Langdon (orgs.), *Portals of Power*, p. 66 e s.
6 E. Lagrou, *Caminhos, Duplos e Corpos*, p. 49; idem, O que Nos Diz a Arte Kaxinawá sobre a Relação entre Identidade e Alteridade?, *Mana*, v. 8, n. 1, p. 35.
7 A dicotomia matéria/espírito é tributária de um certo hilemorfismo característico do pensamento ocidental que pretendo evitar aqui. A seguinte passagem de Bárbara Keifenheim tem ares aristotélicos e criacionistas: "Na visão de mundo dos Kashinawa, toda coisa existente é constituída de matéria e de espírito. Os dois são fenômenos da criação e não podem em caso algum existir isolados uns dos outros". Cf. B. Keifenheim, Suicide à la Kashinawa. Le Désir de l'au delà ou la séduction olfactive et auditive par

yochĩ o problema da duplicação

Para o caso marubo, também não consigo compreender *yochj* como um "poder transformativo"[8] ou um "princípio cosmogônico"[9]. Ainda assim, quando separado dos suportes corporais, o *yochj* marubo se comporta de maneira análoga ao *yuxin* kaxinawá, ou seja, como uma entidade potencialmente agressiva[10], um aspecto de algo ou alguém[11] a ser monitorado pela mitopoiese xamânica. O problema do sistema marubo é que *yochj* só pode ser nomeado como uma entidade por um enunciador que ocupa uma determinada posição. Kanãpa dizia que "nós somos os *yochj* da casa" num contexto em que está, justamente, fazendo uma metarreflexão sobre a posicionalidade. Está indicando, em outros termos, que *yochj* não se entende como uma entidade isolada senão em função de sua posição relativa a um corpo/suporte determinado. Um *romeya* doente vai explicitar claramente essa relação, uma vez que o *yochj* que fala/canta através de seu corpo/posição não pode ser conhecido diretamente pelo *kfchjtxo* que o assiste, já que este último está limitado a seu ponto de vista. A relação *yochj*/posição é que impulsiona o fenômeno da duplicação e da recursividade. Tal relação permeia toda a cosmologia marubo e se estende, portanto, ao plano virtual[12].

les esprits des morts, *Journal de la Société des Américanistes*, n. 88, p. 99. Sobre isso, Gilbert Simondon não poderia ser mais preciso: "Utilizar o esquema hilemórfico significa supor que o princípio de individuação está na forma ou então na matéria, mas não na relação entre ambos. O dualismo de substâncias – corpo e alma – está contido em germe no esquema hilemórfico e podemos inclusive nos perguntar se este dualismo é derivado das técnicas". Cf. *L'Individu et sa genèse physico-biologique*, p. 48. Não estamos perseguindo os mesmos problemas filosóficos que Simondon visava com a sua teoria da individuação e a superação do paradigma hilemórfico, mas a passagem serve para indicar os antepassados de certos aparatos conceituais da etnologia. Isto posto, há algo em comum entre o nosso quadro de preocupações e o de Simondon: a *relação*. Qual será o seu estatuto para o pensamento marubo? A partir dela, como conceber o campo formado por noções tais como *yora* e *yochj*?

8 E. Lagrou, O que nos Diz a Arte Kaxinawá sobre a Relação entre Identidade e Alteridade?, *Mana*, v. 8, n. 1, p. 60.
9 Idem, p. 62.
10 Idem, p. 51 e s.
11 Idem, p. 62.
12 Déléage sugeriu recentemente uma outra interpretação da noção de *yoshi* entre os sharanawa a partir do estudo dos processos de aquisição do conhecimento. O autor endossa as correções feitas por Townsley em Song Paths: The Ways and Means of Yaminawa Shamanic Knowledge, *L'Homme*, v. 33, n. 126-128, a Lévi-Strauss no caso da cura xamanística e vai ainda mais adiante: "O doente de fato compreende apenas uma coisa: a incompreensibilidade dos cantos. Mas essa forma de meta-compreensão não é anódina: ela induz o paciente a duvidar da identidade ontológica do xamã. Ela permite ao doente compreender também que a comunicação põe em jogo entidades que ele não percebe. Se há algo sabido por ele, é que a ostensão dos *yoshi* não é partilhável. Ele sabe também que os *yoshi* estabelecem uma relação com a doença (que apenas o xamã conhece) [...] É portanto no extremo do conhecimento xamânico, nesse interstício no qual ele justamente não é compreendido, que emerge a crença. E as modalidades dessa crença obedecerão por conseguinte essencialmente a um critério que ultrapassa o saber xamânico: a eficá-

Quando traduzo *yochj* por "espectro", estou me referindo a um sentido próximo do que Lagrou escreveu em outro contexto sobre os kaxinawá: "um ser perdido do mundo, sem laços, sem lugar para ir, sem pessoas que se 'lembrem' dele"[13]. A interpretação aponta bem para esse caráter infra-humano dos *yochjvo*, especificamente quando no que se refere aos espectros dos mortos e seu desejo e cobiça pelos corpos dos humanos, que acaba por levar à permanência nos limbos do parentesco[14]. Patrick Deshayes e B. Keifenheim notaram algo semelhante para os kaxinawá: "O ponto forte dos homens é seu corpo e seu ponto fraco é seu espírito. Inversamente, o ponto forte dos Espíritos é seu espírito e o ponto fraco, seu corpo"[15]. "Espírito" com maiúscula designa aí as entidades *yoshi* e espírito com minúscula designa "alma" (ou o que traduzo por duplo): os *yoshi* tendem a corpos e os humanos, por sua vez, tendem aos *yoshi*, se leio bem as considerações dos autores. Donde os riscos sociocósmicos. Janet Siskind tem uma observação pertinente sobre a cura sharanawa, especificamente quando os doentes dizem que "querem morrer": "Isso representa uma experiência de separação do grupo de parentesco. A comunicação entre o xamã e seu paciente é uma ponte pela qual o paciente retorna"[16]. Algo bastante próximo disso ocorre nas doenças e no xamanismo marubo, como examinaremos com mais detalhes no capítulo 9. *Yochj*: distância e pertencimento, cisão e posição.

A polissemia de *yochj* repousa, portanto, nessa base relacional. Seu uso para designar fotografias (*yochjka*) e máquinas fotográficas (*yochjti*), desenhos (*yochj*), estátuas (*shasho yochj*, "*yochj* de pedra"), entre outros, indica que o termo se presta a refletir sobre um processo de deslocamento, projeção e cópia. É por isso que alguém pôde me dizer que as flores de plástico que decoravam a mesa de um restaurante da cidade eram *yochjkashta*, pequenas cópias ou projeções da

---

cia ou não da cura". Cf. P. Déléage, op. cit., p. 19. Vamos examinar no capítulo 9 o caso de um *kfchjtxo* doente monitorado por outros *kfchjtxo*: ali, ao invés de estar um paciente "ordinário" nas mãos dos especialistas, é um xamã que ocupa a posição de especialista, criando uma dinâmica de reversibilidade e espelhamento. O argumento da crença se torna assim problemático: o *paciente* é quem vincula aos pajés-rezadores a experiência ostensiva – ou, antes, assim o fazem os próprios *yochjvo* através do suporte corporal do doente – para que os rezadores, estes sim, tenham acesso a uma informação mediada sobre aquelas "entidades cuja apreensão perceptiva não é partilhável", se tomarmos a definição de Déléage para o xamanismo sharanawa. Cf. idem, p. 11.

13 E. Lagrou, O que Nos Diz a Arte Kaxinawá sobre a Relação entre Identidade e Alteridade?, *Mana*, v. 8, n. 1, p. 32.

14 Keifenheim faz observações semelhantes para os kaxinawá. Cf. op. cit., p. 101. Uma dinâmica similar foi observada por L. A. L. da S. Costa, *As Faces do Jaguar: Parentesco, História e Mitologia entre os Kanamari da Amazônia Ocidental*, p. 339) entre os kanamari.

15 *Penser l'Autre chez les Huni Kuin de l'Amazonie*, p. 211.

16 Visions and Cures Among the Sharanahua, em M. Harner (org.), *Hallucinogens and Shamanism*, p. 38.

yochī o problema da duplicação

imagem de seus protótipos (*owa koj*), as flores-modelo. Não apenas uma "categoria de percepção"[17], *yochj* designa também um processo de cisão e deslocamento subjacente aos seus diversos sentidos e entidades. Não por acaso, as fotografias (projeções visuais, *yochj*, de seus suportes) podem ser usadas em feitiçarias soprocantadas (*shõka*) de uma maneira similar àquela pela qual excrescências de queixadas (pelos, fezes, urinas e flocos de terra) são soprocantadas para atrair seus duplos (dentro de seus corpos) para as proximidades da aldeia. Algo similar ocorre aos duplos (*vaká*) raptados pelos espíritos, mortos ou animais que os desejam ou por eles sentem afeto (*noia*): é "triste/nostálgico" (*oniska*) ver a pessoa assim incompleta ou vazia, tal como é nostálgico olhar para a fotografia de parentes ou de si mesmo no passado. Menos, a rigor, no passado e mais *em outro lugar*. Certa vez, uma senhora me disse ser *oniska* a foto de seu irmão que eu havia tirado há poucos minutos atrás e que ela podia, agora, visualizar no visor da câmera digital. Nostalgia, trajetos e distâncias estão aqui intrinsecamente vinculados, como veremos novamente mais adiante.

Entidades e Duplicações

Se as projeções-duplicata causam males ao se infiltrarem no interior dos corpos humanos excessivamente expostos ao contato com coisas, animais e outras singularidades das quais se destacam, são outros porém os males de ordem cosmopolítica, tais como os causados por antas, queixadas, onças, veados, sucuris, urubus, macacos-aranha, entre outros diversos animais. "Anta" (*awá*) é uma singularidade composta por três princípios: sua carcaça (*awf shaká*), seu duplo-espírito que tem a característica dos donos dos animais Mishõ (*vaká mjshõka*) e de seu duplo ruim, guerreiro (*vaká ichná, pakaivorasj*), causador de doenças. O diagnóstico de um determinado sintoma (feridas na pele, dor de fígado, dores de dente etc.) é acessível apenas aos *kfchjtxo* e referente aos dilemas que ocorrem entre os duplos dos humanos e esses outros de singularidades tais como "anta". Muito frequentemente, os diagnósticos mudam diversas vezes ao longo de uma seção de cura, até que o sintoma seja neutralizado. A cosmopolítica marubo supõe a personificação, mas não a projeção animista da mente para o mundo, a fonte dos erros categoriais daquela mente primitiva genérica imaginada pela metafísica ocidental.

Os duplos dos queixadas são guerreiros portadores de lanças (*vaká pakayavo*): o bicho morde um caçador // seu duplo o perfura com sua lança. Trata-se aí do duplo insensato que quer guerrear com a pessoa e que pensa para si mesmo serem

17 P. Déléage, op. cit., p. 51.

assassinos os marubo caçadores[18]. As ulcerações visíveis na carne da pessoa deverão, daí em diante, receber um duplo tratamento: curar a ferida que se alastra // resgatar o *vaká* do caçador que, assustado, desprendeu-se de seu corpo e perdeu-se por aí. As feridas são tratadas com remédios vegetais (*mani pei rao*), que podem ser combinados aos cantos *shõki* (voltados para os duplos)[19]. Os duplos dos cachorros (*wapa*), por exemplo, entram dentro das mulheres (de seus corpos/casa) e as deixam com o que chamaríamos de epilepsia (*ichná*), sintoma para o qual pediam-me com frequência remédios. Donde a possibilidade de convivência dos dois sistemas médicos: os marubo tratam com seus cantos dos duplos e de suas interferências nos corpos; os brancos tratam apenas dos corpos com suas pílulas e injeções.

Algumas onças podem ser invisíveis (não correspondem a uma carcaça nessa referência), tal como no caso das auxiliares dos *kfchjtxo*, os xerimbabos dos benfazejos espíritos infindáveis Shoma (*Shoma kamã*) que os pajés daqui delegam para espantar os *yochj*. Outras, porém, são invólucros para duplos de guerreiros antepassados mortos. Os velhos contavam que o caminho entre o alto Ituí e as aldeias do igarapé Maronal era extremamente arriscado, já que está repleto de espectros *yochj*, espalhados por decorrência das guerras sangrentas que os antigos mantinham entre si. Agora, esses antigos vivem em seus corpos-onça espreitando os incautos: a onça ataca uma pessoa vivente por trás, cravando os dentes no crânio da presa // seu duplo dá pelas costas uma machadada na cabeça do inimigo. É isso que o duplo entende estar fazendo, já que é um guerreiro portador de machados (*osho roe*), assim como os queixadas o são de lanças (*paka*). O duplo do veado quer para si aqueles duplos das pessoas viventes; leva-os consigo (*vaká viáya*) e faz com que, de longe, soe aqui no corpo do *romeya* o seu lamento (*waiki*), na melodia de um canto *iniki*[20].

A noção de *yochj* se presta para pensar a dinâmica das referências em paralelo, as bifurcações entre suportes e projeções (duplicatas, humanoides) que parecem constituir todas as singularidades. Vimos como *yochj* supõe uma lógica posicional: nós somos os *yochj* da casa, dizia Kanãpa. Vale lembrar também que a contraposição dos *yochjvo* aos *yovevo* não comporta um esquema maniqueísta, mas sim um gradiente entre o infra e o hiper-humano[21]. A ameaça dos duplos

---

18 Yojni mj nachiamajnõ, a vakápa retea, a vakápa tanasma,
    Yoini mi nachia-mainõ,   a   vaká-pa rete-a,   a   vaká-pa tana-se-ma,
    bicho 2s morder-CON 3DEM duplo-ERG matar-RLZ 3DEM duplo-ERG saber-EXT-NEG
    a retetsikiro. Yawa ari chinãsho nokero yamamaya.
    a   rete-tsiki-ro. Yawa   a-ri   chinã-sho noke-ro yama-ma-ya.
    3DEM matar-DES-TP queixada 3DEM-RFL pensar-CN 1p-TP matar-CS-ATR

19 Ver D. Montagner, Mani Pei Rao: Remédios do Mato dos Marúbo, em D. Buchillet (org.), *Medicinas Tradicionais e Medicina Ocidental na Amazônia* para um estudo sobre a farmacopeia marubo e G. Arevalo, *Medicina Indígena: Las Plantas Medicinales y su Beneficio en la Salud Shipibo-Conibo* para os shipibo-conibo.

20 É o que vimos no caso da doença de Cherõpapa (capítulo 1) ocasionada por uma sobremesa à base de creme de leite.

21 A tradução de D. Montagner em O Mundo dos Espíritos: Estudo Etnográfico dos Ritos de Cura Marúbo, e em *A Morada das Almas*, dos *yovevo* por "espíritos benevolentes" e dos *yochjvo* por "espíritos malevolentes" se revela então problemática.

yochj o problema da duplicação

é fruto de algum desentendimento posicional e cosmopolítico, guerreiro ou afetivo: os espíritos subaquáticos (*ene yochjvo*) querem se vingar dos marubo mandando folhas envenenadas para as crianças porque estas roubam os carás de seus roçados // pescam peixes nos rios. Os duplos dos parentes dos mortos não sabem que, ao desejar os viventes, acabam por causar doenças ao atraí-los para sua companhia ou posição.

No tempo do surgimento, quando o sangue das pessoas era bom (*imi roaka*), a comunicação direta fazia-se possível: as árvores falavam, as colinas falavam, os rios falavam, as malocas andavam sozinhas e falavam, assim como os animais, com os quais era possível conversar. É apenas agora que não vemos o *yochj* da maloca e de tantos outros entes: não porque tenham desaparecido (eles seguem existindo para si mesmos), mas porque nossos olhos, pensamento e sangue se estragaram. A reflexão sobre os *yochjvo* é também uma reflexão sobre a ética sociocósmica, sobre as transformações e sobre o estado de desolação generalizada dessa Terra-Morte. Por isso, as moças e rapazes jovens sabem pouco nos dias de hoje: o ensinamento não entra em suas carnes e em suas vidas/pensamento; já são mesmo pessoas distintas de seus pais e avós[22].

Os *yochj* seguem portanto vivendo por aí e faz-se necessário monitorar/pensar as suas multidões. Pensa-se em *yochj* e eles logo aparecem (*varia, taná*), assim como as cobras. Quando os *yochj* comem uma pessoa, não resta sequer uma poça de sangue no local. Não há rastros. A pessoa vai andando sozinha, fica cansada, vai caindo, não consegue sequer gritar. Os *yochj* pegam-na e ela desaparece. Eles são reconhecíveis quando piam de modo a lembrar um canto humano, tal como o pio de uma coruja, que tem um padrão de canto de gente. Estão enganando (*tanatjpa*) a pessoa: escuta-se um pio ali, mas eles não estão ali; escuta-se um pio lá, mas eles estão em outro lugar. Para nós, os *yochj* não têm ossos e não temos como matá-los, mas para si mesmos eles têm ossos e corpos[23]. Podem por isso agarrar a pessoa. Caberá aos pajés kfchjtxo varrê-los, assustá-los e incendiá-los com o auxílio das armas, fogos, onças e ventanias dos espíritos Shoma e Broto de Ayahuasca.

---

22 O "conhecimento corporal" dos kaxinawá estudado por K. Kensinger, em *How Real People Ought to Live* e por E. Lagrou, em O que Nos Diz a Arte Kaxinawá sobre a Relação entre Identidade e Alteridade?, *Mana*, v. 8, n. 1, não é exatamente o mesmo que o exposto aqui. Ainda que tenham dito a Kensinger que "o pensamento acontece dentro do corpo (*yuda medan*)" (cf. idem p. 243), o corpo não parece estar aí envolvido na mesma lógica recursiva que caracteriza o caso marubo. O conhecimento especial adquirido pelo corpo como espaço fractal, o corpo/maloca onde vivem os duplos da pessoa, não é como aquele saber a que se refere Kensinger e possui, aliás, um ar paradoxal. Aqui, é como se, embora internalizado na pessoa, o conhecimento fosse sempre mediado: é por causa da coincidência espacial dos duplos-outros (irmãos ou pares, *take*) no ventre/oco/maloca, que o saber (ético, sociocósmico) pode ser transmitido.

23 *Yochj shao yama, yora yamatjpa, ari ã tanáro shao aya.*
Yochi shao yama, yora yama-tipa, a-ri ã taná-ro shao aya.
espectro osso NEG gente matar-IMPOSS 3dem-RFL 3dem entender-TP osso ter

Dizem que, quando uma mulher vira *yochj* (e isso aconteceu com a mãe de Venãpa), seu marido morre. Sentada com a postura curvada, os cabelos longos cobrindo o rosto, ela revela de súbito brilhantes olhos vermelhos e feições agressivas: alterou-se (*wetsakea*), espectrizou-se (*yochjkea*), e estará prestes a devorar o marido que antes a maltratava. De episódios baseados nessas alterações é que se constituem as histórias de devorações por espectros (*yochj piá*) que os marubo contam à noite, às vezes com humor, às vezes com seriedade. Os *yochj* costumam fazer um barulho característico de estalido nos lábios (como um beijo no ar), *tsoski*: estes são os espectros dos cupinzeiros (*nakash*), cujo ruído é imitado pelos adultos como uma forma de alertar e assustar as crianças manhosas. As sombras corporais (*yorã vakíchi*), por sua vez, não costumam fazer tal ruído provocado pelo estalido dos lábios, ainda que causem doideiras (*tanasma*) nos jovens e nos próprios estrangeiros quando se aproximam de seus corpos, tal como o fazem os duplos mudos dos mortos e mais outros diversos *yochj*.

Pela Morada Arbórea costuma passar a Onça Celeste (Shetsiako). Ela passa pelas malocas dos marubo soando (*reshni*) assim: *shetsjj, shetsjj, shetsjj*. Anda pelo *tama vai*, o caminho acima da copa das árvores. É gente e, para si mesma, porta um machado (*roe*) que, para nós, são os seus dentes: "é o poder dela", disse-me alguém. Seu duplo/sua pessoa costuma cantar *iniki*. É uma onça grande com cabelo comprido (seu bicho ou seu duplo?) e costuma aparecer na época das pupunhas maduras (*wanj txini*). Ataca as pessoas quando chega: "é onça mas fala língua de gente", disseram. São muitas, a rigor, e por vezes equiparadas a um outro bicho chamado Tsasi, onça da cintura para baixo, gente da cintura para cima. Quando a pessoa ia caçar macaco-preto, *tsasi* cortava-lhe a cabeça com sua lança de taboca. Os parentes na maloca escutavam barulho de queixada e de nambu e iam ver o que era: Tsasi os enganava e acabava decepando todos. Na história, Sabiá avisava que tinha bicho. O pai aguardava na maloca enquanto os outros iam ver as caças, mas Tsasi entra dentro da maloca e mata o pai, dizendo: "vocês vêm todo dia cortar a minha cabeça, agora eu é que vou cortar a cabeça de vocês". Tsasi guarda em sua maloca muitas cabeças penduradas. Suas histórias são narradas no *Tsasi Saiti*. Tsasi é mais claramente um *yochj*, muito embora Shetsiako seja ambígua: "é *yochj* mesmo, talvez seja espírito-onça (*yove kamã*), é mais para espírito (*yovepase*) que fica andando no alto", explicou alguém.

Um marubo me disse certa vez ter visto os espectros do gavião real (*yochj tete*) em uma colocação de seringa. Estava com um parente seu riscando as árvores quando, de súbito, muitos espectros-gavião vieram chegando e pousando sobre as árvores. Seguiu-se uma ventania forte e tudo escureceu: um vento que não movia as coisas e que o fazia tremer de terror. Saiu correndo desenfreado com seu parente, pulando por obstáculos e passando por espinhais sem sentir dor alguma. Conseguiu enfim chegar ileso à canoa e desapareceu do local. Os *yochj* são diversos e nem sempre aterrorizantes. Quando se dorme demais durante o dia, por exemplo, o *ochã yochj*, "espírito do sono", vem dizer coisas ruins e fofocar no ouvido da pessoa. Ela acorda brava, agitada, e vai brigar com os parentes. Depois fica se masturbando, porque dormir de dia dá ereções. Não é o *sujeito* que fica mal-humorado, mas sim o espectro que assim o deixa, tal como não é também ele que canta bons cantos. O espírito do sabiá, entre outros, é o responsável por isso. A multidão de espectros ruins (*yochj ichnárasj*) tem também maloca e chefe, são gente. Alguns deles "são como os marginais da cidade, sabem coisas, mas mangam das pessoas"[24]. Mau humor, inteligência, agressividade, entre outros tantos estados considerados como subjetivos por nossa metafísica aqui encontram uma explicação diversa. Os *yochj* da cachaça (*katxasnf yochj*) atravessam a pessoa e a deixam agressiva, querendo matar seus parentes; os duplos do macaco-prego (*chinõ vaká*) passam pelos jovens, fazendo com que se tornem lascivos.

Duplicação e Classificação

Para compreender os dilemas envolvidos nas cisões entre duplos e corpos e seu respectivo sistema de cura, precisamos apresentar a outra vertente da complexa poética xamanística marubo, a dos cantos *shõki*. É através de uma inesgotável proliferação de fórmulas verbais que os pajés "pensam tudo", isto é, mapeiam a formação das singularidades cindidas entre seu suporte corporal e seu *yochj* (duplicata ou humanoide). Uma grande parte dos mitos narrados nos cantos *saiti* diz que certos animais foram outrora humanos (ver o exemplo precedente dos queixadas); outra parte narra/visualiza a formação de outros tantos animais através de um processo de montagem a partir de filhotes e pedaços de animais, a matéria de que diversos espíritos demiurgos lançaram mão para constituí-los. Resgatando os versos que compõem os cantos-mito (ou a fala pensada, *chinã vana*, como são referidos os cantos *shõki* em um sentido mais amplo), o pensamento se utiliza de tais animais-ícones para compor suas fórmulas especiais. Numa etapa seguinte, essas fórmulas vão se articular à estrutura geral dos cantos *shõki*. As duplicatas dos grandes caramujos aruá (*novo anika*), por exemplo, assentam-se no oco das pessoas para urinar e defecar. É necessário então conhecer as fórmulas que visualizam a maneira através da qual tais caramujos foram feitos nos tempos míticos. Elas nortearão a estrutura geral dos cantos:

---

24 *Marginalrasj keská, eseyasmfkj yora atikavo.*
Marginal-rasi   keská,   ese-ya-se-meki   yora   atika-vo
marginal-COL assim.como conhec.-ATR-EXT-CON gente zombar.mangar-PL

A	B	C	C	B	A
senã	*yawa*	*voshkapashõki*	feito de cabeça de	queixada	choque
rane	*yawa*	*voshkapashõki*	feito de cabeça de	queixada	adorno
vari	*yawa*	*voshkapashõki*	feito de cabeça de	queixada	sol
shane	*yawa*	*voshkapashõki*	feito de cabeça de	queixada	azulão
noro	*yawa*	*voshkapashõki*	feito de cabeça de	queixada	muco
matsi	*yawa*	*voshkapashõki*	feito de cabeça de	queixada	frio

As fórmulas mantêm dois elementos fixos (colunas B e C) e variam um (coluna A); mantêm o elemento de transformação ("feito de cabeça de queixada") e variam a classe (choque, adorno etc.). Os caramujos aruá feitos a partir desse processo resguardam a classe que diferenciava os seus elementos iniciais de montagem (as cabeças de queixada). Um caramujo aruá "feito de cabeça de queixada choque" será então um "caramujo-choque", e assim por diante. Após dizer como são feitos (*awf shovia*) esses diversos caramujos, o kfchjtxo deve, seguindo uma ordem canônica, revelar novamente através de uma imagem visual o seu lugar (*awf tsaoa*). A fórmula diz: *matsi vakis tapõ kasotanairi tsaoa*, "sentado em cima da raiz de urtiga-frio", uma metáfora para "dentro de uma curva de água ou rio" (*ene votj ikitõ tsaoa*). Essa estrutura triádica (as colunas A, B e C acima) se estenderá para toda e qualquer singularidade pensada pela *shõki vana*: é ela que o pajé, reiterando em tom de voz baixo e rápido, oferece aos aprendizes como chave de identificação do agente agressor que afeta o doente. Trata-se, portanto, de um gatilho para os cantos inteiros que se constituirão a partir daí, a fim de neutralizar o agente (seja ele duplicata ou humanoide) e livrar o corpo do paciente dos estragos causados. Os caramujos aruá pequenos (*novo potochta*) que, assim como os grandes, costumam também introduzir suas duplicatas no oco das pessoas, têm o seguinte esquema para serem pensados:

A	B	C	C	B	A
senã	*iso*	*ovõshki*	feito de testículo de	macaco preto	choque
rane	*iso*	*ovõshki*	feito de testículo de	macaco preto	adorno
vari	*iso*	*ovõshki*	feito de testículo de	macaco preto	sol
shane	*iso*	*ovõshki*	feito de testículo de	macaco preto	azulão
noro	*iso*	*ovõshki*	feito de testículo de	macaco preto	muco
kana	*iso*	*ovõshki*	feito de testículo de	macaco preto	arara

Com relação ao paradigma de pensamento para o aruá grande, vemos que o elemento transformacional foi aí alterado (de "cabeça de queixada" para "testículo de macaco preto"), ao passo que a informação gramatical se manteve (as informações pospostas ao nome na coluna C, compostas de -pashõki ou de seu equivalente abreviado, -shki, "feito de") e apenas uma classe se alterou ("arara" ao invés de "frio", na coluna A). A mesma estrutura será aplicada para as sucuris médias (vfcha anipavorasj):

A	B	C	C	B	A
matsi	kapi	tekeyai	feito de caule de	mata-pasto	frio
vei	kapi	tekeyai	feito de caule de	mata-pasto	morte
shane	kapi	tekeyai	feito de caule de	mata-pasto	azulão
rane	kapi	tekeyai	feito de caule de	mata-pasto	adorno

No tempo do surgimento, os espíritos demiurgos se utilizaram de pedaços de cipó de ayahuasca para formar as sucuris grandes (vfcha tokopama). As classes antepostas a tais pedaços-ícones de transformação passarão, mais uma vez, aos sujeitos-sucuri aí formados: estes serão classificados como "azulão", "adorno", "frio" ou "morte", acompanhando o elemento que os formou (caule de mata-pasto). Foi assim que me explicou Tekãpapa, listando a série das sucuris feitas, dessa vez, dos cipós de ayahuasca:

A	B	C	D	E	F
vari	oni	tekepashõki	vari	vfcha	rasjni
shane	oni	tekepashõki	shane	vfcha	rasjni
matsi	oni	tekepashõki	matsi	vfcha	rasjni
vei	oni	tekepashõki	vei	vfcha	rasjni
kana	oni	tekepashõki	kana	vfcha	rasjni
rane	oni	tekepashõki	rane	vfcha	rasjni

C	B	A	F	E	D
feitas de pedaço de	ayahuasca	sol	coletividade	sucuri	sol
feitas de pedaço de	ayahuasca	azulão	coletividade	sucuri	azulão
feitas de pedaço de	ayahuasca	frio	coletividade	sucuri	frio
feitas de pedaço de	ayahuasca	morte	coletividade	sucuri	morte
feitas de pedaço de	ayahuasca	arara	coletividade	sucuri	arara
feitas de pedaço de	ayahuasca	adorno	coletividade	sucuri	adorno

O esquema é o mesmo das séries precedentes (elemento transformacional + classe). A diferença é que, nesse exemplo, o kfchjtxo Tekãpapa explicitou também toda a série de variações das pessoas ou coletividades decorrentes do processo de transformação, em geral subentendidas pelo aprendiz, ciente de que a classe do elemento transformacional (caule de ayahuasca, no caso acima) passa para a *singularidade* (composta do suporte corporal mais o *yochj*, duplicata ou humanoide) decorrente do processo. É importante frisar: os *agentes* de tais processos são os fazedores ou demiurgos do tempo do surgimento (no caso, os fazedores do mundo aquático e suas coisas, Ene Voã e Matsi Toro), cujos feitos são relatados pelos cantos *saiti*, que fornecem as fórmulas a serem deslocadas para os cantos *shōki*. Mas o sistema não é apenas e simplesmente uma transposição e recombinação direta do estoque mítico para o estoque dos cantos de cura/pensamento, uma vez que 1. certos elementos (*yochj*) a serem cantados não encontram correspondentes nos cantos-mito e 2. são também assim pensadas determinadas coisas por nós chamadas de *novidades*, mas já conhecidas há tempos pelos pajés e suas falas pensadas. Tais coisas dos estrangeiros (*nawã awerasj*) podem também ser incorporadas por esse que é um sistema dinâmico de pensamento mitopoiético.

O processo de transmissão desse sistema também deve seguir a configuração generalizada do campo sociocósmico, já que muitas vezes são os espíritos ou os mortos que vêm ensinar tais encadeamentos formulaicos aos viventes. As classes em que acima se distribuem as coletividades-sucuri não são as mesmas que aquelas empregadas pela sociedade marubo: não há povos "frio" (*matsi*) e "morte" (*vei*). Os classificadores, assim como os elementos transformacionais, ganham então autonomia nas falas e cantos pensados, funcionando como um esquema independente de agência poética. Ainda assim, ele se interpenetrará constantemente nos cantos *saiti* e *iniki*. Sua intensidade (a necessidade de esgotar, mapear ou monitorar uma determinada singularidade e sua posição) pode ser ditada ou ensinada por outrem (por espíritos *yovevo* ou pelos mortos espiritizados, através das falas/canto *iniki*) ou ser empregada para visualizar um processo de transformação narrado ao longo de um canto-mito *saiti*. Tal é o caso dos versos que Tekãpapa mencionou para pensar as roupas (*ōpo*), causadoras de febre (*yoná akaya*) e outros sintomas, cujas fórmulas não possuem correspondentes nos cantos-mito:

A	B	C	C	B	A
shane	*makō*	*shakapashōki*	feito de casca de	algodão	azulão
koj	*makō*	*shakapashōki*	feito de casca de	algodão	névoa
imi	*makō*	*shakapashōki*	feito de casca de	algodão	sangue
kene	*makō*	*shakapashōki*	feito de casca de	algodão	desenho
osho	*makō*	*shakapashōki*	feito de casca de	algodão	branco

Não basta dizer que a série mencionada por Tekãpapa está baseada em similaridades com o aspecto físico do elemento em questão. Se tais procedimentos estão presentes, por exemplo, no uso de *algodão* para visualizar roupas ou no uso de *testículos* para visualizar os pequenos e arredondados caramujos aruá, as classes que os antecedem não seguem porém essa lógica. "Sangue" ou "desenho" não estão aí para designar roupas vermelhas ou quadriculadas, muito embora tenham me afirmado que "branco" (e apenas nesse caso) designa sim roupas brancas. Não se trata, pois, de uma bula ou receita para fabricar singularidades ou para reatualizar a fabricação mítica das mesmas, na medida em que os componentes das fórmulas (classes, elementos transformadores e suas partes) acabam por se autonomizar e constituir um sistema visual próprio. Esse indica, como veremos aos poucos, uma configuração de posições e alterações, para além das semelhanças e contiguidades (caules e troncos para sucuris, cabeças de queixadas para caramujos grandes etc.) de que se valem, em algum momento, as suas cristalizações formulaicas. Posições: é necessário mostrar a referência da singularidade gerada a partir do processo de transformação, como no caso das distintas sucuris e suas respectivas socialidades marcadas por seus respectivos classificadores. Alterações: os classificadores vão também indicar o efeito ou resultado transmitido do elemento transformador para a singularidade transformada, tal como no caso dos ovos do pássaro-queixada (*yawa chai vatxi*) comidos pelos antigos, fazendo com que se transformassem em queixadas (*yawa*). A sequência das traíras (*tsismã*), por sua vez, traz alguns classificadores envolvidos nos males causados pela introdução de suas duplicatas na carne do doente...

A	B	C	C	B	A
tore	*tete*	*inãshki*	feito de rabo de	hárpia	Podridão
senã	*tete*	*inãshki*	feito de rabo de	hárpia	Choque
vari	*tete*	*inãshki*	feito de rabo de	hárpia	Sol
shane	*tete*	*inãshki*	feito de rabo de	hárpia	Azulão
ia	*tete*	*inãshki*	feito de rabo de	hárpia	Catinga
ko	*tete*	*inãshki*	feito de rabo de	hárpia	Pus
imi	*tete*	*inãshki*	feito de rabo de	hárpia	Sangue

... e estranhos aos que são também utilizados pelo sistema sociológico marubo. No caso da traíra, os classificadores adiantam os sintomas causado pelo seu *yochj* (diarreia, pus), mas não derivam deles, assim como não são uma mera transposição do esquema das classificações de parentesco ou de analogias de semelhança. O conjunto (podridão, choque, sol, azulão, pus, sangue) combina termos que se referem a sintomas de doenças a outros termos estranhos, de maneira similar àquela pela qual, no exemplo das roupas, os classificadores que antecediam seu elemento transformador (algodão) também extrapolavam as características físicas das vestimentas. Vejamos as séries dos besouros (*samõ*), que infiltram duplicatas na carne dos doentes:

A	B	C	C	B	A
ko	kamã	verõshki	feito de olho de	onça	pus
shõto	kamã	verõshki	feito de olho de	onça	tumor
shane	kamã	verõshki	feito de olho de	onça	azulão
ko	nawa	verõshki	feito de olho de	estrangeiro	pus
shõto	nawa	verõshki	feito de olho de	estrangeiro	tumor
shane	nawa	verõshki	feito de olho de	estrangeiro	azulão

E os besouros grandes causadores de tonturas (*samõ keyaka sjkikavo*):

A	B	C	C	B	A
ko	kape	shetãshki	feito de dentes de	jacaré	pus
shõto	kape	shetãshki	feito de dentes de	jacaré	tumor
shane	kape	shetãshki	feito de dentes de	jacaré	azulão

E os besouros pequenos (*samõ potochta*):

A	B	C	C	B	A
ko	kape	verõshki	feito de olhos de	jacaré	pus
shõto	kape	verõshki	feito de olhos de	jacaré	tumor
shane	kape	verõshki	feito de olhos de	jacaré	azulão

Mais uma vez, o classificador *shane* (azulão) se combina a outros possivelmente associados aos sintomas causados na carne pela infiltração da duplicata agressora. Tal *combinação* é que merece nossa atenção, mostrando que, ao reunir elementos aparentemente discrepantes entre si, o sistema de classificadores se torna autônomo. Cabe investigar aqui a direção cosmoestética adotada por esse sistema: a administração de remédios fitoterápicos, assim como a de remédios dos brancos, não é tão eficaz quanto a utilização de imagens visuais articuladas em cantos, capazes de atuar de modo intensivo no plano paralelo das duplicações. Dores de dente, por exemplo, são causadas por marimbondos (*yawa vina*), minhocas (*noj*), vagalumes (*tapi*), carunchos (*mãsf*), abelhas (*vona*), *mako* e *tano* (duas larvas que proliferam em troncos apodrecidos), *e* (formiga de fogo), en-

yochĩ o problema da duplicação

tre outros animais cujas duplicatas entram dentro dos dentes e os laceram. As seguintes séries listam algumas das fórmulas empregadas no extenso canto *vina shōki* (soprocanto do marimbondo), utilizado para tratar de tais males:

A	B	C	C	B	A
ko	*ono*	*shetãshki*	feito de dente de	caetitu	pus
moka	*ono*	*shetãshki*	feito de dente de	caetitu	amargo
ko	*ono*	*ranjshki*	feito de pelo de	caetitu	pus
moka	*ono*	*ranjshki*	feito de pelo de	caetitu	amargo

Tal é a série dos marimbondos-caetitu (*onõ vina*), assim chamados por terem sido feitos no tempo dos surgimentos com dentes e pelos de caetitus (e não por serem monstruosos insetos suínos). Algo similar ocorre aos marimbondos--queixada (*yawa vina*), cujas fórmulas para pensar suas montagens/formações (*awf shovia*) são as seguintes:

A	B	C	C	B	A
ko	*yawa*	*shetãshki*	feito de dente de	queixada	pus
moka	*yawa*	*shetãshki*	feito de dente de	queixada	amargo
ko	*yawa*	*ranjshki*	feito de pelo de	queixada	pus
moka	*yawa*	*ranjshki*	feito de pelo de	queixada	amargo

Os insetos assim formados podem ser chamados de marimbondos-caetitu, de marimbondos-queixada, ou ainda de marimbondos-amargo (*moka vina*) e marimbondos-pus (*ko vina*), herdando os classificadores que antecediam os elementos a partir dos quais foram feitos (dentes e pelos de porcos do mato). Impossível mapear os *yochj* de tais insetos que atordoam os doentes sem conhecer as suas formações. E as abelhas:

A	B	C	C	B	A
ko	*Moka*	*chepoyai*	feita de farelo de	fruta-pão	pus
shane	*Moka*	*chepoyai*	feita de farelo de	fruta-pão	azulão
txi	*Moka*	*chepoyai*	feita de farelo de	fruta-pão	fogo
ino	*Moka*	*chepoyai*	feita de farelo de	fruta-pão	jaguar
koro	*Moka*	*chepoyai*	feita de farelo de	fruta-pão	cinza

As aranhas (*chinoshko*, um termo genérico), cujas duplicatas se infiltram no "oco/ventre" e nas narinas (*rekj tsewe*) dos doentes, causando sangramentos e outros sintomas, formam-se também da massa ou farelo da árvore fruta-pão (*moka*). Oferecem, porém, um conjunto distinto de classificadores:

A	B	C	C	B	A
txi	moka	chepoyai	feita de farelo de	fruta-pão	fogo
ko	moka	chepoyai	feita de farelo de	fruta-pão	pus
pãchj	moka	chepoyai	feita de farelo de	fruta-pão	amarelo
koro	moka	chepoyai	feita de farelo de	fruta-pão	cinza
shane	moka	chepoyai	feita de farelo de	fruta-pão	azulão

Não é apenas aos males causados pelas agressões dos *yochj* humanoides e duplicatas que os recursos da fala pensada são empregados. Baterias elétricas, por exemplo, diz-se "feito de cabeça de onça" (*kamã mapôshki*); relógios (*vari ojti*) diz-se "feito de olho de onça-amargo" (*moka kamã verôshki*) e "feito de olho de onça-fogo" (*txi kamã verôshki*); panelas de ferro (*mane yoá*) diz-se "feito de hárpia-névoa" (*koj tetepashôki*) e seguidas dos versos "tronco de hárpia-névoa/ o tronco retiraram" (*koj tete shavã/ shavã yasha atãi*). Panelas de ferro, assim como outros elementos do mundo dos brancos – e, aliás, os próprios brancos – podem ser pensados por um sistema virtualmente anterior aos contatos com peruanos e brasileiros: já eram mesmo conhecidos pelos pajés antes que os estrangeiros chegassem. A fala pensada (*chinã vana*) ultrapassa fronteiras entre supostos gêneros das artes verbais e se interpenetra, por exemplo, em cantos *saiti* tais como o Canto de Surgimento dos Pajés (*Kfchjtxo Wenía*)[25] e outros tantos. O procedimento da fala pensada pode então em potência se estender a todas as singularidades: para tanto, as enquadrará em determinado conjunto de classes e oferecerá a fórmula para suas determinadas formações (*shovia*) e/ou surgimentos (*wenía*), além de seus lugares e hábitos.

Tais fórmulas são certamente metáforas, pois transportam o pensamento para além da singularidade visada e substituem os seus nomes ordinários por sentenças especiais empregadas nas conversações rituais. Metáforas, mas não desvios de linguagem aos quais caberia resgatar uma objetividade escamoteada pela figuração[26]: é precisamente *esta* a formulação eficaz; são precisamente as palavras torcidas *desta maneira* que afetam o mundo do modo como pretende fazer o especialista que as conhece[27]. Aqui, os mundos mudam com as metáforas: não são elas que mudam o mundo. Cada classe de pajé *kfchjtxo* tem uma metáfora específica para o seu surgimento e para a posição que ocupa na configuração sociocósmica, assim como para os incontáveis *yochj* pressupostos na composição de cada ente ou coisa. Procurando uma tradução possível de metáfora para o marubo, o professor Benedito Keninawa, que tomava pela primeira vez contato com esse nosso termo, sugeriu a

25 Veja um trecho desse canto no capítulo 4.
26 Cf. Paul Ricoeur, *La Métaphore vive*.
27 Cf. G. Townsley, Song Paths: The Ways and Means of Yaminawa Shamanic Knowledge, *L'Homme*, v. 33, n. 126-128.

yochĩ o problema da duplicação

seguinte expressão: *anôsho awfshovia taná*, "para entender o surgimento [de algo]".
A solução não podia ser mais intrigante, pois indica que a metáfora é aí pensada
por outra conexão conceitual: palavras torcidas para compreender o surgimento
das coisas, inacessível ao uso ordinário da linguagem.

Muitas das fórmulas que examinamos acima deveriam ser cotejadas aos copiosos cantos-mito dos quais frequentemente derivam. Tal tarefa propriamente enciclopédica escapa às nossas presentes possibilidades, já que o trabalho de tradução
de apenas alguns poucos exemplares integrais de cantos *shôki* e *saiti* preencheria
centenas de páginas. Não dispomos também de todas as centenas de cantos míticos *saiti* transcritos, traduzidos e comentados para que seja possível encontrar
com precisão o vínculo com as fórmulas da fala pensada. De toda forma, analiso
adiante longos fragmentos de um canto *shôki*, a fim de que o leitor possa compreender com mais exatidão o desenvolvimento das fórmulas no interior da longa
estrutura paralelística em performance. Por ora, cabe apresentar a maneira como
o esquema desenvolve conteúdos muitas vezes provenientes do estoque mítico
(a montagem de singularidades a partir de corpos de animais pelos fazedores de
outrora) a ponto de criar um sistema semiótico à parte.

Muitas vezes, os próprios *kfchjtxo* não dão uma razão para o uso específico deste
ou daquele classificador dentro de uma série. "É assim mesmo", "é só para falar
mesmo", "é para pensar", dizem com frequência. Algumas poucas fórmulas acabam então carecendo de significados precisos[28]. Torna-se difícil rastrear o sentido
exato de certos classificadores: "por que 'choque' é usado na série das traíras?",
eu poderia perguntar (como sempre obcecado pelas razões). A resposta viria de
um modo padronizado em versos, do tipo "rabo de hárpia-choque/ com lança o
rabo pegaram" (*senã tete inaki / ina pakã atãki*). O verso indica que um determinado
elemento de hárpias-choque (seu rabo) foi utilizado para formar traíras, mas não
porque "choque" está aí anteposto a "hárpia". Classificadores não são adjetivos (não
estamos falando de hárpias elétricas) e o sistema por eles engendrado, dizíamos,
não se reduz a um transporte de qualidades, nem a extensões precisas dos termos
utilizados em suas fórmulas. O relativo automatismo aí presente não implica, porém, em vacuidade semântica generalizada: bastará uma conversa mais aprofundada com os cantadores, bem como um trabalho denso de tradução e de comparação, para desvelar os sentidos dos enunciados desse sistema mitopoiético.

O presente sistema, estruturando-se em um conjunto de reiteração de morfemas e de condensações formulaicas, desenvolve uma *estética da intensidade reiterativa*.
Em outros termos, a repetição de blocos de cantos sob a ordem de um determinado classificador ("sol" por exemplo) visa a esgotar, mapear e visualizar toda
a série de transformações e hábitos de determinado *yochj* da classe "sol": é este
classificador que marcará, digamos, a cadência cognitiva e visual de um deter-

---

28 Ainda que não seja possível rastrear o significado de algumas fórmulas e termos da língua especial, estas possuem em sua ampla maioria significados precisos, diferentemente
do que ocorre, por exemplo, no xamanismo yagua (Cf. J.-P. Chaumeil, Des Esprits aux
ancêtres, L'Homme, v. 33, n. 126-128) ou nos cantos *sekretto* dos kuna (cf. J. Sherzer, *Kuna
Ways of Speaking*).

minado bloco do canto, seguido de outro bloco marcado por outro classificador (japó, por exemplo), e assim por diante, até esgotar o conjunto de classes que compreendem as variantes da singularidade em questão. Esta não é apenas uma interpretação de recursos estilísticos de certos cantos marubo, mas sim de uma direção estética que o pensamento marubo achou por bem tomar e que se encontra distribuída pelas mais distintas áreas separadas por nosso arcabouço analítico tradicional, tais como cosmologia, organização social e parentesco ou a classificação de espécies[29]. Vale a pena examinar mais detalhadamente como a "fala pensada" desenvolve tal procedimento.

29 Os classificadores a que me refiro aqui não desenvolvem o mesmo conjunto de problemas que o sistema yawalapíti (E. Viveiros de Castro, *A Inconstância da Alma Selvagem*) ou kaxinawá (P. Deshayes; B. Keifenheim, *Penser l'Autre chez les Huni Kuin de l'Amazonie*). Não trato aqui dos modificadores que se ocupam da relação entre protótipo e atualização, que certamente jogam um papel fundamental e são tais como *koj* ("prototípico"), *kaya* ("principal"), *ewa* ("maior") e outros a serem descobertos e analisados. O sistema de classificação aqui perseguido desencadeia uma *variação posicional* e não gradações do tipo protótipo/atual. Não se trata também aqui de discutir questões relacionadas às etno-taxonomias e biologias-*folk* (ver por exemplo P. Valenzuela, Major Categories in Shipibo Ethnobiological Taxonomy, *Anthropological Linguistics*, v. 42, n. 1; D. W. Fleck, Underdifferentiated Taxa and Sublexical Categorization: An Example from Matses Classification of Bats, *Journal of Ethnobiology*, v. 22, n. 1; S. Atran, Core Domains *Versus* Scientific Theories: Evidence from Systematics and Itza-Maya Folkbiology, em L. Hirschfeld; S. Gelman (orgs.), *Mapping the Mind*; B. Berlin, The Concept of Rank in Ethnobiological Classification: Some Evidence from the Aguaruna Folk Botany, *American Ethnologist*, v. 3, n. 3; idem, *Ethobiological Classification: Principles of Categorization of Plants and Animals in Traditional Societies*), uma vez que nosso problema não é o de buscar variações *ad hoc* de modelos explicativos gerais, mas sim oferecer um exercício de reflexão sobre o pensamento xamanístico marubo. A distinção estabelecida por Valenzuela entre compostos [*compounds*] morfológicos e semânticos para o shipibo-conibo joga uma luz sobre nosso caso: "*kashin mentsis* [...], 'garra de morcego' é um composto morfológico na medida em que envolve a combinação de duas raízes nominais, *kashi* e *mentsis*, que interagem semanticamente em um único processo metafórico. *Kashin mensis* é uma espécie de cipó que possui, entre outras características, espinhos afiados, conceitualizados pelos shipibo-conibo nos termos de garras de morcego. Por contraste, *oxe bina* (*oxe* 'lua' + *bina* 'vespa') é um composto semântico que se refere a uma espécie de vespa [...] cujo ninho é dito ser semelhante à lua". Cf. P. Valenzuela, op. cit., p. 24. Nesse segundo caso, dois processos semânticos ocorrem: um, metafórico, compara a forma do ninho à forma da lua e outro, metonímico, faz com que "vespa" se refira a "ninho". Os marubo fazem amplo uso de tais compostos, tal como *yotá sheta* (lit. "dente de caranguejeira", designação metafórica de uma treliça de palha que serve de cobertura para a porta principal da maloca) ou *shawā ina* (lit. "rabo de arara", a metáfora especial para designar fogueiras). Tal como no caso shipibo, a composição também é para o marubo uma estratégia utilizada para diferenciar espécies (cf., P. Valenzuela, "Luna-Avispa" y "Tigre-Machaco": Compuestos Semánticos en la Taxonomia Shipiba, em Z. Estrada; M. Figueroa; G. López; A. Costa [orgs], *IV Encuentro Internacional de Lingüística del Nordeste* [*Memórias*]), como vemos em *awā mani* ("banana-anta", a maior de todas elas) ou em *nawa atsa* ("macaxeira-estrangeiro", aquela adquirida dos estrangeiros). O sistema xamanístico de classificação deve partir dessa base comum de funcionamento da língua, comum a diversas línguas da família pano. Os dois últimos exemplos, entretanto, se aproximam mais do sistema de classificação de que tratamos páginas cima, já que esse não pressupõe uma relação genitiva (tal como em "dente *de* caranguejeira"), e sim a formação de nomes compostos ("tabaco-névoa" e não "tabaco *de* ou *da* névoa"). É essa composição classificante que se atrela à variação posicional desencadeada pela cisão entre duplos e corpos.

yochī o problema da duplicação

8. A Poética da Duplicação

A fala pensada (*chinã vana*) é vertiginosa: não apenas para o etnógrafo que tenta encontrar um fio em meio à sua vastidão, mas também pela própria idiossincrasia que define sua agência estética. Pensar em tudo, como fazem os pajés (atuais e do "tempo mítico"), implica em descer até a decomposição mínima de cada singularidade, mapear cada surgimento, parte, trajeto, *habitat* e comportamento; construir, assim, panoramas visuais intensivos passíveis de serem apreendidos apenas por uma atenção alterada. Pois o objetivo de uma seção de *shõki* é decerto pensar – e com precisão – em tudo, mas a partir de um evento multissemiótico cuja interpenetração de ritmo, polifonia sonora, disposição corporal e serialidade linguística fazem da sessão de cantos uma experiência impenetrável a um ouvinte ou observador lateral. A cena em questão é a rigor simples, e monótona: um ou mais pajés *kfchjtxo* sentam-se por horas e dias e meses juntos, tomando ayahuasca, cheirando rapé e conversando entre si em tom de voz baixo, por vezes quase sussurrado. Se há um doente, passarão dos bancos paralelos em que conversam (pensam, interpretam, aprendem, investigam) para a seção familiar onde o paciente está deitado. Ali ficarão debruçados sobre o corpo imóvel, sentados em duros bancos, com os cotovelos dobrados e as mãos fechadas na altura das bocas. E cantam, sozinhos ou em conjunto, por horas a fio, em um mesmo timbre e ritmo cativantes. É apenas neste exato momento da sobreposição de cantos, isto é, no instante em que os cantos estão efetivamente sendo utilizados para curar, que o xamanismo marubo não comporta uma função didática e não pressupõe uma audiência humana ou visível. É no início da sessão ou em seus intervalos que o aprendizado se reinicia, quando os cantadores saem do local onde está o doente e sentam-se de volta nos bancos *kenã*, onde receberão novas doses de rapé e ayahuasca.

Ao contrário dos *iniki*, cantados em voz alta e para todo e qualquer ouvinte, os *shõki* são ensinados em voz baixa e, se possível, apenas aos parentes próximos do pajé, que evita transmitir seu conhecimento aos seus afins ou rivais. Estes deveriam supostamente aprender com os respectivos *kfchjtxo* de sua parentela, coisa que nem sempre ocorre nos dias de hoje, pois são poucos os pajés mais sabidos. Ainda que sejam muitas vezes guardados como segredos por certos pajés e seus parentes próximos, os *shõki* não são transmitidos exclusivamente no interior de clãs ou linhagens, como em outras sociedades ameríndias[1]. Ainda que distintos dos *iniki*, os cantos *shõki* podem também vir de alhures, isto é, ser ensinados pelos espíritos *yovevo*. Entre os viventes, seu conhecimento mais completo e extenso é atribuído aos *kfchjtxo* residentes no Maronal, que detêm o conhecimento organizado e transmitido outrora por João Tuxáua Itsãpapa. A particular habilidade de sua execução está relacionada ao grau de complexificação da pessoa do pajé-cantador, como vimos nos capítulos anteriores.

Vamos aprofundar o assunto pela leitura de trechos de uma longa conversa que estabeleci com o *romeya* Armando Cherõpapa, um exemplo da maneira pela qual o conhecimento sobre os *shõki* é transmitido. Respondendo às minhas indagações sobre os *yochj*, ele começa a mapeá-los seguindo uma lógica gradual (que eu sem saber perturbaria em alguns momentos), partindo dos espectros formados nos arredores da maloca até aqueles que se encontram mais distantes (do ponto de vista espacial e temporal). Narrando a formação de entidades que projetam espectros humanoides, ele destaca, em uma ordem nem sempre fixa, a formação (*shovia*) de suas pessoas (*awf yora*), de seus alimentos (*awf yanika*) e das diversas partes ou variações de seus corpos (*awf kaya*), sempre através de versos formulaicos e blocos paralelísticos.

PEDRO: Há muitos *yochj*, quais são os *yochj*, os guerreiros, os da terra...?

CHERÕPAPA: *Yochjrasj õsiõsipa, awf shoviarasj õsiõsipa aká yochjrasj.*

São diversos os espectros, as suas formações são também diversas, assim são os espectros.

Neskánamã nokeni nachikiyavorasjro aská aro metxá yochjrasj,

Os nossos vizinhos são os espectros-úmido,

waka mispãne yochjrasjnã, askárasj, vinõ yochjrasj.

os espectros dos alagados, estes todos, os espectros dos buritizais.

Aská askaivo nokeni nachikivorasj, askáivorasj.

Esses aí são os nossos vizinhos, esses todos.

---

1 Ver por exemplo J. Hill, Myth, Music, and History: Poetic Transformations of Narrative Discourse in na Amazonian Society, em E Basco (org.), *Native Latin American Cultures Through Their Discourse* para os wakúenai do noroeste amazônico, 1, e J.-P. Chaumeil, em Des Esprits aux ancêtres, *L'Homme*, v. 33, n. 126-128, para os yagua.

Chjkom yochjrasj, chjkom yochjrasj, chjkom, waka mispãne shokoyase.

Os espectros da palmeira *chjkom*[2], os espectros do *chjkom* vivem nos alagados.

Wakãmi, wakãmi, aská atõ yochjrasj askáivo, aro nokeni nachikiya, oramashta.

Os espectros da palmeira *wakãmi*[3], os seus espectros, estes são nossos vizinhos, estão perto.

Vinõ yochjro awf̃ recho avátõshki…

Os espectros dos buritizais[4] se formam no fluxo de seiva que escorre do tronco…

vei *vinõ rechoki*	da seiva do buriti-morte
recho avá atõsho	da seiva escorrendo
ea yochj shoviaiki	eu espectro me formei – diz

matsi *vinõ rechoki*	da seiva do buriti-frio
recho avá atõsho	da seiva escorrendo
ea yochj shoviaiki	eu espectro me formei – diz

aro awf̃ recho avá atõsh iki, askámãino…

Esses são os que surgiram da seiva escorrida, mas…

1	*matsj vake nawavo*	filhos do povo frio
	ino rjkj owãne	grandes onças vermelhas[5]
	atõ chinã ratea	suas vidas desprenderam
	atõ yama vakaki	e seus duplos-morte
5	*rakapekãii*	se desprendendo foram
	matsi vinõ yoraki	para que em cima
	vototanáirinõ	do tronco de buriti-frio
	matsi vinõ peiki	na folha do buriti-frio
	to iki vakíchi	em sua sombra
10	*ea yochj veõno*	eu espectro fique

Aro atõ, ino rjki atõ chinã ratetivo…

Estes são aqueles cujas vidas foram soltas pela grande onça, mas…

1	*matsi vinõ rechoki*	da seiva do buriti-frio
	recho avá atõsho	da seiva escorrendo
	ea yochj shovikãiai	eu espectro vou surgindo

---

2 Espécie não identificada.
3 Espécie não identificada.
4 *Mauritia flexuosa, Mauritia carana.*
5 Uma determinada onça vermelha, que vive nos galhos das samaúmas. Diz-se que devorou os filhos do povo-frio (*matsj vake nawavo*), soltando assim os seus duplos. O episódio é contado no *saiti Vinõtivo* ("Transformaram-se Há Tempos em Buritizal").

	matsi vinõ yoraki	para que em cima
5	*vototanáirinõ*	do tronco de buriti-frio
	matsi vinõ peiki	na folha de buriti-frio
	to iki vakíchi	ali na sombra
	ea yochj veõno	eu espectro fique
	iki awakãiai	assim vai ficando
10	*veõnivo yochjraki*	o espectro aí sentado – diz

Note a repetição do classificador "frio" neste bloco, dedicado à visualização da referência "frio" e seus espectros. Estes surgem da seiva que escorre das palmeiras que crescem na várzea (*mispã*): uma vez tendo surgido, vão viver como pessoas em seus respectivos lugares, sempre anunciados em suas falas através de fórmulas toponímicas. *Atõ chinã ratea* – uma fórmula bastante produtiva em outros cantos e que recrio como "suas vidas desprendeu" – indica o processo de formação dos espectros. "Frio" (buriti-frio) marca a classe a que pertencem tais povos e buritis, ao invés, mais uma vez, de designar pessoas ou palmeiras friorentas.

O sufixo reportativo –ki, traduzido como "diz" à direita do verso de fechamento dos blocos, indica que Cherõpapa está citando as palavras do *yochj* (espectro), a pessoa locutora do canto. Mas não o faz como nos cantos iniki, pois o *vaká* (duplo) de Cherõpapa está presente quando ele me conta/canta/ensina estes pequenos blocos de *shõki*, como costuma em geral acontecer na transmissão dos cantos-pensamento. Ainda assim, os cantos *shõki* oscilam entre a identificação do locutor (o "eu" presente nos versos) ao próprio cantador e a separação de ambos: esta última opção é a que acontece aqui, quando o pajé cita o que os próprios *yochj* dizem sobre suas formações. Isso mesmo que o locutor (*yochj*) fale na primeira pessoa ("eu espectro me formei") ou se refira a si mesmo na terceira pessoa ("vai o espectro se formando"). Nos cantos em questão, o regime enunciativo é mediado, e não imediato, como no caso dos iniki. Os espectros não estão em pessoa falando através de Cherõpapa: é ele que cita as suas palavras congeladas em uma estrutura formulaica transmitida e armazenada pela memória; transformada ou composta de acordo com a necessidade de monitorar uma determinada singularidade, ou então recebida como ensinamento por outrem (em sonho, através de um canto iniki, nas viagens do duplo do *romeya*). Vamos seguir acompanhando a progressão do mapeamento visual de Cherõpapa. Ele passa, como de praxe, a explicar a alimentação dos *yochj*.

> *Askávaiki aro yaniamaki:*
> E os seus alimentos são:

1	*vei vinõ vimiki*	com fruto de buriti-morte
	vei yoá shavãsho	dentro da panela-morte
	vei waka awasho	caiçuma-morte fizeram
	vei sheki verõno	caroço de milho-morte

5	*veyõ niá akesho*	ali dentro colocaram
	vei rome vakoshe	com espuma de tabaco-morte
	vekosh wia akesho	com espuma misturaram
	vei txoma toshaki	e na cabaça-morte
	waka weatawai	a caiçuma ofereceram
10	*veõnivo yochjra*	dos espectros aí sentados
	awf vei wakaki	é esta caiçuma-morte
	waka weainisho	da caiçuma servem-se
	waka yaniawai	da caiçuma fartam-se
	veõnivo yochjra	dos espectros sentados
15	*awf vei wakaki*	é esta caiçuma-morte
	waka yaniawai	da caiçuma fartam-se
	matsi paekãisho	e força-frio se alastra
	vei matsi pafyai	o forte frio-morte
	veõnivo yochjra	dos espectros aí sentados
20	*yochjvoro eakiki*	o espectro mesmo sou – diz

A yoraka askásevi, a yoraka yochjrvi,

    Sua pessoa é igual, sua pessoa é espectro mesmo,

akárasj waka mispãne, metxá yochjrasj, askárasj anea.

    estes são os do alagado, os espectros molhados, assim são chamados.

A askáveise, askárasj yochjrasj nõ katsetjpa, nõ katsetjpa.

    E então, espectros como estes não podemos esgotar, não podemos esgotar.

Waka aweyamayavõ na waka rakãnisho, na keso atõ shokõnitivonã,

    Os fazedores do rio dispuseram o rio, ajeitaram as suas margens,

na yoita mj njkãiti.

    essa história você escutou.

Askáivorasj, yoini atõ pakã yojni pakãshõ atõ ativo,

    Eles todos, eles mataram bichos, fizeram assim há tempos matando bichos,

aivo awf a vototanarirvi.

    colocaram mesmo tudo em cima.

Yojni wetsatõ ashõ atõ a atõ vanativo.

    Matando outros bichos eles plantaram há muito tempo [as suas partes].

    Aivo awf kaya vototanarise, yojni wetsashõ atõ ativo,

    Deixaram o seu corpo de pé, fizeram o mesmo com outro bicho,

a kaya vototanarise.

    deixaram o seu corpo de pé.

Wa yojni peiyavorasj askárasj askárasjtõsh atõ itivo,

    Com os bichos de pena eles assim fizeram há muito tempo,

awf kaya vototanarise.

    deixaram o corpo de pé.

Isõsh atõ itivo, awf pei votj ikirise,

    Com macaco-preto fizeram, colocaram em cima das folhas,

a poética da duplicação

aská akj atõ setenitivo.

assim eles há tempos foram colocando/assentando.

Nõ mashtetjpa, askáivorasj na vananã, vana askárasj nõ mashtetjpa.

Não podemos terminar falas como essa, falas como essa não podemos terminar.

Os blocos de cantos que Cherõpapa ensina são ganchos ou chaves para as enormes composições dos cantos *shôki*, cuja estrutura geral será apresentada mais adiante. As referências que faz aos mitos de onde as fórmulas são retiradas para a composição dos cantos são resumidas. Cherõpapa está se referindo aos demiurgos (termo bastante propício para traduzir *shovimaivo*, "fazedores", em marubo) Ene Voã e Matsi Toro, entre outras multidões de espíritos mencionados no canto-mito *Waka Aweyamativo*. São eles que, em outros tempos, configuraram as atuais paisagens (mundos) aquáticas, com todos os seus elementos e habitantes. Configuraram: os fazedores das referências-água (*ene shavapa*) montaram ou dispuseram determinados elementos (corpos, ossos e filhotes de animais) para formar os *yochj*, que assim *surgem* (*awf shovia*) e vão viver em seus *lugares* (*awf tsaoa*), onde se encontram até hoje[6]. Os demiurgos não criaram *ex nihil*, mas montaram os espectros e as paisagens existentes a partir de elementos preexistentes.

Esta é a forma didática de compreender a formação, localização e hábitos dos espectros que serão monitorados/tematizados em um canto *shôki* integral, que pode chegar a duas horas de duração e se estender a um milhar e meio de versos, ou mais. Os espectros aí referidos por Cherõpapa pertencem alguns deles aos temidos *metxá yochjvo* ("espectros-úmido") que habitam as várzeas e alagados e costumam sequestrar o *vaká* dos viventes, além de ameaçá-los com sua *matsi pae*, "poder-frio" ou "veneno-frio". É por isso que os componentes mencionados nos cantos são antecedidos do classificador "frio" (*matsi*): o processo visualizado pelos cantos culmina na formação da potência ou força (*pae*) "frio" que caracteriza tais espectros. Mais uma vez, vemos como os classificadores indicam o estado transformacional final de certa entidade. Os cantos *shôki* e, a rigor, todos os cantos da tradição marubo, variam em torno disso: um percurso ou trajetória a partir do surgimento, ao longo da qual uma entidade adquire seu *modus vivendi* e posição determinada.

Esse procedimento por montagem ou arranjo é um dos recursos estéticos e agentivos essenciais da "fala pensada". Não são apenas os fazedores antepassados que montam e combinam elementos para fazer surgir singularidades: os pajés de hoje em dia (também eles fazedores) também conhecem/formam com seu *chinã* cada coisa nova e já conhecida, como vimos. É nesse sentido que se pode compreender o emprego de "interminável" (*mashtetjpa*) por Cherõpapa em sua fala acima traduzida: os cantos de *saiti* são tão intermináveis quanto as singula-

---

6　A direção surgimento ⟶ lugar/morada foi bem observada por Guilherme Werlang em sua anáise do *saiti Mokanawa Wenía*, ou "Surgimento dos Inimigos". Cf. *Emerging Peoples: Marubo myth-chants*, p. 185 e s.

ridades e seus surgimentos, resgatados e mapeados nos cantos que tratam dos problemas derivados das cisões entre duplos e corpos.

PEDRO: *Askáveise, vfcha...*
E a sucuri?

CHERÔPAPA: *Awf kaya shovia mj njkãtsikira?*
Você quer saber como se forma o seu corpo?

Awf kaya oshõ akamarivi, yora aská aki.
Não é o corpo dela que vem, é a sua pessoa/gente.

Ã kaya oaro oase, askámfki awf yochj avese.
Vir o corpo dela vem, mas junto com o seu espectro.

Vanayavo, vanayavo. Aská akarvi.
São falantes, falantes. Fazem mesmo assim.

Aivorasjnã awf kayã aská anõ awf vakapa.
Quando seus corpos fazem assim, são os seus duplos.

Aská akj yochj na f yoãkenaivorasjnã, askárasj kenaya, askárasj kenaya.
Minhas palavras são sobre estes espectros, estes que chamam os outros, que chamam os outros[7].

Ene shavápa, ene shavapa voivoi yochjrasj,
Estes espectros que ficam andando pelo mundo subaquático, pelo mundo subaquático,

askárasj kenaya, kenaya.
os assim conhecidos, os assim conhecidos.

Aivo yora nikarãsho, aská akj yora ora akatsinã, akarvi.
Tendo vindo para cá, esta pessoa quer matar, mata mesmo.

Awf shoviaivo mj njkãtsikira?
Você quer escutar as suas formações?

PEDRO: *M, ãtsamashta njkãtsiki.*
Sim, quero escutar um pouco.

CHERÔPAPA: *Tama, tama tekepashõ ikivoro awf kaya, anipa.*
Árvore, os que são ditos "feito de tronco de árvore" são seus corpos, os maiores.

Askámajnõ, askámajnõ aská anõs shono tapõsho ikãivorasj
Mas aquelas que se abrigam nas raízes das samaúmas,

a tiose na panã tekepashõ ikãivo,
as deste tamanho são "feitas de tronco de açaí",

panã tekepashõ ikãi, kapi tekepashõ iki, akáro awf venepavorasj.
"feitas de tronco de açaí", "feitas de tronco de mata-pasto", estas são as médias.

Askámajnõ ã potochtaro aská, shõpa tekepashõikãi,
Mas as menores são assim, são ditas serem "feitas de caule de lírio",

---

7   Vão chamando outros espectros para a pessoa que está doente.

a poética da duplicação   211

akaivoro awf venekama.

estas não são grandes.

Aro shõpa tekepashõ iki, a venekama.

Estas são ditas serem "feitas de caule de lírio", as que não são grandes.

Askámãi awf kayaparasjro aská aro shono tapõsho ikãi aká,

Mas as maiores de todas, essas são as que ficam nas raízes das samaúmas,

awf askárasj pari a yoãvãishoavere.

estou falando primeiro destas para você.

Awf shovia ati ikj eã yoãvãishoavere,

O modo como são feitas eu estou mesmo te contando,

askámãjnõ a yora akatsinaro, narasj no atõ vanã yosj aská aki:

mas, se quisermos fazer o corpo, o ensinamento de suas palavras será assim:

awf shoviro atiki, awf ane atiki, anevãish,

como é a sua formação, qual é o seu nome e, em seguida,

awf shovia atiki anevãish avaikis,

depois de sua formação e de seu nome,

txipo yoãvãishoi akátsinã anõ atõ raonõ,

tendo isso feito eu te digo como se faz para curar,

aská aki anõ atõ aká.

como se faz para curar [os males por elas causados].

Awf na tama tekepashõ ikiro aro...

As que se diz "feitas de tronco de árvore" são assim...

1	*atõ mane roeyai*	seus machados de ferro
	roeyai oneki	machados esconderam
	vei tama niaki	e árvore-morte
	atõ vake reraa	seus filhos derrubaram
5	*rakápakemajnõ*	e ali tombado
	vei tama tekeyai	tronco de árvore-morte
	tekeyai oneki	o tronco esconderam
	vei waka shakjni	dentro do rio-morte
	aya onepakeki	derrubando esconderam
10	*vei waka shakjni*	dentro do rio-morte
	aya shokoakesho	ali mesmo colocaram
	vei tama tekeki	tronco de árvore-morte
	atõ aya onea	escondido ali deixaram
	ene mai tsakamash	na terra-rio afundada
15	*ene meã tsakamash*	no riacho afundada
	rakánavo atõ ash	ali eles deitaram
	vei shõpa peiki	e folha de lírio-morte
	votj iki irinõ	à folha misturaram
	mai rakákãisho	e na terra ficaram

20	rakãnivo yochjra	os espectros deitados
	yochjvoro eakiki	o espectro mesmo sou – diz

Askávaikis "awʃ yanika, awʃ yanika ʃ njkãnõ", mj iki taise.
"E os seus alimentos, os seus alimentos eu quero saber", você talvez tenha dito.
Awʃ yanikaro...
O alimento deles [dos duplos da sucuri]...

1	vei shõpa eneki	caldo de lírio-morte
	ene yaniawai	do caldo beberam
	rakãnivo yochjra	os espectros deitados
	vei oni eneki	caldo de ayahuasca-morte
5	ene yaniawai	do caldo beberam
	vei oni sanjni	de torpor de ayahuasca-morte
	vei sanjkãisho	vão se entorpecendo
	rakãnivo yochjra	os espectros aí deitados
	vei shõpa eneki	caldo de lírio-morte
10	ene yaniawai	do caldo beberam
	vei shõpa weki	e vento de lírio-morte
	we txiwamashõta	o vento juntaram[8]
	rakãnivo yochjra	os espectros deitados
	yochjvoro eaki	o espectro mesmo sou
15	vei kapi eneki	caldo de mata-pasto-morte
	ene yaniawai	do caldo beberam
	vei kapi sanjni	de torpor de mata-pasto-morte
	vei sanjkãisho	vão se entorpecendo
	rakãnjvo yochjra	os espectros deitados
20	yochjvoro eakiki	espectro mesmo sou – diz
	vei rome eneki	caldo de tabaco-morte
	ene yaniawai	do caldo beberam
	vei rome sanjni	de torpor de tabaco-morte
	vei sanjkãisho	vão se embriagando
25	rakãnivo yochjra	os espectros aí deitados
	vei rome paʃnõ	com força de tabaco-morte
	tari merakãisho	vão todos tremendo
	ene mai chinãki	e para a terra-água
	chinã tari awai	à terra tremendo foram
30	rakãnivo yochjraki	os espectros deitados

8 Somam ou juntam torpor de ayahuasca (*oni sanj*) ao seu vento (*we*). O termo *sanj* se refere à visão turva, à sensação de embriaguez e aos *flashes* de luz decorrentes da ingestão de ayahuasca.

a poética da duplicação

"Awf yãnika f njkãnõ", mj ivaivai mj ashõvai.

"Quero saber qual é o alimento deles", disse você e eu te contei.

A potochtaro aro, [waka] shõpa tekepashõiki, rome tekepashõiki,

As sucuris pequenas são feitas de caule de lírio e caule de tabaco,

akaivorasj a potochtarasj.

estas são as pequenas.

Aská ikã, awf anõ shoviarasjnã askárasj yoã.

Assim são feitas, estas são as palavras para as suas formações.

Askámãi wetsarasj, wetsarasj aya, txo vfcharasj aya, ene mechpõrasj aya,

Mas há outras, há outras, as sucuris-magro, as cordas-d'água

ene mechpõkj anero aro tokopama,

as chamadas corda-d'água são gigantes,

wa ori tapo tsaoaivotishõ natishõstama, tokopama,

vão daqui até aquela casa, não são pequenas, são gigantes,

akaivo aivo anero ene mechpõrasj.

estas grandes são chamadas cordas-d'água.

Aro vei minoche tekeyaivo, txo minoche tekeyaiki,

Estas são ditas "pedaço de cipó-morte", "pedaço de cipó-magro",

akárasj aivorasj a anõ a shovia.

é assim que se diz o seu surgimento.

Askávaikis txo minoche tekeyaiki, ati a parivaikis,

E então, diz-se "feitas de pedaço de cipó-magro", estas primeiro e,

em seguida,

vei oni tekeyaiki, txo oni tekeyaiki, ikiti.

"feitas de pedaço de ayahuasca-morte", "feitas de pedaço de ayahuasca-

-magro", assim é.

Ene mechpõrasj tokopama, txo vfcharasj, aivorasj.

As gigantescas cordas-água, as sucuris-magro, todas estas.

Yora ãtõ aská akaivo, nami wetsaki, a nami keyosh yora tenãya,

Estas que dão doenças, transformam a carne e, acabando com a carne,

matam a pessoa,

akaivorasj txo vfcha aro.

estas são as sucuris-magro.

Askárasj aya, akã ikã.

Existem mesmo estas sucuris, e assim segue.

Cherõpapa teria continuado pela formação dos espectros dos arredores da maloca, não tivesse eu interrompido o seu ritmo ao perguntar sobre a formação das singularidades-sucuri (seus corpos mais seus duplos que cantam no corpo/maloca do *romeya*, como ele começa dizendo acima). São várias as etapas dos cantos que mapeiam os aspectos dessas (e de outras) singularidades, muitas delas saltadas ou omitidas aqui, pelo próprio narrador ou por mim, ao editar uma versão compreensível do depoimento. Cherõpapa vai falando da formação dos corpos (*awf kaya shovia, awf yora shovia*) a partir de diversos tipos de troncos

de árvores (de acordo com os tamanhos diversos das sucuris) para, em seguida, falar da formação de suas pessoas (awf yora shovia), de seus nomes (awf ane)
e das maneiras de curar os seus males (anõ atõ raonõ). Nessa versão exemplifica-
da do que seria um ensinamento noturno de cantos shõki, ele acaba narrando
apenas os blocos referentes a seus corpos e aos seus alimentos (ou seja, às suas
pessoas). Os versos "os machados de ferro / machados esconderam / e árvore-
-morte / seus filhos derrubaram" se referem aos feitos dos demiurgos Kanã
Mari, responsáveis pelo surgimento das sucuris.

Vale notar que os duplos a que se refere Cherõpapa quando trata de seus
alimentos são da mesma natureza (da mesma referência, queremos dizer) que
Kana Ina, o duplo de João Pajé, ou que Isko Osho, o irmão-sucuri mais velho
de Venãpa. Trata-se de coletividades de gentes-pajé que se fartam de caldo de
mata-pasto, ayahuasca e rapé. Duplos de sucuris são temidos e por excelência
ameaçadores, mesmo que por vezes estabeleçam relações de favorecimento e
aliança com os viventes. Alguns de seus corpos chamam-se por exemplo "su-
curi-magro" (txo vfcha), não por serem magras, mas por deixarem o doente que
atacam em estado grave de raquitismo, assim padecendo do terrível "mal de
sucuri" (vfchã ichná). Aqui, mais uma vez, o classificador que antecede o nome
(txo [magro] vfcha [sucuri]) indica a potência contida na entidade em questão: a de secar a carne de suas vítimas até a morte. Após o seu excurso forçado
à formação das singularidades-sucuri, Cherõpapa retoma o fio da meada, que
dificilmente costuma perder:

"Neskánamãshta yochj shovikenaivo f njkã", mj ikiro.
>   "Sobre estes que se formam por aqui mesmo eu quero saber", escutei
>   você dizer[9].
Isõ yochj, yotxj yochj, manj yochj,
>   Estes são os espectros da urina, os espectros da pimenta, os espectros
>   da banana,
nokf píti merapa yochjrasjnã, askárasj.
>   os espectros dos alimentos que plantamos, estes todos.
Manj yochjro vei mani recho avátõshki...
>   Os espectros da banana são ditos "formados fluxo de seiva de banana-
>   -morte"...

1	vei mani rechoki	seiva de bananeira-morte
	recho avá atõsho	da seiva escorrida
	yochj shovikãiai	foi o espectro se formando
	vei mani yoraki	para que na bananeira-morte
5	vototanáirinõ	ali ao lado
	vei mani peiki	de sua folha-morte

9   Aqui como nas passagens acima, Cherõpapa presume questões que eu não tinha feito
a ele, mas que deveria ter colocado, se soubesse seguir à risca o padrão de interação
comum às interlocuções de aprendizado xamanístico.

a poética da duplicação

to iki vakíchi	em sua sombra
ea yochj veõno	eu espectro fique
iki awakãii	assim vai ficando
veõnivo yochjra	o espectro ali sentado
vei mani peiki	ali na folha-morte
to iki vakíchi	em sua sombra
kekashenãkãisho	vai fazendo confusão
veõnivo yochjra	o espectro aí sentado
yochjvoro eakiki	espectro mesmo sou – diz

(linhas 10 e 15 indicadas à margem esquerda)

Isõ yochj askásevi, isõ neskánamãshta isõaivo aivo yochj...

O espectro da urina também, urinando-se nas proximidades, urinando-se o seu espectro...

vei isõ shakaki/ shaká vitxi itãikivoro.

"couro de macaco-morte/ de couro escudo fazem", diz-se.

Aro mai atximashõ rakã.

Estes são os que ficam agarrados à terra.

Awf vakfshkivoro aro tsaõa,

Os ditos "feitos de seus filhos" são os que ficam sentados[10],

awf shakapashõikiro aro maj peavã shakaivo, isõ yochj.

os que são feitos a partir de seu couro estão espalhados pela terra, os espectros da urina.

Matsô yochj askásevi, matsô potati, matsô potati yochj aivoro shafshki...

Os espectros do lixo também, do lixo jogado, os espectros do lixo jogado, estes são feitos de tamanduá,

Vei shaf kayãyai ikivoro awf kaya, a matsô potaivo kaya,

Quando se diz "corpo de tamanduá-morte", fala-se do corpo do lixo jogado[11],

askámãi awf vakfshkivoro askáro a yochj

mas quando se diz "feito de filhote" [de tamanduá] é seu espectro

askámãi a kayãshõ ikiro askáro ã kaya.

e os ditos serem feitos do corpo [de tamanduá] são o corpo/ conjunto [do lixo].

vei shae niaki	tamanduá-morte levantado
atõ pakã a atã	com lança mataram
rakapakemajnõ	e ali tombado
vei shaf vakeyai	filhote de tamanduá-morte
vakeyai oneki	o filhote levaram
mai vei nawavo	povo da terra-morte
vei tama reraki	árvore-morte derrubaram
shavakapa awaa	para clareira abrir

(linhas 1 e 5 indicadas à margem esquerda)

10 Os filhos do macaco-preto (iso) que foram utilizados para formar o yochj.
11 Isto é, do conjunto visível de detritos.

shavá peso paketõ	e na terra deitar
vei shaf vakeki	o filhote de tamanduá-morte
aya shoko akesho	que ali colocaram
vei shaf vakeki	filhote de tamanduá-morte
Vei Mai matoke	na colina da Terra-Morte
nitxjnavo atõash	em pé ali deixaram
ea yochj shoviai	e eu espectro me formei

(linhas 10 e 15 indicadas à margem esquerda)

Tsaõma, nitxjki.

Não está sentado, está de pé.

Aská avaikj a yora, a yora aka askásevi vei shaf vesose vimai,

Assim fazem e então a sua pessoa, a sua pessoa fazem com rosto de tamanduá-morte,

vei shaf yorase vimai, vei shaf metapas,

com corpo de tamanduá-morte, com patas de tamanduá-morte.

Avakj aro awf wakama, waka ashõ ari yanikama,

E, em seguida, não é caiçuma, não é caiçuma o alimento deles,

aro awf vei rome pafs anõ wesná paeki,

eles têm tabaco-morte para insônia-envenenar,

awf yochjvarã, wesná avarã keská akaya.

é trazido por seu espectro, tal como quando vem chegando insônia.

Avaiki aro, aro ã waka amama, aro waka amama,

E então, ele não toma caiçuma, não toma caiçuma,

vei rome pafse, anõ wesná pafvo.

só veneno de tabaco para insônia-envenenar.

Aro matsô yochj.

Este é o espectro do lixo.

Aivorasj aivorasj aská takekrãnõ, yora veikenaivo vakárasj, yora veikenaivo vakárasj.

Os espectros de gente morta, os espectros de gente morta vêm então se juntar a estes espectros do lixo.

Ravero achai, ravero makakeni, ravero õkokeni,

Alguns vão se ensapando, outros são enratados, outros são engrilados[12],

akaivorasj askásevi, atovo atovoro...

estes também são assim, eles, eles...

mai vei shavovo	mulheres da terra-morte
ato vana kojni	com suas fortes falas[13]
yamamaki avo	eles assim mataram
awf yama vakaki	e seus duplos-morte
rapakekãi	se desprendendo foram

(linhas 1 e 5 indicadas à margem esquerda)

12 Transformam-se em sapos, ratos e grilos.
13 Seus feitiços.

a poética da duplicação

mai vei nawavo	povo da terra-morte
anõ mae tekiti	muda-se para o canto
vei shovo paroke	da maloca-morte
kekashenãkãisho	e confusão vão fazendo
10 *ea yochj veonõ*	para eu espectro me sentar
iki vevakãi	assim vão ficando
veõnivo yochjravo	os espectros aí sentados

Askávaikis...
    E então...

1	*vei yoá shamasho*	dentro da panela-morte
	vei mani vimiki	fruto de banana-morte
	vimi waka awai	do fruto caiçuma fazem
	veõnivo yochjra	o espectro sentado
5	*yochjvoro eakiki*	o espectro mesmo sou – diz

	vei sheki veronõ	caroço de milho-morte
	veyõ niá akesho	ali dentro colocaram
	vei rome vakoshe	e espuma de tabaco-morte
	vakosh ia akesho	com espuma misturaram
10	*vei txoma toshaki*	e com cabaça-morte
	waka weatawai	a caiçuma oferecem
	veõnivo yochjra	o espectro sentado
	yochjvoro eakiki	espectro mesmo sou – diz

	a vei wakaki	sua caiçuma-morte
15	*waka yaniawai*	da caiçuma bebe
	rawe merakãisho	para então se amansar
	veõnivo yochjra	o espectro sentado
	yochjvoro eakiki	espectro mesmo sou – diz
	a vei wakaki	sua caiçuma morte
20	*waka yaniawai*	da caiçuma bebe

Aká, awf yanika, atovo yanika.
    Assim é o alimento deles, o alimento deles.
Pakayavorasj yanika wetsarvi.
    O alimento dos [espectros] guerreiros é mesmo outro.
Amamfse yanika tapimarvi,
    Eles não têm todos os mesmos alimentos,
õsiõsipa aská yanikai, nõ mashtetjpa.
    os alimentos são muito variados e não temos como esgotá-los,
"Pakayavorasjni askarasjni f njkãtsiki".
    "Quero também saber sobre os espectros guerreiros" [você disse].

Cherõpapa retoma seu mapeamento das redondezas da maloca, apresentando de início a formação dos espectros da banana, que se formam da mesma maneira que os dos buritizais, ou seja, a partir do fluxo das seivas de seus troncos. O *romeya* faz em seguida uma divisão entre o emprego do corpo de tamanduá para formar a extensão/corpo/conjunto do lixo (*awf kaya*) e de seu filhote para formar o espectro (*yochj*) do lixo: mais uma vez, são os antigos demiurgos ou fazedores que matam tamanduá e, de seu corpo, assim como de seu filhote deixado sobre uma colina, formam o lixo e seu espectro humanoide. Note que o fragmento de canto descreve novamente um trajeto: tendo matado tamanduá, os demiurgos pegam seu filhote e se deslocam até uma determinada colina onde o depositam, dando assim origem ao *yochj* que ali vive. Vimos que colinas (*matô*) são signos visuais para pessoas ou coletividades: nas representações gráficas (desenhos em papel) motivadas por mim, assim funcionam tal como nas fórmulas dos cantos (*vei mai matôke*, "na colina da terra-morte"). O pensamento em questão desenvolve mesmo uma lógica visual e autonomiza os elementos mobilizados para sua composição em um sistema particular, fazendo com que o pajé assim conheça e *controle* o agente em questão. Dos elementos utilizados, por exemplo, na composição dos blocos referentes ao lixo e seu espectro (isto é, *lança, tamanduá* e *terra-morte*), podemos abstrair o seguinte esquema: 1. ponto inicial de partida; 2. trajeto; 3. montagem/disposição; 4. formação do agente em questão e estabelecimento em seu lugar; 5. frase de fechamento do bloco (variantes de *nitxjnivo yochjra/ yochjvoro eaki*, "espectro aí de pé/ o espectro mesmo sou"). É a partir dessa estrutura que se constitui o sentido dos cantos *shôki*.

Cherõpapa segue falando sobre seus alimentos (a pessoa é o que ela come): alimentam-se de tabaco-morte, com o qual adquirem a força-insônia (*wesná pae*) para nos envenenar, precisamente como dizia Panipapa no depoimento que abre o capítulo 3 sobre os espectros que se aproximam de nosso corpo/maloca. A estes espectros, diz nosso narrador, juntam-se ainda os duplos dos mortos que fracassaram ao atravessar o Caminho-Morte e, aqui, transformaram-se em sapos, grilos, ratos e outros animais, ainda que sigam sendo para si mesmos pessoas, com seus próprios alimentos-morte, hábitos e moradas, conforme visualizado no canto[14]. Eu queria entender com mais precisão quais eram os distintos espectros de pessoas mortas que, até então, me pareciam uma massa confusa e indistinta:

> Ikã, *aská nenoshta, nenoshta* f *akõvãis,*
> Isso é aqui perto, vou falar daqui de perto,
> *mashtetjpasevi yora vakárasj,*
> mas os espectros de gente morta também são intermináveis,
> *ajvo veiyaivo, ajvo veiyaivo askásevi.*
> as mulheres morridas, as mulheres morridas também.

---

14 Estes são os mortos chamados de *yora vaká*, espectros-morte indesejáveis e temerosos, *yochj*.

a poética da duplicação

Aivo a vaká rapatamakj atõ píti vaná vototanárise,
Os duplos delas estão soltos pelos seus roçados,
mani pei toki vakíchise atõ píti vaná.
nas sombras de suas bananeiras plantadas.
Píti ivoshtõ yamaivo,
Tendo morrido as donas desses alimentos,
aivo píti, a píti vaná vototanairise setekeni.
ali perto de seus alimentos plantados elas ficam reunidas.
Yoiro vei tama voro vototanarise, tsaõi,
O modo de se cantar é "em cima do monte da terra-morte", sentadas,
vei shovo paroke tsaõi.
"sentadas no canto da maloca-morte".
Askámãi venero wai pasopake vei tama vototanari aro nitxja,
Mas os homens que ficam ao redor dos roçados, [que ficam] no
monte da terra-morte, estes estão de pé[15],
a nitxja aro venf vaká.
os que estão de pé são duplos de homens.
Aká ikã...
Assim segue...

1	*Vei Mai tsakasho*	na Terra-Morte erguido
	wa nipa kawãa	ali onde se levanta
	vei tama yoraki	o tronco da árvore-morte
	vototanáirinõ	ali ao lado
5	*ea yochj nitãnõ*	eu espectro fui viver
	ikj awakãiai	assim mesmo fica
	nitxjnivo yochjra	o espectro levantado

Aro vene veiyaivose.
Estes são os homens morridos.

PEDRO: *Askáveise, pakãka yochj?*
E os espectros guerreiros?
CHERÕPAPA: *Pakãka yochj askásevi, pakãka yochj...*
Os espectros guerreiros também, os espectros guerreiros...

1	*ino vake nawavo*	filhos do povo jaguar
	atõ keno kojni	pelas suas armas
	yamamaki avo	foram todos mortos
	awf yama vakáki	e seus duplos-morte
5	*rapakekãiai*	vão se desprendendo

---

15 *Vei tama vototanairi*, literalmente "em cima do tronco da árvore-morte", é uma metáfora
para colinas (matô) da terra-morte.

	ino vake nawavo	filhos do povo jaguar
	anõ mae tekiti	mudam-se então
	vei shovo shakjni	para a maloca-morte
	noke yochj shokonõ	onde nós espectros
10	iki awavãiai	juntos todos vivemos
	vei shovo shakjni	dentro da maloca-morte
	shokonivo yochjra	os espectros vivem
	yochjvoro eakiki	espectro mesmo sou – diz
	siná rome eneki	caldo de tabaco-bravo
15	ene yaniawai	do caldo bebem
	chinã raweanimai	e seu pensar se enraivece
	siná rome pafnõ	com veneno de tabaco-bravo
	wesná paevãisho	com insônia envenenam
	shokonivo yochjra	espectros todos juntos
20	yochjvoro eakiki	o espectro mesmo sou – diz

Akati atõ yanikatsf wakamaki, rome ene yaniki, rome ene yaniki.

Assim são os seus alimentos, não é caiçuma, é caldo de tabaco, caldo de tabaco.

Askái anõ chinã sinái shokoi, chinã sinái shokoi.

Eles tomam para viver com pensamento bravo, com pensamento bravo.

Aká akaivo atõ romervi, atõ romervi, chinã sinárasj romervi.

Assim é o rapé deles, o rapé deles, é mesmo rapé dos que têm pensamento bravo.

Atonaivo atõ aká, nokena naivo atõ akámarivi, atõnaro wetsarvi,

Eles só tomam os próprios rapés, não tomam do nosso, o deles é mesmo outro,

atõ rome atõ akárvi anõ ã chinã siná merase,

só tomam o próprio rapé para ficar com pensamento bravo,

askã pakayavorasj…

assim são os guerreiros…

1	siná epe shãkoki	broto de jarina-bravo
	shãko rao awai	do broto enfeites fazem
	shokonivo yochjra	espectros todos juntos
	yochjvoro eakiki	o espectro mesmo sou – diz
5	kana vake nawavo	filhos do povo arara
	atõ keno koini	pelas suas armas
	yamamaki avo	mortos todos foram
	atõ yama vakáki	e seus duplos mortos
	rapakekãii	se desprendendo vão

a poética da duplicação

10	kana vake nawavo	filhos do povo arara
	anõ mae tekiti	mudam-se então
	vei shovo shakjni	para a maloca morte
	noke yochj shokonõ	onde espectros vivem
	iki awaṽãii	assim mesmo vão
15	shokonivo yochjra	os espectros viver

...avai. A wetsa yoraka keskase.

...e assim segue. E os outros são também como gente.

1	rovõ vake nawavo	filhos do povo japó
	atõ keno kojni	pelas suas armas
	yamamaki avo	mortos todos foram
	atõ yama vakáki	e seus duplos mortos
5	rapakekãiai	se desprendendo vão

	rovõ vake nawavo	filhos do povo japó
	anõ mae tekiti	mudam-se então
	vei shovo shakini	para a maloca-morte
	nokf yochj shokonõ	onde espectros vivem
10	iki awaṽãii	assim mesmo viver
	shokonivo yochjraki	nós espectros fomos – diz

	ranf vake nawavo	filhos do povo adorno
	atõ keno kojni	por suas armas
	yamamaki avo	mortos todos foram
15	atõ yama vakaki	e seus duplos-morte
	rapakekãiai	se desprendendo vão

	ranf vake nawavo	filhos do povo adorno
	ano mae tekiti	mudam-se então
	vei shovo shakjni	para a maloca-morte
20	nokf yochj shokonõ	onde espectros vivem
	iki awaṽãiai	assim mesmo vão
	shokonivo yochjraki	os espectros viver – diz

Paka pakãka yochjrasj.

Os espectros guerreiros, armados com lanças.

PEDRO: *Aro Kape Tewã Tapãne atõ vake naoamarivira?*

São os que se afogaram na Grande Ponte-Jacaré?

CHERÕPAPA: *Ama, kenopa yamaivo akarvi,*

Não, estou falando dos que foram assassinados com armas,

yorã yamamaivo, ramamarivi, shenirasj pakayavorasj.

que foram assassinados por gente há muito tempo, pelos antepassados guerreiros.

Ramachta nõ ikinãnãivomarivi, ramachta noke askánãnãma.

Não são pessoas que morreram entre nós agora, agora nós não nos matamos mais assim.

Ramama ipawavorasj atõ vaká, atõ vakárasj askárasj,

Não são de agora os seus antigos duplos, os duplos que são assim,

vaká tawaivorasj, vaká pakaivorasj iki ane natskj.

os duplos flechadores, os duplos com suas lanças, assim são chamados.

Pakãkaro nerishki, askámajnõ orishõ, orishõro pakapaka yama, paka yama,

Os guerreiros estão para cá, mas os de lá, lá não ficavam guerreando, não havia guerra,

wenítani oi paka yama, paka yama.

quando vieram surgindo não havia guerra, não havia guerra.

atõ anõ mae tekiti shovõ shokokenarvi, vaká pakaivorasj, pakayavorasj.

Eles se mudam e ficam vivendo na maloca, os duplos guerreiros, os guerreiros.

Há tempos e espaços a serem distinguidos aí, adiantando assunto das páginas futuras: os primeiros espectros mencionados por Cherõpapa, sempre a partir de seu mapeamento radial cujo centro de referência é a maloca dos viventes, são os duplos de parentes "morridos" que ficam juntos de seus antigos roçados, comportando-se tal como antes. Em seguida, menciona os antigos guerreiros que se mataram uns aos outros em escaramuças, numa época ainda não diluída no que chamaríamos de passado "mítico" e também distante dos dias atuais, nos quais os marubo convivem sem conflitos armados. Esses espectros formaram-se provavelmente a partir das carnificinas que antecederam as atividades de João Tuxáua, o congregador dos povos dispersos em torno de uma grande maloca na região das cabeceiras. As guerras foram terminando mais ou menos na época de João Tuxáua, mas os espectros (*yochj*) outrora gerados dos corpos caídos continuaram a viver para si mesmos.

Eu perguntava se estes duplos de mortos não eram aqueles que haviam naufragado no episódio da Ponte-Jacaré (*Kape Tapã*) contado no canto *Wenía*[16]. Respondendo negativamente, Cherõpapa deixava entrever um traço essencial da "cosmocronografia" marubo: as pessoas do surgimento (*wenía yorarasj*), tais como as que se afundaram na Ponte-Jacaré, estão "mais para lá", isto é, mais próximo a jusante (*wakari*), na direção "do pé do céu" ou do nascer do sol e do grande rio, identificada como Manaus. De lá surgiram e foram subindo o rio "para cá", a montante (*manari*), na direção do pôr-do-sol, para onde o céu encurva (*vari katõ, naí votj ikitõ*), até chegarem onde vivem hoje os marubo. A linha do tempo do pensamento marubo é, portanto, uma linha hidrográfica: "mais para lá" (a jusante) significa mais antigamente; "mais para cá" (a montante) significa mais recentemente[17]. Os

---

16 cf., parte IV.

17 A relação jusante/montante orienta demarcação entre o tempo dos ancestrais e dos atuais viventes também para outros povos pano. Ver por exemplo Philippe Erikson, *La Griffe des Aïeux*, p. 83 para um quadro geral, E. Lagrou, *Caminhos, Duplos e Corpos* para os

a poética da duplicação

duplos dos insensatos mortos na Ponte-Jacaré, no tempo/terra do surgimento, não desaparecem em algum tempo mítico inacessível e seguem atormentando os viventes. Tal como os duplos insensatos naufragados na Ponte-Jacaré, também os dos parentes mortos recentemente (os homens e mulheres que vivem em seus roçados nos arredores da maloca) e os dos guerreiros abatidos (que povoam as antigas ocupações cobertas pelas capoeiras), mais toda uma multidão de duplos de animais, vegetais, dejetos, ambientes e fenômenos meteorológicos, seguem assediando insistentemente os marubo. Donde a necessidade de distingui-los e apreendê-los pela linguagem ritual. Cherõpapa passa então a falar daqueles espectros gerados na época do surgimento. Com isso, chegamos ao trecho final de sua fala:

CHERÕPAPA: *Askávaiki Kape Tewã Tapãnesho keyoyavo yora nati:*

E então, as pessoas que acabaram na Grande Ponte-Jacaré são as seguintes:
ivoka rovonawavo, varinawavo, shanenaweavo,

os donos/chefes são do povo japó, povo sol, povo azulão,
atovo yora kayamfkj atovo kama a Kape Tapã ivo,

as suas pessoas todas atravessaram, mas os donos/chefes da Ponte não ficaram ali,
tanasmaivo yorã yorames nitãrivi.

só as pessoas insensatas é que ficaram em pé ali no meio.
A tanayavo yorarasj weníaivo wenía kayapai, weníavorasj shanenawavo, varinawavo,

As pessoas que surgiram sabidas, os mais sabidos, o povo japó do sugimento, o povo sol do surgimento[18],
Vari Kape Tapã ikima, Rovo Kape Tapãrvi, rovonawavo anõ atõ keyoti.

estes não passaram pela Ponte-Jacaré-Sol, mas sim pela Ponte-Jacaré-Japó, que acabou com o povo japó.
rovonawavo, varinawavo, shanenawavo, iskonawavo wetsarasj akárasj iti keyoai.

povo japó, povo sol, povo azulão, povo japó, os outros todos destes povos é que acabaram.
Askásho...

Portanto...

kaxinawá e Anne-Marie Colpron, *Dichotomies Sexuelles dans l'Étude du Chamanisme: le contre-exemple des femmes 'chamanes' Shipibo-Conibo (Amazonie péruvienne)* para os shipibo-conibo. P. Gow, River People: Shamanism and History in Western Amazônia, em C. Humphrey; N. Thomas (orgs.), *Shamanism: History and the State* observou um papel análogo da via fluvial para a reflexão sobre a temporalidade na Amazônia ocidental. É importante notar que, para o pensamento marubo, a temporalidade é indissociável da espacialidade: diz-se "na região/tempo do surgimento" (*weníanamã*) via o emprego do mesmo locativo (*-namã*) que se utiliza para qualquer marcação exclusivamente espacial (*shovo-namã*, "na maloca", por exemplo).

18 Os atuais povos (*-nawavo*) que compõem a organização social marubo não são os mesmos que estes das origens, pois derivam dos chefes e pajés dos povos do surgimento que não morreram na Ponte-Jacaré. A partir do episódio na ponte, as viagens dos antigos em direção às cabeceiras serão marcadas por divisões e reconfigurações que darão origem aos povos atualmente reunidos no sistema marubo.

1	rovõ vake nawavo	filhos do povo japó
	Waka Võko inisho	Waka Võko junto
	Waka Panã akavo	com Waka Panã
	Rovo Kape Tapãne	pela Ponte-Jacaré-Japó
5	vake onemashõta	seus filhos levaram
	Rovo Kape Tapãki	e da Ponte-Jacaré-Japó
	atõ osho roenõ	com seus machados-branco
	tetxoiki reraa	o pescoço deceparam
	Kape Tewã Tapãki	e a Ponte-Jacaré-Japó
10	asoake kawãki	foi então virando
	atõ vake naoa	e os filhos se afogaram
	atõ mão vakaki	seus duplos solitários
	ene kewã inisho	as lâminas-água mais
	shawã make shetaya	as piranhas-arara dentadas
15	atõ vake yashaa	os filhos retalharam
	atõ mão vakaki	e seus duplos solitários
	rapakekãii	vão se desprendendo
	noa tae irinõ	e ao pé do rio
	ivai inivoita	juntos todos vão
20	noa voro wetsanõ	para na terra-rio
	ea yochj veonõ	eu espectro sentar
	iki awákãii	assim vão ficando
	veõnivo yochjraki	os espectros sentados

Aro chino, chino shovia...

Estes são os macacos-prego, a formação dos macacos-prego...

1	atõ yama vakaki	seus dulos solitários
	rapakekãii	vão se desprendendo
	noa ivã peita	na folha do rio
	votj iki irinõ	se enroscando vão
5	noa mai vorokesh	numa colina da terra-rio
	shãtsoroakãisho	acocorados vão ficando
	ea yochj veonõ	para eu espectro sentar
	iki vevakãii	assim vão ficando
	veõnivo yochjraki	os espectros sentados

Aro noa ivã pei votj ikiri, waka mispãne setekenaivorasj chino.

Estes estão enroscados na folha-rio, os macacos-prego que ficaram todos juntos nas várzeas.

Noa voro wetsã ikãiavo aro a chinosevi.

Os que foram para outra colina do rio grande também são macacos-
-prego.

a poética da duplicação

Aká askásho a Ene Isko aro atõ awe shavovõ neská akanã, atõ awe shavovõ.
   [O surgimento] dos Japós do Rio Grande [deu-se a partir] de suas
   irmãs, de suas irmãs.
"Nokf wetsama, nokf awe niavõkinã, nokf awe shavõ, nokf awe niavõki…
   "Nossas parentes, os nossos irmãos, nossas irmãs, os nossos irmãos…[19]

1	nokf awe niavõ	"irmãs, nossas irmãs
	noke veishoanã	mortos nós estamos"
	a ikianã	disse ele novamente
	rovo txitxã keneya	e com cestos desenhados
5	atõ vei imiki	seus sangues-morte
	shawã make inisho	dos filhos retalhados
	ene kewã inisho	por piranha-arara
	atõ vake yashaa	e navalhas-água
	atõ vei imiki	seus sangues-morte
10	kovinaimajnõ	às águas misturados
	rovo txitxã keneya	com os cestos desenhados
	atõ vei imiki	seus sangues-morte
	imi weainisho	o sangue elas colhem
	kocho aki aoa	e vão soprocantando
15	noa tae irinõ	e ao pé do rio
	toãs ikovãii	soando embora vão

Aro nawa, nawa shovia, Ene Iskorasj,
   Estes são estrangeiros, é a formação dos estrangeiros, os Japós do Rio
   Grande,
Ene Isko na chai anemarvi, yora anerivi, Ene Isko.
   Japó do Rio Grande não é nome de pássaro, é nome de gente, Japó do
   Rio Grande.
Nawa askái shovia.
   Os estrangeiros foram feitos assim.
Atovo awf atõ vaká aská askákena…
   Eles e seus duplos, com eles assim aconteceu…
"Kape Tewã Tapãsho, atõ vake naoa",
   "Grande Ponte-Jacaré/ os povos afogou"
keyoa aská kenati, askámajnõs.
   assim é que se chama o seu fim.

A sequência inteira faz referência à travessia da Ponte-Jacaré narrada no canto-mito *Wenía*. Afogados no rio, os duplos dos integrantes do povo japó, os que

---

19 Cherõpapa emenda o discurso narrado ao discurso entoado correspondente ao trecho
de canto *shõki*. Introduz já no fluxo da narração a fala dos locutores do canto para, em
seguida, estabelecer o engate com a composição formulaica do trecho versificado.

ficavam brincando com seus pênis e não escutavam as falas dos chefes e pajés, transformam-se nos macacos-prego (*chino*) e se distribuem por diversas regiões da Terra-Morte, entre as quais as terras do grande rio *noa*, a jusante. Entenda-se: os duplos ruins destes antepassados lascivos, os seus *mão vaká* ("duplos solitários"), vão adotar os corpos dos macacos-prego[20], símios cujos pênis possuem uma estrutura óssea que os torna permanentemente eretos – figuras do descomedimento sexual para os marubo e outros povos amazônicos. Seus duplos (ou seja, os antepassados mortos na Ponte-Jacaré) atravessam os atuais viventes, tais como as prostitutas das cidades dos brancos e os jovens promíscuos. "Macaco-prego é como cachorro", dizia Kanãpa: seus *vaká* atrapalham as pessoas, deixam-nas curiosas, fuxiqueiras e sexualmente descontroladas. Há macacos-prego vivendo no mundo subaquático (*ene chino*), na morada arbórea (*tama chino*), a jusante e em diversos outros lugares. Por essas razões, por serem corpos para duplos ruins, é que os macacos-prego e os macacos-da-noite[21] (*niro*) não podem ser comidos, sob o risco de adoecerem os viventes. Junto a esses macacos-prego surgiram também os Japós do Rio Grande, o nome dos duplos dos brancos bravos que hoje vivem nas cidades. Após morrerem retalhados pelas piranhas e por certas navalhas aquáticas, suas irmãs recolhem o sangue derramado em cestos desenhados e os soprocantam, fazendo com que seus duplos sigam para as terras a jusante, onde viverão como brancos/estrangeiros.

Os duplos outrora surgidos no episódio da Ponte-Jacaré tendem a quaisquer corpos, que eles passam então a dirigir ou prestidigitar, de maneira análoga, mas negativa, à que ocorre com o *romeya* quando está recebendo a visita de um hiper-humano *yove*. O episódio que Cherõpapa narrava mostra justamente como uma miríade de *yochj* vai se distribuir por todos os cantos do(s) mundo(s) a partir das mortes dos antigos, seja na Ponte-Jacaré ou em outras tragédias que reduziram drasticamente a população antiga, dita ser maior do que a hoje encontrada nas grandes cidades. Mas esse extermínio – assim como no caso das guerras simultâneas e anteriores ao período da borracha e de João Tuxáua – deixa sempre rastros. Os fragmentos acima citados são praticamente os mesmos do canto *Wenía*, de origem e transformação dos povos antigos. A diferença está nas fórmulas de fechamento que pontuam a separação entre cada estrofe, tais como "disse aí ficando/ o espectro sentado" (*iki awakãii/ veõnivo yochjraki*).

Aqui, tais fórmulas estão sendo utilizadas para fechar cada estrofe, conferindo o efeito reiterativo que rege todos os blocos de seu ensinamento. No caso dos *shōki*, a ideia é menos a de narrar episódios míticos e mais de *listar* e *mapear* determinados *yochj* surgidos a partir de tais eventos. É como se, ao pontuar cada um dos blocos com tais fórmulas de fechamento, ele estivesse *enfocando* ou *dirigindo* a atenção do conteúdo mítico para o monitoramento da formação dos espectros. É precisamente esse enfoque e esforço de mapeamento mental e agentividade cosmoprática que caracteriza o *modo* particular aos *shōki* de cantar/agir/pensar.

---

20 *Cebus sp.*
21 *Aotus sp.*

a poética da duplicação

Ainda que, como veremos, os *shõki* possuam determinados aspectos formais que os distingam enquanto gêneros dos cantos *saiti* e *iniki*, a interpenetração ou interdependência entre os supostos gêneros é tanta que me parece mais proveitoso e preciso considerar a diferença entre os três como uma diferença de *modo*, no que concerne à atenção específica e à configuração dos duplos da pessoa cantadora no momento da performance. Nos *iniki*, o foco é a palavra alheia e a disjunção entre o corpo/maloca do *romeya* e seu duplo. Nos *shõki*, o foco é a extensão do cantador ou narrador *kfchjtxo* às pessoas enunciadoras dos cantos que se *somam* à sua voz e potencializam sua eficácia. Nos cantos *saiti*, por fim, o foco está na transmissão de uma mensagem narrativa, que pode ser feita pela própria pessoa "inteira" (*a yorase*), na posse de todos os seus duplos, ou por outros duplos visitantes no corpo do *romeya*, como ocorre em determinadas festas. Aqui seguimos ainda no exame do modo *shõki* e da maneira como os duplos diversos interferem nos viventes dessa morada-morte.

O caso é bastante próximo dos cantos de cura warao estudados por Charles Briggs[22] e dos desana estudados por Dominique Buchillet. A seguinte passagem de Buchillet é precisa, guardadas as devidas diferenças com o xamanismo marubo:

> Assim, quando o *kubu* [xamã] quer erradicar os membros de tal ou tal parasita, ele confere a si mesmo o poder de realizar efetivamente aquilo que enuncia. Animais e plantas são nomeados um por um e as partes de seus corpos e de seus órgãos – suas "armas" – são meticulosamente enumeradas. Parece neste caso que, para os Desana, a formulação encantatória do nome de um animal, de uma planta, basta para conferir-lhe forma e existência. O procedimento frequente de denotação por sinédoque (parte do corpo para o animal, órgão para a planta) é destinado a reforçar o ato de nominação, reduplicando seu efeito, que visa colocar os animais e plantas fisicamente na presença do *kubu* para que ele os possa controlar e manipular[23].

O emprego do paralelismo é aí (como também entre os marubo e outros) uma característica essencial. Refere-se mesmo a um uso intensivo e estereoscópico das reiterações e prolongamentos verbo-visuais, encontrável em diversas outra artes verbais xamanísticas[24]. No caso marubo, entretanto, não é exatamente o pajé-rezador que manipula o agente agressor, mas sim seus espíritos auxiliares Shoma: o pajé, na realidade, manipula a cena total, o panorama visual e o trajeto inteiro em que se constitui a cura, e dentro do qual atuam seus espíritos auxiliares.

---

22 The Sting of the Ray: Bodies, Agency, and Grammar in Warao Curing, *Journal of American Folklore*, v. 107, n. 423.

23 Cf. Nobody is There to Hear, em J. Langdon; G. Baer (orgs). *Portals of Power*, p. 25.

24 Pedro Cesarino, De Duplos e Estereoscópios: Paralelismo e Personificação nos Cantos Xamanísticos Ameríndios, *Mana*, v. 12, n. 1.

9. A Batalha da Cura

os cantos *shõki*

Não são apenas os *yochj* (humanoides ou duplicatas) que agridem as pessoas. Como se não bastassem as replicações intermináveis dos duplos, o sistema xamanístico marubo vai ainda se debruçar sobre um outro aspecto agentivo das singularidades, ambíguo, ameaçador, de tradução e compreensão complexa. Trata-se de *pae*, um termo com o qual já nos deparamos antes, e que poderia se traduzir por "força", "veneno", "seiva", "remédio", "doença" e suas variações ("forte", "envenenado", "embriagado"), entre outros sentidos que caracterizam, não apenas males trazidos pelos *yochj*, mas também qualidades de determinadas substâncias. Vimos nas páginas anteriores expressões como *matsi pae* ("força/veneno-frio"), *wesná pae* ("força/veneno-insônia") e *noj pae* ("veneno/doença de minhoca"), que designam potências propriamente perigosas trazidas pelos *yochj*. Há também o caso de *txi moka pae*, ("veneno amargo-fogo"), uma metáfora para o veneno dos marimbondos utilizado nas iniciações, e de *pae* como termo genérico para "força embriagante/veneno" de substâncias como a gasolina, a cachaça, o rapé, a ayahuasca e a caiçuma fermentada (*romf pae*, *oni pae* e *atsa waka pae*, respectivamente). Tomando ayahuasca e rapé, o *kfchjtxo* adquire *ána pae*, "força dos lábios". A própria ayahuasca (*oni*) é chamada de *ichi pae* ("cipó-força") pelos espíritos *yovevo*, evocando assim *nixi pae*, nome para a ayahuasca em kaxinawá, *shori pau*, "potência da ayahuasca" em sharanawa[1], *nishi pae*, "serpente mortal" em mayoruna[2], entre tantas outras expressões análogas encontráveis nas línguas pano.

[1] P. Déléage, op. cit., p. 231.
[2] Cf. D. W. Fleck, *Diccionario Matsés-Castellano*.

Irresistível aproximar, a mero título de ilustração, a ambiguidade que caracteriza a noção de *pae* (tal como no caso do rapé e da ayahuasca) com o *pharmakon* do pensamento grego[3]: veneno e remédio, cura e mal. No caso marubo, veneno (*yamati*) e doença (*isj*), mas também poder e força (*mestf*) de substâncias como a ayahuasca. Singularidades com a banana (*mani*) e a pupunha (*wanj*), entre tantas outras, podem então afetar os viventes também através de seu *pae*, aparentemente distinto de seus duplos (*vaká*, *yochj*):

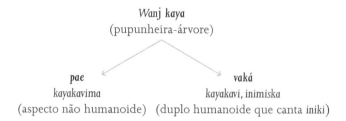

O corpo/tronco (*kaya*, *yora*) da pupunha tem o seu espírito benfazejo *yove* (um duplo, *vaká*) que costuma cantar na casa/corpo do *romeya*, mas também a sua "força" *pae* capaz de intoxicar as pessoas. Pupunheiras e bananeiras têm *pae* ameaçador; a ayahuasca e a cachaça embriagam (*vetsaya*). Eu conversava certa vez com Kanãpa durante uma "Festa do Estrangeiro" (*Nawa Saiki*) organizada pelos jovens de Alegria, na qual panelas e mais panelas de caiçuma fermentada de macaxeira (*atsa waka*) embriagavam os rapazes e moças, que dançavam ao som de músicas regionais brasileiras e peruanas, tumultuando o ritmo normalmente pacato da maloca. Kanãpa dizia reclamando que não tomava mais caiçuma de macaxeira por ela ser fraca (*isjma*), fermentada (*tokõa*) pela saliva de afoitas moças jovens que não têm *pae* em suas bocas, tal como as anciãs que, outrora em resguardo (*samá*), mascavam a caiçuma a ser consumida nas festas. Kanãpa demonstrava sua irritação com os jovens e dizia estar concentrado em outro *pae* ou força – o da ayahuasca, através do qual pretende se espiritizar, e não o da caiçuma. Dizia-me que os duplos humanoides da caiçuma fermentada são *paeyavo*, "beberrãos", assim como os do milho (*sheki*): vemos então *pae* se transformar em nome de coletividade (*paeyavo*, beberrãos), designando os duplos de uma substância líquida à qual também se atribui *pae*, isto é, embriaguez, força (da fermentação). Essas "substâncias" (não há uma palavra que traduza esse nosso conceito em marubo, mas temos que utilizá-la) costumam também estragar o corpo (*yora*), assim como o limão (*rimo*), o abacate (*macati*) e o ingá (*shena*), mas também o veneno para pesca (*poi kamã*), o lírio, o mata-pasto, o rapé e a ayahuasca. E assim o fazem pela ação de seus venenos, tradução possível para *pae*, muito embora haja aqui vetores distintos (da espiritização, por um lado e, por outro, do envenenamento pelo doce das frutas ou da caiçuma fermentada).

---

3 Cf. J. Derrida, *La Pharmacie de Platon*.

Para manter o seu resguardo, Kanãpa precisava se afastar da algazarra dos jovens, das qualidades dos estrangeiros (a catinga, *itsa*, e a embriaguez, *pae* ou *vetsa*) e também do *pae* da vagina (*cherõ pae*), que tem "veneno/força-cansaço" (*pini pae*). Referindo-se ao mal por ela causado, Kanãpa constantemente permutava o termo *pae* por *vaká*, como que dizendo ser a sua força/embriaguez capaz de se projetar ou introjetar no homem. Aproximava, portanto, as duas noções que havíamos representado como separadas no esquema acima. No caso da vagina, o mal acomete aquele homem que venha a faltar com respeito, pois não se deve zombar das mulheres, assim como de outros animais e singularidades, sob o risco de que ela (a vagina) se vingue com a ação de seu *pae*. Não se pode chamar a vagina por nomes chulos (tais como *chevi*) e os kfchjtxo a ela se referirão, assim como ao pênis (*ina*), apenas de modo alusivo (*aj na, venf na*, "coisa da mulher", "coisa do homem") ou pelo termo especial *chero*. Quando a vagina está fazendo mal, dizem que o homem escuta um ruído no ouvido e pode acabar morrendo. A vagina causa torpor (*shevi pae vetsa*), tal como o *pae* do rapé e do veneno do sapo *kãpô*.

Há algumas décadas, os marubo casavam-se já passados os trinta anos e, diziam-me os velhos, não costumavam manter relações sexuais antes disso. Era necessário primeiro *formar a pessoa* (*yoraka*) que, mais tarde, cuidaria de sua mulher e filhos. Com isso, pretendia-se que a pessoa fosse trabalhadora e detentora de, ao menos, um conhecimento doméstico dos cantos *shõki*, com o qual poderia proteger sua família da suscetibilidade excessiva às singularidades e ao assédio dos *yochj*. Hoje em dia, os casamentos prematuros surgem em meio a relações sexuais desorganizadas, dentro e fora da terra indígena por parte dos homens, o que leva a casos diversos de mães solteiras e crianças sem pai, bem como a uma proliferação sem precedentes de doenças venéreas, contaminações hepáticas e outros males (a nosso ver sexualmente transmissíveis) que têm alterado em muito as relações entre gêneros e gerações. Mulheres jovens sobrecarregam a maloca com seus filhos sem pais que os assumam: na impossibilidade de constituir uma unidade produtiva autônoma (roçado e caça), acabam se apoiando em seus pais, avós e irmãos, enquanto os jovens rapazes perambulam em um limbo entre a maneira sexual dos brancos e um desgastante desacerto com seus parentes mais velhos e com as moças de seu povo. Nos tempos atuais, muitos dos jovens têm quadros crônicos de hepatite adquiridos, seja em suas viagens para as cidades, seja nos ciclos internos de transmissão – que os órgãos governamentais responsáveis fracassam em interromper.

Nessas viagens, acabam também por mimetizar os costumes dos brancos e por se afastar (ainda que em muitos casos apenas temporariamente) do xamanismo e dos modos de seus parentes mais velhos, para os quais a sexualidade tinha contornos distintos. Burlando o casamento prescrito entre primos cruzados e assediando-se uns aos outros, os jovens ficam expostos ao contato agressivo de *chero pae*, "veneno-vagina", tal como no caso de um rapaz que adoeceu após arrumar confusão com alguma moça ou com sua esposa adolescente. Ditos serem atravessados pelo duplo do macaco-prego, os jovens não estão também, de

a batalha da cura

um modo geral, preparados para morrer. Seus desatinos, indicativos dessa Era-
-Morte que se estende "ao mundo inteiro", são pequenos se comparados com
o furor destrutivo dos brancos, para o qual o pensamento xamanístico também
oferece uma reflexão (ver adiante).

Foi assim que, certa vez, um rapaz caiu doente. Foi necessário que um kfchjtxo
de sua maloca performasse o longo canto *shōki chero* para aplacar a doença. Nos
fragmentos de um texto de mais de mil e trezentos versos que seleciono para reproduzir aqui, o kfchjtxo vai mapeando a formação do *pae*, de seus males e das reações
necessárias à agressão tomadas pelos espíritos femininos *Shoma*[4]. Vamos examinar
a sua abertura (*shōki txitavia*), na qual *chero pae* ("veneno-vagina", transcriada como
"droga"[5]) é a locutora. O kfchjtxo cita o que diz ela mesma sobre como os espectros guerreiros a formaram, a saber, através de um processo de montagem/com-
posição análogo aos que examinávamos nas páginas anteriores:

CANTO 17: **Shōki Chero – fragmentos**
(Antonio Brasil Tekãpapa)

1	*amaroma romama*	amaroma romama[6]	
	ave ato pariki	"os que antes estavam[7]	
	nea mai tasoa	por toda esta terra	
	nasotanairisho	em sua superfície	
5	*txaitivo kenoyai*	da maloca armados	
	kenoyai oneki	andando armados saem	
	ino ano veoa	e a paca-jaguar sentada	
	atõ paka a aki	com lança matam	
	rakápakemajnõ	e estando caída	
10	*ino ano poviki*	banha de paca-jaguar	3
	povi yasha atãi	banha vão tirando	
	owa mai vainõ	e por aquele caminho	
	aya oneiniki	andando juntos vão	
15	*inõ vake nawavo*	filhos do povo jaguar	
	inõ vake shavovo	filhas do povo jaguar	
	anõ vesokãia	em sua maloca	
	txaitivo shakjni	dentro de seu pátio	
	aya oneweisho	entrando juntos vão	
20	*shãsotanairinõ*	e juntos mesmo ficam	21

4 D. Montagner em *O Mundo dos Espíritos: Estudo Etnográfico dos Ritos de Cura Marúbo* e em *A Morada das Almas* oferece um estudo preliminar sobre os cantos de cura *shōki*.

5 "Droga" visa a transportar algo da ambivalência do original (*pae*, designando vagina):
causador de males, o elemento em questão traz também torpor e prazer.

6 Fala inicial (*chinã shovima vana*) comum aos cantos *shōki*, sem tradução

7 "Os espectros guerreiros (*yochj pakayavorasj*) que querem matar."

aya shokoakesho	de cócoras sentados	20
ino ano poviki	e a banha da paca	
atõ aya onea	que juntos arrancaram	
inõ vake shavovo	filhas do povo jaguar	
shãsotanairinõ	de cócoras sentadas	25
aya shokoakesho	em frente reunidas	
ino ano poviki	a banha da paca	
inõ vake shavovo	nas filhas do povo jaguar	
shãtsek ashõ raká	nas coxas colocam	4
rakãnavo atõsho	ali colocaram e assim	30
ea pae shoviai	eu droga me formei	
paevoro eaki	a droga mesmo sou	/vagina 5

(linhas 25, 30 à esquerda)

ino ano shaonõ	com osso de paca-jaguar	
pae vosek inisho	a droga ampararam	
rakãnivo paera	a droga assim colocada	35
paevoro eaki	a droga mesmo sou	
mai shavá peisash	olhando abaixo o chão	
rakãnivo paera	a droga assim arrumada	
paevoro eaki	a droga mesmo sou	

noka minã paero	fedida escura tinta[8]	40
pae ãtek apasho	na droga passam	
rakãnivo paera	a droga assim arrumada	
paevoro eaki	a droga mesmo sou	

senã iso raniki	de pelo de macaco-dor	
senã keo amasho	bigode-dor fizeram	/pelos pubianos 45
rakãnivo paera	na droga assim arrumada	
awf nasoirino	no lado de cima	
senã paka venemai	grandes espetos-dor[9]	
senã paka shokonõ	espetos-dor fincaram	/pelos pub. superiores
rakãnivo paera	na droga assim arrumada	50
paevoro eaki	a droga mesmo sou	

noro koni anãnõ	lábio de poraquê-muco[10]	/lábios, canal vaginal
pae ãtj apasho	na droga colocaram	
rakãnivo paera	esta droga arrumada	
paevoro eaki	a droga mesmo sou	55

8 Cheiro ruim de peixe estragado, tinta preta usada para fazer tatuagem.

9 Os pelos pubianos dão doença, por conta dos fios que se projetam no ventre/oco (shakj) do homem. A vagina (seu duplo) pode também entrar inteira ali e deixar o doente inchado.

10 Peixe elétrico (*Electrophorus electricus*).

a batalha da cura

	ino ano verõnõ	olho de paca-jaguar	/ colo uterino
	pae nane apasho	droga adentro enfiaram	
	rakãnivo paera	esta droga arrumada	
	paevoro eaki	a droga mesmo sou	
60	ino ano omano	líquido de paca-jaguar	
	omanasho apasho	o líquido colocaram	
	rakãnivo paera	na droga arrumada	
	paevoro eaki	a droga mesmo sou	
	paro paka amasho	tanga mesmo fizeram[11]	
65	rakãnivo paera	e na droga arrumada	
	awf naso irisho	em sua frente	
	paro paka sananõ	a tanga ajeitaram	
	rakãnivo paera	na droga arrumada	
	paevoro eaki	a droga mesmo sou	
70	noro atsa paenõ	seiva de macaxeira-muco[12]	
	pae kova atõsho	da droga escorreu	
	pae acho apasho	e droga fedida ficou	
	rakãnivo paera	esta droga arrumada	
	paevoro eaki	a droga mesmo sou	
75	ino ano ewerki	peso de paca-jaguar	
	ewerka vivimashõ	o peso trouxeram	
	rakãnivo paera	esta droga arrumada	
	paevoro eaki	a droga mesmo sou	
	ino ano samaki	torpor de paca-jaguar	
80	samaka vivimashõ	o torpor trouxeram	
	rakãnivo paera	esta droga arrumada	
	paevoro eaki	a droga mesmo sou	
	ino ano mfkoki	fraqueza de paca-jaguar	
	mfkoka vivimashõ	a fraqueza trouxeram	
85	rakãnivo paera	esta droga arrumada	
	paevoro eaki	a droga mesmo sou	
	ino ano shõkiki	fadiga de paca-jaguar	
	shõkika vivimashõ	a fadiga trouxeram	
	rakãnivo paera	na droga arrumada	
90	ino ano shõkiki	fadiga de paca-jaguar	

11 Paro paka é um nome especial para tanga (shãpati), que também causa doença.
12 Corrimento branco da vagina, formado quando a mulher se alimenta de macaxeira.

	shōki sheamashōta	fadiga mesmo colocaram
	paevoro eaki	a droga mesmo sou
	ino ano piniki	cansaço de paca-jaguar
	pini sheamashōta	cansaço mesmo colocaram
95	*rakãnivo paera*	na droga arrumada
	paevoro eaki	a droga mesmo sou
	pae kayã eweyai	droga de denso corpo
	rakãnivo paera	esta droga arrumada
	paevoro eaki	a droga mesmo sou
100	*ino wanj owano*	flor de pupunha-jaguar
	pae naneapasho	na droga enfiaram
	noro sheta shakamai	e picantes bichos alastraram[13]
	rakãnivo paera	esta droga arrumada
	paevoro eaki	a droga mesmo sou [...]

De acordo com o esquema que examinamos no capítulo anterior, a cena visualiza um trajeto, no qual os espectros guerreiros (*yochj pakayavorasj*) saem armados de suas malocas, encontram uma paca-jaguar, matam-na e retiram um pedaço de sua barriga (uma dobra de gordura e pele, *povi*). Paca-jaguar (*ino ano*): o classificador "jaguar" é o que rege esse canto, que pretende tratar dos males causados por uma moça do povo jaguar (*mativo* ou *matishavovo*, as mulheres do povo das onças pequenas, *mati*, uma variação dos *inonawavo*, povo jaguar). Se, ao longo de sua performance, o kfchjtxo trocasse *ino* (jaguar) por outro classificador qualquer (digamos "azulão", *shane*), a eficácia do canto estaria comprometida. Da mesma maneira, ele deve seguir estritamente a sequência dos microblocos (sucessão de estrofes dentro de um conjunto paralelístico) e dos macroblocos (sucessão de conjuntos paralelísticos maiores dentro da estrutura do canto)[14], para que o efeito de visualização se cumpra com eficácia. É o que o pajé segue cantando, ao citar o que diz a vagina sobre o que fizeram os espectros guerreiros. Vai mostrar como, através de elementos distintos, os *yochj* guerreiros formam cada detalhe da anatomia vaginal: banha de paca para formar a vagina enquanto tal; osso de paca para formar os ossos que a estruturam; tinta escura para formar seu odor; espetos e pelos de macaco-preto para formar os pelos pubianos; boca de poraquê para formar os lábios e o canal; líquido de paca para formar sua secreção interna; macaxeira para formar seu corrimento; sua tanga para cobri-la. Assim conclui-se a formação de sua

---

13 Multidão de bichos que dão coceira (*shoa*).
14 Ver B. Franchetto, L'Autre du même: parallélisme et grammaire dans l'art verbal des récits Kuikuro (caribe du Haut Xingu, Brésil), *Amerindia*, v. 28, para uma análise do paralelismo nas narrativas xinguanas e P. Cesarino, De Duplos e Estereoscópios: Paralelismo e Personificação nos Cantos Xamanísticos Ameríndios, *Mana* para um estudo comparativo.

anatomia: para fechar cada bloco, a vagina, autodesignada como *pae*, fala sobre si mesma permutando a fórmula que, no capítulo anterior, era utilizada pelos *yochj*: "a droga arrumada/ a droga mesmo sou" (*rakãnivo paera/ paevoro eaki*).

Não é fácil traduzir *pae* por "qualidade" ou "substância", já que o termo assume posição de locutor em um canto e segue a mesma estrutura enunciativa através da qual, noutros contextos, espectros humanoides falam sobre si mesmos. Designando metonimicamente *chero* (vagina), *pae* ("droga") é um agente agressivo projetado no interior do corpo do rapaz doente – um *yochj* também, e que deverá ser duramente combatido enquanto tal. Antes, porém, é necessário que o canto percorra e esgote toda a sua composição e modo de atuação. É assim que o canto segue mencionando seu peso (*ewerka*), seu torpor (*samaka*), seu cansaço (*mfkoka*), sua fadiga (*pini*) e seus bichos-muco (*noro sheta shakama*), grande parte desses atributos designados por termos do léxico especial (*shôki vana*), dentre outros que compõem o ressante desse macrobloco paralelístico. Nos versos seguintes ao de número 100, o canto segue listando a formação dos seguintes elementos: veneno-cansaço (*noka pae*), seiva de árvore-jaguar (*ino tama pae*) que forma o veneno--secreção (*noro pae*), catinga de um fungo (*anã kono itsa*) que forma sua catinga característica (*itsa*), gordura de paca (*ino ano sheni*) que forma seu veneno-cansaço (*pae mfko*), peixe-podridão (*tore yapa*) para formar seu odor-veneno de sangue (*ia pae*), vertigem/tontura de paca (*ino ano sjkiki*) para trazer sua vertigem/tontura (*sjkika vivimashõ*), veneno de taioba-fogo (*txi shoni paenõ*) para fazer o seu veneno--ardência (*pae ãtxa apasho*) e o veneno-fogo (*pae txi apasho*), veneno de pimenta-fogo (*txi yotxi pae*) para também formar seu veneno-fogo. Esses e outros elementos se prolongam até o verso 184, onde se concluem os blocos 1 (*shovia, anõ shovima*, "para fazer/formar"), 2 (*awf yora aká*, "para fazer o corpo/conjunto") e 3 (*pafra*, "para fazer os 'venenos'"). Tais blocos são sempre fixos para qualquer canto *shôki*, empregados para praticamente todos os males conhecidos, entre outros fins. A essa altura começam os blocos 4 (*imavrã*, "a chegada do agente agressor") e 5 (*a isj ama*, "causando a doença"), nos quais *chero pae*, após ter sido formada, começa a atuar sobre o doente. Ela segue sendo a locutora:

185	*naí vari shanaya*	sol que aquece o céu
	ea matxi kawãki	acima vou passando
	pae rasfn awanõ	para droga espalhar
	f pae shanayai	o calor de minha droga
	rakãnivo paera	esta droga arrumada
190	*paevoro eaki*	a droga mesmo sou
	aivo paese	esta droga mesmo
	rakata mã ikitõ	que agora está
	mj vene yorasho	no corpo de seu homem
	minõ pae shoviki	drogado o deixará[15]

15 Isto é, deixá-lo doente.

195	vene txjshã revõsho	pelas costas do homem[16]
	txevekena ikoi	entra se alastrando
	vene chinã shakjni	no peito do homem
	pae raká ikosho	a droga ali entrou"
	txjshã ewe anõma	as costas não pese[17]
200	shakj ewe anõma	o ventre não pese
	senã paka venemai	as grandes setas-dor /pelos pubianos
	venf txjshã tiomai	que nas costas do homem
	eakakãiki	vão se espalhando
	txjshã sopo anõma	as costas não entorpeçam
205	txjshã senã anõma	as costas não machuquem
	senã paka venemai	grandes setas-dor
	venf shakj tiomai	que no ventre do homem
	eakakãiki	vão se espalhando
	shakj senã anõma	o ventre não machuquem
210	awf paro pakanõ	sua pequena saia
	mj vene txjshã	nas costas de seu homem
	txishã tava inomai	nas costas não entale
	vene txesho shaota	o fêmur do homem
	vene txesho txiwati	a junta do fêmur
215	txere tava inoma	não deixe dolorida
	txjshã senã anõma	as costas não espete
	txishã pakj anõma	as costas não trave
	mj vene txjshã	as costas de seu homem
	txewe kava inoma	repuxando não fique
220	txjshã ewe anõma	as costas não pese
	pae noka pewãne	forte fedor da droga
	txjshã noka anõma	as costas não contamine
	shakj noka anõma	o ventre não contamine
	yani noka anõma	a comida não contamine
225	venf yani naneti	a comida do homem
	yani kora anõma	a comida não revolva
	pae acho ewãta	com forte catinga[18]
	naokonakãiki	por tudo espalhando
	yani orã anõma	mal estar não traga

16 A doença entra pelo ânus e vai subindo até chegar na barriga.
17 Txjshã aqui se refere mais especificamente à região lombar, que vai traduzida por "costas".
18 Cheiro desagradável que sai da vagina, originário do alimento consumido pela pessoa.
    Esse odor também costuma sair pelo pênis.

a batalha da cura

230	*shakj orã anõma*	o ventre não embrulhe
	anã orã anõma	vomitar não faça
	keyõ ashkã anõma	a saliva não seque
	noro sheta shakama	bichos-muco picantes
	venf chinã shakjni	pelo peito do homem
235	*senf rakámakima*	por dentro não subam […]

Do verso 1989 em diante, o pajé-rezador passa a ser o locutor e irá acompanhar os males causados por *chero*, sempre aconselhando-a a não perturbar o corpo "de seu homem" (isto é, do pajé-rezador, que é parente do enfermo). Os macroblocos de chegada e ação das doenças (4 e 5) continuarão até o verso 314. Nesse meio tempo, o canto segue mapeando a doença, que vai se alastrando pelo corpo a partir das nádegas e se espalhando pelo tórax, pelas artérias do peito, pelo estômago e seu alimento, causando a diarreia que "esvazia" (*maneki*) o homem, trazendo cansaço à respiração e ao corpo pela ação dos venenos-cansaço e do forte veneno-catinga do sangue (*pae ia ewãne*). A "boa fala do homem" (*venf yoe vana*) fica assim comprometida, dores de cabeça e febres ocorrem como efeito do veneno-febre (*pae shana*). A doença deve ser combatida: a *shõki vana* é mesmo uma "briga com a doença" (*isj vatxi*) que o *kfchjtxo* não poderia vencer se não contasse com a ajuda de seus espíritos auxiliares, Broto de Ayahuasca e *Shoma*. Venãpa me explicava que, no entender dos *yove*, o *shõki* é na realidade um ensinamento (*ese vana*): ao brigar, eles estão na verdade aconselhando a doença para que ela não faça o mal e volte ao seu lugar de origem. Algo similar ao que dizem os velhos para os jovens quando lhes passam sermões: "não estou brigando com vocês, estou ensinando". Embora referida no singular, são incontáveis as *Shoma* e diversos os seus poderes e avatares que serão evocadas nesse sétimo macrobloco, "o chamado de Shoma" (*Shoma kená*):

315	*ano rivi seteai*	aí mesmo sentada
	mai wano shavoa	bela mulher da terra
	mai shosho karãsho	vem da relva para cá
	seteai Shomara	Shoma aí sentada
	nete rono isõne	fresco orvalho estrelar[19]
320	*akj matsi manenõ*	verte para refrescar
	yoe Shoma matsiyai	bom frescor de Shoma
	seteai Shomara	da Shoma aí sentada
	Oni Shãko yoeki	benfazejo Broto de Cipó
	mj vene yorasho	para o corpo de seu homem
325	*mjki Shoma kená*	Shoma mesmo chama
	mj vene yorasho	no corpo de seu homem

19 Trata-se de orvalho/chuva que cai de uma certa estrela, entrando e refrescando a pessoa, assim como um remédio (*rao keská*) que aplaca a dor e a quentura.

	aivo paevisi	desta droga mesmo
	veso ivi setesho	sente-se para cuidar
	minõ wachikoki	guarde-o para si
330	*venf vo txapake*	na cabeça do homem
	Shoma setevarãsho	Shoma vem sentar
	pae veya akesho	e a droga afronta
	Shoma kewãyavõta	Shoma de muitas lâminas
	venf chinã shakinash	no peito do homem
335	*askárasj paera*	estas doenças todas
	mjnõ shoviaraki	que você formou
	minõ iki awaki	assim contigo ela faz
	pae veya akesho	a droga afrontando
	venf chinã shakjnash	no peito do homem
340	*kewã ashõ paeki*	as lâminas brande
	venf chinã shakjnash	no peito do homem
	pae shate vetãsho	a droga cortando
	chinã shavá apaki	ao peito amplia
	awf yama ána	seu lábio mortal /vagina
345	*Shoma shate vetãsho*	Shoma vai cortando
	senã paka venema	a tanga grande
	Shoma shate vetãsho	Shoma vai cortando
	shakj shata apaki	e o ventre alivia
	awf senã keonõ	para que os bigodes-dor
350	*mj vene txjshã*	nas costas do homem[20]
	txjshã shewamakima	não fiquem colados
	senã echpõ maneki	machucando os vasos
	txjshã shewamakima	eles não ficam colados
355	*minõ iki awaki*	assim contigo ela faz
	venf txjshã tiomai	nas costas do homem
	pae shate vetãsho	a droga cortando
	chinã shavá apaki	o peito amplia
	shakj shata apaki	o ventre alivia
360	*pae txiviakesho*	a droga varrendo
	mj vene txjshã	para que as costas do homem
	txewekava inõma	repuxando não fique
	mjno iki avaki	assim contigo faz
	pae txiviakesho	a droga varrendo
365	*pae mastavãiki*	a droga empurra
	txjshã shata apaki	e as costas alivia

20 Trata-se de espécies de tembetás faciais, longos espinhos de pupunheira colocados acima dos lábios que os matis ainda costumam usar e que os antigos marubo também usavam: metáforas para os pelos pubianos, cujas projeções entram dentro do rapaz doente.

a batalha da cura

	ven⨍ txjshã revõshos	nas costas se alastrando
	pae tsekavãiki	a droga extrai
	pae õtxi okõw⨍!	a droga arremesse!
370	ave pae weniw⨍!	a droga expulse!
	Shoma winoyavõta	Shoma com seus cajados
	pae veya akesho	no peito do homem
	ven⨍ chinã shakjnash	a droga afronta
	minõ wachikoki	guardando-o para si
375	pae rishki vetãsho	a droga abatendo
	pae shate vetãsho	a droga cortando
	pae kaya eweta	o peso da droga
	Shoma shata awasho	Shoma vai aliviando
	vari makõ poko	pedaço de algodão-sol
380	shata kavi awaki	qual leve pedaço
	Shoma shata awasho	Shoma leve vai deixando
	pae rishki vetãsho	a droga abatendo
	shakj shata apaki	o ventre alivia
	txjshã shata apaki	as costas alivia
385	pae txivi akesho	a droga varrendo
	senã echpõ paeta	dos vasos doloridos
	Shoma shate vetãsho	a droga Shoma corta
	mj vene txjshã	e nas costas de seu homem
	txjshã shewamakjma	não ficam os venenos
390	minõ iki awaki	assim contigo faz
	pae txivi akesho	a droga varrendo
	ven⨍ txjshã revõsho	pelo fim das costas
	pae õtxj okow⨍!	a droga arremesse!
	ave pae weniw⨍!	a droga expulse!
395	Shoma kenoyavõta	Shoma multiarmada
	pae txatxi vetãsho	a droga vai cortando
	ven⨍ txjshã revõsho	pelo fim das costas
	pae õtxi okow⨍!	a droga varra!
	ave pae weniw⨍!	a droga expulse!
400	Shoma yoe kashãne	morna água de Shoma
	kashã kova ipaki	desce lavando todos
	noro sheta shakama	os bichos-muco picantes[21]
	kashã tsoi vetãsho	morna água escorrendo
	pae tsoi awasho	a droga vai murchando

---

21 "São como os micróbios", disse Benedito.

405	chinã shavá apaki	e o peito amplia
	shakj shata apaki	o ventre alivia
	awf senã paka	suas setas-dor
	Shomã tsoi vetãsho	Shoma vai murchando
	awf paro paka	sua grande tanga
410	Shoma nõko awasho	Shoma vai limpando
	Shoma tsekavaiki	Shoma a tanga tira
	venf txjshã revõsho	pelo fim das costas
	pae õtxi okowf!	a droga arremesse!
	ave pae weniwf!	a droga expulse!
415	Shoma kojyavõta	Shoma enfumaçada[22]
	koj ashõvaiki	fumaça muita faz
	venf chinã shakjni	e no peito do homem
	koj navetsenãki	fumaça mesmo alastra
	noro sheta shakama	nos bichos-muco picantes
420	Shoma koj senãne	sua forte fumaça
	koj navetsenãki	fumaça mesmo alastra
	noro sheta shakama	e bichos-muco picantes
	Shoma koj senãne	com sua forte fumaça
	noro sheta shakama	bichos-muco picantes
425	Shomã tsoi vetãsho	Shoma vai murchando
	pae tsoi awasho	a droga murchando
	pae tsekavaini	a droga arranca
	chinã shavá apaki	e o peito amplia
	shakj shata apaki	o ventre alivia
430	txjshã shata apanã	as costas alivia
	pae tsekavaiki	a droga arranca
	pae õtxi okowf!	a droga arremesse!
	ave pae weniwf!	a droga expulse!
	Shoma txiyavõta	Shoma incendiária
435	pae veya akesho	a droga afronta
	txi ashõvaiki	forte fogo faz
	venf chinã shakjni	para que estas drogas 438
	askárasj paera	que entraram mesmo 439
	pae raká ikosho	por dentro do homem 437
440	shakj ewe anõma	o ventre não pesem
	venf yani naneti	no estômago do homem
	mai rakamakjma	alimento não prendam 443
	yani kora anõma	e não o deixem prostrado[23] 442

22 Mais um dos poderes de Shoma, usado para espantar os *yochjvo*.

23 O alimento dentro da barriga se revolve, e a pessoa deita no chão com dor, como uma mulher que vai dar à luz. *Yani koraka*: ar preso no intestino, fazendo barulho dentro do intestino.

a batalha da cura

minõ iki awaki	assim contigo faz
Shoma txiyavõta	Shoma incendiária
pae txatxi vetãsho	a droga assusta
awf yama ána	no lábio mortal
navirina vetãne	o fogo encostando

445

Shoma sovina (*wachja*) o corpo do paciente, porque está atrelada ou ligada (*ivi*, um termo da língua especial) a ele, assim tomando o corpo para si e o protegendo das doenças. Broto de Ayahuasca é quem medeia a operação e vai chamar as espíritas Shoma para que intercedam junto ao doente e iniciem sua batalha contra os espectros. "É como um coronel, como polícia talvez", disse-me o pajé. "É pessoa forte, poderosa, igual ao governo ou o prefeito, que escuta a todos e atende os pedidos das pessoas", segue comentando. Broto de Ayahuasca e *Shoma* são coletividades, muito embora sejam, por metonímia, referidos no singular ao longo dos cantos. Os espíritos auxiliares sentam-se próximos ao paciente para cuidar dele, tal como o fazem os *kfchjtxo* posicionados ao longo da rede onde jaz o enfermo. As referências em paralelo marcam também uma sessão de cura: os *kfchjtxo* postam-se ao lado do doente na rede // os espíritos auxiliares postam-se ao lado do doente (na referência externa invisível). O esquema é uma inversão da situação dos *iniki*, onde os espíritos auxiliares estão sobrepostos ao *romeya*, cantando sentados na rede de sua maloca interna // cantando na maloca externa. Quando o *kfchjtxo* começa a beber ayahuasca e a tomar rapé, imediatamente Broto de Ayahuasca se faz presente (pois é o dono, *ivo*, do cipó) e já avisa ou chama as *Shoma*, "ligando seu *chinã*" ao dos *kfchjtxo*. Logo elas chegam com seus atributos ou poderes. São eles que indicam a mudança dos blocos acima traduzidos, referentes aos distintos poderes e atuações que *Shoma* utiliza para matar, assustar e expulsar os *yochj* ou, no caso, a "droga" (*chero pae*): lâminas, cajados, armas, fumaça, fogo e também seu óleo (*nõkoyavõta*, "Shoma oleosa") que faz a doença escorregar rápido pelo corpo. Aí termina o macrobloco 6 (*Shoma kená*, "o chamado de Shoma") e se iniciam os 7, "condução da doença" (*isj yonoa*) ou do agente agressor de volta ao seu lugar de origem e 8, "lavar/tirar a doença" (*isj terearasj*), dos quais destacamos apenas um trecho. As *Shoma* aí seguem atuando no corpo do rapaz doente:

owa mai shavaya	por aquele caminho	
shavá avainise	pelo caminho segue	
ave pae weniwf!	a droga embora leve!	
Shoma yoe shavovo	boas mulheres Shoma	
atõ seyá txita	segurando nas mãos	510
meve tsetãinisho	seus perigosos fogos	509
pae veya akesho	vão a droga afrontado	
venf chinã shakjni	no peito do homem	
txi ashõvaiki	fogo forte fazem	
pae txatxi vetãsho	à droga assustando	

505

510

515	awf yama ána	seu lábio mortal
	naviraká vetãki	elas chamuscam
	pae tsori awasho	e a droga vão murchando
	noro sheta shakamai	bichos-muco picantes
	Shomã tsoi vetãsho	Shoma vai matando
520	awf paro paka	sua pequena saia
	Shoma nõko awasho	Shoma vai limpando
	venf txjshã tiomai	pelas costas do homem
	txi ashõ vaiki	fogo forte fazem
	senã paka venema	grandes espetos-dor
525	Shoma tsoi vetãsho	Shoma vai murchando
	pae txatxi vetãsho	à droga assutando
	txjshã shata apaki	as costas alivia
	txjshã shavá apaki	as costas amplia
	venf txjshã revõsho	pelas costas do homem
530	pae õtxi okõwf!	a droga arremesse!
	ave pae weniwf!	a droga expulse!
	owa mai shavaya	por aquele caminho
	shavá avainise	pelo caminho segue
	ave pae weniwf!	a droga embora leve!
535	awf paro paka	e sua tanga grande
	vevo avainise	atrás junto vai
	awf senã paka	seu espeto-dor
	vevo avainise	atrás junto vai
	noro sheta shakamai	bichos-muco picantes
540	ave pae weniwf!	com a droga expulse!
	pae mfko ewãne	forte fraqueza da droga
	shakj mfko anõma	o ventre não canse
	yani mfko anõma	o estômago não canse
	chinã mfko anõma	o peito não canse
545	yora mfko anõma	o corpo não canse
	mjnõ iki awaki	contigo assim faz
	Shoma veya akesho	Shoma a droga enfrentou

O macrobloco que compreende essa seção divide-se por sua vez em outros tantos blocos, referentes aos diversos outros atavares e poderes de Shoma que atuam dentro do corpo do paciente, a fim de expulsar a doença e conduzi-la de volta a seu lugar de origem. Para que fosse possível perceber algo da regularidade encantatória desencadeada pelas longas reiterações e justaposições do canto integral em performance, o leitor deveria percorrer integralmente o texto inteiro do canto que, por economia de espaço, vai aqui reduzido. Os versos

a batalha da cura

seguintes ao 560 seguem conduzindo a doença para fora do corpo do paciente através da ação de poderes: "fresco orvalho estrelar'" (*nete rono isõ*) vertido dos cochos-espírito (*yoe tama tosha*) das boas mulheres das árvores (*tama yoe shavoa*) para limpar e resfriar o doente[24]; "benfazejo algodão-espírito" (*yoe rane shõpe*) que percorre limpando o corpo do paciente; "pó de Shoma" (*Shoma roro poto*) para limpar e secar todas as partes do corpo (percorridas uma a uma pelas sequências formulaicas) e expulsar a doença; "forte azedo de Shoma" (*Shoma katxa isj*) que elas, ao sentarem ao lado do paciente, alastram por seu corpo para espantar a catinga do "veneno-vagina" e seus diversos males. Assim segue esse extenso macrobloco, ao qual se sucedem mais dois outros de estrutura similar (macrobloco 9, "expulsão da febre", *awf shana terea* e 10, "condução final" da doença, *awf yonovãia, keyokãia*) até os versos de fechamento, quando a "droga" está enfim devidamente conduzida à sua dona (*cherõ ivo*) e recolocada no lugar de onde havia se projetado, ou seja, entre as coxas da moça-jaguar:

	ino vake shavovo	na filha do povo jaguar
	shãsotanairinõ	sentada de cócoras
1265	*pae rakátanake*	a droga está colocada
	neri veso oanimai	para cá não volta
	pae weni nonisho	a droga embora foi

Ainda não está bom, ainda não está pronto. É necessário agora restituir o seu vigor, refrescando o paciente (bloco 11, *matsi vãia*), atando e fortalecendo seus vasos (bloco 12, *echpõ txiwá*), reavivando sua respiração (bloco 13, *chinã vitãnima*) e conferindo vivacidade a seus olhos (bloco 14, *nete saná, vero saná*):

	Shoma yoe matsjnõ	bom frescor de Shoma
	matsj vepa voãnf	o rosto vem refrescar
1270	*veso matsi apaki*	o rosto refresque!
	meta matsi apawf!	o braço refresque!
	shakj matsi apawf!	o ventre refresque!
	txjshã matsi apaki	as costas refresque!
	matsi ipataniki	o frescor descendo

---

24 São diversos os orvalhos estelares (*nevi*, na língua ordinária), vertidos por igualmente diversos espíritos auxiliares das próprias *Shoma* (*shoma takerasj*): *Nete Wani shenitsi*, Espírito da Estrela D'Alva, por exemplo, verte também tal orvalho de seu cocho (um pertence de sua maloca equivalente àqueles que, aqui, os marubo usam para processar alimentos). Na morada celeste (*naí shavapa*), o espírito da Estrela D'Alva verte seu orvalho; na Morada Arbórea, o povo-espírito das árvores (*tama yove nawavo*) verte também o orvalho de seus cochos (*yove tama tosha*), assim como o espírito-papagaio *Vawa Tiro* o faz com o cocho (*shasho*, metaforizado como *tiro tama tosha*, "pedaço de árvore-tiro") de sua maloca, também situada na Morada Arbórea. O mesmo fazem os *mai shona nawavo*, espíritos habitantes da morada terrestre (*mai shavapá*), com seus cochos (*shona tama tosha*) e grandes panelas de barro (*yoá*), metaforizadas como "tronco de anta-shona" (*shona awá shavã*). Mais alguns exemplos da infinita profusão personificada que constitui o cosmos marubo.

1275	*warochena pakea*	resfriando desce
	yoe mera okõwf!	o bem logo traga!
	kõshã shawe echpõne	vasos de tartaruga
	venf chinã echpõra	aos vasos do peito
	echpõ txiwá inãwf!	os vasos venha atar!
1280	*chinã vitãiniwf!*	o soprar revigore!
	kõshã shawe chinãra	sopro de tartaruga
	chinã takekarãsho	vem o sopro ajudar
	venf chinã shavama	e o peito fechado
	shavá tapi inisho	o peito alargando
1285	*venf chinã rfko*	o coração do homem
	ronõ koj akesho	ajeitado vai ficando
	chinã vitãiniwf!	o soprar revigore!
	Naí Koa inisho	Naí Koa junto com
	Witxã Pei shenitsi	o antepassado Witxã Pei
1290	*naí vema reraa*	cortam as sapopemas
	naí osho vema	sapopemas das nuvens
	txiwá tavi inai	que logo se atam
	venf teke echpõra	assim os vasos da perna
	echpõ txiwá inãwf!	vasos venha atar!
1295	*venf chinã echpõra*	assim os vasos do peito
	echpõ txiwá inawf!	vasos venha atar!
	chinã vitã iniwf!	vigore o soprar!
	tama peta vero	olho de ariramba-árvore[25]
	vero txiwá karãsho	venha ao olho se juntar
1300	*oj vetã okõwf!*	e veloz a vista deixe!
	txaitivo vero	olhos de grande hárpia
	vero txiwá karãsho	venha ao olho se juntar
	oj vetã okõwf!	e veloz a vista deixe!
	yoe mawa vanaya	sabiá-espírito falador
1305	*kepa itchi karãsho*	nos lábios venha
	mia vana ãtja	sua fala encostar
	vana pacha inãi	clara fala oferecendo[26]
	yove vanakãjwf!	boa fala vá dizendo!

---

25 Peta (ariramba, *Galbula sp.*) é um pequeno pássaro cujo olhar é dito ser muito ágil. Encontraremos essa mesma fórmula em outros contextos.

26 O doente deve falar rápido e bem como o sabiá-espírito, que vem encostar em sua boca e transmitir a fala. Mais uma vez, eles estão ãtja, somando/ligando suas falas.

a batalha da cura

	rovo mawa vanaya	sabiá-japó falador[27]
1310	*kepa itchi karãsho*	nos lábios venha
	mia vana ãtja	sua fala encostar
	vana pacha inãi	clara fala oferecendo[28]
	yove vanakãjwf!	boa fala vá dizendo!
	shatxj kene vanaya	uirapuru falador
1315	*kepa itchi karãsho*	nos lábios venha
	mia vana ãtja	sua fala encostar
	vana pacha inãi	clara fala oferecendo
	yove vanakãjwf!	boa fala vá dizendo!

A tartaruga aquática *kõshã shawe* (tartaruga matamatá[29]), disseram-me, é cheia de nós em sua carapaça, o que constitui uma imagem de boa saúde a ser transmitida ao doente. O termo em questão é *txiwá* (atar, amarrar), próximo de outros dois frequentemente citados quando se especula sobre tal processo: *ãtja* (ligar, atar, relacionar, juntar, tal como no verso 1316) e *takea* (fazer-se par, postar-se ao lado, auxiliar). A transmissão de qualidades sensíveis não esgota o presente problema. *Kõshã shawe*, a tartaruga, é também (ou tem também) um espírito *yove* e poderia, por si só, passar o seu *chinã* (respiração, princípio vital) ao enfermo: para além de uma imagem visual, ela é então um agente. Ora, mas *imagens visuais* são aqui, de certo modo, potências agentivas, independente do fato de serem ou não duplos ou espíritos. Na sequência do bloco acima, vemos o cantador Tekãpapa fazer uso de um símile, via o empréstimo de um trecho do canto-mito (*saiti*) de Roka. Na história, os espíritos Naí Koa e Witxã Pei dividem as placas de certas raízes celestes, que acabam por se unir novamente: ainda que tais personagens não estejam presentes em pessoa junto ao doente (tal como os espíritos auxiliares), o símile (*tavi, kavi*, "tal como") não é mera figura de linguagem, mas uma evocação que visa a ser eficaz e interferir na saúde do doente. Se certamente as qualidades do pássaro ariramba, de ágil olhar, são apreciadas pela composição em questão, esses pássaros (assim como os outros mencionados na sequência) são também espíritos *yove* que intercedem junto à pessoa. As imagens visuais construídas a partir do empréstimo de qualidades sensíveis e comportamentos diversos acabam por se mesclar e submergir no pano de fundo da personificação: canta-se sempre uma imagem, mas é outra a natureza da relação por ela estabelecida. Veja um trecho do bloco 15, o "chamado do doce" (*vata kená*):

27 O doente é um *rovonawavo* (povo-japó): seu pássaro/espírito auxiliar acompanha portanto o seu povo/classe.
28 O doente deve falar rápido e bem como o sabiá, espírito benfazejo (*yove*) importante para o xamanismo marubo.
29 *Chelus fimbriatus*

	yoe mano vata	benfazejo doce mel[30]
1320	*mjki vata kevia*	por ti doce chamo
	vata vepa voãwf!	o rosto adoçar venha!
	tesho viri ipaki	pelo pescoço desce
	meta tono apaki	pelo braço percorre
	yora vestf apawf!	rápido o corpo deixe!
1325	*yora orã awai*	o corpo desenjoa
	shakj orã awai	o ventre desenjoa
	pae wení nonjsho	e a droga indo embora
	yani pacha apaa	o alimento renova
	vata txisho ipawf!	as costas adoce!
1330	*vata tani ipawf!*	os pés adoce!
	yoe acho matsi	bom frescor de mulateiro
	matsi kova ipaki	frescor escorrendo desce
	matsi vepa voãwf!	o rosto refresque!
	võchã nõnómamaki	a tonteira tirando
1335	*meta vestf apawf!*	os braços agilize!
	waro chenã apaki	a tudo refresque
	yani pacha apawf!	o alimento renove!
	txisho viri ipawf!	as costas refresque!
	matsi tani ipawf!	os pés refresque!
1340	*tama nãko vata*	doce néctar de árvore
	mjki vata keviai	por ti doce chamo
	vata vepa voãwf!	adoçar o rosto venha!
	veshpa ari apawf!	abrir os olhos venha!
	meta tono apaki	o braço percorrendo
1345	*yora vestf apawf!*	o corpo agilize!
	tama nãko vata	doce néctar de árvore
	vata navetsenãwf!	renovando o alimento
	yani pacha apaki	o doce esparrame! 1347

Como aqui pensar "doce"? Uma qualidade certamente, mas transformada em agente pela mitopoiese xamânica. As imagens visuais formadas por tais qualidades constituem um conjunto de *ação intensiva* visando à alteração do estado corporal do doente. Receptores da mensagem imperativa veiculada pelo locutor (o pajé), as supostas qualidades sensíveis têm agora que desempenhar uma tarefa e realizar um percurso pelo corpo do doente. "Doce" (*vata*) e "frescor" (*matsi*) estão atrelados a singularidades tais como a samaúma ("doce néctar de samaúma") e o mulateiro ("bom frescor de mulateiro"), que possuem também seus duplos humanoides, sempre aptos a tomar a posição de locutores nos

---

30 Mel de arapuá (*vakõ*).

cantos. Os elementos, que compõem um campo de ação sinestésica, burlam as nossas fronteiras categoriais (mas não, certamente, as do pensamento marubo)[31]. O trecho final desse longo canto *shōki* caminha nessa direção[32]:

1	*vari tawa shataki*	leve taboca-sol
	mjki shata keviai	por ti leve chamo
	vari chapo shataki	leve gavião-sol[33]
	mjki shata keviai	por ti leve chamo
5	*shokô moshô shataki*	leve envira-descamar[34]
	mjki shata keviai	por ti leve chamo
	mapo shakj tiomai	por dentro da cabeça
	shata kova ipaki	leve descendo lave
	venf kaya tiomai	pelo corpo do homem
10	*shata kova ipawf!*	leve lavando desça!
	meta shata apawf!	o braço leve deixe!
	shata mane ipawf!	leve vertendo desça!
	shata navetsenāki	leve se alastrando
	shakj shata apaki	leve o ventre fica
15	*shata txjshā ipawf!*	leve pelas costas desça!
	shakj ewe awāi	do ventre peso tirando
	pae wení nonjsho	a droga embora foi
	shata navetsenāki	leve mesmo alastrando
	shakj shata apawf!	pelo ventre leve vá!
20	*shata txjshā apawf!*	pelas costas leve vá!
	venf teke tiomai	pela perna do homem
	shata kova ipawf!	leve lavando desça!
	shata tani ipawf!	leve pelos pés desça!
	vari shāko shataki	leve broto-sol
25	*mjki shata keviai*	por ti leve chamo
	mapo shakj tiomai	por dentro da cabeça
	shata kova ipai	leve desce lavando
	meta shata apaa	e o braço leve deixa

31 O papel da sinestesia nos xamanismos pano é bastante fértil. Ver por exemplo E. Lagrou, em *Caminhos, Duplos e Corpos*, e em O que Nos Diz a Arte Kaxinawá sobre a Relação entre Identidade e Alteridade?, *Mana* para os kaxinawá; e Angelika Gebhart-Sayer, em Una Terapia Estética: Los Diseños Visionarios del Ayahuasca entre los Shipibo-Conibo, *América Indígena*, n. 46, para os shipibo-conibo.

32 Esse trecho foi reconstruído pelo mesmo cantador em outra circunstância da pesquisa, pois a gravação original apresentava problemas em seu final. Os *shōki* são compostos a partir de uma estrutura fixa e invariável, fazendo assim com que a versão reconstruída seja confiável.

33 Uma hárpia grande (*tete anika, txaitivo*).

34 *Shokô* (descamar) é um classificador referente a singularidades da Morada do Céu-Descamar (*Shokô Naí Shavaya*) onde habita Roka, de quem falaremos nas próximas páginas.

	venf kaya tiomai	pelo corpo do homem
30	shata kova ipawf!	leve descendo lave!
	shata navetsenãki	leve mesmo alastrando
	shakj shata apawf!	pelo ventre leve vá!
	shata txjsho ipawf!	nas costas leve desça!
	panj iti kekoki	nos fios da rede
35	tsaka mava yoãi	ele vai se revirando
	pae wení nonjsho	a droga embora foi
	pae kaya eweyai	forte peso da droga
	pae wení nonjsho	a droga embora foi
	shata kova ipawf!	leve descendo lave!
40	teke shata apawf!	as pernas leve deixe!
	shata tani ipawf!	leve pelos pés desça!
	pae weni nonjsho	a droga embora foi
	Shoma shata isj	forte leve de Shoma
	shata kova ipawf!	leve descendo lave!
45	vari makõ pokoa	qual algodão-sol
	shata kavi pakea	leve mesmo desce
	shata merakõi	e leve vai deixar
	pani iti kekoke	nos fios da rede
	tsaka mava ioãi	vai se revirando
50	shata veoinawf	na rede leve sente! [35]
	oj vetã okõwf!	ágil aos lados olhe!
	venf nete sanãti	os olhos do homem
	sanã koj inisho	belos mesmo brilham
	oj vetã okõwf!	ágil aos lados olhe!
55	roe awá techpara	garganta de anta-machado[36]
	techpa txiwá karãsho	vem ao homem se juntar
	roe awá yanira	estômago de anta-machado
	yani takekarãsho	vem ao homem ajudar
	Shoma yoe shavovo	boas mulheres Shoma
60	venf yani naneti	no estômago do homem
	yani nane kojna	o bom alimento
	nane koj akesho	alimento bem colocado
	charãewa ene	em mingau de banana
	yani chinã okõi	em comida vai pensar
65	yani oteinai	e comida sustenta
	awetima inai	para forte levantar

35 Nesse ponto, a pessoa já está leve e pode se sentar para beber mingau de banana (mani motsa).

36 Há outras gargantas que os kfchjtxo costumam evocar para fortalecer a deglutição do doente: "garganta de anta-banco" (awá osho techpa), "garganta de anta-árvore" (tama awá techpa), "garganta da tartaruga matamatá" (kõshã shawe techpa).

a batalha da cura

charãewa niskãra	suor de mingau de banana
niskã tachi okõwf!	suor chegando venha!
yoe acho niskãra	bom suor de mulateiro
70 *mjki niskã keviai*	por ti suor eu chamo
venf veso tiomai	ao rosto do homem
niskã txiwápakei	vem suor se somar
venf kaya tiomai	pelo corpo do homem
niskã kova ipai	vem suor escorrer
75 *niskã meni ipai*	pelos braços descendo
niskã rashõ ipai	foi o suor saindo
niskã txjsho ipai	pelas costas vai descendo
venf teke tiomai	pela perna do homem
niskã tani ipawf!	pelos pés desça!
80 *Shoma yoe niskãra*	benfazejo suor de Shoma
vevo avetaniki	vem junto limpando
pani iti kekora	dos fios da rede
shataini voãi	leve vai saindo
yoe wanj voroki	bom tronco de pupunha[37]
85 *teke ote inai*	toco firme fincando
mai kãiã pesotai	andando pela terra[38]
txaitivo shenivo	antigo grande gavião[39]
teki tavi kawãi	pelos lados andando
chapo atxa kawãmai	por aí perambulando
90 *txaitivo shenivo*	antigo grande gavião
shono mai kayãne	na terra-samaúma andando
awf teki shatayai	com seu leve caminhar
teki tavi kawãmai	pelos lados passeando
chapo atxa kawãmai	vai assim perambulando

No verso 92, "leve" é claramente um adjetivo, pois está modificado pelo sufixo atributivo *–ya*: *awf teki shata-yai*, "com seu leve andar". Mais acima, porém, e sobretudo quando ocorre na primeira posição, "leve" é atribuído a algo, mas comporta-se como um agente mobilizado pelo kfchjtxo. Na estrutura geral do canto, não são adjetivos ou advérbios que percorrem o corpo do paciente, mas sim o poder "Leve" evocado pelo pajé-rezador. Após chamar os poderes de Shoma para afastar *chero pae*, o veneno-vagina, o pajé precisa também "relacionar" (*txiwá*) ou "ligar" (*ãtj*) elementos agentivos (doce, leve, suor) ao corpo do paciente. A carga metafórica do canto não está exatamente nas evocações dos poderes agentivos e agentes personificados, mas sim em passagens como a final

---

37 Nome ou metáfora (*ane*) utilizado pelos pajés para se referir ao fortalecimento do corpo.
38 Metáfora para a pessoa sadia, que já fica de pé e caminha.
39 Trata-se da terra onde vive o gavião, isto é, a terra da samaúma.

(versos 87 a 94), na qual a imagem de uma grande hárpia caminhando altiva por sua terra é empregada para poetizar o doente já curado.

Os Modos e a Intertextualidade

Vale distinguir os diversos registros das imagens mobilizadas ao longo do canto. Como um todo, estamos novamente diante de uma grande imagem/trajeto do caminho percorrido pelo agente agressor (*chero pae*), que começa em sua formação ou montagem pelos espectros guerreiros, passa por sua ação no interior do corpo do doente e segue até sua posterior expulsão pelos espíritos auxiliares. Ao longo desse panorama corporal, imagens agentivas são mobilizadas na evocação de entidades (os espíritos auxiliares) e poderes (doce, leve, suor, frescor, algodão, pó, entre outros). As imagens integram-se, por sua vez, a outras imagens não agentivas composta por símiles e metáforas, tal como a que fecha o canto e aquela composta a partir do mito de Roka (verso 1288) para visualizar a restauração do vigor corporal do doente. O caráter intertextual das artes verbais marubo — a interpenetração entre elementos pertencentes a gêneros (ou modos) distintos das artes verbais tais como *shõti*, *saiti* e *initi* — permite que imagens visuais diversas circulem aqui e ali, nessa ou naquela composição, nesse ou naquele contexto, dependendo da configuração em questão. É por isso que nos cantos *iniki*, onde predominam as mensagens não agentivas (relatos e aconselhamentos dos espíritos), pode irromper um bloco composto por mensagens agentivas características de cantos *shõki*, se um certo espírito resolver ensinar aos ouvintes presentes a maneira de tratar um mal determinado.

Ao reverso, também, epítetos e fórmulas tais como "paca-jaguar sentada/ com lança matam" ou "em sua maloca/ dentro de seu pátio", entre outras que encontramos no canto acima, migram entre os cantos *saiti*, *shõki* e *iniki* sem que seja possível dizer se pertencem originariamente a esse ou aquele modo ou gênero de cantos. Além dos critérios extratextuais, ou seja, dos distintos contextos performáticos e rituais, o que distingue essencialmente um *shõki* com relação aos outros modos do cantar é o seu *foco* (a eficácia) e o seu *regime enunciativo*: fórmulas derivadas do padrão "eu espectro me formei/ espectro mesmo sou" colocam a locução nos lábios do agente agressor, mostrando que o registro em questão é o da *chinã vana* (fala pensada) ou da *shõki vana* (fala soprocantada), no qual se trata de visualizar a formação, ação e neutralização da entidade agressora. A rigor, não importa se a fórmula é dita em presença por seu locutor (o espírito que está dentro do pajé *romeya*) ou se está integrada na composição de um canto *shõki* (o espírito ao lado ou na referência paralela, externa àquela na qual canta o pajé-rezador). Importa antes que, ao ser dita, a fórmula mobilize a cena visual para fins cosmopráticos, determinados pela identificação e monitoramento completo do agente ameaçador.

a batalha da cura

Quando, em um canto *iniki*, emergem fórmulas tais como "eu espectro me formei/ espectro mesmo sou", a modalidade agentiva passa a se acoplar ou se aninhar no interior da estrutura geral da modalidade reportativa (as palavras dos outros, os cantos *iniki*). Nesse caso, o foco mental dos ouvintes será dirigido para tal fim: os ouvintes passarão a apreender e memorizar a mensagem para os fins da cura. Se uma fórmula similar surge no interior de um canto--mito *saiti*, ela estará circunscrita ao evento da narração e o aprendizado não estará voltado (inteiramente) para fins agentivos. No contexto de aprendizado de longos cantos *shôki*, o cantador poderá resgatar blocos ou fórmulas que conhece de estruturas narrativas (mito)[40] ou que ouviu dizer de estruturas citacionais (cantos de outrem) e embuti-los em estruturas agentivas (cura), mobilizando as etiologias, "os surgimentos" (*anõ shovia*), para o evento cosmoprático. Os distintos focos é que parecem então determinar a seleção ou agrupamento de conjuntos de fórmulas em uma ou outra modalidade de cantos, e não uma discriminação taxonômica, uma distribuição em gêneros intransponíveis de classificação[41]. Não se trata de confusão classificatória, mas de distintas estratégias de seleção. As estratégias reconfiguram a disposição enunciativa dos cantos e a distribuição da pessoa do cantador (seu suporte corporal, seus duplos) dessa ou daquela maneira, ausente ou presente, mediando trânsitos que se passam alhures ou somando-se às atividades em paralelo dos auxiliares. Vemos aí a complexidade das artes que pretendem dar conta dos dilemas causados pelo fenômeno da duplicação, seja nas dinâmicas rituais, seja na profunda interação com o pensamento mítico. Mas o que ocorre, afinal, com a morte da pessoa? De quais recursos a poética xamanística deverá lançar mão para lidar com suas consequências e sentidos?

---

40 Algo similar ao que ocorre no xamanismo desana ver em D. Buchillet, Los Poderes del Hablar: Terapia y Agresión Chamánica entre los Indios Desana del Vaupes Brasileño, em E. Basso; J. Sherzer (orgs.), *Las Culturas Nativas Latinoamericanas Através de su Discurso*. Sobre os sharanawa, ver P. Déléage, op. cit.

41 Para um bom apanhado de tais questões no contexto panameríndio, ver o ensaio de abertura de *Makunaíma e Jurupari* elaborado por Sérgio Medeiros.

PARTE IV   A Era-Morte

10. Adoecer, Enfeitiçar

Adoecer

Esse é o tempo em que os marubo vivem nas cabeceiras dos rios. "Vou agora voltar para a terra onde cresci", dizia-me frequentemente Tekãpapa, preocupado com as doenças que assolam sua terra e com o caótico atendimento prestado aos índios pelas instâncias governamentais. Desde que desceram das antigas aldeias localizadas na confluência entre o alto Ituí e o alto Curuçá, "as nossas doenças" (yorã isj) têm convivido sistematicamente com as "doenças do estrangeiro" (nawã isj), tais como a malária, a gripe, o sarampo, as hepatites, a febre amarela, as doenças sexualmente transmissíveis, entre outras. "Agora as doenças são difíceis de entender, estão misturadas às dos brancos", dizem com frequência. Sabe-se, entretanto, que se adoece demais nessa que é definitivamente a Era-Morte (Vei Shavá, ou Vopi Txinj), em que imperam os males, o esquecimento e a desestruturação do parentesco.

A Era-Morte é, entre outras coisas, marcada pela proliferação descontrolada de espectros yochj, insensatos e agressivos. Morre-se muito mal, as pessoas ficam morridas por aí; as relações entre vivos e mortos não andam fáceis, tudo anda muito perigoso. E ainda há as doenças dos brancos, que o sistema dos shõki tentam abarcar com sua inesgotável vocação tradutiva. O cotidiano das aldeias do alto Ituí (e de todo o vale do Javari) é mesmo pautado pela eclosão das enfermidades. Uma pessoa doente prostrada na rede, nessa ou noutra aldeia, mobilizará os pajés de diversas aldeias, que se dirigem (com mais ou menos motivação, tudo depende do estado de relações entre afins e consanguíneos) ao local onde está o doente e ali se instalam, por dias e noites se necessário. A maloca anfitriã paralisa suas atividades normais para atender os pajés hospedados: não deve, teoricamente, faltar rapé e ayahuasca, além das refeições costumeiras. Ficar hospedado na casa dos outros é sempre uma situação ligeiramente tensa. Comentários discretos e descontentamentos são frequentes; reclamações de que o mingau de banana é pouco ou de que não há carne povoam os intervalos das cantorias. Ainda assim, raramente os kfchjtxo deixariam de prestar solidariedade ao doente, coisa que seria interpretada como uma grave sovinice (*wachika*) de suas partes. Assim era a relação entre as aldeias Alegria e as de Vida Nova quando, no final de 2006, o mais velho kfchjtxo dali caiu gravemente enfermo.

Desnutrido e enfraquecido por diversas malárias, o velho T. havia sido removido para Manaus e Tabatinga, de onde voltaria a bordo de um avião nos próximos dias. Havia grande expectativa em todas as aldeias do alto Ituí, pois ele era um dos mais respeitados kfchjtxo ainda vivos. Antes que chegasse, o espírito do gavião cãocão, cantando na aldeia Alegria, disse através de Venãpa que os duplos de T. haviam se desprendido e que ele não poderia melhorar. Previa que as pessoas lamentariam (*rona*) o velho já desenganado e comentava sobre as doenças que assolam as pessoas dessa terra, sem trégua. No dia em que foi despejado pelo avião do Governo em Vida Nova, raquítico e muito mais abatido do que quando saíra para ser tratado nos brancos, Lauro Panipapa comentava para mim em Alegria que T. estava com o olho embaçado (*vero kojka*), por conta da ação do "veneno de tabaco" (*rome pae*). Lauro dizia que ele estava também com *vinã piá*, mordidas dos duplos das vespas nos lábios e na língua, cheios de ferimentos infeccionados que dificultavam a alimentação. Essa não era porém ainda uma doença perigosa, uma vez que os duplos das vespas são facilmente espantáveis pela ventania e fogo dos espíritos *Shoma* e Broto de Ayahuasca. Difícil é quando sucuri ataca a pessoa, porque é gente (seu duplo é humanoide) e só os kfchjtxo fortes, tomadores de lírio, podem espantá-la.

Chegando na maloca do doente, Tekãpapa pede informações a seu irmão Memãpa, que já estava ali há alguns dias. Memãpa diz ter cantado um *shôki* para chamar de volta o duplo do olho do doente, que ficou perdido a jusante, isto é, no hospital de Manaus: esse duplo já havia agora retornado para seu dono, mas as coisas ainda estavam longe de ficar bem e o doente exigia diversos cuidados e precauções. Não podia se aproximar de T. nenhuma pessoa que tivesse feito sexo recentemente. Se isso acontecesse, ele rapidamente sentiria o cheiro e o catarro (*noro*) que enche a sua garganta voltaria a "subir", afogando-o. Ex-crente, o agora *romeya* Ramipapa, mais outros kfchjtxo que já estavam por ali, conseguiram "abaixar" um pouco o catarro. "Com a ajuda de Kana Voã ele não morrerá", dizia em português para mim Ramipapa, adaptando a frase comum do português para esse fazedor, considerado como a sua versão de nosso Deus.

Entre aprendizes e formados, os kfchjtxo varam a noite cantando em turnos. Deve haver sempre ao menos um pajé mais experiente cantando, enquanto os outros descansam. Nos intervalos, reúnem-se todos nos bancos *kenã*, cheiram rapé e tomam ayahuasca, conversam sobre amenidades e tomam do mais velho as diretrizes para a próxima etapa do canto. Umas duas horas depois, levantam-se e vão todos juntos (de dez a cinco pessoas, quando são muitos) sentar-se ao lado da rede onde jaz o doente em sua seção familiar (*shanã naki*). Irrompe uma profusão polifônica de cantos *shôki*, em timbres e ritmos desencontrados. Conforme vão terminando seus cantos, os kfchjtxo se levantam dos duros bancos. O mais experiente é sempre o último a terminar, cantando todos os macroblocos. De vez em quando, os jovens aparecem para visitar – alguns ficam um pouco mais de tempo à noite, chegam a cheirar um pouco de rapé, mas acabam indo embora cedo. Ainda que se espere que venham aprender, os jovens não podem ficar muito próximos do doente, pois o cheiro de sexo faria mal. Estendido por muitos dias, o tratamento acaba portanto se transformando em um "curso" ou um processo de formação para os aprendizes de kfchjtxo, tal como quando estão recolhidos especificamente para as iniciações.

Mulheres, espectros dos mortos, Coruja e outros diversos *yochj* vieram ver T. nessa maloca em que estamos todos sentados. Vivo ou morto, não se pode trazer macaco-preto (*iso*) para a maloca, pois o seu *yochj* se debruça sobre o doente. As rãs *txaki* e *eo*, abundantes naquela época, começavam também a atacar, fazendo com que seu catarro subisse de novo. Os filhos do doente deixaram de comer a apreciada sopa de rãs, para evitar uma piora do pai. Os *yochj* de tais batráquios entram na maloca e fazem mal, explicavam. Em sonho, ele relatava ter encontrado os espectros das pessoas recentemente mortas em Vida Nova. Os *vaká* dos mortos oferecem comida a ele, e então lá (na referência onírica) ele fica satisfeito, deixando aqui seu corpo fraco e magro, que deixa aos poucos de falar. Os *vaká* querem levá-lo embora e é necessário realizar o canto *yochj pasa*, "sopa de espírito", para que ele deixe de comer com os mortos[1]. Insones, os kfchjtxo não param de cantar: através dos cantos, *Shoma* aconselha os *yochj*, dizendo para que não o levem, pois ele é pessoa sabida e

---

1 Aceitar comida dos mortos é um péssimo sinal em diversos xamanismos ameríndios: veja, por exemplo, N. Farage, A Ética da Palavra entre os Wapishana, *Revista Brasileira de Ciências Sociais*, v. 13, n. 38, p. 124 para os wapishana e C. Fausto, Banquete de Gente: Comensalidade e Canibalismo na Amazônia, *Mana*, v. 8, n. 2, para uma análise comparativa.

tem sua vida por aqui. Foi o próprio T. que disse estar sonhando isso aos presentes. Mas isso aí está acontecendo dentro *desta* maloca (vista em sonho), e não dentro do oco/ventre de T. Os mortos gostam (*noia*) da pessoa, veem-na triste e doente, querem então levá-la consigo. Fogo, Onça e Ventania são chamados para fechar o caminho que está trazendo os *yochj* à maloca – do contrário, eles vão entrando e acabam por levar o *vaká* da pessoa. Os espectros não sabem que estão mortos. Pensam que o doente está triste e o chamam para comer com eles. Um péssimo sinal quando, aqui, T. recusa os alimentos e diz estar satisfeito (*yanika*), pois está aceitando alhures a comida que não deve.

Passou praticamente um mês de tratamento, do qual pude acompanhar poucas noites por estar trabalhando com os professores em Alegria. Eu ia nos finais de semana visitá-los e, nos intervalos, acompanhava os acontecimentos pelos rumores. Quando a doença já estava crítica, disseram-me que o duplo do olho já tinha ido para o Caminho-Morte, mas não o seu *chinã nató*, que ainda estava no doente. Quando este for também, ele morrerá de vez – agora já está como que morto, é pessoa semimorta, sem todos os duplos que outrora nele viviam. Um dos duplos de T. ficará morrido por estas partes (*vaká kama, veiya*). "Agora terá *yochj* por aqui", comenta o *romeya* Ramipapa, confirmando que as aldeias de Vida Nova, palco de desagregações e diversas mortes recentes, ficarão ainda mais desoladas nos próximos tempos.

Certa manhã, Venãpa me disse logo cedo que T., falecido no dia anterior, já havia passado pelo Caminho-Morte. Foi levado por Isko Osho, que relatou isso a Venãpa, que, por sua vez, contou para mim e para os outros. Mais tarde, quando trabalhávamos na escola, ele dizia que as nuvens aglomeradas no céu, em formação de chuva, eram um sinal da chegada de T. na maloca dos duplos do olho. Diz alguém que o duplo do peitopensar de T. já se foi há tempos quando a doença começou, mas o duplo do lado esquerdo (*mechmiri vaká*) está agora por aqui e tem medo do Caminho. Será conduzido pelo espírito do gavião cãocão. T. é filho de Kana Mishõ, espírito dono dos animais, um dos duplos do poderoso pajé Itsãpapa. Por isso, não terá problemas em seu destino póstumo.

Vimos como as especulações sobre a composição e o destino dos duplos de uma pessoa variam sempre de caso a caso. Da mesma maneira, também variam a cada instante os diagnósticos das doenças, como se acompanhassem o fluxo ameaçador da multidão personificada, cujos ataques e conflitos cosmopolíticos sucedem-se rapidamente. Vendo que um determinado canto *shõki* não está surtindo efeito, os rezadores podem mudar diversas vezes as explicações para o problema e não há a rigor, com a exceção de alguns poucos casos, uma causa única para a doença. A constante, entretanto, é a seguinte: toda morte é causada por outrem, por retaliações, roubos de almas/duplos, desejo de viver alhures, envenenamento, feitiçaria[2]. Por intermédio dos cantos *iniki*, através dos quais os espíritos relatam aos viventes o que ocorre em outras partes, bem como pela atuação de seus espíritos auxiliares, os kfchjtxo se esforçam por identificar e neutralizar os agentes agressores que assediam o doente. Enquanto isso, os demais parentes traçam conjecturas. O seguinte caso é significativo.

R. (nome fictício) é dita ser *vake yochj*, filha de espectros. Com quase trinta anos, é uma mulher forte e mãe de diversos filhos sem pai. Tem uma deficiência de fala e de audição mas, aparentemente, nenhum transtorno mental. Isso de meu ponto de vista pois, para seus parentes da aldeia Alegria, R. sempre foi suscetível ao assédio dos *yochj*. Em minha primeira estadia em Alegria, chamaram-me subitamente no meio da noite e me levaram para o abrigo improvisado onde estava a doente, "com dor de cabeça", diziam. Encontrei a moça se debatendo no chão, berrando e forçando a cabeça desesperada contra as pilastras da maloca, sendo amparada por sua mãe e pelas demais mulheres que tentavam conter seu ímpeto de correr para dentro do mato e sumir. "Ela está vendo os espectros dos mortos, chamam-na para ir embora com eles", explicaram-me enquanto, atônito, eu pensava em administrar gotas de dipirona. Um ano depois, R. adoeceu de novo. Dessa vez, ao contrário da outra, um importante pajé-rezador estava em Alegria para cuidar dela.

Naquele dia, R. havia saído para o roçado com sua mãe para buscar banana. Chovia uma garoa fina. Desapareceu de repente no mato. Saindo à sua procura, sua mãe enfim a encontra e a arrasta pelo braço de volta para casa, onde a moça termina por cair doente. Quando fui visitá-la, o pajé ainda não tinha chegado. As mulheres especulavam dizendo que os espectros do alagado (*metxá yochj*) poderiam ter levado um duplo de R., assim como também os espectros da cotia (*mari yochj*), dos animais (*yojni yochj*), as coletividades de espectros ruins do mato (*ni yochj ichnárasj*), os espectros das sombras (*nokf vakíchnj yochj*) e os espectros da chuva (*oi yochj*). Uma senhora experiente dizia que ela estava "vazia", era só "carcaça de corpo" (*yora shakárvi*), sem os seus *vaká*. Apenas o seu duplo do olho não saiu pois, se o tivesse, "ela" já teria morrido. Os *yochj* estão agora em posse de seu duplo do lado esquerdo, em algum lugar distante. Seu duplo do lado direito está, entretanto, aqui e gosta dos filhos, da mãe e de seus demais parentes: quer permanecer nesse campo

---

2   Algo similar ao que ocorre entre os achuar: a morte não é vista como um processo natural. Cf. A.-C. Taylor, Corps immortels, devoir d'oubli: formes humaines et trajectoires de vie chez les Achuar, em M. Godelier; M. Panoff (orgs), *La Production du Corps*, p. 333.

adoecer, enfeitiçar

de parentesco. O pajé deveria performar o canto *vaká txivã* para resgatar o duplo perdido.

Naquela noite, me surpreendi com o diagnóstico do pajé e com o tratamento que ele resolveu aplicar. Ao terminar um canto *shōki* chamado *Osã Rome*, "Tabaco-Risada", pergunto para ele do que se trata: "o que é este tabaco-risada?" A partir de suas explicações, depreendo ser *Cannabis*, e os outros na maloca que conhecem melhor a coisa confirmam. Certa feita, R. cheirou a fumaça de pessoas que fumavam na cidade e adoeceu. O pajé me expôs a seguinte maneira de cantopensar a erva: "feito de pedaço de pássaro morto" (*vopi chai teãsho*); "feito de pedaço de pássaro-risada" (*osã chai teãsho*), "feito de pedaço de pássaro-*tsoka*" (*tsoka chai teãyai*), "feito de pedaço de pássaro--shetxi" (*shetxi chai teãyai*), "feito de pedaço de pássaro-tontura" (*sjki chai teãyai*). Assim são feitas as suas duas espécies, o "tabaco de cobra--risada" (*osã rono rome*) e o "tabaco de pica-pau-risada" (*osã voj rome*), como é chamada a *Cannabis* no léxico dos kfchjtxo. Seus donos (*ivo*) são as pessoas do surgimento, que vivem abaixo da Ponte-Jacaré: o povo-*tsoka* do Rio Grande (*Noa tsoka nawavo*), o povo-tontura do Rio Grande (*Noa sjki nawavo*), o povo-shetxi[3] do Rio Grande (*Noa shetxi nawavo*), o povo-morte do Rio Grande (*Noa vopi nawavo*)[4]. O duplo de R. não havia sido então extraviado, ao contrário do que disseram as outras pessoas. Especulava-se também que talvez R. tivesse sido enfeitiçada (*yora ichná aká*) por moradores de outras aldeias.

Não há impedimentos ao tratamento com remédios e pílulas (*vimi eche*), muito embora as injeções (*rete*) sejam preferidas, creio, por evocarem fortemente a introdução de projéteis *rome* na pessoa, sempre feitas por uma outra pessoa espiritizada, que é "assim como um doutor". O problema dos marubo com a medicina ocidental está, a rigor, na distância: sabem muito bem que seus parentes, ao se deslocarem para tratamentos nas cidades, serão submetidos ao calamitoso sistema de saúde brasileiro e, sem contato, acabarão por ficar tristes/nostálgicos (*oniska*). Correm o risco de ter sua pessoa cindida, pois a nostalgia faz com que os duplos se distanciem do corpo, além de não serem acompanhados pelos kfchjtxo ao mesmo tempo em que recebem o tratamento hospitalar[5].

---

3   Não consegui obter uma tradução para os dois classificadores (*shetxi* e *tsoka*). "É só nome de pajé mesmo", diziam.

4   Segundo Venãpa, *kari shao injti* era o outro nome dado pelos antigos para *Cannabis*, tal como se vê em um verso do canto *Wenía*. Osã Rono (Cobra-Risada) e Osã Voi (Pica--Pau-Risada) são também personagens desse canto. Os kfchjtxo é que chamam de *osã rome*, "tabaco/fumo-risada", cujo mal está no fato de que os brancos o misturam com coisas ruins. Os antigos já a conheciam: usavam suas folhas para aplacar a fome.

5   P. Gow, em *An Amazonian Myth and its History*, p. 151, observa entre os piro um sentimento similar de "tristeza/nostalgia" e sua relação com o parentesco e a doença.

Antes destes episódios ocorridos com R. e na mesma circunstância em que T. esteve enfermo, Lauro Panipapa também caiu doente[6]. Ainda que fosse forte e energético, sua doença se estenderia pelos próximos meses em longas e doloridas crises: estava com um tumor no estômago, de acordo com os diagnósticos dos brancos, que pouco ou nada interferem nos transtornos que se passavam com seu duplo. Como dizíamos no capítulo 2, Panipapa havia sido *romeya* há alguns anos; era especialmente suscetível aos ataques dos *yochj*, fazendo com que sua crise ou doença ganhasse contornos especiais. Diferentemente de T., que a vida inteira fora apenas *kfchjtxo*, os espectros acabariam por tomar outra atitude diante desse corpo que adoecia, passando também a cantar *iniki* através do enfermo "apagado" (*nawea*) que jazia na rede. Doente: Panipapa estava como que morto, parecia se empajezar novamente, especularam apreensivos os seus parentes.

Lá pelo meio dia, Lauro Panipapa caiu doente. Já vinha há algum tempo reclamando de "dor de fígado" (*takã tenai*) e de febre – estava com malária *vivax*, a meu ver. Eu traduzia cantos quando seu filho veio avisar que ele havia sonhado com espectro de gente morta (*yorã vaká*) e que cantava *iniki*. Segui Tekãpapa e Venãpa para a maloca de Lauro. Suas esposas já estavam todas reunidas, sentadas, fiando cordas de tucum nas coxas, enquanto observavam e lamentavam o marido. Alguém disse que os *yochj* tinham levado o seu *vaká*. Ele estava agora "apagado", com o corpo rígido e imóvel, deitado na rede. Fui tomar banho e almoçar. Tekãpapa, que ia voltar a Vida Nova para cantar T. naquele mesmo dia, ficou para cuidar do irmão. Quando retornei à maloca do doente, seu filho me disse que os espectros das bananeiras (*mani yochj*) haviam dessa vez levado o *vaká* de Panipapa.

Depois de Venãpa e Tekãpapa cantarem um segundo *shôki*, Panipapa acordou. Relatou o que se passava a sua mulher mais velha que, por sua vez, contou aos *kfchjtxo*. Dizia que ele havia sonhado com um rapé que parecia ter vindo das moradas celestes e da Morada Subaquática. O *rome pae* entra no oco de Panipapa e o "enche", assim como faz a ayahuasca, deixando bêbada a pessoa. "Por isso ele está sentido amargor na boca", explicou Tekãpapa, que instrui então Venãpa sobre o *shôki* a ser cantado. Vão começar primeiro por cima, isto é, pelas moradas celestes – começarão cantando os pajés-morte (*vopi kfchj*) das moradas celestes, que podem ter enviado o rapé. Vão cantar o "veneno do céu-névoa" (*naí koj pae*) e os povos-morte do céu (*naí vopi nawavo, naí tsoka nawavo*). O *shôki* é um mapeamento do corpo, mas também do espaço: percorre-se as regiões nas quais os *yochjvo* se formam e vivem; percorre-se as regiões onde os *vaká* podem ter

---

6   Explicito aqui apenas os nomes daquelas pessoas com as quais trabalhei com frequência e que autorizaram tal referência direta.

adoecer, enfeitiçar

se perdido. Nesse instante, outro *yochj* ou *yove* (mesmo Tekãpapa não sabe ainda quem é que chega) entra no corpo de Panipapa deitado na rede e canta um início de *iniki*. Tekãpapa pede para ele falar, quer saber quem é. Ele responde cantando, dizendo ser *pacha mawa vake*, "filho de sabiá-claro". Tekãpapa pergunta então de onde ele está falando e o espírito, novamente, responde em canto. Pede para que ele fale mais, quer saber quais são os seus propósitos e se ele pode ajudar. O espírito responde com os seguintes versos: "eu sou assim/ pessoa mais velha/ pessoa que ajuda" (*ea keská yora/ yora vevoke/ yora takeshos*). Vai embora. Outro chega em seguida no corpo/maloca de Panipapa e Tekãpapa pede também para que fale. O espírito senta na rede. É um auxiliar *rewepei*, veio para ajudar Panipapa/carcaça. Os *kfchjtxo* mudam então de estratégia e decidem começar a cantar "por aqui" (*neno a pari*), isto é, pelo corpo do doente. O *shõki* vai realizar uma limpeza no interior do corpo/maloca, suscetível pelo fato de Panipapa já ter sido *romeya* anos atrás.

No final da tarde, Panipapa vai mudar para a maloca grande de seu filho mais velho: fraco, anda apoiado em um cajado, pois falta-lhe um de seus duplos. Tekãpapa fica preocupado com os caçadores, que voltam naquele dia trazendo um filhote de macaco barrigudo (*txona*) como xerimbabo. Assim como o macaco preto, o barrigudo também é um roubador de duplos (*vaká viaya*) e pode querer revidar. No começo da noite, Panipapa canta outro *iniki*. Não se sabe ainda muito bem se ele está mesmo virando *romeya*. Minhas perguntas são respondidas de modo breve, como se não quisessem especular demais sobre o assunto. De toda forma, os *kfchjtxo* se preparam para cantar *shõki* novamente, enquanto Shane Ina Rewepei, o espírito auxiliar do povo azulão e irmão mais velho de Tekãpapa e de Panipapa, vem da Morada do Céu-Azulão cantar.

A doença vira o grande evento de Alegria. As mulheres ficam todas reunidas nas seções familiares da maloca onde está o enfermo. À noite, todas as jovens dormem, exceto uma menina filha de espírito (*yove vake*) e as mulheres idosas, que ficam sentadas escutando, fazendo breves e precisos comentários, a fiar suas linhas de tucum. A mulher mais velha de Panipapa passa sua rede ao lado do marido e o assiste. Panipapa solta um ronco alto. Kanãpa me explica que se trata de *kosho* (boto): seu grunhido ressoa aqui, através do corpo/casa do doente. Em seguida, *ene kamã*, a ariranha, começa alguns cantos rápidos e agressivos. O *vaká* da ariranha é perigoso e rouba também os duplos das pessoas. "O que você está fazendo aqui?", pergunta Tekãpapa, e ele responde com algum canto. Dizem-me que Panipapa não está virando *romeya*, mas que está apenas doente e que seu duplo se perdeu. *Ene kamã* é gente forte, poderosa, tão forte quanto a sucuri, o boto e o macaco barrigudo: quando leva o *vaká* da pessoa, esta corre risco de morte. Tekãpapa está cansado nessa noite, tem dor nas costas e deixa todos preocupados, pois apenas ele sabe resgatar o *vaká* roubado. No dia seguinte, disseram-me que Panipapa não havia mais cantado *iniki*. Quando comíamos, Kanãpa disse que dessa vez era *chero* (o duplo da vagina) que o ameaçava. Dizem-me que ele está cheio de "umidade vaginal" (*chero motxa*). Na maloca, Tekãpapa explica que os espectros dos mortos pegaram o duplo de Panipapa e que Broto de Ayahuasca o encontrará, apontando para a pequena garrafa que armazena a infusão do cipó.

Ao meio dia, Panipapa já se sente melhor. O amargor da boca passou. Já fala. Conta que, quando estava meio morto, viu os espíritos guerreiros (*yove pakaya*), com vozes pesadas, grandes, enormes e fortes, andando de pé em cima do vento. Diz ainda que eram cuidados por suas mulheres, e que ele ficou com medo. "É bom de fotografar", observa. Esses espíritos *yove* são "pessoas surgidas do néctar do céu-bravo" (*siná naí nãkõshki wenía yora*). Eles tiraram um projétil *rome* de seu peito, que era vermelho e desenhado. Os *yove* também tinham os corpos desenhados. No mesmo instante, Tekãpapa ordena que parem de fazer fumaça na maloca, pois tem gente chegando em Venãpa. Broto de Ayahuasca encontrou o *vaká* de Panipapa. Com o auxílio da ventania de mata-pasto, mais ventania de cedrorana, de seu escudo (*vitxi*) e das onças de Shoma, conseguiram espantar os *yochj*. O duplo de Panipapa estava caído na morada subaquática: havia sido levado pelo boto. Estava também a jusante, estava no outro canto do céu. Seu duplo havia sido levado pelos botos-lamento (*rona kosho*), pelos botos-azulão (*shane kosho*), pelos botos-jaguar (*ino kosho*) e pelos botos-japó (*rovo kosho*). Estas pessoas queriam o duplo de Panipapa para si mesmos, queriam que o *vaká* ficasse vivendo com eles. Não levaram para matar e não estavam também revidando. Panipapa já está um pouco melhor, mas ainda deitado na rede. Hoje à noite, Venãpa vai de novo cantar *iniki* e a maloca está cheia.

No final de tarde, dizem que Panipapa, ainda frágil, está mesmo "empajezando" (*romeyaka*), muito embora isso não queira dizer que ele vá permanecer como *romeya*. Panipapa está também sob a ação de um feitiço, feito por algum outro e indeterminado *kfchjtxo*. Voltam as fortes dores de cabeça e ele começa de novo a cantar. Tekãpapa vai sentar no banco colocado ao lado da rede do irmão doente. Quer escutar e conversar com os espectros que estão chegando. O espectro do tatu canastra (*pano yochj*) começa a cantar. Ele mente (*a yoárivi*), escondendo o que sabe sobre o feitiço que certos *kfchjtxo* fizeram para Panipapa. Tekãpapa e Venãpa, já sabem porém que ele surgiu a partir de seu sangue derramado (*awf imi veoatõsh wenía*), e não do modo como, cantando, ele insiste em querer enganar:

1	*neno aweshomai*	vim de longe daqui
	neri kaya inai	subindo para cá
	shawã tama nãko	néctar da árvore-arara
	nãko osõatõash	de dentro do néctar
5	*yoe shovivaini*	bem me formei
	owa mai shavaya	e para aquela terra
	shavá avainita	para a terra fui
	Shawã Mai paroke	na Terra-Arara
	shokoivoti	numa parte viver
10	*ave noke pariki*	somos os primeiros
	were tama nãko	néctar da árvore-*were*
	nãko osõatõash	de dentro do néctar
	noke yochj shoviai	nós espectros surgimos
	noke yoe itivo	sempre bons fomos
15	*nori chinãshose*	não viemos aqui
	neská kawã amato	por conta própria
	Satã Pena akavo	Satã Pena me mandou
	ea ojvoasho	vir aqui olhar
	txo vana yosisho	e ao caçula fala ensinar
20	*awf iki amajnõ*	assim ele disse
	fta neskai	e cá estou
	eri chinãshose	por conta própria
	neská ama eaki	mesmo não vim

A sequência dos versos 11 a 14 não são uma mentira: o *yochj* do tatu está dizendo como de fato se formou, ao contrário da sequência inicial do canto, em que esconde o fato de ter se formado a partir do sangue. Em seguida, revela ser Satã Pena o kfchjtxo que fez feitiço (*shõka*) para Panipapa. Nas linhas seguintes, o *yochj* volta a mentir, ao dizer que esse kfchjtxo o mandou vir para cá a fim de "ensinar fala" para Panipapa (ele veio na verdade para matar). Tekãpapa pergunta de onde ele vem, obtendo a seguinte resposta:

1	*wa mai varãsho*	daquela terra
	neri kaya inai	para cá subi
	Satã Pena akavo	Satã Pena ordenou
	ea vana tsasivashõno	que com nossa fala
5	*noke aki vanaa*	eu viesse ensinar
	fta neskai	e assim cheguei

Dizendo que veio do fundo da terra, onde vive (*mai oke niarvi*), ele segue tentando enganar os kfchjtxo. Tekãpapa, concentrado e calmo, quer então saber como se formou (*shovia*) o locutor, que segue com seu engodo:

shawã tama nãko	néctar da árvore-arara
nãko osõatõash	de dentro do néctar
yoe shovivãini	bem me formei
owa mai shavaya	e para aquela terra
shavá avainjta	para a terra fui
shawã mai paroke	da Terra-Arara
shokoivoti	numa parte viver
ave noke pariki	somos os primeiros
noke anf kenaivo	os nossos parentes
shawã tama imi	de sangue de árvore-arara
imi veoatõash	do sangue derramado
yochj shovivãini	como espectros surgiram
Shawã Mai paroke	para na Terra-Arara
noke yochj veonõ	nós espectros ficarmos
iki awakaini	assim veio dizendo
veõnivo yochjra	o espectro sentado
aki yoi itivo	assim ele fez

Ele agora revela parcialmente a verdade, sob o comando de Tekãpapa. Foi assim que Satã Pena fez o feitiço: pelo surgimento do yochj, a partir do sangue derramado. Satã Pena começa a conversar com Tekãpapa. Aí, é como se Tekãpapa estivesse competindo com o outro kfchjtxo pelo controle do yochj agressor. Ao contar como surgiu, o yochj acaba por mostrar suas cartas e preparar o terreno para a ação reparadora dos cantos shõki dos pajés daqui, que pretendem proteger Panipapa. Tekãpapa sai da seção familiar onde está seu irmão doente e vai conversar com Venãpa, deitado na rede reservada aos romeya, entre as duas pilastras da porta principal. Já tem os elementos a partir dos quais pensarão o próximo shõki a ser cantado sobre Panipapa. Sua mulher percebe que o doente está acordando e pergunta: "o que foi, o que foi?". Ele responde em tom choroso: "vi auxiliares rewepei, vi pessoas mortas, eu estava junto delas...". Panipapa sabe que os auxiliares rewepei estão em sua maloca/corpo para protegê-lo, assim como, aqui na referência dessa maloca, também estão seus parentes pajés que o assistem. Um tempo depois, o espírito auxiliar das pupunheiras (wanj rewepei) vem cantar através do doente. Ele começa citando as palavras do espírito dono dos tatus (pano yove, awf ivo) que, embora dito ser um yove, é quem fez o mal ao ser dirigido pelo pajé que pretendia matar Panipapa:

[...]

txovo mã txovo	caçulas, meus caçulas
a mato parãi	ele enganou vocês

iki rivi ikinã	enganou, ele enganou
txovo mã txovo	caçula, meus caçulas
"vari tama nãko	"do néctar de árvore-sol
nãko osõatõash	de dentro do néctar
yochj shovivãini	os espectros se formam
owa mai shavaya	e para aquela terra
shavá avainjta	para a terra vão
Shawã Mai paroke	e na Terra-Arara
noke yochj shokonõ"	nós espectro vivemos"
iki awavaini	assim mesmo disseram
shokonivo yochjra	os espectros reunidos
ikirao vananã	são deles as palavras

No final, acabam encontrando o *vaká* de Panipapa na Morada da Terra-Desenho (*Kene Mai Shavaya*), terra de gente como seu falecido pai *romeya*, cujo *vaká* para lá levou seu filho. Lá é claro como um campo de futebol, diferente dessa terra escura como a noite, disse Panipapa, relatando o que viu quando estava alhures. Ele me conta que não foi feitiço que o deixou doente, mas sim uma sucuri enorme que ele viu há muitos anos. Escutando as melodias de seu canto *iniki*, ele desde então começou a sonhar/adoecer/empajezar. Mais uma explicação para sua enfermidade, entre as diversas que se sucedem de modo desconcertante[7].

Aqui, uma estrutura de cantos *shõki* está novamente embutida nesses *iniki*, que são citações e transposições das falas alheias. É assim, entre outras maneiras, que os pajés descobrem as informações necessárias para combater o agressor, já que o evento da doença é um momento de manifestação dessa multidão de entidades do cosmos. O espírito citado pelo auxiliar das pupunheiras no último canto acima, por exemplo, não está ali exatamente para agredir e seu estatuto é de certa forma ambíguo. "É um duplo, mas mais para espírito" (*yochjmfkj yovepa*), explicavam, lançando mão de um contraste sutil entre os dois termos presentes no enunciado. Não teria como deixar de ser um duplo (*yochj*), mas é daqueles que se aproxima das qualidades hipertipificadas pelos *yove*. Trata-se de um espírito auxiliar, um *rewepei*, que vem relatar para os xamãs presentes o engodo daqueles outros espectros propriamente agressivos.

---

7 No momento em que traduzíamos esses cantos, perguntei aos presentes (entre eles, o próprio Lauro Panipapa) se deveríamos ou não publicar semelhante material. Contrariando as minhas expectativas, disseram-me que sim, pois isso serviria para alertar e ensinar os jovens sobre o risco de se comportar mal e de ser, dessa forma, um provável alvo para feitiços e suas desagradáveis consequências.

Note o curto-circuito que se instaura no evento acima descrito. Não há apenas um doente submetido às atividades esotéricas de um xamã e sua língua ritual incompreensível, mas pajés que curam um pajé, que tem por sua vez outros pajés (espíritos) dentro de si. As fontes de enunciação estão mais uma vez embutidas umas nas outras; há um espelhamento entre enunciadores de semelhante condição e potencial agentivo, tais como os pajés-espírito que falam através dos doentes e os pajés-viventes que os escutam na referência externa. Vemos novamente como a posição e condição do sujeito é múltipla, descentrada. Aí é que está justamente o perigo – e, noutros momentos menos ameaçadores, também a graça dessa poética em abismo.

Agressão, Direcionamento e Posição

Benevolência ou malevolência são características relativas ao modo como uma determinada entidade humanoide é posta para atuar em um campo de relações. Se a tradução de *yochj* por "espectro" adotada por mim parece expressar bem o estatuto dos duplos dos mortos que ficam morridos (*veiya*) nesta terra e atormentam os viventes, o termo selecionado deve ser visto com cuidado quando tratamos de outras multidões personificadas pertencentes a outras tantas singularidades. Tal como no caso visto acima, ainda que as entidades sejam referidas (e que se autorrefiram) frequentemente como *yochj*, o termo não expressará sempre e necessariamente um estatuto negativo. É preciso que os viventes tenham incomodado suas singularidades (matado seus animais, por exemplo) para que eles revidem ou atuem agressivamente. É preciso, noutra circunstância, que um determinado pajé resolva mobilizá-los para enfeitiçar algum desafeto: do contrário, não teriam por que agredir por conta própria. "Bom" (*roaka*) ou "mau" (*ichnaka*) são atributos posicionais: mesmo os mortos, assim como os duplos dos botos que vimos acima, para si mesmos não pensam em causar problemas. Apenas desejam a pessoa; querem tão somente capturá-la ou cativá-la para o seu polo de parentesco. E o próprio doente, como vimos, tende a querer partir e abandonar este mundo desolado em que está o seu corpo/carcaça. Aí jaz também o limite entre xamanismo e feitiçaria: os *kɛchjtxo* podem inverter o sentido de seus cantos *shõki*, mobilizando os espíritos auxiliares *Shoma* e Broto de Ayahuasca, mais outros *yochjvo*, para agredir alguém. Assim me explicava Cherõpapa:

PEDRO: *Naí shavapa yochj ayasevi?*
             Também há espectros no céu?
CHERÕPAPA: *Ari, ari mashtetjpa. Mashtetjpa vana.*
             Para lá, para lá não termina. A fala é interminável.

adoecer, enfeitiçar

Na mai shavapá mashtetjpasevi.

A fala desta terra também não pode terminar.

Mai oke mashtetjpasevi, mashtetjpaivo mashtetjpa vana.

Os subterrâneos também são intermináveis, são palavras todas intermináveis.

Rono ivorasj sinámarivi, sinama, rono ivorasjro aro noke rakema.

Os donos das serpentes não são bravos, os donos das serpentes não têm medo de nós.

Askámãi rakepaivo, rakepaivo nati wasnõ, ãpeka ari chinã rawema tekaki.

Mas os bravos, os mais bravos são os seguintes: a aranha *wasnõ*[8], o lagarto *ãpe*[9], estes para si mesmos pensam em flechar.

Naivo ene matô wetsã niaivo sate keskáserivi ari aya.

Numa colina deste mundo aquático também vive para si mesmo algo como o mosquito aquático *sate*[10].

A chinã rawemasevi sate.

O mosquito aquático também tem pensamento bravo.

Atovo, ãpê (neno a yojnina iwj ereinamtsãwa) naí shavapa aro awf vakánã.

Ele, o lagarto *ãpe* (aqui é o bicho dele que costuma correr nas árvores), tem os seus duplos morando no céu[11].

PEDRO: *Matxipashta yochj ayasevi?*

Mais para cima também tem espectros?

CHERÕPAPA: *Aya, wetsaro roase, wetsaro roama, wetsaro aya, wetsaro yama, aská tapia.*

Tem, alguns são bons, outros são ruins, em alguns lugares têm, noutros não têm, assim segue.

Askámãi ãperotsf... moka tama nãkokiro awf yora,

Mas os *ãpe*, quando se diz "néctar de árvore-amargo" é a sua pessoa;

askámajnõ moka kape vakeyaiki, akaivorasj aro a yojni.

quando se diz "filhote de jacaré-amargo", são os seus bichos[12].

Atovoro yora onipavorasj.

Estes são as pessoas mais bravas.

PEDRO: *Mai tero, mai okero...*

E para baixo, no fundo da terra...

CHERÕPAPA: *Mai oke yora rakepaivorasj, chinãina...*

Pessoas assustadoras debaixo da terra, deixe-me pensar...

aro pakayavo rakeparasjro yama, yochj wetsarasjro aya, mai shavapa shokokenaivonã.

---

8   *Latrodectus geometricus* e outras aranhas de teia.

9   Não identificado.

10   *Hydrometra sp, Renatra sp.*

11   Ver o canto "Raptada pelo Raio".

12   Tal como no esquema descrito páginas acima, Cherõpapa oferece os primeiros versos dos cantos *shõki* nos quais são narrados/visualizados os processos de transformação dos distintos aspectos dessas entidades agressoras.

não há guerreiros assustadores lá, há outros espectros, os que vivem na morada da terra.

Yora vikjro atõ viá, isj tenemash vaká vikjro atõ viá.

Pegar gente eles pegam, causar doenças por terem pegado o duplo, isso eles causam.

PEDRO: *Yochj isj tenemaya ayasevi?*

Também há [nos mundos subterrâneos] espectros causadores de doença?

CHERÕPAPA: *Ari chinãsh akamarivi, ari chinãsho oshõ a akamarivi.*

Por si próprios eles não causam doenças, eles não vêm por conta própria fazer isso.

Yora isõ shõka, aská atõsho chinã akaivo okj akarvi, kenanã.

Se alguém soprocanta urina, se alguém pensa assim, então eles vêm, tendo sido chamados.

Askámãi kenamaro oama.

Mas se não são chamados, não vêm.

Kenaokj akarvi, askárasjnã.

Eles vêm agredir quando são chamados, eles são assim.

Askámãi ari chinãsh akaivotsf yoãiti,

Mas os que agridem por conta própria são os que eu disse,

sate, wasnõ, ãpeka aro yora chinãsho akaivorasj, tekayavo,

sate, wasnõ, ãpe, estes pensam em matar as pessoas, são atiradores,

tekaki tesho txiwá ojsh tekaya, vesõkima.

miram na nuca e a pessoa não consegue virar.

Yora onipashõ, yora tesho seyá imayarasj awf shoká,

Por serem gente brava, os seus sopros causam torcicolo.

A shoká orishõ akaivorasjtskj, awf shokánã mokatipi keskánã,

De lá mesmo é que eles sopram, o sopro deles é como zarabatana,

mokatipi matsisina keskánã shoká askaivo anetskj.

assim como as dos matis é o assoprador deles.

PEDRO: *Tawa ayasevi?*

Também têm flechas?

CHERÕPAPA: *Tawaro yama, ã típise.*

Não, só espingardas[13].

São poucos, portanto, os yochj que atacam por conta própria. De resto, precisam ser dirigidos por um kfchjtxo e seus espíritos auxiliares (de qualquer mundo ou posição) para fazer o mal – coisa que, *grosso modo,* define a feitiçaria agressiva, a cujas técnicas não cheguei de toda forma a ter muito acesso. Os marubo dizem

---

13 Os marubo não utilizam mais zarabatanas tal como ainda fazem os matis (ver P. Erikson, Myth and Material Culture: Matis Blowguns, Palm Trees and Ancestor Spirits, em L. Rival; N. Whitehead (orgs.), *Beyond the Visible and the Material;* idem, *La Griffe des Aïeux*), muito embora elas ainda joguem algum papel em sua cosmologia.

adoecer, enfeitiçar

ter parado de praticá-la, nestes tempos em que as tensões internas e externas não tendem a ser resolvidas pela agressão xamânica. Ainda assim, e a despeito de terem sido parcialmente abandonadas (não o foram de todo, e frequentemente surgem comentários e acusações veladas), tais agressões estão profundamente atreladas à constituição e às dinâmicas desse sociocosmos[14]. Os marubo de hoje em dia têm grande temor pela feitiçaria e costumam atribuir a ela a responsabilidade pela atual dispersão das malocas e dos *nawavo* (segmentos da morfologia social) entre os rios Ituí e Curuçá. Tal temor não decorre apenas das desavenças recentes (das últimas décadas), mas também dos eventos ocorridos no "passado mítico", que segue virtualmente suspenso. Como dizíamos, a morte é quase sempre violenta ou fruto de dilemas sociocósmicos, a despeito de males causados aos corpos. É possível reconhecer que uma pessoa "simplesmente morreu" (*ari vopishna*), o que chamaríamos talvez de morte orgânica; é possível atribuir a falência do corpo a doenças nomeadas pelos brancos, tais como câncer (*cancere*), "tumor", hepatite (*patiti*), malária (*yoná*), entre outras diversas. Isso, entretanto, e sobretudo enquanto o doente ainda agoniza, não saciará as especulações mais determinantes sobre o estado de seus duplos.

Tomemos o exemplo da morada subaquática. Os seus habitantes, que chamam os viventes de *manã nawavo* ("povo da terra", que, por sua vez chamam-nos de *ene okevo*, "gente do fundo d'água"), têm o ânimo instável. Quando chove, o povo da água sobe o barranco para envenenar as crianças. Os cachorros costumam percebê-los e os espantam. As crianças ficam com febre, mas quando se tira o sangue, não se encontra malária. Os *EneYochjvo* envenenam porque o pessoal pesca peixes // rouba cultígenos de seus roçados. O peixe *tonõ* é sua batata doce (*kari*), os bodós (*ipo*) são os seus carás (*poa*), os peixes mocim (*yapa*) são suas macaxeiras (*atsa*) e batatas-doce (*kari*), as tartatugas aquáticas e tracajás (*shawfwa*,

---

14 Não há um termo para feiticeiro em marubo: um feitiço será atribuído sempre a um *kfchjtxo* ou *shõikiya* de parentes distantes, mas o nome não varia. Entre os marubo, envenenamentos são atribuídos a técnicas vindas de fora (E. Lagrou, em Sorcery and Shamanism in Cashinahua Discourse and Praxis, Purus River, Brazil, em N. Whitehead; R. Wright [orgs.], In Darkness and Secrecy: The Anthropology of Assault Sorcery and Witchcraft in Amazonia, também atesta esse ponto para os kaxinawá), muito embora sempre me digam discretamente que alguns reputados *kfchjtxo* são grandes conhecedores de venenos, por eles utilizados amiúde em outros tempos. Ora, mas isso era o que me diziam alguns marubo sobre os outros, sobre os pajés de seus parentes afins, e não daqueles com os quais residem. É curioso que, em shipibo-conibo, os feiticeiros sejam chamados *yobé*, uma vez que *yove* em marubo é o termo para os espíritos hiper, equivalentes aos *cháiconi* daquele povo ucayalino. Cf., A.-M. Colpron, Dichotomies Sexuelles dans l'Étude du Chamanisme: le contre-exemple des femmes 'chamanes' Shipibo-Conibo (Amazonie péruvienne), p. 152 e s. De toda forma, a dinâmica é a mesma: os feiticeiros *yobé* assim são vistos pelos parentes distantes, mas não pelos seus próprios, que o consideram como *onánya* (idem, p. 369), o especialista equivalente aos pajés-rezadores dos marubo. O feiticeiro marubo é, assim, o pajé dos outros, mas também um manipulador de espíritos através dos cantos *shõki*, ou então um *romeya* que, à semelhança dos espíritos *yovevo*, pode atirar dardos *rome* em seus desafetos. Essa última forma de agressão, próxima da feitiçaria kaxinawá (E. Lagrou, op. cit., p. 266) centrada em torno da substância-projétil *muka*, não é todavia a mais temida pelos marubo, se comparada aos efeitos devastadores causados pelos *shõki*.

tãko) são seus pratos (kftxá), o poraquê (koni) e a traíra (tsismã) são seus bastões para trabalhar no roçado. Jacaré (kape) é o pai de Ene Yochi que, dizem alguns, é o boto (kosho). Na época da cheia, o povo do rio faz festa; na seca, ficam em casa. Fazem suas roças no verão. Igarapés (tea) e igapós (iã) cheios são sinais de que o povo de Ene Yochi está caçando – nestes lugares que, para eles, são suas terras. Referida muitas vezes no singular como uma mulher, ela acaba servindo, também aqui, como uma metonímia de sua coletividade. Dita ser um yochj, nem por isso ela deixa de ser admirada por seus conhecimentos, tal como narra o mito de Vimi Peiya, onde Ene Yochi ensina aos antigos a construção das malocas e o uso do arco e flecha, entre outros elementos outrora desconhecidos. Ainda assim, ela está pronta a se vingar dos abusos dos viventes: se um sujeito não tem filhos nem esposa, ela o matará quando estiver pescando sozinho no lago. Com uma febre que chega a durar dez dias, a pessoa acaba morrendo, a menos que um romeya consiga extrair os seus venenos.

Ene Yochi, entretanto, teme os viventes e os agride da mesma maneira que estes o fazem com ela. Se encontra a formiga taracoá (isisi) quando está subindo o barranco, pensa que é cobra surucucu (shanô) e volta com medo de ser envenenada. Até pouco tempo atrás, o costume de plantar uma carreira de abacaxis nas subidas dos portos tinha uma intenção perspectiva: quando saía da água, Ene Yochi pensava que os abacaxis eram guerreiros com suas lanças (paka) e recuava imediatamente. Teme os viventes por saber que, assim como ela (e sua gente), são também pessoas e possuem maneiras parecidas. No mundo aquático, assim como neste, vive também o temido mosquito aquático sate de que Cherõpapa falava nas linhas acima, mas também os tatus-água (isto é, pertencentes à referência-água, ene pano), os tamanduás-água (ene shae), as onças-água (enf kamã), os veados-água, os queixadas e caetitus-água, entre outros animais tais como os japiins, sabiá, japó e o gavião cãocão. Certa vez ouvi dizer que esse gavião da referência-água (isto é, de seu céu), ene veshtao, havia entrado em Cherõpapa, fazendo com que adoecesse.

O Tempo das Doenças

Quando retornou de uma festa organizada pelos yawanawa do Acre, um kfchjtxo me contou que ele, mais os outros visitantes marubo que por lá passearam, temeram os pajés dos anfitriões. Disseram que eles eram fortes (mestfka), mais do que os marubo. Ficaram como medo de suas mulheres recém-pajés, ligadas à onda do movimento neoindígena em que está aquele povo acreano. O kfchjtxo dizia que as pajés yawanawa têm rome (rome aya), isto é, os tais dardos animados passíveis de serem arremessados nas pessoas. São fortes porque são bravas (onika). "Os inimigos são assim mesmo" (mokanawavo askatarvi), afirmava, com o assentimento de outros presentes que acompanhavam a conversa. Os romeya dos outros povos, inimigos potenciais, são em sua grande maioria bravos e imprevisíveis, ao passo que os marubo tornaram-se respeitosos/sabidos (*eseya*), razão pela qual, aliás, costumam apreciar a companhia de brancos letrados tais como médicos, professores, antropólogos e crentes missionários. Ao olhar marubo, o modo do xamanismo yawanawa é o da agressão, ao passo que o seu próprio tornou-se voltado para o saber (*ese*). Em suas especulações, meu interlocutor não questionava a eficácia ou charlatanice das pajés yawanawa, mas sim os seus vetores distintos. Não queria dizer, portanto, que o xamanismo marubo é mais fraco ou ineficaz, mas sim que se orienta de outra maneira. Com admiração, o homem marubo relatava o que as pajés yawanawa haviam contado sobre suas iniciações: abriram o corpo de uma sucuri e beberam algo como o "sumo" (*awf vakoshe*) de seu coração espremido, ficando então recolhidas (*samá*) por um ano[15]. Nada mais temível para um marubo do que manipular a carcaça de sucuri, frequentemente traduzida como *satanás*.

Mas os marubo tornaram-se sabidos, respeitosos ou pacíficos (*eseya*) há relativamente pouco tempo, por decorrência dos ensinamentos do duplo de João Tuxáua Itsãpapa e seus parentes mais velhos, que reuniram os remanescentes de diversos povos em uma aldeia nas cabeceiras no início do século XX. O amansamento foi certamente uma consequência disso, mas não apenas, pois, nos anos em que aquele grande chefe ainda vivia no Javari, as feitiçarias e cizânias se espalhavam entre os (progressivamente assim chamados) marubo. Naquela época, todos, e sobretudo as mulheres jovens, tomavam o cuidado de sempre defecar distante das aldeias, de preferência dentro de buracos de tatu. Do contrário, as fezes poderiam ser encontradas por pajés que, através delas, fariam feitiços soprocantando os rastros da pessoa. Dizem que, por briga de mulher, um pajé morador do rio Curuçá fez um devastador feitiço com folhas e raízes de lírio e de fruta-pão (*moka*), dirigido aos seus desafetos do rio Ituí. Muitas crianças e velhos morreram quando o preparado foi queimado. Com medo, os atacados desceram o Ituí e se estabeleceram mais a jusante, dando origem à atual configuração das aldeias. Os kfchjtxo de tal rio, cientes do ocorrido, resolveram chamar o duplo do lírio e disseram para que ele atacasse de volta aquele pessoal do Curuçá que o havia enviado em primeiro lugar. O envenenamento escondia aí também a sua lógica personificante, manipulada através dos cantos *shōki*. Muitas pessoas do lado de lá acabaram também mortas, por efeito de sua própria feitiçaria ricocheteada. Os pajés agressores fugiram então para Cruzeiro do Sul e, temerosos, deixaram de fazer feitiço. Mais recentemente especula-se que os jovens tenham aprendido outras técnicas com povos vizinhos do vale do Javari. Certa vez, um marubo com quem eu vivia encontrou no caminho de Vida Nova uma pequena garrafa de perfume e a trouxe para seu sogro examinar. Pensaram se tratar mesmo de um feitiço, tal como os que são preparados com fotografias de moças bonitas que se recusam a manter relações com de-

---

15 Cf. L. Pérez-Gil, O Sistema Médico Yawanawa e seus Especialistas: Cura, Poder e Iniciação Xamânica, *Cadernos de Saúde Pública*, v. 17, n. 2 e E. Lagrou, op. cit. trazem mais dados sobre o assunto.

terminado sujeito. As mortes sucessivas ocorridas numa família da aldeia Rio Novo entre 2002 e 2003 estavam também relacionadas a acusações de feitiçaria, muito embora o diagnóstico dos brancos fosse a hepatite hemorrágica[16] (cf., Cesarino & Welper 2006). Esse episódio, entre outros mais recentes, reafirma a ideia de que estamos mesmo na "Era-Morte", era das febres, das doenças e do assédio intermitente dos *yochjvo*.

Há continuidades entre a história do conflito dos dois rios e as mortes por febre de outros antepassados. Dizem que, noutros tempos, os antigos pajés colocavam *sheki pacha* (um vegetal similar ao milho) sob uma fogueira na maloca e o assopravam, aconselhando: "mate todos! Acabe com tudo!" Os perseguidos saíam correndo, escondiam-se num abrigo muito longe, mas a febre (*shana*) chegava de toda forma. Escutava-se a sua ventania se aproximando (*sheki pacha we*) e o alarido de mulheres e crianças chorando, isto é, de seus *vaká* levados no vento. A ventania, que tem os seus próprios animais criados, tais como queixada, mutum e jacamim, começa a ser descrita também como mais um agente humanoide. Seus animais se aproximavam do lugar onde o sujeito se escondia: tentando matá-lo para comer, a febre o pegava. Outra febre devastadora era a chamada *mokã shana*, formada a partir das raspas de fruta-pão e de suas folhas apodrecidas. Jogadas pelos antigos nas cabeceiras do rio, a coisa vinha descendo pela correnteza e vitimava todos os que conseguia atingir. "Nossa carne se espectriza, nossa carne se altera"[17], era como me explicavam o efeito dessa "febre de fruta-pão". Tais ataques mataram muitos dos antigos, na época em que ainda usavam tembetás, tatuagens faciais, tangas e outros adornos agora em desuso.

Conta-se que os antigos defecavam e urinavam nos rios, flechavam animais indiscriminadamente. Ofendidos, os duplos das serpentes e das sucuris (*ronõ yochj*, *vfchã yochj*) ficaram bravos e decidiram acabar com os viventes. Nos dias de hoje, Venãpa e Cherõpapa orientam seus parentes a não cometerem os mesmos descomedimentos de outrora, sob o risco de sofrerem as consequências retaliatórias. No período em que os pajés estavam reunidos no Paraná para realizar suas iniciações, o temor do mal de sucuri (*vfchã ichná*) estava em alta. Um rapaz de Alegria já estava há quase dois meses aos cuidados de Venãpa, na aldeia Paraná. Após mexer em uma sucuri que havia se abrigado na trave de sua maloca, o rapaz caiu enfermo, ficou raquítico e quase morreu. Os pajés não autorizaram sua remoção para as cidades, pois sabiam do que se tratava. Para combater a doença, Isko Osho chamou seu pai, Poraquê-Fogo (Txi Koni), que é como um policial federal. Poraquê-Fogo assustou os duplos das sucuris com seu forte fogo. "Nosso pai chegou, nosso pai chegou!", pensavam assustados os duplos humanoides. Deixaram de atormentar as crianças e, aos poucos, o rapaz de Alegria foi se recuperando.

16 P. Cesarino; E. Welper, Epidemias Produzem Caos Social, em B. Ricardo; F. Ricardo (orgs.), *Povos Indígenas no Brasil 2001/2005*.

17 *Nokf nami yochjkea, nokf nami wetsakea.*
Noke nami yochi-ke-a, noke nami wetsa-ke-a
1pGEN carne yochj-CMPL-RLZ 1pGEN carne outro-CMPL-RLZ

Estamos aqui fazendo um curto-circuito temporal e alguns esclarecimentos são necessários. Tratamos, primeiro, de relatos referentes às agressões do "tempo mítico" (os antigos ataques dos duplos das sucuris, a febre do vento de *sheki pacha* que exterminou os antepassados), seguidas das agressões referentes à época de Itsãpapa e das brigas entre o pessoal do Ituí e do Curuçá nas malocas das cabeceiras e, por fim, mais recentemente, dos episódios das últimas décadas (as doenças por malária e hepatite, as mortes na aldeia Rio Novo, os novos ataques dos duplos das sucuris). Antes de Itsãpapa, viviam outros tantos pajés poderosos, tais como Txanõ Sheni, Yoáti Sheni (do extinto povo *chjchjkavo*), Manã Sheni (um *iskonawavo*), Ovõtxoa Sheni (*shanenawavo*), Teã Sheni (*varinawavo*) e Tamã Sheni (*ninawavo*), pai do poderoso *romeya* Itsãpapa. Eram todos violentos guerreiros; guerreavam entre si e com os índios txamikoro que teriam chegado por ali em decorrência das movimentações da borracha. Donos de falas, cantos e feitiços, parecem ter sido os primeiros a "fazer" (*shovima*) as doenças que hoje em dia assolam as pessoas. Fizeram a partir do veneno de suas diarreias, de suas gripes/febres-morte e de outras doenças suas. Fizeram também as doenças a partir do rastro de seus próprios vômitos, pois o mal fica no lugar em que o sujeito vomitou. Fizeram a partir do veneno de seus tabacos, deixando o sol forte desprender as suas febres. As febres surgem do veneno das diarreias, também aquecidas pelo sol. Febres e espectros-morte desprendem-se assim, seja a partir dos "nossos" espectros (*yorã yochj*) ou dos estrangeiros.

A Febre e os Estrangeiros

Certa noite, eu narrava para Kanãpa uma história de algum outro povo pano. Era sobre um pedaço de terra que ascendia aos céus, depois de seus habitantes terem ali derramado uma porção de ayahuasca. Perguntei se ele não conhecia história similar, no que me retrucou com outra aparentemente disparatada, cuja conexão com o que eu lhe contava, e com a febre, eu tardaria a vislumbrar:

> Os neanawavo (povo jacamim) estavam plantando em seu roçado. Muitas cigarras (*yene*) apareceram. O pessoal pegou muita cigarra, comeram muita cigarra. No final da tarde, uma ventania forte chegou. Jogou a maloca deles lá para o céu. Levou todo mundo: velhos, crianças, jovens. Outros ficaram caídos pelos galhos do tucumã (*pani*), do matamatá (*njwa*) e do babaçu (*kõta*). As pessoas gritavam de lá de cima das árvores. Morreram ali mesmo. Por isso não se come cigarra. A cigarra tem vento forte.

Eu narrava um mito dos sharanawa sobre um homem que, prestes a morrer, joga ayahuasca no chão de sua terra, que então ascende aos céus. Mas por que Kanãpa replicava a minha narrativa com a história das cigarras? As cigarras são certamente outros, yenenawa, o povo cigarra. Seu bicho é o inseto, mas seus duplos humanoides são estrangeiros tocadores de flautas e tambores, vestem roupas, são "bebedores de líquido amargo" (*moka ene yanikaivorasj*, uma metáfora para cachaça) e moram a jusante, no lugar do surgimento. Os duplos da cigarra possuem a imagem do estrangeiro mestiço peruano, ainda prototípica para a cosmologia marubo. Como se não bastasse, os antigos marubo chamavam de *yene shana* ("febre-cigarra") as fortes quenturas causadoras de tremedeira: as cigarras são propriamente as donas de certas febres ou gripes (*shana ivorasj*). E são vários os povos cigarra, diferenciados pelos classificadores: cigarras-fogo (*txi yene*), cigarras-araraúna (*kana yene*), cigarras-arara (*shawã yene*), cigarras-azulão (*shane yene*), cigarras-sol (*vari yene*). A febre é propriamente a agressão feita por tais duplos, isto é, o revide desses espectros ruins que os xamãs *romeya* não podem visitar, sob o risco de serem atacados. Os duplos das cigarras se subdividem também em seus *nawavo*, de maneira similar aos outros entes do cosmos marubo. Ainda assim, são especificamente identificados aos *nawa* estrangeiros habitantes das grandes águas a jusante, donos de doenças cujo sintoma é o calor extremo, ou seja, a febre. Se Kanãpa talvez tenha sido levado a contar o mito de Cigarra por uma semelhança de superfície (o vento ou leveza da ayahuasca pela ventania das cigarras), sua escolha não poderia deixar de esconder uma analogia processual mais profunda, a da relação entre a figura do estrangeiro (*nawa*), a doença e o calor.

Não por acaso, alguém me explicava que os espectros *matxõtxi* vêm da época do surgimento: são os *vaká* que se originam depois da morte de Shoma Wetsa, a mulher canibal de ferro que fora queimada por seu filho Rane Topãne após ter devorado os próprios netos. Os *matxõtxi* têm o cabelo todo raspado (*mashkoki*), assim como os jovens. São esses espectros que os atravessam e determinam seus comportamentos atuais. São donos de calor-morte (*yama shana ivorasj*), causam febre ao se aproximarem da pessoa, que diz então ter sonhado com os estrangeiros, enquanto adoece. Os *matxõtxi* provêm do rio grande; são o "povo-morte do Rio Grande" (*Noa vei nawavo*), portadores de "febre morte" (*vei shana*).

A malária tem outra formação (*shovimaki wetsa*) que essas febres e, quando eu lá estive, era a que mais preocupava os marubo. Os *kfchjtxo* não conseguem neutralizá-la, muito embora digam que a injeção do *kãpô* seja para tal um excelente remédio, e que *Shoma* tem seus instrumentos para assustá-la, ainda que não consiga bani-la por completo. Para Panipapa, trata-se de "febre de ariranha" (*ene kamã shana*), ocasionada pelo veneno mandado pelo duplo desse animal; para outros, a malária se chama *noj shana*, "febre de minhoca"[18]. Os comprimidos para tratá-la (mefloquina, primaquina, cloroquina e quinino) podem ser pensados pelos pajés: são "feitos dos traseiros plantados" dos pássaros-amargo (*moka chai*), dos pássaros-*tsoka* (*tsoka chai*), dos pássaros-tontura (*sjki chai*) e dos pássaros-morte (*vopi chai*). As especulações sobre a formação da doença e dos remédios dos brancos

---

18 Segundo D. Montagner Melatti, tratava-se de "febre de pupunha (*wanj shana*)", ocasionada pela ingestão de frutos podres de pupunha apanhados do chão. Cf. *O Mundo dos Espíritos: Estudo Etnográfico dos Ritos de Cura Marúbo*, p. 196-197.

são constantes numa época em que os casos e mortes por malária tornaram-se parte da vida cotidiana. Na realidade, os ataques e doenças acabam todos se articulando em um mesmo sentimento de impotência e temor diante dos tempos recentes. Os kfchjtxo estão sobrecarregados no tratamento dos enfermos; os mortos recentes vão se acumulando e acarretando mais e mais problemas; as doenças dos brancos e os ataques dos espectros se combinam em um horizonte desolador, que corresponde a essa vida nas margens dos rios, por contraste aos bons tempos em que viviam mais acima das cabeceiras.

O Chamado do Vento

Em julho de 2006, Tekãpapa decidiu fazer uma festa para varrer os yochj que assediavam Alegria. Ele havia perdido algumas de suas filhas há quase uma década e seus espectros, pelo que diziam os romeya, ainda continuavam por ali assediando os viventes. Além do mais, esse já era o segundo ano em que a forte epidemia de malária, mais as hepatites, diarreias e outras enfermidades atrapalhavam a vida de todos. Julgaram por bem realizar então a festa Kenã Txitõna, ou "Festa da Fogueira", e a Shavá Saika, "Festa do Tempo". Todos reunidos, os kfchjtxo iriam cantar um shõki de dias de duração que Isko Osho aprendera alhures, o canto do "Chamado do Vento" (We Kena). Pretendiam assim varrer os mortos recalcitrantes da aldeia e alterar toda a meteorologia.

> Na primeira etapa da festa Kenã Txitõna, homens de todas as idades vão logo cedo para uma colina próxima às malocas a fim de rachar as toras de malva (kenã) que serão depois queimadas na festa. Todos devem pintar seus rostos e corpos com leves traços desenhados de urucum, a fim de que o pássaro alma-de-gato (txishka) não anuncie a morte dos presentes com o seu piado. "Você não vai conseguir, você vai ficar doente", é o que ele pode dizer à pessoa incauta. Os homens levam as toras amarradas até a maloca mais próxima e as amontoam junto à porta. As mulheres, todas bem-vestidas, se reúnem na maloca situada no outro lado do pátio e dançam cantando, enquanto os homens tocam o trocano (ako). As mulheres saem dançando em um percurso sinuoso, uma imitação do Caminho-Morte. Chegam aonde se encontram as toras e as recebem dos homens, para então voltar dançando sinuosamente até o meio do terreiro, onde enfim resolvem deixá-las.
> Durante a festa que começará nos próximos dias, não se pode fazer piadas, dar risadas e se divertir, pois os yochj estão olhando tudo e saberão que aquela pessoa é atika (gozadora, mangadora) – esta é uma festa dos pajés, e não de divertimento (anõ wesia). Na noite seguinte, começa a festa com as toras que estavam empilhadas no

meio do terreiro. Dois primos cruzados (afins, *txai*) arremessam/ jogam (*yavia*) as toras entre si. Quando as toras são jogadas, não se pode errar, sob o risco de ser picado por uma cobra. Enquanto arremessam as toras no meio da maloca, Panipapa canta versos para fazer com que as pessoas tenham olhares ágeis: "vista de ariramba-árvore/ venha à vista se juntar" (*tama peta vero/ vero txiwa akesho*), e assim por diante. Uma atencipação das habilidades necessárias para o perigoso trajeto? O paralelo era sugestivo, mas ninguém chegou a confirmá-lo. Caminhando em círculos, os ouvintes e cantadores aprendizes estão como que caminhando pelos trajetos e percursos descritos pelos cantos. Os convidados das outras malocas vão chegando, junto com os kfchjtxo que se encontravam reunidos no Paraná, mais os *romeya* Venãpa e Cherõpapa. Os troncos de malva previamente cortados, agora já secos, estão todos armazenados em pilhas dentro da maloca. Vão começar agora o chamado dos ventos e dos espíritos Poto, que durará pelos próximos dois dias e noites, nos quais os presentes se manterão de pé às custas de muito rapé e ayahuasca. Com jenipapo e urucum, as mulheres pintam com belos padrões *kene* uma pilastra a ser fincada no meio do terreiro, ao redor da qual todos dançarão dia e noite. O terreiro está todo enfeitado, coberto com fitas douradas de fibras de buriti, que balançam na brisa. ▸FIGS. 14 a 17

O "Chamado do Vento" consiste na evocação e mobilização de diversas ventanias pelos *romeya* e participantes do evento – uma alteração da estação e da meteorologia, um mapeamento do espaço cosmográfico, um chamado do frio e da chuva, para melhorar o aspecto desta terra. A máxima atenção de todos é indispensável para que o ritual dê efeito e não fracasse por inteiro. Trata-se a rigor de um grande *shõki* coletivo: dessa vez, canta-se a aldeia e o mundo, e não apenas uma pessoa. Os diversos ventos variam segundo as regiões das quais provêm, identificadas pelos classificadores que os diferenciam. Do pé do céu (*naí taeri*, leste) vem o vento da terra-azulão (*shane mai we*), do outro canto do céu (norte, *naí paro wetsã*) vem o vento da terra-cinza (*koro mai we*), do outro canto do céu (sul, *naí parô wetsã*) vem o vento de mata-pasto-japó (*rovo kapi we*), de lá de onde vive o espírito Mishõ-Japó. Por fim, de onde o céu encurva ou do oeste (*naí votj ikitõ, vari katõ*), vem o vento da montanha de pedra-arara (*kana shasho we*), que parece proceder do Inka. Além desses, são também chamados outros ventos mais próximos: vento de árvore (*tama we*), vento de samaúma (*shono we*) e vento de envireira (*chai we*), que costumam chegar logo. A multidão de espíritos Poto evocada em outro canto (*Poto Kená*, "Chamado dos Espíritos Poto") tarda a chegar, pois vem de muito longe.

Venãpa e Cherõpapa se alternam na performance desse longo canto, que até então era desconhecido pelos viventes: Isko Osho e Panã, os duplos-irmãos de Venãpa, dirigem o ritual e ensinam o canto. Do lado de fora da maloca, no terreiro onde está fincada a pilastra desenhada, Cherõpapa vai conduzindo os kfchjtxo recém-chegados, que têm ainda o seu rapé e a sua ayahuasca servidas separadamente pelo auxiliar *rewepei*. Evita-se o sono até o limite do possível. Dormir faz mal, cola as pálpebras da pessoa e a faz envelhecer, além de comprometer a eficácia do ritual. À meia noite, os kfchjtxo vão todos soprocantar o pátio da maloca (*kaya shôka*), a fim de espantar os *yochj*. De madrugada, Venãpa, de braços dados com sua jovem mulher, vai puxando uma cantoria do *Vaká Yonoa*, o canto para conduzir os duplos dos mortos. Todos andam/dançam em fila indiana repetindo em coro os versos proferidos pelo líder de canto (*saiki yoya*). A partir do pátio central da maloca, saem pelo terreiro e vão andando nos padrões daquela coreografia/ensaio da passagem pelo Caminho-Morte. Vão até os limites da aldeia e retornam pelo mesmo caminho, entrando de volta na maloca.

Já dentro da grande maloca, escutam os ensinamentos de Cherõpapa, que explica todas as etapas do caminho e os motivos que levam determinada pessoa a se deter em seus obstáculos. Mashepa conta para Cherõpapa que os *yochj* andam batendo durante à noite nas cordas retesadas das redes, num sinal de que há ainda mortos a serem conduzidos. Olhando através do inalador de rapé, ele vai examinar os *yochj* no lugar indicado e lá encontra três parentes mortos: seus cabelos compridos fecham-lhes os rostos; ao morrer, recuaram com medo ou nem sequer chegaram a adentrar o Caminho-Morte e ficam por aí atazanando os viventes. O Chamado do Vento é retomado. Cherõpapa agora direciona a ventania para abrir espaço pelo Caminho-Morte, facilitando assim a passagem dos *yochj*. Sua entrada dantesca está entupida de espectros insensatos e desesperados. Cada vez mais entupida, aliás, pois essa é a Era-Morte e as pessoas não sabem mais morrer. O *vaká* do pajé kapanawa dá o ar de sua graça e ensina alguns cantos divertidos, pois ninguém é de ferro. Na cansativa madrugada, irrompe a tradicional brincadeira entre os afins com a resina *sfpa*: os *txai* e *pano* perseguem uns aos outros com bastões incandescentes a serem respingados nas canelas. Um outro afim rouba o bastão para se vingar (*kopía*) das agressões lúdicas. Assim, espanta-se o sono e também os espectros, que ficam atordoados com a confusão.

Amanhecem no dia seguinte trazendo para dentro da maloca os troncos de malva, que serão queimados mais adiante. Os kfchjtxo deliberam, dizendo que Vento e Pó foram chamados corretamente nos dias que se passaram. Os jovens, no entanto, andaram fazendo certas coisas escondidos e, por isso, o frio (*matsi*) ainda tarda a chegar. "O vento está atrasado", comenta um, "foi cortado/interrompido (*shatea*)", comenta outro. "Vento" é a rigor um atributo de determinadas classes de espíritos, um de seus poderes ou instrumentos: os espíritos Pó, o vento de Pó (*Poto we*), o vento das espíritas *Shoma* (*Shoma we*), o vento de Broto de Ayahuasca (*Oni Shāko we*). Por abominarem o cheiro do sexo deste mundo, os espíritos vomitaram ao chegar na aldeia, deixando assim de conduzir os duplos que naquele momento cruzavam o Caminho-Morte. A multidão de duplos se confundiu e ficou perdida nas beiradas do caminho. Fazendo algazarra à distância e soltando rojões que foram trazidos das cidades, os jovens acabaram por comprometer o ritual. Os velhos reclamam também das mulheres, que outrora sabiam conduzir por si próprias cantorias e danças coletivas (*kashpia*). Hoje ficam quietas ou conversando entre si, deitadas nas redes, ao invés de dançar e cantar.

Pergunto em português a Venãpa se seria possível arrepender-se de coisas erradas cometidas em vida. Ele diz que basta a pessoa saber conversar com Coruja-Morte (*Vei Popo*) e Macaco-Preto-Morte (*Vei Iso*) para que tenha a passagem garantida. Os duplos "perdidos" ou "morridos" (*vaká veiya*) são justamente aqueles que não sabem argumentar, conversar ou cantar. Panã, o duplo/irmão de Venãpa, examina a porta da maloca olhando através do *rewe* e constata que o Caminho-Morte enfim se abriu dali para o céu. Os duplos dos mortos podem seguir adiante e deixar esta terra. Vei Maya, Vei Popo e Vei Iso (Maya-Morte, Coruja-Morte e Macaco Preto-Morte, os mais ilustres habitantes e fazedores do caminho) cantam um *iniki* através de Venãpa e oferecem ayahuasca soprocantada aos presentes, aplicando em seguida doses de rapé com o inalador *rewe*. Estamos na noite final e as toras de madeira serão queimadas. Todos os alimentos, redes, panelas e pertences foram retirados das seções familiares (*repã*); a maloca se encontra completamente vazia, as toras estão empilhadas em três fogueiras dispostas ao longo do pátio central. Instantes depois, ela está insuportavelmente quente, por conta das chamas que chegam a atingir três ou quatro metros de altura. Os homens, jovens e de meia idade, pulam por cima das chamas. Por volta das quatro da madrugada, as fogueiras já terminaram e suas brasas estão quietas em pequenos montes no chão. Exaustos, todos querem se dispersar. Alguns batem com bastões nas brasas, até reduzi-las a pedaços bem pequenos e concentrados em três círculos quase invisíveis. Quando o sol começa a sair, batem energicamente com esteiras nas brasas até que muita fumaça se produza e saia por todos os lados. As brasas não soltaram faíscas, como era de se esperar, mas apenas fumaça grossa. Alguns dizem que talvez os *yochj* não tenham ido embora, pois parecem gostar do lugar. Farão depois outra festa, se necessário.

A festa é um bom exemplo do processo de formação da pessoa marubo, realizada com maior sucesso e intensidade na época de Itsãpapa, quando os jovens se engajavam ativamente na transmissão dos conhecimentos, quando não havia tanta doença e os alimentos eram fartos. A festa possui, digamos, uma eficácia multissemiótica: danças e cantos contribuem todos para a constituição desse evento que não apenas visa a melhorar o estado atual das aldeias, como também treinar os viventes para o destino póstumo. Todas as etapas são marcadas pela simetrização entre os gêneros, sempre divididos em grupos opostos que se complementam (nas coreografias, nas aplicações coletivas de picadas de vespa, nos trajetos de entrega, armazenamento e arremesso das toras de malva). Mas não é apenas entre os gêneros que podemos observar uma simetrização: o evento como um todo obedece a uma estruturação de paralelismos e recorrências; os próprios trajetos sinuosos realizados pelos caminhos/coreografias estruturam-se por oposições e complementariedades, como se um movimento não pudesse deixar uma ponta solta, como se um conjunto de estrofes cantadas se completasse apenas pela execução de outro bloco complementar e correspondente. Há mesmo uma diacronia nos esquemas de movimento que são, em essência, caminhos pelo espaço-tempo das narrativas cantadas nos *saiti* e nos trajetos do Caminho-Morte[19].

Examinaremos nas próximas páginas alguns desenhos cujas estruturas de composição são anteriores a seus suportes: percursos e simetrias, contínuos pontilhados por discrições ou paradas, tais são as configurações subjacentes às suas atualizações em cantos, coreografias e desenhos. O esquema em questão está baseado na ideia do *trajeto*, a imagem que esta estética da afinidade, da distância e da transformação resolveu privilegiar em sua constituição. Trajetos conduzem pessoas entre aldeias de parentes distantes, levam os duplos de seus lugares de surgimento até as suas moradas, conectam domínios e estratos celestes distintos, permitem a um kfchjtxo levar de volta espectros inadequados a seus devidos lugares e conduzir os mortos insensatos para os seus destinos. Por ora, vale dar uma olhada em um pequeno fragmento do longuíssimo canto "Chamado do Vento". Os ventos, como vimos acima, estão distribuídos por todas as regiões simetricamente marcadas e distinguidas pelo uso de classificadores, que identificam todos os habitantes e elementos provenientes dessa ou daquela área do cosmos marubo. Cantá-los por completo é tarefa para alguns dias.

O canto é composto por uma sucessão de blocos, nos quais os conteúdos, mais uma vez, variam dentro de uma estrutura formulaica fixa, que segue o mapeamento e expulsão de serpentes, febres, males e escuridões, além de propiciar a caça e evocar o frescor de determinadas árvores. Todos esses blocos são agru-

---

19 G. Werlang notou a expressão da temporalidade na estrutura musical e formulaica dos cantos *saiti*, tendo em vista sua relação com a coreografia circular dos festivais, apropriadamente chamada pelo autor de "configurações sônico-coreográficas". Cf. *De Corpo e Alma*, *Revista de Antropologia*, v. 19, n. 1; e *Emerging Peoples: Marubo Myth-Chants*, p. 221. O ponto é importante, uma vez que ressalta o caráter intertradutivo da estética marubo, isto é, a reprodução de estruturas similares em ambientes verbais, musicais, coreográficos e, vemos também aqui, gráficos. A relação entre canto e coreografia foi também observada por Daniel Bueno Guimarães em seu estudo sobre o ritual *katxanawa* dos kaxinawá. Cf. *De que se Faz um Caminho: Tradução e Leitura de Cantos Kaxinawá*, p. 126.

pados por um macrobloco referente à região geográfica em questão: ao variar a região, varia o classificador correspondente, bem como a referência a determinados espíritos ou entidades habitantes daqui ou dali. No mais, a estrutura segue a mesma. O pequeno fragmento destacado abaixo pertence ao macrobloco da direção *noa taeri* (leste, a jusante). Cherõpapa evoca o vento da Terra-Azulão, proveniente da região de onde surgiu o povo azulão. O canto não se dirige apenas às aldeias do alto Ituí, mas ao mundo inteiro, na tentativa de varrer os *yochj* e afastar doenças. Venãpa me explicou que o comportamento dos jovens insensatos fora causado por um *kfchjtxo* do Maronal, que havia há tempos "feito coisa ruim" para o pessoal do Ituí. O pajé havia mandado para esse rio os duplos lascivos dos macacos-prego (*chinõ vaká*) que, encostando nos jovens e nas mulheres, conturbam seus comportamentos e comprometem a saúde e o bom convívio no parentesco. O canto é também uma operação de contrafeitiço, pois pretende enviar de volta a seus lugares os duplos manipulados pela feitiçaria alheia. Reproduzo abaixo exatamente (e apenas) o trecho em que isso é feito, após o pequeno bloco de abertura do canto:

CANTO 18: *We Kena,* "O Chamado do Vento" –
fragmentos (Armando Cherõpapa)

bloco de abertura – região leste (fragmento)

1	*mai shavá tioi*	por toda a terra	
	mai tama vakevo	e pequenas plantas	/e coisas crescidas[20]
	shokô awainiwf!	venha aqui assoprar!	
	Shane Mai wepa	vento da Terra-Azulão	
5	*mai tama vakevo*	as pequenas plantas	/as coisas crescidas
	metsa raká iniwf!	venha mesmo alegrar!	
	mai tama vakíchi	as sombras da terra	
	keviroa iniwf!	ventando logo desfaça!	
	mai yochj shakama	os espectros da terra	
10	*wea wea iniwf!*	venha venha ventar!	
	mai chavj wetsãno	noutro canto da terra	
	pevesnã inawf	venha se alastrar!	

mulheres e homens

135	*nokf shavo yora*	as nossas mulheres	
	shokô akj weaki	vente mesmo bem	
	anã paka keyô	muco de lança-vômito	/secreção peniana
	echta aka iniwf!	ventando mesmo seque!	

20 A metáfora se refere aos animais, pessoas e plantas, isto é, "às coisas todas crescidas" (*a kaniarasj akarvi*).

adoecer, enfeitiçar

	anã paka shana	calor de lança-vômito	/calor dos homens
140	matsi aka iniwf!	ventando mesmo esfrie!	
	atõ vei võshã	os seus calores-morte	
	matsi aka iniwf!	ventando mesmo esfrie!	
	atõ nete sanãti	seus olhos-brilho	
	sanã koj inima	deixe brilhando bem	
145	atõ txai anevo	para que possam	146
	veya koj anõvo	fitar seus afins	145
	atõ koka anevo	para que possam	148
	veya koj anõvo	fitar seus sogros[21]	147

duplos lascivos

	atõ tesoirinõ	em suas costas
150	vore chino veoa	os símios safados
	Shane Mai wepa	vento da Terra-Azulão
	wea wea iniwf!	venha venha ventar!
	we yoe onãi	ao vento aviso
	ave iki weniwf!	leve-os embora![22]
155	txaitivo ikotj	do terreiro da maloca
	shane koma vake	filhotes de anambu-azulão
	shokoini otivo	há tempos reunidos
	txaitivo ketoko	na soleira da maloca
	ketãvina akea	ali todos parados
160	ojnipawai	eu tenho visto
	nokf vana kojnõ	em nossas boas falas
	yositima chinãi	aprender não pensam
	a aki avo	assim são eles
	ojnipawai	assim tenho visto
165	Shane Mai wepa	vento da Terra-Azulão
	wea wea iniwf!	venha venha ventar!
	we yoe onãi	ao vento aviso
	ave iki weniwf!	leve-os embora!
	Shane Ina sheni	do antepassado Shane Ina
170	anõ vesokãia	em sua maloca

21 Isto é, para que as mulheres possam olhar nos olhos de seus primos cruzados (txai), esposos em potencial, e para seus tios (kokavo, irmãos da mãe, sogros em potencial), sem ficar com vergonha por terem mantido relações sexuais impróprias.

22 A referência é aos duplos dos macacos-prego (chinõ vaká) e aos duplos dos anambus (mai koma), também lascivos (akatsipa), que encostam nos jovens e os deixam assim.

	txaitivo ikotai	em seu pátio
	shokõ koj akewf!	para lá mesmo leve!
	we yoe onãi	ao vento aviso
	naí votj ikitõ	onde o céu encurva
175	vari noma nawa	ali nas malocas 176
	anõ vesokãia	do povo juriti-sol 175
	vari imawenene	em seu terreiro-sol
	shokõ koj akewf!	para lá mesmo leve![23]
	koro minã aoa	surgidos de frutos-cinza
180	menokoatõsho	dos frutos caídos[24]
	txaitivo wenene	no terreiro da maloca
	pereraká akea	juntos todos andando
	ave ramamarao	há tempos estão
	ojnipawai	assim eu tenho visto
185	Shane Mai wepa	vento da Terra-Azulão
	wea wea iniwf!	venha venha ventar!
	we yoe onãi	ao vento aviso
	ave iki weniwf!	leve-os embora!
	Koro Mãpo sheni	no antepassado Koro Mãpo
190	anõ vesokãia	em sua maloca
	txaitivo wenene	em seu terreiro
	shokô koj akewf!	para lá mesmo leve!
	[...]	

Respondendo ao feitiço enviado pelo pessoal do Curuçá, Cherõpapa reconduz com seu canto os *yochjvo* aos seus lugares de origem. Ainda que a questão seja micropolítica, Venãpa ressalta que o ritual está sendo feito para expurgar os males de todo o mundo (*mai tio*). "Os duplos das corujas atravessam as pessoas e elas ficam falando mentiras", explicava-me alguém. O sujeito não é, a rigor, responsável por suas faltas morais ou, antes, a própria ideia de subjetividade é que se mostra novamente inadequada. A tendência à desarticulação e dispersão comum nas aldeias tem a ver com isso (ao menos na perspectiva dos velhos, que eu pude acompanhar com mais constância): os jovens erram de lugar em lugar à caça de divertimento, comidas e flertes; entram e saem das malocas sem cumprimentar os seus velhos donos; vão e voltam das cidades e permanecem deslocados, sem uma *posição* que os oriente. Vivendo no limbo entre a vida dos brancos e as relações desgastadas com suas moças afins, desconfortáveis com as expectativas dos velhos que dizem mesmo possuir "outra carne" e ter crescido

---

23 O saiti *Vari Nomã Nawa* conta que, depois de os antigos terem sido derrotados pelo povo juriti-sol (*vari nomã nawa*) composto de anões ferozes, sobreviveu apenas o antigo Shane Ina, que era pajé (*kfchjtxo*). Foi então morar na Morada do Céu-Azulão, onde vivem também esses espíritos lascivos anambu-azulão.

24 Trata-se de *minã*, uma espécie de jenipapo outrora utilizado para fazer tatuagens faciais.

de outra maneira, os jovens ficam tristes (*oniska*). Robson Venãpa, igualmente jovem, é especialista nos limiares e conhece bem os espíritos estrangeiros. O mesmo não ocorre com os outros, que ignoram quando são atravessados por outrem. "Seu eu morrer, tudo bem", dizem frequentemente algumas moças e rapazes. Ao que Panipapa certa vez retrucou com veemência: "tanto faz coisa nenhuma, pois o nosso *chinã* não acaba e depois será bem pior do que aqui". Há uma longa jornada pela frente.

11. Caminhos Possíveis

as imagens da escatologia

A Via do Parentesco

Perguntei certa vez se Kanãpa tinha medo do *Vei Vai*, o Caminho-
-Morte. "Tenho muito medo", respondeu. "Mas já tomei muito cipó
e rapé, os *yove* me conhecem, vão me ajudar a passar". Ingerindo
ayahuasca, rapé e outras substâncias tais como o lírio e o mata-pasto,
a pessoa passa a adquirir outro sangue, acostuma-se a escutar as falas
e cantos dos *yove*, torna-se sabida e respeitosa. Os espíritos a ajudam
a cruzar o Caminho-Morte, ou acabam levando a pessoa para viver
alhures. Múltipla a pessoa, múltiplos são também os seus destinos
póstumos: os distintos graus de espiritização da pessoa implicarão
em distintos percursos e distintos percalços no momento de dissolução da carcaça (*shaká*). Ao contrário do *romeya* Venãpa, o aprendiz
de pajé-rezador Kanãpa ainda tem de se esforçar para garantir um
bom futuro póstumo. Deve se tornar familiar aos espíritos que, cedo
ou tarde, ainda em vida ou na morte final, conduzirão seus duplos
para os devidos lugares, a fim de que não fiquem morridos na beira do Caminho ou em outras partes desta terra[1].

Vimos na parte I como podem ser distintos os destinos póstumos
e como a pessoa, ainda em vida, pode ter diversos de seus duplos
vivendo alhures. A disjunção entre um destino terrestre e celeste
parece seguir este padrão: a pessoa que em vida não se espiritiza

---

1   O leitor deve consultar supra, cap. 1, n. 4, e cap. 2, n. 1, para explicações
    sobre os termos "morrido" e "espiritização".

não consegue atravessar o caminho e retorna, fica por aqui vivendo como um *yochj*, tal como os antigos espectros de guerreiros tombados em combate e os nossos duplos naturalmente insensatos e terrestres (as sombras, os duplos dos excrementos e o duplo do lado esquerdo). As pessoas espiritizadas e seus duplos melhores (o duplo do lado direito, o duplo do peitopensar e o duplo dos olhos) têm por sua vez ao menos quatro possibilidades: 1. atravessar o Caminho-Morte e viver com seus parentes na maloca dos duplos dos olhos (*verõ yochj shovo*) localizada na Morada do Céu-Descamar; 2. ser levada pelos *yovevo* (com os quais têm familiaridade prévia) para viver em suas terras, através dos caminhos-espírito (*yove vai*); 3. ser buscada pelos duplos de seus parentes que vivem na terra-espírito das cabeceiras, a aldeia Plantação de Mata-Pasto (*Kapi Wai*) outrora criada por Itsãpapa; 4. ir para a Terra do Tabaco Branco (*Rome Osho Mai*) que está acima de todos os patamares celestes, acessível pelo exclusivo Caminho do Jaboti Branco (*Shawe Osho Vai*). Dentre essas possibilidades, a última (a Terra do Tabaco Branco) é restrita aos kfchjtxo, aos *romeya* e às suas esposas. As outras todas poderiam ser conquistadas pelos demais viventes, não estivessem eles atualmente tomados pela insensatez e atrapalhados nos processos de espiritização. *Yove vesthao* (espírito do gavião cãocão) impede a passagem dos infelizes que tentam seguir pelo Caminho do Jaboti Branco.

O panorama desolador do Caminho-Morte contrasta com o aspecto claro, largo, belo e perfumado de inumeráveis moradas-hiper dos espíritos, acessíveis por inumeráveis caminhos-espírito que surgem e desaparecem de acordo com a movimentação dos *yovevo* pelo cosmos. Na Terra do Tabaco Branco, localizada acima do último dos estratos celestes (a Morada da Terra-Névoa), vivem, por exemplo, Kana Ina (o duplo do falecido João Pajé) e o duplo de sua esposa Rosãewa, que ainda está viva na aldeia Alegria. A cosmologia marubo e a geografia escatológica não são constituídas por uma configuração fixa e é possível traçar um histórico das alterações que levaram à sua atual formação. Uma das mais recentes alterações se refere à atuação de Itsãpapa. O Caminho-Morte, bem como os caminhos-espírito, o Caminho do Jaboti Branco e as respectivas moradas às quais eles conduzem, são elementos mais antigos na cartografia do cosmos: a novidade é essa aldeia das cabeceiras. Ao morrer, Itsãpapa – "o nosso governo", como a ele se referem atualmente – espiritizou ou empajezou a própria terra onde vivera, transformando a aldeia das cabeceiras em uma morada melhor capaz de abrigar os duplos de seus parentes. A aldeia "Plantação de Mata-Pasto"[2] tornou-se então mais uma opção para os duplos bons, que podem seguir para lá ou partir para o Céu-Descamar, onde viverão junto a Roka[3]. Era assim que me explicava Tekãpapa:

---

2   Trata-se da adeia em que Venãpa esteve nas suas viagens iniciáticas (ver relato do capítulo 2).

3   Em 2009, Robson Venãpa me disse que andava fazendo um outro caminho para seus parentes atravessarem depois da morte, como alternativa ao horrendo *Vei Vai*. O trabalho era árduo e demandaria rituais diversos, tais como os que ele realizava ao longo de todo o mês de junho daquele ano. Ficou de me contar depois sobre os resultados. Eis aí mais um exemplo do dinamismo que permeia a cosmologia em questão.

PEDRO: *Shenirasj atõ vakáro Vei Vai tavatjpá?*

Os duplos dos antigos não podem passar pelo Caminho-Morte?

TEKÃPAPA: *M, askáse, askái pakayaivo a pakayaivo shenirasjnã,*

Isso, é verdade, os que guerreavam, os antigos guerreiros,

atõ vaká askásevi, enema, aská shokoa, enema.

seus duplos são iguais, continuam assim, ficam vivendo da mesma maneira, continuam assim.

Vei Shavapanã, Vei Shavapa atõ shokoa ano enemarvi.

Na Terra-Morte eles continuam, continuam guerreando ali na Terra-Morte.

Askátskj shokoa, kayakavi yorashtõ ipawatõs iki shokoai aki atõ akátõ,

Vivem assim, seguem da mesma maneira que eram quando viventes,

pakayaivo yora vaká tawaivo shovi.

gente guerreira forma duplos flecheiros.

Pakayavo chinã rawemai, atõ ipawaivo chinãyai shokosho askásevi chinãyai shokoi,

Vivem pensando assim como antes, quando viviam com pensamento bravo de guerra,

aki akaya.

assim eles são.

Askámãi yora píti meramashõ pimati chinãya,

Mas as pessoas que pensam em procurar comida para se alimentar,

yora kakaya apawaya yora, a askáse, awf chinã askáse.

as pessoas que outrora foram chefes, continuam com o mesmo pensamento/vida.

Aská askai shokopawavo, askái keyopawavo yorarasj.

Assim viviam os antigos, assim acabaram outrora as pessoas.

Aská aská atõ vanaro f nikãpawa, vakeshnã,

Assim é que, quando criança, eu escutava o que eles diziam,

yora kakayavonã, nokf governo askátõs vanai, noke revomaya yora.

a gente chefe, nosso governo assim falava, as pessoas que nos espalharam.

Nokf shenirasj chinanitãi f vanarivi, nokf shenirasj ipawatõki vana,

Eu digo o pensamento de nossos antigos, digo o mesmo que eles diziam antes,

nokf kakaya, noke revomashõ atõ vana.

os nossos chefes, a fala daqueles que nos espalharam.

Píti koj meramashõ yora awf yanimatõ awf vana.

Diziam para as pessoas produzirem alimentos para comer.

Yora ari chinãsh vopiya askásevi, awf vei vakáro aro naivo, neno aivo mai shaváivose,

Gente que se mata também, seus duplos-morte ficam aqui mesmo nesta terra,

neno ã ipawanamãse shovo shenjse, aká shokoyavo.

ficam aqui na mesma antiga maloca em que viveram antes.

Askáivo yora kakaya apawayaivo, yorã chinãro aská aro ka,

Mas gente que outrora foi chefe, gente pensadora, essas pessoas vão,

caminhos possíveis

awf chinã, a verõ yochj, awf chinã notó aro ka,

    a sua vida, seu duplo do olho, o duplo de seu peitopensar, esses vão,

Shokô Naí Shavaya chinãni kaya.

    vão para a Morada do Céu-Descamar.

Askámãi ramaro aská, rama shavapachta noke vakerasj

    Mas agora é assim, nós, as crianças dos dias de hoje,

awf shovimativo vakerasj ori Naí Shavá noke chinãnimatjpa,

    as crianças feitas por eles, nós não podemos ir para a Morada
Celeste.

Nokf governo rama yamashnaitõ chinã,

    Tendo o nosso governo morrido há algum tempo,

na noke anõ noke tsasimati,

    os que nos amadureciam,

naivo waka revõ awf nipawanamã,

    lá na cabeceira desse rio onde eles viviam,

awf nipawa shovo,

    na maloca em que viviam,

revo vosoanamã,

    no encontro entre os rios,

noke vake kanimai atõ shokopawa,

    no lugar em que fomos criados por eles,

aivo matô ivokesh a niátõ,

    naquela colina da qual donos se tornaram por ali viverem,

rama anose yora vakárasj awf yosjya.

    agora é de lá mesmo que os duplos de gente nos ensinam.

Ea askásevi, ea askásevi ea eri yama anose,

    Eu também, eu também quando morrer vou para lá mesmo,

a yora vaká tsasimaya yora, nokf governo.

    [para onde estão] os duplos das pessoas maduras, o nosso governo.

Nokf chinã natoro ka, naj ka,

    Nosso âmago do peitopensar vai, vai para o céu,

aro Shokô Naí Shavaya chinãnia.

    ele vai indo para a Morada do Céu-Descamar.

Nokf verõ yochj askásevi.

    O nosso duplo do olho também.

Askámfkj ramaro, rama shavapachta, nokf kakaya, nokf governo rama yamashnaya,

    Mas agora, nos dias de hoje, o nosso chefe, o nosso governo que
morreu há anos,

aivo vaká awf ipawanamã, noke vake kanimaya awf nipawaivo shaváse.

    o duplo dele segue vivendo onde vivia outrora, no lugar mesmo
onde crescemos.

Yove mai ayakeshõ awf niátõ, anose awf yora atxikea.

    Transformou-se em terra espírito o lugar onde ele vivia, de lá mesmo
ele pega as suas pessoas.

Governo vaká anoserivi, ano noke vake kanitirivi.

O duplo do governo está lá mesmo, lá na terra onde crescemos.

Aivo yorã noke viá.

Essa pessoa nos busca.

Awf chinã natóro aská aro yove maj,

Seu âmago do peitopensar está na terra-espírito,

a naí shavapa yove maj,

na terra-espírito da morada celeste,

Rome Osho Maj,

na Terra do Tabaco Branco,

wanj kene shovõ,

na maloca do cercado das pupunheiras,

Shokô Naí Shavaya atõ shokoivoti.

vivem na Morada do Céu-Descamar.

Askámajnõ awf vaká wetsa aro romeya,

Mas o seu outro duplo é pajé,

noke oni akaya kfchjtxosho

tendo sido pajé-rezador bebedor de ayahuasca,

ari aro yorama, yorama,

ele não é mesmo gente, não é gente,

yora wetsaya shoviti, yora wetsaya shoviti yorasho awf vaká wetsa,

virou gente alterizada, virou gente alterizada o seu outro duplo,

awf vaká, awf chinãsevi, awf chinã natosevi.

o seu duplo, aquele que também é sua vida, que também é seu âmago do peitopensar.

Aká akai awf niátõ nõ aká, nokf chinã ka,

Assim tendo feito, para o lugar onde eles vivem nós vamos, nosso duplo vai,

a yorase nokf nõ chinãti,

para aquela pessoa nós vamos,

noke awf revomativo, noke awf vake tsasimativo,

a que nos espalhou, que nos fez amadurecer,

awf meiti nokf tsasimai,

aquela cujo trabalho nos amadureceu,

awf yojnika noke nokf shenj chinãmai,

aquele que nos dava a gordura de sua caça

ashõ noke awf eneti, vakerasj nõ kaniyatõ, awf chinãyakj noke ã eneti,

e assim fazendo algo deixou, criando-nos o seu pensamento ele nos deixou,

awf oni kosho ashõ noke ã amati, chinãishõ.

nos fez beber de sua ayahuasca soprocantada, pensada.

Noke nõ veimãi, ase, noke onish akatsai, nokf ashkãsh papa keská,

Quando morrermos, sim, ele vai nos ajudar, é como se fosse o pai de todos nós,

caminhos possíveis

yora onis akj niaya, yosnã, yos keskánã askái awf niátõ noke aká.

gente que vive para ser generosa, deus, é assim como deus, vive para
nos ajudar.

Neská njkãtso.

É assim, escute.

Yove rono, yove shawe, Shawe Osho,

Serpente-espírito, jaboti-espírito, Jaboti Branco,

akárasjvo yora shokosho anõ vakeyati,

toda essa gente vive junta para crescer,

aská,

assim é,

aská yora ojnama yoranã, yove rono, yove jper,

assim é essa gente invisível, serpente-espírito, grande sucuri-espírito,

akárasjvo yora shokorvi atõ anõ vakeyati.

toda essa gente vive junta para criar seus filhos.

Vake shovisho, vake pakekãianamãshtashose

Fazendo crianças, ali mesmo onde a criança nasce,

ari chinãyai kani, ari sheniwetsa vana keská.

ela por si mesma cresce pensante, por si mesma já fala como gente velha.

Kani inai, sheniwetsa vana keská kaniti,

Vão crescendo, crescem com fala igual à de gente velha,

ari initis, initis narokãi kai,

por si mesmas cantam, vão imitando os cantos,

shõiti, shõiti chinãis kani inai,

os soprocantos, crescem pensando nos soprocantos,

vakese, vakesemfkj.

mas são crianças, são mesmo crianças.

Vake yosí kanisho, meiti chinãi, meiti chinãi,

Crianças que crescem sabidas, pensando em trabalho, pensando em
trabalho.

Wai akj, wai ashõ, mani vanai, patsa vanai, sheki vanai ashõ,

Vão fazendo roçado e, feito o roçado, plantam banana, limpam a terra
e, tendo plantado milho,

pítikãimajnõ yojni atõ meramai,

quando a comida vai crescendo elas vão procurar caça e,

yojni atõ meramashõ, yora ashkãsh kãtxivrãsho ato pimai.

tendo encontrado caça, a gente toda reúnem para dar de comer.

Rono, rono aivõ askái yove vanã iki,

Serpente, essas serpentes que falam seus cantos-espírito,

wa yoverasj vakeshõ ikirvi yorã vakemarivi,

aqueles espíritos que são assim desde criança não são filhos de gente,

yora wetsarasj vakerivi, ojnama yorarasj vake, vfchã vake.

são filhos de outra gente mesmo, filhos de pessoas invisíveis, filhos de
sucuri.

Yove vĩchã vake, yove rono vake, yove shawĩ vake, vari shawĩ vake.
Filhos de sucuri-espírito, filhos de serpente-espírito, filhos de jaboti-
-espírito, filhos de jaboti-sol.

Tekãpapa refere-se àquele momento em que Itsãpapa (ou, antes, o seu duplo) reunia os remanescentes dos antepassados guerreiros e estabelecia um novo *modus vivendi*, centrado no parentesco e na reciprocidade. *Pakayai kanisho*, "os que cresceram guerreando" dão lugar aos *chinãyai kanisho*, "os que cresceram pensando". Itsãpapa imita, reproduz o saber e o *modus vivendi* de diversos espíritos (pessoas) melhores para os seus parentes de outrora; replica na sociedade que ele próprio instaurava (a partir de modelos vistos alhures) um convívio baseado na transmissão de conhecimentos, no trabalho coletivo, na partilha de alimento e nos festivais. Assim fazendo, ele transporta o seu próprio pensamento/vida para seus parentes através da ayahuasca e do rapé soprocantados (*koshoka*). Ainda hoje segue fazendo assim, quando seu *chinã natõ* vem visitar o corpo/maloca de Venãpa ou de Cherõpapa e administra aos viventes mais jovens as substâncias/veículos rapé e ayahuasca. É de lá, pois, que ainda vem para cá o conhecimento dos cantos *saiti* e *shõki*, pois Itsãpapa apenas mudou de posição, deixando aquela que outrora ocupava em sua casa/carcaça[4]:

Yove namirvi, yove imirvi, askái awĩ kaniatõ,
    É carne-espírito mesmo, sangue-espírito mesmo, assim eles cresceram,
awĩ veiyashõiki aro veima, veima,
    quando morrem, não ficam morridos,
awĩ ari tanaro awĩ kachjrivi,
    no seu entender eles foram embora mesmo,
na awĩ yoraro veiya, a namiro veiya,
    esse seu corpo morreu, sua carne morreu,
askámĩkj awĩ ari tanáro ã kachjriviki,
    mas no seu entender eles foram mesmo embora, dizem,
awĩ shovianamã kachjrivi.
    foram para o lugar onde surgiram.
Askái yove yora yoveyai.
    É assim que pessoas-espírito se espiritizam.
Awĩ namiro namise,
    A carne deles é mesmo carne,
a namiro, naro namiro askáro veiro veisa, veisa,
    a carne, essa carne ficar morrida mesmo fica, fica morrida,
askámĩkj awĩ vakáro veitjpá,
    mas o seu duplo não pode morrer,
awĩ vaká katsese yove chai shovi.
    os seus duplos todos se transformam em espíritos-pássaro.

4   Noutra circunstância, Tekãpapa me explicou que a pessoa/carcaça de Itsãpapa era também violenta. Seu duplo é que possuía os conhecimentos aí mencionados e que contribuiu, portanto, para a reconfiguração ou formação da sociedade marubo.

É como se Itsãpapa realizasse a mesma espécie de percurso no qual se baseia a "fala pensada": conduzir os duplos de seus parentes de volta ao lugar de onde surgiram. O percurso caracterizado pelo esquema surgimento > trajeto, vemos aí, é determinante também para a escatologia. Por ser sabido, tal *romeya* pode conduzir por conta própria os duplos de seus parentes e não necessita que alguém o dirija. Lá como aqui, o duplo de Itsãpapa altera o sangue das pessoas através do rapé e da ayahuasca. "Itsãpapa" fora a rigor uma pessoa múltipla e, agora, é uma multiplicidade ou um estilhaço. Seus duplos do peitopensar se distribuem: ele está na morada das cabeceiras, mas está também com Roka na Morada do Céu--Descamar. Da cabeceira, Itsãpapa e os antigos pajés – "o nosso governo, o nosso pai", como se refere Tekãpapa – vêm buscar seus parentes que morrem por aqui, cansados desta terra desolada. A aldeia das cabeceiras torna-se terra-espírito: é invisível à nossa posição assim como o são as inumeráveis moradas dos espíritos *yovevo*. A aldeia onde viviam os primeiros marubo deslocou-se para o "fundo infinito da socialidade virtual", de onde segue sendo uma das referências centrais para o xamanismo, a escatologia e a formação da pessoa. Os pajés de hoje em dia atribuem todo o seu conhecimento a essa fonte. Destino similar, no entanto, não será concedido aos suicidas e aos assassinos: permanecem no mesmo lugar onde morreram, seguem com os mesmos hábitos de antes.

A Travessia

Lauro Panipapa havia dito que o velho T., morto recentemente, não iria pelo Caminho do Jaboti Branco, mas sim pelo Caminho-Morte pois, embora fosse um kfchjtxo, não conhecia muitos cantos. Verdadeira ou não, a afirmação confirmava o fato de que os próprios kfchjtxo podem, por escolha ou por falta de opção, atravessar o Caminho-Morte. Se o fizerem, serão acompanhados pelos espíritos psicopompos Gavião Cãocão e Broto de Ayahuasca, que os conduzirão ao longo do trajeto. Ao passar pelo caminho, o *vaká* do kfchjtxo está então naturalmente mais instrumentado que os duplos das demais pessoas. Os pajés matam os *yochj* que povoam o trajeto com o auxílio de seu cajado de pupunheira (*wino*), assustam as Mulheres-Morte (Vei Maya, Vei Peko e Vei Mashe), afastam para os lados as gigantes urtigas-morte (*vei vakis*) que atrapalham a passagem. O essencial, entretanto, é que tenham ainda em vida aprendido a letra do longo canto de formação do Caminho-Morte, de suas coisas e habitantes. Cantando-o durante a passagem, os obstáculos vão se afastando; o kfchjtxo conhece-os bem e não se deixa tomar por suas mentiras. Seu duplo tornou-se leve (*shatashta*) pelo consumo de ayahuasca: pode saltar pelos obstáculos, auxiliado pelo vento da madeira moshô (*moshô we*). Os espíritos auxiliares *Shoma*, com suas Onças, Fogos e Ventanias, também o auxiliarão varrendo os espectros que se acumulam ao longo do trajeto. Sabendo conversar, o duplo esperto não será enganado pela ponte-morte (*vei tapã*), que costuma atrapalhar os que pretendem atravessá-la, fazendo com que caiam nas águas e sejam retalhados pelos camarões-morte (*vei mapi*), ficando então morridos. Pesadas e lentas, as pessoas que não conhecem cantos não entendem nada. Afundam nas águas, prendem-se nos obstáculos, deixam-se seduzir pelas mulheres, comem dos frutos-morte, ou simplesmente retornam apavoradas para esta terra[5].

Quando a pessoa sabe que vai morrer, pede que lhe sirvam mingau de banana e que lhe deem banho. Se assim não for feito, ela acabará comendo as comidas do caminho e choverá por todo o trajeto. Pensa em seguida: "estou morto agora". O caminho se abre na frente da porta principal da maloca, descendo do céu. O *vaká* pula então para dentro do caminho (ele está dois metros acima do chão) e começa seu percurso. Aqui nesta terra, as mulheres param de trabalhar em seus colares de aruá (*novo*) e de tucumã (*txeshe*). Os homens deixam seus roçados e outros afazeres. Os cachorros ficam também tristes por seu dono: sabem que ele morreu e que está seguindo pelo caminho. Ficam bravos, querem morder as outras pessoas. Kanãpa me contou que, dois dias depois de ter falecido um parente seu, escutou seu *vaká* gritando, lá pelas onze horas da manhã. Estava chegando na maloca dos duplos do olho, já que esse é o tempo levado para percorrer o trajeto.

O Caminho-Morte é escuro, não tem sol, é frio, silencioso e sinuoso. "É igual ao que passa na televisão", descreveu alguém. Lá tem cachorro, que morde os passantes. Os pedaços de unha cortados e jogados à esmo aqui na terra, diziam-me quando eu cortava as unhas, lá transformam-se em Jaboti-Morte (*Vei Shawe*), que fica no meio do caminho atrapalhando o *vaká* do morto, querendo cortar os seus tendões para que ele tombe e fique por ali. Jaboti fecha a passagem do *vaká* com seu imenso casco. Coruja-Morte (*Vei Popo*), que é uma pessoa, flecha por sua vez o *vaká* com flechas-morte dentadas (*vei shetsã*) quando ele tenta enganá-la. Examinando sua pequena cabaça cheia de ayahuasca, ela sabe ver se o duplo está mentindo ou se diz a verdade, ao negar ter sido garanhão, preguiçoso ou sovina em vida. "Você está mentindo! olha aqui dentro!", diz Coruja-Morte ao sujeito incauto. Tentações para os homens, as sedutoras Mulheres-Morte matam aqueles que não resistem a seus encantos. As mulheres, por sua vez, ficam presas, não apenas entre os belos Homens-Morte que vivem ali também, mas sobretudo no açaí-morte (*vei panã*), uma árvore repleta de miçangas e outros adornos-morte (*vei rane*). Das frutas, deve-se comer apenas a metade esquerda e jogar a outra fora. Do contrário, a pessoa vai virando um cupinzeiro e fica apenas com a cabeça de fora (com os genitais, na versão katukina[6]).

No final do caminho, a pessoa que logrou passar por todos os obstáculos se defrontará com Vawã Tome, uma mulher (desenhada às vezes como um papagaio) que reconhece os parentes (*yora*) pela tatuagem facial *tsitsa* e demais ornamentos

---

5   J. C. Melatti e D. Montagner Melatti, em *Mitologia Marubo*, dão informações semelhantes sobre o Caminho-Morte como um todo e sobre o papel da loquacidade, notado também por G. Werlang, em *Emerging Peoples: Marubo Myth-Chants*.

6   Cf. E. Coffaci de Lima, *Com os Olhos da Serpente. Homens, Animais e Espíritos nas Concepções Katukina sobre a Natureza*.

caminhos possíveis

outrora ostentados pelos antigos[7]. A pessoa que não porta tal tatuagem não é reconhecida por Vawã Tome. Esta acaba não tendo como indicar o caminho particular de seu povo, que leva até a maloca dos duplos do olho. Sujeito deverá então seguir pelo caminho dos estrangeiros (*nawã vai*), reservado a todos os que não portam tais marcas[8]. Antes disso, o trajeto é um só, seja para os marubo, seja para seus inimigos (os *mokanawavo*, povo-amargo), seja para os estrangeiros. Os *Iskonawavo* (povo japó) atravessam entretanto o trajeto sem problemas, a bordo de sua "nave voadora", o *wekorte*. É por isso que Venãpa, um *iskonawavo*, não teme por seu futuro póstumo e de seus duplos irmãos. Os *txonavo* (povo macaco-barrigudo), sejam eles pajés ou pessoas comuns, possuem por sua vez um caminho próprio, mais claro e aberto que o Caminho-Morte, que não poderia ser atravessado pelos membros de outros povos. Isso porque esse povo chegou a possuir xamãs de grande conhecimento e reputação, hoje inexistentes.

Quando Vawã Tome deixa o sujeito passar, ele encontra uma clareira redonda da qual saem os caminhos. Na entrada de cada caminho há uma cruz (*pavõ*) como a dos estrangeiros, mas que já era conhecida pelos antigos. Os caminhos dos povos que surgiram primeiro (tal como narrado no canto *Wenía*) estão mais acima da clareira; os daqueles que surgiram depois estão mais abaixo, mais próximos do final do Caminho-Morte. Embaixo de todos está o caminho dos estrangeiros, que chegaram depois e roubaram a terra dos *yora*. As cruzes sinalizam o caminho de cada povo. "Ponte de serpente-azulão" (*shane rono tapã*) é a metáfora para o caminho do povo azulão; "ponte de serpente-japó" (*rono rono tapã*), do povo japó; "ponte de serpente-sol" (*vari rono tapã*), do povo sol; "ponte de cipó-macaco" (*txona minoch tapã*), "ponte de taboca-macaco" (*txona tawa tapã*) e "ponte-desenho-macaco" (*txona kene tapã*) são as metáforas para os caminhos do povo macaco barrigudo que, em algumas versões, bifurcaram-se mais abaixo do Caminho-Morte e não nessa altura. "Espinha de serpente-jaguar" (*ino rono kasho*) é como se diz o caminho do povo jaguar e "tronco de serpente-amargo" (*moka rono tapã*), a fórmula para o caminho dos inimigos. Para a constituição de tais caminhos, várias classes de cobras foram utilizadas pelos espíritos, tais como cobra-azul, cobra-onça, cobra-japó e cobra-sol, referentes ao caminho-azulão, caminho-onça, caminho-japó, e assim por diante, de acordo com a mesma variação classificante que comentávamos antes. Assim seguindo, a pessoa chegará

---

7   P. Erikson, em Alterité, tatouage et antropophagie chez les Pano: la belliqueuse quête de soi, *Journal de la Société des Américanistes*, v. 72, e em *La Griffe des Aïeux* desenvolveu um estudo detalhado sobre as tatuagens pano. Entre os marubo, as tatuagens faciais, hoje em desuso, estavam atreladas ao ritual de iniciação, também desaparecido, dos rapazes e das meninas adolescentes.

8   P. Erikson, *La Griffe des Aïeux*, p. 77 atesta que o distinto destino póstumo dos estrangeiros é uma característica comum ao conjunto pano. Em 2009, fiquei sabendo que Venãpa pretendia organizar uma festa "dos antigos", na qual todos os adornos seriam novamente utilizados e as tatuagens voltariam a ser reproduzidas com jenipapo. Ele andava preocupado com o destino póstumo de seus parentes; temia, justamente, que acabassem por ser identificados com os brancos ao chegarem no final do caminho, na falta das tatuagens e de outras distinções.

nas malocas dos duplos do olho, onde vivem seus antepassados e o dono do céu, o velho Roka-Descamar (*Shokô Roka*), cuja história segue resumida[9].

> Os *yochjvo* Karo Mese e Shevõtxa resolvem envenenar Nawa Mesho, nome da carcaça/corpo de Roka, o velho. Seu corpo é queimado no meio da maloca, fazendo com que febre-morte (*vei shana*) e fumaça-morte (*vei koj*) se desprendam das carnes calcinadas. Shokô Roka, Roka-Descamar, o duplo do peito-pensar do corpo que fora queimado (chamado Nawa Mesho), solta-se e vai fugindo da febre, temendo tombar doente. Não consegue se esconder nos cantos desta terra e vai então viver na Morada do Céu-Descamar. Levando sua esposa Tome nos ombros, avisa aos demais que está partindo – chama seus parentes para partirem consigo, quer que eles apanhem algumas de suas variadas pupunhas que ele levará para a nova terra, assim como seu fogo. Topa, a Mulher-Jacaré, escuta errado e entende que Roka, em seu recado, havia dito para que ela mais os seus cortassem as línguas com facas de taquara. Por isso, hoje, o jacaré não tem língua. Rami, a Mulher-Cotiara, entende também errado o recado, achando que Roka havia dito para que ela e os seus sujassem os traseiros com massa de jenipapo. Por isso, as cotiaras hoje têm o traseiro escuro. Partindo, Roka vai soltando gritos, que só as baratas, as cobras, as sucuris e os paus-mulatos escutam. É por isso que eles são capazes de trocar de pele. Roka leva embora suas pupunheiras e vai viver na Morada do Céu--Descamar com seu cocar brilhante de penas de arara.

Vivendo desde então em sua morada particular, Roka desce dessa sua maloca para receber o morto recém-chegado. Bate o seu cajado *txipá* na cabeça do *vaká*: sua pele-morte (*vei eshpi*) vai se desmanchando e caindo em pedaços, até que de dentro sai novamente a pessoa como um bebê. Acontece assim com um velho que não sabe falar bem, que desconhece cantos e histórias: seu *vaká* surgirá novamente como uma criança. O duplo de uma pessoa com corpo jovem, mas sabida, surgirá das cascas quebradas já maduro ou formado (*tsasia*) e assim mesmo chegará em seu destino póstumo. Os parentes mortos que ali estão protegem a criança em suas saias de algodão (*washmf vatxi anõ toati*) e a conduzem para sua maloca, onde será queimado com fogo. A criança é então banhada com caldo de urucum e jenipapo-descamar (*shokô mashe, shokô nane*), que são os sangues-espírito responsáveis por sua renovação (*anõ pachaka*). Em seguida, ela será soprocantada. Na maloca, a criança comerá pupunhas, banana, macaxeira e seus respectivos mingaus, mais carne de queixada e de macaco-preto. A criança cresce muito rápido e vai se acostumando a viver com seus parentes, que moram logo abaixo da maloca de Roka[10].

9 A história de Roka é uma versão marubo do mito pan-ameríndio da vida breve. Cf., C. Lévi-Strauss, *Le Cru et le Cuit*.

10 O esquema evoca o difundido tema do fogo ou do cozimento (não necessariamente celeste) e da renovação póstuma. Ver por exemplo Viveiros de Castro, *Araweté: os Deuses Canibais*, para os araweté, A. Vilaça, *Quem Somos Nós: Questões de Alteridade no Encontro dos Wari' com*

Ali perto, num lugar chamado *wanj kene shovo*, maloca do cercado das pupunheiras, vivem os duplos dos pajés mortos. Apenas estes têm acesso à maloca de Roka, localizada um pouco acima, que mora com sua esposa e outros espíritos tais como Mãpo-Descamar (*Shokô Mãpo*), Japiim-Descamar (*Shokô Txana*), Sabiá (*Mawa*) e Colibri (*Pino*). Vivendo juntos, alimentam-se de ayahuasca-descamar (*shokô oni*), nãko-descamar (*shokô nãko*) e de pupunhas-descamar (*shokô wanj*). Mantêm também ali a sua criação de queixadas-descamar (*shokô yawa*) que para lá subiram na época do surgimento e que não descem novamente para esta terra. Seus bichos vivem nos cercados // seus duplos moram junto com Roka, em sua maloca. Shokô Roka, ou Roka-Descamar, também chamado de Nawa Roka, é o dono dessa morada celeste. Há outros Roka, tais como Chai Roka (Roka-Pássaro), que vive na Morada Arbórea e Tama Roka (Roka-Árvore), que vive nas moradas das árvores mais altas.

Os demais mortos que ali chegam vivem nas malocas dos duplos dos olhos (*verõ yochj shovo*), ainda na Morada do Céu-Morte, muito próxima à Morada do Céu-Descamar, mas distinta dela por não ser um lugar melhor. As pessoas que ali ficam não podem ir ter com Roka em sua casa, pois ele detesta a catinga-morte (*vei itsa*) que os mortos ordinários continuam a carregar. A Morada do Céu-Morte corresponde a este céu visível onde estão as nuvens, por onde transitam aviões e urubus. Um pouco mais acima da maloca dos duplos do olho, subindo por um caminho levemente íngreme, está a maloca de Roka. Como podemos ver no resumo acima, Roka realizou, em outros tempos, aquilo que todo pajé almeja em vida, ou seja, mudar-se para uma morada melhor. Os parentes que vivem nas malocas inferiores dos duplos dos olhos têm ainda de trabalhar, caçar e tomar banho, mesmo que tenham conseguido vencer os obstáculos do caminho. Nas malocas dos espíritos não se trabalha, não se caça e come-se apenas o doce fruto *nãko*, uma iguaria. Mais abaixo, na morada dos duplos dos olhos, há ainda pessoas violentas. Se sujeito é assassinado ali, Roka irá novamente quebrar a sua casca com o cajado, para que surja outra criança a ser banhada com o caldo de urucum-descamar, que crescerá de novo e assim por diante. Há mesmo ali muitas malocas dos espíritos do olho, o lugar é como uma cidade, cheio de fofocas e mentiras, roubos, assassinatos e criminosos, além de supermercados, lojas, motores, roçados e caçadas.

Vemos que o Caminho-Morte não conduz os duplos dos mortos a uma espécie de paraíso celeste que, se existe, é acessível apenas aos pajés e outros que mantêm relações próximas com o parentesco sociocósmico. Tal como na história de Roka citada acima, uma decepção ou cisão com relação às infelicidades deste mundo está também em sua origem. Assim como a aldeia das cabeceiras instituída como destino póstumo por Itsãpapa, também o Caminho-Morte não existia no passado. Ao morrerem, as pessoas da época do surgimento iam viver direto com os povos-espírito das árvores na Morada Arbórea, um lugar melhor. Percorriam apenas

os Brancos, p. 242, para os wari', J. Miller, *As Coisas: Os Enfeites Corporais e a Noção de Pessoa entre os Mamaindê, Nambiquara*, p. 94 para os mamaindê e exemplos diversos em C. Lévi-Strauss, op. cit.

os caminhos-espírito, pois o Caminho-Morte ainda não havia sido feito. É aí que surge a história de Maya-Morte, tal como contada por Cherõpapa:

Txõtxo Koro shavo, winin aká shavo,
    Mulheres Txõtxõ Koro, as mulheres sedutoras,
atisho vei ooki, vei oo atisho.
    as que soltaram o grito-morte, as do grito-morte.
Aivo askásevi, Vei Maya askásevi,
    Essa também, Vei Maya também,
Vei Maya vei mai nãkõsh wenímarvi, shavo wetsa.
    Vei Maya não surgiu do néctar da terra-morte, é outra mulher.
Aská akj, aská akj, isj akj,
    Fazendo assim, fazendo assim, fazendo forte,
aská akj isj akj, rishkikinã.
    fazendo assim, fazendo forte, [o marido] ia mesmo espancando.
Awf amajnõ wetsarotsf a venemesh merasho rishkiti tenãi.
    E assim fazendo, a outra mulher que ele também havia trazido acabou
    por falecer[11].
Askámãi wetsarotsf, wetsa westí tsaokeaivorotsf,
    E a outra, aquela que ficou sozinha sentada,
aro awf vene rishkia.
    o marido nela bateu.
Awf chiná naíai tsaõ,
    Ficou sentada com o pensamento entristecido,
vei ari kenai, vei ari kenai.
    pela morte sozinha chamando, pela morte sozinha chamando.
Vei Mayanã.
    É Maya-Morte.
Aivo vei ari kenaiti.
    A que há tempos ia pela morte chamando.
Aská akjserotsf ari iniki vanai.
    Assim mesmo chamando, ela ia sozinha cantofalando.
Ronorasj kenaiti, vanavanakwãi avai kayakãisho, kayã nachima.
    Chamava pelas cobras, falando e falando foi saindo tomar banho no rio.
A nachia tsaosmãis, a rono anõ rakákawãs nachai.
    Enquanto sentava-se para banhar, uma cobra que ali ficava a mordeu.
Tenãseiti.
    Morreu mesmo há muito tempo.
Aská akaivo voshõ, shono yove nawavo pakeivo paraiki voshõ.
    E assim então elas chegaram, no povo-espírito da samaúma elas
    terminaram por chegar.

---

11 O homem tinha três mulheres: Mashe, Peko e Maya. Matou as duas mais novas de tanto espancar e sobrou apenas a mais velha, Maya.

Anosho chinãi, ato chinãmakj, ato chinãmakj.

E chegando lá pensaram, elas foram pensando, elas foram pensando.

"Ramaro nokf chinã naíai nõ neskái, noke neská akavo noke.

"Agora que estamos com o pensamento entristecido, agora nós vamos fazer assim.

Txipo shavá otapa roai askátanivai ari shavámisvo.

A época que virá nós vamos mudar para que assim eles vivam.

Vei Vai arina shovimaki!

Vamos, façam logo o Caminho-Morte!

Vei Vai arina shovimakj!", ikiti.

Façam logo o Caminho-Morte!", disse ela há muito tempo.

Askáka akátõsh, tanamakinãnãi.

Assim tendo mandado, eles tudo combinaram entre si.

chai yove nawavo, shono yove nawavo, tama yove nawavo,

povo-espírito da envireira, povo-espírito da samaúma, povo-espírito das árvores,

ati tanamakinãnãvaikis,

são estes os que entre si tudo combinaram,

awf vana anõkis akavo,

a ordem obedeceram e fizeram,

Vei Vai shovimakj.

construíram o Caminho-Morte.

Atiãro yora veiya roase,

Naquela época, as pessoas morriam tranquilas,

Vopitani tachikrãse,

faleciam e já vinham chegando,

vopitani tachikrãseika.

faleciam e já vinham mesmo chegando [na Morada Arbórea].

Akámfkirotsf ãtõ atovo Vei Vai askáakj shovimai akavo.

Assim era, mas ela ordenou e então construíram o Caminho-Morte.

shovo yove nawavo askávei chinãya shokoma,

povo-espírito da samaúma não vive assim com pensamento-morte,

tama yove nawavo vei chinãya shokoma,

povo-espírito das árvores não vive com pensamento-morte,

chai yove nawavo vei chinãya shokoma.

povo-espírito da envireira não vive com pensamento-morte.

Akámfkjtsf ãtõ ato vanaka,

Assim mesmo são, mas ela os comandou,

chinãmakinãnãvaikis akavo,

eles pensaram entre si e então fizeram,

a vai shovimakinã.

construíram aquele caminho.

Atõ askáati, atõ askáatisho.

Assim há tempos fizeram, assim há tempos eles fizeram.

Como vimos em outras passagens, os espíritos realizam tarefas quando mobilizados por alguém: eles "não vivem por si mesmos pensando em morte", diziam acima. Na narrativa, Maya-Morte é quem ordena a construção do caminho, para se vingar do sofrimento causado por seu marido. Trata-se de uma operação análoga àquela que caracteriza os feitiços, nos quais espíritos são mobilizados ou comandados por algum agente. Por conta das ações de Maya, a cosmografia se altera e, agora, os mortos terão que seguir pelo caminho pior. Quando não conseguem atravessá-lo, voltam e enchem esta terra de doenças. Antes, o caminho para o Mundo Arbóreo era mais alto e distante desta terra: os *yochj* não ficavam em multidões perambulando por aqui como acontece atualmente. Mas agora, situada que está a poucos metros do chão, a entrada do Caminho-Morte anda mesmo entupida de gente.

Padrões, Variações e Iconografias

As descrições e especulações sobre a geografia escatológica são variáveis, como vimos. Disseram-me certa feita que havia no final do Caminho-Morte uma vespa (*vina*) gigante que sugava os miolos dos mortos recém-chegados – um enorme besouro-descamar (*shokô samô*) em outra versão, que lambe a carcaça de tais duplos e cujo zumbido chega a ser escutado por aqui. Tekãpapa me disse que não havia ali tal coisa e que o sujeito havia brincado comigo – seus vizinhos é que provavelmente contaram a história de modo distorcido. A conversa circulou em Alegria e, passados alguns dias, um filho de Tekãpapa me disse que talvez houvesse sim essa vespa gigante, "de acordo com o jeito, com o pensar de uma determinada pessoa" (*ari tanáro, ari chinãro*). Em certa medida, assumiram, não apenas o canto, mas também as especulações sobre o Caminho-Morte (e outros tantos temas possíveis) poderiam variar de acordo com as seções ou povos que constituem os marubo. Embora partilhem de um substrato constante, cosmografias e cosmologias são áreas abertas à especulação e à alteração efetiva, tal como no caso da terra-espírito estabelecida pelo *romeya* Itsãpapa nas cabeceiras. No plano exegético, é essa mesma maleabilidade (e disputa entre afins) que garante discordâncias e polêmicas sobre versões de cantos, quase sempre considerados como inacabados, incompletos ou mesmo errados (*kaneai, ichnaka*), quando realizados por quem não domina o seu conhecimento. Não por acaso, Montagner e Melatti registraram uma versão que recombina os temas em disputa:

> Com o *wino*, o Roka batia nas costas da vida, perto da omoplata. A pele dele largava, caindo no chão. Ela ficava do tamanho de uma criança. Tinha um curral do Roka para criar porquinho. Roka jogava a pele da vida neste curral. A gente escuta o barulho do besouro que lambe a flor, é do tamanho do beija-flor

caminhos possíveis

(*samõ*), escuta-se aqui na terra, durante um dia, após algumas horas que a pessoa morreu. [morre de manhã, às quinze horas ouve-se o zumbido dele][12].

Aí está o tal besourão celeste que outros me disseram não existir. No mais, a descrição segue aquele mesmo padrão descrito nas últimas páginas[13]. Benedito Keninawa contava que os estrangeiros *nawa* também chegam na Morada do Céu-Descamar. Os estrangeiros de lá têm tambor (*tambori*) e flauta (*rewe*) – são como os peruanos. Quando chega lá, o duplo do estrangeiro é recebido por seus parentes, que o carregam no colo. Esses estrangeiros levam livros na mão e estão fazendo festa. Há muita gente passando pela rua, cujos muros estão cheios de palavras escritas. É para lá que vão os *yora* que não portam a tatuagem facial. A questão de fundo era a da existência ou não de uma bifurcação entre o caminho dos estrangeiros e dos *yora* ao final do trajeto, o que chegou a gerar um debate em torno de dois desenhos do caminho que recolhi na época.

Na circunstância de sua produção, um desenho realizado por um jovem foi desautorizado por três velhos. Diziam que não há duas malocas no final do caminho (assim desenhadas pelo jovem professor), mas apenas uma, seja para os estrangeiros, seja para os *yora*, seja para os inimigos ou outros índios (*mokanawavo*). Disseram que um papagaio colocado pelo professor no final do caminho é gente e não deveria ser representado como um pássaro. Notavam também que a *ordem* de muitas das coisas do caminho havia sido trocada. Cheguei a pensar que ele poderia ter sido influenciado pela Missão, uma vez que morava numa maloca ao lado da sede dos americanos e se diz crente, acompanhando com assiduidade as atividades dos protestantes. Ao encontrar um outro desenho do Caminho-Morte recolhido por Delvair Montagner décadas antes, verifiquei, porém, que a bifurcação já estava lá – e também os missionários, aliás. Mais de um ano depois, o reputado *kfchjtxo* Paulino Memãpa, alfabetizado e frequentador dos cursos da Missão, não encontraria problemas no desenho do professor. Não havia erro na bifurcação, no desenho do papagaio e das miçangas. O próprio Tekãpapa, em outro contexto, não apenas reconheceu a existência dos dois caminhos que outrora desautorizara, como também brincou dizendo que iria pela senda dos estrangeiros, já que não possui a tatuagem facial *tsitsa*. O esquema não tinha sido influenciado pelos missionários e a discussão escondia outros critérios, mais significativos do que a ausência ou presença de bifurcação, bem como a representação de humanoides por seu aspecto animal.

A ordem e a simetria eram os principais critérios de avaliação[14]. Ainda que não possuam uma tradição iconográfica consolidada além daquela dos padrões *kene* e de outros aplicados nas pinturas corporais[15], os velhos marubo reconhe-

---

12 *Mitologia Marubo*, p. 182.
13 No trecho acima, os autores se equivocam na tradução de *samõ* por "beija-flor", que se diz *pino* em marubo e outras línguas pano.
14 Ver C. Severi, *Le Principe de la Chimère*, para uma análise da ordem e da simetria em tradições iconográficas ameríndias.
15 Ver o capítulo 2 para maiores considerações sobre os padrões *kene* e as pinturas corporais.

cem em tais desenhos uma estrutura constante e homóloga à dos cantos. Em outros termos, o jovem, que não conhecia completamente o canto, não podia representar no papel com acuidade a ordem dos elementos ao longo do trajeto. Ora, cantos são justamente ordenação de etapas em trajetos, pontuações de um contínuo através de paradas, que as fórmulas poéticas condensam e reiteram. A meio caminho entre o esquema "tradicional" e as inovações trazidas pela educação escolar, o professor quase não traduziu para o papel a sinuosidade do caminho, a sequência de seus elementos nas bordas e o desdobramento em duas séries simétricas contrapostas pelo eixo vertical. Embora existisse ali uma leve simetria, a composição destoa da formalização presente no desenho de Tekãpapa e de tantos outros realizados pelos velhos que recolhi. Ela violou, por assim dizer, os padrões do sistema intersemiótico através dos quais uma peça pode ser avaliada pelos velhos cantadores. Observe como Tekãpapa, desacostumado ao lápis, reproduz com exatidão e simetria os elementos da paisagem (figura 18): ▸FIG. 18 assim o faz porque conhece o lugar das fórmulas no canto; porque conhece, em suma, o pensamento (chinã), a imagem visual inteira do trajeto.

Tekãpapa comentou que o Caminho-Morte é um "pensamento das gentes outras, um pensamento [chinã] dos kfchjtxo", já que outrora foi pensado/formado pelos espíritos yovevo, que são também pajés. Montagner e Melatti dizem que os espectros-morte (vei yochj) "não foram feitos com as mãos, eles [os espíritos fazedores do caminho] pensavam (no coração) e esses apareciam, e o caminho também"[16]. O problema reside mais uma vez na noção complexa de chinã. Se a potência transformacional dos pajés do tempo do surgimento talvez fosse mesmo maior do que a dos pajés de hoje em dia, nem por isso esses mesmos deixam de afirmar, e com constância, que "tudo é pensamento de pajé" (kfchjtxo katsese chinãrivi). Isso quer dizer, entre outras coisas, que o que chamamos de fórmulas ou de imagens visuais possuem uma capacidade transformativa. A proliferação de imagens visuais característica da "fala pensada" manipula, desloca e mapeia singularidades (novas ou já conhecidas), correspondendo muitas vezes à experiência imediata do cantador/desenhista. No caso acima, Tekãpapa desenha o que canta, e canta o que ouviu dizer da boca dos espíritos e dos romeya. Mas o esquema visual que possibilita a composição de sua versão do canto virá também em seu auxílio quando estiver efetivamente por cruzar o caminho. Numa operação similar àquela que esse kfchjtxo realiza ao monitorar os espectros agressivos yochj, também naquela geografia mortal ele cantará/pensará o surgimento de cada obstáculo com o qual se depara. E aí está a diferença com relação aos insensatos.

O desenho elaborado por Cherõpapa, ainda que siga um padrão de composição semelhante ao de Tekãpapa, é bem maior e mais complexo, pois ele conhece o caminho por experiência própria (isto é, de seu duplo). Tendo visto o trajeto, está mais apto a cantá-lo e a representá-lo no papel. Seu desenho reproduz as etapas e estruturas do próprio canto que examinaremos nas próximas

16 J. C. Melatti; D. M. Melatti, Mitologia Marubo, p. 150.

caminhos possíveis

301

páginas. Vale lembrar: o esquema em questão é multissemiótico e anterior a seu suporte. Por isso, pode surgir no formato verbal, gráfico, coreográfico ou musical. Não há domínios circunscritos de expressão estética, mas sim um campo de inter-tradução. Por ter contemplado o caminho voando no vento, assim como o gavião preto ou um avião veem esta terra de cima, Cherõpapa pôde reproduzir em desenho o panorama que se lhe apresentava diante dos olhos. Ele vai então desenhar/cantar fazendo uso de um esquema visual prévio, decerto obtido pelo aprendizado e pela memória, mas aprofundado pela experiência de seu duplo excorporado.

Quando verificava a letra do canto (também de Cherõpapa), Memãpa encontrou ali alguns erros. Não estava com isso (e nem o poderia) desautorizando a qualidade ou veracidade da *experiência* de Cherõpapa, mas sim questionando o arranjo e a composição das fórmulas que, em sua performance oral, por vezes adotavam soluções mais ou menos claras, mais ou menos conforme o modelo mental correto que Memãpa mantinha em seu pensar. Por ser anterior à composição em performance, o esquema visual do caminho pode ser avaliado por um cantador que o conheça bem – ainda que raramente seja atualizado por completo em um canto, por conta de sua longuíssima duração. O esquema é pré-concebido, mas sua natureza é tradutiva: elementos novos podem se integrar, por substituição ou concatenação, à estrutura geral. Veja-se o desenho de Cherõpapa, composto em quatro partes representadas na figura 19. No capítulo seguinte, examinamos o canto correspondente.

▶FIG. 19

12. *Vei Vai:*
O Caminho-Morte

Cherõpapa cantou a seguinte letra do *Vei Vai* (canto do Caminho--Morte) no começo de uma pajelança noturna, em Alegria. No instante em que cantava a versão abaixo, ele ainda estava ali presente, isto é, seu *vaká* não o havia deixado para que os *yovevo* pudessem chegar. Noutras circunstâncias, costuma dar notícias sobre o paradeiro de pessoas recentemente falecidas: fulano ficou preso nas Mulheres-Morte, sicrano caiu no rio-morte, beltrano chegou na maloca dos duplos dos olhos, informa. Em uma noite, o *vaká* de Cherõpapa se aproximou do Caminho-Morte. Através de seu corpo deitado na rede, chegamos a escutar o *iniki* de Macaco-Preto-Morte, um dos mais temidos habitantes do caminho. Preocupados, os kfchjtxo presentes pediram para que o *vaká* de Cherõpapa se afastasse do perigoso trajeto e retornasse para cá, pois corria o risco de ser atacado. As vozes que se intercalam no canto não falam em presença através do *romeya* como no caso dos cantos dos espíritos (*iniki*): Cherõpapa é ele mesmo o locutor da maior parte dos versos. Em outros, são os espíritos que assumem esse lugar na estrutura enunciativa. Suas falas são, porém, resgatadas pela memória do cantador, já que eles não estavam de fato presentes naquela performance.

O canto possui uma composição formulaica em muitos momentos característica dos cantos *shõki* ou da "fala pensada" (*chinã vana*), já que pretende pensar a formação do caminho, de seus habitantes e obstáculos, transmitindo assim o conhecimento necessário para aquele que vai realizar o percurso. Para explicar isso, Venãpa e os outros tradutores recorrem a comparações referentes à composição formulaica dos *shõki*: computadores e televisores são pensados/feitos por "cabeça de onça-tontura" (*sjki kamã voshká*) e "cabeça de onça-morte" (*vopi kamã voshká*); espelhos, por sua vez, são feitos de "gordura de onça-tontura" (*sjki kamã sheni*), "gordura de onça-morte" (*vopi kamã sheni*), "gordura de onça-tensão" (*shetxi kamã sheni*) e "gordura de onça-calafrio" (*tsoka kamã sheni*), seguindo o mesmo esquema que analisamos nas páginas anteriores. Assim também o caminho é feito de pedaços, ossos e vísceras de animais esquartejados pelos *yovevo*. Mas caminhos não são feitos de pedaços de cobra, assim como computadores não são feitos de cabeças de onça, como explicam: "esse é só jeito de kfchjtxo falar, é palavra pensada, nós não vemos cobras propriamente ditas, mas apenas pensamos elas, os kfchjtxo é que fazem assim".

Como poderíamos imaginar, o canto possui a estrutura de um caminho ou panorama, visualizado através de uma montagem de blocos formulaicos que se reiteram por um jogo de paralelismos. Cada bloco corresponde a uma etapa ou parada do trajeto. A armadura formulaica vai sendo mantida e suas vagas são preenchidas por novos elementos, que correspondem à sucessão das etapas e obstáculos. Ainda que haja uma posição demarcada dos elementos, os conjuntos (ou blocos) de fórmulas visam, mais uma vez, a informar o surgimento (*awf shovia*) de cada um dos elementos que compõem o trajeto. Os blocos menores referentes a tais formações vão por sua vez se articular em macroblocos que, em continuidade, tornam visível o percurso inteiro, uma imagem-desenho cantada (e dançada/percorrida por ocasião das festas). Não existe evidentemente uma versão fixa ou canônica do canto, muito embora os julgamentos acerca de sua acuidade e beleza (*kanema*, "correto", *roaka*, "bom/belo", *mekika*, "bom", *aská tapise*, "segue corretamente") sejam frequentes, pois os detalhes são fundamentais e devem ser conhecidos, seja pelo cantador, seja pelos ouvintes que supostamente memorizam as etapas e etiologias[1].

---

1   O rendimento de "caminho" para os pano é bem conhecido. Ver, por exemplo, E. Lagrou, *Caminhos, Duplos e Corpos* e C. McCallum, Morte e Pessoa entre os Kaxinawá, *Mana*, v. 2, n. 2, para os kaxinawá; E. Coffaci de Lima, op. cit., para os katukina, entre outros. Em diversos casos, a noção de caminho está atrelada a percursos/viagens, sejam elas referentes a episódios míticos, a experiências visionárias ou deslocamentos espaciais em caçadas e visitas, todos eles relacionados, de um modo geral, aos gradientes da consanguinidade/afinidade e suas implicações que norteiam as cosmologias ameríndias, conforme a interpretação de Viveiros de Castro, Alguns Aspectos da Afinidade no Dravidianato Amazônico, em E. Viveiros de Castro; Manuela Carneiro da Cunha (orgs.), *Amazônia: Etnologia e História Indígena*, e em *A Inconstância da Alma Selvagem*. Há diversos e notáveis paralelos do *VeiVai*, por exemplo, com o caminho dos mortos dos yudjá (cf. T. S. Lima, *A Parte do Cauim: Etnografia Juruna*, p. 221 e s.), dos mamaindê (cf. J. Miller, op. cit., p. 94) e, principalmente, com o caminho dos shipibo-conibo. A legenda de um desenho coletado por P. Bertrand-Ricoveri em *Vision Blanche/Vision Indienne. Traversée anthropologique d'une culture amazonienne: les Shipibo de l'Ucayali* diz o seguinte: "Quando morremos, nosso 'caya' sobe o Ucayali até um braço d'água onde se encontra o Inca. Ele nos banha em sua piscina e, uma vez purificados, nos envia ao outro Inca que nos acolhe e oferece alimentos e novas vestes". Não há no caso do *VeiVai* (nos desenhos, nas coreografias e no canto) uma relação direta do caminho com o curso do rio e, deste, com a sucuri, tal como ocorre também entre os sharanawa. Cf., P. Déléage, *Le Chamanisme Sharanahua: Enquête sur l'apprentissage et l'épistemologie d'un rituel*, p. 356. No canto marubo, serpente é tão somente um elemento da bricolagem imagética realizada pelos kfchjtxo, ou seja,

Na divisão das estrofes e blocos paralelísticos, sigo novamente o próprio padrão da estrutura formulaica e gramatical, que oferece uma sucessão de imagens distribuídas por núcleos rigorosamente definidos. Os títulos que indicam as mudanças de bloco e, por vezes, as estrofes internas de que são compostos, não constam na letra do canto original e foram introduzidos para facilitar a compreensão do texto. Seguem, de toda forma, um critério próprio à composição formulaica do original, ao indicar a sucessão dos processos de formação (*shovia*) dos diversos elementos dessa paisagem mortal. Tal como em outras ocorrências das artes verbais marubo, esse canto faz intenso uso de classificadores: aqui, o mais importante é "morte" (*vei*), que vincula os elementos presentes no canto/panorama à sua referência precisa, o mundo-morte. As três mulheres do caminho, Maya-Morte, Mashe-Morte e Peko-Morte, chefas (*kakaya*) de toda uma coletividade de habitantes da desolada região, dão a ordem aos espíritos das árvores e eles iniciam a construção. É nesse ponto que o canto começa.

CANTO 19: *Vei Vai*, "O Caminho-Morte"
(Armando Cherõpapa)

Abertura

1	*Vei Vai shavovo*	mulheres do Caminho-Morte
	shono yove nawavo	mais povo-espírito da samaúma
	shai yove nawavo	povo-espírito da envireira
	tama yove nawavo	e povo-espírito das árvores[2]
5	*ave atiki*	o caminho fizeram
	txipo kaniaivo	para que os depois nascidos[3]
	anõ teki omisi	por aí passem
	iki anõ ána	assim elas ordenaram

Ligação do caminho

	Vei Vai shavovo	as mulheres do Caminho-Morte[4]
10	*atõ tanamakirao*	aos espíritos ordenaram
	vei rono raká	e cobra-morte deitada
	pakã aki ashõta	com lança mataram
	vei rono jpa	e rabo de cobra-morte

o material utilizado pelos espíritos demiúrgicos para criar o trajeto, bem como uma metáfora para designar o seu percurso sinuoso.

2 *Tama*, árvore genérica.

3 A fórmula inteira é uma metáfora para designar "os atuais", "os jovens", por contraste aos antigos ou antepassados (*vevo kaniavo*, os que nasceram ou cresceram antes).

4 Venãpa acrescenta os seguintes versos a esta passagem, que teriam sido omitidos por Cherõpapa: *iki anõ ána/ shono yove nawavo/ shai yove nawavo/ tama yove nawavo/ ave atisho/ vei rono raká* ("assim mesmo ordenaram/ povo-espírito da samaúma/ povo-espírito da envireira/ povo-espírito das árvores/ são os que fazem/ a cobra-morte deitada").

	jpa yasha ashōta	o rabo cortaram
15	neriamakiriro	e daqui, onde está
	Mai Vei nawavo	o povo da Terra-Morte
	anõ vesokãiã	em sua aldeia
	txaitivo ikotj	ali no terreiro
	Vei Mai voróki	da Terra-Morte
20	patsamashõ rakãi	tudo isso ajeitaram
	rakãki aya	e assim deixaram
	oriamakiriro	e para lá, onde está
	Naí Vei nawavo	o povo do Céu-Morte
	anõ vesokãiã	em sua aldeia
25	txaitivo ikotj	ali no terreiro
	Vei Mai voroki	da Terra-Morte
	patsamashõ rakãi	tudo isso colocaram
	rakãki aya	e assim deixaram
	vei rono tekepa	pedaços de cobra-morte
30	vosekashõ rakãi	cruzados colocaram
	rakãki aya	e deitados deixaram
	aská ashōkamfì	assim mesmo fizeram
	vei rono yora	corpo de cobra-morte[5]
	yoraka vivimakj	o corpo pegando
35	rakãki aya	deitado deixaram
	vei ronõ poki	veias de cobra-morte
	poka vivimakj	as veias pegando
	rakãini owia	deitadas deixaram
	vei rono posto	barriga de cobra-morte
40	posto ikomashōta	a barriga retiraram[6]
	rakãini owia	e deitada deixando
	naí shavá txiwasho	o caminho ao céu ataram

Montagem do caminho

	vei rono poinõ	fezes de cobra-morte
	poi navetsinisho	as fezes espalharam[7]
45	rakãini owia	e assim deixaram
	vei ronõ pokonõ	tripas de cobra-morte
	pokõ navetsinisho	as tripas espalharam

5   O bloco é inteiro uma imagem/metáfora para o caminho sinuoso do *Vei Vai*, montado
     com as partes da serpente.
6   Metáfora para as colinas (*matô*) e clareiras (*wenf*) da Terra-Morte.
7   As fórmulas constroem um lamaçal (*matsá*) a partir das fezes de serpente espalhadas.

rakãki aya	e assim deixaram[8]

Lama-Morte

	vei ronõ shetãnõ	dente de cobra-morte
50	shetã keso ashõta	na beira colocaram
	rakãini owia	e assim deixaram[9]

Espinhos-Morte

vei rono pichjnõ	costela de cobra-morte
pichi nasetinisho	a costela atravessaram
rakãini owia	e deitada deixaram[10]

Raízes-Morte

55	vei ronõ voshkáki	cabeça de cobra-morte
	katsekiti amasho	a tudo juntaram
	rakãini owia	e deitado deixaram

Caramujos-Morte

	vei ronõ ponõnõ	veias de cobra-morte
	ponõ naneashõta	as veias enterraram
60	rakãini owia	e deitadas deixaram
	ave anõshorao	para então fazer
	vei noj meranõ	minhoca-morte aparecer
	aská ainaya	assim mesmo fizeram
	aská ashõkamfi	assim foram fazendo

Jaboti-Morte

65	vei ronõ imi	sangue de cobra-morte
	Vei Vai norãne	no meio do Caminho-Morte
	Vei Mai mjkini	no buraco da Terra-Morte
	veõini owia	no buraco colocaram
	txipo kaniaivo	para que os depois nascidos
70	anõ teki omisi	por ali passem

8 A estrofe se refere à formação de lama-morte (vei matsá anõ shovia) e poderia terminar com ave anõshorao/ vei matsá meranõ ("para assim fazer/ lamaçal-morte aparecer").

9 A sequência se refere à formação dos espinhos da beira do caminho, espécies de projéteis ou dardos (vaj rome) que entram nos pés dos passantes.

10 Os versos, incompletos, se referem à transformação das enormes raízes das árvores que fecham o caminho.

vei-vai: o caminho-morte

iki anõ ána	foi o que ordenaram
aská ainaya	e assim fizeram
vai shovimaivo	os fazedores do caminho
vai aweyamase	vazio o caminho
75 ikeinamﬁki	quase mesmo estava
atõ vei mﬁtsisi	mas as suas unhas-morte[11]
atõ tae resõtosh	de seus dedos dos pés
Vei Mai mjkjni	no buraco da Terra-Morte
ori aki avo	ali mesmo jogaram
80 Vei Mai mjkjni	e no buraco da Terra-Morte
takanamã vetsãsho	com mãos na barriga
weawea kawãi	vai e vai se arrastando
ewã shoma ravãk	por seio tomando[12]
vei shoni vimi	o fruto de taioba-morte
85 oyo oyo voãi	chupando chupando
anõ tepáioi	para garganta queimar[13]
awﬁ poi potonõ	sua poeira de fezes
reshõi kãwãi	ele vai cheirando
a aki ashõki	e assim mesmo vai
90 ari rivi chinãki	sozinho se lamentando
"ea mã neská	"agora estou assim
neskárivi kataí	assim mesmo estou
Vei Vai teasho	o Caminho-Morte fecho[14]
ea anõ nishõraó	e aqui vivo
95 ﬁ mato tavama"	para deter vocês"
iki chinãvaiki	assim ele diz
Vei Mai matoke	e na colina da Terra-Morte
nioi kaoi	lá vai viver
vei tama shakáki	com casca de árvore-morte[15] /com seu couro-morte
100 awﬁ shasho atõ	com seu cocho /com seu casco
Vei Vai keposho	Caminho-Morte fecha
nioi kaoi	lá vai viver

11 Referência às unhas dos viventes que, uma vez aqui jogadas, lá formam Jaboti-Morte.
12 A pessoa (o *vaká*) está deitada, caída no chão, morrendo. Acha que a folha de taioba é o seio da mãe e fica choramingando.
13 Parecida com o seio materno e seu leite, a seiva da taioba acaba por queimar a garganta da pessoa. Jaboti está dentro do buraco chorando, chupando a folha de taioba e cheirando a poeira (talvez de suas próprias) de fezes.
14 "O *Vei Vai* é como a Frente de Contato" (Frente de Proteção Etno-Ambiental do vale do Javari, posto da Funai que protege a entrada da Terra Indígena): a pessoa quer passar mas não consegue. Não rouba, é pessoa boa, mas os policiais pedem as coisas, os documentos, e o sujeito fica preso. Também assim são os *vei yochj*, "espectros-morte".
15 Metáfora para o grande casco de Jaboti, que fecha a passagem pelo caminho.

vei tete txinãi	com seu pente
voshtirao aya	de penas de hárpia-morte[16]
105 *nioi kaoi*	lá vai viver
ave anõshorao	para assim fazer
Vei Shawe merano	Jaboti-Morte aparecer
aská ainaya	assim mesmo fizeram
vai shovimaivo	os fazedores do caminho

Ponte-Morte[17]

110 *vei rono tekeki*	pedaço de cobra-morte
vei waka yapokash	no rio-morte atravessaram
rakãini owia	e deitado deixaram
vei mashe enenõ	e com urucum-morte
asha kene ashõta	o pedaço desenharam
115 *rakãini owia*	e deitado deixaram
ave anõshorao	para assim fazer
yama tapã meranõ	ponte mortal aparecer[18]
aská ashõkamfì	assim mesmo fizeram

Concha-Morte

vei awá niáki	anta-morte em pé
120 *pakã aki ashõta*	com lança mataram
vei awá shaõki	e osso de anta-morte
Vei Vai nasetash	no Caminho atravessaram
vei mashe enenõ	e com urucum-morte
asha kene ashõta	o osso desenharam
125 *rakãini owia*	e deitado deixaram
vei mashe enenõ	caldo de urucum-morte
vei awá pãtxo	mais orelha de anta-morte
vei awá shaoki	e osso de anta-morte[19]
nasotanáirino	no meio colocaram
130 *shokõini owia*	e tudo amontoaram
ave anõshorao	para assim fazer
vei pao meranõ	concha-morte aparecer

16 Um pente utilizado pelos antigos, adornado com penas de hárpia.
17 Venãpa me explica que a ponte, muito alta, está pintada com o padrão losangular *tao peika* (ou padrão de sucuri, *vfchã kene*). Diz, porém, que não se trata exatamente de uma ponte, mas da gigantesca sucuri-morte feita para as pessoas escorregarem. Por ser pajé-sucuri, ele não tem medo e passa com facilidade por tal obstáculo.
18 Quando o *vaká* é bom e conhece os espíritos, os fazedores do caminho e outros *yovevo* colocam um tronco para que ele atravesse o rio-morte. Os *vaká* ruins nada ali encontram. É preciso saber conversar com o tronco: do contrário, ele engana a pessoa e ela cai no rio.
19 Os ossos de anta-morte são outros tantos obstáculos-morte dispostos no caminho.

veí-vaí: o caminho-morte

	aská aki ashõta	foi assim que fizeram

Macaco-Preto-Morte

	vei nawã vake	povo de crianças-morte
135	*vei shovo matáshe*	na cumeeira-morte[20]
	veõini owia	na cumeeira colocaram
	ave anõshorao	para assim fazer
	vei iso meranõ	macaco-morte aparecer
	aská ainaya	assim mesmo fizeram
140	*vai shovimaivo*	os fazedores do caminho[21]

Tronco de samaúma

	vei jper raká	sucuri-morte deitada
	pakã aki ashõta	com lança mataram
	vei jper teke	e pedaço de sucuri-morte
	Vei Vai yapokash	no caminho atravessaram
145	*rakãini owia*	e deitado deixaram
	ave anõshorao	para assim fazer
	shono tapã merano	tronco de samaúma aparecer
	aská ainaya	assim mesmo fizeram

Coruja-Morte

	vei tama txapake	na copa da árvore-morte
150	*vei washme pokó*	chumaço de algodão-morte
	veõini owia	o chumaço colocaram
	vei washme pokó	e no algodão-morte
	pokó veõatõsho	do algodão colocado
	ari rivi wenisho	por si mesmo surge
155	*Vei Mai matoke*	e na colina da Terra-Morte
	Vei Vai teasho	o Caminho-Morte fecha
	nioi kaoi	lá vai viver[22]
	awf vei shetsãne	com suas flechas-morte
	meshtã vinakãisho	que ela mesma agarra
160	*nioi kaoi*	e lá vai viver
	ave anõshorao	para assim fazer

20 Em uma ponta dessa cumeeira está o Macaco-Preto-Morte; na outra, está o povo das crianças-morte.

21 Não fica muito claro como surge Macaco-Preto-Morte, já que o cantador parece ter pulado algumas fórmulas desse bloco, algo frequente não apenas nessa versão do canto, mas também em outras performances orais dos marubo.

22 Coruja-Morte tem o seu pássaro (*awf chai*) e a sua pessoa (*awf yora*).

Vei Popo meranõ	Coruja-Morte aparecer
aská ainaya	foi assim que fizeram
aská ashõkamfî	assim foram fazendo

Buraco-Morte

165	*vei shovo shakjni*	dentro da maloca-morte
	vei awá shaváki	tronco de anta-morte[23]
	veõini owia	ali mesmo colocaram
	vei awá shakapa	e com couro de anta-morte
	marak ashõ veõi	foram tudo cobrindo
170	*veõini owia*	e ali deixaram
	vei nawã mapõnõ	cabeças do povo-morte
	mapõ nane ashõta	cabeças dentro enfiaram
	veõini owia	e ali deixaram
	ave anõshorao	para então fazer
175	*vei tani meranõ*	buraco-morte aparecer[24]
	aská ainaya	assim mesmo fizeram

Fogo-Morte

	vei shawã vake	filhote de arara-morte
	Vei Mai matoke	na colina da Terra-Morte
	nitxj ini owia	levantado deixaram
180	*vei shawã ina*	cauda de arara-morte
	ina tene amasho	da cauda chapéu fizeram
	nitxj ini owia	e levantado deixaram
	vei shawã renãne	a penugem de arara-morte
	pacha ashõ nitxj	levantada fulgurando
185	*nitxj ini owia*	levantada deixaram
	ave anõshorao	para então fazer
	vei txi meranõ	fogo-morte aparecer
	aská ainaya	assim mesmo fizeram

Caranguejo-Morte

	vei waka shakjni	dentro do rio-morte
190	*vei txoma toshá*	a cabaça-morte rachada[25]
	potaini owia	ali mesmo jogaram

23 O conjunto (*shavã*) das costelas (*pichi*) do animal em questão.
24 Trata-se de um grande buraco com água fervente, cheio de ossos e crânios de pessoas, localizado no interior da maloca-morte. O *vaká* do morto tomba ali e Veshko fecha sobre ele uma imensa tampa.
25 A cabaça quebrada se transforma em caranguejo-morte.

veí-vaí: o caminho-morte

ave anõshorao	para então fazer
vei shãka meranõ	caranguejo-morte aparecer
aská ainaya	assim mesmo fizeram

Camarão-Morte

195	*vei amf veoa*	capivara-morte sentada
	pakã aki ashõta	com lança mataram
	vei amf sheta	e seu dente-morte
	vei waka shakjni	dentro do rio-morte
	potaini owia	ali eles jogaram
200	*ave anõshorao*	para então fazer
	vei mapi merano	camarão-morte aparecer
	aská ainaya	assim mesmo fizeram

Criança-Morte

	vei awá niáki	anta-morte levantada
	pakã aki ashõta	com lança mataram
205	*vei awá toki*	e feto de anta-morte
	vei tani shamanõ	no fundo buraco-morte
	rakãini owia	ali deitado deixaram
	vei rome ene	e caldo de tabaco-morte
	ene yaniamasho	do caldo ofertaram
210	*nemf meramashõki*	para resmungo causar
	rakãini owia	ali tudo deixaram
	ave anõshorao	para assim fazer
	vei vake meranõ	criança-morte aparecer
	aská ainaya	assim mesmo fizeram

Cupinzeiro-Morte

215	*vei awá kayãki*	tronco de anta-morte
	Vei Vai ketsamash	na beira do Caminho-Morte
	Vei Mai matoke	na colina da Terra-Morte
	rakãini owia	ali deitado deixaram
	vei awá shetãno	e dentes de anta-morte
220	*shetã nane ashõta*	os dentes enfiaram
	vei sheta shakama	muitos dentes-morte
	rakãini owia	aí deitado deixaram
	ave anõshorao	para então fazer
	võyãnoã meranõ	cupinzeiro aparecer
225	*aská ainaya*	assim mesmo fizeram

Cesto-Morte

	vei paka voro	tocos de taboca-morte
	masotanáirinõ	levantados ajeitaram
	vei txitxã kene	e cesto-morte desenhado
	ronoaini owia	o cesto penduraram
230	*vei txitxã kene*	cesto-morte desenhado
	vero wetsa akaya	que há tempos — 232
	itáapa owia	aos olhos desnorteia — 231
	aská ashõkamfî	assim mesmo fizeram[26]

Vei Yoroka

	vei pano veoá	tatu-morte sentado
235	*pakã aki ashõta*	com lança mataram
	vei panõ vake	e filhote de tatu-morte
	Vei Vai ketsamash	na beira do Caminho-Morte
	Vei Mai paroke	no canto da Terra-Morte
	veõini owia	ali sentado deixaram
240	*vei rome ene*	e caldo de tabaco-morte
	ene yaniamasho	do caldo ofertaram
	veõini owia	e sentado deixaram
	ave anõshorao	para então fazer
	Vei Yoroka meranõ	Vei Yoroka aparecer[27]
245	*aská ainaya*	assim mesmo fizeram
	aská ashõkamfî	assim foram fazendo

Pássaro-Morte

	vei txitxã kene	cesto-morte desenhado
	vei shono tapã	na ponte samaúma-morte[28]
	kasotanairinõ	nas costas colocaram
250	*veõini owia*	e na ponte deixaram
	ave anõshorao	para então fazer
	vei witxã meranõ	pássaro-morte aparecer
	aská ainaya	assim mesmo fizeram

---

26 O *vaká* está olhando para o cesto *txitxã*, que fica pendurado girando. Fica confuso e não consegue sair do lugar.

27 Yoroka é o nome do duplo ou pessoa do tatu canastra, um dos habitantes do Caminho Morte. Note que Cherõpapa decidiu representá-lo como um animal em seu desenho.

28 Trata-se na verdade de uma sucuri.

vei-vai: o caminho-morte

Vei Txao

	vei mai nãko	néctar da terra-morte
255	*nãko osõatõsho*	do néctar surge[29]
	Vei Vai teasho	e Caminho-Morte fecha
	vei atsa txapake	no galho da macaxeira-morte
	Vei Mai matoke	na colina da Terra-Morte
	nioi kaoi	lá vai viver
260	*ave anõshorao*	para assim fazer
	Vei Txao meranõ	Vei Txao aparecer
	aská ainaya	assim mesmo fizeram

Espinhos-Morte

	vei isa veoá	ouriço-morte sentado
	pakã aki ashõta	com lança mataram
265	*vei isã kãyãki*	e com corpo de ouriço-morte
	Vei Vai norãne	o meio do Caminho-Morte
	Vei Vai teamash	o caminho fecharam
	rakãini owia	e deitado deixaram
	vei isã ranjno	e de ouriço-morte
270	*awf kasoirinõ*	dos espinhos das costas
	senã paka ashõki	doloridos dardos fizeram
	txipo kaniaivo	para que os depois nascidos
	vei itivo nonjsho	em antigos espectros-morte[30]
	a machit anõvo	por cima pulando
275	*inã taise*	talvez se transformem[31]
	aská ainaya	assim mesmo fizeram
	aská ashõkamfì	assim foram fazendo

Banana-Morte

	vei awá niáki	anta-morte levantada
	pakã aki ashõta	com lança mataram
280	*vei awá txeshte*	e traseiro de anta-morte

29 Vei Txao, outro habitante do caminho, se transforma a partir da substância *nãko*. O cantador omite o verso final da fórmula: *ari rivi venísho*, "por si mesmo surge". Txao é um inonawavo, que vive com sua gente no topo do Caminho-Morte. É quem vai dizer por qual trajeto o morto deve seguir. Cherõpapa parece ter adiantado esse bloco, que deveria aparecer mais adiante.

30 *Itivo nonjsho*, literalmente "aqueles que antes deixaram seus rastros ou marcas (*noni*)", é uma referência àqueles que primeiro ficaram presos (ou se transformaram) no caminho.

31 Tekãpapa, ao escutar a versão de seu cunhado Cherõpapa, diz que esse verso poderia ser suprimido.

	Vei Vai ketsamash	na beira do Caminho-Morte
	shokõini owia	o traseiro amontoaram
	vei awá rfko	coração de anta-morte
	rfko tewemashôta	os corações enfileiraram[32]
285	*awf vei aneya*	e os perfumes-morte
	shokõini owia	a tudo juntaram
	ave anôshorao	para assim fazer
	vei mani meranõ	banana-morte aparecer
	askã ainaya	assim mesmo fizeram
290	*vai shovimaivo*	os fazedores do caminho[33]

Refrão

	shono yove nawavo	povo-espírito da samaúma
	shai yove nawavo	povo-espírito da envieira
	tama yove nawavo	e povo-espírito da árvore
	ave atisho	são os que fizeram

Macaxeira-Morte

295	*vei yawa shokoa*	bando de queixadas-morte
	pakã aki ashôta	com lança mataram
	vei yawa shaoki	e ossos de queixada-morte
	Vei Vai ketsamash	na beira do Caminho-Morte
	shokõini owia	na beira amontoaram
300	*ave anôshorao*	para assim fazer
	vei atsa meranõ	macaxeira-morte aparecer
	askã ainaya	assim mesmo fizeram

Banana-Morte

	vei pano veoa	tatu-morte sentado
	pakã aki ashôta	com lança mataram
305	*vei pano txeshte*	e traseiro de tatu-morte

32 Aqui e noutras passagens, o texto mostra que partes de animais são utilizadas para formar os frutos e alimentos do caminho: os *yove* plantam (*vaná*) e montam/dispõem tais partes ao longo do trajeto para assim formar os alimentos. *Tewema* se refere ao ato de pendurar os tais corações em fileiras, como se formassem um colar.

33 A exposição do surgimento dos vegetais desse Caminho-Morte, como verá o leitor, demandaria um trabalho de identificação mais aprofundado da flora do alto Ituí. Na falta de uma pesquisa sistemática que pudesse ser utilizada como referência, decidi me apoiar nos nomes regionais oferecidos pelos tradutores bilíngues, confirmados quando possível pelo cotejo com outras fontes. O mesmo vale para a morfologia de certos vegetais presentes em algumas passagens do canto: a tradução certamente se beneficiaria de um trabalho sobre a etnobotânica marubo que, infelizmente, ainda não foi realizado.

	Vei Vai ketsamash	na beira do Caminho-Morte
	shokõini owia	o traseiro amontoaram
	ave anõshorao	para então fazer
	vei mani meranõ	banana-morte aparecer
310	*aská ainaya*	assim mesmo fizeram
	aská ashõkamfì	assim foram fazendo

Mamão-Morte

	vei ano veoa	paca-morte sentada
	pakã aki ashõta	com lança mataram
	vei ano teãki	e pedaços de paca-morte[34]
315	*Vei Vai ketsamash*	na beira do Caminho-Morte
	shokõini owia	os pedaços amontoaram
	vei ano rfko	coração de paca-morte
	rfko tsakainisho	os corações penduraram
	shokõini owia	e a tudo juntaram
320	*vei ano shamanõ*	placenta de paca-morte[35]
	shamã marak ashõki	a placenta cobriram
	shokõini owia	e a tudo juntaram
	ave anõshorao	para assim fazer
	vei shõpa merano	mamão-morte aparecer
325	*aská ainaya*	assim mesmo fizeram

Mamão podre

	vei ano pokó	tripa de paca-morte
	vei shõpa yora	no mamoeiro-morte
	votótanairinõ	nos galhos colocaram
	rakãini owia	e deitado deixaram
330	*ave anõshorao*	para então fazer
	shõpa pato meranõ	mamão podre aparecer
	aská ainaya	assim mesmo fizeram

Batata-Doce-Morte

	vei yawichi veoá	tatu-morte sentado
	pakã aki ashõta	com lança mataram
335	*vei yawichi poko*	e tripa de tatu-morte
	Vei Vai ketsamash	na beira do Caminho-Morte

34 *Teã*: banda ou pedaço cortado de carne, que servirá também de matéria prima para o trabalho dos espíritos.

35 Corações (*rfko*) formam frutos (*rfko*, ou *vimi* na língua cotidiana), assim como placentas (*shama*) formam folhas (*pei*). "Placenta" e "coração" não são metáforas para tais partes dos vegetais, mas matérias-primas de sua transformação.

	kaweroa iniya	na beira esparramaram
	ave anõshorao	para então fazer
	vei kari meranõ	batata-morte aparecer
340	*aská ainaya*	assim mesmo fizeram

Pupunheira-Morte
tronco da pupunheira

	vei yawa shokoa	bando de queixadas-morte
	pakã aki ashõta	com lança mataram
	vei yawã teãki	e traseiro de queixadas-morte
	Vei Vai ketsamash	na beira do Caminho-Morte
345	*nitxj ini owia*	levantado deixaram

folha da pupunheira

	vei yawa pichjnõ	costela de queixada-morte
	pichi voet inisho	a costela envolveram
	vei yawa korõnõ	com pó de queixada-morte
	koro yapok inisho	com pó polvilharam
350	*nitxj ini owia*	e levantada deixaram

fruto e broto da pupunheira

	vei yawa rʄko	coração de queixada-morte
	rʄko tewemashõta	o coração penduraram
	vei yawã tonõ	feto de queixada-morte
	tõ tetsek ashõki	o feto ajeitaram[36]
355	*nitxj ini owia*	e levantado deixaram
	ave anõshorao	para então fazer
	vei wanj meranõ	pupunha-morte aparecer
	aská ainaya	assim mesmo fizeram
	aská ashõkamʄi	assim foram fazendo

Capim-Morte

360	*vei chai setea*	pássaro-morte pousado
	tekaki ashõta	com setas mataram
	vei chai txeshte	e traseiro de pássaro-morte
	Vei Vai ketsamash	na beira do Caminho-Morte
	shokõini owia	na beira amontoaram
365	*ave anõshorao*	para assim fazer
	vei wasi meranõ	capim-morte aparecer

36 Fetos são utilizados para formar a espata e os brotos da pupunheira.

Crianças-Espectro

	vei chaj toki	feto de pássaro-morte
	vei wasi yora	na touceira de capim-morte
	vototanáirinõ	ao lado colocaram
370	*shoa tani shamãnõ*	e no fundo buraco[37]
	rakã ini owia	deitado deixaram
	aská aki ashõta	foi assim que fizeram[38]

Abacaxi-Morte

	vei shawã setea	arara-morte pousada
	tekaki ashõta	com setas mataram
375	*vei shawã txeshte*	e traseiro de arara-morte
	Vei Vai ketsamash	na beira do Caminho-Morte
	shokõini owia	ali mesmo amontoaram

coroa e fruto do abacaxi

	vei shawã inãno	rabo de arara-morte
	inã ashapakesho	o rabo enfiaram
380	*vei shawã tonõ*	feto de arara-morte
	tõ shãtsek ashõki	o feto enfiaram[39]
	nitxj ini owia	e levantado deixaram
	awf vei aneya	seu perfume-morte
	txipo kaniaivo	faz dos depois nascidos
385	*vei itivo nonjsho*	antigos espectros-morte
	ari rivi veisho	por si mesmos mortos
	tavatima aneya	nos paralizantes perfumes
	shokõini owia	todos ali amontoados
	aská aki ashõta	foi assim que fizeram

Capim-Morte

390	*vei amf veoa*	capivara-morte sentada
	pakã aki ashõta	com lança mataram
	vei amf sheta	e dente de capivara-morte
	Vei Vai ketsamash	na beira do Caminho-Morte
	kawfroa iniya	na beira amontoaram

37 Shama aqui se refere ao fundo do buraco e não à placenta (*shama*).
38 Faltam as fórmulas de fechamento da estrofe, omitidas pelo cantador.
39 *Shãtseka* se refere à disposição de vegetais tais como o abacaxi, cujos frutos brotam de um mesmo caule. *Tetseka*, por sua vez, é uma categoria para árvores maiores, tais como a pupunheira.

395	*ave anõshorao*	para assim fazer
	vei shatxi merano	capim-morte aparecer[40]
	aská ainaya	assim mesmo fizeram

Urucum-Morte
tronco de urucum[41]

	vei ro setea	guariba-morte sentada
	tekaki ashõta	com setas mataram
400	*vei ro teãki*	e traseiro de guariba-morte
	Vei Vai ketsamash	na beira do Caminho-Morte
	shokõini owia	na beira amontoaram

espectros do urucum

	vei rõ vake	filhote de guariba-morte
	vake iná amasho	filhote juntos criaram[42]
405	*shokõini owia*	e depois amontoaram
	ave anõshorao	para então fazer
	vei mashe meranõ	urucum-morte aparecer
	aská ainaya	assim mesmo fizeram

Cupim-Morte
cupinzeiro

	vei nawã voshká	cabeça do povo-morte
410	*vei tama voroki*	na colina-morte[43]
	masotanáirinõ	em cima colocaram
	veõini owia	e ali deixaram

cupins

	vei nawã verõnõ	olhos do povo-morte
	verõ peni ashõta	os olhos encaixaram
415	*vei nawã shetãnõ*	e dentes do povo-morte
	shetã nane ashõki	os dentes enfiaram

40 Shatxi: capim utilizado para amarrar ponta de flecha.
41 Segue-se o esquema canônico, referente à formação do corpo ou tronco (*awf kaya*) e do aspecto humanoide (*awf yochj*) da singularidade em questão.
42 Os espíritos demiurgos criam um filhote de guariba para depois enterrá-lo (como matéria da bricolagem cósmica).
43 A cabeça forma o conjunto do cupinzeiro; os olhos são colocados em cima para formar seus nódulos; os dentes, por sua vez, são enfiados dentro para formar os seus insetos. O termo *nakash* designa tanto o corpo (*awf kaya*) do cupinzeiro quanto os cupins/insetos (*awf imashta*).

veí-vaí: o caminho-morte

	veõini owia	e ali colocaram
	ave anõshorao	para então fazer
	vei nakash meranõ	cupim-morte aparecer
420	*askâ ainaya*	assim mesmo fizeram[44]
	askâ ashõkamfĩ	assim foram fazendo

Cana-de-açúcar

	vei nawa shokoa	povo do Caminho-Morte
	pakã aki ashõta	com lanças mataram
	vei nawã teke	e pernas do povo-morte
425	*Vei Vai ketsamash*	na beira do Caminho-Morte
	shokõini owia	na beira amontoaram
	vei shawã inanõ	rabo de arara-morte
	inã ashapakesho	os rabos enfiaram
	shokõini owia	e tudo amontoaram
430	*ave anõshorao*	para então fazer
	tao vata meranõ	doce cana aparecer
	askâ ainaya	assim mesmo fizeram

Inhame-Morte

	shoa awá niáki	anta-coceira levantada[45]
	pakã aki ashõta	com lança mataram
435	*shoa awá txeshte*	traseiro de anta-coceira
	Vei Vai ketsamash	na beira do Caminho-Morte
	nitxj ini owia	levantado deixaram
	shoa awá shamãnõ	placenta de anta-coceira
	shamã ketj ashõki	a placenta arredondaram
440	*shokõini owia*	e tudo amontoaram
	ave anõshorao	para então fazer
	vei yovi meranõ	inhame-morte aparecer
	askâ ainaya	assim mesmo fizeram

44 Os cupinzeiros são também espectros, isto é, pessoas morridas ou transformadas em espectros. Os cupinzeiros que ficam suspensos nas árvores costumam ser chamados de *yochj* pelos marubo, que os indicam como um sinal de advertência para os perigos desse trajeto póstumo.

45 *Shoa* é um dos diversos classificadores empregados para as várias antas utilizadas pelos espíritos. Como vimos páginas acima, os classificadores não funcionam exatamente como adjetivos e não transferem necessariamente uma qualidade aos seus respectivos substantivos. "Anta-coceira" não indica, portanto, um animal que causa ou sofre de urticária, mas sim uma *variação*. Lembro que alguns classificadores não possuem uma tradução precisa, já que estão sedimentados pelo uso ritual da linguagem: "é só nome mesmo", dizem.

IV: A ERA-MORTE

Taioba-Podridão
caule de taioba

	tore awa niáki	anta-podridão levantada
445	pakã aki ashôta	com lança mataram
	tore awá txeshte	e traseiro de anta-podridão
	Vei Vai ketsamash	na beira do Caminho-Morte
	nitxj ini owia	levantado deixaram

folha de taioba

	tore awá shamãnõ	placenta de anta-podridão
450	shamã ketj ashõki	a placenta arredondaram
	nitxj ini owia	e ali deixaram

sombra de taioba

	tore awá shakáki	couro de anta-podridão[46]
	shaká vitxi amasho	do couro escudo fizeram
	nitxj ini owia	e na beira deixaram
455	awƒ vei vakíchka	e seu escuro-morte
	shovimaki aya	assim mesmo surgiu
	tore awá sháma	placenta de anta-podridão
	tore shoni yora	na taioba-podridão
	votótanairinõ	ao lado colocaram
460	rakãini owia	e deitada deixaram
	ave anõshorao	para assim fazer
	shoni patô meranõ	taioba podre aparecer
	askáininaya	assim mesmo fizeram[47]

Goiaba-Morte

	vei txasho niáki	veado-morte levantado
465	pakã aki ashôta	com lança mataram
	vei txasho teãki	perna de veado-morte[48]
	pakã aki ashôta	com lança cortaram
	shokõini owia	e ali amontoaram
	vei txashõ rƒkõnõ	coração de veado-morte
470	rƒko voni ashôta	o coração apertaram[49]

46 Note que os antigos costumavam fazer escudos com o couro das antas.
47 Formação da sombra das folhas da taioba.
48 Os pedaços das pernas formam as árvores altas; os do traseiro, as árvores baixas.
49 Rƒko vonika é a categoria para frutas pequenas que nascem ao longo dos galhos da árvore, tais como jambo, urucum (mashe) e mapati (shãkoj). Rƒko merõtka, por sua vez, refere-se

veí-vaí: o caminho-morte

	shokõini owia	e tudo amontoaram
	ave anõshorao	para assim fazer
	vei yokã meranõ	goiaba-morte aparecer
	aská ainaya	assim mesmo fizeram
475	*aská ashõkamfi*	assim foram fazendo

Ingá-Morte
tronco de ingá

	vei chino setea	macaco-morte sentado[50]
	teka aki ashõta	com setas mataram
	vei chinõ teãki	e pedaços dos macacos-morte
	pakã aki ashõta	com lanças cortaram
480	*aská ashõkamfi*	assim foram fazendo

fruto de ingá

	vei chinõ inãno	rabo de macaco-morte
	inã merõt ashõki	o rabo penduraram
	shokõini owia	e tudo amontoaram
	ave anõshorao	para assim fazer
485	*vei shenã meranõ*	ingá-morte aparecer
	aská ashõkamfi	assim foram fazendo

Cupuaçu-Morte

	vei chino setea	macaco-morte sentado
	teka aki ashõta	com setas mataram
	vei chinõ teãki	pedaços de macacos-morte
490	*pakã aki ashõta*	com lança cortaram
	nitxj ini owia	e ali deixaram
	vei chinõ rekõnõ	coração de macaco-morte
	rfko tsakainisho	o coração penduraram
	awf vei aneya	e seus perfumes-morte
495	*nitxj ini owia*	ali mesmo ficaram
	ave anõshorao	para assim fazer
	vei nô meranõ	cupuaçu-morte aparecer
	aská ainaya	assim mesmo fizeram

às frutas grandes separadas dos galhos da árvore por um pequeno caule no qual ficam pendentes, tal como ingá (*shena*), manga, graviola (*shai*) e abiu (*iwiõchj*). *Rfko tetseka*, por fim, é a categoria para frutos de cachos (*rfko tewema*) tal como o açaí ou a pupunha.

50 Trata-se do macaco-prego, conhecido por sua lascívia e agressividade.

Cupuaçu-Tartaruga[51]

	vei nesa raká	tartaruga-morte deitada[52]
500	*pósaki ashõta*	com pauladas mataram
	vei nesã teãki	e pedaços de tartaruga-morte
	Vei Vai ketsamash	na beira do Caminho-Morte
	nitxj ini owia	ali mesmo deixaram
	vei nesã rfkõnõ	coração de tartaruga-morte
505	*rfko tsakainisho*	o coração penduraram
	nitxj ini owia	e ali deixaram
	ave anõshorao	para assim fazer
	nesã no meranõ	cupuaçu-tartaruga aparecer[53]
	aská ainaya	assim mesmo fizeram
510	*aská ashõkamfĩ*	assim foram fazendo

Fruto-Morte

	anã awá niáki	anta-vômito levantada
	pakã aki ashõta	com lança mataram
	anã awa teãki	e pedaços de antas-vômito
	Vei Vai ketsamash	na beira do Caminho-Morte
515	*nitxj ini owia*	ali mesmo deixaram
	anã awá rekõnõ	coração de anta-vômito
	rekõ merõt ashõta	o coração penduraram
	nitxj ini owia	e ali deixaram
	awf vei aneya	nos perfumes-morte
520	*txipo kaniaivo*	os depois nascidos
	tavatima aneya	nos paralizantes perfumes
	nitxj ini owia	ali mesmo ficam
	ave anõshorao	para então fazer
	vei yae meranõ	fruta-morte aparecer
525	*aská ainaya*	assim mesmo fizeram

Embu-Morte

	txjto awá niáki	anta-txjto levantada[54]
	pakã aki ashõta	com lança mataram
	txjto awá teãki	e pedaços de antas-txjto
	Vei Vai ketsamash	na beira do Caminho-Morte

51 Uma espécie de cupuaçu (*nesã nô*), segundo a classificação marubo.
52 *Nesa*: pequena e verde tartaruga terrestre, não identificada. Nome regional: tartaruga capó.
53 Mais uma vez, não se trata de um monstruoso cupuaçu-tartaruga, mas do processo de montagem ou fabricação dos frutos.
54 *Txĩto awá* é uma anta sem rabo, disseram.

vei-vai: o caminho-morte

530	nitxj ini owia	ali mesmo deixaram
	txjto awá rekõnõ	e coração de anta-txjto
	rfko voni ashõta	o coração apertaram
	awf vei aneya	e seu perfume-morte
	nitxj ini owia	no caminho deixaram[55]

Espectros do embu-morte

535	txjto awá vake	filhote de anta-txjto
	vei ãshõ yoraki	no pé de embu-morte
	vototanairinõ	ao lado colocaram
	veõini owia	e ali deixaram
	ave anõshorao	para assim fazer
540	vei ãsho meranõ	embu-morte aparecer

Sapota-Morte

	txjto awá niáki	anta-txjto levantada
	vei kamã niáki	mais onça-morte levantada
	pakã aki ashõta	com lança mataram
	vei kamã teãki	bando de onças-morte
545	Vei Vai ketsamash	na beira do Caminho-Morte
	nitxj ini owia	na beira deixaram
	vei kamã rekõnõ	e coração de onça-morte
	rekõ meni ashõki	no galho penduraram
	nitxj ini owia	e na beira deixaram
550	ave anõshorao	para então fazer
	vei itxiv meranõ	sapota-morte aparecer
	aská ainaya	assim mesmo fizeram

Manichi-Morte

	imi kamã niáki	onça-sangue levantada
	pakã aki ashõta	com lança mataram
555	imi kamã teãki	e pedaços de onças-sangue
	Vei Vai ketsamash	na beira do caminho-morte
	shokõini owia	tudo junto amontoaram
	imi kamã iminõ	sangue de onça-sangue[56]
	imj voni ashõta	do sangue frutos fizeram
560	tavatima aweya	as coisas paralizantes
	tavatima vimiya	os frutos paralizantes
	shokõini owia	ali mesmo juntaram

55 Isto é, o perfume das frutas formadas a partir dos corações.
56 Atenção à diferença entre o classificador "sangue" e a substância "sangue".

IV: A ERA-MORTE

	ave anõshorao	para assim fazer
	vei pama meranõ	manichi-morte aparecer
565	*aská ainaya*	assim mesmo fizeram
	vai shovimaivo	os fazedores do caminho

Maracujá-Morte
caule de maracujá

	vei chino setea	macaco-prego sentado
	tekaki ashõta	com setas mataram
	vei chino poko	e tripas de macaco-morte
570	*vei tama yora*	no tronco da árvore-morte
	voep ashõ shokõi	as tripas enroscaram
	shokõini owia	e ali amontoaram

fruto de maracujá

	vei chinõ rfkõnõ	coração de macaco-morte
	rfkõ tani ashõta	no buraco colocaram
575	*nitxj ini owia*	e ali deixaram
	ave anõshorao	para então fazer
	vei shãtá meranõ	maracujá-morte aparecer
	aská ainaya	assim mesmo fizeram

Urtiga-Morte
touceira de urtiga

	vei shovo txipãne	no terreiro da maloca-morte
580	*vei kamã niáki*	onça-morte levantada
	pakã aki ashõta	com lança mataram
	vei kamã txeshte	e traseiro de onça-morte
	nitxj ini owia	ali mesmo deixaram

Tronco de urtiga

	vei kamã shaonõ	ossos de onça-morte
585	*shao vórim ashõki*	na terra espetaram
	nitxj ini owia	e erguidos deixaram
	ave anõshorao	para assim fazer
	vei vakis meranõ	urtiga-morte aparecer

Espectro da urtiga

	vei kamã tóki	feto de onça-morte
590	*vei vakis yora*	no pé de urtiga-morte

veí-vaí: o caminho-morte

votótanairinõ	ali ao lado
rakãini owia	deixam mesmo deitado
askã ashõkamfĩ	assim foram fazendo

Fruto-Morte

	anã kamã niáki	onça-vômito em pé
595	*pakã aki ashõta*	com lança mataram
	anã kamã teãki	e pedaço de onça-vômito
	Vei Vai ketsamash	na beira do caminho-morte
	nitxj ini owia	ali mesmo deixaram
	anã kamã rĩkõnõ	coração de onça-vômito
600	*rekõ merõt ashõta*	o coração penduraram
	nitxj ini owia	e ali deixaram
	ave anõshorao	para então fazer
	vei mapache meranõ	fruto-morte aparecer
	askã ainaya	assim mesmo fizeram[57]

Jenipapo-Morte

605	*shane awá niaki*	anta-azulão levantada
	pakã aki ashõta	com lança mataram
	shane awá teãki	e pedaços de anta-azulão
	Vei Vai ketsamash	na beira do Caminho-Morte
	nitxj ini owia	ali mesmo deixaram
610	*shane awá rekõnõ*	coração de anta-azulão
	rekõ merõt ashõta	o coração penduraram
	nitxj ini owia	e ali deixaram
	ave anõshorao	para então fazer
	vei nane meranõ	jenipapo-morte aparecer
615	*askã ainaya*	assim mesmo fizeram
	askã ashõkamfĩ	assim foram fazendo

Mamoí-Morte[58]

	tore awá niáki	anta-podridão levantada
	Vei Vai ketsamash	na beira do Caminho-Morte
	tore awá teãki	pedaços de anta-podridão
620	*Vei Vai ketsamash*	na beira do Caminho-Morte
	nitxj ini owia	ali mesmo deixaram
	tore awá rĩkõnõ	coração de anta-podridão

57 *Mapache*, um fruto não identificado.
58 Mamoí, nome regional de uma bombacácea, árvore de madeira mole que apodrece rápido.

rekõ merõt ashõta	o coração penduraram
nitxj ini owia	e ali deixaram

Espinho de mamoí

625	tore awá shetãnõ	dente de anta-podridão
	shetã tsaka inisho	o dente enfiaram
	nitxj ini owia	e ali deixaram
	ave anõshorao	para então fazer
	vei waki meranõ	mamoí-morte aparecer
630	aská ainaya	assim mesmo fizeram

Homem-Morte

	shono yove nawavo	povo-espírito da samaúma
	shai yove nawavo	povo-espírito da envireira
	tama yove nawavo	povo-espírito da árvore
	atõ chinã maea	todos se mudaram
635	Vei Vai ketsasho	para o Caminho-Morte
	shokoivoya	e lá foram viver
	ave anõshorao	para assim fazer
	vei yora merano	gente-morte aparecer[59]

Mulheres-Morte

	Vei Mashe injki	Mashe-Morte, junto com
640	Vei Maya injki	Maya-Morte e com
	Vei Peko meranõ	Peko-Morte apareceu
	aská ainaya	assim mesmo surgiram
	txõtxõ koro shavo	as mulheres melindrosas
	vei oó atisho	que males-morte trouxeram[60]
645	vei yorarasjki	e toda a gente-morte
	Vei Mai matoke	na colina da Terra-Morte
	shokoivoya	lá foi viver
	ave anõshorao	para assim fazer
	vei yora meranõ	gente-morte aparecer
650	aská ainaya	assim foi feito

Adornos-Morte

	rane awá niaki	anta-adorno levantada
	pakã aki ashõta	com lança mataram

59 Os povos-espírito acabaram por se transformar eles próprios em Vei Tama, um homem (e seu coletivo) que seduz as mulheres passantes.

60 "É como o pecado capital", disse Venãpa referindo-se a essas mulheres, que chegaram primeiro no caminho e estragaram tudo.

vei-vai: o caminho-morte

rane awá teãki	bando de antas-adorno
Vei Vai ketsamash	na beira do Caminho-Morte
655 *nitxj ini owia*	na beira colocaram
rane awá tonõ	feto de anta-adorno
tõ tetsek ashõki	o feto ajeitaram
nitxj ini owia	e assim deixaram
ave anõshorao	para então fazer
660 *vei rane meranõ*	adorno-morte aparecer
aská ainaya	assim mesmo fizeram[61]

Mulher-Papagaio e homem Txao-Morte

vei mai nãko	néctar da terra-morte
nãko osõatõsho	de dentro do néctar
ari rivi wenisho	por si mesmo surge
665 *vei shono voroki*	e na colina-morte
masotanáirinõ	ali em cima
shokoivoya	lá vai viver
ave anõshorao	para então fazer
Vawã Tome meranõ	Mulher-Papagaio aparecer[62]
670 *Vei Txao ativo*	são os Vei Txao
atõ vai yoiki	que caminhos indicam

Caminho dos filhos do povo jaguar

"naivo vairao	"este é o caminho
inõ vake nawavo	dos filhos do povo jaguar
anõ iti vaita	o caminho para passar
675 *yora mapo naneya*	cheio de crânios de gente
vei txasho shaoki	e ossos de veado-morte
shao naneyarao	os ossos enterrados
vai tapi ina	este caminho inclinado
inõ vake nawavo	dos filhos do povo jaguar
680 *anõ iti vaita*	é seu caminho para passar

Caminho dos filhos do povo arara

naivo vairao	e este caminho
kana pavõ niái	da cruz-arara

61 Trata-se da palmeira que contém os adornos e miçangas de todas as cores. Certa vez, Isko Osho trouxe algumas miçangas de lá para seus parentes aqui desta terra.

62 Vawã Tome "é gente boa", diz Kanãpa. Nessa altura, o *vaká* já está salvo. A Mulher-papagaio indica aos *vaká* seus respectivos caminhos até a maloca dos duplos dos olhos.

	vai tapi ina	o caminho inclinado
	naivo vairao	este é o caminho
685	*kanã vake nawavo*	dos filhos do povo arara
	anõ iti vaita	seu caminho para passar

Caminho dos filhos do povo japó

	naivo vairao	e este caminho
	vai tapi ina	o caminho inclinado
	iskõ vake nawavo	filhos do povo japó
690	*anõ iti vaita*	é seu caminho para passar
	isko txitxã ronoya	com o cesto-japó pendurado[63]
	vai tapi ina	neste caminho inclinado

Caminho dos filhos do povo azulão

	naivo vairao	e este caminho
	shane vake nawavo	filhos do povo azulão
700	*anõ iti vaita*	é seu caminho para passar
	shane txitxã ronoya	o cesto-azulão está pendurado
	vai tapi ina	neste caminho inclinado

Caminho dos filhos do povo sol

	naivo vairao	e este caminho
	varj vake nawavo	filhos do povo sol
705	*anõ iti vaita*	é seu caminho para passar
	vari pavõ niai	onde está a cruz-sol
	vai tapi ina	neste caminho inclinado

Caminho dos filhos do povo macaco-barrigudo

	naivo vairao	e este caminho
	txonã vake nawavo	filhos do povo macaco
710	*anõ iti vaita*	é seu caminho para passar
	txonã vake nawavo	filhos do povo macaco"[64]

	ato aki aoi	Txao-Morte assim diz
	Vei Vai teasho	ali no Caminho-Morte
	nioi kaoi	onde foi viver

63 A cesta dos iskonawavo está lá pendurada para que saibam qual é o seu caminho, bem no começo, junto da cruz. o mesmo vale para os shanenawavo.
64 Macaco barrigudo (*txona*).

vei-vai: o caminho-morte

A Condução dos Mortos
e o Canibalismo Funerário

É necessário orientar os mortos recalcitrantes que, temendo o Caminho-Morte, acabam por permanecer nas suas beiras ou voltar para trás. Para tanto, os pajés marubo costumam realizar um outro canto, o "Canto de Condução dos Duplos" (*Vaká Yonoa*), em festas tais como a *Shavá Saika* (festa para alterar o clima) e *Kenã Txitõna* (festa do fogo) relatadas nas páginas anteriores. O *Vaká Yonoa* faz um par com o *Vei Vai*, já que esse último, uma narração-visualização dos processos de formação do Caminho-Morte, não é exatamente empregado para orientar os duplos dos mortos que estão atravessando o caminho. Serve apenas para instruir os viventes sobre sua passagem futura. Nesse outro canto, os kfchjtxo e os romeya ensinam ou aconselham o duplo a ir embora desta terra e evitar toda a sorte de perigos que constituem o trajeto. Trata-se de um diálogo entre o cantador e seu destinatário, o duplo do olho (verõ yochj) do morto, que, de início, reluta em aceitar e reconhecer a sua nova condição. É por isso que o cantador precisa direcionar seus enunciados ao vaká, a fim de que ele os escute no caminho e complete com sucesso a travessia. Aqui, mais uma vez, o duplo do morto não fala em pessoa através do pajé, como no caso dos cantos iniki, e o próprio pajé está inteiro ao realizar o ritual em questão. Ao se fazer locutor das palavras cantadas, ele imita ou cita (naroa) a fala do morto via uma estrutura formulaica padronizada. Não por acaso, o *Vaká Yonoa* pode ser considerado como um similar amazônico do famoso *Livro dos Mortos Tibetano*.

Essa é uma melodia (mane) muito triste (oniska). Não costuma ser cantada fora das festas e dos funerais[65]. O *Vaká Yonoa*, assim, é realizado apenas para o morto, a fim de que se desapegue desta terra e possa, enfim, partir. As crianças, os velhos e as pessoas muito doentes não devem escutá-lo, sob risco de morte. Na festa do "Chamado do Vento", notei que uma criança colocava algodão nos ouvidos sob orientação de sua mãe, evitando assim maiores riscos. Os espíritos Broto de Ayahuasca, *Shoma* e *Rewepei* ficam tristes e lamentam/choram, chorocantam (rona) a pessoa que morreu. "Estas são palavras para ficar dentro" (vana anõ naneti), que não podem ser esquecidas, disse-me alguém. Nos dias de hoje, as pessoas desconhecem-nas e deixam os mortos sem auxílio. Donde as doenças e males que assolam os nossos tempos.

Em outra época, o canto era realizado no ritual de canibalismo funerário (yora makika), abandonado há tempos pelos marubo. Nos funerais atuais, o canto é executado apenas pelos parentes afins do morto, reunidos em um círculo exterior aos parentes consanguíneos, que permanecem no meio da maloca chorocantando. "Não podemos nós mesmos conduzir nossos parentes mortos, é muito triste, são as outras pessoas [os afins] que os conduzem", dizia Tekãpapa,

---

65 Tekãpapa achou por bem confiar apenas esta versão ao presente trabalho, que se dedica ao registro de um conhecimento de sobrevivência incerta.

deixando transparecer a mesma relação de oposição entre afins e consanguíneos que configurava a antiga prática funerária marubo e outras tantas ameríndias[66]. O consumo do cadáver do parente morto era feito durante a festa *Kenã Txitõna* ("Festa da Fogueira", para espantar os *yochj*). Antes que as chamas levantadas no meio da maloca fossem puladas pelos participantes do ritual, o defunto já havia sido cremado ali mesmo no pátio interno. Suas vísceras (pulmão, fígado, coração) se juntavam em um nódulo endurecido que resistia ao fogo. Chamado de *nokf chinã*, "nossa vida" ou algo assim, tal nódulo seria enfim colocado em um pote de barro (*yoá*) para que fosse depositado, junto com as cinzas da carne, entre as sapopemas de uma samaúma. Dali surgiam temidos espectros *yochj*, também chamados de *matxõtxi*, que comiam e queimavam eles mesmos os corpos de algumas pessoas vivas e causavam doenças em outras.

Examinando as fotos de uma revista *National Geographic*, Tekãpapa parecia compreender por que os arqueólogos ali manipulavam, com máscaras e luvas de borracha, uma múmia Moche. Quando o Pajé Samaúma (*Shono Romeya*, personagem de um canto-mito *saiti*) foi queimado, o cheiro de sua carne calcinada matou seus inimigos – de modo análogo, especulava Tekãpapa, os estrangeiros da revista poderiam estar se protegendo do cheiro fatal da carne queimada (*noe*) ou de qualquer odor nocivo que emanasse do cadáver. Encontrando na mesma revista uma máscara de cobre que cobria o rosto da múmia, Tekãpapa comentou ainda que, na cremação, os antigos costumavam cobrir a face do defunto com uma máscara feita de barro ou de uma cabaça cortada ao meio (*txoma, yoá mashko*) para evitar o mau agouro[67]. Se a língua do morto ficasse de fora e o rosto descoberto, o irmão do finado poderia ser enfeitiçado (*awf take roamisi*) e morrer em breve.

Por fim, os ossos eram colocados dentro de cestos decorados com os padrões *kene* (*txitxã keneya*). Para cada um dos ossos, cestos de tamanhos distintos eram confeccionados. Segundo Montagner e Melatti, os cestos com os ossos eram pendurados na porta principal da maloca, uma passagem para o exterior a que deveria se dirigir o duplo do falecido[68]. Com as mãos entrelaçadas, pude descobrir também, os rapazes novos seguravam então os cestos (não sei se antes ou depois de

---

66 Ver, por exemplo, B. Albert, em *Temps du Sang, Temps des Cendres: Répresentations de la maladie, système rituel et espace politique chez les Yanomami du sud-est* (*Amazonie brésilienne*), para os yanomami; A. Vilaça, em O Canibalismo Funerário Pakaa-Nova: Uma Nova Etnografia, em E. Viveiros de Castro; M. Carneiro da Cunha (orgs.), *Amazônia: Etnologia e História Indígena* e em *Quem Somos Nós*, para os wari', e C. McCallum, em op. cit. para os kaxinawá.

67 Entre os marubo, o uso de máscaras é raro. Parece estar circunscrito à vinda do espírito mascarado *yochj mapo*, que entra à noite na maloca com um ramo de urtiga na mão para assustar as crianças manhosas. O costume é similar ao dos *mariwin* dos matis estudado por P. Erikson, em *La Griffe des Aïeux*, ainda que seja periférico para os marubo. As máscaras dos *yochj mapo* são feitas de cabaça (*mãsf*) e talvez sejam semelhantes às antigas coberturas mortuárias a que se refere Tekãpapa. Não por acaso, Erikson nota que "as máscaras rituais pano possuem em seu conjunto um ar de parentesco com as máscaras mortuárias andinas". Idem, p. 278.

68 Para Melatti, em *O Mundo dos Espíritos*, 124 e s., os ossos da mão esquerda eram separados dos demais e colocados em três cestas a serem levadas em dança por três homens. Tais ossos corresponderiam ao duplo do lado esquerdo de destino terrestre, por contraposição ao coração, que recebia outro tratamento correspondente ao destino celeste

veí-vaí: o caminho-morte

pendurá-los) com ossos pequenos, enquanto os homens mais velhos seguravam os grandes, deixando as crianças de fora da festa. As afins (*pano*) de um homem morto colocavam também os cestos entre os dedos e dançavam em círculos por toda a noite, cantando as seguintes palavras, com a mesma melodia do canto que segue abaixo traduzido (e provavelmente também com uma letra similar): "esse primo morto/ dele tenho fome/ vou agora comê-lo/ tenho fome de primo"[69]. Passados dez dias, os ossos eram triturados no cocho (*shashõ ewa*) que costumava ficar colocado ao lado da saída feminina da maloca e, em seguida, misturados com caiçuma (*waka*) ou com ensopado de carne de paca a ser oferecido, novamente, apenas aos afins. Junto ao repasto de ossos moídos e carne de paca, os afins também engoliam grandes porções da argila (*ke machi*) que havia constituído uma camada de cerca de dez centímetros de espessura, sobre a qual o corpo fora depositado para ser consumido pelas chamas[70]. Não há relatos de ingestão das carnes do cadáver: esta desaparecia na cremação e, creio, era temida por conta do odor (*noe*) desprendido da combustão, como atestam os mitos e outros comentários que pude escutar[71]. Isso contrasta com a antiga prática dos kaxinawá[72]. Nessa, primeiro se cozinhava o cadáver e apenas depois de ingerida as carnes é que se processavam os ossos. Entre os kaxi, realizava-se uma dança circular (*pakadin*) em torno do defunto que se assemelha ao ritual outrora praticado pelos marubo. Mais semelhante ainda é um dos cantos performados na ocasião, que ouso adaptar para o português: "não volte de novo/ com eles vá/ tire os adornos do Inca/ tire os adornos de aruá/ com os antigos vá/ agora já se foi"[73]. O pequeno fragmento sugere uma condução da alma do morto similar à que veremos adiante: a diferença é o Inca, que não assume, na escatologia marubo, tal posição de destaque[74].

Das pessoas atualmente vivas, dizem que nenhuma chegou a comer parentes mortos. Um *inonawavo* chamado Yopa Meke teria sido o último a ser consumido

---

do *chinã nató*. A informação é plausível, muito embora não tenha sido colocada exatamente nesses mesmos termos por meus interlocutores.

69 *A txai ikinã/ ea shopjaini/ pimanõ kawãnõ/ txai shopjainã*.

70 Esse simples detalhe faz com que, para Melatti, o antigo ritual não possa ser considerado como uma osteofagia. Cf. *O Mundo dos Espíritos*, p. 130.

71 Um detalhado texto de Melatti apresenta algumas informações adicionais sobre o canibalismo funerário que se acrescentam aos meus dados. O autor informa que, ao colocar o tronco do cadáver (costelas, coluna, coração, peito e tripas) sob uma samaúma, pretendia-se que os espíritos dessa árvore levassem o *chinã nató* do falecido. Idem, p. 124. Esse duplo da pessoa aparece novamente aí identificado à região toráxica e possui um destino póstumo diferenciado com relação aos demais.

72 Cf. R. Montag; S. Montag; P. Torres, Endocanibalismo Funebre de los Cashinahua, em www.sil.org; C. McCallum, op. cit.

73 Cf. R. Montag; S. Montag; P. Torres, op. cit., p. 20. *Ana nenu junuma/ jabu kai katanun/ inkan mane xudive/ nubu jenvan xudive/ xenibuiki katanven/ ma kai kadan*. Note que a métrica parece ser a mesma dos cantos marubo.

74 C. McCallum, em op. cit., p. 59, registra outra versão: "A canção que se canta para um homem – 'Despedindo seu Espírito' – diz o seguinte: 'Siga seu caminho, não volte, coloque suas vestes amarelas, use-as quando estiver indo, não volte nunca mais. Parte de uma vez, não volte atrás'". Os kaxinawá praticam hoje em dia o enterro em cemitérios, tal como os marubo e os katukina. Cf. E. Coffaci de Lima, op. cit.

nesse ritual. Mesmo a avó de Lauro Panipapa já havia em sua época abandonado a prática. Na circunstância em que os velhos relatavam esses costumes (não são comuns as conversas sobre o assunto), Venãpa os indagou: "mas o que achavam que conduziam depois, já que haviam queimado o corpo?" A dúvida era precisa – duplos e corpos se afetam – e Lauro contou que o espírito do gavião cãocão, através do *romeya* Ernesto Pei Vanepa, outro *inonawavo*, havia aconselhado o abandono da cremação e ingestão dos mortos. Deixavam assim o ritual que outrora haviam aprendido de Koa Koa Sheni (Antepassado Cremador), na remota época em que os antigos fizeram suas longas caminhadas até as cabeceiras (os tempos do surgimento narrados no *Wenía saiti*)[75]. O abandono da cremação acompanha as transformações da escatologia que, por sua vez, acompanham a *transformação* generalizada que caracteriza o sistema aberto marubo. Sua lógica tradutiva já estava presente desde o tempo mítico, isto é, desde que os povos surgiram a jusante e vieram viajando para a direção das cabeceiras e configurando as relações, espaços e saberes hoje em dia conhecidos.

Antes de o espírito do gavião ter orientado o *romeya* Ernesto, os antigos não sabiam que a cremação acabava com o duplo da pessoa, impedindo a sua futura vida em uma morada melhor. Mais tarde, o conselho do espírito se adaptaria à organização das covas em cemitérios, um costume aprendido dos brasileiros da região. Dizem atualmente que um buraco muito fundo pode causar danos ao duplo, pois o peso da terra pega a pessoa e a deixa "morrida" (*mai ewf atximisi, vei-misi*). Também aqui, aliás, os perigos de proliferação de espectros continuam: do caldo que escorre do cadáver em putrefação, surgem espectros-morte, mudos e insensatos, "surgidos do silêncio-morte" (*vei matsjsh wenía*). As razões para o abandono do canibalismo entre os marubo vão, portanto, na direção contrária do que Viláça observou entre os wari', para os quais "é necessário que o corpo do morto desapareça, através da assadura e consumo, para que o espírito possa completar seu destino"[76]. É justamente porque duplos e corpos se afetam mutuamente (o

75 Uma outra pessoa me disse que o costume fora ensinado por Ene Yochi que, aliás, trouxe também os adornos de aruá. Quando morria a pessoa, costumavam retirar seus adornos e guardá-los, para que depois fossem utilizados pelo neto do defunto (shokó, filho do filho ou filha da filha), que herdaria também o nome de seu avô ou avó. Os adornos guardam mesmo uma relação intrínseca com seus donos. Tekãpapa certa vez me disse que, quando morresse, iria levar para sua filha jovem falecida todos os seus belos enfeites, ainda armazenados por sua esposa em uma caixa de alumínio. O costume é distinto dos vizinhos matis, que costumam queimar todos os pertences dos mortos. Os marubo guardam as melhores coisas e destroem apenas aquelas consideradas sem importância.

76 Cf. O Canibalismo Funerário Pakaa-Nova, em E. Viveiros de Castro; M. Carneiro da Cunha (orgs.), *Amazônia*, p. 301 e cf. *Quem Somos Nós*, p. 206, 367. Esses dados reformulam o sentido geral do canibalismo funerário marubo identificado por Delvair Melatti: "orientar as almas do falecido para seu destino final". Cf. *O Mundo dos Espíritos*, p. 167. É provável que estejamos diante de um dilema particular a essa interpretação da escatologia marubo (o abandono do canibalismo, frisaram-me, não tem a ver com sua repúdia pelos brancos), uma vez que também entre os kaxinawá o endocanibalismo, junto com a destruição dos pertences do morto, era fundamental para realizar a separação entre corpo e alma. Cf. C. McCallum, op. cit., p. 63 e s. O mesmo sentido foi encontrado por B. Albert, op. cit., no endocanibalismo funerário yanomami: operar a disjunção entre mortos e vivos através

mesmo ocorre entre os wari' e tantos outros) que o canibalismo funerário teve que ser abandonado entre os marubo. A questão não é, entretanto, episódica e já estava sendo desenvolvida pela mitologia, como veremos adiante[77].

Nessa versão do *Vaká Yonoa*, ocorre novamente um deslocamento de fórmulas (talvez originárias do canto *Vei Vai*) para dentro da estrutura agentiva desse canto: às mensagens próprias do diálogo e da condução do morto são combinadas outras tantas fórmulas para visualizar o trajeto e suas etapas, idênticas ou levemente distintas (de acordo com a versão, a circunstância e o cantador) daquelas que examinamos na tradução do *Vei Vai*. A versão que segue foi gravada de Tekãpapa a meu pedido e estava desvinculada de uma ação ritual propriamente dita, além de não possuir um destinatário específico. De toda forma, a composição é tão rica em detalhes quanto outras que pude escutar e registrar em performance. Vemos no canto abaixo o trajeto começar pelo enterro do morto, que vai sendo conduzido por seus parentes em uma rede. Algumas passagens do canto, mais uma vez, são compostas por metáforas compreensíveis apenas pelos especialistas: suas traduções recriadas seguem à direita e é preciso lê-las para que o canto faça sentido[78].

do consumo das cinzas dos ossos do cadáver. É notável que, no caso yanomami, as condutas funerárias se estendam para além do consumo das cinzas em direção a uma série de tratamentos de luto dedicados ao esquecimento ou apagamento dos "vestígios" (*unokë, trace*) do morto e evitar a conjunção excessiva entre viventes e defuntos. Ora, os vestígios causam melancolia/nostalgia: "a melancolia suscitada pela permanência do 'vestígio do morto' é de fato aqui o produto de uma remanescência escatológica. É na realidade o retorno indesejável do espectro do desaparecido a partir dos 'vestígios' de sua existência terrestre que alimenta sem cessar a nostalgia dolorosa a ele vinculada" Cf. idem, p. 394. O abandono da ingestão das cinzas dos mortos pelos marubo não implica no esfacelamento do sentido geral de seu ritual funerário (que parece, a rigor, se otimizar com a exclusão do repasto fúnebre): a obliteração da presença e da melancolia (*oniska*), a disjunção entre vivos e mortos, a inter-relação entre afins e consanguíneos no enterro e execução dos cantos funerários. É verdade que os duplos dos mortos espiritizados podem voltar ao parentesco vivente através dos *romeya*. Esse retorno, na forma de canto *iniki*, assegura ao morto um lugar na memória dos viventes, mas apenas depois que o estado ameaçador da morte recente e do possível assédio dos espectros foi processado pelas práticas funerárias e pela psicopompia. Ver também D. Melatti, *O Mundo dos Espíritos*.

77 Não parece haver apenas uma razão para o abandono de tal ritual. Noutra circunstância me disseram que o costume foi abandonado quando vários *inonawavo* levaram picadas de cobra em um igarapé (Tachaya).

78 Embora realizado em um contexto de luto e tristeza, o *Vaká Yonoa* não é propriamente um canto de lamento tal como os *fidi sharanawa*, nos quais o cantador pretende afastar o duplo do morto (*furoyoshi*) para que ele não cause doenças nos viventes. Cf. P. Déléage, "Lamentation Sharanahua". O objetivo é, no final, o mesmo: trata-se de "técnicas de manipulação dos mortos" (idem, p. 19) realizadas para que estes se afastem da convivência com os viventes e não causem doenças. Algo similar ao que notou Anne-Christine Taylor em sua análise dos *anent* funerários achuar. Cf. Corps immortels, devoir d'oubli: formes humaines et trajectoires de vie chez les Achuar, em M. Godelier; M. Panoff (orgs.), *La Production du Corps*, p. 326 e s.

CANTO 20: *Vaká Yonoa*, "Canto de Condução dos Duplos"
(Antonio Brasil Tekãpapa)

Abertura[79]

1	*vei tama mevi*	no galho da árvore-morte	/em galhos de árvore
	mesotanáirinõ	no galho enroscada	/nos galhos pendurado
	vei naj ativo	a preguiça-morte	/o morto na rede
	rono tikavakjrao	vai sendo levada[80]	/vai sendo lamentado
5	*mj eneakõi*	vamos te deixar	
	f txonã	meu pequeno irmão	
	mj txaiavo	os seus primos[81]	
	Vei Mai rõkene	no buraco da Terra-Morte	
	mia ori aivo	vão te colocar	
10	*Vei Mai shetaya*	a Terra-Morte dentada	
	mj vei namiro	a sua carne-morte	
	mãta veiyaiki	agora toda apodrece	
	mj take shavovo	as suas irmãs	
	rona rewe keneya	o caniço-lamento desenhado	/as gargantas-lamento
15	*meve tsetã inisho*	vão levando nas mãos	/vão todas juntas
	tfcha kavi rakãi	qual ruído rouco	/com fala rouca
	rona yawa ewãvo	dos queixadas-lamento	/todos os parentes
	rona pani eche	que as sementes-lamento	/com as suas mãos
	meve tsetã inisho	eles todos juntos	/andando juntos vão
20	*toti chipa aivo*	as sementes mastigam[82]	/e palmas vão batendo
	mãta mia veiyai	você está morto	
	"f iri ashkãyash	"estou mesmo inteiro[83]	
	f atõ noinõ"	para amá-los"	
	inã rivirao	ele ainda insiste	

79 A mudança de blocos e estrofes, referentes às progressões pelo caminho, é também aqui apontada por subtítulos. O objetivo é esclarecer ao leitor o processo de formação dos obstáculos a que se referem as fórmulas especiais do canto, cuja sequência nem sempre é completada.

80 *Tikavawaki* é uma fórmula da língua especial (e dos antigos), correspondente ao marubo cotidiano *aská akatõ akj*, "assim vão fazendo".

81 Os primos cruzados do morto, seus afins, que conduzem o cadáver.

82 Mais uma fórmula da língua especial, uma metáfora para o choro coletivo (*ashkã waiki anea*). A sequência de abertura é toda, aliás, uma grande metáfora para os parentes que seguem um cortejo fúnebre, cantando, chorando e batendo palmas. O barulho das palmas é metaforizado pelo ruído dos porcos queixadas roendo caroços de tucum; gargantas choradoras, por sua vez, são visualizadas como caniços de inalar rapé. O morto sendo levado na rede é equiparado a um bicho-preguiça pendurado nos galhos de uma árvore.

83 *Miri ashkãyash* ("você mesmo inteiro") é a expressão da língua especial para *kayakavi* ("vivente" em marubo cotidiano).

veí-vaí: o caminho-morte

25	"f tsiwá vakevo	"meus filhos e filhas
	f take shavovo	mais minhas irmãs
	f noiakenõ"	eu amo mesmo"
	mj kamf iamai	não pense assim[84]
	nea mai shavaya	da morada desta terra
30	ãtsãshovisi	você se cansou
	miri noke eneai	e nos deixou
	"nea mai shavaya	"da morada desta terra
	f noiakenõ	eu gosto mesmo
	txaitivo paroke	num canto da maloca
35	raomavã natj	ali na sombra
	toki vakichi	de uma pilastra
	f noiakenõ"	eu quero ficar"
	mj kamf iamai	não pense assim
	"vei tama voro	"na árvore-morte
40	vototanáirino	ali ao lado
	f noiakenõ"	eu quero ficar"
	mj kamf iamai	não pense assim
	rapano vairo	o caminho do porto
	matsí avai	quieto e vazio ficou
45	mj niá vairao	o seu caminho
	matsí avai	quieto e vazio ficou
	mãta mj akai	está mesmo morto
	"f tsiwá vakevo	"meus filhos e filhas
	f noiakenõ"	eu amo mesmo"
50	mj kamf iamai	não pense assim
	nea mai shavaya	na morada desta terra
	kekashenã asi	fazendo algazarra
	mj kamf iamai	aqui não fique
	"vei mani yora	"na bananeira-morte
55	vototanáirino	ali ao lado
	vei mani pei	na folha-morte

(Na linha 35 aparece a indicação marginal "36" à direita de "raomavã natj / ali na sombra" e "35" à direita de "toki vakichi / de uma pilastra".)

---

84 Outra fórmula da língua especial, correspondente a *askároa*, *neská vanaroa* ("não faça assim, não diga isso", em marubo cotidiano).

toki vakíchi	em sua sombra[85]
f noiakenõ"	eu quero ficar"
mj kamf iamai	não pense assim
60 "*f anõ aweya*	"com as minhas coisas
f noiakenõ"	eu quero ficar"
mj kamf iamai	não pense assim
"*vei mivo potati*	"no lixo-morte
f noiakenõ"	eu quero ficar"
65 *mj kamf iamai*	não pense assim
"*f meitirao*	"com meus trabalhos
f noiakenõ"	eu quero ficar"
mj kamf iamai	não pense assim
"*kayakavi akesho*	"estou mesmo vivo
70 *f ato noinõ"*	para poder amá-los"
inã rivirao	ele ainda insiste
"*f wetsamavo*	"para muito gostar	73
f anõ noiai"	de meus parentes"	72
a iki rivirao	ele ainda diz

Condução pelo caminho

75 *naivo shavaya*	esta morada toda
matsí avai	vazia e quieta ficou
mãta mj akai	está mesmo morto
mj sheni txovo	de seus antigos
anõ iti vairao	o caminho para passar
80 *Vei Mai Shavaya*	na Morada da Terra-Morte
shavá tapiakesho	na terra vai se abrindo
mj nete sanãti	com claros olhos
sanã koj inisho	olhe mesmo bem

---

85 Referência aos lugares onde os espectros se reúnem, tais como a sombra das pimen-
teiras, das bananeiras e das pilastras.

	neri veso oanimai	para trás não volte	
85	Vei Vai shavaya	aberto Caminho-Morte	
	shavá tapiakesho	aberto mesmo está	
	vei rono jpapa	pela cauda da cobra-morte	/pelo Caminho-Morte
	kaya inakãi	vá mesmo subindo	
	kai koj katãwf!	vá logo embora!	
90	vei rono kashõno	pela coluna da cobra-morte	/ao longo do Caminho
	kaya inakãi	vá mesmo subindo	
	neri veso oanimai	para trás não volte	
	kai koj katãwf!	vá logo embora!	
	nea mai shavaya	a morada desta terra	
95	shavá noitivisi	a morada esquecendo	
	mj eneakõti	você deve partir	
	vei rono kashõno	pela coluna da cobra-morte	/ao longo do Caminho
	kaya inakãi	vai mesmo subindo	

Ponte-Morte

	vei waka yapokash	no rio-morte cruzado	/no rio-morte cruzada
100	vei awá shao	osso de anta-morte[86]	/a ponte-morte
	rakãini otivo	foi há tempos colocado	/foi há tempos colocada
	vei awá shaono	pelo osso de anta-morte	/pela ponte-morte
	kayaina ikirao	vá mesmo subindo	
	kai koj katãwf!	vá logo embora!	
105	Vei Vai shavaya	pelo Caminho-Morte	
	kayainakãi	vá mesmo subindo	
	kai koj katãwf!	vá logo embora!	
	neri veso oanimai	para trás não volte	
	mj nete sanãti	com claros olhos	
110	sanã koj inisho	olhe mesmo bem	
	Vei Vai shavaya	pelo Caminho-Morte	
	kayaina iriwf!	vá logo subindo!	
	Vei Vai shavaya	pelo Caminho-Morte	
115	kayaina ikirao	vá mesmo embora!	

Jaboti-Morte

	vei shoni pei	na folha de taioba-morte
	votjki irinõ	na folha encurvada
	Vei Vai matoke	na colina do Caminho-Morte
	vei tama shaká	com seu grande chocho	/com seu casco
120	awf shasho atõ	de casca de árvore-morte	/de couro feito

86 "Osso de anta" é uma metáfora para ponte que, por sua vez, é uma sucuri, na qual o morto pode escorregar e cair no rio-morte.

IV: A ERA-MORTE

Vei Shawe ativo	Jaboti-Morte há tempos
VeiVai kepomash	o Caminho-Morte fecha
Vei Shawe ativo	Jaboti-Morte há tempos
mia vake tawfmisi	tornozelo quer cortar[87]

125

"*f vero tsakánõ*"	"eu vou olhar!"
mj kamf iamai	não pense assim

Macaco-Morte

vei tama voro	no toco da árvore-morte /na colina-morte
masotaná irinõ	ali em cima
vei iso ativo	macaco-morte está[88]
130 *tsaoini otivo*	há tempos sentado

Goiabas-Morte

"*vei yõká ativo*	"goiabas-morte fizeram
f yanianõnã"	para me fartar"
mj kamf iamai	não pense assim
mia veiyamisi	morto vai ficar

Sangue-Morte

135 *vei rono imi*	sangue de cobra-morte[89]
VeiVai teamash	o Caminho-Morte fecha
vei rono shavã	tronco de cobra-morte
nasotanairino	ali no fundo
vei mai mjkini	do buraco-morte
140 *tsaoini otivo*	há tempos foi colocado
vei imi ativo	pelo sangue-morte
machitainvãi	pulando logo passe
vei moshô wenõ	no vento de árvore-morte[90]
145 *teki inakãi*	leve vai subindo
VeiVai shavaya	aberto Caminho-Morte
shavá tapiakesho	aberto mesmo está

---

87 Não se compreende o que faz o termo *vake* (criança) aí no verso 124. De toda forma, a estrofe inteira recupera os versos do *VeiVai* (90 a 105).

88 Aí sentado, ele vai se transformar em cupinzeiro.

89 O cheiro forte de sangue (*imi iaka*) nos deixa cansado, deixa nossa "vida" cansada (*nokf chinã*).

90 Os *kfchjtxo* mandam um vento forte para ajudar, que faz a pessoa ir rápido como um avião.

vei-vai: o caminho-morte

kayainakãirao	vá mesmo subindo
neri veso oanimai	para trás não volte
kãi koj katãwf!	vá logo embora!
mj otxi txovo	seus irmãos todos[91]
mj txitxo txovo	e suas irmãs todas
atõ merainii	vá mesmo encontrar
kai koj katãwf!	vá logo embora!

150

Frutos-Morte

"vei shãta ativo	"maracujá-morte fizeram
f yanianõnã"	para me fartar"
mj kamf iamai	não pense assim
"vei shõpa ativo	"mamão-morte fizeram
f yanianõnã"	para me fartar"
mj kamf iamai	não pense assim
mia veiyamisi	morto vai ficar
"f yanianõnã"	"quero me fartar"
a inãrao	se isso quiser
mechmiri kachkese	a fatia esquerda
ori aki avakj	a fatia jogue
mekiri kachkese	e da fatia direita
yaniainvãi	da fatia farte-se
kai koj katãwf!	vá logo embora!

155

160

165

Fogo-Morte

vei shawã vake	filhote de arara-morte
Vei Vai teamash	fechando o Caminho-Morte
vei shawã ina	cauda de arara-morte
ina tene amasho	de cauda cocar fizeram
vei shawã ina	cauda de arara-morte
txipãniti amasho	de cauda tanga fizeram
nitxj ini otivo	ali no meio deixaram
vei txi ativo	e fogo-morte formaram
machitainvãiwf!	passe rápido pulando!
kayaina iriwf!	vá logo subindo!

170

175

91 Uma referência aos antigos parentes mortos (*shenirasj*).

Fruto-Morte

180 *vei pama ativo*	o velho fruto-morte
mj kai merai	você vai encontrar
meso ake imajnõ	no galho balançando
"f yanianõnã"	"é para me fartar!"
mj kamf iamai	não pense assim
185 *mia veiyamisi*	morto vai ficar

Buraco-Morte

vei pano shavã	tronco de tatu-morte	
Vei Vai teamash	há tempos colocado[92]	188
tsaoini otivo	o Caminho-Morte fecha	187
machitainvãi	passe logo pulando	
190 *kai koj katãwf!*	vá logo embora!	

Sapos-cansaço e sapos-morte

pini vawã vake	filhote de papagaio-cansaço[93]
pini mai voroke	ali na terra-cansaço
tsaoini otivo	há tempos colocado
ojnivãi	olhe rápido passando
195 *kai koj katãwf!*	vá logo embora!
vei vawã vake	filhote de papagaio-morte
vei mai voroke	ali na terra-morte
tsãoni otivo	há tempos sentado
ojnivãi	olhe rápido passando
200 *kai koj katãwf!*	vá logo embora!

Ponte-Morte

vei jper teke	pedaço de sucuri-morte[94]	
Vei Vai teasho	há tempos colocado	203
rakãini otivo	o Caminho-Morte fecha	202

92 O tronco de tatu foi colocado para assim formar buraco-morte (*anõ shãtô shovia*). Aqui e em outras partes, o cantador suprime as fórmulas finais que completam a etiologia.

93 O filhote de papagaio foi colocado para se transformar em pererereca-cansaço (*anõ pini kãpô shovia*). Idem para os papagaios seguintes, que formam, respectivamente, perereca--cansaço (*pini kãpô*) e perereca-morte (*vei kãpô*). *Kãpo* é a *Phyllomedusa bicolor*, mas não se trata aí dos mesmos batráquios encontrados nesta terra, pois estamos na paisagem mortal.

94 O pedaço de sucuri é utilizado para fazer ou se transformar na ponte-morte.

veí-vaí: o caminho-morte

	vei shono tapãrao	pela ponte samaúma-morte	
205	*machitain vãi*	passe rápido pulando	
	kai koj katãwf!	vá logo embora!	

Espinheiro-Morte

	txafwa tarãti	pelo grande espinheiro[95]	
	Vei Vai teasho	há tempos colocado	209
	rakãini otivo	que Caminho-Morte fecha	208
210	*machitainvãi*	passe logo pulando	
	kai koj katãwf!	vá logo embora!	
	Vei Vai shavaya	aberto Caminho-Morte	
	shavá tapiakesho	aberto mesmo está	
	mj nete sanãti	com claros olhos	
215	*sanã koj inisho*	olhe mesmo bem	
	kayainakãi	vá mesmo subindo	
	neri veso oanimai	para trás não volte	
	kai koj katãwf!	vá logo embora!	

Crianças-Morte

	vei rono toki	feto de cobra-morte[96]
220	*vei tani shamãno*	no buraco-morte
	rakãini otivo	há tempos colocado
	ojnivãi	olhe rápido passando
	machitainvãi	passe rápido pulando
	kai koj katãwf!	vá logo embora!

225	*vei awá toki*	feto de anta-morte
	Vei Vai teamash	no meio do Caminho-Morte
	vei tani shamãno	no buraco-morte
	rakãini otivo	há tempos colocado
	ojnivãi	olhe rápido passando
230	*kai koj katãwf!*	vá logo embora!

95 Trata-se de um tronco gigante de palmeira espinhenta, como o murumuru (*pjtxo*, *vei pjtxo tarãti*).

96 O feto de cobra-morte está aí para fazer as crianças-morte (*vei vake*), cujos gritos fazem a pessoa morrer. As crianças estão em uma bacia/buraco-morte. São bebês, mas não têm mãe e não mamam, não crescem, ficam sempre daquele mesmo jeito. São bonitinhos, mas o seu choro faz a pessoa morrer. Venãpa diz que os encontrou no Caminho. Conta que, certa vez, seus parentes viram tais seres no aeroporto de Cruzeiro do Sul. Muitas dessas crianças ficam embaixo da terra, dentro de uma caixa ou algo assim. Foram criadas por Kanã Mari e podem mandar feitiço e doenças para as mulheres. As fórmulas seguintes também se referem à formação das crianças-morte.

	nfmf awá toki	feto de anta-trovão[97]
	Vei Vai teamash	no meio do Caminho-Morte
	nfmf tani shamãno	no buraco-trovão
	rakãini otivo	há tempos foi colocado
235	vei vake raká	pela criança-morte deitada
	machitainvãi	passe rápido pulando
	kai koj katãwf!	vá logo embora!

Cupinzeiros-Morte

	vei awá shaká	couro de anta-morte	
	vei tama tapã	ali nas costas	240
240	kasotanáirino	do tronco-morte	239
	rakãini otivo	foi há tempos colocado[98]	
	ojnivãi	olhe rápido passando	
	vei awá kayãki	tronco de anta-morte	
	vei tama voroke	ali em cima[99]	245
245	masotanáirino	do tronco-morte	244
	tsaoini otivo	foi há tempos colocado	
	"f verõ tsakanõ"	"eu vou olhar!"	
	mj kamf iamai	não faça assim	
	vei isõ vake	filhote de macaco-morte	
250	vei tama voroke	ali no tronco-morte	
	masotanáirino	em cima está	
	tsaoini otivo	há tempos sentado[100]	
253	"f verõ tsakanõ"	"eu vou olhar!"	
	mj kamf iamai	não faça assim	

97 Nemf, uma onomatopeia para trovão. Certa vez, quando trovejava num dia de sol, o pai de Eduardo Tawãpapa dizia que se tratava das crianças que habitam o Caminho-Morte. Também em outros céus há outros espectros-criança que assim soam, nesses trovões que não despencam em chuva nos dias de sol. Passados três dias da morte de uma pessoa, não se pode tomar banho de chuva, pois essa água é o banho dos duplos de parentes, que cai de suas casas lá de cima. O sujeito corre o risco de ficar com feridas na cabeça ao lavar-se com essa água.

98 Para fazer cupinzeiro grande (anõ nakash shovia), assim como nos versos seguintes.

99 Para Venãpa, esse verso está errado, pois o corpo de anta (awá kaya) fica deitado na terra para assim formar cupinzeiros grandes (voianoã, nakashe anika), e não em cima de um galho de árvore, formando os cupinzeiros que ficam no alto e são feitos com couro de anta (awá shaká). Voianoã é o cupinzeiro de terra formado pelo corpo de anta; cupinzeiro de árvore é formado por seu couro.

100 Também para formar cupinzeiro que fica no alto dos galhos.

vei-vai: o caminho-morte

Sangue-Morte

255	*vei awá imi*	sangue de anta-morte
	Vei Vai teamash	o Caminho-Morte fecha
	vei mai mjkini	no buraco-morte
	tsaoini otivo	ali mesmo deixaram
	vei imi ativo	e sangue-morte formaram
260	*"f verõ tsakanõ"*	"eu vou olhar!"
	mj kamf iamai	não faça assim
	vei moshô wenõ	no vento de árvore-morte
	ronoina ikjrao	vá subindo voando
	machitainvãi	passe rápido pulando
265	*kai koj katãwe!˜*	e vá logo embora!

Maya-Morte

	Vei Maya ativo	há tempos Maya-Morte
	mia vei parã	te engana matando
	"f anõ anõnã"	"vou agora agarrar!"
	mj kamf iamai	não pense assim

Lamaçal-Morte

270	*vei rono poko*	tripa de cobra-morte
	Vei Vai teamash	o Caminho-Morte fecha[101]
	tsaoini otivo	há tempos esparramada
	vei matsá veoa	pelo lamaçal-morte
	machitain vãi	passe rápido pulando
275	*kãi koj katãwf!*	vá mesmo embora!

Conchas-Morte

	Vei Waka shakini	no fundo do rio-morte
	vei awá pãtxo	orelhas de anta-morte[102]
	shokoini otivo	há tempos amontoadas
	ojnivãi	olhe rápido passando
280	*kai koj katãwf!*	vá logo embora!

101 Para formar lama-morte (*anõ vei matsá shovia*).
102 Para formar conchas-morte (*vei pao*).

Vei Vai shavaya	pelo Caminho-Morte
kayainakãi	vai mesmo subindo

Urtiga-Morte

Vei Vai ketsasho	na beira do Caminho-Morte
vei isõ txeshte	traseiro de macaco-morte[103]
shokoini otivo	foi há tempos colocado
vei vakis ativo	pela urtiga-morte
machitainvãi	passe rápido pulando
kayaina iriwf!	e vá logo subindo!

(285)

Adornos-Morte

vei rane ativo	os adornos-morte
mj kai oj	ao passar encontrará
toakokrãi	chegando até você
awf aki amajnõ	para assim mesmo
mia vei parã	te enganando matar
f verõ tsakanõ	"eu quero ver!"
mj kamf iamai	não pense assim
vei rane ativo	nos adornos-morte
mia veiyamisi	você pode ficar
yora mevi yomanase	nosso difícil trabalho
a ninivarãsho	uma morta traz[104]
anõ yora metsai	para gente alegrar
"f anõ akama	"isso não roubei
eri mevi yomanash	com meu esforço fiz
f anõ aweya	para me enfeitar
aweyai tsaosho	e enfeitada ficar
fta neskai	agora assim estou
vei kaya apai	sou morta mesmo
eri rivi veisho	assim mesmo morri
f ewatxovo	as minhas bisavós
f kokavo	mais os meus tios
atõ meraininõ"	eu vou encontrar"
iki anõ ána	diz mesmo ela

(290)
(295)
(300)
(305)
(310)

103 Para formar urtiga-morte (*anõ vakis shovia*).
104 O espectro de uma mulher é que vem trazendo os adornos.

	"owa mai shavaya	"da morada daquela terra
	Vei Mai Shavaya	da Morada da Terra-Morte
	shavá ãtsãshovisi	da morada me cansei
315	*eri rivi veisho*	assim mesmo morri
	vei kaya apai	sou morta mesmo
	fta neskai"	e assim estou"
	iki vana avai	assim ela fala[105]
	kayainakãi	e vai logo subindo
320	*mj nete sanãti*	com claros olhos
	sanã koj inisho	olhe mesmo bem
	Vei Vai Shavaya	pelo Caminho-Morte
	kayainakãi	vai embora subindo
	kãi koj katãwf!	vá logo embora!

Coruja-Morte

325	*vei popo ativo*	velha Coruja-Morte
	awf vei shetsãne	com sua flecha-morte
	mia rakeaoa	vem te assustar
	"vei kaya apai	"sou morto de verdade[106]
	eri rivi veisho	assim mesmo morri
330	*fta neskai*	assim agora estou
	otximã otxi"	irmãos, meus irmãos"
	iki vana avai	assim ele fala
	vei popo ativo	e pela Coruja-Morte
	tavainivãi	vai logo passando
335	*neri veso oanimai*	não volte para cá
	Vei Vai shavaya	pelo Caminho-Morte
	kayaina ikirao	vá embora subindo
	kai koj katãwf!	vá logo embora![107]

---

105 A morta mostra que sabe conversar com adorno-morte, podendo então seguir adiante.
106 Morto de verdade ou morto íntegro, que tem as prerrogativas necessárias para atravessar o caminho.
107 Coruja-Morte, como dissemos, quer flechar o *vaká* e possui também uma cuia de ayahuasca, com a qual examina os feitos passados do morto. Se ele estiver mentindo, morre. No canto, o morto sabe conversar com Coruja e acaba passando.

Papagaio-Morte

	vei pano vake	filhote de tatu-morte
340	Vei Mai paroke	no canto da Terra-Morte
	tsaoini otivo	foi há tempos colocado
	ojniväi	olhe rápido passando
	kai koj katãwf!	e vá logo embora![108]

Veshko e a maloca-morte

	vei shovo shakjni	na maloca-morte
345	vei awá shavã	tronco de anta-morte
	vei awá shakapa	com couro de anta-morte
	marak ashõ tsaoi	ali todo coberto
	tsaoini otivo	foi há tempos colocado
	vei tani veoa	pelo buraco-morte
350	machitainvãi	passe rápido pulando
	kayaina iriwf!	vá logo subindo![109]

Macaco-Preto-Morte

	vei nawã vake	filho de estrangeiro-morte
	vei shovo matashe	na cumeeira da maloca-morte
	tsaoini otivo	há tempos colocaram
355	vei iso tsaoa	e no macaco-morte
	vei iso ativo	no macaco transformaram
	machitainvãi	passe logo pulando
	kayaina ikirao	e vá embora subindo
	Vei Vai shavaya	pelo Caminho-Morte
360	kayaina iriwf	embora logo vá
	kayainakãi!	pelo caminho subindo!

Japiim-Morte

	Vei Mai nãko	néctar da Terra-Morte
	nãko osõatõsho	de dentro do néctar
	ari rivi wenisho	por si mesmo surge
365	Vei Vai teasho	e no meio do Caminho-Morte
	Vei Txao niarao	Japiim-Morte lá está

108 Tatu dará surgimento a Vei Yoroka (Papagaio-Morte).
109 Veshko é o protetor do grande buraco (tani vesoya) que está dentro de uma maloca. Macaco Preto está em cima do telhado, cercado por urtigas gigantes. Quando a pessoa chega, Veshko ajeita uma rede para ela descansar. Quando tenta o buraco, ele derruba a pessoa e fecha a tampa. Lá dentro, ela ferverá junto com um ensopado de crânios e ossos.

veí-vaí: o caminho-morte

a nokoinisho	o velho Japiim-Morte 368
Vei Txao ativo	já vem se aproximando 367

Caminhos

"naivo vairao	"esse é o caminho
370 *inõ vake nawavo*	dos filhos do povo jaguar
anõ iti vaita	o caminho para passar
naivo vairao	esse caminho aqui
kamã shao naneya	cheio de ossos de onça
vai tapi ina	o caminho inclinado

375 *naivo vairao*	esse é o caminho
txonã vake nawavo	do povo macaco-barrigudo
anõ iti vaita	o caminho para passar
txona minoch tapãne	pela ponte de cipó
teki inakãi	subindo vão embora
380 *teki ina akjrao*	embora mesmo vão
anõ kati vaita	pelo seu caminho

naivo vairao	e esse é o caminho
shanf vake nawavo	dos filhos do povo azulão
anõ iti vaita"	o caminho para passar"

385 *akj vai yoia*	o caminho ele mostra

"naivo vairao	"e esse caminho
nokeivo nawama	de nosso povo não é
a nawã vaita"	é do povo estrangeiro"

390 *a aki avaikj*	assim diz e então

"naivo vairao	"esse é o caminho
mj sheni txovo	de seus antepassados
anõ iti vaita"	o caminho para passar"

awf aki aoa	assim vem dizendo
395 *Vei Vai shavaya*	e pelo Caminho-Morte
kaya ina ikirao	vai mesmo embora

Papagaio-Morte

vei atsa nãko	néctar de macaxeira-morte
nãko osõatõsho	de dentro do néctar

400	ari rivi wenisho	por si mesmo surge
	vei atsa txapake	e ali no galho-morte
	Vei Vawa tsaoa	Papagaio-Morte vai sentar
	a nokoinisho	e ao se aproximar
	a awe njkã	algo mesmo escuta
	vanaina aoi	e vai assim falando
405	"a matõ tsoara	"o seu parente
	oj venawf!"	venham logo ver!"
	ato aki aoa	assim a eles diz[110]
	vei vatxi noshake	e na saia-morte
	noshaini vaiki	te levam envolvido
410	nokf verõ yochjvo	para a morada	411
	anõ vesokãia	de nossos duplos do olho	410
	vei shovo shakjni	e na maloca-morte
	ikoi kaoi	vai você entrando

Os Mortos são Outros?

O canto termina da mesma maneira que o *Vei Vai* (Caminho-Morte): acolhido por seus parentes, o morto entra na maloca dos duplos dos olhos, onde trocará de pele. Os mortos comuns, assim como os mortos privilegiados (os pajés), reúnem-se sob a tutela de um dono (*ivo*): Roka no caso do Mundo-Descamar ou da Maloca dos Espíritos do Olho; o duplo de Itsãpapa no caso da aldeia transformada das cabeceiras. Um dono-hiper deve agrupar os duplos dos mortos e orientar o *modus vivendi* póstumo, a fim de que não fiquem vagando por aí, dispersos como espectros. Os pajés que vão morar nos quatro possíveis destinos melhores[111] estarão sob o abrigo desse dono, mas viverão *entre si* sem precisar trabalhar, alimentando-se apenas da iguaria celeste *nãko*, cantando e pensando (nunca escutei nada sobre o sexo após a morte e a abolição dos limites do incesto). Os duplos ordinários, mesmo logrando atravessar o *Vei Vai* e escapando da condição fluida, carente e aflitiva dos espectros *yochjvo*, viverão em um lugar igualmente ordinário.

Um pouco menos desagradável do que a espécie de carceragem do além comandada por seu "capitão" onde vivem os mortos yudjá[112], o lugar é também

---

110 Mulher-Papagaio (Vawã Tome) assim diz aos duplos dos olhos, os antepassados que aguardam pela chegada de seu parente recentemente falecido.

111 Maloca das pupunheiras no Céu-Descamar, Terra do Tabaco Branco, aldeia das cabeceiras ou moradas de outros *yovevo*.

112 T. S. Lima, op. cit., p. 228 e s.

lotado de gente (a imagem é a de uma cidade). Os mortos parecem estar entre outros, podem arrumar confusão e terminar novamente mortos (para que então novamente renasçam, e assim sucessivamente). Ainda que o morto siga pelo caminho exclusivo de seu povo indicado por Vawã Tome e encontre afinal os seus, a imagem geral da cidade sugere a reprodução ou repetição do viver aqui desta terra, em meio ao conflito e à afinidade. Uma vez ali, os mortos comuns não terão contato com Roka, que permanece à distância e não quer se contaminar com as suas catingas-morte. Roka, um antigo habitante desta morada que decidiu partir para um lugar melhor, tem seu equivalente katukina na figura de *Koka Notowani*[113], que renova os corpos dos mortos ao recebê-los no céu, assim como no caso marubo. *Koka Notowani* traz ainda o nome por excelência da afinidade entre os pano: *koka*, o tio materno e sogro em potencial[114].

A imagem do *dono* é essencial aqui (Itsãpapa, também ele um dono/chefe, é porém chamado de "nosso governo, como nosso pai", metáforas da aglutinação ou da inclusão, e não da alteridade). Uma vez em suas moradas, os mortos continuam a se amparar em uma vida social, à imagem mesmo dessa que ocorre na terra, na qual o dono de maloca se destaca como aglutinador de parentes. A sociedade é replicada nos domínios póstumos, mas em condições distintas para os distintos mortos: praticamente igual a esta terra no caso dos finados ordinários, ela será prototípica no caso dos pajés, e nada desorganizada. Os mortos podem retornar ao mundo dos vivos – e, sobretudo, os mortos-hiper ou espiritizados – para continuar a comunicação interrompida por conta da dissolução da carcaça (a morte, *vopia*). E o fazem justamente através da maloca/corpo dos *romeya*: visitam, pois, seus parentes consanguíneos tal como os espíritos *yovevo* que decidem sair de suas casas por alguns instantes. Estes mortos têm um corpo, e melhor do que os nossos: "o sangue deles não é como o nosso, a carne deles não é como a nossa", dizem com frequência. "São mais para espírito" (*yovepase*), são praticamente como os *yovevo*, estas "gentes outras" (*yora wetsa*) tais como os duplos das sucuris que vivem em suas moradas e que não vemos, a não ser quando tomam de empréstimo o corpo/casa do *romeya* (nessa visita que, como dissemos, é bem distinta de uma possessão).

Estou falando dos mortos que ultrapassaram a condição de "espectro", isto é, dos que vencem as etapas do *Vei Vai* e que não ficaram portanto morridos/transformados por aqui ou por lá. Aos espectros, porém, caberia uma interpretação como inimigos (muito embora tal coisa nunca tenha sido dita explicitamente), pois ameaçam os viventes com sua carência e insensatez. Ainda que distinto do caso krahô e de outros jê[115], parece possível uma analogia com a seguinte informação de Carneiro da Cunha: os *karõ* passam por diversas transformações em animais mas, "se fica na aldeia (de *mekarõ*), não acontece de virar"[116].

---

113 E. Coffaci de Lima, op. cit., p. 86, 109.
114 A afinidade póstuma é mais explícita entre os kaxinawá, cujos mortos viverão com seus cunhados Inca no céu. Cf. C. McCallum, op. cit., p. 61.
115 M. S. Coelho de Souza, *O Traço e o Círculo: O Conceito de Parentesco entre os Jê e seus Antropólogos*).
116 Chiara apud M. Carneiro da Cunha, *Os Mortos e os Outros*, p. 115.

Também para os marubo a convivência nas aldeias dos mortos é o que estanca a possibilidade da passagem ao estado prototípico, o perigo onipresente aos *vaká* que acabaram de se desprender de suas carcaças. Para isso, é necessário que os rituais funerários tenham sido realizados com eficácia pois, do contrário, o morto recente ficará por aqui atrapalhando seus parentes. Uma vez lá, os *vaká* são porém bastante distintos dos *mekarõ*, "que são só pele e osso, não têm carne", "não têm movimento próprio, são impelidos pelo vento"[117]. Eles têm para si mesmos (outros) corpos pois, a rigor, não se concebem como mortos, num sentido perspectivo encontrado entre os próprios krahô: "os *mekarô* chamam-nos de *mekarô*, eles não se chamam (a si mesmos) de *mekarô*, eles têm medo de nós"[118]. A questão é de posição. Para os marubo, mesmo os mortos recentes (*yochj*) também têm para si mesmos carne e ossos, muito embora vivam no limbo do parentesco e no desejo insaciável do afeto dos viventes: têm medo dos *kfchjtxo* e de seus poderes que, em suas batalhas xamanísticas, os afastam para longe das malocas. Ultrapassada essa condição, a situação se inverte: os mortos-hiper não temem mais e não nos assediam; vêm apenas quando chamados e, quando vêm, conversam e cantam. Estendem, assim, a vida social e o parentesco daqui para suas moradas melhores. Essa situação não é totalmente dependente da dissolução da carcaça, pois são muitas as pessoas que já têm seus duplos distribuídos em vida, o que, como dissemos, só facilitará a morte ou mudança definitiva.

Em duas passagens de dois cantos estudados nas páginas acima vê-se, entretanto, que o morto locutor reconhece a si mesmo como morto. No *Vaká Yonoa*, vemos o *vaká* de uma mulher dizer: "sou morta mesmo/ morri mesmo assim". Em um *iniki* traduzido no capítulo 2, vemos o falecido pai de Cherõpapa cantar o seguinte: "estou mesmo morto/ estou mesmo morto/ seria bom voltar" (versos 18 a 20). Os mortos sabem que morreram – os mortos "bons" são, a rigor, aqueles que reconhecem a disjunção que os condiciona, coisa que não acontece com os espectros *yochjvo*, insensatos e carentes. Isso tudo, entretanto, não impede que o pensamento xamanístico se baseie na reflexividade: "para si os mortos têm corpo". Um enunciado como esse não pode ser compreendido fora de seu contexto: Venãpa dirá que lhe parece como vivente, "é mesmo como vivente" (*kayakavi keskáse*) o que pôde testemunhar alhures em sua experiência direta. Ora, mas Venãpa estava dizendo isso para uma audiência ("vivente"), assim como fazia o finado pai de Cherõpapa em um canto iniki. O morto no canto acima precisa se afirmar como morto no interior de um diálogo com o pajé psicopompo e com os habitantes do caminho. O pensamento xamanístico, entretanto, tem que deixar aberta a possibilidade de que os mortos (e outros tantos entes) digam para si mesmos outras coisas. Donde o dilema da tradução.

"Essa singularidade compósita do vivente é decomposta pela morte, que separa um princípio de alteridade afim, a alma, de um princípio de identidade

---

117 Idem, p. 128.
118 Idem, p. 120.

veí-vaí: o caminho-morte

consanguínea, o corpo". Assim escreve Viveiros de Castro, que segue dizendo: "Isso equivale a dizer que a consanguinidade pura só pode ser alcançada na morte: ela é a consequência última do processo vital do parentesco, exatamente como a afinidade pura é a condição cosmológica desse processo"[119]. De fato, é isso que ocorre entre os marubo: a singularidade vivente desaparece; os duplos bons (os ruins ficarão sempre por aqui) que ultrapassam os riscos da morte recente vão viver alhures entre os seus. Em vida, entretanto, a alma (ou o que chamo de "duplo") não é afim ao corpo vivente (ou o que chamo de "carcaça"): múltiplos, eles são na realidade irmãos mais velhos (otxivo) da pessoa/corpo. É exatamente por isso que a consanguinidade póstuma fica garantida: desde antes, os duplos já vão preparando a vida no parentesco espiritizado. Mas como isso? Ora, duplos tais como o âmago do peitopensar, os duplos do lado direito e esquerdo, mais o duplo do olho, são a rigor *corpos* que nos habitam e veem essa nossa carcaça como uma maloca: também os duplos são "princípios de identidade consanguínea", pois o esquema é recursivo.

A peculiaridade do caso marubo talvez resida em suas imagens explícitas e elaboradas da pessoa: "corpo/maloca" (*nokf shovo shakj nanea*, "nossa maloca que está dentro do oco") é uma arena para "pessoas/corpos" (*yora*), ligada por caminhos a outras tantas malocas e suas pessoas/corpos. Essa miríade de pessoas vem visitar o espaço interno do *romeya*, onde repetem as mesmas condutas do bem viver no parentesco (*ese*) observadas (e por vezes negligenciadas) nas malocas "de fora". Mas é verdade que os mortos-hiper, tais como Kana Ina ou Itsãpapa, *"são como os espíritos"*, ou seja, são similares, mas não idênticos a eles. Ainda que detenham o protótipo da vida em parentesco, vivendo em malocas com seus chefes/donos, os espíritos encontram-se livres da morte e da cisão entre duplos e corpos. Não são portanto como os viventes, cujo xamanismo se caracteriza, justamente, pela tentativa de mimetizá-los. Os espíritos são pessoas outras ("distintos de nós/ distintos de mim", dizia um *vaká* em algum canto) às quais tendem os "mortos bem morridos". São pessoas desde sempre existentes, e melhores.

---

119 Cf. *A Inconstância da Alma Selvagem*, p. 444-445.

13. Mitologia da Morte

os cantos *saiti* e a multiplicidade

A Morte e o Cosmos

A reorientação das práticas funerárias conduzida pelo espírito do gavião em tempos recentes, baseada no abandono da ingestão dos ossos em função do enterro dos cadáveres, vai se relacionar a certa temática que atravessa determinados episódios dos mitos[1]. Como não se trata aqui de apresentar um estudo específico sobre a organização da mitologia marubo, vamos novamente selecionar algumas narrativas que desenvolvem entre si certas relações de transformação. Vale olhar rapidamente para um conjunto de três cantos *saiti*: *Rome Owa Romeya* ("Pajé Flor de Tabaco"), *Roka* ("História de Roka") e *Kaná Kawã* ("Raptada pelo Raio"). No resumo da história de Roka citado no capítulo 11, vimos que Nawa Mesho, envenenado pelos yochj, desprendia Roka, seu duplo ou âmago do peitopensar (chinã nató), ao ter sua carcaça cremada no meio da maloca. Roka decide fugir da febre-morte solta das carnes calcinadas e vai procurar

---

1 O emprego de "mito", que aqui prevalece por falta de opção melhor, não deve pressupor uma oposição entre fatos reais e fictícios, históricos e imaginários, e assim por diante. Pretende-se aqui justamente oferecer uma alternativa ao estatuto negativo e contrastivo que tal noção assume ao ser inventada pelo discurso filosófico, como bem mostrou Marcel Detienne em *L'Invention de la Mythologie*. Utilizo o termo "mitologia", por outro lado, apenas para designar o conjunto de especulações e reflexões desenvolvidos pelos próprios xamãs marubo sobre o seu arcabouço de narrativas. Uma discussão mais aprofundada sobre o assunto é matéria para outro trabalho.

abrigo numa morada melhor, a Morada do Céu-Descamar. A história de Pajé-Flor de Tabaco está em relação de transformação com a de Roka:

> Pajé Flor de Tabaco, envenenado pelos yochj Nea Pei, Vakõ Pei e Chini Paka, está prestes a morrer. Deitado no meio de sua maloca, ele recusa ser cremado. Pede para que seus filhos deixem-no deitado no escuro, com um pote de ayahuasca e um inalador de rapé sobre seu corpo. Não quer que queimem sua carcaça, pois pretende se espiritizar (yovea) com o auxílio das substâncias. Os filhos deixam então o pai do modo como ele sugeriu, fecham a maloca e partem para viver nas cabeceiras dos rios, longe da companhia daqueles que o envenenaram. Urubu do Olho Desenhado (Chete Vero Kene), sabendo da carne que apodrece aqui nesta terra, desce então com seus asseclas e vem cutucar a carcaça do velho pajé que, ainda não completamente morto (seu coração continuava a pulsar), toma, em um átimo, o inalador de rapé das mãos de Urubu. Assustados, os urubus fogem e Pajé Urubu permanece na maloca. Flor de Tabaco pede que ele extraia de sua carne doente os venenos introduzidos pelos yochj. Em seguida, troca de olhos com Urubu e sai à procura de seus filhos, que foram morar no encontro de remotas cabeceiras. Os filhos não reconhecem seu pai de olhos trocados e, decepcionado, Flor de Tabaco decide morar na Morada Subaquática, na companhia de Vari Mãpe, o sabido pajé sucuri, com quem vai viver "ligando pensamento" (chinã ãtjnãnãi)[2].

Os dois casos (e mais diversos outros da mitologia marubo) se iniciam com um ataque de feitiçaria que causa a morte do protagonista. Em ambas as narrativas, o destino conferido à carcaça interfere no destino do duplo (vaká), que pretende justamente escapar de mortes e feitiços em direção a uma morada melhor (celeste no caso de Roka, aquática no caso de Pajé Flor de Tabaco). Ataques entre inimigos, uma disjunção entre parentes desta mesma terra e, em seguida, uma separação entre distintas moradas e distintos *modus vivendi* está em jogo, como se a mitologia estivesse pensando há tempos esta Era-Morte, em face de outras tantas moradas melhores e caminhos possíveis. Não por acaso, é para um *percurso* similar que os kfchjtxo devem orientar o duplo do morto que atravessa o caminho, como vimos no capítulo anterior. Mitologia da morte, do parentesco e da hipervida entre parentes renovados; mitologia da afinidade, dos trajetos, viagens e distâncias destes múltiplos mundos cuja tessitura estética é essa espécie de "nostalgia", a tristeza dos deslocamentos, da tradução e das rupturas[3]. *Oniska* – a contrapartida desolada do afeto ou do amor (noia) entre parentes, que

---

2   Por economia de espaço, não posso reproduzir aqui a versão completa desses (e de outros longos) cantos-mito, que precisam então ser apresentados em versões resumidas de trabalho.

3   A análise de Guilherme Werlang é pertinente: os *saiti* "são a matriz temporal do cosmos marubo". Cf. *Emerging Peoples: Marubo myth-chants*, p. 216. A relação entre tais cantos e a ideia de trajeto/viagem foi também observada pelo autor. Idem, p. 191.

o morto deve saber superar para completar seu curso e que Pajé Samaúma, uma espécie de Orfeu amazônico, viveu ao ter sua esposa raptada pelos espíritos do raio (kaná yochj). A fim de recuperar intacto o seu vaká, ele vai percorrer alguns dos diversos povos e estratos que compõem o cosmos.

CANTO 21: *Kaná Kawã*, "Raptada pelo Raio"
(Armando Cherõpapa)[4]

1	*Vo Shono Romeya*	Pajé Samaúma
	yove kaya apai	pajé mais forte
	awf nimeaitõ	ali sempre vivia
	Ino Sheta Rekfne	mas Sheta Reke
5	*Ino Sheta Wesi*	junto com Sheta Wesi
	Ayo Chai inisho	e Ayo Chai
	yove vana kfsho	ao pajé invejam
	sheni vana netãti	soprocanto fazem
	sheni vana nokoi	e chega o soprocanto[5]
10	*Yene Shavo Maya*	Yene Maya, a mulher
	wa kaya shanfne	no meio da maloca
	pani txiwávakjsho	pendura a rede
	awe rakámajnõ	e ao deitar-se
	vari isj potxjni	bem ao meio-dia
15	*kaná veyanãnãki*	um raio rápido
	wa kaya nakiki	o pátio da maloca
	nao vakjvakjki	forte forte fulmina
	awf aj toya	e sua mulher grávida
	kaná kawã yochjni	os espíritos do raio
20	*shatfkamãino*	rasgam e retalham[6]
	veroyakjki	e ela vai tombando
	pakei kawãmai	diante do marido
	awf anõ ajki	que assim ampara
	tetsõ pakei kashõki	a mulher desfalecida
25	*waishõ aoi*	e começa a chorá-la

4 Duas versões kaxinawá desse mito podem ser encontradas em *Shenipabau Miyu*, p. 73 e em A.-M. D'Ans, *Le Dit des vrais hommes*, p. 115.

5 A expressão metafórica *sheni vana* (lit. "fala de velho") se refere aos cantos *shõki*, "soprocantos". Sheta Reke, Sheta Wesi e Ayo Chai são três espíritos (*yochj*) vizinhos de Pajé Samaúma, que desejam sua mulher.

6 Um raio arrebentou a barriga da mulher // seus espíritos sequestraram o duplo da mulher com seu bebê. Os eventos ocorrem em paralelo, acompanhando a cisão generalizada entre duplos e corpos que marca a cosmologia marubo. O duplo da esposa de Samaúma passará a viver com outros homens na Morada do Céu-Raio.

mitologia da morte

	"f *noi shavo*	"minha esposa amada
	noma roa vake"	pequena bela juriti"
	iki wai ioi	assim vai chorando
	Vo Shono Romeya	o Pajé Samaúma
30	"mj *yora ravjki*	"apenas para ti
	yojni chinãi"	eu antes caçava"
	a pakekãi	ele chora debruçado
	"f *aki amajnõ*	"enquanto eu caçava
	mj *anõ awevo*	tu não ficavas 38
35	*atõ chinãvãi*	indo e vindo
	ori vai chitai	para lá e cá
	neri vai chitai	por aí visitando
	ave vakjvakj	os teus irmãos 34
	mj *anõ atima*	não fazias assim
40	*yojni chinãi*	quando eu ia
	f *pakekãimãi*	sozinho caçar
	mj *tsaotãisho*	ficavas aqui sentada
	yojni pei	não eras uma ave
	pei revo sekeya	de penas listradas[7]
45	*tsaotãi iki*	ficavas aqui sentada
	mj *anõ aina*"	eras mesmo assim"
	iki wai ioi	diz ele chorando
	waiki avai	assim chora e então
	"f *atima ionõ*	"vou buscá-la
50	*wená atsomaroa!*"	não calcinem o corpo!"[8]
	iki chinãvaiki	aos parentes diz
	makã tachi pei	e folha forte
	peikia tsoasho	a folha coa
	yaniaki avai	e do caldo bebe[9]
55	*awf yovekãia*	em espírito muda-se

7 Metáfora para pessoas volúveis, inconstantes, imprevisíveis, que a cada dia fazem uma coisa diferente.

8 Pajé Samaúma diz para os parentes não queimarem ainda o corpo de sua mulher (seguindo os rituais fúnebres dos antigos). Ele vai procurar por seu duplo perdido em algum lugar.

9 Pajé Samaúma está fazendo um preparado de folhas, com o qual se deslocará pelo cosmos. *Makã tachi* é um desses vegetais, não identificado.

	Kanã Mari sheni	e vai descendo
	anõ iti vajse	ali pelo caminho
	yove pake aoi	do antepassado Kanã Mari[10]
	Imi Tama sheni	e no antepassado Imi Tama[11]
60	*a noko pakesho*	ali vai chegando
	"f ajnã	"a minha mulher
	neno oamarai?"	por aqui passou?"
	awf atõ akaki	a eles pergunta
	"noke ojmanã"	"aqui não vimos"
65	*iki njkãtaniki*	ele assim escuta
	wa ari amfse	e sozinho sai
	nipai oshõki	andando de volta
	rona vana txiriai	vem cantando só
	yove vana yoi	seu belo chorocanto
70	*"f noi shavo*	"minha esposa amada
	neská kawãkirivi	foste mesmo embora
	mj ea eneai	deixaste-me só
	waki eshe netãi	as sementes gêmeas
	nõ anõ ikinã	que éramos nós
75	*f noi shavo"*	minha esposa amada"
	iki wai ioi	assim chorocanta
	wakã tachi peiki	e folha forte
	peikia tsoasho	a folha coa
	yaniaki avai	do caldo bebe
80	*awf yovekãja*	em espírito muda-se
	wa ene vaise	e no caminho d'água
	yove pake aoi	mudado ele vai
	ene yochj nawavos	e gente d'água
	ato noko pakesho	a gente ele encontra
85	*"f anõ ajnã*	"acaso não viram	86
	mato ojamai?"	a minha mulher?"	85
	awf ato akaki	a eles pergunta

10 Kanã Mari, os demiurgos criadores da terra, são os que fizeram o caminho.
11 Esse é o nome do espírito do rato (*makã waká*), visitado pelo protagonista. Pajé Samaú-ma passará, daí em diante, a percorrer os domínios de gentes diversas, procurando pelo duplo de sua mulher.

mitologia da morte

"noke ojamanã"	"não vimos não"
iki njkãtaniki	assim mesmo escuta
90 wa ari amfse	e sozinho sai
nipai oshõki	andando de volta
"f atima ionõ	"vou encontrá-la
wenátsomaroa!"	não calcinem o corpo!"[12]
a iki avaiki	aos parentes diz
95 yove iso txeshte	e do traseiro de macaco
yove tama yora	ali em cima
kasotanáirinõ	da árvore-espírito
nitxj ini otivo	há tempos colocado
naí shavá pokesho	cruzado no céu
100 wa rono pakea	formou-se pendurada
yove tachi peiki	outra folha forte[13]
yove rome ene	que ao caldo de tabaco
ene votj vetãsho	ao caldo mistura
peikia tsoasho	a folha coa
105 yaniaki avai	e do caldo bebe
yove rome shãko	e broto de tabaco
shãkokia sheai	o broto engole
a aki avaiki	assim faz e então
rewepei tekasho	um pássaro flecha
110 rewepei ánaki	e língua de pássaro
rome misi nawiki	com rapé mistura[14]
ána shea sheai	e língua engole
shãpei tekasho	gavião cãocão flecha
shãpei ánaki	e sua língua
115 ánakia sheai	a língua engole

---

12 Samaúma fala com seus parentes na maloca // está procurando pela mulher no mundo subaquático. O efeito é característico dos eventos xamanísticos ameríndios, nos quais a separação espacial do corpo e do duplo/alma da pessoa acaba por incidir na própria estrutura dialógica e enunciativa das artes verbais.

13 As linhas se referem ao surgimento do psicotrópico *tachi* (não identificado) pelo trabalho dos espíritos demiurgos, que colocam o traseiro de macaco-preto em cima do tronco de uma árvore. O vegetal *tachi*, entre outros tais como rapé e línguas de pássaros, são veículos para o deslocamento do pajé.

14 Engole-se a língua do pássaro *rewepei* para que seu duplo acompanhe Pajé Samaúma na viagem. O mesmo se dá com os outros pássaros mencionados na sequência do canto.

	rome chai tekasho	pássaro-tabaco flecha
	rome chai ánaki	e sua língua
	ánakia sheasho	a língua engole
	yove chairasjni	e a gente-pássaro
120	chinã mekiatõsh	seu saber acompanha
	yove iná aoi	e vai então subindo
	yove rome shãkonõ	pelo broto de rapé
	shãkõ teki inai	no broto vai subindo
	yove kaya apai	o pajé mais forte
125	yove iná aoi	o espírito chega
	wasi chai yochjvo	e a gente pássaro-capim
	ato nokoinisho	vem se aproximando
	"f ajnã	"acaso não viram
	mato ojamai?"	a minha mulher?"
130	awf ato akaki	a eles pergunta
	"noke ojamanã"	"não vimos não"
	a iki njkãvai	assim mesmo escuta
	atsã chai yochjvo	e a gente pássaro-mandioca
	ato nokoinisho	vem se aproximando
135	"f ajnã	"acaso não viram
	mato ojamai?"	a minha mulher?"
	awf iki amajno	pergunta, mas então
	"noke ojmanã"	"não vimos não"
	iki njkãvainã	assim mesmo escuta
140	shõpa chai yochjvo	e gente pássaro-mamão
	ato noko inisho	vem se aproximando
	"f ajnã	"acaso não viram
	mato ojamai?"	a minha mulher?"
	awf ato akaki	a eles pergunta
145	"noke ojmanã"	"não vimos não"
	iki njkãvai	assim mesmo escuta
	manj chai yochjvo	e a gente pássaro-banana
	ato nokoinisho	vem se aproximando
	awe anõ njkã	e a eles pergunta

mitologia da morte

150	*"noke ojamanã"*	"não vimos não"

iki njkãvai — assim mesmo escuta
washmf chai yochjvo — e a gente pássaro-algodão
ato nokoinisho — vem se aproximando

"f ajnã — "acaso não viram
155 *mato ojamai?"* — a minha mulher?"

awf ato akaki — a eles pergunta

"noke ojamanã" — "não vimos não"

iki njkãvai — assim mesmo escuta
yove kaya apai — e espírito mais forte
160 *yove inákãi* — o espírito vai subindo
chiwã chai yochjvo — e a gente pássaro-erva
ato nokoinisho — vem se aproximando

"mato ojamai?" — "viram minha mulher?"

awf iki amajno — pergunta e então

165 *"noke ojamanã"* — "não vimos não"

iki njkãvai — assim mesmo escuta
ori teki inai — mais longe sobe
mera chai yochjvo — e outra gente-pássaro
ato nokoinisho — vem se aproximando

170 *"f ajnã* — "acaso não viram
mato ojamai?" — a minha mulher?"

awf ato akaki — a eles pergunta

"noke ojamanã" — "não vimos não"

iki njkãvãi — assim mesmo escuta
175 *chiwã chai yochjvo* — e gente pássaro-planta
ato nokoinisho — vem se aproximando

chai yove nawavo — e povo-espírito pássaro[15]
ato nokoinisho — vem se aproximando

---

15 Até aqui, Pajé Samaúma está no nível das plantas baixas dos roçados, onde vivem inúmeros povos-espírito. Irá em seguida subir mais acima, através do tronco da pupunheira.

180	"f ajnã mato ojamai?"	"acaso não viram a minha mulher?"
	awf iki amajnõ	pergunta e então
	"noke ojamanã"	"não vimos não"
185	iki njkãvai yove wanj yora yora tanáini yove kaya apai yove inakãi wanj chai yochjvo ato nokoinisho	assim mesmo escuta e no tronco de pupunha pelo tronco sobe o pajé mais forte o pajé vai subindo e gente pássaro-pupunha vem se aproximando
190	"f ajnã mato ojamai?"	"acaso não viram a minha mulher?"
195	awf iki amajnõ iki njkãvãi ori teki inaki nisti chai yochjvo ato nokoinisho	pergunta e então aquilo mesmo escuta sobe mais acima e gente pássaro-paxiúba vem se aproximando
	"f ajnã mato ojamai?"	"acaso não viram a minha mulher?"
	awf iki amajnõ	pergunta e então
200	"noke ojamanã"	"não vimos não"
205	iki njkãvai wa Tama Shavaya pakeina aosho najni kokavo ato nokoinisho	assim mesmo escuta e no Mundo Arbóreo vai ali chegando seus tios-preguiça vêm se aproximando
	"f ajnã mato ojamai?"	"acaso não viram a minha mulher?"
	awf iki amajnõ	pergunta e então
	"noke ojamanã"	"não vimos não"

mitologia da morte

210	iki njkãvai	assim mesmo escuta
	Ni Sako sheni	e antepassado Ni Sako[16]
	a nokoinisho	vem se aproximando
	"f ajnã	"acaso não viram
	mato ojamai?"	a minha mulher?"
215	awf iki amajnõ	pergunta e então
	"noke ojamanã"	"não vimos não"
	iki njkãvai	assim mesmo escuta
	Ni Oke yovevo	e espíritos do mato
	ato nokoinisho	vêm se aproximando
220	"f ajnã	"acaso não viram
	mato ojamai?"	a minha mulher?"
	awf iki amajnõ	pergunta e então
	"noke ojamanã"	"não vimos não"
	iki njkãvai	assim mesmo escuta
225	Shawã Nãko yovevo	e espíritos Shawã Nãko[17]
	ato nokoinisho	vêm se aproximando
	"f ajnã"	"a minha mulher..."
	awf iki amajnõ	pergunta e então
	"noke ojamanã"	"não vimos não"
230	iki njkãvai	assim mesmo escuta
	ori yove inai	e sobe o pajé
	yove kaya apai	o espírito mais forte
	yove inákãi	o espírito vai subindo
	shono yove nawavo	e povo-espírito da samaúma
235	ato nokoinisho	vem se aproximando
	"f ajnã	"acaso não viram

16 Esse é o nome do duplo da preguiça. Samaúma está visitando os espíritos do mato.
17 Os espíritos Shawã Nãkovo surgem do "néctar da árvore-arara" e estão a meio caminho entre a gente pela qual Pajé Samaúma já passou (os tios-preguiça e os espíritos do mato), no primeiro nível do Mundo Arbóreo, e o poderoso povo-espírito samaúma, que fica mais acima.

mato ojamai?"	a minha mulher?"
awf iki amajnõ	a eles pergunta
"kaná kawã yochjni	"os espíritos do raio
240 vevo anõ kawãta	por aqui passaram
kawãta achja	há algum tempo
vakf ewã tôaya	uma mãe e seu bebê
kawãta achja"	passaram por aqui"
iki njkã anãki	assim ele escuta
245 vetj ipakãisho	e segue cabisbaixo
waiki avai	vai mesmo chorando
yove rome ene	e do caldo de tabaco
noshoakevãivai	do caldo serve-se[18]
ori yove inai	e sobe o espírito
250 shai yove nawavo	e o povo-espírito da envireira
ato nokoinisho	vem se aproximando
"f anõ ajna	"acaso não viram
mato ojamai?"	a minha mulher?"
awf iki amajnõ	a eles pergunta
255 "kaná yochj nawavo	"'raptamos mulher!'
'nõ aj vitãi'	disse o povo raio
ikõvã tachja"	passando por aqui"
iki njkãvai	ele assim escuta
ori teki inaki	e sobe para longe
260 Ni Shopa sheni	e o antepassado Ni Shopa
a nokoinisho	vem se aproximando
"f anõ ajna	"acaso não viu
mato ojamara?"	a minha mulher?"
awf iki amajnõ	pergunta e então
265 "kaná yochj nawavo	"o povo raio
vevo anõ kawãta	passou por aqui
vakf ewã toaya	uma mãe e seu bebê

18 Pajé Samaúma serve-se da bebida que traz em uma garrafa de argila, pendente de seu cotovelo esquerdo. É assim que os espíritos e suas irmãs costumam se deslocar pelo cosmos.

mitologia da morte

	nanf iki txeshese	pintados de jenipapo
	kawãta achjki"	por aqui passaram"
270	iki njkãvai	assim ele escuta
	yove mai tsakasho	e ali levantada
	wa nipa kawã	fincada na terra melhor
	Torá Osho yoraki	a árvore Torá Osho[19]
	yora tanáini	pela árvore sobe
275	yove kaya apai	o pajé mais forte
	yove inakãi	o pajé vai subindo
	koro tete ina	e seu chapéu
	awf maiti aoa	de hárpia-cinza
	koro shai meviki	na envireira-cinza
280	mesotanáirinõ	no galho deixa
	wetáinivãi	deixa pendurado
	ave anõ shorao	para assim fazer
	koro kãtxo revõno	bromélia-cinza aparecer
	naí mechpõ ronoa	e agarra as cordas
285	atxi inivãi	pendentes do céu
	Vei Naí Shavaya	e no Céu-morte
	pakeina aosho	vai ele passando
	chete yochj ikotãi	pela gente-urubu
	ao kamã shokoa	com suas onças /com seus cães
290	saiaivãi	ele passa gritocantando
	shane tama voroke	no tronco de árvore-azulão[20] /na maloca-azulão

19 Chamada pelos viventes de Torá Tama e de Torá Osho pelos espíritos, a imensa árvore estende-se acima da Morada Arbórea, servindo de caminho para os que desejam passar daí para os outros estratos celestes. Subindo pela árvore, encontra-se um caminho íngreme ou praticamente vertical e pendente no céu. O trajeto, realizado também pela Lua, conduz a uma morada melhor. De lá sai uma escada que chega até a Morada do Céu-morte, ainda nessa região empírea mais baixa. Ao lado e acima da árvore Torá Tama estão também as cordas celestes naí mechpõ. Estas cordas, explicaram-me, são na verdade quatro sucuris elásticas pendentes dos cantos do céu, sobre as quais o viajante pula para ser então catapultado para cima, quando os elásticos/sucuris soltam suas contrações. Servem também para abraçar ou rodear o céu, muito embora não o sustentem. Vistas de longe, estão sobre as nuvens, são brancas e sucedem-se umas às outras em linhas paralelas, girando e conduzindo assim a pessoa de uma corda para a outra. Os xamãs romeya e os espíritos Shoma sobem aos céus por meio delas, dizendo os seguintes versos: "Pendentes cordas celestes/ vou mesmo agarrando/ e venho aqui olhar" (Naí mechpõ ronoa/ atxi inivãia/ ojpakevarãki). A árvore, inteira desenhada com os padrões kene, surgiu assim: "Semente da árvore-espírito/ na terra arbórea caída/ por si mesma brota" (Yove tama eche/ tama mai rakásh/ ari toãshki).

20 Daí em diante, as expressões formulaicas têm de ser compreendidas em seus sentidos paralelos: o que se chama de "tronco de árvore-azulão", os espíritos entendem como suas colinas e malocas.

shane nea shokoa	na gente jacamim-azulão	
ato noko inisho	ele vem chegando	
siná awe kawãi	bravo, muito bravo	

295
"fta neskái	"vejam como estou!	
txipo kaniaivo	os depois nascidos	
txipo shavá otapa	nas outras épocas	
askái shavámisi	podem assim ficar	
ea take arina!"	vamos, ajudem-me!"[21]	

300
awf iki amajnõ	assim diz e então	
shane shatxi tosha	os seus cajados	/as suas espadas
awf wino atõ	de capim-azulão	/de lâminas de ferro
meshtãvina tanãsho	todos agarram	
paka oni kawãi	e bravos embora vão	

305
shane nea yochjvo	a gente jacamim-azulão	
tanáinivãi	chama por toda	
moka tama voroke	a gente lagarto-amargo	308
moka ãpe niaki	que vive em cima	310
siná paka voro	da árvore-amargo[22]	/na aldeia-amargo

310
masotanáirino	na taboca-bravo	/na colina-bravo 307
siná voj niaki	e ali nos pica-paus-bravos	
nokoini aosho	ele vai chegando	
siná awe kawãi	bravo, muito bravo	

"fta neskai	"vejam como estou	

315
ea take arina!"	vamos, ajudem-me!"	

awf iki amajnõ	assim diz e então	
siná yawã sheta	os seus machados	
awf roe atõ	de dentes de queixada	/de ferro e pedra
meshtãvina tanasho	eles todos agarram	

320
paka oni kawãi	e seguem raivosos	
siná voj niaki	chamando por todos	322
tanáinivãi	os pica-paus-bravo	321
moka tama voro	e na árvore-amargo	/na colina-amargo
masotanáirinõ	nos lagartos-amargo	325

325
moka ãpe niaki	ali em cima	324
nokoini aosho	ele vai chegando	

21 Shono Romeya diz que, nos tempos futuros, os espíritos do raio podem roubar de novo as mulheres dos humanos. Por isso necessita da ajuda dos pássaros.

22 Essa gente lagarto-amargo tem espingardas e zarabatanas. Foram eles que ensinaram os estrangeiros a usar armas de fogo.

mitologia da morte

	siná awe kawãi	bravo, muito bravo
	"fta neskai	"vejam como estou!
	txipo kaniaivo	os depois nascidos
330	txipo shavá otapa	nas outras épocas
	neskai shavámisi	podem assim ficar
	ea take arina!"	vamos, ajudem-me!"[23]
	awf iki amajno	diz ele e então
	mokatipi kesosho	toma as armas[24]
335	pakã oni kawãki	bravo para guerra
	neri patakãiki	vira para cá
	moka tama voroki	e na árvore-amargo
	paich akj tekai	too – atira
	neri patakãiki	vira para lá
340	moka shono voroki	e na samaúma-amargo
	paich akj tekai	too – atira
	a aki aoi	assim ele faz
	Kaná Naí Shavaya	e para o Céu-raio
	shavá chinãini	para o céu vai
345	yove kaya apai	o pajé mais forte
	yove inakãi	o espírito vai subindo
	kaná tama voroke	na árvore-raio /na colina-raio
	kaná ãpe niaki	na gente lagarto-raio[25]
	nokoini aosho	ele vai chegando
350	siná awe kawãi	bravo, muito bravo
	"fta neskai	"vejam como estou!
	txipo kaniaivo	os nascidos depois
	txipo shavá otapa	nas outras épocas
	neskái shavámisi	podem assim ficar
355	ea take arina!"	vamos, ajudem-me!"
	awf iki amajno	diz ele e então
	mokatipi kesosho	toma as armas
	paka oni kawãki	bravo para a guerra
	neri patakãiki	vira para cá
360	kaná tama voroki	e numa árvore-raio

23 O protagonista quer dizer que o povo-raio pode roubar de novo as mulheres dos viventes.
24 Embora signifique também zarabatana, *mokatipi* aqui se refere a espingardas, armas de fogo.
25 Mais outra gente-lagarto: lagarto-azulão (*shane ãpe*), lagarto-jaguar (*ino ãpe*), lagarto-japó (*rovo ãpe*), lagarto-amargo (*moka ãpe*) e lagarto-arara (*kaná ãpe*), são todos os povos celestes policiais que ensinaram seus pares aqui desta terra.

	paich akj tekai	too – atira
	neri patakãiki	vira para lá
	kaná shono voroki	e numa samaúma-raio
	paich akj tekai	too – atira
365	*a aki avai*	assim mesmo faz
	Kaná Naí Shavaya	e para o Céu-Raio
	shavá chinãini	para o céu vai
	awf niá vaiki	e naquele caminho
	vai sotavãisho	no caminho se atocaiam
370	*kaná panã voro*	ali ao lado[26]
	vototaná irino	do tronco de açaí-raio /da colina da terra-raio
	shokoake voãsho	todos se reúnem
	manatima avai	e no caminho aguardam
	kaná yochj nawavo	na roça de algodão-raio
375	*kaná washmf vanati*	nos pés de algodão-raio
	kaná washmf yora	daquela gente-raio
	vototaná irinõ	bem ao lado
	shokoakei voshõki	reúnem-se todos
	manatima avai	e ali aguardam
380	*kaná shovo shakini*	na maloca-raio
	yove ikoaoki	vai o espírito entrando
	awe anõ oja	e dentro encontra
	wa kenã sheshaki	no meio dos bancos
	vakf ewã oshkesho	a mãe com sua criança
385	*nanf iki txeshese*	preta de jenipapo
	awf tsaomajno	ali mesmo sentada
	tetsõ pakei kashõki	ela está acocorada
	waishõ aoi	e chora de novo
	"'aweto kaiki?'	"'para onde terás ido?'
390	*mj ea imai*	fazes-me assim pensar
	f noi shavo"	minha esposa amada"
	iki waishõi	assim ele chora
	a askávaiki	e então pergunta
	"venerao katai?"	"onde está o homem?"
395	*awf aki aoa*	e ela responde
	"'f nishõ ojno'	"'estou indo caçar'
	ikaini kavai	assim disse e foi

26 Quando a gente-raio bate com os seus cajados, surgem aqui os relâmpagos.

mitologia da morte

awf iki amajno	assim fez e então
awf vesoakea	quando vier voltando
nao nao ikatsai	brilho brilho fará
awf iki keskáis	assim ele faz
awf vesoakea	quando vem voltando
nao nao ioi"	ele brilha brilha"

awf askámajnõ	e enquanto isso
wa parokãiki	atrás dos bancos[27]
shokoake voãsho	reúnem-se todos
manákia aya	e ali aguardam
awf yojni poteti	tratada a caça[28]
awf nokokarã	ele vem chegando
wa manã vaiki	por aquele caminho
nao vakjvakj	brilha mais e mais
wa manã vaiki	por aquele caminho
awf tachi ina	ele enfim chega
wa kaya nakiki	e no meio da maloca
nao vakjvakj	brilha mais e mais
a aki avai	assim mesmo faz

awf ereikomãi	e logo ao entrar
a veiyamakjse	bem em seu peito
yove Shono Romeya	Pajé Samaúma
retekia aoi	rápido golpeia

awf askámajnõ	e enquanto isso
Moka Ãpe inisho	Lagarto-Amargo mais
Kaná Ãpe yochjni	espírito Lagarto-Raio
tesho txiwá ojsho	na nuca miram
paich aki tekai	too – ali atiram

awf askámajnõ	e enquanto isso
Siná Voj yochjni	espírito Pica-Pau-Bravo
tesho txiwá ojsho	na nuca mira
rerakia aoi	e o machado acerta

Linhas numeradas: 400, 405, 410, 415, 420, 425.

27 A referência é ao *repã*, uma seção da maloca que fica logo atrás dos bancos *kenã*. Shono Romeya está sendo ajudado por mais ou menos cinco pessoas que ficam escondidas aí, prestes a atacar os inimigos.

28 Era costume tratar e limpar os animais em um igarapé perto de um caminho nas redondezas da maloca e jamais no mato, sob o risco de ofender os animais, que terminam assim por se espalhar. Hoje deixaram esse hábito e a caça se tornou mais difícil. A passagem mostra que os hábitos da outra gente (no caso, do povo-raio) são como os hábitos da gente desta terra, isto é, os marubo.

	awf aská amajnõ	e enquanto isso
430	Shane Nea yochjni	espírito Jacamim-Azul
	awf shatxi winonõ	com sua espada
	yasha aki avo	a cintura atravessa
	pakei kawãmai	e o homem tomba
	Vo Shono Romeya	Pajé Samaúma então
445	awf anõ ajki	a sua mulher
	mepaini tavai	toma pela mão
	sai ipakarãi	e gritocantando volta
	Kaná Naí Shavaya	do Céu-Raio
	shavá enepakei	do céu vem descendo
450	Vei Naí Shavaya	no Céu-Morte
	shavá enepakei	no céu chega
	Ni Shopa sheni	e quando chega
	awf nokopakemãi	no antepassado Ni Shopa
	awf mevjshose	da mão segura
455	manokia aoi	da mão ela some[29]
	awf askámajnõ	e o pajé então
	wa ari amfse	vai logo sozinho
	yove iná aoki	subindo de novo
	kaná shovo shakjni	na maloca-raio
460	a ereikoki	no meio entra
	awf anõ oja	e lá encontra
	tsaovainamãse	a mulher sentada
	awf tsaomajnõ	e sentada então
	mepainitaniki	ele toma sua mão
465	wa ari amfse	e dali mesmo
	ewepake aoi	ele vai descendo
	Ni Shopa sheni	pelo antepassado Ni Shopa[30]
	awf tavapakemãi	ele vai passando
	shai yove nawavo	mas quando chega
470	awf nokopakemãi	no povo da envireira
	awf mevjshose	da mão segura
	manokia amajnõ	da mão ela some

29 A mulher de Pajé Samaúma ou, antes, o seu duplo, solta das mãos de seu marido sem que ele perceba.
30 O protagonista já está no Mundo da Copa das Árvores.

mitologia da morte

	yove shawã ina	e pela cauda de arara-espírito	/e pelo caminho-espírito[31]
	yove kapi mevinõ	atada ao galho	/atado à porta[32]
475	keyãroa inisho	de mata-pasto-espírito	/da maloca-espírito
	yove shawã inanõ	pela cauda de arara-espírito	/pelo caminho-espírito
	inã teki inaki	ele sobe de novo	
	kaná shovo shakjni	e na maloca-raio	
	a ereikoki	no meio entra	
480	a awf anõ oja	e lá encontra	
	tsaovainamãse	a mulher sentada	

	awf tsaomainõ	e sentada então	
	mepaini tavai	ele toma sua mão	
	yove shawã inãno	e pela cauda de arara-espírito	/pelo caminho-espírito
485	ina tekipakei	ele vai descendo	
	shai yove nawavo	e quando passa	487
	awf tavapakemãi	pelo povo-espírito envireira	486
	shono yove nawavo	e quando chega	489
	awf nokopakemãinõ	no povo-espírito samaúma	488
490	awf mevjshose	da mão segura	
	manokia amajno	da mão ela some	

	yove shawã ina	e pela cauda de arara-espírito	/pelo caminho-espírito
	yove kapi mevinõ	atada ao galho	/atado à porta
	keyãroa inisho	de mata-pasto-espírito	/da maloca-espírito
495	yove shawã inanõ	pela cauda de arara-espírito	/pelo caminho-espírito
	inã teki inaki	ele sobe de novo	

	Kaná Naí Shavaya	e no Céu-Raio	
	kaná shovo shakjni	na maloca-raio	
	a ereikoki	no meio entra	
500	a anõ oja	e lá encontra	
	tsaovainamãse	a mulher sentada	

	awf tsaomajnõ	e sentada então	
	mepaini tavai	ele toma sua mão	
	yove shawã inanõ	e pelo rabo de arara-espírito	/pelo caminho-espírito

31 Trata-se do nome especial para um dos caminhos-espírito. O caminho de Panipapa, que é *shanenawavo* (povo-azulão), chama-se por exemplo *shane shawã ina*, "cauda de arara-azulão". *Rovo shawã ina*, "cauda de arara-japó" é o caminho de Venãpa, um *iskonawavo* (povo-japó), e assim por diante. Esses caminhos têm cerca de dois metros de largura e são cobertos por flores da árvore *yõchj*, brancas e azuis. O caminho sai de cima das embaúbas, embora não haja ali embaúbas para o "olhar que mudou": vê-se apenas a senda perfumada se abrindo no ar. O caminho do povo-azulão é verdeazul, o do povo-sol é vermelho e o do povo-japó, branco.

32 Há aí uma maloca de espíritos, ligada ao caminho.

505	inã tekipakei	pelo caminho desce
	shono yove nawavo	e quando passa
	awf tavapakemãi	pelo povo-espírito samaúma
	ni oke yovevo	e quando passa 509
	awf tavapakemãi	pelos espíritos do mato 508
510	najni kokavo	e quando chega 511
	awf nokopakemãi	nos tios-preguiça 510
	awf pãtxo kinisho	do ouvido da mulher
	koj tachivakj	fumaça vai saindo
	awf rekj tsewesho	do nariz da mulher
515	koj tachivakj	fumaça vai saindo
	awf aki amainõ	e diz então

"'wená atsomaroa!'	"'não calcinem o corpo!'
f tserã ivai"	eu havia avisado"

	a iki aoi	ele diz aos parentes
520	awf tfshã vitjno	e nos ombros dela
	mixpo masovakj	as cinzas surgem
	shõke shõke isi	ela fica fraca fraca
	awf mevjshose	e de sua mão
	txiti iki kawãi	vai se esvaindo
525	manokia amajno	e logo desaparece
	a anoshose	e ali então
	nipai oshõki	ele vai chegando[33]
	vanaina aoi	aos parentes falando

" 'wená atsomaroa!'	"'não calcinem o corpo!'
f mato avai	eu havia dito
mã ea sinamai"	agora estou bravo"

530		
	awf iki amajnõ	assim diz e então

"awf ichná kawãmãi	"ela já apodrecia
a nõ avai"	por isso queimamos"

535	a iki aya	é o que respondem

Yene Shavo Maya	assim mesmo aconteceu
Kaná Kawã yochjni	à mulher Yene Maya
askákia aoi	raptada pelos raios

O duplo da mulher de Pajé Samaúma começa a se desfazer e a queimar, pois os parentes não obedeceram e calcinaram seu corpo. Já nesses tempos a

33 O duplo de Pajé Samaúma volta e entra dentro de seu dono (isto é, seu corpo).

cremação trazia problemas, interferia de modo negativo no destino futuro da pessoa e na cisão entre vivos e mortos. É por isso que ela não pode voltar para esta terra. Como Orfeu que esquece de seu propósito e acaba olhando Eurídice, também aqui a história termina mal[34]. Orfeu, escreve Blanchot, não é menos morto do que Eurídice, "não morto dessa tranquila morte do mundo que é o repouso, silêncio e fim, mas dessa outra morte que é morte sem-fim, prova da ausência de fim"[35]. Não há mesmo notícia dessa "morte sem-fim" entre os marubo: Pajé Samaúma, entretanto, pode realizar a passagem entre mundos distintos a despeito de estar ainda vivo. É diversas vezes morto ou morto-vivo, um tema xamanístico clássico, por contraposição à sua esposa, cuja pessoa se desfez de modo irreversível. Comete o mesmo erro de Orfeu – o desejo[36] – e acaba comprometendo todas as possibilidades de sua vida póstuma, seja entre os espíritos do raio, seja nesta terra. Os duplos são corpos reflexivamente, é verdade, mas têm uma desvantagem com relação à pessoa: estão desgarrados de seus antigos suportes, são suscetíveis, demandam cuidado.

Os estratos celestes e terrestres da cosmologia marubo são propriamente "mundos" (*shavá*) paralelos. Os classificadores, podemos ver bem nesse canto, acompanham ou marcam as passagens entre os mundos. Pessoas não moram em nuvens, mas em suas próprias casas, e suas vidas sociais podem interferir de modo positivo ou negativo no cotidiano da morada-morte. No episódio descrito pelo *saiti* "Raptada pelo Raio", Pajé Samaúma começa seu trajeto por 1. esta terra, onde indaga o duplo do rato (*makã yochj*) sobre o paradeiro de sua esposa. Em seguida, com o auxílio de mediadores (os psicotrópicos), passará à 2. morada subaquática, onde não obtém informação alguma e decide, novamente, com o auxílio dos mediadores (psicoativos e espíritos auxiliares de pássaros), subir ao primeiro nível acima das malocas, isto é, 3. às moradas das pessoas-pássaro dos roçados, onde nada descobre e segue, através do tronco de pupunha, ao nível imediatamente superior 4. do pessoal da pupunheira (*wanj yovevo*), da paxiúba e do primeiro estrato do Mundo Arbóreo, onde vivem os espíritos-preguiça e demais espíritos do mato (*Ni Okevo, Ni Yovevo*). Nesse ponto, percorre a mesma sequência já desenhada por Cherõpapa (Figura 13). Nada descobre por ali e chega então no estrato mais elevado do Mundo Arbóreo, na 5. Morada do povo-espírito da samaúma, do povo-espírito da envireira e do antepassado Ni Shopa, onde enfim obtém as informações sobre o paradeiro de sua esposa. Dali subirá ao primeiro estrato celeste, 6. a Morada do Céu-Morte, onde vive a gente-urubu com seus cachorros, através da ávore Torá Osho e das cordas *naí mechpõ* pendentes do céu, uma espécie de cama elástica cósmica que

---

34 Algo similar ocorre em diversas outras narrativas ameríndias que tematizam a relação entre vivos, mortos e espíritos. Ver por exemplo B. Saladin D'Anglurre; F. Morin, em Mariage mystique et pouvoir chamanique chez les Shipibo d'Amazonie et les Inuit du Nunavut canadien, *Anthropologie et Sociétés* para os shipibo-conibo e os inuit; ver também S. Medeiros, *Makunaíma e Jurupari:Cosmogonias Ameríndias*.

35 *L'Espace littéraire*, p. 227.

36 Idem, ibidem.

conduz os duplos dos pajés às regiões mais altas. Chega enfim 7. à Morada do Céu-Azulão, onde arregimenta seus espíritos guerreiros para, enfim, recuperar sua esposa na 8. Morada do Céu-Raio. De lá, retorna gritocantando (*saiki*, antiga expressão de guerra e de festas)[37] para sua casa, crendo ter recuperado o duplo de sua esposa que, mais adiante, acaba por se desfazer.

O canto se inicia com versos de mesma estrutura que os dos *saiti* de Pajé Flor de Tabaco (*Rome Owa Romeya*) e Roka: um feitiço é jogado sobre o protagonista e a disjunção se inicia. Do ponto de vista estilístico, "Raptada pelo Raio" traz uma composição em anel (*ring composition*): as unidades paralelísticas constroem um trajeto que será, em seguida, simetrizado ao trajeto de retorno, através do qual o protagonista chega no mesmo lugar de onde partiu (sua maloca). Ao contrário das narrativas de Roka e de Pajé Flor de Tabaco, Pajé Samaúma não parte para uma morada melhor no final do canto e tem de viver com as consequências desfavoráveis do canibalismo. Convergindo com os dois outros mitos, mais uma vez aqui a cremação interfere no comportamento dos duplos e impossibilita o contato do pajé com sua esposa. Roka temia que a febre-morte desprendida das carnes calcinadas o matasse; Pajé Flor de Tabaco pretendia para si mesmo um destino melhor e, por isso, evitou a cremação e o consumo de seu próprio cadáver. A melodia do canto *Kaná Kawã* foi dita também ser *oniska*, não apenas pela morte da mulher e pelo desencontro final, mas por suas distâncias e trajetos. Roka e Pajé Flor de Tabaco querem partir desta terra na qual o feitiço e os conflitos entre inimigos desencadearam as suas mortes; Pajé Samaúma, por sua vez, quer viver com sua esposa em sua maloca, mas inimigos de outras moradas (o povo raio) sequestram-na e desencadeiam uma batalha celeste.

Raptos de mulheres (e de seus duplos) são tão comuns entre distintas pessoas dos tempos atuais (viventes, espíritos ou espectros) quanto o foram na época das guerras, tal como nas antigas escaramuças que os marubo mantinham com seus vizinhos e inimigos, os mayoruna (também chamados de matsés). Conflitos ultrapassam a sociedade desse mundo e se estendem para o plano sociocósmico: a disputa entre pessoas de distintas posições é um problema das narrativas recuperado pelo xamanismo atual, pois mito não corresponde aqui a um passado congelado, mas a uma virtualidade passível de se atualizar a cada instante. O que chamamos de "mito", entre os marubo e tantos outros povos ameríndios não se

---

37 "Gritocanto" é a maneira pela qual decidi traduzir *saiki*. A raiz *sai-* quer dizer "grito" em diversas línguas da família pano. Entre os marubo, os gritos formalizados *eh eh eh*, os *saiki*, são empregados em festivais que tematizam relações entre aldeias (e entre os distintos *nawavo* que compõem a sociedade marubo). Assim ocorre na festa *Tanamea* (em diversos pontos similares ao *Áni Sheati* dos shipibo-conibo, conforme A.-M. Colpron, op. cit., e P. Roe, *The Cosmic Zygote*), na qual membros de uma aldeia anfitriã vão viajando (*sainaiya*) pelos caminhos que levam às outras aldeias e convidando seus parentes para comer caça e mingau de banana em abundância. Ao chegar nas aldeias de seus afins, a comitiva dos anfitriões, portando armas e adornos, gritocanta e dança nos pátios dos outros, até entrar na maloca, onde irão se reunir nos bancos *kenã* e, na forma da fala estandartizada *tsãiki*, convidar as pessoas para a festa que acontecerá nos próximos dias em suas malocas.

mitologia da morte

refe, portanto, a um arcabouço de histórias presentes apenas na memória dos narradores, mas a um "contexto comum de intercomunicabilidade idêntico ao que define o mundo intra-humano atual"[38]. Os perigos sociocósmicos, acarretados pelas disjunções entre duplos e corpos, têm a ver com o risco permanente trazido pela multiplicidade, pela miríade de povos e espíritos visualizados ao longo do trajeto de Pajé Samaúma. Mas quem eram os espíritos mobilizados pelo protagonista em sua batalha celeste? Que relação essa mitologia da morte e da multiplicidade estabelece com aqueles estrangeiros marcadamente perigosos, isto é, os brancos e peruanos? A violência, lascívia e doença dos estrangeiros possuem suas explicações na mitologia. Vamos examinar brevemente como isso se dá.

O Surgimento dos Povos e dos Insensatos

Mais ou menos na mesma época do canto "Raptada pelo Raio", a terra ainda falava. Tudo, a rigor, falava: o céu, as árvores, o rio, as malocas, as colinas, as panelas de barro, as redes. Mas certa vez, conta o *saiti* "Céu e Terra se Calaram Há Tempos" (*Naí Mai Vana Enemativo*), os *varinawavo* arrumaram confusão com Grande Sucuri-Sol (*Vari Ïper*), um antigo pajé. Eles viajavam acompanhados de suas irmãs. Encontram em algum lugar outras mulheres que não conheciam e aprendem a respeitá-las, chamando-as, não por seus nomes pessoais, mas por *natxi*, tia ou sogra em potencial. (Não é de bom tom se referir a pessoas distantes pelo nome pessoal, mas sim pela tecnonímia.) O povo antigo estava dividido entre os pajés (*romeya*) e os demais, insensatos e belicosos, que assustam Grande Sucuri com suas lanças. Sucuri manda então certas mulheres-insônia em seu encalço, que contam ou delatam à terra os atos sexuais mantidos pelos insensatos com as mulheres que supostamente deveriam ser respeitadas. Terra, cuja "vida se cansa" (*chinã mïkoka*) por conta dos odores do sexo, se indispõe com os antigos *varinawavo*. Estes, envergonhados, decidem retirar, como dizem, o "microfone" (o "osso de sabiá-espírito") através do qual a terra falava para subsituí-lo por um outro antimicronone, o "osso de jaboti-cansaço". Esquemas similares se sucedem para outros relevos da terra, os troncos e sapopemas das árvores, as panelas de barro, o rio onde se banhavam os antigos, as malocas e redes, que assim também terminam por se calar.

Céu, outrora falante, quer que os viventes venham viver com ele e diz trovejando: "aí nesta Terra-Morte / vocês vão acabar / venham para cá!" (*vei mai shavayash/ mato keyoaina/ neno verina*). Kana Voã decide então calar o céu e o soprocanta com caldo de lírio e tabaco. "Soprocanto" (*koshoka*) era a maneira pela qual os antigos (mas também os atuais viventes) enfeitiçavam-se uns aos outros. Os feitiços, presentes desde os tempos do surgimento, desencadeiam as reconfigurações

---

38 E. Viveiros de Castro, *A Inconstância da Alma Selvagem*, p. 354.

do cosmos, tornando-o silencioso tal como hoje o conhecemos. Não foi a rigor a terra que deixou de falar, mas nós que nos tornamos incapazes de escutá-la. Ainda nova, esta terra é a rigor "espírito" (*yove*), incompatível com as qualidades sexuais e comportamentos dos viventes insensatos. É nessa mesma época, um pouco antes desse episódio, que surgem também os antepassados.

No canto *Wenía*, a metáfora "vida de anta-sol" (*vari awá chinã*) se refere ao esperma dos homens-sol[39]. "Canto ou buraco da terra" (*mai parô*), por sua vez, quer dizer útero (*vake nãti*), onde vai se depositar o esperma misturado ao "vento de lírio-sol", dito ser *ajvo chinã*, "pensamento/vida da mulher", colocado ali por Kana Voã. *Nãko* metaforiza o sangue que forma os corpos das pessoas (*imi anõ kaya shoviti*) – os corpos melhores de outrora. Vari Shoi, nome de uma mulher antepassada e metonímia para a coletividade de mulheres-sol (*vari shavovo*) vai dançando e brilhando com seus adornos e cocares. Ela(s) pare(m) os seus filhos e o povo se espalha. O canto segue em blocos similares que narram, nessa ordem necessária, o surgimento/nascimento do povo azulão, do povo jaguar, do povo-arara e do povo japó, sempre a jusante, nas terras do grande rio *noa*. As pessoas do surgimento (*wenía yora*) vieram "do outro lado de um lago, do outro lado do lago de sal (*katxi waka*)", diziam entre si Venãpa e Memãpa. Os *varinawavo* surgidos de *mai nãko* ("néctar da terra" ou "sangue") são homens e mulheres pajés, e melhores (*yora kayapavo*), pois têm ainda sangue-espírito. As pessoas piores, os lascivos e insensatos, vão surgindo depois, a partir das relações que os melhores estabelecem com as mulheres encontradas ao longo da viagem.

Noutro canto da terra, encontram bananas selvagens, galinhas brancas e os estrangeiros brancos vivendo na colina de mata-pasto do rio grande (*noa kapi voro*): são chamados de *noa michô* ou *noa yochj*, única designação para os estrangeiros e brancos até hoje conhecida pelos espíritos, que não compreendem o emprego do termo *nawa* utilizado pelos atuais marubo. Ora, os espíritos *yovevo* são antepassados (*shenirasj*) e os antepassados são praticamente espíritos (*yovepase*). Aí mesmo onde vivem os *noa michô* ou os *noa yochj*, "espectros do rio grande", os antigos conhecem as lascivas mulheres *txawa nawa*, que os ensinam a copular indistintamente entre si. Num dado momento do trajeto, alguns *rovonawavo* (povo japó) encontram o povo macaco-prego-japó (*rovo chino*) de quem aprendem a manter relações com suas irmãs, sobrinhas, sogras e tias. Começam a adotar comportamentos incestuosos. Encontram os espíritos *yochj* Pica-Pau-Risada (Osã Voi) e Serpente-Risada (Osã Rono), que a eles oferecem caldo de tabaco--risada (*Cannabis*, segundo me explicaram depois), deixando ainda mais insolente o pessoal[40]. Brincando com seus pênis e fazendo barulho, os *rovonawavo* mais jovens atrapalham os pajés e chefes, que tentavam escutar os ensinamentos de Vari Mãpe, um *romeya* sabido. Levando uma bronca dos chefes, ficam com vergonha e fogem mais para cima do rio, onde encontram a Grande Ponte-Jacaré

---

39 O uso da metáfora é essencial, pois a fala direta causa doenças, como é frequente nos dias atuais em que se perdem os ensinamentos (*ese*).

40 Era através desse episódio que Tekãpapa cantopensava a doença causada pela fumaça de *Cannabis* (capítulo 10).

mitologia da morte

(*Kape Tewã Tapã*). Cansados dos insensatos e lascivos, os chefes decidem deles se livrar. Atravessam a ponte e os chamam para passar em seguida. Quando estão em cima, cortam o pescoço do jacaré e deixam os demais se afundarem[41].

Com a exceção de Shetã Veká, que consegue escapar do naufrágio da Ponte-Jacaré misturando-se entre as mulheres-chefe, todos os outros insensatos caem no rio e morrem. Do sangue soprocantado de alguns deles formam-se os japós do Rio Grande (*Ene Isko*), um nome para os policiais e brancos bravos que vão viver nas cidades; dos duplos dos outros mortos formam-se os macacos-prego-japó (levam esta classe por terem surgido a partir do povo japó afundado nas águas), isto é, as prostitutas (*ajvo ikitaya*) e pessoas ruins que vivem também nas terras dos estrangeiros, a jusante. Primeira divisão entre "nós" e "eles", isto é, entre *yora* e *nawa*. Os estrangeiros estavam presentes já na própria Ponte-Jacaré, de que eram, aliás, os guardiões (*vesoyavo*). Foram eles que emprestaram aos antigos pajés a corda de aço (*mane cheo*) utilizada para amarrar a boca do monstro atravessador, depois que os antigos fracassaram ao tentar amarrá-la com tiras de cipó *minoche*. Os inimigos (*mokanawavo*), ao que parece, atravessavam suas próprias pontes (*moka rono tapã*), também jacarés que precisaram ser domados com o auxílio dos estrangeiros donos do ferro. Eles estavam já por toda parte: são praticamente contemporâneos dos parentes (*yora*, os antepassados dos marubo), já que nasceram um pouco depois: a famosa assimetria dos pensamentos ameríndios encontra aqui mais uma versão[42].

Os duplos dos macacos-prego que vão viver a jusante depois de terem afundado na ponte são precisamente aqueles que, nos dias de hoje, encostam (*tasavrã*) nos jovens, prestidigitando as suas pessoas, tornando-os maliciosos, licenciosos e desrespeitosos com relação ao *ese*, o ensinamento dos antigos. Vale lembrar que, na festa de chamado do vento que examinamos no capítulo 10, Cherõpapa pretendia justamente varrê-los desta terra. A dinâmica jusante-montante se reproduz na atualidade: inclinados para a vida nas cidades das beiras dos grandes rios, os jovens são, lá ou nas aldeias, frequentemente assediados pelos duplos dos macacos-prego e demais agentes ruins (*yora ichná*, tais como os duplos dos ratos, xeretas e fuxiqueiros, ou os duplos da cachaça), ao passo que os velhos se inclinam às cabeceiras e ao *modus vivendi* dos espíritos *yovevo*, buscando alternativas à Era-Morte. (Note que o conflito não é definitivo: basta que um jovem amadureça e se interesse pelas pajelanças noturnas para que as relações se voltem a seu favor).

Mitologia de viagem, os cantos *Wenía* evidenciam que contato sempre foi o traço essencial dessa multiplicidade indefinida que se consolidaria em torno da sociedade marubo. "Marubo" é uma configuração social posterior a esse momento de deslocamento, tradução e transformação. Ali, os antigos vão ainda aprender a fazer partos sem cortar a barriga das mulheres, a utilizar o veneno do sapo *kãpô*, a cremar seus mortos e ingerir as cinzas dos ossos, entre outros

---

41 Veja o depoimento de Cherõpapa no capítulo 8.
42 Cf. C. Lévi-Strauss, *Histoire de Lynx*.

conhecimentos. O canto, mais uma vez "não termina" (*mashtesmarvi*), ou demandaria dias para que fossem completadas todas as etapas e episódios que o constituem. O trajeto percorrido ao longo do canto *Wenía* é resgatado na atualidade: os jovens de hoje repetem os versos do canto ao dançar ou perambular ao redor do pátio central da maloca, assim atrelando o percurso à memorização. Já no tempo mítico o conhecimento vinha de fora; o conjunto dos conhecimentos acumulados no repertório dos cantos *saiti* é, entre outras coisas, uma narrativa dos saberes adquiridos, imitados ou traduzidos de outrem. Algo análogo ao que ocorre hoje em dia, quando os espíritos vêm durante à noite trazer seus cantos ou ideias aos viventes, ou quando os kfchjtxo vão obter de pessoas outras seus dons de fala e de pensamento.

A Morte e os Estrangeiros

Vimos que Pajé Samaúma arregimentava seus companheiros espíritos Jacamim Azulão (Shane Nea), Lagarto-Amargo (Moka Ãpe) e Pica-Pau-Bravo (Siná Voi) para a batalha contra os espíritos do raio. Os aliados de Pajé Samaúma são aquela espécie de espírito que tem por si só "pensamento de matar", dos quais falava Cherõpapa em uma conversa traduzida no capítulo 10. Dizia ali o *romeya* que tais espíritos são os únicos que se distinguem de todos os outros, isto é, de todos aqueles marcados pela ambiguidade, que só revidam (*kopia*) quando ofendidos ou que só agridem quando mobilizados por algum kfchjtxo. Ora, mas quem são esses povos que matam por conta própria? São precisamente os espíritos dos estrangeiros soldados e policiais, dos homens fardados que atualmente caminham nessa terra. Os espíritos arregimentados por Pajé Samaúma são pessoas guerreiras (*pakayavo yorarvi*). Seu surgimento é pensado pelos seguintes versos: "na voz da garganta-azulão/ na voz soando/ os espíritos surgem/ e no Céu-Azulão/ no céu vão viver"[43]. Os policiais possuem armas de fogo e espadas de ferro. "Vivem na direção do poente, são policiais americanos", explica Venãpa. Se para nós vivem no céu, eles, por sua vez, de lá veem esta terra como o céu. Foi o povo jacamim que ensinou os seus modos aos policiais que conhecemos, da mesma maneira como, outrora, os duplos lascivos dos macacos-prego (*chinõ vaká*) ensinaram os modos licenciosos às prostitutas das cidades. Há diversos povos jacamim: os jacamim-sol (*vari nea*), jacamim-azulão (*shane nea*) e jacamim-japó (*rovo nea*) habitam a direção do sol nascente; os jacamim-jaguar (*ino nea*) e jacamim-araraúna (*kana nea*) habitam por sua vez o poente. Tais povos estão "em cima" (no céu que eles, entretanto, concebem como terra) e distribuídos pelas duas direções, mas seus "alunos" (os policiais) estão espalhados por todos os cantos desta terra.

43 Shane môti oiki/ oi reshniatôsh/ yochj shovivãini / Shane Naí Shavaya/ shokoivoya

mitología da morte

Essa gente possui machados feitos de ferro e pedra: suas pessoas possuem tais machados // seus bichos possuem bicos[44]. No que se refere, aliás, aos machados mencionados no verso 318 do canto "Raptada pelo Raio", é interessante notar que meus interlocutores oscilavam ao dizer se eram de pedra (shasho) ou de ferro (mane): a mesma oscilação que, diga-se de passagem, eu notava ao perguntar se o machado do Inca era de ferro ou pedra. Como se estivesse tal instumento a serviço de um mesmo pensamento: a reflexão sobre os estrangeiros (nawa) enquanto detentores de tecnologia e todas as consequências que isso implica. Oscilam também em dizer se tais povos-espírito são ou não o próprio Inca: "São os fazedores do machado, talvez sejam o Inca", disseram[45].

A história de Pajé Samaúma (e todas as outras, tais como as de Pajé Flor de Tabaco e de Roka) se passa no tempo em que os antigos viviam na região do grande rio, a jusante. Esses antigos, uma multidão, foram aos poucos acabando, seja ao atravessarem a Ponte-Jacaré, seja nas diversas guerras e escaramuças que mantinham entre si. "Acabaram também por doenças, hepatite, câncer, pé inchado [...]", explicava Memãpa, talvez se inspirando nos males que atualmente assolam os marubo, ou não. Ali se passam também diversas narrativas de guerra, tais como as contadas nos saiti *Paka Viá* (viagem em busca de armas), *Vari Nomã Nawa* (guerra contra o povo anão) e *Moka Wesha* (jornada em busca do veneno de caça), ou de mortandades pela ação de monstros gigantes (tal como no *saiti Tete Teká*, no qual um grande gavião extermina os antigos). As distintas seções (nawavo) que constituem os atuais marubo derivam das dispersões, extinções e reconfigurações decorrentes das antigas viagens em direção às cabeceiras.

Na história de Shoma Wetsa, o apelido da temível mulher Rane Vo, encontramos outra explicação para o surgimento dos brancos bravos que já eram tematizados acima. Shoma Wetsa não tinha pai e mãe, "apenas surgiu" (wenírivi) do "néctar da pedra-adorno" (rane shasho nãko). Alguns chamam-na de mane yochj, espírito do ferro, e dizem que era gigante, do tamanho de uma maloca. "Shoma Wetsa é para fazer tudo, para fazer lancha, para fazer ferro", dizia Lauro Panipapa. "Shoma Wetsa é fábrica", disse também alguém a Delvair Melatti[46]. "Quem fez o ferro? Quem fez a pólvora? Quem fez o dinheiro?": questões como essas eram frequentemente feitas a mim. Não porque desconhecessem as respostas, mas, bem pelo contrário, porque já sabiam e queriam apenas confirmá-las comigo. Segue um resumo da versão cantada em um longo saiti:

44 *Awf yochjro tojya, awf yojni ána txiria, awf yochj askáro tojya, a vakapanã.*
   Awe yochi-ro toiya, awe yoini ána txiria, awe yochi aská-ro toiya,
   POSS duplo-TP portar POSS bicho lábio emendado POSS duplo assim-TP portar
   a vaka-pa-nã.
   3DEM duplo-?-FC

45 O Inca é aqui uma figura da alteridade, da belicosidade e da afinidade mobilizada pelo pensamento marubo. Ver O. C. Saez, em O Inca Pano: Mito, História e Modelos Etnológicos, *Mana*, v. 6, n. 2, para um estudo sobre o Inca pano.

46 *O Mundo dos Espíritos*, p. 115.

Shoma Wetsa tinha apenas um seio e era inteira de ferro (*mane*, ou de pedra, *shasho*, em outras versões), tinha lâminas afiadas nos dois braços, com as quais havia exterminado e devorado um grupo de antigos *Shanenawavo*. Destes, restou apenas Oni Westí ("Homem Só"), que passou a viver junto com suas esposas animais. Shoma Wetsa continua exterminando outros inimigos, que em vão tentavam acertar seu corpo de ferro com cajados e flechas. Quando se escondem, ela solta flatos (*tsipisi*) que os fazem tossir: um estratagema para encontrá-los e acabar com todos. Ela vive com sua irmã, Kecho, e com Rane Topane, seu filho. Quando o filho tem fome, ela defeca comida em conserva. Sua urina é óleo de cozinha (*sheni*), com o qual prepara frituras. Enquanto caçava no mato, Rane Topãne encontra Shetã Veká, que havia conseguido atravessar a Ponte-Jacaré ao se infiltrar no meio das mulheres chefas. Rane Topãne resolve trazê-la para casa como esposa, o que desagrada à sua mãe canibal. Shoma Wetsa diz que ele não deveria se casar com essa mulher ruim, cujas histórias ela conhecia bem e cujos filhos não seriam dignos de herdar os nomes do pai de Rane Topãne.

Rane Topane insiste e com ela tem três filhos. Deixa os três, cada um por vez, aos cuidados da avó quando vai caçar. Ela devora um por um, junto com sua irmã Kecho, e dá desculpas esfarrapadas sobre o desaparecimento dos netos. Rane Topane, descobrindo que sua mãe mata os próprios netos, resolve então se vingar e matá-la também. Tenta de diversos modos e fracassa, pois a mãe é de ferro e resiste aos golpes de cajado, às flechadas e às árvores que ele derruba sobre ela, sob o pretexto de rachar lenha para a maloca. Quando o filho avança na direção da mãe com uma tocha, descobre que ela teme o fogo. Ele a faz então dançar em volta de um buraco cavado no pátio central da maloca, com a desculpa de que vai queimar os pertences dos netos mortos. Num instante, consegue derrubar a mãe e sua irmã para dentro da fogueira. Antes de morrer, Shoma Wetsa diz para o filho ir no mato buscar duas raízes de ayahuasca, *txôtxo oni*, a ayahuasca do pássaro *txôtxô* que está na direção do poente, e *nawã oni*, a ayahuasca do estrangeiro que está na direção nascente/ jusante. Diz que ele deve preparar a primeira para si mesmo e reservar a segunda para ela, cujo *vaká* retornaria depois da morte de seu corpo incendiado. Assim explica e explode nas chamas. Seu fígado voa para longe e, caindo em algum lugar do rio grande, forma o machado (*roe* ou *posti roe koro*, formado de seus joelhos, em outra versão); seus dentes formam o ouro (*machi siro*) e seus ossos formam o ferro.

Rane Topãne troca as ayahuascas e toma aquela dos estrangeiros, que deveria ter sido reservada à sua mãe. Como consequência, o *vaká* de Shoma Wetsa e de seus netos voltam irados para a maloca de Rane Topãne. Shetã Veká, assustada, confunde-os com estrangeiros que, supostamente, viriam para matá-los. Shoma Wetsa fica ofendida e diz a seu filho: "não nos confundam/ com os brancos/ não nos tomem/ pelos brancos bravos/ que virão depois"[47].

---

47 *Noke nawã tanai/ noke mã akarao/ txipo shavá otapa/ noke nawã akanã.*

mitologia da morte

379

Assim diz e vai embora com os *vaká* dos filhos de Topãne, que consegue alcançar apenas um, trazendo-o de volta. Os outros vão com a avó viver em outra terra do rio grande, dando assim origem aos estrangeiros bravos (*nawa onipavorasj*). Ao chegarem a jusante no rio grande, os duplos dos netos que foram com a avó se dividem. Uns ficam ali mesmo com ela, outros vão para o poente e se transformam no Inca-Machado (*Roe Inka*). Os netos são também chamados de donos do ferro (*mane ivorasj*), aqueles que encontram o metal no fundo da terra.

A narrativa é uma versão do mito pan-ameríndio sobre a origem dos brancos[48]: está em relação de transformação, por exemplo, com o célebre mito jê de Auké sobre a origem dos civilizados[49]. Partindo de um conflito interno a um mesmo grupo familiar (entre Shoma Wetsa, seu filho e sua nora), o duplo da avó canibal diz que vai retornar e, para isso, Topãne deve separar duas ayahuascas de espécies distintas, que ele acaba por confundir. Por terem tomado Shoma Wetsa pelos estrangeiros em seu retorno, ela decide partir para o pé do rio, dizendo que os brancos voltarão mais tarde para matá-los. Ela leva os duplos dos netos mortos, mas Topãne consegue agarrar um deles: os outros dois seguem com a avó e dão origem aos brancos. De uma cisão entre um grupo de irmãos (os filhos de Topãne), surge a assimetria. Na região do nascer do sol e do poente, os brancos vivem em suas terras com os utensílios de metal; os antigos ficam sem as ferramentas e precisam viajar até lá para buscá-las, como narra o canto *Inka Rofyõká* ("Pedindo Machado ao Inca").

Numa versão estudada por Melatti, é o *chinã nató* (duplo do peitopensar) de Shoma Wetsa que vai para junto do Inca (ou dá origem a ele), enquanto outros de seus duplos vão a jusante formar os outros brancos ou estrangeiros

---

48 Cf. C. Lévi-Strauss, *Histoire de Lynx*.

49 Cf. Roberto da Matta, *Ensaios de Antropologia Estrutural*, p. 126 e s; M. Carneiro da Cunha, *Antropologia do Brasil*, p. 18 e s. Em um estudo cuidadoso, Melatti já havia aproximado os dois mitos, enfatizando invariantes distintas das apontadas por mim. Cf. J. C. Melatti, A Origem dos Brancos no Mito de Shoma Wetsa, *Anuário Antropológico*, n. 84. Estas poderiam ser esquematizadas da seguinte maneira: 1. uma personagem-hiper não pode ser morta por seus parentes; 2. quando enfim conseguem matá-la, o fazem apenas com fogo; 3. ela retorna decepcionada, 4. dando assim origem aos brancos e a 5. seus avatares, através do seccionamento de alguma matéria a ela contígua (Shoma Wetsa: as partes de seu corpo que se distribuem na explosão; Aukê: as madeiras da casa onde vai viver, a partir das quais ela cria os negros, os cavalos e o gado). Shoma Wetsa e seus netos dão origem aos americanos e ao Inca-Machado; Aukê é o imperador dom Pedro II. Vale também observar as inversões que Melatti identifica entre o mito de Shoma Wetsa e o antigo ritual funerário descrito páginas acima: Shoma Wetsa é exocanibal e come carne crua; o rito é endocanibal e consome os ossos calcinados. Shoma Wetsa é queimada viva em uma fogueira feita em um buraco; o cadáver do defunto era cremado em um monte mais alto do que o solo. Shoma Wetsa e seu filho preparam o fogo; os afins preparavam a antiga cremação. Cf., idem, p. 130. Não apenas aqui, mas também nos mitos de "Pajé Flor de Tabaco", "Roka" e "Raptada pelo Raio", o ritual, se não é literalmente invertido pelo mito como no caso de Shoma Wetsa, é ao menos problematizado nas narrativas que se iniciam, justamente, a partir de um conflito com a incineração do cadáver.

ruins que lá vivem. O lugar de Shoma Wetsa é dito ser nos Estados Unidos; uma versão recolhida por Melatti diz que o seu lugar é Jerusalém[50], outros me disseram que era em São Paulo e Brasília. O nome verdadeiro de Shoma Wetsa é Rane Vo, uma mulher *raneshavovo* (povo adorno), a mesma seção, aliás, pelo qual os marubo classificam os americanos da Missão Novas Tribos do Brasil. E por que são assim classificados? Porque, conforme me contou Lauro Panipapa, os membros da seção dos *ranenawavo*, já no século XX, foram os primeiros a visitar as cidades dos brancos, assim como os primeiros a contatar os peruanos/mestiços *txamikoro*? Que conexão haverá entre o classificador *rane* (adornos), o termo *nawa* (estrangeiros) e a figura do Inca? Um canto de cura sharanawa traz intrigantes elementos:

> *oa ica nahuafo*
> > estes estranhos estrangeiros
> *ica nahuahuahuura*
> > os estranhos estrangeiros
> *ranu ica facuhua*
> > os numerosos filhos dos estrangeiros ornamentados
> *ranu nahuahuahuura*
> > os estrangeiros ornamentados
> *ato fari uducai*
> > a água de seu sol
> *ahuun chii icacai*
> > seu fogo acre
> *chii fari udufo*
> > as águas ardentes do sol
> *chii rohuu fonati*
> > o duro cesto de fogo
> *chii bara fonati*
> > o cesto do fogo das alturas
> [...][51]

50 Segue um pequeno e saboroso trecho da versão reinventada pelo léxico cristão: "A velha chegou e disse: 'bem, meu filho, eu queria que todos se santificassem que nem eu, mas você fez essa ingratidão e agora vai trabalhar que nem os civilizados velhos'. Porque ela queria que todos virassem santos (*yove*). Ela disse: 'bem que eu queria que todos se santificassem; esses que vieram comigo são anjos (*vaká*) que nem eu; fique aí meu filho'. E ela voltou com os que tinham vindo com ela. Aí o filho correu para atalhá-la, para ver se ela voltava, mas não voltou; ela se tinha santificado. Ela foi para Shoma Wetsa, que deve ser Jerusalém. Daí foram geradas todas essas coisas: negócio de avião, motor, tudo" Idem, p. 114. Nessa versão, a decepção de Shoma Wetsa é bem parecida com a de Auké nos mitos canela e krahô, quando o herói percebe que seus parentes preferem o arco e flecha às espingardas. Cf. R. Da Matta, *Ensaios de Antropologia Estrutural*. Os léxicos são trocados, mas a estrutura de pensamento permanece idêntica.

51 P. Déléage, *Le Chamanisme Sharanahua*, p. 178 (grifos meus).

mitologia da morte

Esse fragmento pertence a um canto *koshoiti* destinado a aplacar os males causados, justamente, pela febre. Shoma Wetsa é ela mesma uma *Rane Shavovo* (mulher do povo adorno); os americanos são assim classificados; os integrantes de tal seção são os primeiros a travar contato com os *nawa*. Podemos dizer ao máximo que o classificador *rane* está em conexão com a origem dos brancos, mas não que o Inca marubo seja também assim pensado (ou classificado), coisa que o canto sharanawa relaciona estreitamente pela expressão *ranu ica facuhua*, "os numerosos filhos dos estrangeiros ornamentados", na versão de Déléage (que aí escolhe traduzir *ica* por "étrangers"). Mas é mesmo a febre que faz o elo entre o canto sharanawa e a figura dos estrangeiros (*nawa*) entre os marubo[52]. Vamos aqui atar os nós com o capítulo 10: víamos ali como a febre (*shana*), mesmo que presente em outros tempos, é a marca da "Era-Morte", na qual os marubo vivem suscetíveis às enfermidades dos brancos. Embora os marubo façam uma distinção precisa entre esta era (referente aos tempos em que vivem nas cabeceiras, mantendo relações constantes com os estrangeiros ditos civilizados) e o "Tempo do Surgimento" onde ocorreram os episódios de Shoma Wetsa e outros tantos, permanece como elo entre os dois registros temporais uma mesma linha de reflexão: a reflexão sobre a morte, os estrangeiros e as moradas melhores.

Os eventos ocorridos com os antigos na época das cabeceiras são ditos estarem "mais para cá" (*neri*, a montante), onde ocorreram os diversos episódios de interação com os txamikoro e mestiços peruanos, com os primeiros colonos acreanos, com os missionários, com os funcionários do SPI, da Funai e, atualmente, com os antropólogos e indigenistas. A temporalidade *interna* nessa época é pensada e marcada, não apenas pelo trânsito jusante/montante, mas também pelo deslocamento ao longo do eixo oeste/leste, ou seja, da região onde pela primeira vez os *ranenawavo* encontraram os mestiços txamikoro (margens do Curuçá e Javari, na direção da fronteira com o Peru) até os progressivos deslocamentos para a cabeceira do Ituí, em função das cisões internas e, talvez, de pressões externas. É apenas aí que começa a se cristalizar, através da designação

---

52 Em uma das últimas pajelanças que acompanhei na aldeia Paraná, os espíritos Roe Peta, que vivem junto ao Roe Inka (Inca-Machado) na direção do poente, vieram cantar e dançar em Venãpa. O iniki que eu escutava era claramente uma adaptação da letra do *Inka Rof Yõká saiti*, que narra a jornada dos antigos em busca de machados. Alguns dos versos que pude memorizar chegavam mesmo a dizer o seguinte: "Para onde o sol se põe/ machado ao Inca/ vamos viajando pedir" (*Naí votj ikitõ/ inka rof yõkanõ/ sai inakjta*). Isso numa circunstância em que Venãpa estava preocupado com as altas febres de seu filho, atacado pela malária. Quando o espírito Roe Peta partiu, um outro *yove* fez discursos sobre as espécies de malárias e os nomes dados a essas febres por eles: malária *vivax* é "febre de mosquito" (*viõshe shana*); malária *falciparum*, "febre de marimbondo" (*vina shana*). O espírito descobria que, além da febre, o filho do *romeya* tinha também folhas podres dentro de si, enviadas pelo povo da morada subaquática. Pedia, em seguida, para que os presentes lhe entregassem uma cuia de ayahuasca, com a qual banhou o bebê para aplacar a sua quentura. Não deixa de ser intrigante que o canto sharanawa supracitado se refira ao "fogo das alturas" ao fazer a articulação com o Inca, o sol e a febre. Estamos aí nos domínios das considerações de Lévi-Strauss sobre o pensamento das alturas, desenvolvidas em *L'Homme Nu*.

externa, o conjunto hoje chamado como marubo: *mayorubo, mayo marubo*, disse Memãpa, em termos que ecoam as prováveis origens quéchua do nome *mayoruna* ("povo do rio") pelo qual passaram a se chamar os inimigos vizinhos, habitantes da região do rio Javari, os autodesignados *matsés*. É provável que, nessa mesma época, o termo *inka* tenha passado a ser um nome genérico para "estrangeiro", posteriormente identificado aos falantes de castelhano/quéchua txamikoro e, em alguns contextos específicos, até aos atuais brasileiros.

O inca, cuja figura não possui, para os marubo, o mesmo lugar central que ocupa, por exemplo, nas cosmologias kaxinawá e shipibo-conibo, foi também dito ser "uma coletividade de Shoma Wetsas" (*shoma wetsarasj*). O nome da mulher de ferro vai aí ser estendido a mais esses estrangeiros bravos que vivem em suas casas de pedra na direção do poente: protagonistas de eventos ocorridos no que chamaríamos de tempo mítico, eles estão todavia suspensos na virtualidade. Não por acaso, o *vaká* do Inca-Machado (*Roe Inka*) costumava chegar no *romeya* Txonã Tawa (Santiago, pai de Tekãpapa) e queria bater nas pessoas. Os kfchjtxo acabavam por expulsá-lo da maloca, dizendo: "não somos insensatos como você! Vá embora e não volte mais!" O Inca-Machado "surge do néctar da pedra-bravo" (*siná shasho nãkôsh wenía*) e se chama também Panã Pakaya (Açaí Guerreiro). Sua língua é incompreensível. Paulino Memãpa me contou certa vez um "sonho verdadeiro" (*namá koj*) que teve, no qual "reconheceu que encontrava o Inca". Memãpa contava que havia sido levado a oeste por uma ventania: "talvez tenha sido o *sheki pacha we*", dizia, numa referência àquela ventania que trazia uma febre mortal aos antigos[53]. A ventania quase o matou (isto é, o seu duplo) e o levava de um lado ao outro, até que terminou por chegar no território do estrangeiro. Havia ali estradas para caminhões (*camiõ vai*); a porta de suas casas eram feitas do casco da tartaruga matamatá (*kôshã shawe*) mas, no interior, eram mesmo como as casas dos *nawa*. Memãpa quis procurar ali por televisores e outras máquinas, mas não encontrou. Os estrangeiros tinham lanças e Memãpa ficou com medo. Foi, então, voltando para sua casa.

A tartaruga matamatá, aí associada ao Inca, parece mesmo acompanhar de alguma maneira os espíritos ou coletividades *nawa*, tal como podemos ver neste trecho de uma conversa que tive com Cherõpapa e outros ouvintes, na qual o *romeya* me explicava como eram os espíritos estrangeiros Ene Kevo (aqueles com os quais um dos meus *vaká* foi viver[54]):

PANĨPAPA: Esse camisa, ele vesti camisa né nem froxo, ele é muito froxonã tá moito pertado a camisa dele. A calça também nem fica moito froxo assim como a nosso né moito pertado também a calça dele...

CHERÕPAPA: *A iokrã wetsa aro vokase, askámãi a iokrã wetsasevi a maitiya.*
       Alguns dos que vêm não têm chapéu, mas outros que chegam têm chapéu.

---

53 Cf. capítulo 10.
54 Veja o capítulo 3.

mitologia da morte

Maiti a õpo tsisokiri keskáse[55].

O chapéu deles é como a camiseta dele [de cor cáqui].

PEDRO: *Atovoro helicóptero ayara? Avião ayara?*

Eles têm helicóptero? Têm avião?

CHERÕPAPA: *Askáro yama. Askámãi enevãi a oáro aská lisado aská.*

Não têm. Mas eles chegam em voadeiras.

Askámfki lisadoro aro motori achá keoa aro askáma.

Mas as suas voadeiras não têm motores de popa.

Enese manevarãki, na enesvo.

Vêm flutuando pela água, pela água mesmo eles vêm.

Ikivonã.

Assim são eles.

Askáivo awf, awf askákarãmãi ea oja. Txipo rechke omisma.

Eu vi, eu vi eles chegarem. Não deixam rastro de ondas.

KANÃPA: *Eh eh, yosikarkj*

Eh, eh, que sabidos!

CHERÕPAPA: *Ano niásho naki tsaosmaka, vevoka niá.*

Eles não sentam no meio da voadeira, só na frente.

Vevo neská sapa roaka atõ, sapa roaka atõ niá.

A frente da voadeira é assim bem larga, boa para ficar ali.

Vevosh a niárvi.

Eles ficam na frente mesmo.

A ranõmkrãimãi a omajnõ,

Muitos deles vêm aqui, mas quando estão chegando,

askákrãi a oásmfkj, askákrãi a oásmfkj

quando eles estão assim chegando, quando eles estão chegando,

noke noke ikot veyopas, noke ikot veyopas

quando estão na frente de nossa maloca, na frente de nossa maloca

a monô tachi, monô tachimis eéhhhh niiikas,

eles chegam dançando, chegam dançando, fazem *ehhhh tasss*, [bate as mãos nas pernas]

oras monô tachisho.

ficam dançando de longe.

Rave vana yosima, epa.

Alguns deles não sabem falar [a nossa fala], meu filho[56].

PEDRO: *Ea rave vana yosima, rave vana yosimasevi...*

Eu também não sei falar tudo, não sei falar tudo...

CHERÕPAPA: *Eheh....*

55 Aponta para a camiseta cáqui de uma pessoa presente.
56 Assim me chamava Cherõpapa, que é um *rovonawavo* (povo-japó), classificados como tios ou pais dos *iskonawavo* (outra variante de povo-japó, na qual fui classificado).

Eh eh…

Askãmãinõ a ave oáro, aská a ave oa yoraro aro yorakase,

> Mas aquele que vem com eles, aquele que vem junto com eles é gente mesmo,

aro õpo yama, Kõshã Shawe, aro õpo yama.

> não veste roupa, é a tartaruga matamatá, não veste roupa.

PEDRO: *Nawara?*

> É estrangeiro?

CHERÕPAPA: *Nawama. Õpo yama.*

> Não é estrangeiro. Não tem roupa.

KANÃPA: *Chinãivo yora…*

> É gente pensadora….

CHERÕPAPA: *… shotxi roaka ivevakjnash.*

> …tem o peito bonito/bom.

Awf awe sawea, êh, roaka.

> Os seus adornos, eh!, são belos.

Awf maitiro, ã maitiro, ãtõ maitiro shawã tene.

> Seu cocar, seu cocar, seus cocares são de pena de araraúna.

Awesaro a noke narotjpa.

> Não podemos imitar o jeito deles.

Ojka atiskarvi, f oj askárvi.

> É bom mesmo de ver, assim como eu vejo.

Xixchxixnxicnxhxicchchc, iki keská.

> Xixchxixnxicnxhxicchch, eles fazem mais ou menos assim.

Askámãi xixixhichciicixhxixhxi…

> E fazem xixixhichciicixhxixhxi…

PEDRO: *A ave niára?*

> Os que vêm junto com eles?

CHERÕPAPA: *M, ave niá. Arotsf awf taketskj anã, awf take, awf takekama.*

> Isso, eles vivem juntos. Estes são os irmãos deles, mas não são bem seus irmãos, seus irmãos de verdade.

Aro wetsãsh wenía, a wetsãsh wenía.

> Têm outro surgimento, têm outro surgimento.

Kanãpa, que acompanha a conversa, diferencia os espíritos *kõshã shawe* (tartaruga capó) dos espíritos Ene Kevo, dizendo que os primeiros são *chinãivo yora*, "gente pensadora", pajés kfchjtxo. Pajés têm o peito desenhado para pensar/falar: os estrangeiros ficaram com a escrita desde o episódio da travessia da Ponte-Jacaré, contava Memãpa no capítulo 2. "Pensar" (*chinã*) é uma coisa, escrever é outra: "eles não sabem pensar, sabem escrever, sabem escrever muito, mas têm pensamento bravo, tem branco que é assim…", dizia

mitologia da morte

385

Panipapa[57]. Ainda assim, os espíritos estrangeiros *Ene Kevo*, que possuem facas, lanternas e roupas coladas no corpo feito um uniforme de *lycra*, estão sempre acompanhados desses outros espíritos-pajé das tartarugas: "Estes são os irmãos deles, mas não são bem seus irmãos, seus irmãos de verdade", lemos acima. O sistema marubo, muito embora replique por todas as partes um esquema personificante em que predominam traços da socialidade "humana" (*yora*, "gente", com suas malocas e chefes portando lanças, divididas em seções matrilineares, detentoras de determinados rituais etc.), compreende também espíritos estrangeiros. A multiplicidade sociocósmica esconde sempre aquela "perpétua assimetria" de que falava Lévi-Strauss na *História de Lince*.

Quando trabalhávamos em Leticia (Colômbia), Venãpa me contou que o espírito da galinha (*takare yochj*), o espírito da cachaça e os espíritos-sabiá, comuns nas cidades, não são ruins: são espíritos tomadores de cachaça e cerveja. O espírito da galinha costuma tirar doenças das pessoas e canta às vezes através do *romeya*. Quando as galinhas cantam às três horas da manhã, trata-se a rigor de seu chefe que está acordando os parentes de sua maloca e os convoca para o trabalho. A cor das penas de seus bichos/carcaças indica a filiação a este ou aquele povo: galinhas vermelhas (*õchjka*) são *shawãnawavo*; brancas (*oshoka*) são *iskonawavo*; pintadas (*asseka*) são *inonawavo*, e assim por diante. As figuras do estrangeiro são aí novamente sequestradas e traduzidas para as categorias de classificação peculiares ao pensamento marubo ou, antes, tal pensamento não as sequestra, mas as *pressupõe* como um pano de fundo. Sem elas, não teria como funcionar, da mesma maneira como não funcionaria sem o desequilíbrio e as assimetrias: "são essas variações diferenciais em cascata, tal como concebidas pelo pensamento mítico, que põem em movimento a máquina do universo"[58].

Passamos em revista alguns dos episódios nos quais os antigos encontram os estrangeiros – vimos, mais essencialmente, que *nawa* é uma categoria contrastiva, utilizada pelos marubo especificamente para se referir aos brancos apenas nessa época em que vivem cercados por eles. Um homem das aldeias do Maronal me dizia em Cruzeiro do Sul que "somos todos *nawa*, mas somos *yora* no meio (*nakika*)"[59]. Estava aí condenando o proselitismo missionário e fazendo um elogio aos "fazedores de pesquisa" (*pesquisa akayavorasj*) – elogio ou, antes, uma comparação. Tal como eles, somos também (ou poderíamos ser mais) pluralistas e não restritos a uma só maneira (*tanati westíshta*). Mas a afirmação continha ainda algo mais complexo: *nawa* e *yora* não funcionam como dois conjuntos separados; *yora* não está "no meio" como uma parte dentro de um todo e também não é uma espécie de "alma indígena" partilhada por todos. A pessoa é uma configuração de relações, cujas distintas posições determinam os contrastes de alteridade. Vale contrapor a colocação do homem do Maronal à de um homem

---

57 L. K. Marubo, É Tudo Pensamento de Pajé, em B. Ricardo; F. Ricardo (orgs.), *Povos Indígenas no Brasil*, p. 36.

58 C. Lévi-Strauss, *Histoire de Lynx*, p. 90-91.

59 Disseram algo similar também a J. C. Melatti, Shoma Wetsa: A História de um Mito, *Ciência Hoje*, v. 9, n. 53, p. 115.

mestiço, filho de uma mulher marubo e de um peruano, que vive em Cruzeiro do Sul e se diz crente. Esse homem tinha convicção na inexistência de alternativas entre a palavra do Senhor e os costumes dos antigos: ou a pessoa se convertia, ou estava perdida. "E sabe por quê?", me dizia em português, "porque veem uns aos outros como inimigos, é essa a história de nossos antigos, e até hoje é assim". A observação é precisa, mas oculta uma nuance: "inimigo" (*rawi*) não é o mesmo que "estrangeiro" (*nawa*). Há coletividades distintas destes últimos, que o pensamento xamanístico é mais uma vez capaz de monitorar.

A Multiplicidade e os Estrangeiros

Nem todos os estrangeiros são bravos tais como os que surgiram a partir de Shoma Wetsa. Itsãpapa previu que, num dado momento, brancos de outra espécie chegariam aos marubo para escrever as suas falas. Estes *nawa* "bons", contava-me o agora finado Panipapa, são *noa mawa*, "sabiás do rio grande", pois têm ensinamentos, não brigam e não desrespeitam as pessoas, sabem falar e aprendem as línguas dos outros. Todo pajé kĩchjtxo é dito ser "sabiá", uma vez que possuem os espíritos de tais pássaros como seus auxiliares. Um pajé-azulão (*shane kĩchj*) é um sabiá-azulão (*shane mawa*), um pajé-japó (*rovo kĩchj*) é um sabiá-japó (*rovo mawa*), e assim por diante. O mesmo Panipapa explicou para mim, em outra circunstância, que um dos meus diversos duplos é um *rovo mawa* (sabiá-japó), um espírito sabido, a essa classe pertencente porque fui considerado como *iskonawavo* (povo japó)[60]. Desde que Cherõpapa o levou, tenho também esse outro duplo vivendo junto com os espíritos estrangeiros Ene Kevo, muito embora o outro duplo-pássaro seja mesmo *yora*.

O par *yora/nawa*, vemos aqui, não traduz exatamente a relação estanque entre brancos e índios, muito embora seja empregado em situações de contraste para designar como "gente" (*yora*) um branco que vive nas aldeias, come dos mesmos alimentos e compreende a língua, ou como "estrangeirizado" (*nawaya*) um marubo que se inclina demasiadamente para o mundo das cidades. Noutros contextos, esse mesmo branco falante de *yorã vana* (a língua dos marubo) será contrastivamente chamado de estrangeiro (*nawa*), por exemplo, quando um mesmo marubo "estrangeirizado" o encontra na cidade dormindo em quarto de hotel, cercado de objetos eletrônicos. E aquele que se "estrangeirizou" na cidade poderá, em qualquer circunstância, "tornar-se gente" (*yoraka*) de novo ao integrar a rede de parentesco e comensalidade das malocas. O par *yora/nawa* se aplica, pois, a um pensamento da transformação e da multiplicidade, a posições e assimetrias, replicações e intertraduções, mas não a uma polaridade identitária engessada[61].

---

60 Rovo e isko são duas espécies distintas de japós (*Icteridae*).

61 P. Erikson, em *La Griffe des Aïeux*, p. 74 e s, confirma esse ponto. O par deve ser pensado à luz do conceito de afinidade potencial desenvolvido por E. Viveiros de Castro, em *A Inconstância da Alma Selvagem*, p. 150.

Não por acaso, o pensamento xamanístico pode discriminar coletividades tais como "os estrangeiros bons" (*nawa roapavorasj*) feito os pesquisadores, os doutores e os missionários, e os "estrangeiros ruins" (*nawa ichnárasj*) ou "bravos" (*nawa onipavorasj*) e seus distintos surgimentos. Há pessoas desta ou daquela espécie de acordo com este ou aquele surgimento. Os *noa mawa* ("sabiás do rio grande"), como a eles se referem os pajés, diz-se que são "surgidos do néctar de tabaco branco" (*rome osho nãkoki*): tais são os espíritos *yovevo* que entram/atravessam (*tasakena*) os brancos sabidos e os fazem pensar e falar. Outros me disseram que esses duplos auxiliares dos estrangeiros são "surgidos das flores caídas da samaúma branca" (*shono osho menokotõsh wenía*), "dos pedaços, flores caídas e fluxos de seiva da palmeira marajá"[62]. Se sou um branco respeitoso e com propensão à fala, serei então chamado por extensão de *noa mawa* (sabiá do rio grande), nome do espírito responsável por minhas faculdades intelectuais[63].

Os brancos ruins que vivem a jusante, por sua vez, dize-se que surgiram a partir dos "tabacos-morte" (*vopi romerasj*). Seus corpos/carnes (*nami*) são pensados pela fórmula "feitos a partir do traseiro de hárpia" (*tete txeshopashõ shovia*). Distribuem-se em quatro coletividades: os *tsoka nawa*, *shetxi nawa*, *vopi nawa* ("estrangeiros-morte") e *sjki nawa* ("estrangeiros-tontura"). Tratamos aí de um conjunto relativo aos estrangeiros das cidades, os donos do tabaco fumado (*rome tokõi ivorasj*), reprovado pelo sistema xamânico marubo. Se os estrangeiros bons surgem a partir do tabaco branco (*rome osho*), esses outros surgem a partir dos tabacos *tsoka*, *shetxi*, *vopi* (morte) e *sjki* (tontura). O esquema se refere aos habitantes de cidades como Cruzeiro do Sul e Atalaia do Norte, que são filhos ou desdobramentos de Shoma Wetsa (*Shoma Wetsa toavo*). Segundo um interlocutor, esses seus filhos "vivem em cima do morro de pedra-adorno" (*rane shasho voro masotanairi*), uma metáfora para suas casas: são os brancos bravos de pensamento não amansado (*chinã rawemavorasj*), que vivem a jusante com suas "falas de psitacídeo-adorno" e "fala de araraúna-adorno" (*rane kayõ vana, rane shawã vana*).

Americanos, paulistas e cariocas, "donos de falas sabidas", surgem por sua vez do "néctar da terra" (*mai nãko*), o que é uma metáfora para o sangue de seus pais. Estes estrangeiros bons são os fazedores de avião, os mais sabidos, e em muito distintos dos brancos das cidades adjacentes, que os marubo não costumam admirar em particular. Conforme me explicou um kfchjtxo, eles vivem na direção do poente, são "os que foram viver em cima do tronco de babaçu-sol" (*vari kõta voro shokoivotivo*), também uma metáfora para seus lares. Mas se o surgimento é único, como poderia uma família, por exemplo, de paulistas, ter simultaneamente irmãos ou parentes sensatos e insensatos? Panipapa respondia minha questão dizendo que esse irmão também surge de "néctar da terra", tem o mesmo sangue que seus parentes, mas acaba tendo por si mesmo outro

---

62 Tais são as fórmulas em questão: *cha chini maská nasotanairi atõsho, cha chini owa menoko atõsho, cha chini recho avátõsho.*

63 Há outros também, tais como *noa txõtxõ* (pássaro não identificado), *noa txãpo* (outro pássaro não identidicado) e *noa txana* (japiim do rio grande), sempre determinados pelo classificador *noa*, "rio grande".

jeito ou modo (*tanáti*). Aqueles cujos comportamentos são malvistos pelos velhos chefes e pajés, explicavam, "são assim por conta própria, porque ficaram mexendo em remédio".

Tekãpapa complexificou um pouco mais o surgimento e os hábitos dos estrangeiros bravos, para além do que se encontra nas narrativas *Wenía* (surgimento dos povos) e de *Shoma Wetsa*. Alguns surgem "a partir do néctar da árvore-bravo" (*siná tama nãkõshki*) e "do néctar da árvore-amargo" (*moka tama nãkõshki*); outros são filhos dos jacamins-bravo (*siná nea vakfshki*) e das garças-bravo (*siná osho vakfshki*) e vivem em alguma terra do rio grande. São eles os "tomadores de caldo de taboca-tontura" (*sjki tawa yanikaivorasj*) e de "caldo de taboca-amargo" (*moka tawa yanikaivorasj*), metáforas para a cachaça que enraivece seus pensares. Os policiais e soldados, por sua vez, são cantopensados através das seguintes fórmulas: "surgidos a partir das flores caídas do tabaco-bravo" (*siná rome owãshkirasj*), "surgidos a partir das flores caídas do tabaco branco" (*rome osho owãshkirasj*), "surgidos a partir das flores de paxiúba-bravo" (*siná nisti owãshki*) e das "flores da samaúma-bravo" (*siná shono owãshki*). Bebedores de cachaça, os espectros/duplos da cachaça (*katxasnf yochj*) vêm também atravessar os marubo que, nas cidades ou nas aldeias, tomam de seu líquido desmesuradamente.

Mas esta, como dizíamos, é mesmo a era em que se morre mal, pois as pessoas ainda em vida se furtam às relações com o campo sociocósmico e não se espiritizam. Não por acaso, Venãpa andava dizendo ter escutado dos *yovevo* que o tempo está acabando (*shavá keyokãi*) e levará à morte de todos, inclusive dos marubo, por não respeitarem os ensinamentos (*ese*). Dizendo serenamente ser como Jesus Cristo, Venãpa sabe que, com sua morte, céu e terra irão ferver nesse futuro iminente, tudo será tomado por um fogo, os duplos irão se transformar novamente em pessoas (*vaká yoratsa*) e Kana Voã retornará de sua morada no poente. Isso foi dito pelos *yovevo*, insistia, respondendo às minhas perguntas sobre a influência possível dos crentes e missionários nesse seu milenarismo que Cherõpapa, por exemplo, ignora. Informado por Isko Osho de guerras em outras terras e de terremotos que ocorrem durante à noite em Bangladesh, Venãpa se entristece apenas quando imagina o futuro desalentador de seus parentes, mas não se preocupa consigo mesmo. Ele já é outro tipo de gente, tem moradas melhores para onde partir.

mitologia da morte

EPÍLOGO A Canoa de Metal

Percorremos aqui alguns contornos da poética xamanística marubo, marcada pelos fenômenos da duplicação e da personificação. Tratei de submeter "estética" e "poética" a uma reflexão tradutiva, a fim de capturar algo da experiência e do pensamento xamanísticos. Para este, como vimos, o parentesco se configura em torno de uma apreensão generalizada do bom/belo/correto, *roaka*, uma ética estética comum, aliás, a outras tantas sociedades ameríndias. A pessoa é produzida assim, seus vínculos dependem de tal apreensão e transformação, que visa a mimetizar ou reproduzir as características "hiper" tipificadas pelos espíritos *yovevo* – perfumados, loquazes, imortais, intermináveis. A aproximação gradual da pessoa de tais referenciais implica, justamente, em uma aquisição ou transferência de "pensamento/vida" (*chinã*), essa potência responsável por toda a competência poética e intelectual de que se vale a atuação xamanística.

Vimos como a proliferação de fórmulas poéticas está envolvida em um sistema especial de classificação, a partir do qual a diferença e a multiplicidade podem ser conhecidas e monitoradas pela agência ritual. O conhecimento versa sobre a formação/surgimento das singularidades, acompanhando o seu trajeto ou deslocamento e o seu posterior estabelecimento em um lugar determinado. Semelhante esquema, que se manifesta em distintos registros semióticos, atravessa também temas diversos tais como o destino póstumo, a cosmologia, as concepções de doença e os dilemas sociocósmicos. É assim que uma reflexão sobre a alteridade e a variação posicional pode se estabelecer no interior do conhecimento detido pelos pajés. As condições de tal conhecimento dependem de uma elaboração recursiva da pessoa, cindida entre seu suporte corporal e seus diversos duplos, engajada em um campo de relação com mortos e espíritos. É a pessoa múltipla que garante a possibilidade do parentesco em vida e de seus desdobramentos após a morte, bem como a elaboração de um pensamento sobre seus impasses e dificuldades. O parentesco estabelece uma rede que conecta pessoas múltiplas e suas múltiplas posições; a afinidade é o conceito central da diferença e da relação. Na morte, a pessoa desmembrada atualizará as relações virtuais que estabeleceu em vida, podendo então percorrer determinados percursos que conduzirão a outros lugares melhores.

O problema do pensamento marubo não é, pois, o problema da criação, já que opera mais propriamente pela reconfiguração e variação de esquemas virtuais nas montagens poéticas. Estas constituem, não apenas modos de visualizar panoramas narrativos (tal como em "Raptada pelo Raio" e no "Caminho-Morte"), mas também de alterar entidades, fenômenos e paisagens caracterizadas pelo emprego sistemático dos cantos *shõki* e da "fala pensada" (*chinã vana*). O campo de produção intelectual e estética é descentrado ou excentrado: encontra sua arena naquilo que certa etnologia resolve batizar de "sociocosmos" e depende, portanto, da condição cindida ou distribuída da pessoa, evidentemente distinta das bases solipsistas modernas. A ideia de autoria, como vimos, precisaria também ser reinventada a partir daí: xamãs são alteradores e transmissores; seu espaço de autoria e invenção se radica no complexo problema da variação a que se dedicou esta etnografia e não se reduz, portanto, à imagem anônima do coletivismo primitivo. A mitopoiese xamânica se vale de um procedimento *bricoleur* (uma operação através de conjuntos heteróclitos de elementos), mas seu espaço de expressão não se encontra cerceado por constrangimentos materiais e por um repertório finito de possibilidades, já que instaura um campo de reflexão (e de operação) sobre o infinito. O pensamento não está determinado pela circularidade e repetição: instaura, antes, uma reflexão ativa sobre o devir e a diferença. Sua poética interfere nos dilemas desencadeados pela duplicação e varia os mundos em que atua: o agente é uma pessoa aberta e projetada para fora, e não um sujeito criador de cosmologias individuais e, em última instância, imaginárias.

Os impasses atualmente vividos pelos marubo são compreendidos pela interação entre o conhecimento narrativo e as transformações decorrentes dos tempos em que tal sociedade se estabeleceu na beira dos rios Ituí e Curuçá, criando relações constantes com as cidades e as doenças dos estrangeiros. Ao tentar monitorar as desagregações e dilemas que surgem daí, a agência xamanística vai lançar mão de tal arcabouço proveniente das narrativas sobre o "tempo dos surgimentos", bem como da intervenção de pessoas outras (mortos, espíritos) através da pessoa/evento do *romeya*. A era atual, compreendida como uma era de desolação e morte, é contraposta ao *modus vivendi* dos espíritos, que os viventes se esforçam por reproduzir, visando a se aproximar desse parentesco hiper ou prototípico voltado para a transmissão do saber e para a reciprocidade. O milenarismo mencionado no final do último capítulo é ainda algo isolado, vem das mensagens que Robson Venãpa anda escutando dos espíritos e, talvez, de alguma inspiração cristã. Não bastaria atribuí-lo apenas a uma influência dessa última fonte ou de uma atitude de resistência frente aos impactos do contato, já que está vinculado a um pensamento de fundo sobre a multiplicidade e a relação. Tal é, aliás, a matriz responsável pelos equívocos tradutivos estabelecido entre xamãs e missionários: o monismo cristão e suas personagens terminam retraduzidos pelos critérios do pensamento marubo.

É a partir daí que o xamanismo pode também elaborar uma distinção entre os estrangeiros, cujas diversas coletividades são pensadas através de fórmulas poéticas determinadas. Nesse esquema, tudo pode ser concebido, não há o que escape à apreensão poético-xamanística. A reflexão estabelece uma distinção clara entre os estrangeiros donos da escrita e as "pessoas pensadoras" (*chinãivo yora*), aquelas cujos duplos são desenhados, que pensam "com a carne mesmo", como se dizia. Mas o que dizer da interpenetração entre os dois registros distinguidos pelo xamanismo – o pensamento dos estrangeiros e o pensamento pelo *chinã keneya*, a "vida desenhada" – responsável pela existência deste livro? Que espécie de vínculo se constituiu em minha estadia entre os marubo, através do qual surgiram as traduções aqui apresentadas? Já que aqui falamos de relação, bem como de todo o arsenal mitopoiético mobilizado para pensar os estrangeiros, que posição acabou por ser reservada à própria *pessoa* do antropólogo e seu saber?

A Canoa de Metal

Retornei ao alto Ituí em junho de 2009, a fim de realizar pesquisas para outros projetos, convocar algumas reuniões e revisar traduções. Já fazia dois anos que eu não visitava as aldeias. Como qualquer antropólogo, eu temia que o relacionamento harmonioso de outrora talvez não estivesse mais tão vivo e que minha presença, de alguma forma, já tendesse para o esquecimento. As recepções calorosas deixaram de lado o meu temor: meu corpo-carcaça ainda era lembrado, fazia parte das relações de consubstancialidade que marcam a vida em uma maloca. Mas não é apenas esse aspecto que define uma pessoa e, ao longo daqueles dias de inverno, algumas surpresas ainda estavam por vir. A figura do estrangeiro, do antropólogo vindo de terras distantes que se dispõe a viver nas aldeias e aprender a língua, deixava também o seu vestígio no campo sociocósmico desvelado pela atividade do xamanismo. Com a passagem dos anos, era também o meu *chinã*, duplo ou vida, que se transformava.

Em uma das primeiras sessões xamanísticas a que assisti, os espíritos Ene Kevo, visitando a aldeia Paraná através de Cherõpapa, levaram meu duplo para viver consigo[1]. A relação, que poderia ser temporária, acabou por se prolongar. Noutra circunstância, Cherõpapa sugeriu que eu pegasse de volta o meu duplo

---

1 Cf. capítulo 3.

(meu irmão mais velho), sugando o inalador de rapé que ele colocava na região de seu esterno. Um pouco confuso com aquela participação no ritual, entendi que a instrução fosse "assoprar" e não "sugar". Por conta de minha falta de habilidade na operação de entrada e saída de duplos, o *vaká* não pode ser resgatado e continuou a viver entre os seus hóspedes. Vimos como, de longe, o duplo ensina a pessoa a pensar. Ele acaba por criar laços em uma outra socialidade e, depois de um certo tempo, desiste de voltar. Se a pessoa o toma de volta, vive os benefícios de ter um duplo espiritizado dentro de si; se ele permanece alhures, atua de longe como um cuidador ou protetor. Pois bem. Meu irmão lá ficou entre os Ene Kevo, aquela espécie de gente que vive a jusante junto aos espíritos da tartaruga *kõshã shawe*; aqueles que são outro tipo de gente, que vestem roupas, que chegam em silenciosas canoas de metal[2].

Agora em junho, já passados três anos desde os fatos acima descritos, disseram que o meu *vaká* já podia cantar. Bastava pedir para Cherõpapa convidá-lo quando fosse tomar ayahuasca. Fiquei intrigado. Seria mesmo possível? Afinal, o xamanismo se estende para todos? Se eu gravasse aqueles cantos e colocasse em um livro, quem seria o seu autor? De que falariam esses *iniki*? As questões se multiplicavam. O velho *romeya* veio certa noite até Alegria, por mim chamado para tomar parte em uma reunião. Havia gente doente e, como de praxe, Cherõpapa resolveu cantar. Conversei com Tekãpapa e ele pediu para que chamasse o meu *vaká*. Depois de diversos *yovevo*, ele chegou em Cherõpapa e perguntou: "por que me chamaram?" "Para aprender/copiar (*tekia*) os seus cantos", justificou Tekãpapa. Cantou longos e belos *iniki*, ensaiou alguns passos de dança. Disse que sabe falar várias línguas, "americano, peruano e muitas outras". Aprende porque tem o peito desenhado (*chinã kene*) e conta que está vivendo no Rio-Sol (*Vari Waka*, a jusante). Pergunta, então, se eu quero levá-lo novamente comigo. Fala que, se eu estiver doente, ele volta para meu corpo/casa; do contrário, prefere ficar onde está, pois já ficou acostumado. Chegou deslizando em uma canoa de metal desprovida de motor e, como os demais espíritos, dá seu diagnóstico sobre esta terra-morte: "assustadora, cheia de doenças".

Vou tentar novamente trazer meu irmão de volta. Ponho uma ponta do *rewe* na boca e outra na garrafa de ayahuasca que está no chão entre os bancos. Sugo o *chinã* do cipó e, em seguida, coloco a outra extremidade no peito de Cherõpapa. Erro de novo o movimento de sopro/sucção. O duplo me dá uma nova chance. Sem sucesso. "Não chegou, não pegou", diz ele. Tenta então pela boca, assoprando pelo inalador de rapé. Nada feito. Tekãpapa me explica que assim é bom e que eu agora serei como ele, que tem os duplos todos levados. Meu irmão ficará vivendo para sempre noutra parte. É o meu *chinã natõ*, o duplo do peitopensar. E canta de novo. Os *iniki* são curtos e belos – escutá-los me faz sentir também aquela espécie de nostalgia, *oniska*. A audiência dá algumas risadas, fica impressionada, e eu um pouco envergonhado (mas por *quem*, afinal?). As mulheres cochicham nas redes. Antes de ir embora, ele diz que voltará outro dia para me ensinar cantos de cura

---

2   Cf. capítulo 13.

shōki, que os presentes devem prestar atenção para aprender também. Depois de um tempo, vou para casa dormir, exausto. Cherõpapa continua a cantar. Vem o pai de Lauro Pani*papa*, falecido há cerca de um ano. De longe, ouço Tekã*papa* e as mulheres chorocantarem (*rona vana*) a morte recente do irmão. Deitado em minha rede, tento escutar os cantos gravados de meu *vaká*, mas para minha decepção, a pilha havia acabado e a gravação desapareceu.

Na noite seguinte, explico para Cherõpapa a falha no gravador e pergunto se ele pode chamar de novo o meu irmão. O *romeya* me explica que os duplos e espíritos costumam ficar bravos quando chamados sem razão em noites seguidas: na ausência de um doente, não haveria como garantir a visita de tal pessoa, já que outras estariam por vir para cá durante a noite. "É como você", diz um pajé-rezador ali presente, "que não vem sempre aqui e que precisa de um propósito para aparecer". Espero mais uma noite. Dessa vez ele volta acompanhado de seu tio (*koka*) Vari Pena, que é o seu protetor, a pessoa responsável por ele (*a tojya yora*). "Por que vocês me chamaram?", diz novamente o *vaká*, que, descubro, se chama Iskõ Tae (eu mesmo me chamo Isko Mayãpa e somos todos do povo japó, *iskonawavo*). "Chamamos para imitar de novo as suas falas", justifica-se Tekãpapa. O *vaká* parece um pouco contrariado. Mas canta:

1	f chinã kenerao	não é com desenho-água	2
	ene kenemataki	e nem com desenho-espírito	3
	yove kenemataki	que eu enxergo	4
	f anõ oja	o meu saber desenhado	1
5	aivo kenese	este desenho que está	
	chinã revõ veyamash	diante do coração	
	kenekia rakánõ	com o desenho aí colocado	
	f anõ vanaa	é que canto	
	f chinã kene	meu saber desenhado	
10	f chinã kenenõ	com este saber	
	teki vakj ikirao	é que ando	
	eri rivi yonã	assim estou contando	

Neste canto, ele mostra que se utiliza de outra tecnologia de conhecimento, distinta daquela dos *yora* e seus parentes espalhados pelo sociocosmos, que possuem desenhos-espírito marcados no peito (de seus duplos). O saber de Iskõ Tae, meu irmão, é também marcado por desenhos, mas diferentes. Em seguida, Vari Shawe, o Espírito Tartatuga-Sol que ali também chegou, faz algumas perguntas sobre mim: "Ele está com dor?". "Disse que não está", responde Tekãpapa. "Tem alguma doença?" "Não tem doença", replica o pajé-rezador. "Agora não dá mais para pegar de volta. Mas vamos tentar. O seu corpo é como o daquele que está falando com vocês [refere-se a mim][3]. Vamos tentar de novo aqui.

---

3 Ele quer dizer que o corpo de Iskõ Tae, o meu duplo, é como o meu corpo-carcaça (de Pedro, Isko Mayãpa). Esse duplo e seus acompanhantes estão todos juntos dentro da maloca/oco de Cherõpapa. Podem, portanto, se revezar nos cantos e explicações.

Se você não conseguir, não vai chorar [brinca comigo e todos riem]". E segue conversando, enquanto, sem sucesso, repetia aquela operação já descrita:

Não é ruim o lugar em que ele [Vari Pena, o tio] mora, é parecido com o dele, com o dele [com o meu, Pedro]. Estou falando daquela pessoa responsável por ele [por meu duplo]. A pessoa responsável por ele é seu tio, é Vari Pena, o seu tio que o pegou há tempos. Ele tem cinto, tem faca. Sua camiseta é verdeazul, verdeazul mas cheia de bolinhas. Ele tem chapéu, tem faca. Também tem sapato. Ele vive assim mesmo. "Acho que parece comigo" [o locutor imita uma suposta fala minha]. Quando dizem, "vamos pelo caminho do rio", eles vão de outra maneira. Quando querem chegar rápido, fazem assim. Chegam por cima do rio, chegam por cima do rio. O dono disso, o dono disso não sou eu. O dono dele não sou eu [Jaboti-Sol], o dono é outro. Eu sou outro, sou outro. O dono (ivo) é Vari Pena, é dele (awf ná). Quando chegam, eu venho na frente [da canoa de metal]. Mas não faz barulho de motor, vai soando a melodia de rio, são os ventos-rio, os ventos-rio (ene werasj). Então eles têm a sua melodia (mane), a coisa de se deslocar, a coisa de se deslocar não vai fazendo barulho mesmo, é o vento deles, o vento deles através dos quais eles vêm para cá. Não é devagarzinho, é muito rápido, assustador. Pode até jogar [as pessoas] para fora. Mas para o seu dono não tem perigo.

Depois de conversar, Espírito Jaboti-Sol canta o seu *iniki*:

1	*vari waka shakjnash*	vindo do rio-sol	
	yove kaya shotxino	no meio do peito-espírito	/no espaço da maloca
	kochi vakj ikirao	eu perambulo	
	yove mõti keneya	o estojo-espírito desenhado	/a garganta-espírito desenhada[4]
	vesõ ake ikirao	lá e cá cantando	
5	*noke amf kevinai*	assim nos chamou[5]	
	awf iki amajnõ	e então pensei	
	awesa oji	o que será	
	ikirai iki	que ali encontrarei?	
	eri rivi ojno	vou logo ver	
10	*iki ainkarãi*	vindo assim pensei	

	yove shawã ina	com meu cocar
	f tene aoa	de cauda de arara-espírito
	naí shavá txiwai	batendo no céu

4 O *vaká* vem do rio-sol e entra dentro do corpo/maloca de Cherõpapa, onde canta andando de um lado para o outro.
5 "Garganta-espírito desenhada" é uma metáfora para Cherõpapa, que convidou esses espíritos para seu corpo/casa.

	fñõ txari rakánõ	para forte trovejar[6]
15	neri kaya inai	eu para cá subi
	áve ea pariki	assim sempre fui
	chinã aweyapai	repleto de saber

Em seguida canta aquele que veio junto com Jaboti-Sol, o tio e protetor de meu duplo, Vari Pena. A melodia de seu *iniki* é a mesma do anterior, assim, com as fórmulas de abertura:

1	vari waka wera	vento do rio-sol
	we retoiniai	contra o vento vou
	awesa oji	o que será
	ikirai iki?	que ali encontrarei?
5	eri rivi ojno	vou logo ver
	iki ain karãi	vindo assim pensei
	vari wanj váka	o broto de pupunha-sol
	mapo koro natfash	na argila fincado
	potaini otivo	há tempos foi colocado
10	tsekatima awena	e não pode ser tirado
	ikivomf ikitõ	é o que dizem
	ina revõ vitãki	mas sua ponta eu pego
	kõkf kõkf tsekai	e vou puxando, puxando
	f aki atii	assim mesmo fiz
15	áve ea pariki	assim sempre fui

Vari Pena se utiliza de uma metáfora para dizer que é excepcionalmente forte e sabido. Os espíritos demiurgos Ene Voã há tempos enfiaram brotos de pupunha nos buracos dos rios, para assim formar os peixes bodó. Dizem que não podem ser tirados dali – coisa que o cantador, em sua metáfora, diz ser, porém, capaz. Todos os cantos aí presentificam a referência-água: o coletivo de espíritos que acompanham meu duplo vem daquela região desde sempre identificada aos estrangeiros, o grande rio *noa* que fica a jusante. Não por acaso, dizem que sou *noa mawa*, sabiá do rio grande, gente faladora. Depois de um curto intervalo de tempo, é a vez de meu próprio duplo, Iskõ Tae, cantar o seu *iniki*:

1	Vari Waka wera	vento do Rio-Sol
	we reto iniai	contra o vento vou
	ene koj wichnãrao	névoa da nuvem-rio
	retorave iniai	contra a névoa vou
5	ene mai keneno	nos rachos da terra-rio

6 O cocar faz barulho como um trovão.

	ene mavã shokoa	os espinhos-rio fincados	
	machit awainiai	pulando mesmo vou	
	ene vai teasho	a gigante raia-rio	
	ene txoa rakáa	que fecha o caminho-rio[7]	
10	*watxo itãe kaniaivõ*	esta pessoa jovem	
	machit ati awema	não consegue pular	
	ikivomã ikitõ	é o que dizem	
	ene txoa rakáa	mas a gigante raia-rio	
15	*machit awainiai*	pulando mesmo vou	
	áve ea paríki	assim sempre fui	
	ene matô wetsãnõ	noutra colina do rio	
	matsi awã voshká	cabeça de anta-frio	/blocos de argila
	veõini otivo	há tempos colocaram	
20	*matsi awã voshkapá*	as cabeças de anta-frio	/os blocos de argila
	teki ina iki	vão rolando e rolando	/vão subindo e subindo[8]
	tsoa mané vitima	os que cantos entregaram[9]	
	ea veso ayavõ	foram meus protetores	
	noa mawa vana	e fala de sabiá do rio	
25	*vanakavi yosisho*	sua fala aprendi	
	eri rivi yonã	assim estou contando	
	f *yora shakárao*	meu corpo-carcaça	
	nea mai shavayash	aí neste mundo	
	matõ vana tanai	a sua língua entendeu[10]	
30	*awf aki amainõ*	e enquanto isso	
	f *rome kokavõ*	meus tios-espírito	
	yove rewe kenenõ	com caniços desenhados	/com vozes desenhadas
	vana mekiarao	a fala arrumaram	
	ato vana yosii	e a ele ensinaram[11]	

7 Trata-se da mãe do rio, a mãe da raia, explicava Venãpa. É uma raia muito grande que não aparece nunca, fica nas profundezas dos rios. O canto mostra que o *vaká* pode, se quiser, viajar pelo fundo do rio, isto é, pela terra-rio que é repleta de perigos e, por isso, frequentemente comparada ao Caminho-Morte. Trata-se de um caminho alternativo àquele da superfície, que os espíritos percorrem com suas canoas de metal.

8 Os versos apresentam uma metáfora para o deslocamento do *vaká* pelo fundo rio. Ele vai passando de lugar em lugar até chegar nas cabeceiras, assim como os blocos duros de argila dura da terra firme (*mapotko*), que formam uma escada nos barrancos. Ora, mas os próprios blocos são ditos através de suas metáforas especiais "de surgimento" (*anõ shovima*): Ene Voã, os espíritos demiurgos do mundo-água, fizeram pedaços de argila com cabeças de antas-frio (isto é, da referência-frio).

9 Os que ensinaram meu *vaká* a cantar, o tio e seus parentes. O termo *mane* se refere, mais especificamente, às melodias dos cantos.

10 Isto é, a língua dos marubo, dos viventes.

11 A mim, Pedro, o corpo-carcaça.

35	mãta f akai	mas eu sempre soube
	f chinã kenerao	pelo pensar desenhado
	f anõ ojya	que uso para ver
	aivo kenese	este desenho traçado
	chinã revõ veyamash	diante do meu coração
40	yove kene vetsãi	feito desenho-espírito
	yove kenematai	desenho-espírito não é
	vari waka wera	vento do rio-sol
	we retó iniai	pelo vento vou
	ene koj wichnara	névoa da nuvem-rio
45	reto rave iniai	contra a névoa vou
	awesa oji	o que será
	ojra ikia	que ali encontrarei?
	nori rivi ojno	juntos vamos ver
	f rome kokavo	meus tios-espírito
50	ato anõ tsekaa	os males extrair
	tseka yosisho	a extrair aprenderam
	eri rivi anõsho	para que eu mesmo
	iki anõ ána	assim também faça
	f rome kokavo	foi o que falaram
55	ari rivi vanai	os tios-espírito

Iskõ Tae emenda seu canto em um *shõki* a ser empregado para curar um doente que ali estava presente. Os *kfchjtxo* escutam o canto ensinado pelo duplo e, em seguida, passam à rede onde está deitado o paciente para curá-lo. Convidam-me – parece-lhes evidente que eu agora também possa cantar –, mas eu declino a oferta sincera e prefiro ficar quieto. Meu irmão talvez tenha essa habilidade, que, para mim, é ainda um desafio. De fato, Iskõ Tae é mesmo quase--espírito, não é como o meu corpo-carcaça, uma pessoa mortal. Mesmo assim, mesmo sendo mais sabido do que eu (seu irmão mais novo), meu duplo não está ainda totalmente formado, vive sob a tutela de seu dono ou tio, com quem aprende. Curiosa essa posição que ele foi assumir no plano virtual: está com seu tio materno (classificatório) e potencial sogro, espelhando a minha condição de anfitrião em Alegria, onde eu vivia também sob os cuidados de dois tios classificatórios, Tekãpapa e Panipapa. Meu corpo-carcaça, no entanto, não permaneceu sob a tutela exclusiva de tais "donos" e acabou por se relacionar com outras pessoas no alto Ituí – talvez contrariando as suas expectativas, pois imaginavam que eu ali pudesse ficar (quem sabe para sempre) como parente ou como professor-xerimbabo.

Mas o meu *vaká* vive com seu tio através de uma relação um tanto quanto especial: o dono ali está para ensinar-lhe cantos e, assim, integrar uma comunidade de pensamento. Algo similar ao que ocorreu com meu corpo-carcaça nas malocas do alto Ituí: no final, era mesmo essa a posição que eu ocupava entre os meus anfitriões. Descubro aí nesse *iniki* que, além de ter um duplo que me ajuda a pensar, também os tios foram responsáveis pela minha capacidade de entender os cantos. Eles sopraram ou enviaram tal saber para mim através dos inaladores de rapé. O *rewe* não é apenas um *soul catcher*, mas também um transmissor de conhecimento, de *chinã*, que é também palavra utilizada para designar os duplos. Ora, *conhecer* significa aqui *personificar*. Sangama, o índio piro sobre o qual escreve Peter Gow em *An Amazonian Myth and its History*, via por trás das letras uma mulher-espírito de boca vermelha, brilhante com seu batom. Por conta disso, ele conseguia decifrar os livros dos brancos e impressionar os seus parentes analfabetos. Por uma inversão simétrica, o antropólogo que vos escreve parece ter aprendido esses cantos por intermédio de seus tios-espírito e, mais adiante, de seu próprio duplo irmão. Aprender é tornar-se apto para repetir, traduzir ou reproduzir os saberes de outrem; colocar-se em relação com uma coletividade e um campo de parentesco; "ligar pensamento", enfim.

Anexos

Anexo 1
Sistema Fonológico e Ortografia[1]

Sistema Consonantal

	Labial		Alveolar		Alveopalatal		Retroflexa		Palatal		Velar	
Oclusiva	p	**p**	t	**t**							k	**k**
Nasal	m	**m**	n	**n**								
Fricativa	v	**v**	s	**s**								
Africada			ts	**ts**	ʃ	**sh**	ʂ	**ch**				
Tap			ɾ	**r**	ʈ̺	**tx**						
Aproximante	w	**w**							y	**y**		

Sistema Vocálico

	Anterior		Central		Posterior	
Alta	i	**i**	ɨ	**e**	u	**o**
Baixa			a	**a**		

---

1 As informações abaixo são baseadas em R. Costa, *Aspectos da Fonologia Marubo (Pano): Uma Visão Não-Linear*, p. 81. À direita, em negrito, indico a ortografia alfabética aqui utilizada, que corresponde àquela estabelecida pela Missão Novas Tribos e professores marubo.

Anexo 2
Lista das Abreviações[2]

AUXintrans	Auxiliar intransitivo	*iki, -ki*
AUXtrans	Auxiliar transitivo	*aka, -ka*
ABS	Caso absolutivo	Ø
ASS	Assertivo	*-ta, -ki, -ra*
ASSOC	Associativo	*-ni-*
ATR	Atributivo (de condição permanente)	*-ya*
ATR	Atributivo (de condição transitória)	*-ka*
AUM	Aumentativo	*-yãwa, -yãmka, -ewa*
COL	Coletivizador	*-rasj*
COMP	Comparativo	*-pa-, -tõ-*
COM	Comitativo	*-ve*
CONfin	Conectivo de finalidade	*-ina*
CON	Conectivos	*-tsf, -mãjnõ, -vaiki, -vai, -veise, -mfkj, -sevi, -svi, -sho*
CMPL	Completivo	*-ke*
CNS	Consecutivo	*-tõ, -tõsho*
COP	Cópula	*iki, -ki*
CS	Causativo	*-ma*
DB	Dativo-benefactivo	*-shõ, -sho*
DC	Declarativo	*-ta*
DEMprox	Demonstrativo proximidade	*na-*

---

2 A partir de R. Costa, em *Padrões Rítmicos e Marcação de Caso em Marubo (Pano)*, e em *Aspectos da Fonologia Marubo (Pano)*. Também a partir de Kennel Jr, "Descrição Fonêmica e Gramatical do Marubo", e de meus dados de pesquisa.

DEMdist	Demonstrativo distância	wa-
DEMind	Demonstrativo indicativo	-i
DES	Desiderativo	-katski-, -tsiki-, -mis-, -miska-
DIM	Diminutivo	-shta
DIR	Direcional	-ri
DIRcentrip	Direção centrípeta	-rã, -varã, -vrã, -karã, -krã
DIRcentrif	Direção centrífuga	-tã, -vitã, -katã
DISTR	Distributivo	-pake
DS/AS	Sujeito diferente, ação simultânea	-i
DS/AA	Sujeito diferente, ação anterior	-sh, -ash
ENF	Enfático	-vere, -rivi, -tskj
ERG	Caso ergativo	/~/, -ne-, -pa, -nj
EQ	Equacionalizador	-tskj
EXT	Predicação existencial	-se-, -s-
FC	Foco	-nã
FIN	Finalidade	-nõ-, -no-
FRUST	Frustrativo	-keã-
FUT	Futuro	-tsa, -katsai, -kõ-
GEN	Caso genitivo-possessivo	/~/, -na, -pa
GENR	Genérico	-vo, -ivo
HAB	Habitual	-mtsãwa, -miska, -kãikãi, -vãivãi
HSAY	Hearsay (reportativo)	iki, -ki
HIP	Hipotético	teveso-, -remf, -taise, -ravãk, -kj
INC	Incoativo	-kãia-, -kãi-, -vãia-, -vãi-
INCOMP	Incompletivo	-ai, -i
IMP	Imperativo	-tso, -ta, -ri, -wf
IMPOSS	Impossibilidade	-tjpa
INSTR	Instrumental	/~/, -ki-, -nj-, -pa-
INGR	Ingressivo/ desiderativo	-katski-, -tsiki-
INT	Interrogativo	-ra
LOC	Locativo	/~/, -ne-, -namã-, -pa, -ki
LOCprov	Locativo proveniência	-sho, -sh
MOVasc	Movimento ascendente	-ina-
MOVdesc	Movimento descendente	-ipa-
MOVcirc	Movimento circular	-ke-
NMLZ	Nominalizador	-ti
PAS1	Passado imediato	-ai

PAS2	Passado recente (dias, semanas)	-vɑi
PAS3	Passado (meses, anos)	-chjɑ, -shnɑ
PAS4	Passado (anos, décadas)	-mtɑ
PASrem	Passado remoto	-ti
PERM	Permissivo	-pɑ
PL	Plural	-vo
POSSIB	Possibilidade	-misi
POSS	Posse	ɑwf
PRF	Perfectivo	-yɑ
PR	Progressivo	-ɑi, -i
PRO	Proibitivo	-roɑ
REC	Reciprocal	-nɑ̃nɑ̃-
REL	Relativizador	-ɑ-
RFL	Reflexivo	-ri
RLZ	Ação realizada	-ɑ, -tɑná
SML	Similitivo	-ská-, ɑská-
MS/AA	Mesmo sujeito, ação anterior	-sho, -shõ
MS/AS	Mesmo sujeito, ação simultânea	-kj
TEMP	Subordinação temporal	-tiɑ̃, -pɑoɑ, yɑ̃tá
TOP	Tópico	-ro
VBLZ	Verbalizador	-ɑ-, -kɑ, -ki
1S	Primeira pessoa singular	eɑ, eɑ̃, f
2S	Segunda pessoa singular	miɑ, miɑ̃, mj
1P	Primeira pessoa plural inclusiva	Noke, nokf, nõ
3PDEM	Terceira pess. plural demonstrativo	ɑtõ, ɑ̃tõ
3DEM	Terceira pess. demonstrativo	ɑ, ɑ̃
3P	Terceira pessoa plural	mɑto, mɑtõ, mɑ̃
3SDEM.ERG	Terceira pessoa singular ergativo	Ato

Anexo 3
Marubo Ritual e Cotidiano

3.1 Partes do Corpo[3]

PORTUGUÊS	MARUBO COTIDIANO	MARUBO RITUAL
Antebraço	metashe	venf metá
Ânus	pojki	shoi
Artérias	pono	echpõ
Barriga	posto	shakj
Bexiga	isõná	isõ koa tiomai
Cabeça	mapo	voshká
Cabelo	vo	voshká rani, mashekiti, panã pei
Cérebro	mapo reso	mapo shakj tiomai
Coluna	kasho	kasoti
Coração	ojti	chinã revo
Costas	pemane	pesoti
Costelas	pichi	venf põshã
Cotovelo	poyã, metáshe txjto	metá txiwati
Coxas	kichi	venf teke tioi
Dedos da mão	mevj revõ	venf metá revõ

3 Antes de alguns dos nomes da fala pensada (chinã vana) para as partes do corpo, costu-ma-se colocar, dependendo de quem for o paciente, mashko (criança), wano (mulher) ou vene (homem), tal como em venf teke revõ, "dedos do pé do homem" ou wanõ teke revõ, "dedos do pé da mulher". Cada kfchjtxo costuma também antepor aos nomes especiais o classificador do povo a que pertence. Na lista abaixo, o interlocutor era um rovonawavo (povo-japó) e, por isso, diz rovo meã pei, "palma da mão-japó". Abaixo seguem listadas apenas as partes do corpo que costumam integrar um canto de cura shõki e que possuem correspondente na língua especial.

PORTUGUÊS	MARUBO COTIDIANO	MARUBO RITUAL
Dedos do pé	tae revõ	venf teke revõ
Dentes	sheta	manaketi
Estômago	atô	yani naneti
Esôfago	tepõ	techpa
Garganta	nokf cheati	meki cheati
Intestino delgado	poko	poko osho
Intestino grosso	poko vevakãia	txipaketi
Joelho	ravoshe	rome vetashti, venf teke txiwáti
Língua	ána revo	shata pirõti
Mãos	mevi	rovo meãpei
Nádegas	txesho	txjshã
Narinas	rekj tsewe	rechô tsewe
Nariz	rekj	recho
Nuca	teso	tesori
Olho	vero	nete sanãti
Ombros	poyã txiwá	rovo tama mevi
Orelha	pãtxo	pachekiti
Ouvido	pãtxo kini	pachekiti shakj
Palma da mão	mevi napashe	meã pei
Palma do pé	tae napache	venf teke vetsãti
Panturrilha	itashe	teke tioi
Peito	shotxi	venf shotxi pesoti
Pé	tae	venf sapa vetsãti
Prepúcio	ina shaká	noka rao pei
Pênis	ina	venf ichná
Pulmão	tãshã	põshã
Punho	mekf	metá revõ txiwati
Queixo	koi	koi txitashe
Seios	shoma	ewã nãko vata
Testículos	ovoche	rovo awá ovo
Unhas	mftsisi	rovo tama mese
Vagina	chevi	acho revo, chero, aj ichná

3.2   Posições

De frente	*nakiri*	*nasotanairi*
De costas	*petxiri*	*pesotanairi/ kasotanairi*
De/em cima	*matxiri*	*masotanairi*
De pé/levantado/erguido	*niá*	*vototanairi*
Diante/ em frente	*vesori*	*vesotanairi*
Ao lado	*nekiri*	*neweramairi*

3.3   Maloca e Parafernália Xamânica

Maloca	*shovo*	*anõ vesokãia, yoe rakati*
Terreiro	*shovo ikoti*	*imawenene*
Pátio da maloca	*kaya naki*	*txaitivo shakjni*
Bancos paralelos	*kenã*	*shata rono tosha*
Inalador de rapé pequeno	*rome reshti*	*shõti*
Inalador de rapé grande	*rewe*	*teshkerewe, nea shao*
Ayahuasca	*oni*	*õchj waka*
Pote de ayahuasca	*chomo*	*keno keneya, voshká*
Tabaco	*rome*	*yove chia poto*
Cuia para servir ayahuasca	*oni mãsf*	*kfti*

Glossário de Termos

Chinã: pensamento, princípio vital, componente da pessoa, duplo.

Ese: ensinamento, conhecimento, respeito.

Espiritizar: neologismo empregado para traduzir *yove-a* (espírito+verbalizador), processo de transformação

Imi: sangue.

Iniki: cantos dos espíritos e demais agentes transmitidos pelos xamãs *romeya*.

Ivo: dono, mestre.

Kakaya: chefe, cacique.

Kana Voã: espírito demiurgo.

Kaya: extensão corporal e espacial, corpo.

Kayakavi: pessoa vivente.

Kfchjtxo: xamã rezador, detentor dos cantos de cura *shōki* e demais conhecimentos xamanísticos.

Kenã: bancos paralelos localizados na entrada masculina da maloca.

Kene: padrões gráficos empregados na pintura corporal e demais suportes.

Koj: névoa, fumaça.

Kopía: revidar, retaliar.

Koshoka: soprocanto, canto de cura.

Matô: colina, morro.

Mokanawa: inimigo, outro povo.

Morrido: termo utilizado para traduzir a morte-transformação do duplo da pessoa (*vei*), por oposição à morte do corpo-carcaça (*vopia*).

Môti: seção de taboca utilizada para armazenar rapé.

Nãko: alimento dos espíritos. "Néctar", princípio de transformação.

Namá: sonho.

Nami: carne.

Naroa: imitar, citar, copiar.

Nawa: estrangeiro.

Nawavo: segmentos da morfologia social marubo.

Noa: região do rio grande, identificada a Manaus e outras terras a jusante.

Oni:	ayahuasca (*Banisteriopsis caapi*)
Oni Shãko:	espírito auxiliar dos xamãs rezadores, espírito da ayahuasca.
Oniska:	melancolia, tristeza, nostalgia.
Pae:	seiva, leite. Veneno, remédio, força.
Rewe:	inalador de rapé comprido para ser usado por duas pessoas.
Rewepei:	pássaro João-Barbudo. Auxiliar das sessões xamanísticas.
Roaka:	bom, belo, correto.
Romeya:	uma das espécies de xamã, capaz de externalizar seus duplos e de transmitir os cantos dos espíritos.
Rome:	tabaco, rapé. Projéteis mágicos.
Saiti:	narrativas míticas cantadas.
Shaká:	carcaça, invólucro ou envoltório, corpo.
Shakj:	cavidade interna, oco.
Shana:	calor, febre.
Shavá:	morada, mundo, tempo e espaço.
Shõki:	cantos de cura e de pensamento.
Shoma:	espíritos auxiliares dos xamãs rezadores.
Shovia:	fazer, construir, transformar, começar.
Shovo:	maloca.
Tama:	nome genérico para "árvores".
Taná:	seguir, imitar, compreender.
Vaká:	duplo, espectro. Um dos aspectos da pessoa.
Vana:	fala, canto, conhecimento.
Vei:	processo de transformação dos duplos, posterior ao falecimento do corpo-carcaça. Morte, perigo, transformação.
Vei Vai:	Caminho-Morte.
Vfcha:	sucuris e jiboias.
Verõ yochj:	duplos dos olhos.
Wenía:	surgimento, aparecimento. Conjunto de narrativas míticas cantadas.
Yochj:	noção envolvida nos processos de duplicação, projeção visual e imagem. Agentes personificados também traduzíveis por "espírito", "duplo" ou "espectro", potencialmente agressivos e ameaçadores.
Yojni:	categoria genérica traduzível por "bicho".
Yora:	gente, pessoa, corpo.
Yove:	espíritos ou entidades prototípicas.

Bibliografia Geral

ALBERT, Bruce. *Temps du Sang, Temps des Cendres: Répresentations de la maladie, système rituel et espace politique chez les Yanomami du sud-est (Amazonie brésilienne)*. Nanterre: Université de Paris X, 1985. Tese de doutorado.

ALMEIDA, Mauro; CARNEIRO DA CUNHA, Manuela. *Encicplopédia da Floresta*. São Paulo: Companhia das Letras, 2002.

ATRAN, Scott. Core Domains *Versus* Scientific Theories: Evidence from Systematics and Itza-Maya Folkbiology". In: HIRSCHFELD, L.; GELMAN, S. (orgs). *Mapping the Mind*. Cambridge: Cambridge University Press, 1994.

BAKHTIN, Mikhail. *Estética da Criação Verbal*. São Paulo: Martins Fontes, 2000.

BENJAMIN, Walter. "A Tarefa do Tradutor", 1921. Tradução inédita de Susana Kampff Lages, 2009, ms.

BERLIN, Brent. *Ethobiological Classification: Principles of Categorization of Plants and Animals in Traditional Societies*. Princeton: Princeton University Press, 1992.

_____. The Concept of Rank in Ethnobiological Classification: Some Evidence from the Aguaruna Folk Botany. *American Ethnologist*, Oxford, v. 3, n. 3, 1976.

BIERHOST, John. Incorporating the Native Voice: A Look Back from 1990. In: SWANN, B. (org.). *On the Translation of Native American Literatures*. Washington: Smithsonian Institution Press, 1992.

BLANCHOT, Maurice [1955]. *L'Espace littéraire*. Paris: Gallimard, 2005.

BOYER, Pascal. *Tradition as Truth and Communication: A Cognitive Description of Traditional Discourse*. Cambridge, Cambridge University Press, 1990.

BRIGGS, Charles. The Sting of the Ray: Bodies, Agency, and Grammar in Warao Curing. *Journal of American Folklore*, Champaign, v. 107, n. 423, 1994.

BROTHERSTON, Gordon; MEDEIROS, Sergio. *Popol Vuh*. São Paulo: Iluminuras, 2007.

BUCHILLET, Dominique. Nobody is There to Hear. In: LANGDON, J.; BAER, G. (orgs.). *Portals of Power*. Albuquerque: University of New Mexico Press, 1997.

_____. Los Poderes del Hablar: Terapia y Agresión Chamánica entre los Indios Desana del Vaupes Brasileño. In: BASSO, E.; SHERZER, J. (orgs.). *Las Culturas Nativas Latinoamericanas Através de su Discurso*. Quito: Abya-Yala, 1990.

_____. Personne n'est là pour écouter: les conditions de mise en forme des incantations therapeutiques chez les Desana du Uaupes brésilien. *Ameríndia*, Paris, n. 12, 1987.

CADOGAN, Leon. Ayvu Raptya: Textos Míticos de los Mbya-Guaraní del Guairá, *Antropologia*, São Paulo, n. 5. Boletim 227, 1959.

CAMPOS, Haroldo de. *Bere'Shith, a Cena da Origem*. São Paulo: Perspectiva, 2000.

_____. *Qohélet: O que Sabe: Eclesiastes*. São Paulo: Perspectiva,1991.

_____. *Metalinguagem*. Petrópolis: Vozes, 1970. Reed.: *Metalinguagem e Outras Metas*. 4. ed. São Paulo: Perspectiva, 1997.

CARNEIRO DA CUNHA, Manuela. Pontos de Vista sobre a Floresta Amazônica: Xamanismo e Tradução. *Mana*, Rio de Janeiro, v. 4, n. 1, 1998.

_____. *Antropologia do Brasil*. São Paulo: Brasiliense/Edusp, 1986.

_____.*Os Mortos e os Outros*. São Paulo: Hucitec, 1978.

CESARINO, Pedro. *Oniska: A Poética da Morte e do Mundo entre os Marubo da Amazônia Ocidental*. Rio de Janeiro: PPGAS/Museu Nacional-UFRJ, 2008. Tese de doutorado.

_____. De Duplos e Estereoscópios: Paralelismo e Personificação nos Cantos Xamanísticos Ameríndios. *Mana*, Rio de Janeiro, v. 12, n. 1, 2006.

_____. De Cantos-Sujeito a Patrimônio Imaterial: Notas sobre a Tradição Oral Marubo. *Revista do Patrimônio*, Brasília, v. 32, 2006.

_____. *Palavras Torcidas: Metáfora e Personificação nos Cantos Xamanísticos Ameríndios*. Rio de Janeiro: PPGAS/ Museu Nacional-UFRJ, 2003. Dissertação de mestrado.

CHAUMEIL, Jean-Pierre. Des Esprits aux ancêtres. *L'Homme*, Paris, v. 33, n. 126-128, 1993.

_____. Réseaux chamaniques contemporains et relations interethniques dans le Haut Amazone (Pérou). In: PINZÓN, C. et al. (orgs.). *Otra América en Construcción*. Bogotá: Ican, 1991. (46. Congreso Internacional de Americanistas.)

CÍCERO, Antonio. *Finalidades sem Fim*. São Paulo: Companhia das Letras, 2005.

CLASTRES, Pierre. [1974]. *A Fala Sagrada: Mitos e Cantos Sagrados dos Guarani*. Campinas: Papirus, 1990.

COELHO DE SOUZA, Marcela Stockler. *O Traço e o Círculo: O Conceito de Parentesco entre os Jê e seus Antropólogos*. Rio de Janeiro: PPGAS/Museu Nacional-UFRJ, 2002. Tese de doutorado.

COSTA, Luiz Antonio Lino da Silva. *As Faces do Jaguar: Parentesco, História e Mitologia entre os Kanamari da Amazônia Ocidental*. PPGAS/Museu Nacional-UFRJ, 2007. Tese de doutorado.

DA MATTA, Roberto. *Ensaios de Antropologia Estrutural*. Petrópolis: Vozes, 1977.

DE CIVRIEUX, Marc. *Watunna: An Orinoco Creation Cycle*. San Francisco: North Point, 1980.

DÉLÉAGE, Pierre. Les Pictographies narratives amérindiennes. Disponível em: <http://sites.google.com/site/pierredeleage/>. Acesso em: 2009.

DERRIDA, Jacques. *Torres de Babel*. Belo Horizonte: Editora da UFMG, 1998.

_____. *La Pharmacie de Platon*. Paris: Seuil, 1972.

DESCLÉS, Jean-Pierre; GUENTCHEVA, Zlatka. Énonciateur, locuteur, médiateur. In: BECQUELIN-MONOD, A.; ERIKSON, P. (orgs). *Les Rituels du Dialogue*. Nanterre: Societé d'Ethnologie, 2000.

DESCOLA, Philippe. Estrutura ou Sentimento: A Relação com o Animal na Amazônia. *Mana*, Rio de Janeiro, v. 4, n. 1, 1998.

_____. *Les Lances du Crépuscule*. Paris: Plon, 1993.

DETIENNE, Marcel. *L'Invention de la Mythologie*. Paris: Gallimard, 1981.

_____. *Les Maîtres de Vérité dans la Grèce Archaïque*. Paris: Maspero, 1967.

DUCROT, Oswald. *Le Dire et le Dit*. Paris: Minuit, 1984.

ELBEIN DOS SANTOS, Juana. *Os Nagô e a Morte*. Petrópolis: Vozes, 1998.

FARAGE, Nádia. A Ética da Palavra entre os Wapishana. *Revista Brasileira de Ciências Sociais*, São Paulo, v. 13, n. 38, 1998.

FAUSTO, Carlos. Banquete de Gente: Comensalidade e Canibalismo na Amazônia. *Mana*, Rio de Janeiro, v. 8, n. 2, 2002.

_____. *Inimigos Fiéis*. São Paulo: Edusp, 2001.

FINNEGAN, Ruth. *Oral Poetry*. Bloomington: Indiana University Press,1992.

FRANCHETTO, Bruna. L'Autre du même: parallélisme et grammaire dans l'art verbal des récits Kuikuro (caribe du Haut Xingu, Brésil). *Amerindia*, Paris, v. 28, 2003.

GALLOIS, Dominique. Xamanismo Waiãpi: Nos Caminhos Invisíveis, a Relação I-paie. In: LANGDON, J. (org.). *Xamanismo no Brasil: Novas Perspectivas*. Florianópolis: Editora da UFSC, 1996.

GALVÃO, Wenceslau; GALVÃO, Raimundo. *Livro dos Antigos Desana: Guahari Diputiro Porã*. São Gabriel da Cachoeira: Foirn/Onimpr, 2004. (Coleção Narradores Indígenas do Rio Negro, v. 7.)

GARCIA, Wilson Galhego (org.). *Nhande Rembypy: Nossas Origens*. São Paulo: Editora Unesp, 2003.

GARCIA DOS SANTOS, Laymert. Demasiadamente Pós-Humano. Entrevista. *Novos Estudos*, São Paulo, n. 72, 2005.

GEBHART-SAYER, Angelika. Una Terapia Estética: Los Diseños Visionarios del Ayahuasca entre los Shipibo-Conibo. *América Indígena*, México, n. 46, 1986.

GELL, Alfred. *Art and Agency*. Oxford: Clarendon, 1998.

_____. Closure and Multiplication: An Essay on Polynesian Cosmology and Ritual. In: COPPET, D. de; ITEANU, A. (orgs.). *Cosmos and Society in Oceania*. Oxford: Berg, 1995.

GOODY, Jack. *The Interface Between the Written and the Oral*. Cambridge, Cambridge University Press, 1987.

GOW, Peter. *An Amazonian Myth and its History*. Oxford: Oxford University Press, 2001.

_____. Piro Designs: Paiting as Meaningful Action in an Amazonian Lived World, *Journal of the Royal Anthropological Institute*, n. 5, 1999.

_____. Against the Motion: Aesthetics is a Cross Cultural Category?. In: INGOLD, T. (org.). *Key Debates in Anthropology*. London: Routledge, 1996.

_____. River People: Shamanism and History in Western Amazonia. In: HUMPHREY, C.; Thomas, N. (orgs.). *Shamanism: History and the State*. Ann Arbor: University of Michigan Pres 1994.

GUSS, David. *To Weave and Sing*. Berkeley: University of California Press, 1990.

HELDER, Herberto. *Ouolof: Poemas Mudados para o Português*. Lisboa: Assírio & Alvim, 1997.

HEIDEGGER, Martin. *Chemins qui ne Mènet Nulle Part*. Paris: Gallimard, 1986.

HILL, Jonathan. Myth, Music, and History: Poetic Transformations of Narrative Discourse in an Amazonian Society. In: BASSO, E. (org.). *Native Latin American Cultures Through their Discourse*. Bloomington: Indiana University Press, 1990.

HUGH-JONES, Stephen. Shamans, Prophets, Priests and Pastors. In: HUMPHREY, C.; THOMAS N. (eds.). *Shamanism, History and the State*. Ann Arbor: University of Michigan Press, 1994.

HYMES, Dell. [1981]. *In Vain I Tried to Tell You*. Philadelphia: University of Pennsylvania Press, 1992.

JAKOBSON, Roman. *Poesia e Poetica*. Torino: Einaudi, 1985.

_____. *Linguística, Poética, Cinema*. São Paulo: Perspectiva, 1970.

_____. *Essais de Linguistique Générale*. Paris: Minuit, 1963.

LAGES, Susana Kampff. *Walter Benjamin: Tradução e Melancolia*. São Paulo: Edusp, 2002.

LÉVI-STRAUSS, Claude. [1958]. *Antropologia Estrutural*. São Paulo: CosacNaify, 2008.

_____. *Histoire de Lynx*. Paris: Plon, 1991.

_____. *L'Homme Nu*. Paris: Plon, 1971.

_____. *Le Cru et le Cuit*. Paris: Plon, 1964.

LIMA, Tânia Stolze. *Um Peixe Olhou Para Mim: O Povo Yudjá e a Perspectiva*. São Paulo: Editora Unesp/NuTI, 2005.

_____. O Dois e seu Múltiplo: Reflexões sobre o Perspectivismo em uma Cosmologia Tupi. *Mana*, Rio de Janeiro, v. 2, n. 2, 1996.

_____. *A Parte do Cauim: Etnografia Juruna*. Rio de Janeiro: PPGAS/Museu Nacional-UFRJ, 1995. Tese de doutorado.

LORD, Albert. *The Singer of Tales*. New York: Atheneum, 1985.

MEDEIROS, Sérgio (org.). *Makunaíma e Jurupari: Cosmogonias Ameríndias*. São Paulo: Perspectiva, 2002.

MENEZES BASTOS, Rafael José de. Música nas Sociedades Indígenas das Terras Baixas da América do Sul: Estado da Arte. *Mana*, Rio de Janeiro, v. 13, n. 2, 2007.

MESCHONNIC, Henri. *Pour la Poétique II*. Paris: Gallimard, 1973.

MILLER, Joana. *As Coisas: Os Enfeites Corporais e a Noção de Pessoa entre os Mamaindê, Nambiquara*. Rio de Janeiro: PPGAS/Museu Nacional-UFRJ, 2007. Tese de doutorado.

MORIN, Françoise; SALADIN D'ANGLURE, Bernard. Mariage mystique et pouvoir chamanique chez les Shipibo d'Amazonie et les Inuit du Nunavut canadien. *Anthropologie et Sociétés*, Quebec, v. 22, n. 2, 1998.

MUNN, Nancy. *Walbiri Iconography*. Chicago: Chicago University Press, 1986.

MUSSA, Alberto. *Meu Destino é Ser Onça*. Rio de Janeiro: Record, 2009.

NANCY, Jean-Luc. *Resistência da Poesia*. Viseu: Vendaval, 2005.

NORDENSKIÖLD, Erland. *An Historical and Ethnological Survey of the Cuna Indians*. Göteborg: Göteborgs Museum, 1938.

OAKDALE, Suzanne. *The Power of Experience: Agency and Identity in Kayabi Healing and Political Process in the Xingu Indigenous Park*. Chicago: Universidade de Chicago, 1996. PhD Thesis.

PAZ, Octavio. *Traducción: Literatura y Literalidad*. Barcelona: Tusquets, 1981.

REXROTH, Kenneth. *World Outside the Window*. New York: New Directions, 1987.

RICOEUR, Paul. [1947] *La Métaphore Vive*. Paris: Seuil, 1975.

RISÉRIO, Antonio. Entrevista por Josely Vianna Baptista e Franciso Faria. In: BOSCO. F.; COHN, S. (orgs.). *Encontros: Antonio Risério*. Rio de Janeiro: Azougue, 2009.

_____. *Textos e Tribos*. Rio de Janeiro: Imago, 1993.

ROSA, João Guimarães. *Estas Estórias*. Rio de Janeiro: José Olympio, 1969.

ROTHENBERG, Jerome. *Etnopoesia no Milênio*. Rio de Janeiro: Azougue, 2006.

_____. We Explain Nothing, We Believe Nothing: American Indian Poetry and the Problematics of Translation. In: SWANN, Brian (org.). *On the Translation of Native American Literatures*. Washington: Smithsonian Institution, 1992.

_____. [1968]. *Technicians of the Sacred*. Berkeley: University of California Press, 1985.

_____. *Shaking the Pumpkin*. New York: Doubleday, 1972.

SANTOS GRANERO, Fernando. Power, Ideology and the Ritual of Production in Lowland South America. *Man*, v. 4, n. 21, 1986.

SCHREMPP, Gregory. *Magical Arrows: The Maori, the Greeks, and the Folklore of the Universe*. Madison: The University of Winscosin Press, 1992.

SEVERI, Carlo. *Le Principe de la Chimère*. Paris: Rue d'Ulm/Musée du Quai Branly, 2007.

_____. *La Memoria Ritual*. Quito: Abya-Yala, 1996.

SHERZER, Joel. *Verbal Art in San Blas*. Albuquerque: University of New Mexico Press, 1990.

_____. *Kuna Ways of Speaking*. Austin: University of Texas Press, 1983.

SIMONDON, Gilbert. *L'Individu et sa Genèse Physico-Biologique*. Grenoble: Jérôme Millon, 1995.

SPITZER, Leo. *Três Poemas Sobre o Êxtase*. São Paulo: CosacNaify, 2003.

STRATHERN, Marilyn. *The Gender of the Gift*. Berkeley: University of California Press, 1998.

SURRALLÉS, Alexandre. *Au Coeur du Sens*. Paris: C.N.R.S./ Éditions de la Maison des Sciences de l'Homme, 2003.

SZTUTMAN, Renato (org.). *Encontros: Eduardo Viveiros de Castro*. Rio de Janeiro: Azougue, 2007.

TAYLOR, Anne-Christine. Corps immortels, devoir d'oubli: formes humaines et trajectoires de vie chez les Achuar. In: GODELIER, M.; PANOFF, M. (orgs.). *La Production du Corps*. Amesterdam: Édition des Archives Contemporaines, 1998.

_____. Des fantômes stupéfiants: language et croyance dans la pensée achuar. *L'Homme*, Paris, v. 33, n. 126-128, 1993.

_____. Jivaroan Magical Songs: Achuar *Anent* of Connubial Love. *Amerindia*, n. 8, 1983.

TEDLOCK, Dennis. *Popol Vuh*. New York: Simon & Schuster, 1985.

_____. *The Spoken Word and the Work of Interpretation*. Philadelphia: University of Pennsylvania Press, 1983.

VERNANT, Jean-Pierre. *Mito e Pensamento entre os Gregos*. São Paulo: Difel/Edusp, 1973.

VILAÇA, Aparecida. Making Kin Out of Others in Amazonia. *Journal of the Royal Anthropological Institute*, London, v. 8, n. 2, 2002.

_____. Devenir autre: chamanisme et contact interethnique en Amazonie brésilienne. *Journal de la Société des Américanistes*, Nanterre, v. 85, 1999.

_____. *Quem Somos Nós: Questões de Alteridade no Encontro dos Wari' com os Brancos*. Rio de Janeiro: PPGAS/ Museu Nacional-UFRJ, 1996. Tese de doutorado.

_____. O Canibalismo Funerário Pakaa-Nova: Uma Nova Etnografia. In: VIVEIROS DE CASTRO, Eduardo; CARNEIRO DA CUNHA, Manuela (orgs.). *Amazônia: Etnologia e História Indígena*. São Paulo: NHII/Fapesp, 1993.

VIVEIROS DE CASTRO, Eduardo. Xamanismo Transversal: Lévi-Strauss e a Cosmopolítica Amazônica. In: CAIXETA DE QUEIROZ, Ruben; FREIRE NOBRE, Renarde (orgs.). *Lévi-Strauss: Leituras Brasileiras*. Belo Horizonte; Editora UFMG, 2008.

_____. Filiação Intensiva e Aliança Demoníaca. *Novos Estudos*, São Paulo, n. 77, 2007.

_____. A Floresta de Cristal: Notas sobre a Ontologia dos Espíritos Amazônicos, *Cadernos de Campo*, São Paulo, v. 14-15, 2006.

_____. Perspectival Anthropology and the Method of Controlled Equivocation. Tipití, v. 2, n. 2, 2004.

_____. A Inconstância da Alma Selvagem. São Paulo: CosacNaify, 2002.

_____. Alguns Aspectos da Afinidade no Dravidianato Amazônico. In: VIVEIROS DE CASTRO, Eduardo; CARNEIRO DA CUNHA, Manuela (orgs.). Amazônia: Etnologia e História Indígena. São Paulo: NHII/Fapesp, 1993.

_____. From the Enemy's Point of View. Chicago: University of Chicago Press, 1992.

_____. Araweté: Os Deuses Canibais. Rio de Janeiro: Zahar/Anpocs, 1986.

VIVEIROS DE CASTRO, Eduardo et alii. Projeto AmaZone. Disponível em: <http://amazone.wikia. com/. wiki/Projeto_AmaZone>. Acesso em: 2003.

WAGNER, Roy. The Fractal Person. In: GODELIER, M.; STRATHERN, M. (orgs.). Big Men and Great Men: Personification of Power in Melanesia. Cambridge: Cambridge University Press, 1991.

_____. The Invention of Culture. Chicago: University of Chicago Press, 1981.

WILBERT, Johannes. The Order of Dark Shamans Among the Warao. In: WHITEHEAD, Neil; WRIGHT, Robin (orgs.). Darkness and Secrecy: the Anthopology of Assault Sorcery and Witchcraft in Amazonia. Durham: Duke University Press, 2004.

YANOMAMI, Davi Kopenawa; ALBERT, Bruce (orgs.). Yanomami: l'Esprit de la Forêt. Paris: Fondation Cartier, 2003.

ZOLBROD, Paul. Navajo Poetry in Print and in the Field: An Exercise in Text Retrieval. In: SWANN, B. (org.). On the Translation of Native American Literatures. Washington: Smithsonian Institution Press, 1992.

ZUMTHOR, Paul. Introduction à la Poésie Orale. Paris: Seuil, 1983.

Bibliografia Pano (Citada e Consultada)

AREVALO, Guillermo. Medicina Indigena: Las Plantas Medicinales y su Beneficio en la Salud Shipibo-Conibo. Lima: Aidesep, 1994.

BERTRAND-RICOVERI, Pierrette. Vision Blanche/ Vision Indienne: Traversée anthropologique d'une culture amazonienne: les Shipibo de l'Ucayali, Paris V, Sorbonne, 1994. Tese de doutorado

CAPISTRANO DE ABREU, João. [1941]. Rã-Txa Hu-ni-ku-j: Grammatica, Textos e Vocabulario Kaxinauás. Rio de Janeiro: Edição da Sociedade Capistrano de Abreu, 1910.

CAMARGO, Eliane. Manifestações da Ergatividade em Caxinauá (Pano). Liames, Campinas, n. 5, 2005.

_____. Construções Adjetivais e Participais em Caxinauá (Pano). Liames, Campinas, n. 3, 2003.

_____. Yube, o Homem-Sucuriju: Relato Caxinaua. Amerindia, Paris, n. 24, 1999.

_____. La Structure actancielle du caxinaua. La Linguistique, Paris, v. 34, n. 1, 1998.

_____. Des marqueurs modaux en caxinaua. Amerindia, Paris, n. 21, 1996.

_____. Valeurs médiatives en caxinaua. In: GUENTCHEVA, Zlatka (org.). L'Énonciation Médiatisée. Louvain/Paris: Peeters, 1996.

_____. Enunciação e Percepção: A Informação Mediatizada em Caxinaua. Bulletin de la Société Suisse des Américanistes, Gèneve, n. 59-60, 1995.

_____. Introdução ao Caxinaua. São Paulo, ms, 1994.

CAMARGO, Eliane; COSTA, Raquel; CARVALHO, Carmem Dorigo. A Manifestação da Ergatividade Cindida em Línguas Pano. Atas do I Encontro Internacional do GT LI da Anpoll, 2002.

CARVALHO, Carmem Dorigo. A Decodificação da Estrutura Frasal em Matsés (Pano). Rio de Janeiro: Departamento de Linguística e Filologia, Museu Nacional-UFRJ, 1992. Dissertação de mestrado.

CESARINO, Pedro; WELPER, Elena. Epidemias Produzem Caos Social. In: RICARDO, Beto; RICARDO, Fany (orgs). Povos Indígenas no Brasil 2001/2005. São Paulo: Instituto Sociambiental, 2006.

COFFACCI DE LIMA, Edilene. Com os Olhos da Serpente: Homens, Animais e Espíritos nas Concepções Katukina sobre a Natureza. Universidade de São Paulo, 2000. Tese de doutorado.

COLPRON, Anne-Marie. Monopólio Masculino do Xamanismo Amazônico: O Contraexemplo das Mulheres Xamã Shipibo-Conibo. Mana, Rio de Janeiro, v. 11, n. 1, 2005.

_____. Dichotomies Sexuelles dans l'Étude du Chamanisme: le contre-exemple des femmes 'chamanes' Shipibo-Conibo (Amazonie péruvienne). Montréal: Université de Montreal, 2004. Tese de doutorado.

COSTA, Raquel; CARVALHO, Carmen Dorigo. A Expressão da Posse em Marubo e Matsés. In: RODRIGUES, A.; CABRAL, A. (orgs). *Novos Estudos sobre Línguas Indígenas*. Brasília: Editora da UnB, 2005.

COSTA, Raquel. *Aspectos da Fonologia Marubo (Pano): Uma Visão Não Linear*. Rio de Janeiro: Universidade Federal do Rio de Janeiro, 2000. Tese de doutorado.

_____. Aspects of Ergativity in Marubo (Panoan). In: EVERETT, D. (org.). *The Journal of Amazonian Languages*. Pittsburgh: University of Pittsburgh, 1998.

_____. *Padrões Rítmicos e Marcação de Caso em Marubo (Pano)*. Rio de Janeiro: Universidade Federal do Rio de Janeiro, 1992. Dissertação de mestrado.

CROMACK, Robert Earl. *Language Systems and Discourse Structure in Casinahua*. Hartford: The Hartford Seminary Foundation, 1963. Phd Thesis

D'ANS, André-Marcel. *Le Dit des vrais hommes*. Paris: Gallimard, 1978.

_____. *Estudio Glotocronológico sobre Nueve Hablas Pano*. Lima: Universidad San Marcos, 1973.

DÉLÉAGE, Pierre. *Le Chamanisme Sharanahua: Enquête sur l'apprentissage et l'épistemologie d'un rituel*. Paris, École des Hautes Études en Sciences Sociales, 2006. Tese de doutorado.

_____. "Lamentation Sharanahua". ms., s/d.

DESHAYES, Patrick; KEIFENHEIM, Barbara. *Penser l'Autre chez les Huni Kuin de l'Amazonie*. Paris: L'Harmattan, 1994.

DESHAYES, Patrick. Paroles chassées: Chamanisme et chefferie chez les Kashinawa, *Journal de la Société des Américanistes*, Nanterre, v. 78, n. 2, 1992.

ERIKSON, Philippe. "Comme à toi jadis on l'a fait, fais-le moi à present... " Cycle de vie et ornementation corporelle chez les Matis. *L'Homme*, Paris, n. 167-168, 2003.

_____. Le masque Matis. *L'Homme*, Paris, n. 161, 2002.

_____. Several Fathers in One's Cap. In: BECKERMAN, S.; VALENTINE, P. *Cultures of Multiple Fathers*. Gainesville: University Press of Florida, 2002.

_____. Myth and Material Culture: Matis Blowguns, Palm Trees and Ancestor Spirits. In: RIVAL, L.; WHITEHEAD, N. (orgs). *Beyond the Visible and the Material*. Oxford: Oxford University Press, 2001.

_____. Reflexos de Si, Ecos de Outrem: Efeitos do Contato sobre a Autorrepresentação Matis. In: ALBERT, B.; RAMOS, A. (orgs.). *Pacificando o Branco*. São Paulo: Editora da Unesp, 2000.

_____. 'I', 'UUU', 'SHHH': Gritos, Sexos e Metamorfoses entre os Matis. *Mana*, Rio de Janeiro, v. 6, n. 2, 2000.

_____. Uma Singular Pluralidade: A Etno-História Pano. In: CARNEIRO DA CUNHA, Manuela (org.). *História dos Índios no Brasil*. São Paulo: Companhia das Letras, 1998.

_____. *La Griffe des Aïeux*. Paris: Peeters, 1996.

_____. Une Nébuleuse compacte : le macroensemble pano. *L'Homme*, Paris, v. 33, n. 126-128, 1993.

_____. Alterité, tatouage et antropophagie chez les Pano: la belliqueuse quête de soi. *Journal de la Société des Américanistes*, Nanterre, v. 72, 1986.

ERIKSON, Philippe et al. Kirinkobaon Kirika. An Annotated Panoan Bibliography. *Amerindia*, Paris, n. 19, supl. 1, 1994.

ESTUDIOS Panos I. Yarinacocha: Instituto Linguistico de Verano, 1978.

FAUST, Norma; LOOS, Eugene. *Gramática del Idioma Yaminahua*. Instituto Linguistico de Verano, 2002.

FLECK, David William. Body-Part Prefixes in Matses: Derivation or Noun Incorporation?. *International Journal of American Linguistics*, Chicago, v. 72, n. 1, 2006.

_____. *Diccionario Matsés-Castellano*. ms. 2005.

_____. *A Grammar of Matses*. PhD Thesis Rice University, 2003.

_____. Underdifferentiated Taxa and Sublexical Categorization: An Example from Matses Classification of Bats. *Journal of Ethnobiology*, Boston, v. 22, n. 1, 2002.

_____. Causation in Matses: Panoan, Amazonian Peru. In: SHIBATANI, M. (org.). *The Grammar of Causation and Interpersonal Manipulation*. Amsterdam: John Benjamins, 2002.

_____. Culture-Specific Notions of Causation in Matses Grammar. *Journal de la Société des Américanistes*, Nanterre, n. 87, 2001.

_____. Matses Indian Rainforest Habitat Classification and Mammalian Diversity in Amazonian Peru. *Journal of Ethnobiology*, Boston, v. 20, n. 1, 2000.

GUIMARÃES, Daniel Bueno. *De que se Faz um Caminho:Tradução e Leitura de Cantos Kaxinawá.* Rio de Janeiro: Universidade Federal Fluminense, 2002. Dissertação de mestrado.

_____. *Nukun Mimawa.* Imitação e Transformação nos Cantos Huni Kuin. In: MATTOS, C.; TRAVASSOS, E.; MEDEIROS, F. (orgs.). *Ao Encontro da Palavra Cantada: Poesia, Música e Voz.* Rio de Janeiro, 7 Letras/CNPq, 2001.

HYDE, Sylvia. *Diccionario Amahuaca.* Yarinacocha: Instituto Linguistico de Verano, 1980.

ILLIUS, Bruno. The Concept of Nihue Among the Shipibo-Conibo of Eastern Peru. In: BAER, G.; LANGDON, J. (orgs.). *Portals of Power.* Albuquerque: The University of New Mexico Press, 1992.

KAXINAWÁ, Isaísas Sales Ibã. *Nixi Pae: O Espírito da Floresta.* Rio Branco: Comissão Pró-Índio do Acre, 2006.

KAXINAWÁ, Isaías Sales Ibã; Joaquim Maná. Nossa Música: Tradução e Atualidade dos Cantos Huni Kuin. In: TUGNY, R.; QUEIRÓZ, R. (orgs.). *Músicas Africanas e Indígenas no Brasil.* Belo Horizonte: Editora da UFMG, 2006.

KEIFENHEIM, Barbara. Suicide à la Kashinawa: Le désir de l'au delà ou la séduction olfactive et auditive par les esprits des morts. *Journal de la Société des Américanistes,* Nanterre, n. 88, 2002.

_____. Nixi Pae como Participação Sensível no Princípio de Transformação da Criação Primordial entre os Índios Kaxinawá no Leste do Peru. In: LABATE, B.; ARAUJO, W. (orgs.). *O Uso Ritual da Ayahuasca.* Campinas: Mercado de Letras/Fapesp, 2002.

_____. Futurs beau-frères ou esclaves? Les Kasinawa: découvrent des Indiens non contactés. *Journal de la Société des Américanistes,* Nanterre, n. 83, 1997.

_____. Nawa: un concept clé de l'alterité chez les pano. *Journal de la Société des Américanistes,* Nanterre, n. 76, 1990.

KENNEL JR., Gerald. "Descrição Fonêmica e Gramatical do Marubo", ms., 1978.

KENSINGER, Kenneth. The Dilemmas of Co-paternity in Cashinahua Society. In: BECKERMAN, S.; VALENTINE, P. (orgs.). *Cultures of Multiple Fathers.* Gainesville: University Press of Florida, 2002.

_____. *How Real People Ought to Live.* Illinois: Waveland Press, 1995.

_____. Panoan Linguistic, Folkloristic and Ethnographic Research: Retrospect and Prospect. In: KLEIN, H; STARK, L. (orgs.). *South American Indian Languages (Retrospect and Prospect).* Austin: University of Texas Press, 1985.

_____. Studying the Cashinahua. In: DWYER, J. P. (org.). *The Cashinahua of Eastern Peru.* [s.l.]: Haffenreffer Museum of Anthropology, Brown University, 1975.

_____. *Banisteriopsis* Usage Among the Peruvian Kashinahua. In: HARNER, M. (org.). *Hallucinogens and Shamanism.* New York: Oxford University Press, 1973.

LAGROU, Elsje. Sorcery and Shamanism in Cashinahua Discourse and Praxis, Purus River, Brazil. In: WHITEHEAD, N.; WRIGHT, R. (orgs.). *In Darkness and Secrecy: The Anthropology of Assault Sorcery and Witchcraft in Amazonia.* Durham/London: Duke University Pres, 2004.

_____. O que Nos Diz a Arte Kaxinawá sobre a Relação entre Identidade e Alteridade? *Mana,* Rio de Janeiro, v. 8, n. 1, 2002.

_____. *Caminhos, Duplos e Corpos.* Universidade de São Paulo, 1998. Tese de doutorado.

LECRERC, Frédérique. *Des Modes de Socialisation par les Plantes Chez les Shipibo-Conibo d'Amazonie Peruvienne.* Nanterre: Université de Paris x, 2003. Tese de doutorado.

LOOS, Eugene. Pano. In: DIXON, R.; AIKHENVALD, A. (orgs.). *The Amazonian Languages.* Cambridge: Cambridge University Press, 1999.

_____. *Estudios Panos V.* Yarinacocha: Instituto Linguistico de Verano, 1976.

_____ (org.). *Estudios Panos II.* Yarinacocha: Instituto Linguistico de Verano, 1973.

LOOS, Betty; LOOS, Eugene. *Diccionario Capanahua-Castellano.* Instituto Linguistico de Verano, 2003.

_____. *Textos Capanahua I e II.* Comunidades Y Culturas Peruanas, n. 17. Instituto Linguistico de Verano, 1980.

MARUBO, Lauro Kene. É Tudo Pensamento de Pajé. Trad. Pedro Cesarino. In: RICARDO, B.; RICARDO, F. (orgs.). *Povos Indígenas no Brasil.* São Paulo: Instituto Socioambiental, 2006.

McCALLUM, Cecilia. Morte e Pessoa entre os Kaxinawá. *Mana,* Rio de Janeiro, v. 2, n. 2, 1996.

_____. The Body that Knows: From Cashinahua Epistemology to a Medical Anthropology of Lowland South America. *Medical Anthropology Quarterly,* Arlington, v. 10, n. 3, 1996.

MELATTI, Julio Cezar. Enigmas do Corpo e Soluções dos Panos. In: CORREA, M.; LARAIA, R. (orgs). *Roberto Cardoso de Oliveira, Homenagem.* Unicamp: IFCH, 1992.

_____. Shoma Wetsa: A História de um Mito. *Ciência Hoje*, Rio de Janeiro, v. 9, n. 53, 1989.

_____. Wenía: A Origem Mitológica da Cultura Marubo. Universidade de Brasília, *Série Antropológica*, n. 54, 1986.

_____. A Origem dos Brancos no Mito de Shoma Wetsa. *Anuário Antropológico*, Brasília, n. 84, 1985.

_____. Os Patrões Marubo. *Anuário Antropológico*, Brasília, n. 83, 1985.

_____. Estrutura Social Marubo: Um Sistema Australiano na Amazônia. *Anuário Antropológico*, Brasília, n. 76, 1977.

MELATTI, Julio Cezar; MELATTI, Delvair Montagner. *Mitologia Marubo*, ms., 1999.

_____. A Maloca Marúbo: Organização do Espaço. *Revista de Antropologia*, São Paulo, n. 29, 1986.

_____. *Relatório Sobre os Índios Marubo*. Brasília: Convênio Universidade de Brasília/Ministério do Interior, 1975.

MELATTI, Delvair Montagner. *A Morada das Almas*. Belém: Museu Paraense Emílio Goeldi, 1996.

_____. Mani Pei Rao: Remédios do Mato dos Marúbo. In: BUCHILLET, D. (org.). *Medicinas Tradicionais e Medicina Ocidental na Amazônia*. Belém do Pará: Museu Paraense Emílio Goeldi, 1991.

_____. A Cozinha Marúbo: A Arte de Comer e Beber. *Revista do Museu Paulista*, São Paulo, n. 32, 1987.

_____. Simbolismo dos Adornos Corporais Marubo. *Revista do Museu Paulista*, São Paulo, n. 31, 1986.

_____. *O Mundo dos Espíritos: Estudo Etnográfico dos Ritos de Cura Marúbo*. Instituto de Ciências Humanas, Universidade de Brasília, 1985. Tese de doutorado.

MONTAG, Susan. *Diccionario Cashinahua*. Yarinacocha: Ministerio de Educacion, Instituto Linguístico de Verano, 1981, 2 v.

MONTAG, Richard. *Participant Referencing in Cashinahua*. Summer Institute of Linguistics International: [s.n.], 2005.

MONTAG, Richard; MONTAG, Susan; TORRES, Pudicho. "Endocanibalismo Funebre de los Cashinahua". Lima: Instituto Linguistico de Verano/Ministerio de Educacion, 1976. Disponível em <www.sil.org>.

PÉREZ-GIL, Laura. O Sistema Médico Yawanawa e seus Especialistas: Cura, Poder e Iniciação Xamânica. *Cadernos de Saúde Pública*, Rio de Janeiro, v. 17, n. 2, 2001.

RICARDO, Carlos Alberto (org.). *Povos Indígenas do Brasil, vol 5 (Javari)*. São Paulo: Cedi, 1981.

RICH, Paul; JANSMA, John. *Deusnf Vana Anõ Yosjti Wichá 11-18: Ensinos da Palavra de Deus*. Manaus: Publicações da Missão Novas Tribos do Brasil, 2001.

ROE, Peter. *The Cosmic Zygote*. New Jersey: Rutgers University Press, 1982.

RUEDAS, Javier. History, Ethnography, and Politics in Amazonia: Implications of Diachronic and Synchronic Variability in Marubo Politics. *Tipití*, v. 2, n. 1, 2004.

_____. Social Context and Creation of Meaning in Indigenous Amazonian Performances of Myth and Oral History. *Journal of Ritual Studies*, Pittsburgh, v. 17, n. 2, 2003.

_____. Marubo Discourse Genres and Domains of Influence: Language and Politics in an Indigenous Amazonian Village. *International Journal of American Linguistics*, Chicago, v. 68, n. 4, 2002.

_____. *The Marubo Political System*. Tulane University, 2001. PhD Thesis.

RUSSELL, Robert. *A Transformational Grammar of Amahuaca (Pano)*. Columbus: The Ohio State University, 1965. Dissertação de mestrado.

SAEZ, Oscar Calavia. *O Nome e o Tempo dos Yaminawa*. São Paulo: Editora da Unesp/NuTI/ISA, 2006.

_____. El Rastro de los Pecaríes: Variaciones Míticas, Variaciones Cosmológicas y Identidades Etnicas en la Etnología Pano. *Journal de la Société des Américanistes*, Nanterre, n. 87, 2001.

_____. O Inca Pano: Mito, História e Modelos Etnológicos. *Mana*, Rio de Janeiro, v. 6, n. 2, 2000.

SENA, Vera Olinda (org.). *Noke Shoviti (Mito Katukina)*. Rio Branco: Comissão Pró-Índio do Acre, s/d.

SHELL, Olive. *Estudios Panos III: Las Lenguas Pano y su Reconstruccion*. Yarinacocha: Ministerio de Educacion/Instituto Linguisico de Verano, 1985.

SHENIPABU Miyui (*História dos Antigos – Kaxinawá*). Rio Branco: Comissão Pró-Índio do Acre, s/d.

SISKIND, Janet. Visions and Cures Among the Sharanahua. In: HARNER, M. (org.). *Hallucinogens and Shamanism*. New York: Oxford University Press, 1973.

_____. *To Hunt in the Morning*. New York: Oxford University Press, 1973.

SPARRING-CHAVEZ, Margarethe. I Want But I Can't: The Frustrative in Amahuaca, SIL International. Disponível em: <http://www.sil.org/>. Acesso em: 2003.

TOURNON, Jacques. Medicina y Visiones: Canto de un Curandero Shipibo-Conibo, Texto y Contexto. *Amerindia*, Paris, n. 16, 1991.

TOWNSLEY, Graham. Song Paths: The Ways and Means of Yaminawa Shamanic Knowledge. *L'Homme*, Paris, v. 33, n. 126-128, 1993.

_____. *Ideas of Order and Patterns of Change in Yaminawa Society*. Cambridge, 1988. PhD Thesis.

VALENZUELA, Pilar. *Transitivity in Shipibo-Konibo Grammar*. University of Oregon, 2003. PhD Thesis.

_____. Major Categories in Shipibo Ethnobiological Taxonomy. *Anthropological Linguistics*, Bloomington, v. 42, n. 1, 2000.

_____. "Luna-Avispa" y "Tigre-Machaco": Compuestos Semánticos en la Taxonomia Shipiba. In: ESTRADA, Z.; FIGUEROA, M.; LÓPEZ, G.; COSTA, A. (orgs.). *IV Encuentro Internacional de Linguística del Nordeste (Memórias)*. Tomo 1, v. 2, 1998.

WERLANG, Guilherme. De Corpo e Alma. *Revista de Antropologia*, São Paulo, v. 49, n. 1, 2006.

_____. *Emerging Peoples: Marubo Myth-Chants*. University of Saint Andrews, 2001. PhD Thesis.

WISTRAND, Lila May. *Cashibo Relative Clause Constructions*. University of Texas, 1968. Master Thesis.

_____. La Poesia de las Canciones Cashibo. *Datos Etno-linguisticos*, Lima, n. 45, 1976.

Impresso na cidade de Cotia,
nas oficinas da Meta Brasil,
para a Editora Perspectiva.